普通高校“十三五”规划教材·营销学系列

数据库营销

顾客分析与管理

[美]罗伯特·C.布来伯格(Robert C.Blattberg)
[韩]金炳德(Byung-Do Kim) ◎著
[美]斯柯特·A.耐思林(Scott A.Neslin)

李季 等◎译

清华大学出版社
北京

北京市版权局著作权合同登记号　图字：01-2013-7325

图书在版编目(CIP)数据

数据库营销:顾客分析与管理/(美)罗伯特·C.布来伯格(Robert C. Blattberg),(韩)金炳德(Byung-Do Kim),(美)斯柯特·A.耐思林(Scott A. Neslin)著;李季等译.—北京:清华大学出版社,2018 (2021.6 重印)
书名原文:Database Marketing-Analyzing and Managing Customers
(普通高校"十三五"规划教材·营销学系列)
ISBN 978-7-302-51370-4

Ⅰ.①数…　Ⅱ.①罗…　②金…　③斯…　④李…　Ⅲ.①数据库—应用—市场营销学—高等学校—教材　Ⅳ.①F713.50-39

中国版本图书馆 CIP 数据核字(2018)第 226143 号

责任编辑:杜　星
封面设计:汉风唐韵
责任校对:宋玉莲
责任印制:杨　艳

出版发行:清华大学出版社
网　　址:http://www.tup.com.cn,http://www.wqbook.com
地　　址:北京清华大学学研大厦 A 座　　**邮　　编**:100084
社 总 机:010-62770175　　**邮　　购**:010-62786544
投稿与读者服务:010-62776969,c-service@tup.tsinghua.edu.cn
质量反馈:010-62772015,zhiliang@tup.tsinghua.edu.cn
印 装 者:三河市龙大印装有限公司
经　　销:全国新华书店
开　　本:185mm×260mm　　**印　　张**:39.25　　**字　　数**:906 千字
版　　次:2018 年 10 月第 1 版　　**印　　次**:2021 年 6 月第 3 次印刷
定　　价:98.00 元

产品编号:046086-01

译者序

历时5年,《数据库营销》这本大部头的教科书终于要与国内读者见面了。作为译者,回忆起与这本书最初的结缘以及后来的整个翻译过程,很多值得记录的片段历历在目。

2011—2012年,我在哥伦比亚大学商学院访问。在一次偶然的谈话中,我向市场营销系的Asim Ansary教授提起有没有"客户关系管理"方面的教科书推荐。Ansary教授特别郑重地向我推荐了*Database Marketing: Managing Your Customer*这本书:"客户关系管理方面,看这一本书足够了,不需要其他书。"于是,我从教授那里抱走了这本厚厚的教材。

粗略一翻,我就明白为什么不用再看其他教材了。2009年,我开始给中央财经大学商学院市场营销专业的本科生开设"客户关系管理"课程。为了备课,我把书店里能买到的所有"客户关系管理"领域的教科书都买了回来,一本本翻下来,发现每本书都从不同的角度对客户关系管理进行了阐述。为了更全面地反映客户关系管理领域的研究成果,我开始着手编写一本新的《客户关系管理》教材,整本教材分为管理理念、管理过程和管理技术三个部分。这本于2011年出版的教材,一直在本科生的课堂上沿用至今。而我惊喜地发现,Ansary教授推荐的这本教材正好符合"客户关系管理"课程的授课需求。书的主题虽然是数据库营销,但内容是如何用数据库营销的理念和工具来管理顾客。全书也分为三个部分——理论基础、管理工具及管理应用。可以说,这本书的内容基本涵盖了当前企业客户关系管理中涉及的所有问题。而且更为可贵的是,此书将数据库营销与客户关系管理结合到一起,从战略、组织结构、顾客价值核算,到各种统计工具和统计方法,以及顾客的获取、保留和流失管理,最后到营销组合管理,逐一详细阐述,既有学术研究前沿又有企业管理的实践问题,无论在数据库营销还是客户关系管理领域都称得上是一本集大成的著作。

半年多的时间,当我把书从头至尾仔细研读之后,心里更加确定此书对于国内读者的价值。这些读者既包括我的学生们,也包括国内的同行学者,还有众多中国企业的营销管理者。于是,2012年,我将教材介绍给了清华大学出版社。那时,"大数据"在国内刚刚开始受到学界和业界的关注,数据库营销是一个很有价值的选题。清华大学出版社马上联系了外方出版社,敲定翻译各项事宜，效率之高让我敬佩，出版社对于学科发展的把握确实精准。

2013 年被国内舆论界称为“大数据元年”。人人都在谈论大数据，但大数据究竟是什么，大数据对于企业的市场营销意味着什么，在大数据时代企业的市场营销乃至客户关系管理究竟应该如何做，这些仍是亟待解决的问题。这本书没有提及大数据，但是其中所阐述的理念、方法和工具毫无疑问是大数据时代每个营销管理者都需要了解的。

相比于传统的市场营销，企业可以利用大数据技术对用户进行画像，实时洞察客户需求，及时有效地响应客户，在最大化单个用户价值的同时提供更优质的用户体验，增强客户黏性。在顾客成本把控方面，大数据使得根据不同用户的支付意愿实施差别定价策略成为可能。提升顾客感知的购买便利，实际上就对应着企业层面对营销渠道的优化管理，而大数据技术可为不同的渠道进行实时监测提供有力支持。在营销沟通方面，大数据可帮助企业实现精准的广告投放、个性化的营销信息分发以及网络舆情监测，并根据实时反馈及时调整投放策略，从而更有效率地与消费者进行沟通，提升消费者对企业品牌的认知及好感度。

我所在的中央财经大学商学院多年前就看到了营销科学的发展方向以及企业对于数据营销人才的强烈需求，将数据驱动的营销管理作为学院的重点学科方向进行建设，并于 2015 年开始在市场营销本科专业下设立大数据营销方向，在 MBA 项目中设立金融与大数据营销方向，也开始尝试在本科生中开设“大数据精英班”。作为大数据营销专业的负责人，我深感责任重大，也越发相信这本教材的出版无论对我们自己的学科建设还是国内营销学界都有重要的意义。

书稿的翻译比预计的难度更大。首先，这本书的每个章节都会介绍很多模型和算法，这些模型大多出自学术文献，为了更准确地进行翻译，我们请教了国内外多位营销模型领域的专家学者。其次，书稿第二部分是对数据库营销工具和统计方法的介绍，其中很多涉及协同过滤、机器学习、人工神经网络等算法，在翻译的过程中我们也参考了很多统计和计算机学者的意见。最后，书稿内容庞杂，所阐述的模型和方法包含很多图表和公式，这些也为翻译和校对工作增加了难度。我们大数据营销团队的多位老师以及研究生都参与了翻译工作，历时 5 年终于成书。这是大家共同努力的成果。

具体的翻译工作分工如下：

第 1 章～第 8 章　徐茵、李季

第 9 章～第 19 章　李季、周静(中国人民大学统计学院)

第 20 章～第 24 章　徐茵、杨一翁(北方工业大学经济管理学院)

第 25 章～第 29 章　王毅、孙鲁平

此外，中央财经大学商学院的姚凯老师，佟晓迪、石钰竹、吴慧、安海媛、梁渊、刘培、王镇、郝婉婷、杨洋、武玉滢、尹乐薇、郭斌、黄珊珊、张达、杨荟、邱咏梅、赵小荷、胡兴洁、马雯、唐燕飞、安妮、张梦霞，闭凌芳、李可梦等同学在本书的翻译过程中也做了大量校对工作。此书的翻译、校对和编辑，得到清华大学出版社的编辑杜星的大力支持，在此一并感谢。

最后，由衷希望此书能对关注数据营销的读者有所帮助，书中如有错误和不当之处，恳请广大读者、营销学界和业界同人不吝赐教。

李　季

2018 年 5 月

随着信息技术与新方法的发展，以及企业管理层对有效且可衡量效果的营销需求的增加，数据库营销的应用也呈现爆炸式的增长。

现在是该系统总结数据库营销成果并明确其局限性的时候了。只有总结，才能更好地定位这个领域未来的发展方向。因此，本书将回顾数据库营销海量且丰富的研究成果。

我们选择学术研究、实践研究以及混合研究成果作为回顾的重点，这样做主要是基于以下三方面考虑。第一，我们希望本书能够证明，数据库营销已经产生了大量的知识成果，尽管本书并不能全部覆盖。第二，我们认为研究就是寻找事实，从而推动该领域的进展。因此，要通过回顾来区分哪些是已知的事实，哪些仅是猜测的成果。第三，这个领域的理论与实践相互重叠、完美衔接。当数据库营销的研究者能够发现一个有潜力的新方法时，企业可以马上在实践中对这个方法轻松地进行验证，如果该方法被证明有效，企业马上就会采用此方法。

我们努力编著一本集数据库营销方法与工具为一体的综合性著作，目标就是促进数据库营销的研究、教学与实践。因此，这本书将服务于以下几种潜在读者。

研究人员：研究人员可以通过本书了解数据库营销某一特定主题的内容，提出研究问题，并通过书中的文献回顾及最新方法来回答这些问题。

教师：教师可以通过本书学习数据库营销并决定该教授哪些内容。我们相信本书会让教师始终领先学生一步！

博士研究生：博士研究生可以使用本书来获得必要的背景知识，从而进行数据库营销方面的学术研究。

高级商学院学生：所谓“高级”，是指研究生和MBA学生，他们需要一本书来深入地了解某个特定主题的内容。我们发现在数据库营销教学中，一些好奇的学生很容易会问出一些有关预测模型、交叉销售、协同过滤、流失管理这些课堂所无法涵盖的有深度的问题。这本书将帮助他们达到一定深度。

数据库营销的实践者：这部分读者包括那些在一般企业或咨询公司工作的市场分析人员或管理者，以及需要与上述人群进行合作的人员。一名IT专员需要了解数据使用的目的。一个负责维系老顾客的经理需要知道降低顾客流失率的方法有哪些。一个高级经理则须了解如何在获取新顾客与保留老顾客之间分配资金。一名统计人员可能需要了解如何构建一个数据库营销模型，并用来开发个性化的顾客交叉销售方案。一名分析人员仅需要了解什么是神经网络、贝叶斯网络(Bayesian networks)、支持向量机(support vector machines)。这本书将努力满足这些相关的需求。

尽管在过去的几十年里，数据库营销取得了爆炸式的增长，我们完全相信推动这些增长的背后因素——IT、方法，以及管理者的需要——还将持续。本书的基本假设是研究能够推动增长，结果自然是，数据库营销的美好未来还在前方。我们希望这本书能提供一个平台，促进实现这一美好的未来。

数据库营销最重要的一个方面是方法与应用之间的交互。我们的目标是提供两个方面的深度资料。相应地，我们对于方法与应用进行了章节安排。第2～4部分主要是方法；第5部分、第6部分则是应用。具体来说，本书的架构如下。

第1部分：战略问题。我们定义了该领域的范围以及数据库营销的流程(第1章)。流程的起点是制定数据库营销战略，根据战略再确定数据库营销的目标与作用(第2章)。我们对此问题进行了深入探讨，并讨论了进行成功DBM的两个关系背景因素：组织结构与顾客隐私(第3章和第4章。)

第2部分：顾客终身价值(LTV)。数据库营销存在的三大基石就是顾客终身价值、预测模型与测试。我们讨论了计算LTV的方法，对其中的一些棘手问题如成本会计进行了探讨，这些问题容易被忽略，但是解决方案对实践具有重要影响(第5～7章)。

第3部分：数据库营销工具：基础。DBM首先需要顾客的数据。我们讨论了公司使用顾客数据的来源与类型(第8章)，并且深入探讨了数据库营销的另外两大基石——测试与预测模型(第9章和第10章)。

第4部分：数据库营销工具：统计技术。我们讨论了用于生成预测模型的几种传统的以及几种最前沿的统计技术(第11～19章)。对那些想知道“决策树是如何产生的”，或者“为什么神经网络比决策树更好”，或者“到底什么是机器学习”的读者，这部分内容很有价值。

第5部分：顾客管理。这一部分我们完全聚焦于应用。我们回顾了理论性的主题，既有已有的理论知识，又有各类工具，从而能更好地完成顾客管理的各项活动，包括获取顾客、交叉销售与升级销售、累积奖励计划、顾客分级计划、顾客流失管理、多渠道顾客管理，以及顾客获取与保留支出(第20～26章)。

第6部分：管理营销组合。我们关注沟通和定价，全面地探讨了“最优接触模型”。我们认为该模型将会成为下一代数据库营销的标志。该模型的重点是定量地考虑当前决策对未来的影响，真正地管理顾客的长期价值(第28章)。我们还讨论了DBM沟通文本的设计(第27章)，以及定价的一些关键问题，包括获取与保留定价，以及二者的协调(第29章)。

本书的最初策划开始于2000年5月。具有讽刺意味的是，我们花了7年时间来写一本关于快速变化的技术问题的书。实际上，写这本书就像对一个移动的靶子射击。但是，这是一个我们心甘情愿为之付出的工作，我们希望达到的深度与广度决定了书的长度与写作时间。很多内容也是在我们的争论之中完成的，比如，在计算顾客终身价值中如何处理固定成本，什么方法值得我们注意及它们是如何运行的，以及为什么多渠道顾客是更高价值的顾客等。这本书的写作就是一个过程，就像数据库营销一样。

在这个过程中，我们必须感谢学术界与企业界的许多同人，没有他们的帮助这本书将无法完成。这些同人向我们提供了工作论文、参考文献，与我们通过电子邮件或者当面交流。他们教给了我们数据库营销的许多东西。这些人分别是：Kusum Ailawadi，Eric Anderson，Kenneth Baker，Anand Bodapati，Bruce Hardie，Wai-Ki Ching，Kristoff Coussement，Preyas Desai，Ravi Dhar，Jehoshua Eliashberg，Peter Fader，Doug Faherty，Helen Fanucci，Fred Feinberg，Edward Fox，Frances Frei，Steve Fuller，Bikram Prak Ghosh，Scott Gillum，William Greene，Abbie Griffin，John Hauser，Dick Hodges，Donna Hoffman，Eric J. Johnson，Wagner Kamakura，Gary King，George Knox，Praveen Kopalle，V. Kumar，Donald Lehmann，Peter Liberatore，Junxiang Lu，Charlotte Mason，Carl Mela，Prasad Naik，Koen Pauwels，Margaret Peteraf，Phil Pfeifer，Joseph Pych，Werner Reinartz，Richard Sansing，David Schmittlein，Robert Shumsky，K. Sudhir，Baohong Sun，Anant Sundaram，Jacquelyn Thomas，Glen Urban，Christophe Van den Bulte，Rajkumar Venkatesan，Julian Villanueva，Florian von Wangenheim，Michel Eedel，Biger Wernerfeldt，and John Zhang.

我们要特别感谢以下同人的研究协助，包括 Carmen Maria Navarro(顾客隐私实践)，Jungho Bae 和 Ji Hongmin(数据分析)，Zhu Qinglin 和 Paul Wolfson(模拟程序)，Karen Sluzenski(图书参考文献)，以及由 Mary Biathrow，Deborah Gibbs，Patricia Hunt 和 Carol Millay 提供的不知疲倦的手稿准备工作。

从两位出色的评审人 Peter Verhoef 和 Ed Malthouse 那里我们受益很多，他们的洞见既有“森林”也有“树木”，极大地提升了最终书稿的质量。

Springer 出版团队给我们提供了许多帮助，也非常耐心。对 Deborah Doherty，Josh Eliashberg，Gillian Greenough 和 Nick Philipson 我们深表感谢。

除了以上人员之外，我们也想对如下机构在资金、设施及模拟环境方面给予我们的支持表示感谢。这些机构包括杜克大学富卡商学院的天睿(Teradata)CRM 研究中心，2002 年 Scott Neslin 曾在这个中心工作，以及我们所在的西北大学凯洛格商学院、首尔国立大学和达特茅斯大学塔克商学院。

最后，把我们最深厚的感谢送给我们的爱人和家庭，他们给了我们支持、耐心与陪伴，没有他们，不会有本书。他们让我们知道家庭有多么重要，让我们有了面对坎坷起伏的勇气。谨以本书献给我们的爱人和家庭。

罗伯特·C. 布来伯格

金炳德

斯柯特·A. 耐思林

第1部分　战略问题

第 2 部分　顾客终身价值(LTV)

第3部分 数据库营销工具：基础

第 4 部分 数据库营销工具：统计技术

第 6 部分　管理营销组合

第 1 部分

PART 1

战 略 问 题

第1章 绪论

摘要

数据库营销是指"使用顾客数据库来更有效地获取、保留和开发顾客,以此来提高企业的营销生产率"。在这一章中,我们将详细阐述数据库营销的定义,了解数据库营销越发重要的原因,并提出数据库营销流程的总体框架。最后我们将讲解各章节的组织编排。

1.1 什么是数据库营销

企业营销的目标是提升顾客价值,在当今竞争激烈、资讯密集、利润导向的商业环境中,数据库营销已经成为企业实现这一目标的重要手段。数据库营销得到了广泛的应用且增长迅速,举例如下。

- "Internet Portal 互联网公司"确定了哪些顾客才是公司的重点顾客,并针对这些顾客进行目标市场营销,促进其更多使用公司网站。也许更重要的是,它们排除了那些非重点顾客。
- "XYZ 银行"确定了在公司旗下众多的金融产品中,不同的产品应该销售给哪些不同类型的顾客。
- "ABC 无线通信公司"提高了预测能力,能够预测哪些顾客最有可能在合约到期时离开,并且设计了"顾客流失管理计划",以促使顾客留下来。
- 英国零售商 Tesco(特易购)给它 1 400 万顾客邮寄了定制化的促销优惠目录(Rohwedder,2006)。
- Best Buy(百思买集团)识别出光顾商店的主要细分顾客,并且实施了以下举措:①促使不同地点的商店满足当地细分市场的需要;②对商店的所有人员进行培训,使他们能够分辨出某个特定顾客属于哪个细分市场,由此向该顾客提供恰当的服务(Boyle,2006)。
- Catalogers(目录)公司在日常管理中使用"预测模型"来决定不同的顾客应该收到哪份目录。
- "E-tailer Z(电子商务网站 Z)公司"使用"推荐引擎"来确定向不同顾客交叉销售针对性的产品。
- 戴尔计算机公司通过分析潜在顾客的数据来提高顾客获取率[Direct Marketing Association(直复营销协会),2006]。

以上是企业使用数据库营销的几个例子。它们的共同点是对顾客数据进行分析,并在营销实践中使用这些分析结果。

1.1.1 数据库营销的定义

通过以上例子，我们可以简单了解“什么是数据库营销”，而正式定义数据库营销则更有帮助。Hughes 引用了国家数据库营销中心（The National Center for Database Marketing）的内容（1996a：4），将数据库营销定义为：

整合各类型顾客（包括现有顾客、问询者、潜在顾客和怀疑者）的综合、实时、相关数据，建立并实时管理一个计算机化的关系数据库，确定最有价值的顾客，并建立预期模型，以便在恰当的时间使用恰当的形式将所需信息传达给恰当的人群，与重复购买顾客建立高质量、长期的合作关系，从而达到取悦顾客、提高营销回报率、降低订单成本、提升业务与提高利润的效果。

这个定义有些冗长，但是它概括了数据库营销的基本要点，即通过分析顾客数据来提升顾客价值。我们所提出的另一个更简洁的定义是：

数据库营销是指使用顾客数据库来更有效地获取、保留和开发顾客，以此来提高营销生产率。

本定义中的每个词语都经过斟酌筛选。首先，数据库营销从根本上讲是关于如何使用**顾客数据库**（customer database）的，其中“顾客”可以是现有顾客或潜在顾客。企业拥有现有顾客的消费行为、人口特征及消费心理方面的数据，同时拥有之前为了拓展顾客而实施的营销活动及顾客的反应数据。对于潜在顾客，企业有可能获得这些顾客的人口特征、消费心理及消费历史数据，尽管这些数据并不能与现有顾客的数据相提并论。

其次，数据库营销是关于**营销生产率**（marketing productivity）的。在当今结果导向的企业中，高层管理者往往会问这样的简单问题：“我们的营销投入能得偿所失吗?”数据库营销通过有效的目标市场选择，致力量化营销效果并使之改进。零售先驱 John Wannamaker 曾说过：“我知道我所做的营销活动有一半被浪费了，但我不知道被浪费的是哪一半。”进一步而言，根据市场营销而非局限于广告，数据库营销能鉴别出哪些顾客对营销活动做出了反应，哪些没有，而那些做出反应的顾客才是企业的目标顾客。根据这些工作，企业可以识别出到底是哪些营销投入被浪费了。

最后，数据库营销是关于**管理顾客**（managing customers）的。企业必须对顾客进行获取、保留和开发。获取是指使以前与企业没有交易过的个人开始与企业进行交易；保留是指确保现有顾客维持与公司之间的交易；开发是指提高所保留的顾客与公司间的交易量。在数据库营销中概括了这三个因素的关键概念是“顾客资产（customer equity）”（Blattberg et al.，2001），我们在第 26 章“顾客获取与保留的管理”中将对此进行深入探讨。而现在，重要的是要认识到数据库营销涉及顾客资产的三大因素。在前文所述例子中，戴尔公司的例子涉及了顾客获取，“ABC 无线通信公司”的例子涉及了顾客保留，而“XYZ 银行”、特易购和电子商务网站 Z 这三个例子则涉及了顾客开发。

1.1.2 数据库营销、直复营销与顾客关系管理

通过探讨与数据库营销相近的两个概念——直复营销与顾客关系管理（CRM），我们可以对数据库营销的定义有更明晰的认识。事实上，直复营销与顾客关系管理的概念和

数据库营销的概念多有重叠。三个概念各有侧重，其中数据库营销的关键点是强调对顾客数据的使用。

顾客关系管理侧重于加强顾客关系，这点也体现在了数据库营销的定义之中（获取、保留和开发顾客）。即使不应用具体数据，企业仍然能够加强顾客关系。例如，服装店的销售人员能通过顾客的多次光顾来了解他们，知道怎样招待每位顾客，获悉他们的品位如何。这也将促使顾客与服装店之间建立并发展出稳定的关系，但其中并没有涉及正式的数据库分析工作。实际上，所有的"数据"来自销售人员的记忆与经验。如果企业顾客和销售人员的数量颇大，让每个销售人员都去了解所有顾客显然是不可能的，因此，数据库营销是促进大型企业发展顾客关系的方法。然而，运用数据库营销来加强顾客关系必须建立在数据的基础上，而用来编辑数据的软件和计算机系统已经被标记为客户关系管理软件或客户关系管理技术。

直复营销侧重于"锁定目标"，即与顾客一对一直接接触的能力（Blattberg 和 Deighton，1991）。锁定目标是数据库营销的重要方面，因为数据库营销必须通过锁定目标顾客来提高营销生产率。但是仅仅通过有效的购买者名单并与名单上的顾客联系，直复营销便能够直接锁定顾客，而在这其中也没有正式的数据分析。数据库营销则强调对数据的分析，虽然在实施时通常会涉及一对一的直接接触，但并非总是如此。在上文所说的百思买的例子中，营销活动的第一步是通过顾客数据分析来指导商店的设计，这是数据库营销而非直复营销。在营销活动的第二步中，百思买对销售人员进行培训，以使他们区分在此商店购物的顾客所属的细分市场，而这更类似直复营销。

总之，数据库营销、直复营销和顾客关系管理，三者概念高度重叠，但它们的侧重点各不相同。数据库营销强调对顾客数据的分析，直复营销强调锁定目标顾客的能力，而顾客关系管理则强调顾客关系。然而，许多直复营销商会分析顾客数据，不少 CRM 应用软件公司也会强调顾客数据，因此顾客数据分析并非数据库营销的专属，而是它的特征。

1.2 为什么数据库营销越来越重要

很难用统计数据来证明数据库营销行业的规模。以下仅是一些参考数据：①"CRM 软件"的销售在 2005 年达到了 77.73 亿美元，到 2010 年预计会增加到 109.40 亿美元（Band，2006）。②截至 2004 年，在美国企业《财富》500 强的前 376 名企业中，有 100 家企业是美国直复营销协会的成员（美国直复营销协会，2004：22-23）。③2004 年，有 3 915.3 万名美国人通过邮寄方式购物（美国直复营销协会，2004：29）。④2003 年 B2B 直复营销广告支出总额为 1 070 亿美元，2007 年预计会达到 1 350 亿美元（美国直复营销协会，2004：167）。这些数据显示了数据库营销行业的规模，但许多预算并没有包含其中，如营销数据分析的预算、数据库营销项目活动预算以及多数服务公司（广告公司、数据编辑、目录管理公司）的预算等，而这些都是重要支出。

种种迹象表明，数据库营销行业规模巨大且在不断增长。究其原因，我们推测有以下六大方面。

- **信息技术**。企业现在有能力对大量数据进行存储和操作，尽管相关软件价格昂贵,但其功能也很强大。

- **互联网的发展**。互联网是一个数据收集器,许多企业之前无法收集和整理顾客数据,而现在它们可以通过互联网完成数据收集。
- **大众营销生产率的降低**。尽管对此没有准确的统计数据,但共识是:大众广告和非定制化的营销产生的顾客回应越来越少,营销成本却不断增加,边际收益不断下降。营销活动的利润率可以写成$\Pi = Npm - Nc$,其中N是营销活动涉及的顾客数量;p是指有回应行为的顾客的百分比;m是指顾客回应时的边际收益;c是接触每位顾客的平均成本。若要使营销活动盈利,则要$p > c/m$。然而这三个因素正向消极的方向发展,回应率(p)在减少,成本(c)在增加,边际收益(m)在降低。数据库营销将回应最多的顾客确定为目标顾客,以此来帮助企业营销活动保持盈利。
- **营销可衡量性**。结果导向的高层管理者要求包括市场营销在内的所有企业职能部门都能证明自己存在的价值。"营销必然有效"和"营销是开展业务的一项成本"等信条已经动摇,高层管理者需要看到对营销效果的证明,这便要求营销部门使用数据库营销进行数据分析和结果衡量。
- **对顾客关系的关注增加**。面对产品同质化和顾客忠诚度降低,企业空前关注它们的顾客关系,而数据库营销是改善顾客关系的一种系统方法。
- **建立竞争优势**。企业一直在试图确定它们的竞争优势来源,而这可能隐藏在它们的顾客数据中,这使得企业可以通过数据库营销来更好地服务顾客。

在第2章中,我们将进一步探讨营销生产率、顾客关系和竞争优势,它们在本质上决定了企业的数据库营销战略。

1.3 数据库营销过程

图1.1描述了数据库营销实施的过程。企业的整体数据库营销战略、组织结构和法律问题(特别是隐私权)构成了营销环境,这是数据库营销的第一步,而这些因素也决定了企业所面临问题的性质和解决方法。之后企业需要确定想用数据库营销来解决哪些具体问题,这需要分析形势、确立目标和描述解决方法。例如,某企业的DBM战略重视顾客关系,该企业注意到它的顾客流失严重,那么它的目标可能是将每年的顾客流失率从20%降低到15%,接下来企业要设计一套顾客流失管理方案,明晰数据需求和统计工具

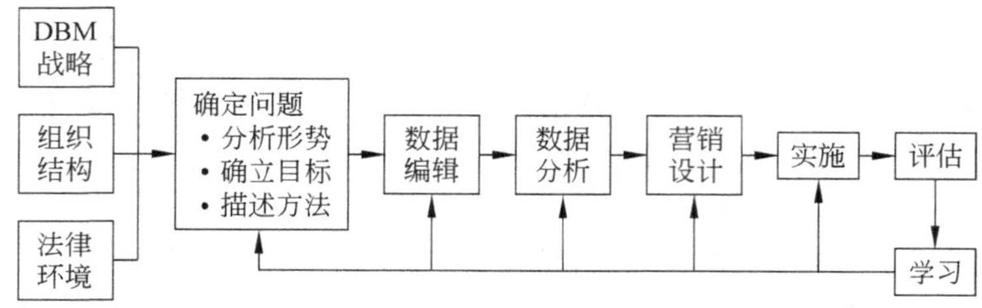

图1.1 数据库营销过程

（第 24 章）。由于企业统筹管理信息技术、营销分析以及活动实施，因此以上多数工作都可以在企业内部完成。下一步需要对数据进行编辑和分析，由此产生出可以实施和评估的营销活动设计。

在此过程中有两个关键的反馈回路。第一个反馈回路是，**学习过程**。在评估方案之后，会对以下方面提供指导：数据库营销可以成功解决哪类问题、哪些数据最有助于提供洞察和预测顾客行为、怎样分析数据、如何将分析结果转化为方案的设计和实施。这种学习以及由此培养的技能是数据库营销转化为企业竞争优势的一种途径。第二个反馈回路是，每次数据库营销活动都会为以后用数据分析解决问题提供**数据**。例如，顾客对目录邮寄的回应信息会用于更新每位顾客的“最近一次购买的时间”“购买频率”和“购买金额”（RFM）信息，这些会成为数据库的一部分，并用于制定以后的市场策略。

图 1.2 展示了数据库营销的一系列活动，这些活动本质上是数据库营销可以处理的营销难题，包括获取顾客，保留和开发顾客，协调顾客获取、保留和开发，以及营销组合管理。其中如交叉销售和销售升级、多渠道顾客管理等几个子问题将在本书中单独设章阐述，这些问题颇具挑战性，实践中企业付出了很多努力，运用数据库营销手段对它们进行了更加有效的管理。

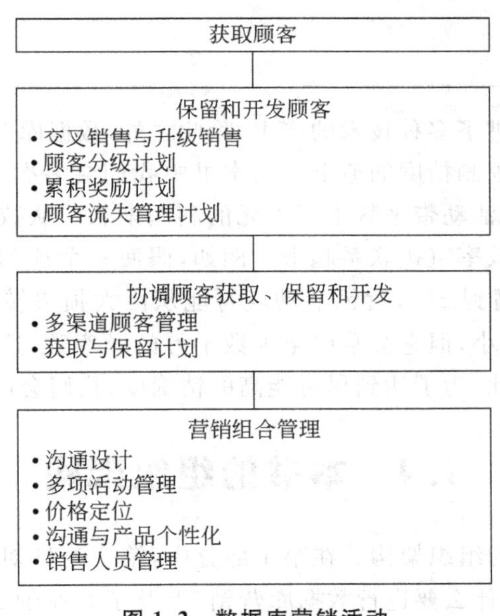

图 1.2　数据库营销活动

由于对顾客数据分析的关注，一些数据分析技术已被用于数据库营销，如表 1.1 所示，其中两项最基本的分析技术是顾客终身价值（LTV）和预测模型。顾客终身价值是指每位新获取顾客的新增收益和成本的净现值，它涵盖了对顾客进行长期保留和开发的内容，因此非常重要。我们将用三章来阐述 LTV 的计算和应用。预测模型是数据库营销人员最经常使用的分析技术，是指运用统计分析方法来预测顾客的未来行为，包括顾客是否会流失、顾客是否会购买该目录中的产品、成为呼叫中心优先服务的顶级客户后顾客是否会更加忠诚、顾客是否会接受推荐产品。预测模型本身是一系列过程，我们将用整章来学习。

对有统计学背景的人来说，数据库营销给他们提供了大显身手的机会。表 1.1 展示了数据库营销人员使用的许多方法。之所以要应用这么多类型的技术，在一定程度上是因为要解决的问题也是多种多样的。例如，协同过滤和购物篮分析可以很容易地用于交叉销售；风险模型可以用于预测顾客的保留时间；logistic 回归、决策树、神经网络都有助于预测"0-1"行为，如顾客是否回应、顾客是否流失等。

表 1.1 数据库营销分析技术

数据库营销分析技术
顾客终身价值(LTV)
预测建模
统计技术
• Logistic 回归
• Tobit 模型
• 风险模型
• RFM 分析
• 购物篮分析
• 协同过滤
• 聚类分析
• 决策树
• 神经网络
• 机器学习算法
现场测试

不同类型的问题促进了多种技术的产生，除此之外，数据库营销人员使用多种统计技术的另一个原因是对高预测精度的追求。在本书中我们会多次发现，即使是预测精度名义上的提高，也会为营销活动带来数十万美元的利润增长。从数据中所挖掘的细微信息都可以与营销收益性和效率直接联系起来。例如，假使一个预测模型可以将顾客对直邮广告的回应率从 1%提高到 2%，营销活动就可能从巨大损失转变为巨大收益。这是因为，尽管百分比的变化很小，但它会乘以至少数十万的顾客数，这样预测精度的边际提高便带来收益的叠加。因此，为了达到尽可能高的精确度，我们会运用更丰富的统计方法。

1.4 本书的组织架构

表 1.2 展示了本书的组织架构。在第 1 部分中，第 1 章针对数据库营销的源头问题进行了阐述。第 2 章"为什么要进行数据库营销"涉及了企业的数据库营销战略，阐述了企业进行数据库营销的三个基本原因，即提高营销生产率、改善顾客关系、建立竞争优势。正如前文所讨论的，一家公司基于何种原因使用数据库营销将会影响其接下来的 DBM 过程，不同动机将影响企业要解决的问题以及要采用的办法。在第 3 章中，阐述了企业如何组织营销职能以实施数据库营销。第 4 章阐述了法律环境，特别是顾客隐私问题，这决定了企业可以实施的数据库营销活动的类型。

本书的第 2～4 部分阐述了数据库营销工具，即如何收集和分析数据。第 5～7 章介绍了顾客终身价值(LTV)这一关键概念，第 8～10 章介绍了编辑数据、现场测试和预测建模，第 11～19 章介绍了预测模型中主要运用的统计方法。

第 5 部分和第 6 部分介绍了数据库营销可以解决的特定问题，这些问题主要运用了在第 2～4 部分所介绍的工具。第 5 部分介绍了顾客管理活动，包括获取顾客（第 20 章）、交叉销售和升级销售（第 21 章）、累积奖励计划（第 22 章），顾客分级计划（第 23 章）、顾客流失管理（第 24 章）、多渠道顾客管理（第 25 章）、顾客获取与保留管理（第 26 章）。第 6 部分介绍了营销组合，特别是沟通策略（第 27 章和第 28 章）和定价策略（第 29 章）。

本书致力于为数据库营销提供综合的处理方法，包括战略问题、工具和问题解决。

表 1.2　本书的组织架构

本书的组织架构
第 1 部分　战略问题 • 第 1 章　绪论 • 第 2 章　为什么要进行数据库营销 • 第 3 章　数据库营销的组织问题 • 第 4 章　顾客隐私与数据库营销
第 2 部分　顾客终身价值（LTV） • 第 5 章　顾客终身价值：基本原理 • 第 6 章　顾客终身价值的计算问题 • 第 7 章　顾客终身价值的应用
第 3 部分　数据库营销工具：基础 • 第 8 章　数据的来源 • 第 9 章　测试设计与分析 • 第 10 章　预测模型过程
第 4 部分　数据库营销工具：统计技术 • 第 11 章　预测建模中的统计问题 • 第 12 章　RMF 分析 • 第 13 章　购物篮分析 • 第 14 章　协同过滤 • 第 15 章　离散因变量与时间存续模型 • 第 16 章　聚类分析 • 第 17 章　决策树 • 第 18 章　人工神经网络 • 第 19 章　机器学习
第 5 部分　顾客管理 • 第 20 章　获取顾客 • 第 21 章　交叉销售与升级销售 • 第 22 章　累积奖励计划 • 第 23 章　顾客分级计划 • 第 24 章　顾客流失管理 • 第 25 章　多渠道顾客管理 • 第 26 章　顾客获取与保留的管理
第 6 部分　管理营销组合 • 第 27 章　数据库营销沟通设计 • 第 28 章　多项活动管理 • 第 29 章　定价策略

第 2 章 为什么要进行数据库营销

摘要

对企业来说，一个基本而又关键的问题是：为什么要进行数据库营销？我们讨论三种基本动机：提高营销生产率、建立和巩固顾客关系、创造可持续的竞争优势。我们将回顾与这三种动机有关的理论和实证证据，其中有关提高营销生产率这一动机的证据最多，而顾客关系和竞争优势动机的证据虽然存在，但是需要进一步的研究。

对于任何营销活动，我们要问的最根本的问题是其**存在的理由**——营销活动对于提高公司绩效起什么作用？在本章中，我们提出并评估开展数据库营销的三个理由：

- 提高营销生产率；
- 建立和巩固顾客关系；
- 创造可持续的竞争优势。

2.1 提高营销生产率

2.1.1 基本观点

零售企业家的先驱 John Wannamaker 先生曾哀叹过他的营销工作效率低下，“我知道我做的营销活动有一半是浪费的，但我不知道是哪一半”。而数据库营销就是要确认哪些营销努力是浪费的，哪些是有效益的，从而使公司能聚焦于那些有效益的营销活动。其原理是，营销活动作用于某些特定顾客才能获得收益。因此，数据库营销首先要辨别并瞄准这些目标顾客。由此可以看出，数据库营销也是市场细分以及确定目标市场的工具，它最终将提高营销生产率。

表 2.1 所示的例子，为我们的基本观点提供了解释。我们看到了如何通过直复营销活动向 1 000 000 个潜在顾客销售新产品并获得盈利。每个能够对营销活动做出回应的潜在顾客可以产生 80 美元的利润，而付出的成本是 0.70 美元，包括邮寄和邮件印刷的成本。假设有 1%的回应率(这个回应率在大规模邮寄活动中非常典型)，那么利润将会是

利润＝1 000 000×1% 回应率×80/回应－1 000 000×0.70/邮寄＝100 000(美元)

邮寄是有利可图的。但是，以上计算显示 99%的营销支出都浪费了，比 Wannamaker 先生的观点要极端得多！只有 10 000 名潜在顾客会回应，然而我们邮寄给了 1 000 000 名顾客来找到这些回应者。不幸的是，这是许多营销支出的典型结果。这个成本不仅包括公司损失的利润，还包括给社会带来的垃圾邮件以及密集的广告。如果我们消除其中一部分的浪费，不仅可以使企业利润得以增长，同时也能更好地服务社会。

表 2.1 的下半部分显示，如何通过数据库营销改善这个结果。潜在顾客名单被分成 10 个十分位组，每个组有 100 000 名顾客，并**根据他们对邮寄做出回应的可能性按优先次序排列**。而优先次序取决于预测模型(第 10 章)。该预测模型将回应率达到 3%的顾客作为一个组，将回应率为 2%的顾客作为第二组，依此类推，直到将回应率为 0.05%的顾客作为第十组。如果只针对第一组进行营销利润将是 100 000×3% 回应率×80/回应－100 000×0.70/邮寄＝170 000(美元)。只针对第一组邮寄将比针对所有组产生更多的利润。这个过程的关键是我们节省了邮寄成本，针对第一组的邮寄只浪费了 97%的成本，而针对全部顾客的邮寄将浪费 99%的邮寄成本。

表 2.1　数据库营销经济学：一个寻找潜在顾客的例子

• 无目标的邮寄

邮寄数目：1 000 000 名
每个回应获得的利润：80 美元
每个邮寄的成本：0.70 美元
回应率：1%
利润＝1 000 000×0.01×80－1 000 000×0.70
　　＝800 000－700 000
　　＝100 000(美元)

• 有目标的邮寄

十分位组	潜在顾客数目/名	回应率/%	利润/美元	累计利润/美元
1	100 000	3.00	170 000	170 000
2	100 000	2.00	90 000	260 000
3	100 000	1.40	42 000	302 000
4	100 000	1.15	22 000	324 000
5	100 000	1.00	10 000	334 000
6	100 000	0.60	－22 000	312 000
7	100 000	0.40	－38 000	274 000
8	100 000	0.30	－46 000	228 000
9	100 000	0.10	－62 000	166 000
10	100 000	0.05	－66 000	100 000
合计	1 000 000	1.00	100 000	

⇒针对前 5 个组(利润＝334 000 美元)

继续计算每个十分位组，我们可以看到向前 5 个组邮寄都是有利可图的，累计收益达 334 000 美元，远超过向所有组的邮寄利润 100 000 美元。

正如表 2.1 所示，数据库营销使公司可以根据顾客的“增益表”(lift tables)对其进行细分。然后，企业只针对被预测为有利可图的顾客开展营销活动。改善利润的关键是上面的十分位组比下面的组有着更高的回应率。我们将每组的回应率/平均回应率称为“增益"(lift)。比如,第一组的增益为 3∶1(3%第一组的回应率/1%整个数据的回应率),这足以大幅度提高利润。前五个组的增益为 1.71%/1%=1.71。鉴于现在的统计技术,这种规模的增益水平是相当可观的。这也为企业提供了一个应用数据库营销的基本理由——通过有效地向目标顾客开展营销活动来提高利润。

2.1.2 营销生产率的深度探讨

数据库营销能够提高营销生产率的观点主要源于三大因素:①大众营销(传统的电子媒体如电视)的主要问题是缺乏目标市场的针对性,数据库营销可以提供目标市场营销能力;②营销活动的效果需要被衡量,数据库营销提供这种衡量能力;③对大众营销的效果很难进行评估和调整,而数据库营销提供了一种方法,可以帮助我们更有效地进行目标市场营销。

1. 数据库营销:可以解决大众营销无法针对目标市场的问题

Wannamaker 认为一半的广告支出是被浪费的。长久以来,营销人员一直对无法进行目标市场营销而耿耿于怀。例如,大众传媒广告的选择性传播是很有限的。市场研究服务虽然能够提供某一个电视节目的受众人口特性、产品偏好及地理区域,但是这些信息距离进行目标市场营销的要求还很远。

Blattberg 和 Deighton(1991)首次提出了用数据技术进行目标市场选择,其关键在于找到"可锁定的顾客"。数据库营销可以创造一名顾客和企业之间的对话,企业可以倾听每个顾客的反映并对其需求做出应答。这点与大众传媒差别很大。Deighton 等人(1994:60)阐述了这样一个主题:"从最复杂的角度讲,一个交易数据库是企业与其每个顾客之间的谈话记录,随着谈话的展开,公司的产品也不断改进。"

巧合的是企业在实践中也发现,维护和存放数据的成本已经在迅速地下降。Blattberg 和 Deighton(1991)指出:"受众多因素影响,保存消费者的姓名、住址和购买记录的成本从 1970 年开始已经大幅下降并且将继续快速下降。"Sheth 和 Sisodia(1995b)报告说:"过去耗资 100 万美元的计算能力,如今不到 1 美元就可以得到。"Peppers 和 Rogers(1993:13-14)也谈到了这样一个相似的主题。

第二个企业实践中的发现是从数据中提取信息的工具(如表 2.1 中的增益表)越来越多,质量越来越好。这引发了"数据挖掘"(如 Peacock,1998)的爆炸性增长。Peacock 将数据挖掘定义为:"从数据库中自动发现那些有趣而且并不显而易见的规律,从而有助于基础销售……所谓有趣的规律是指那些可能对战略和战术并最终对组织的目标产生影响的规律。"Peacock 引证了一些例子。

- 万豪度假俱乐部(Marriott's Vacation Club)通过数据挖掘减少了想要达到预期回应水平所需要直邮的数量,正如表 2.1 所显示的情况。
- 英国保诚保险公司(Prudential Insurance)采用数据挖掘的方法来提高潜在顾客的回应率,测试结果发现潜在顾客的回应率翻了一番。
- 美国运通公司(American Express)采用了数据挖掘的方法,依照每位顾客购买不同产品的可能性为其打分,然后利用这些数据为顾客提供满足其需求的产品组合。

总的来说，大众营销很难进行目标市场营销，数据库营销能够提高目标市场营销的能力，数据库的成本在下降，数据挖掘在制订目标市场选择方案时效果显著。以上四点导致数据库营销的蓬勃发展，并成为提高营销生产率的重要工具。

2. 营销的可衡量性：投资回报率视角

从20世纪70年代的高通胀时期开始，高层管理人员非常关注成本——生产、劳动力和原材料这三个问题。Webster(1981)(也见 Lodish,1986)认为，从20世纪80年代初开始，首席执行官已开始把重点放在营销上。总经理或者说CEO呼吁重视营销意味着两件事情。首先，营销问题比成本问题更加广泛。从投资回报率(ROI)的视角，营销就是生产率，即用于营销的每一美元能产生多少利润。其次，营销需要被量化，使得营销效果可以被衡量。Sheth 和 Sisodia(1995a)在20世纪90年代中期的报告中指出，"CEO比以往任何时候都更要求成本的节约和对营销效果的更好的衡量"。

如表2.1所示，数据库营销满足了衡量营销投资回报率的需要。数据库营销可以花费350 000美元来产生334 000美元的利润(ROI为95%[①])，而不是花费700 000美元来产生100 000美元的利润(ROI为15%)。这样就减少了支出，增加了利润。更关键的是，结果变得可以衡量。整个数据库营销就是建立在对结果进行衡量这一基础之上的。表2.1示例中的情况是比较简单的，因为回应率可以被测量并制成表格，而且也可以计算成本。

在直复营销中，成本(至少是直接成本)几乎总是容易测量的。但是增加的收入有时候难以测量，因为我们并不清楚如果没有营销活动回应率会是多少。而这正是实验和学习的用武之地。例如，假设在表2.1中，即使没有直邮活动，消费者也可能通过其他销售渠道购买产品。针对这种情况，数据库营销人员可以设计一个对照组的实验，在十分位组1中，向90 000名潜在顾客邮寄，同时预留10 000名潜在顾客不进行邮寄作为对照，而不是像原先一样向全部100 000名潜在顾客邮寄。营销活动所产生的增量收益就是用这90 000名潜在顾客的回应率减去另外10 000名潜在顾客的回应率。由于做实验较容易，因此实验在测量数据库营销的效果方面起到关键的作用，从而使数据库营销可以衡量。

尽管营销的投资回报率通常是由每增加一单位的支出得到的利润来测量的，但我们仍然可以通过许多其他方式进行测量。Sheth 和 Sisodia(1995a, b)提出用顾客获取生产率和顾客保留生产率的加权平均来衡量营销效率。顾客获取生产率等于从新顾客那里获得的收益除以为获得新顾客而支出的花费，"并根据顾客满意度指数进行调整"(P11)。这种调整有利于量化获取顾客的长期利益。顾客的保留生产率等于从现有顾客那里获得的收益除以为现有顾客服务的支出，并根据"顾客忠诚度指数"进行调整，同样有利于投资的长期价值。在实践中测量这些变量会遇到很多实际的问题，但是顾客获取和顾客保留是数据库营销最重要的定义(使用顾客数据提高获取和保留顾客的有效性)。我们增加了交叉销售或升级销售这些概念也是很重要的。一旦企业有了一名顾客，通过数据库营销

---

① 注意：目前尚不清楚，公司是否应该最大化投资回报率，而不是绝对的利润水平。当企业支出水平较低时应最大化投资回报率而非最大化利润(见表2.1，只针对第一组顾客营销将最大化投资回报率，而针对前5个组营销将最大化利润)(作者感谢 Preyas Desai 提供以上见解)。

向其销售更多产品，这种能力无疑为企业提供了显著的优势(Blattberg et al.，2001)。

3. 作为一种学习系统的数据库营销

对大众营销的效果很难进行评估和调整。尽管营销组合建模已经非常流行，并产生了很好的结果，但是，进行控制实验的难度和成本仍然是一个重要的限制。数据库营销是一个学习系统，因为公司用实验和数据挖掘技术来了解营销组合决策的有效性和顾客的行为，并相应调整这些决策。实验是数据库营销的基础，在极端情况下，数据库营销人员甚至会测试一些非常微小的战术决策。例如，在直复营销活动中该采用什么颜色的纸张，或者在电话营销中该使用什么样的问候语。虽然这些都是战术层面的决策，但是实验使数据库营销人员可以从“错误”中学习，如那些失败的产品、定价或促销优惠等。这些学习可以改善营销活动的效果和效率。

从理论上说，传统的大众营销也可以做实验，但它们的实验样本量小，难以对实验实施控制而且成本较高。IRI 的行为扫描等工具可以被用来测试快速消费品行业的广告。然而，对于大多数不能通过固定样本组数据追踪到的产品，就无法进行这样的测试。因此，企业进行数据库营销具有显著的优势，它使企业有能力进行实验、学习和调整。

像亚马逊这样的数据库营销企业如今已经采用更复杂的目标市场营销工具来了解其顾客的行为，然后交叉销售其他产品。其中一种技术被用于分析顾客的行为以进行产品推荐，这种技术被称为协同过滤(第 14 章)。这类技术使用购买历史记录和其他信息以确定顾客将购买相关产品的可能性。例如，亚马逊通过顾客购买书籍的历史记录，向顾客推荐其可能有兴趣购买的其他书籍。

我们把实施数据库营销活动、学习以及调整的全过程称为“学习型营销系统”。图 2.1 描述了这个系统。图中显示，该公司在获取和保留顾客的过程中收集信息，然后使用这些信息以更新其与顾客互动的策略，包括产品、渠道、定价与促销策略。由于公司已经学习了解了顾客的偏好和回应特点，因此可以更有效地进行目标市场营销。

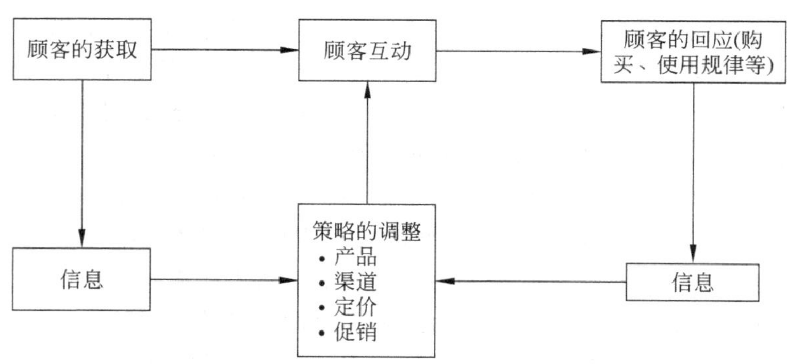

图 2.1 基于数据库营销的学习型营销系统

一个学习型的营销系统还可以为公司提供竞争优势。通过精心的设计，一个学习型的营销系统可以为顾客提供更好的产品推荐，与顾客进行更有针对性的沟通，而不是让顾客转到其他竞争对手那里购买产品。毕竟竞争对手没有有效的信息来进行针对性的产品推荐和沟通。因此，相对于 Barnes & Noble 和 Borders，亚马逊具有显著优势，因为它已经跟踪顾客更长的时间，并且在顾客的购买过程中一直提供产品推荐。

2.1.3 营销生产率观点的证据

表 2.1 显示了数据库营销的营销生产率观点的两个关键组成部分。首先是通过预测模型生成一个增益表，将那些会回应的顾客与不会回应的顾客区分开。其次就是一旦营销活动被开展，这个增益表可以预测实际的结果。

有很多例子可以证明增益表(可以用图形方式显示)的可行性。图 2.2 是 Ansari 和 Mela(2003)关于向目标市场发送电子邮件的研究。

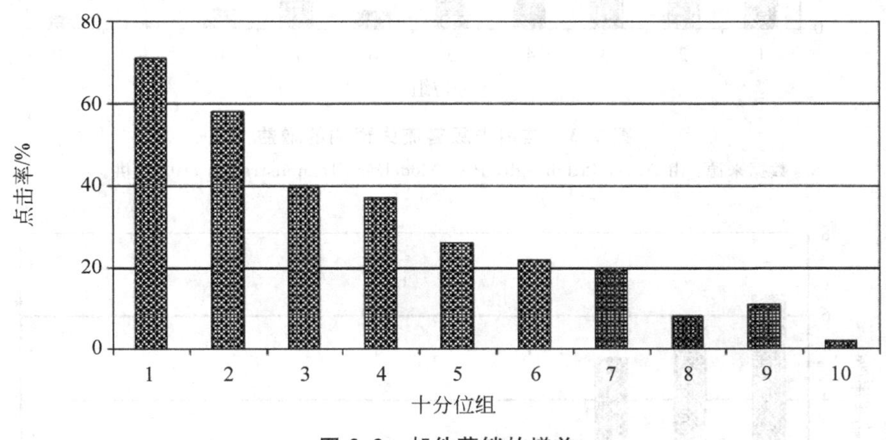

图 2.2 邮件营销的增益

研究的目的是使用电子邮件来邀请顾客访问一家信息网站。如图 2.2 所示，平均的回应率是 20%。然而，作者将顾客分成 10 个十分位组，前 3 个组的回应率达到 40%，比总体平均回应率提升了 1～2 个单位。参见 Sheppard(1999)和本书第 10 章有关于增益表的详细讨论。

图 2.3 显示了一个用增益图来预测那些信用卡顾客将关闭其账户(即"流失")的例子，研究者基于顾客过去 6 个月的行为做出了预测。如图 2.3 所示，第一个十分位组的顾客的流失率为 7%，而总体平均流失率低于 1%。因此，企业应当针对第一个十分位组的顾客实施顾客保留计划，比如，提供一个新的优惠，或是简单地提醒顾客该信用卡的优点。

图 2.4 显示了一家零售银行的网上银行对顾客"下次购买的产品"的预测(Knott et al.,2002)，预测主要是基于顾客当前拥有的产品做出的。平均购买率是 2.3%；前 3 个组的购买率是 5%，而这些顾客无疑是该网络银行进行直邮的优质潜在顾客。

在所有的示例中，数据库营销人员通过预测模型将顾客按某种行为进行细分并排序——这些行为可能是对邮件的回应率，放弃信用卡的比例，或者是选用新产品的比例。针对不同组的顾客企业应采取不同的应对方案。

这些结果令人印象深刻，因为这表明我们可以通过预测模型对顾客进行细分。请注意这不是在营销教科书中使用的传统细分形式。它是基于统计模型计算出来的购买概率的细分方法。一个关键的问题是：使用增益图来进行目标市场营销能否实现更高的收益与利润？

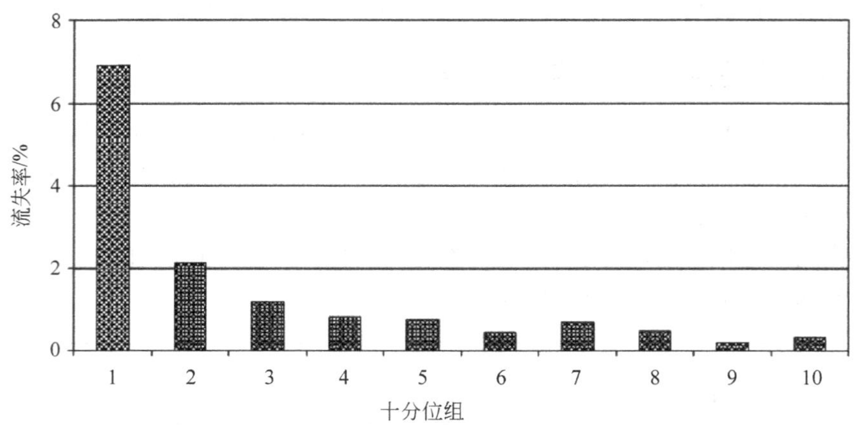

图 2.3 信用卡顾客流失预测的增益

数据来源：由 ASA，Pittsburgh，PA，ModelMax Demonstration Data 提供。

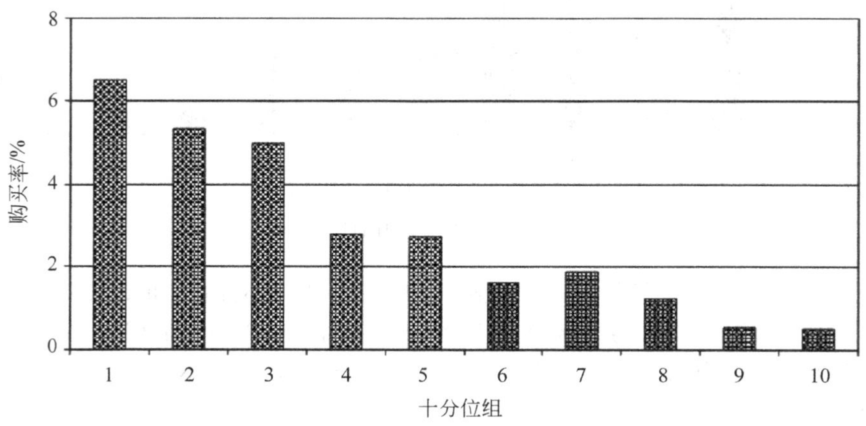

图 2.4 基于下次购买产品模型(NPTB)预测网上银行购买的增益

图 2.5 显示了来自 Knott 等人(2002)研究的一个例子。这个模型主要用来预测顾客使用住房抵押贷款的可能性，并按优先顺位排列。接下来企业通过直邮方式向最具有潜力的顾客营销。需要注意的是，这项研究更注重预测模型的后期表现，即企业通过模型结果进行目标市场营销活动，而营销活动的效果如何。

图 2.5 显示在有针对性的直邮活动中每位顾客产生的平均收益为 93 美元。然而，顾客也可以通过其他方式取得贷款，比如直接到银行申请。直邮活动能够比其他常见的营销渠道获得额外的收益吗？为回答这个问题，作者提前设立了一个控制小组，该小组成员也是根据预测模型被认定为最有潜力的顾客，经随机挑选生成，控制小组的顾客没有进行直邮营销。结果显示，该控制小组成员也有人自行申请贷款，但是控制小组为企业带来的人均收益为 37 美元。最后研究者产生的问题是，建立在如神经网络基础上的预测模型是否比简单的启发方式更有效。因此研究者还采用启发方式给那些富有的顾客发送直邮信息。正如图 2.5 所示的，启发方式进行直邮的结果与控制小组的结果相比没有产生任何

额外的收益。

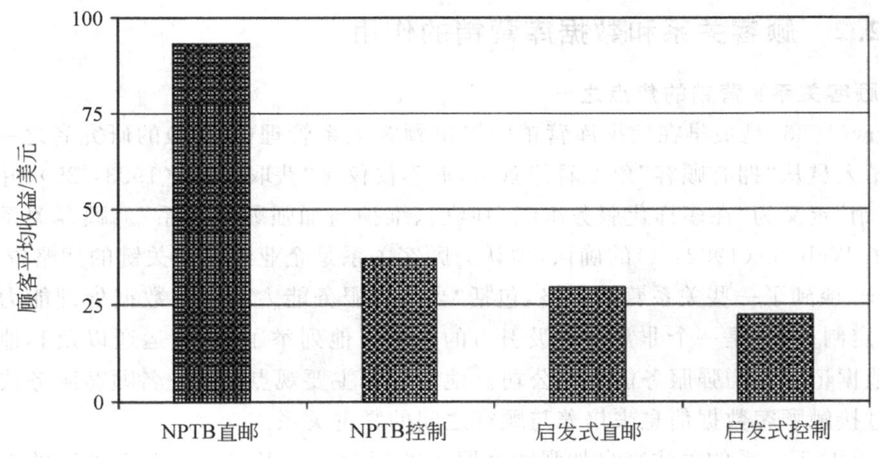

图 2.5 现场测试的交叉销售活动的收益

Knott 等人(2002)阐述了三个关键发现。第一,建立在预测模型基础上的目标市场营销活动能产生更高的收益。第二,收益比通过现有营销方式获得的收益有显著增长。第三,该模型比合理但非统计化的启发方式更有效。总的来说,我们看到了通过目标市场营销取得了可测量的提高的营销效果,而这是数据化营销威力的一部分。

上述例子指出,根据这些统计模型企业可以进行更有效的营销活动。当然,成本也是考虑要素。正如我们前面看到的,成本包括了数据库的编辑,用于生成增益的投入,以及数据库营销所产生的额外的顾客接触成本。一些本来就保存着顾客数据库的行业如服务业和目录销售商,显然会发现数据库并不昂贵。

2.1.4 小结

数据库营销存在的原因之一是提高营销生产率,这一点毋庸置疑。主要基于以下三点:①有效的目标市场营销非常关键,而数据库营销恰恰能做到这点;②当今的营销者必须对营销效果负责,而数据库营销可以测量 ROI;③对营销来说,学习及调整是非常关键的,而数据库营销就是一个学习的过程。以上三点对未来的数据库营销来说都非常重要。而前两点即目标市场营销及 ROI 测量已经得到了直接的实证支持。

虽然营销生产率的观点很有说服力,也无疑为数据库营销的发展做出了很大的贡献,但生产率观点主要是战术性的。它强调每一次营销活动的营利性,而遗漏了两个基本的问题:发展顾客关系和建立竞争优势。在本章后两个部分将会重点讨论这两个问题。

2.2 建立和巩固顾客关系

2.2.1 基本观点

该观点是:①良好的顾客关系是有益的,因为它和品牌忠诚度密切相关;②数据库营销可以用来建立和巩固顾客关系。

2.2.2 顾客关系和数据库营销的作用

1. 顾客关系：营销的焦点之一

Berry(1983)是最早在数据库营销中提出顾客关系管理(CRM)的研究者之一，Berry督促营销人员从“拥有顾客”角度看待营销，而不仅仅是“获取顾客”(1983：25)；并且他把“关系营销”定义为“在多样化服务组织中吸引、维护与加强顾客关系”。顾客关系的重要性得到了 Webster(1992：1)的确认，他认为顾客关系是企业经营中关键的战略资源。

Berry 谈到了一些关系营销策略，包括“当个人服务能力和电子数据处理能力合并起来时”，“定制关系”是一个非常具有吸引力的策略。他列举了施乐、运通以及其他一些使用顾客数据记录来增强服务能力的公司。他的一个主要观点是：一名顾客服务代表完全可以通过接触顾客数据信息来培养与顾客之间的紧密关系。

Berry 对于关系的关注来自加强顾客服务的理念。而 Webster 关于关系的强调则来自改变营销定义的愿望，即把营销的定义从职能性的任务(即“4P”)转变为社会和经济的过程。近年来，强调顾客关系的动机源自顾客终身价值这一理念。N 个顾客的终身利润或者“顾客资产”可以用下面的公式表示(见第 5 章)：

$$\text{Profits} = N\sum_{t=0}^{\infty}\frac{(R-c-m)r^t}{(1+\delta)^t} - Na \tag{2.1}$$

其中，N 为所获取的顾客数；a 为获得每个顾客所需成本；R 为每个顾客在每个时期给企业带来的收益；c 为每个顾客在每个时期内的主营业务成本(cost of goods cost，COGS)；m 为每个顾客每个时期的营销成本；δ 为折现率；r 为保留率，每年保留下来的顾客比例。

式(2.1)也可以写作：

$$\text{Profits} = N(R-c)\left(\frac{1+\delta}{1+\delta-r}\right) - Nm\left(\frac{1+\delta}{1+\delta-r}\right) - Na \tag{2.2}$$

公式中第一部分是长期利润贡献，第二部分是保留顾客的长期营销成本，第三部分是获得取顾客的所有成本。式(2.2)显示利润是一名顾客保留率的凸函数，而不是顾客数量的线性函数，这就印证了强调顾客关系的必要性。

长期利润与保留率的凸性关系可以从图 2.6 中显示出来。比起顾客数量增长 20%，将保留率增长 20%对利润增长的影响更明显。

许多研究者都在强调保留老顾客的好处。在 Winer(2001)发表的麦肯锡公司的研究报告中，比较了顾客获取与顾客保留对互联网公司市值的影响。研究的结论是，保留老顾客比获取新顾客重要得多。Reichheld(1996)也发现，保留率的细微增长会对总利润带来巨大的影响。Gupta 等人(2004a)也得出了相似的结论。

一个关系管理战略部分基于这样的信念：①保留老顾客比获取新顾客更便宜；②增加保留率比增加获取率更有价值。以上讨论表明顾客关系管理可以增进企业收益。不幸的是，关于顾客关系管理如何影响成本却证据不足。相比于把顾客获取率从 1%提高到 5%，把保留率从 80%提高到 90%可能花费更大，甚至是不可能的。提高顾客保留率所产生的成本缺乏相关的记录，同时这也是一个实证问题，因企业而异。本书第 26 章将更深

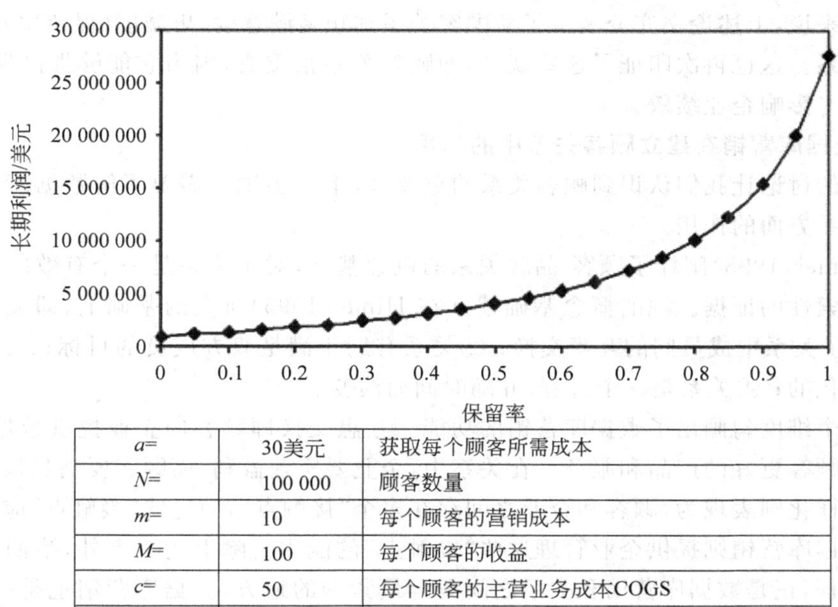

$a=$	30美元	获取每个顾客所需成本
$N=$	100 000	顾客数量
$m=$	10	每个顾客的营销成本
$M=$	100	每个顾客的收益
$c=$	50	每个顾客的主营业务成本COGS
$d=$	0.15	折现率

图 2.6　顾客保留率和每个顾客总利润之间的关系[式(2.2)]

入地讨论顾客保留与顾客获取战略的比较问题。

另一个让我们重视顾客关系的动力来自 20 世纪 90 年代的研究，研究发现顾客关系强度直接影响顾客满意度和忠诚度，而顾客满意度与忠诚度又直接影响企业的绩效。一些研究探索了满意—忠诚—企业绩效之间部分或全部的关系。Anderson 等人(1994)使用一个包括三个方程的模型来描述顾客期望、满意及企业利润回报的动态关系。他们的数据涉及了瑞典不同行业中的 77 家企业。其中一个重要的发现是顾客满意度与企业投资回报率(RDA)之间具有紧密联系。他们没有检验品牌忠诚度的作用，但认为顾客满意度对投资回报率的影响是由于顾客满意可以产生较高的顾客忠诚度。

Rust 和 Zahorik(1993)提出了一个更规范的模型。他们提出一个宽泛的模型，刻画了顾客满意度、顾客保留率和市场份额之间的关系。虽然他们没有验证整个模型，但使用一家商业银行的数据验证了顾客满意度对顾客保留率的影响。满意要素中对保留率影响最大的是“温暖”，而温暖这一变量包括“友好”“经理非常了解我”“倾听我的需要”及“对于家庭很方便”这些测量题项。这些要素的大部分都是稳固的顾客关系的基本标志。

Barnes(2000)研究了来自不同行业的 400 名顾客与企业的关系，包括金融机构、超市及电信行业。他测量了关系的亲近度、关系强度及关系中的情感成分，发现亲近度和满意度紧密相关。

Bolton(1998)研究了满意度对于关系持续时间的影响。她发现的累计满意度直接影响关系的持续期。她还发现，交易或者服务中出错对关系持续时间的影响将取决于先前的满意度。她的研究结果表明了顾客满意和顾客终身价值之间的直接关系。

总的来说，上述论文充分展示了从顾客关系到顾客满意度、忠诚度（保留率）乃至企业绩效的关系。这也再次印证了这些观点，即顾客关系很重要，因为它能够提高保留率，而保留率又将影响企业绩效。

2. 数据库营销在建立顾客关系中的作用

前面的讨论让我们认识到顾客关系的重要性，下一步则是需要了解数据库营销在建立顾客关系方面的作用。

Fournier(1998)阐释了顾客-品牌关系的概念基础，对于关系是一个有效的行为概念提供了探索性的证据。她的概念基础建立在 Hinde(1995)研究的基础上，即关系包括四个方面：①关系中成员间的互惠交换；②关系有助于满足双方成员的目标；③关系的形式是多样化的；④关系是一个过程，并随时间而演变。

这四个维度勾画出了数据库营销的功能。互惠交换即顾客向企业提供数据，而企业则提供给顾客更好的产品和服务。在关系中，企业要实现盈利，而顾客要满足效用。关系的形式多样化则表现为，顾客和企业之间存在多个"接触点"，而这些"接触点"应该被妥善管理。数据库营销则提供企业管理这些"接触点"的能力。除上述三点外，第四点即关系是一个过程，正是数据库营销和关系之间契合最紧密的地方，数据库营销也是一个过程，并随着时间演变。数据库营销的本质就是收集数据，采取行动，评估行动，收集更多的数据，采取更多行动等。企业从数据库中提取的数据以及做出的结论就像关系一样，会随着时间演变。

Fournier 的研究表明，数据库营销和关系在概念层面上有所联系。Peppers 和 Rogers(1993，1997)从管理视角上明确表述了这一联系。Peppers 和 Rogers(1993，1997)强调建立一对一关系的重要性。他们讨论了一些重要的关系概念，如"顾客份额"(share of customer)、"顾客驱动"(customer driven)和"终身价值"(lifetime value)。Peppers 和 Rogers(1997)强调，管理这些关系概念的方法是通过数据。他们表明(1997：11)，"计算机正在改变竞争的模式，用顾客驱动模式取而代之"，现在的营销模式是："我认识你，你告诉我你想要什么，我会做到，我下次还会记住。"

Nebel 和 Blattberg(1999)发展了品牌关系管理的概念，并把它定义为："企业建立、保持并增强品牌与顾客之间的关系，并通过互动式的、个性化的以及增值性的接触，来持续性地加强这些关系，是一个长期的互相交换并实现承诺的过程。"他们的定义并未将企业最终目标限制于追求需求份额（即在顾客购买中所占据的市场份额），而是认为品牌关系的最终状态应当是通过建立亲密感以及共创品牌关系达到品牌忠诚。一个成功的例子就是苹果电脑，这家公司通过 iPod、iTunes 及 Apple Stores 创造了无数次与顾客的接触。这些努力都有助于建立一个品牌关系，而不仅仅是一个简单的品牌。强大的品牌关系的目标是顾客忠诚度以及他们对产品、服务的推荐。其理论框架如图 2.7 所示。

另外一个品牌关系管理的例子是宝洁的母亲咨询电话。宝洁公司为帮宝适（尿布）设立了交互式的咨询求助热线以及网站来回答母亲们的问题。尽管这些问题和尿布不直接相关，但是创造了互动式的、个性化的及增值性的接触机会，从而帮助企业建立一个更牢固的品牌关系。在品牌关系研究中，学术界面临的问题是：①这些接触是否能增强品牌忠诚度；②增强的忠诚度是否创造了品牌关系并带来更大的终身价值。

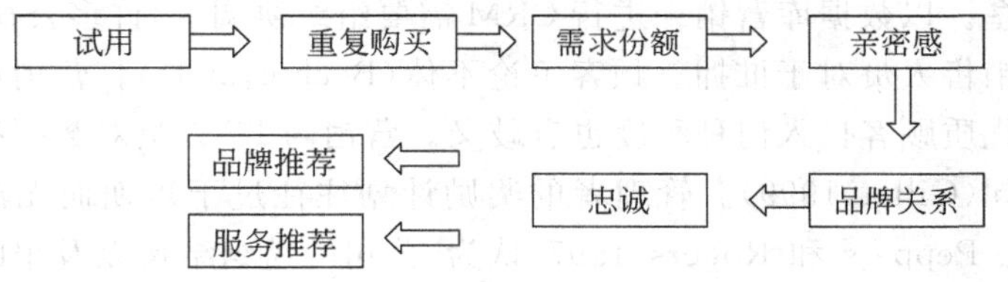

图 2.7 品牌关系管理模型

Winer(2001)通过他的"顾客关系管理框架"进一步强化了顾客关系和数据库营销之间的联系。这是一个有关如何实施顾客关系管理的框架。这个体系通过以下步骤将数据、数据分析及关系建立起紧密联系。

(1) 建立一个顾客数据库。

(2) 分析数据。

(3) 筛选目标顾客。

(4) 用合适的手段对顾客进行目标市场营销。

(5) 建立关系计划——奖励计划,订制计划,顾客服务,打造顾客社区。

(6) 考虑顾客的隐私要求。

(7) 建立一套评估这个过程的标准。

其中步骤(5)、步骤(6)涉及如何驾驭数据库营销来发展顾客关系。

2.2.3 数据库营销增强顾客关系的证据

关于"数据库营销的存在是为了增强顾客关系"的证据并不是很充分。近年来,CRM作为解决企业问题的流行工具,收到了许多不利报道,从而使这个问题变得更加模糊。关于 CRM 的不利报道主要来自一些商业期刊对实施 CRM 的公司进行的经理人满意度调查。

- Insight Technology 报道称,31%的公司认为,它们并没有从 CRM 中获得回报,38%得到了很少的回报(匿名,2001)。
- Gartner Group 报道称,45%的 CRM 项目在促进顾客接触方面是失败的,51% 在3 年里没有产生任何正面回报(匿名,2001)。
- Meta Group 报道称,75%的企业实施 CRM 后并没有达到目标(匿名,2001)。
- "据预测,60%～80%的 CRM 项目并没有达到它们的目标,30%～50%的 CRM 项目彻底失败"(Sheth&Sicodia,2001)。
- Mercer 管理咨询公司发现,只有 38%的公司通过 CRM 工具实现了预期的回报,26%通过顾客营利性工具实现了预期回报(Jusko,2001)。

这些调查并没有找到公司对实施 CRM 失望的原因。我们并不清楚,到底是实施 CRM 计划失败,还是由于企业技术投资失败而将 CRM 当作替罪羊。此外,这些例子都取自一个特别的时期,即"网络热潮"时期。在这个时期许多公司在信息技术方面都表现为过度投资。不管怎样,企业初期试图整合数据库营销和顾客关系管理的努力失败的原因可能有以下几个方面。

- **组织壁垒**。以数据库营销来进行 CRM 需要组织协调，而许多公司无法做到这点。营销与销售人员对于谁拥有顾客争论不休(Boehm,2001)。营销和财务人员对于向那些优质顾客投入何种程度也有歧义。营销与 IT 人员对数据挖掘获得的洞察并不相同(Gillet,1999)。管理者的奖励计划往往过于短期而无法激励员工去培育顾客。Peppers 和 Rogers(1997)认为，公司的组织结构以及报酬体系必须适应这场以顾客为中心的变革。Srinivasan 和 Moorman(2002)发现，以顾客为中心的奖励计划以及营销与 IT 部门之间良好的互动会产生对顾客适合的投入计划，提升顾客满意度与公司绩效。Reinartz 等人(2004)则发现，对员工培育顾客关系的行为予以奖励能够增强 CRM 的效果。
- **顾客获取和保留成本的比较**。CRM 的吸引力部分来源于人们认为增加顾客保留率比增加获取率更便宜。这种观点未必正确。例如，有一些 CRM 战略主张"顾客就是一切"，这种主张使企业不再聚焦于单个产品，而是将顾客作为管理实体。这种做法的成本是极其昂贵的。Gormley(1999)的报告表明，92%的公司认为"顾客就是一切"这一观点很重要，但是 88%的公司 "并不是真的"或"根本没有"执行这种观念。这可能是由于为管理顾客而进行数据编辑等 IT 成本过于庞大。
- **在顾客关系管理中培育顾客**。Fournier 等人(1998)认为，许多公司没有向顾客传递互惠性的利益，而这却恰恰是顾客关系的基石(Fournier,1998)。公司对顾客提出了不合理的要求。它们向忠诚顾客收取更高的价格，而不是更低的价格。它们忙于应付最好的顾客，对于普通顾客则照顾不周。对企业来说，CRM 的一个主要利益就是确认谁是最佳顾客，然后关注他们(Peppers & Rogers 1993; Zeithaml et al. ,2001)。尽管这是对的，但并不意味着放弃普通顾客或者将他们降级，由自动呼叫系统提供服务。Malthouse 和 Blattberg(2005)表示，许多未来的最佳顾客来自现在的普通顾客。
- **依靠技术手段来解决公司文化问题**。人们认为 CRM 是数据库营销，是因为数据库是一种工具，并能帮助企业实现规模经济。数据库使大型企业也能像街边的药店一样去了解自己的顾客(Swift,2001)。然而，这只是问题的一半。问题的另一半是街边药店的经营者是真的关心他们的顾客。CRM 绝不仅仅是拥有顾客需求、欲望的记录和数据。它要求关心个人导向的企业文化，而非受信息技术控制的任务导向的企业文化(Deshpandé,1993)。Sheth、Sisodia(2001)和 Day(2000)都提出了这样的观点。
- **公司未能在以顾客为中心和以产品为中心之间取得平衡**。CRM 督促公司以顾客为中心，即将公司的经营视为对顾客的管理而不是对产品的管理。这种"顾客就是一切"的观点会引发财务问题，CRM 和产品管理等其他部门的组织冲突，缺乏企业文化的支撑，这些都将导致 CRM 的失败。也许好的应对策略是将以顾客为中心和以产品为中心视为一个综合体，企业不是在完全以顾客为中心和完全以产品为中心之间做出选择，而是在中间达到一个最佳平衡。

数据库营销是 CRM 的基础，而上面的论述为此描绘出一幅模糊的画面。美国经济咨商局(Conference Board)(Bodenberg,2001)，调查了来自不同行业的 96 个市场营销和销售高管，他们的公司包括制造业及服务业，既有从事 B2B 业务的公司，也有从事 B2C 业务的公司，公司收益以及顾客群也有大有小。其中，80％的被调查者认为他们的 CRM 实施比较或者非常成功。那些认为非常成功的公司更有可能存储数据建仓，这体现了它们对于 CRM 的重视。报告发现，有助于 CRM 成功的因素有：公司文化和领导力、流程和技术的提升、与顾客直接的交流、控制预算和节约成本。还有一些关于 CRM 项目成功的有趣例证。这些成功的企业包括 Harrah 娱乐公司及其他公司（Maselli，2002；Swift，2001）。

两个重要的实证研究证明了数据库营销与顾客关系、公司绩效之间的关系。Zahay 和 Griffin（2004）调查了 209 位软件业和保险业的经理。他们对以下变量进行了测量：①个性化和定制化，即利用数据创造个人层面的产品和沟通活动；②顾客信息系统（CIS）的发展，即企业产生、记住、散播以及解释顾客数据的程度；③顾客绩效，包括顾客保留、终身价值及钱包份额；④企业经营业绩，即由经理人报告的企业增长率及收入。研究者发现，个性化和定制化（即使用数据库营销）与 CIS 的发展正相关，CIS 的发展正向影响顾客的绩效，而顾客绩效又正向影响公司业绩（2004：186，见图 2.5）。总而言之，数据库营销（发展 CIS 用于个性化和定制化）、关系发展（顾客绩效）及企业业绩是联系在一起的。

为了研究 CRM 活动和公司业绩的关系，Reinartz 等人（2004）调查了 211 位高层管理人员。CRM 活动包括顾客关系的发起、维系和终结。他们用多题项的量表来测量这些关键的概念，对被调查者进行主观测量（由被调查者自我报告）。题项包括“我们采用外部数据来确认具有高价值的潜在顾客”（顾客关系发起），“我们持续地跟踪顾客的信息来评估顾客价值”（顾客关系维系），“我们采用固定的流程来进行交叉销售”（顾客关系维系），以及“我们采用正式的系统来确认不盈利的顾客和低价值的顾客”（顾客关系的终结）。企业业绩同时采用主观测量与客观测量（资产收益率）。研究者发现，CRM 投入与企业业绩正相关。他们也发现组织方面的因素能提高这个相关度。特别地，他们采用两个题项来测量“组织同盟”这个变量，包括对那些加强顾客关系的员工的奖励系统以及根据不同顾客的盈利能力来区别对待顾客的组织能力。研究发现，“组织同盟”与 CRM 投入对企业业绩的影响具有交互效应。另一个有趣的发现是，企业为实现一对一营销以及对顾客信息实时反应而对 CRM 的投入，与企业业绩的主观测量负相关。一个可能的解释是：虽然企业建立顾客数据库可以提高业绩，但是也有可能对复杂的技术投资过多从而导致得不偿失。

上述两个研究为顾客数据使用、顾客关系以及企业业绩之间的关系提供了初始的证据。这些证据还不够明确，仍有许多问题需要深入研究。例如，Reinartz 等人（2004）没有将顾客数据的作用分离出来，而是将顾客数据视为 CRM 投入的一部分。另外，以上研究中得出的 CRM 投入对于企业业绩的负影响这一结果很可能是由数据本身造成的，使用其他数据可能会得出不同的结果，因此需要更多的研究。Zahay 和 Gruffin（2004）的研究将 CRM 作为顾客数据的前置变量，这样因果关系可能是倒置的。例如，是 CIS 先影响了 CRM，然后 CRM 再影响经营业绩。总而言之，未来的工作应该分析比较不同的模型、采用不同的测量指标及使用不同行业的数据，这样我们才能完全了解收集和利用顾客数据是否能以及在什么情况下能增强顾客关系与公司业绩。

2.2.4 小结

总的来说，数据库营销是一种能发展顾客关系的工具。保留老顾客比获取新顾客的影响更大也是老生常谈。不少实证研究认为，良好的关系可以提高顾客满意度，增加顾客保留率，由此提高公司业绩。一个主要的问题是："保留老顾客的投资比获取新客户的投资是否回报更多?"几乎没有关于这个问题的文献，仅有的文献是 Reinartz 等人(2005)的研究，他们发现：①投入不足比过度投入更有害；②在保留老顾客方面资源分配不够比起在获得新顾客方面投入不足影响更大。然而，我们需要更多的研究来理解企业该如何在获取新顾客与保留老顾客之间分配资源。另一个问题是：数据库营销能否用来创造或改善顾客关系。正反两方证据都有，包括两个实证研究支持数据库营销、CRM 投入和公司业绩之间的正相关性，但还是需要更多的系统性研究。

2.3 创造可持续的竞争优势

2.3.1 基本观点

数据库营销要使用包含顾客信息的文件，而这个文件自然只属于一个公司，而其他公司没有。与其他的竞争者相比，公司可以使用这些信息文件更好地服务顾客，如为顾客提供正确的服务，做出产品推荐，以及进行量身定制的促销。这种信息不对称给了公司潜在的可持续的竞争优势。这种竞争优势的可持续性在于：竞争者支付不起获得同样信息的成本——要获得这些信息，他们只能买下这家公司。实际上，公司拥有的顾客信息文件的价值将决定公司的价值(Gupta et al. ,2004a)。

这个观点很有吸引力。顾客数据库是私有的，当公司运用数据库来学习并改善它们的服务时，公司的优势也得以增长。然而，这里面没有考虑到竞争，特别是如果每一个竞争者都组建自己的数据库并且形成一个"共生共荣"的顾客信息环境时，企业之间获取新顾客与保留老顾客的竞争是否更加激烈？我们将通过回顾可持续的竞争优势这一观点的演变来探讨这些问题。

2.3.2 可持续竞争优势观点的演变

数据库营销能为企业提供可持续的竞争优势，这一观点的演变分为三个阶段。第一阶段，是作为竞争优势来源的"营销导向"(marketing orientation)这一观点的出现。营销导向包括收集和利用顾客信息。但是在这里，顾客信息的定义非常广泛，并没有明确为是由数据库营销人员使用的顾客信息文件。在第二阶段，Glazer(1991,1999)和其他人明确了顾客信息文件的作用，并研究了这些文件如何给公司提供竞争优势。在第三阶段，经济学家开发出一个规范的模型，阐述了顾客信息文件如何提供持续性的利润增长。

1. 营销导向

Kohli 和 Jaworshi(1990)将营销导向定义为顾客数据的"产生"，数据在组织内部的"分送"，以及组织对于这些信息的"反应"。许多研究测量了营销导向并将它与企业业绩联系起来。

Jaworshi 和 Kohli(1993)对分别来自 145 个和 136 个战略业务单位(SBU)的两组高管人员进行了调查(另参见 Kohli et al.,1993)。与他们 1990 年的论文相似,他们采用 32 个题项的量表测量营销导向,其中包括许多与行动有关的题项,如经常与顾客见面、进行内部市场调查和收集行业信息等。他们的研究中并未直接测量对顾客信息文件的使用。

研究者发现营销导向与主观测量的公司业绩之间具有显著的正向关系。但是营销导向与用市场份额客观测量的公司业绩之间没有关系。营销导向的前置变量包括高层管理者的关注、部门间的有效联络与低冲突水平、去中心化的组织、对高管的奖励计划等。该研究证明了组织因素将为发展营销导向提供必要的环境,但是并没有发现营销导向与企业客观测量的业绩之间具有正向关系。

Moorman(1995)调查了 92 名营销副总裁发现,单纯的信息收集与传递对企业的新产品业绩没有影响,但信息的"概念化应用"与"工具化应用"具有正向的关联性。所谓概念化应用,是指对于信息的非直接使用,如对于结果的总结以及解释等。而工具化应用则是对信息的直接使用,使用信息来评估项目以及对于项目实施提供清晰的指示。Moorman 的发现意味着,仅通过简单的收集与扩散信息来创造优势是不够的,关键在于使信息有意义,利用信息来实际地指导企业的策略。

Moorman 和 Rust(1999)调查了两组企业经理,其中一组样本的个数是 330,另一组样本个数是 128。他们发现,营销导向可以提高企业利润率以及市场业绩,但是与顾客关系绩效没有关系。他们的调查结果意味着使用顾客信息虽然可以提高业绩但是不能提高顾客忠诚度,那些营销导向的企业运用数据的确提高了营销的生产率,但是不一定能发展顾客关系。

就像在 2.2.3 节中提到的,更多近期的研究(Zahay & Griffin 2004; Reinartz et al.,2004)已经将数据库营销活动与公司业绩挂钩。这些研究中使用的一些与信息使用有关的变量已经与数据库营销越来越近。因此,这些研究将营销导向和企业业绩的关系扩展到了数据库营销与企业业绩的关系。

总之,数据库营销与公司业绩关系的研究发展很快,但是仍不够明确。早期关于营销导向的研究已经发现了一些证据,特别是 Moorman(1995)的研究发现能够建立竞争优势的是对数据的应用,而不是单纯的收集数据。这个关系在 Zahay 和 Griffin(2004)以及 Reinartz 等人(2004)的研究中被再次证明。未来还需要更多的研究,特别是将数据库营销和客观测量的企业业绩联系起来的研究。

2. 作为公司资产的顾客信息文件

Glazer(1991,1999)提出,对顾客信息的重视程度与顾客信息文件能够产生的价值之间在理论上存在一定的联系。Glazer(1991)谈及了三种基于信息的价值创造:与供应商的上游交易信息(V^s)、企业内部运营的信息(V^f)和与顾客的下游交易信息(V^c)。顾客信息对数据库营销人员的作用,表现为以下三个方面:增加了未来业务的利润(如通过给正确的产品制定正确的价格);减少了成本(如不须向每一名顾客直邮),以及兜售信息本身(通过租赁顾客名单)。这些方面合起来决定了由产品和服务产生的价值有多少是来自顾客信息的(V^c)。

Glazer(1991)讨论了信息在管理供应商、企业内部与顾客方面的重要意义。例如，它能够决定公司是该追求高市场份额还是补缺市场/目标市场营销。追求市场份额的策略是建立在规模经济的基础上，公司需要高产量、低成本，并且需要很多供应商(V^s)和公司信息(V^f)。而大量的顾客信息则将公司导向目标市场营销，目标市场营销的关键是产品的差异化以及公司要专注于补缺市场或目标市场。Glazer 认为，如果公司从这三个方面都能获得较高价值，就能做到灵活的生产以及大规模的定制策略。

Rust 等人(2002)采取了一个相关但又有些不同的视角。他们认为，企业是在增加收入(专注于顾客)和降低成本(专注于减少运营和组织成本)之间做出选择。顾客信息有利于企业收入的扩张，而供应商和公司信息则有利于降低成本。他们发现，与公司同时关注收入扩张与成本降低相比，当公司专注于收入扩张时，公司运营得更好①，这说明了顾客信息的重要性。在实践中公司可能会难以同时达到基于信息的三种不同的价值创造方式。

Glazer 在 1991 年写的论文为他 1999 年的论文奠定了基础。他在 1999 年的论文中清楚地探讨了顾客信息文件(costomer information file，CIF)的作用，而顾客信息文件又是 V^c 的来源。他将"敏锐市场"定义为一个顾客信息频繁变化的市场，并且认为这种类型的市场正在不断增长。他使用顾客信息文件作为基本框架来制定能够在敏锐市场获取成功的企业战略。

CIF 如图 2.8 所示(Glazer，1999)，从中可以看出三种基本战略：行管理、列管理与行列管理(整体文件)。下面我们将只探讨行管理与列管理。列管理战略专注于使顾客对于营销活动或者产品产生最大化的反应。这可能包括为顾客定制产品(大规模定制)或者针对不同的顾客定制价格(收益管理)。列管理战略是以产品为中心的：从产品(如信用卡)设计开始，探讨如何针对每位顾客定制产品特点、利率以及价格或费用来使企业利润最大化。

	顾客特征	对营销活动的反应	购买历史	潜在利润
顾客1	人口统计	营销和反应	购买	终身价值
顾客2	人口统计	营销和反应	购买	终身价值
顾客3	人口统计	营销和反应	购买	终身价值
顾客4	人口统计	营销和反应	购买	终身价值
顾客5	人口统计	营销和反应	购买	终身价值
……	……	……	……	……

图 2.8 顾客信息(CIF)和营销策略

(**资料来源**：Glazer，1999)

相比之下，行管理战略则关注每一位顾客，并考虑公司如何从每一个或每一组顾客身上获得最大利润。重点在于通过互动式的营销沟通方案来使顾客终身价值最大化。Glazer 举的一个例子是美国运通公司(1999：64)。该公司针对其商业顾客开发了一个关系-账单计划。它首先分析了顾客的人口统计特征，然后根据分析结果将顾客账单上的广

① 运营效果是采用资产回报率(ROA)和股票市场回报来测量的。

告位销售出去。

Glazer 回应了 Moorman(1995)的观点，指出在敏锐市场（由顾客信息文件驱动的市场）上，处理信息的能力而非信息本身是稀缺资源。因此，公司的竞争优势来自三个方面：顾客信息文件的创建、处理信息及使用信息来开发营销策略。

3. 将顾客信息作为战略资产的经济学理论

有关营销导向的文献为营销信息作为企业资产建立了理论与实证的基础。Glazer 及其他人将研究的重点转向作为营销竞争优势的顾客信息。最近的研究开始将顾客信息与企业业绩相联系。而经济学的文献则分析了通过管理顾客信息文件来打造竞争优势的战略启示。

我们将讨论几个在这些研究中出现的重要现象，但中心议题是它们都关注了价格歧视，即企业使用顾客信息来确认谁是它们的忠诚顾客并向其收取高价，而对那些转换顾客报出低价。一个中心问题是：企业使用顾客信息进行差异性定价是否会增加利润？经济学家研究了许多影响因素，包括竞争、定位的准确性、企业及顾客的一些战略行为。

1) 顾客信息导致囚徒困境吗

Shaffer 和 Zhang(1995)研究了确认顾客的偏好能否提高公司的利润。在他们关于顾客行为的模型中，顾客的偏好是从极度偏好公司 1 到极度偏好公司 2 的一个连续变量（著名的霍特林框架）。顾客在产品偏好和产品价格之间进行权衡，最终决定购买哪家企业的产品。研究者假定两家企业都有关于顾客偏好的完美信息，了解顾客在偏好及价格上的权重。

他们的模型主要建立在卡特里那营销公司的实践基础上。这家公司会根据顾客以往的购买习惯来针对性地向他们发放折扣券。顾客的购买习惯既可以通过其过去的购买历史来决定，也可以简单地由其在收款台最近购买的产品来决定。例如，如果一名顾客在某一周买过可口可乐，通过准确预测购买情境，百事可乐可以向该顾客针对性地发放折扣券来诱导其下次购买时转换品牌。

这乍看起来很令人吃惊，从数据库营销的视角，该结果意味着企业获得了顾客信息而发起的这场争夺战反而会使利润减少。问题就在于企业不能实施价格歧视。它们想向忠诚的顾客收取更高的价格，但不能这么做，因为竞争对手可能通过极有吸引力的折扣券来吸引这些忠诚顾客。结果是，对忠诚顾客的价格定得不够高，无法形成价格歧视。而企业对那些转换顾客（在霍特林线中间的消费者）的报价则很低，因为这些顾客认为企业之间的产品没有什么差别。

Shaffer 和 Zhang(1995)阐述了一个更悲观的观点，认为数据库营销只会使竞争更激烈。显然这与真实情况不符，因为越来越多的企业在使用数据库营销。这个观点跟其模型的假设有关。他们模型中的一个关键假设是企业拥有顾客偏好的完美信息。但事实很少如此。典型的情况是，企业只有它们自己的顾客的有限信息。

2) 不完美的目标顾客定向能力

Chen 等人(2001)以及 Chen 和 Iyer(2002)的研究更接近真实情况，即企业只能进行不完美的目标营销，只有在使用顾客数据库后利润才得到增长。因为相比完美目标定向情况（Shaffer 和 Zhang 的研究背景），当企业清楚地知道它们的目标定向不完美时，反而能够缓和价格竞争。我们将对这些文献进行详细综述，这些研究对于“数据库营销是企业可持续竞争优势的来源”这一观点，提供了重要的证据。

Chen 等人(2001)使用了 Narasimhan(1998)的顾客模型，他们假设存在三种类型的顾客：忠诚于公司 1 的；忠诚于公司 2 的；转换顾客，购买公司 1 产品和购买公司 2 产品的概率分别是 r_1 与 r_2，忠诚的顾客总是从他们喜欢的企业那里购买，只要价格低于他们的保留价格，这个保留价格在模型中初始值为 1 美元。转换顾客则是哪家公司产品便宜买哪家，如果两家公司价格相等，从公司 1 和公司 2 的购买概率分别为 0.5。这个模型与 Shaffer 和 Zhang 的霍特林模型不同。在霍特林模型中，顾客偏好被设定为一个连续变量中的一点，并且会受低价折扣的影响。Chen 等人的模型仍然是接近现实的，因为有些顾客忠诚于可口可乐、麦当劳、富利特银行或是富达投资公司。只要价格不是太高，他们就会持续购买。我们将解释在这种情况下，随着企业定向能力的提高，利润将如何变化。

Chen 等人将“定向能力”定义为企业识别忠诚顾客和转换顾客的能力。他们假定企业只知道自己的忠诚顾客和转换顾客，但是不知道竞争对手的忠诚顾客。企业可以找到自己的忠诚顾客，但是无法找到竞争对手的忠诚顾客。我们看看富达投资的例子。Chen 等的假设是富达投资知道谁是它们的忠诚顾客(只从它们公司购买金融服务)，谁是转换顾客(有时从富达投资买，有时从美林证券买)，但它们不知道谁是美林证券的忠诚顾客。Chen 等人的设定是，当企业确认顾客类型的准确度不超过随机概率时，定向能力等于 0，当企业可以完美地定向时，定向能力等于 1。

在他们前面的分析中，每家企业的定向能力被设定为外生性的。问题是定向能力的提高如何影响利润？为回答这个问题，Chen 等人提出定向能力会产生三种影响。①细分效应。当企业能正确识别谁是它们的忠诚顾客时，它们可以收取更高的价格，从而导致利润的提高。②错误定向效应。当企业错误地将转换顾客当成忠诚顾客时就向他们收取了不合适的高价。③价格竞争/份额效果。当企业正确地确定了谁是转换顾客而报出低价，则会增加市场份额。

Chen 等人研究得到的第一个结果是，当一家具有定向能力的公司与一家没有定向能力的公司竞争时，具有定向能力的公司会获得更高的利润，随着这家企业定向能力的提高，盈利增加。细分与价格竞争这两种效应使企业可以实施价格歧视，而不必担心大众市场营销公司可能实施低价竞争，因为大众市场营销公司不知道如何定向而无法有效实施价格歧视。错误定向效应会降低企业的利润，当企业定向能力提高时，错误定向效应的影响力会下降，数据库营销公司的盈利会增加。有趣的是，尽管数据库营销公司的利润一般高于大众市场营销公司的利润，但当数据库营销公司的错误定向增多时，大众市场营销公司反而能从中获益。因为当错误定向增多时，数据库营销公司错误地向那些转换顾客收取高价，这些人将转向大众市场营销公司，而且大众市场营销公司不需要向他们提供特别的低价。这样，如果一个大众市场营销公司与一个经常错误定向的数据库营销公司竞争时，大众市场营销公司反而获益很多。

结果显示，如果一家企业实施数据库营销，而其竞争对手不实施数据库营销，实施数据库营销的企业将获得持续性的利润优势。但现实中更可能的情况是两家企业都有定向能力，在这种情况下，Chen 等人发现，两家企业的利润仍会高于它们没有定向能力的情况，定向能力与利润的关系是一个倒"U"形曲线，如图 2.9 所示(Chen et al.，2001)。当企业定向能力在中间值时，企业的利润将被最大化。当定向能力处于低值区，企业无法实施价格歧视，因此利润较低。当定向能力处于中值区，细分效应使企业能实施价格歧视，同时错误定向效应又缓和了价格竞争。当定向能力处于高值区，价格竞争效应变得更重要，此时两家企业都能识别转换顾客，同时又没有错误定向来缓和价格竞争。这种情况与 Shaffer 和 Zhang(1995)的研究相似，将导致企业更低的利润。

Chen 等人的研究还有很多其他结果。第一，他们发现如果公司 1 能更多更精确地找到忠诚顾客时，公司 1 比公司 2 具有更多的利润优势。对那些拥有强大的顾客基础的公司来说，数据库营销可以成为企业可持续的竞争优势。Chen 等人的模型是静态的，因为它没有考虑向未来的忠诚顾客定向营销的影响。如果企业使用它们的定向能力来培育忠诚顾客，而这又会增强它们的定向能力(当忠诚顾客数量越来越多时，企业可以获得更多更好的信息)，我们就可以看到企业将发展出可持续的优势。

Chen 等人还考虑了企业进行数据库营销投资的最优水平。他们发现，当成本过高时，两家公司都会减少对数据库营销的投入，尽管那家拥有大量忠诚顾客的公司仍会比另一家公司投入更多。当数据库营销的成本很低时，两家企业都会最大程度地对数据库营销进行投资。谨记图 2.9，它意味着公司可能会进行"过度投资"直到图 2.9 的最右侧，此时价格竞争会变得更加激烈，并且错误定向的影响不足以削弱这种价格竞争。Chen 等人同时也发现，即使考虑投资成本，如果两家公司大体上拥有相同数量的忠诚顾客，这两家公司的利润仍然会比没有实施定向的时候高。所以，数据库营销对一个行业来说是双赢的选择。如果两个公司的忠实顾客份额差异较大，那么，就可以推测出那家拥有更多的忠诚顾客的公司将会胜出。

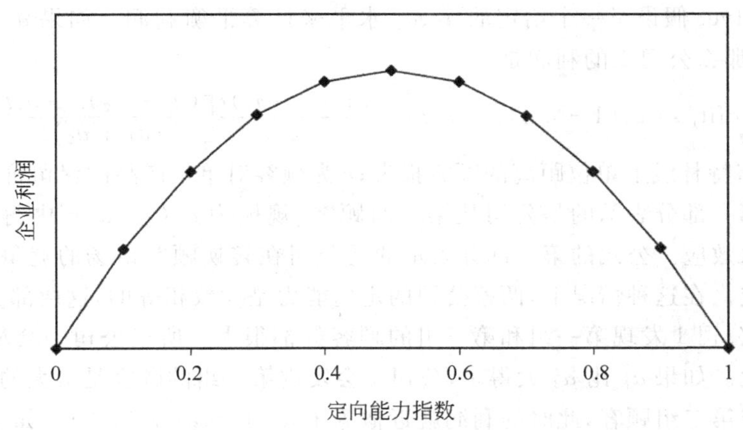

图 2.9 定向能力与企业利润的关系

(资料来源：Chen，2001)

Chen 和 Iyer(2002)采用两种不同的方法进行分析，从而对不完美的定位所起到的作用提出了不同的观点。首先，跟 Shaffer 和 Zhang 的研究类似，顾客分布在霍特林线上，并且没有任何一家公司能拥有绝对的忠诚度。其次，他们提出了定向能力的不同定义。

他们对于定向能力的定义是能够被公司 1(α_1)所确定的,散布于霍特林线上每一点(偏好水平)的顾客比例,其假设是,如果顾客能够被准确定位在霍特林线上,那么公司就知道了该顾客的偏好。Chen 等人假设所有的顾客都是能够被定位的,但是公司并不能确定这个顾客是忠诚顾客还是转换顾客。Chen 和 Iyer 假设公司对所有接触的顾客都能识别其偏好,但是不能精确地找到所有顾客。

在 Chen 和 Iyer 的模型里,有三类主要的顾客:第一组顾客是那些公司 1 能够接触,但是公司 2 不能接触的顾客[$a_1(1-a_2)$];第二组顾客是那些公司 2 能够接触,但是公司 1 不能接触的顾客[$a_2(1-a_1)$];第三组顾客是那些同时能被两家公司接触的顾客(a_1a_2)。公司 1 对第一组的顾客具有垄断力量,公司 2 对第二组的顾客具有垄断力量,同时,两个公司会竞争第三组的顾客。Chen 和 Iyer 将第一组和第二组的顾客称为"剩余榨取效应",因为在这种情况下,就算公司对这些顾客收取高价,它们仍然能够留住这些顾客。这和 Chen 等模型中的细分效应相类似。第三组顾客的情况被称为"竞争效应",因为两家公司会为赢得这部分顾客而进行激烈的竞争。这和 Chen 等人模型中的价格竞争效果相类似。

Chen 和 Iyer 的模型也涵盖了 Chen 等人模型中的错误定向效应,他们假设公司 1 知道哪些顾客是它们能够准确找到的,但是公司 1 不知道竞争对手能够找到哪些顾客。这个假设显然是有意义的。公司 1 知道它的数据库中有哪些顾客,但是不知道哪些顾客同时也在竞争对手的数据库中。更广泛来说,这个假设意味着一个公司能够知道自己如何对那些顾客名单中的顾客进行营销,但是却不知道其他公司对这些顾客采取了什么营销手段。这种信息不对称的结果是,每个公司都面临定价过程中的权衡问题。这些公司能够对第一组和第二组的顾客收取高价,但是对第三组顾客却要采取低价的手段来吸引他们。因此,在顾客剩余榨取效应和价格竞争效应之间又产生了权衡。

Chen 和 Iyer 假设了一个给定的 a_1、a_2 水平来计算平衡利润。如果 a_1、a_2 的水平大致相等的话,那么公司 1 的利润是

$$\text{Profit}_1 = a_1(1-a_2)(r-t/2) + \frac{a_1(a_1+a_2)t}{2}\left[\frac{(a_2-a_2)r+a_1t}{(a_1+a_2)t}\right]^2 \tag{2.3}$$

其中,t 为在霍特林线上单位距离的顾客损失;r 为顾客对单位产品的保留价格。

公式的第一部分表示的是公司从第一组顾客[规模为 $a_1(1-a_2)$]中得到的利润,也表示剩余榨取效应。公式的第二部分表示的是公司在转换顾客市场的竞争所得,同时也代表竞争效应。在这种情况下,两家公司的定向能力是大致相等的,这两部分的利润都十分重要,因为公司 1 发现第一组和第三组的顾客群都很大。所以公司 1 会尽力使两部分的利润都增大。如果 a_1 比 a_2 大得多,公司 1 会发现第一组的顾客是最大的顾客群,所以它不会去争夺第三组顾客,此时的利润就近似等于 $a_1(1-a_2)(r-t/2)$。如果公司 2 的定向能力远远强于公司 1,它也会面临类似的情况。

Chen 和 Iyer 的一个关键结论是公司 1 和公司 2 在竞争平衡后取得的利润将会和它们在数据库营销上的投资额成比例。因此,在数据库营销上投资较多的公司会有竞争优势。公司具有定向能力优势的好处在于:拥有了向顾客索取高价的能力而不担心这些顾客会被竞争对手抢走(这时候第三组顾客很少)。数据库营销的领先者能够沿着霍特林线

实施价格歧视，而不用担心竞争对手将会采取什么样的手段。

Chen 和 Iyer 同时也表明，如果两家公司的定向能力都很高，那么两家公司便会为了争夺转换顾客而进行毁灭性的价格竞争。这时两家公司都发现它们没有任何垄断力量，因此必须去争夺转换顾客。这和 Chen 等人的研究结果相类似，在公司定向能力很高或很低的情况下，公司的利润是最低的。Chen 和 Iyer 表明，如果获得定向能力的成本很低，那么两家公司不会同时投资于完美的定向能力。一家公司会选择 $a_i=1$，而另一家公司会选择 $a_j=0.5$ 的水平。造成这个结果的原因是，如果公司 i 已经有了完美的定向能力，公司 j 就会发现，如果它也有了完美的定向能力，那么便会导致为争夺转换顾客的价格竞争。这时公司 j 不进行完美定向能力的投资将是有利的。这为公司 i 创造了垄断顾客，反过来也缓冲了价格战，因为此时它必须平衡剩余榨取效应和竞争效应。虽然这时公司 j 比公司 i 赚得少，但是如果公司 j 进行完美定向能力投资的话，情况会更糟。这个结论的一个重要暗示是，在现实社会中，公司是相继进行投资的，先行者具有优势，那些后来的投资者应该减少对数据库营销的投资，以此来避免 Shaffer 和 Zhang 在 1995 年所提到的由定向引发的战争。

Chen 和 Iyer 探索了研究中的两个重要假设。首先，考虑那些无法被公司 1 和公司 2 找到的市场 $(1-a_1)(1-a_2)$。他们的模型假设这些顾客被遗漏了，但是他们同时也指出，如果这部分顾客能够按标价购买产品的话，就算是投资定向能力的成本很低，仍然存在非对称均衡。其次，对于所有的顾客，定向能力都是一样的，没有考虑他们的偏好。研究者发现，假如定向能力受顾客偏好的影响，那么他们将会进行投资，从而努力找到那些对公司产品有高偏好的顾客。这是很有意义的，因为公司可以据此收取高价。

总而言之，无论是 Chen 等人还是 Chen 和 Iyer 的研究都发现，公司通过对数据库营销的投资能帮助它们建立可持续的竞争优势。相比于没有数据库营销能力，公司在拥有了这种能力之后能获得更多的利润。这个结果的关键之处在于，存在一个机制使得公司能够避免陷入 Shaffer 和 Zhang 所提到的定向战争。在 Chen 等人的研究中，这个机制是公司不能确定在它们数据库中的顾客到底是忠诚顾客还是转换顾客。显然，这个机制适合大多数的情况。在 Chen 和 Iyer 的研究中，这个机制则是公司不知道竞争对手能不能找到它们的顾客。这个机制也使公司不会收取低价，因为一旦它们对那些没有被竞争对手找到的顾客收取了低价，它们或许会白白放弃了到手的钱。所以有趣的结论是，一个中等水平的数据库营销能力是最好的，因为这个水平上的数据库营销提供了充分的信息，让公司能够享受定向所带来的利润，同时这个水平上的定向能力也不至于太高而引起定向战争。

3）策略型顾客

无论是 Chen 等人还是 Chen 和 Iyer 的论文都假设公司是有先见之明的。公司没有完美的定向信息，但是它们明白自己知道什么，不知道什么，并且能够考虑它们所拥有信息的短期和长期的作用。另外，顾客被认为是被动的。然而，如果顾客知道了公司的根本目标是实施价格歧视，一旦自己的消费偏好暴露，他们可能会成为这种价格歧视的目标，这时会发生什么呢？在两篇重要的文献中，Villas-Boas（1999，2004）提出，如果顾客能够策略性地行动，那么企业识别并定向目标顾客反而会使情况变得更糟。Villas-Boas 2004

年的研究尤为重要，这篇研究提供了一个垄断的例子，并且证明公司定向的劣势并不在于Shaffer和Zhang提到过的定向战争。问题在于顾客会寻求低价，因为他们明白，如果不暴露自己的偏好，公司就没有能力把他们从品牌转换者以及市场的新进顾客中区别出来，最后他们就能够获得低价。

Chen和Zhang(2002)的研究发现了这个可能性，但是他们同时也认为，这个可能性所产生的效果会被“价格换信息”引起的效应所中和。原理如下：公司想要进行价格歧视，但必须先识别顾客的偏好。在两阶段模型中，公司在第一阶段会暂时采用低价，因为它们意识到一些顾客会坚持等到更低的第二轮价格。然而，公司也知道如果索取高价的话，公司就不能吸引那么多的顾客，但是在这种情况下，它们吸引的顾客将是那些真正忠诚的顾客，同时，公司也能够利用这些信息来帮助它们在第二阶段里索取适当的高价。换句话说，公司通过索取高价而获得的关于顾客的信息能够被长期利用。这就是价格换取信息的效应。Chen和Zhang指出，就算将策略型的顾客考虑在内，公司进行数据库营销仍然是更有利可图的。公司不得不降低第一阶段的价格来避免使它们的忠诚顾客等待太久，但是也没有必要完全降低价格，因为它们知道通过了解那些真正被公司所吸引的顾客能够帮助它们获得长期的利润。

策略型顾客是数据库营销成功的决定性部分。也有研究从静态而非动态角度来研究策略型顾客带来的影响。Feinberg等人(2002)指出，顾客会嫉妒那些比他们得到更优惠交易的顾客。之后他们便会根据自己的偏好拒绝购买这家公司的产品。从根本上说，顾客会考虑其他顾客所付出的购买价格来衡量自己是否要在这家公司购买产品。这个现象看起来或许没有那么合理(为什么别人的交易会影响你从产品中获得的效用)，但是Feinberg等人的实验表明这种嫉妒的影响不仅存在，而且很大，它降低了公司进行价格歧视的能力，这也是经济学至今对于数据库营销有诸多争论的原因。

以上所描述的经济学模型研究的结论是建立在一系列关键的假设基础之上的：①唯一的战略变量是价格；②数据库营销的目的是帮助公司实施价格歧视；③公司能够识别它们的忠诚顾客；④只有两家公司竞争。以上的假设在现实世界中都是可疑的。这些模型假设数据库营销的目的是价格歧视，但没有实证研究能证明这一点。正如Glazer(1999)所说的，数据库营销的目的远比简单的价格歧视广泛得多。

Glazer(1999)发现，公司能够利用不同的策略(以顾客为中心的行策略和以产品为中心的列策略)来进行竞争，其中很多策略都和价格竞争策略不同。在列策略中，Glazer提供了一个收益管理(类似经济学模型中的价格)的例子，还有一个大规模定制的例子。他也探讨了公司的行策略，即利用定向能力来开发顾客互动计划，以此提高顾客忠诚度。经济学模型到目前为止尚未将利用顾客互动策略来提高顾客忠诚度作为数据库营销的目的进行研究。

很多公司没有关于顾客忠诚度的任何信息。它们可以观察到的就是顾客的购买行为(或者人口统计的信息)。例如，富达投资并不知道它的顾客在美林证券等竞争对手那里是不是也有账户。所有上述模型的假设都是公司能够通过某种途径了解顾客的忠诚度水平，然后以此为基础来找到它们的顾客。美国的信用卡发行行业是少数几个能够了解顾客忠诚度的行业之一，因为它们能够通过信用管理局了解到顾客拥有的信用卡数量以及使用情况等信息。但是，多数行业是无法了解其顾客的忠诚情况的。

一些公司利用顾客行为数据来向它们最好的顾客开出比竞争者更低的价格。Vanguard公司向它的贵宾顾客提供更低的费用，该费用取决于它们在一个共同基金中所拥有的结余规模的大小，高结余顾客手续费用更低。这或许是价格竞争的一种形式，但却不是我们前面所提到的模型中的价格歧视。

公司可能会尝试进行价格歧视（如航空业），但最终能够成功可能是因为它们利用了其他战略变量（如服务的水平）作为保持顾客忠诚度的原因，尽管这时候顾客为了购买公司产品付出了更高的价格。数据库让公司能够识别这类顾客从而为他们提供更好的服务。

只有两家公司进行竞争的假设同样也会产生问题。如果一个新进入者不进入这一行业的原因是行业已有的公司使用了顾客数据库，那么这是数据库营销的一个回报。显而易见的是在一些行业内，新进入者面临的一个艰难的挑战是它们无法准确定向。一个重要的研究领域是确认在哪些产业中数据库营销可以成为一个进入壁垒。

2.3.3 小结

数据库营销是企业打造持续竞争优势的途径，这一理念是建立在以下几个证据之上的。

- 实证研究发现一些证据，尽管并不全面，但是证明了市场取向——企业收集、处理和应用顾客信息的能力——和数据库营销一样，与企业的业绩明确相关。
- 顾客信息文件——企业的顾客数据库——是当今顾客信息的来源。这个文件对企业意味着两个基本策略——以顾客为中心（行策略）和以产品为中心（列策略）。战略的优势是建立在维护顾客信息和开发相关策略的基础上的。
- 经济学模型研究了公司如何使用价格导向的列策略来实施有效的价格歧视。实施这一策略的基本要求是公司的定向能力必须是“适度有效的”。定向能力太低使公司无法获得利益，而定向能力太高会使得公司陷入定向战争。

这些观点十分有趣，但是仍然需要更多的证据来证明数据库营销将带来长期的竞争优势。市场导向的研究已经提供了一些实证证据，但它们总体上是关注顾客信息的，而不是数据库营销。Zahay和Griffin(2004)以及Reinartz等人(2004)对于数据库营销（使用顾客信息文件）与企业业绩相关这一观点提供了重要的证据。但这些研究对业绩都是采用主观测量。我们需要更多的采用客观测量的企业业绩的研究来证明这个观点。理论上的争议在于顾客信息文件以及行策略（以顾客为中心的策略）和列策略（以产品为中心的策略）虽然被大量使用，但是效果没有经过实证的检验。以顾客为中心的行策略确实能够提高顾客忠诚度吗？它们实施的成本足够低到可以提高企业的利润吗？

经济学模型提供了理论逻辑与更深入的洞察，但是没有经过实证的检验。沿着市场导向文献的思路，我们仍需要更多的实证研究，而且需要聚焦在如何通过使用顾客信息来提高企业的定向能力，而不是笼统地停留在顾客信息本身。在列策略方面，我们需要研究对于高忠诚度的顾客是应该收取高价格（价格歧视）还是应该收取低价（对顾客的忠诚给予回报）(Shaffer&Zhang,2000)，或者像Feinberg等人(2002)提到的对忠诚顾客收取同样价格以避免忠诚顾客产生妒忌。

这个理论同样应该扩展到交叉销售等非价格的列策略以及对顾客价值的长期管理等行策略中。这一理论在非价格列策略中的扩展将会十分有趣。管理者应该乐于相信顾客数据库能够帮助他们从产品线中找到合适的产品来更好地服务顾客，或者使他们能够定制更好的产品线来满足顾客。这种方式的定向营销是更加可持续的，因为对竞争对手而言，要理解顾客对产品不同属性的偏好比理解顾客的价格反应要困难得多。行策略也可以为企业提供可持续的优势，因为长期稳定的关系会形成顾客和企业之间的转换成本，从而捆住顾客。这样就会使数据库营销成为加强顾客关系的一个有效工具。

2.4 总　结

在本章，我们提出并回顾了企业实施数据库营销的三个基本原因：提高营销生产率、建立和巩固顾客关系，以及创造可持续的竞争优势。

营销生产率的观点是使用数据以及数据挖掘工具将顾客分为不同的优先等级并提供合适的产品、服务和价格。这一观点得到的支持证据很多。数据挖掘技术可以产生将顾客分为不同优先等级的“增益图”，这张图比随机方式能更好地预测顾客的行为，从而识别出对哪些顾客的营销活动是无效的。

建立和巩固顾客关系的观点认为顾客关系被加强后会促进企业业绩的提升，而数据库营销能够帮助加强顾客关系。公式中的第一部分得到强有力的支持，支持证据包括顾客保留率在顾客终身价值中的重要性，以及许多将顾客关系、顾客满意度、顾客保留率/忠诚度和企业业绩联系在一起的实证研究。关于公式的第二部分，在管理学文献中有相当多的研究提出了质疑，即 CRM 投资是否能提高企业的财务业绩？然而，系统的实证研究开始发现这些投入的确能够得到回报。

竞争优势的观点则认为，顾客数据文件是一项竞争对手无法复制的企业资源，并且这些数据能够使企业比竞争对手更好地服务顾客。这些虽然不完美但是比随机好得多的预测可以缓冲价格竞争。这一领域的实证研究是最少的，但理论是非常有吸引力的。

尽管有相当多的学术研究探讨了企业采用数据库营销的原因，但是仍需要更多的研究。关于营销生产率观点，我们需要更多的现场测试来验证预测模型的效力，并且能证明比起企业不加区分的营销活动或者简单的启发式思路，数据库营销能产生额外的利润。关于可持续竞争优势的观点，我们需要像营销导向的研究那样进行调查研究，从而将数据库营销而不仅仅是顾客信息与企业利润联系起来。我们还需要更多有关非价格的定向，对忠诚顾客到底该收取高价还是低价，以及策略型顾客的经济学理论。我们也需要能够验证这些经济学模型的实证研究，尤其是关于不完美定向的作用。

关于建立和巩固顾客关系的论点，我们需要建立数据库营销与顾客关系、顾客满意、顾客保留以及企业业绩的联系。这些联系已经被研究过，最关键的还是数据库营销与顾客关系的联系。我们还需要考虑数据库营销的成本问题，特别是获取新顾客的成本是否高于保留老顾客的成本。从更广泛的意义上，我们需要了解，相比较于获取新顾客的管理，企业对保留老顾客的管理是否以及在什么条件下能产生更好的成本效益。

第3章

数据库营销的组织问题

摘要

量化分析是数据库营销的重要部分，但是这些分析与实施工作必须依托组织。本章我们将探讨公司该如何为数据库营销的实施提供组织保障。其中的关键概念是建立以顾客为中心的组织，围绕顾客搭建组织架构。我们还将探讨以顾客为中心的组织结构的关键成分——顾客管理和知识管理。在组织结构的基础上，我们接下来讨论数据库营销的战略以及员工的薪酬和奖励。

3.1 以顾客为中心的组织

数据库营销的成功执行要求对数据管理和模型方法的熟练掌握。然而，这些工具并不是在真空的组织环境下应用的。本章我们讨论为成功执行数据库营销应该怎样设计组织。

本章出现的一个核心概念是以顾客为中心的组织。这是指围绕顾客即为了吸引更多顾客，而不是为了销售产品搭建组织架构。Stauffer(2001)引用产业专家 David Siegel 的话："如果你们真的关心顾客……那么你必须围绕顾客重组整个公司。"Stauffer 接着说："不是重构公司以服务顾客，而是让顾客决定你怎样构建组织。"Galbraith(2005：6)认为以顾客为中心是必要的前提条件："以顾客为中心的需要并没有消失，而是由每个公司自己决定应用水平……这是成功所要求的。"

我们在 Galbraith(2002，2005)提出的五角星模型的基础上进行讨论。这些五角星模型强调成功组织设计的五种成分：战略、结构、过程、激励及人员(Galbraith，2005：15)。战略是指组织的目标以及组织想要实现目标所使用的方法。结构是指组织结构图——需要创建的部门与职位，以及它们怎样相互影响。过程是指采用何种办法使信息在组织内部流动。激励是为保证组织员工高效工作进行的薪酬设计。人员是指可以确保员工拥有适当的技能与状态去实施组织设计的政策。

图3.1展示了以顾客为中心的组织的五角星模型。我们将在接下来的部分讨论这个框架的五种成分及下面列出的各要素。

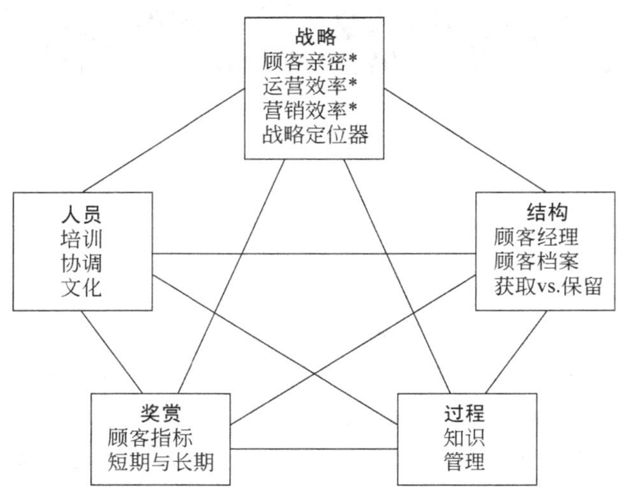

图 3.1 以顾客为中心的组织的五角星模型

* 这些概念由 Langerak 和 Verhoef(2003)提出。

3.2 数据库营销战略

为实施数据库营销而进行的组织设计来自公司的数据库营销战略。主要问题有：①采用什么数据库营销战略？②怎样通过组织设计建立起竞争优势？

3.2.1 实施数据库营销的战略

1. Langerak/Verhoef 分类法

Langerak 和 Verhoef(2003)区别了顾客关系管理的三种战略：顾客亲密、运营效率和营销效率。顾客亲密是指企业为其顾客提供个人服务，对顾客了如指掌，然后为顾客定制产品、服务及沟通方案。运营效率是指企业利用 CRM 来降低成本，充分而高效地利用非营销资源。营销效率是指使用顾客数据来提高营销生产率，例如，利用营销获得更低的顾客流失率、更成功的交叉销售，以及从总体上提高顾客盈利率。

Langerak 和 Verhoef 认为，公司必须按照自己的战略来进行组织设计。例如，他们研究了一家私人投资银行，这家银行的战略是顾客亲密，但公司对顾客的服务却是非个人化的。公司意识到它需要与顾客之间发展个人化而亲密的关系。它们把自己的顾客分成三组(独立自主的人、制定战略的人、寻求安全感的人)，然后给每组顾客配备了相应的顾客管理团队。公司创立了一种新的组织结构来更好地实施它们的战略。

Langerak 和 Verhoef 还研究了一家在价格、便利性及速度等方面追求运营效率的保险公司。这意味着公司需要使运营成本尽可能低，同时还需要开发尽可能迅速和高效地与顾客互动的办法。这个战略要求公司与顾客建立一种高度交易化的关系。该公司在数据管理的基础上构建了组织结构，数据管理部门向其他部门提供数据以提高工作效率。该部门还能支持公司的网上渠道，从网上渠道销售个人化产品成本很低。

最后，Langerak 和 Verhoef 研究了一家度假酒店，其营销活动非常低效。它们发出了大量邮寄信息收到的回复却很少。它们需要顾客关系管理来提高营销效率。于是，它们建立了顾客关系管理部门，主要关注数据挖掘、数据库管理、整合数据库营销和顾客接触。这个系统旨在提高它们的营销生产率。

总之，Langerak 和 Verhoef 提出的三种 CRM 战略，每种都需要不同的组织设计以及不同程度地以顾客为中心。

2. Galbraith 的"战略定位器"

Galbraith(2005：32-33)也提出公司在多大程度上以顾客为中心取决于公司的战略。他开发了一个"战略定位器"，这是一个包括两个维度的测量量表：一个是规模与范围；另一个是整合。规模与范围指的是公司产品的数量和种类。整合是指公司的产品必须打包或者捆绑在一起来让顾客满意的程度。根据 Galbraith 的说法，一个公司在其量表上的得分也就是，它提供的产品种类需要进行整合的程度，决定了这个公司以顾客为中心的程度。

Galbraith 描述了一家化学公司，该公司只需较低程度地以顾客为中心。这家公司需要整合的产品较少，因此它在战略定位器上的评分较低。尽管公司的组织设计考虑了以顾客为中心的一些因素，如建立顾客管理团队，但正式的组织结构仍是以功能和地理区域来划分的。

然后 Galbraith 描述了一家需要中度以顾客为中心的投行。这家公司有中等数量需要整合的银行产品，因此该公司在战略定位器上得分适中。其组织设计不仅包括顾客经理，还包括由顾客管理团队协调顾客接触的正式流程。公司还实施了基于顾客绩效的正式的激励结构，同时还有正式的 CRM 培训项目。

Galbraith 用 IBM 的例子作为高度以顾客为中心的代表。IBM 有几种不同的产品需要高度整合。因此 IBM 在战略定位器上评分很高。IBM 的策略集中在向顾客提供解决方案，这是一种高度以顾客为中心的思想。这种观念认为，无论采用什么样的产品和服务都要为顾客解决问题，考虑到问题的复杂性，这需要 IBM 管理团队的高度协调。现在 IBM 建立了一套以解决问题为导向的组织结构，产品经理与顾客一起工作来决定如何组合 IBM 的产品和服务以解决顾客的问题。它的流程能够确保顾客计划和首要任务能很容易地被所有与该顾客有关的经理分享。IBM 仍使用销售指标来激励销售人员，这是一种以产品为中心的方法，但也以正式的流程来检验员工是否胜任，确保他们能够满足顾客的需要。

3.2.2 打造竞争优势

企业在不断努力建立竞争优势即核心竞争力，使它们拥有超越竞争者的可持续的优势。很有可能公司设计的实施数据库营销的组织结构，就是竞争优势的来源之一。

Peteraf(1993)阐述了"企业的资源视角"，他定义了决定企业能力能否转化为竞争优势的四个因素：异质性、事后限制竞争、不完美的流动性、事前限制竞争[①]。异质性是指行

---

① 作者感谢 Margaret Peteraf，Justin Engelland，Tuck MBA(2005)对于此方面内容的有益讨论。

业内的企业具有不同的能力。例如，一家公司可能建立了一个不同于且优于其他竞争者的市场分析部门。事后限制竞争意味着企业的能力很难复制。又如，也许竞争者可能知道公司使用哪种软件包进行交叉销售，但由于该公司具有一个强调顾客管理的组织结构，它非常了解自己的顾客，以至于没有其他公司可以复制它的成功。不完美的流动性是指带给企业竞争优势的资源，其他企业公司无法得到。竞争对手常常想挖走公司最好的经理。然而，该顾客经理之所以能干可能是因为公司的制度允许他与市场分析小组频繁地互动。因此竞争对手即使挖走该经理也不会得到同样的成功。事前限制竞争是指先发者优势。再如，一家公司如果是第一个使用 CRM 来提高运营效率的，它就会在组织结构建设方面把其他对手都甩在后面。

3.2.3 总结

在为实施数据库营销而建立相应的组织结构时，战略至关重要。虽然“以顾客为中心”已成为时尚，但是 Langerak 和 Verhoef(2003)以及 Galbraith(2005)认为，不是所有组织都需要采取同等程度的以顾客为中心。另一个主要的目标是使公司的数据库营销战略与组织设计相结合，为公司创造竞争优势。

3.3 顾客管理：以顾客为中心的组织的结构基础

3.3.1 什么是顾客管理

Peppers 和 Rogers(1993：175-206)详细阐述了顾客管理的组织结构。他们的观点是，企业的营销活动应该按照不同的顾客群体来组织，每个顾客群体应由一名顾客经理来管理。这与产品管理结构形成鲜明对比[由图 3.2(a)说明]，在产品管理结构[图 3.2(a)]中，产品经理将产品作为利益中心来进行管理，他们要对销售和利润负责。他们依靠传统的“4P”(产品、价格、渠道和促销)工具，利用广告和宣传部门提供的服务，并协助生产经理完成产品改进与质量提升。

顾客管理结构[图 3.2(b)]把公司顾客分为不同的群组。一种可能的划分方式是通过购买水平将顾客划分为重度顾客群组、中度顾客群组、轻度顾客群组。每位顾客只会被分配于一个群组。一个群组由一名顾客经理管理。这个顾客经理会从广告和促销部门获取支持，同时从“性能经理”这里得到支持，这个性能经理就是以前的产品经理，而现在则负责确保产品能够达到必要的标准来满足顾客需求。顾客经理将与产品经理一起工作，来完善产品质量、新产品特色及其他产品开发项目。

顾客经理的目标是提高他所管理的顾客群组的终身价值，这是一项长期导向的工作。Peppers 和 Rogers(1997：356-357)这样定义顾客经理的工作：“……必须有人被指派对顾客进行单独的管理……顾客经理的责任是管理与每个顾客的关系，监督公司内部与各个顾客的对话，为每位顾客找到适合的产品和服务，并确定如何最好地定制以满足每个顾客的具体要求。简而言之，顾客经理的工作是越来越深入地去探究每个顾客的需求来锁定顾客，使公司对顾客来说更有价值，并与顾客一起增加公司利润。”

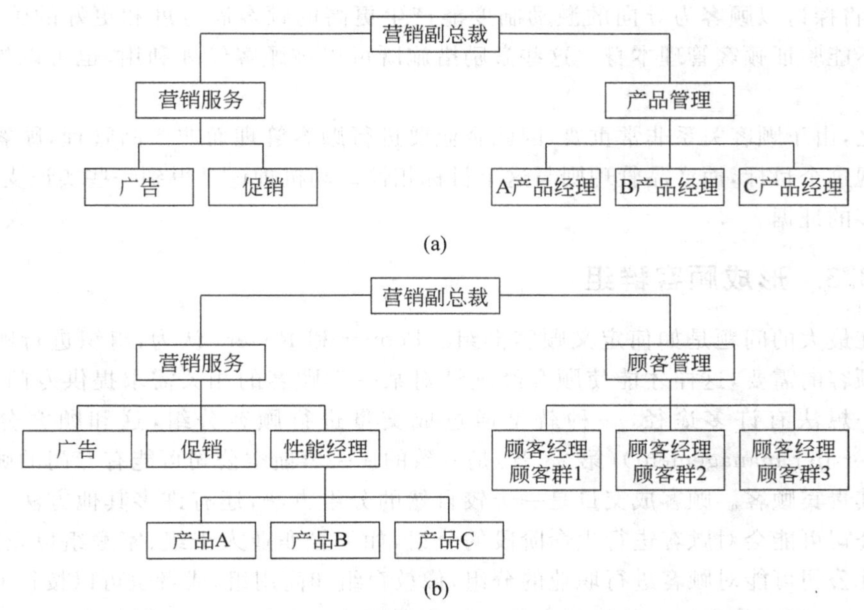

图 3.2 产品管理结构和顾客管理结构

(a) 产品管理结构；(b) 顾客管理结构

资料来源：Peppers & Rogers，1993.

3.3.2 顾客管理的动机

顾客管理的动机建立在三个假设的基础上：①稳固的顾客关系产生更高的销售额和利润；②产品管理系统在发展顾客关系方面无效；③顾客管理系统可以有效地发展顾客关系。

第一个假设的前提是，现在的顾客比以往任何时候都更强大。在 B2C 的环境下，从金融服务、电信、旅游到零售行业，顾客面临的选择越来越多，他们还可以基于更多的信息(通过互联网)来做出选择。在 B2B 行业，从 IBM 到施乐公司都面临同样复杂的顾客。像宝洁这样的公司正日益成为更像 B2B 一样的公司，它们的顾客是沃尔玛和许多新的综合超市。更好的顾客关系能带给公司好的业绩，这个假设已经得到很多实证支持(Reinartz et al.，2004；Zahay & Griffin，2004；Dan & Van den Bulte，2002；Chaston et al.，2003)，但仍需要更多的研究。

第二个假设并没有得到实证检验。这个假设的逻辑是产品管理可以使销售额而不是顾客的满意度最大化。公司的每一位产品经理单独行动，结果是顾客受到各种产品及促销信息的轰炸。这些信息轰炸使顾客开始屏蔽自己，也许最糟糕的是，使顾客购买了错误的产品。一个很好的例子是金融服务，当顾客应该向教育基金类产品投资时，IRA 等公司却向他过度推销养老产品。简而言之，公司在营销上花了太多的钱，而其中许多努力都在自相残杀，并没有促成更好的顾客关系。

第三个假设，即顾客管理是顾客关系发展的有效方法，也没有被直接验证。在 3.5 节中，我们将探讨以顾客为导向的激励制度能产生更高的顾客满意度和更好的营销业绩。但这并不能验证顾客管理本身。这些激励措施既可以被顾客经理利用，也可以被产品经理利用。

总之，由于顾客关系非常重要，因此企业要进行顾客管理而非产品管理，顾客管理会成功实现这个目标，而产品管理则与这个目标相悖。动机理论已得到一些实证支持，但仍需要更多的证据。

3.3.3 形成顾客群组

现在最大的问题是如何定义顾客群组。Pepper 和 Rogers 认为，组织进行顾客分组要基于顾客的需要，这样才能使顾客经理针对某一类顾客的相关需求提供专门化服务。实施这一想法有许多途径，一种就是通过成交量进行顾客分组，这和顾客分级管理(customer tier management)(第 23 章)是一致的。一家航空公司可能有专门的顾客经理来负责其贵宾顾客。顾客成交量是一个较自然的分组方法，还有许多其他方法。一家金融服务公司可能会对顾客进行生命阶段的分组，如年轻职业人士组、家庭组以及退休组；一个软件公司可能对顾客进行职业的分组，像教育组和商用组，或者也可以按行业进行分组。事实上，顾客管理最大的挑战在于如何确定顾客分组标准以及要分多少组。这和市场营销中常见的如何进行市场细分的问题非常相似。

在进行顾客分组时还有一个困难就是顾客在组间的流动。例如，在金融服务机构中，年轻职业人士一组的顾客经理应当注意向负责年轻家庭组的顾客经理传送优质顾客；而低消费组的顾客经理应当注意将这些顾客培养成高价值的顾客。这样，薪酬体系就变得非常重要——它不仅要基于每个经理当前所负责的顾客组的效益，还要考虑这个顾客经理将多少顾客转变成了高价值顾客，或者是年轻职业人士组的顾客经理向年轻家庭组的顾客经理传送的顾客的数量和质量如何。联系五星模型(见图 3.1)，这是顾客管理系统和薪酬系统交互作用的一个例子。

3.3.4 顾客管理是未来趋势吗

为了进一步论证企业是否要建立顾客管理型组织结构这一关键问题，在这一部分，我们将从一个倡导者的角度讨论一下其优缺点。

1. 为什么顾客管理是必然趋势

顾客管理是必然趋势，那些最先采取行动的企业将获得高额回报。原因如下。

- 顾客满意是成功的关键，而顾客管理相比产品管理将产生更高的顾客满意。顾客管理是真正致力满足顾客需要，而产品管理的目标是销售产品。
- 顾客管理创造可持续优势。顾客管理鼓励企业更好地了解顾客需要，而对竞争对手来说很难复制企业已经获得的关于顾客的信息与知识。
- 产品管理本质上是短期性的。因为其强调当前某一产品的利润，而顾客管理关心的是顾客的终身价值，其本质上是长期性的。
- 现代信息技术使顾客管理成为可能。直到几年前，企业都没有数据管理系统，也没有用于顾客管理活动(如交叉销售、终身价值管理、顾客流失管理等)的数据分析工具。而这些系统和工具在今天都已经被开发应用了。

- 顾客管理可能是革命性的，但它更可以被革命性地实施。比如，MacDonald (2001)记录道：加拿大耐克公司将某些特定的顾客群组定义为“消费冠军”。企业对消费冠军没有一个完整的顾客管理结构所规定的业务要求，但他们可以将企业的关注重点从“卖更多的篮球鞋”转变成“卖更多产品给青少年男孩”。

2. 为什么顾客管理不起作用

在实践中，有许多文化上和结构上的原因导致顾客管理难以实施。具体如下。

- 产品管理理念在企业文化中根深蒂固。企业都是以产品/销售/短期指标为导向。华尔街看重这些，因此企业会追求那些最容易被测量的结果。顾客管理需要组织文化的巨大转变。
- 顾客管理将把企业带离它们特有的能力。大多数企业拥有独特的能力，但这种能力并不适用于每一种产品领域。顾客经理可能会督促一家金融服务公司销售共同基金，但如果这不是该公司擅长的领域因而无法提供一个高质量的基金，那么，长期来看就会产生不满意的顾客。
- 相比产品经理制，顾客管理将产生更严重的冲突。每个顾客经理都想得到更多的资源支持，从而在性能经理那里产生竞争性的需求，而性能经理则会认为这些新需求会带来昂贵的成本。例如，青少年组顾客经理需要公司的信用卡有某些功能，而50＋顾客组经理需要其他功能。谁有权力来裁定，是该考虑顾客经理提出的对新产品功能的要求，还是该听取性能经理的提议，考虑这些功能带来的成本。
- 很难测量顾客经理的主要业绩指标。顾客经理的行为指标包括钱包份额(share of wallet, SOW)和终身价值(lifetime value, LTV)。但钱包份额很难测量，因为A公司并没有每位顾客与B、C公司的交易数据。终身价值的计算需要许多关于保留率等的假设。基于如此模糊的测量标准，企业无法设计出一个薪酬系统。
- 对许多企业来说是不切实际的。例如，通用汽车公司如何能基于青少年、年轻家庭、年轻职业人士等顾客组来进行组织设计？通用磨坊食品公司如何能根据有孩子的家庭、单身、老年人来进行组织设计？它们无法按照这个标准直接接触顾客。
- 顾客经理够专业吗？一名顾客经理必须足够专业地诊断顾客需求并为每位顾客提供合适的产品。在许多行业中，产品技术性很强以至于没有顾客经理可以理解所有的产品。IBM可能试着通过团队的方法来解决这个问题，但这需要大量的协作。
- 顾客管理非常昂贵。它增加了一个新的管理层——顾客经理。但企业无法削减产品经理，而只能改变其职能。结果就是在薪酬和支持方面产生更高的人力成本。
- 产品管理也需要考虑顾客需求。产品经理也是营销人员，他们要开发适合目标顾客需求的产品。

3.3.5 获取和保留部门化

直到现在，我们都聚焦在管理现有顾客，但如何获取新顾客呢？以顾客为中心的组织的一个重要方面就是在顾客获取和保留之间分配资源。这是两个截然不同的功能，举例来说，Del Rio(2002)描述了一家拥有获取和保留两个独立部门的无线电话公司。出版商通常雇用组稿编辑来负责签约作者和书籍，同时还雇用主编来负责书的编辑、制作和营销。

这种部门化的好处是获取和保留需要两种不同的思维方式，它们使用不同的工具，也有不同的绩效测量方法。顾客获取具有创业性质，它更容易直接测量、奖赏和激励，是短期性的。而保留是截然不同的，它很难测量(它是基于终身价值和钱包份额的)，因此很难激励，是长期性的。

获取和保留部门化的缺点在于获取部门可能获取的不是正确的顾客。例如，一个获取部门的经理可能通过价格折扣来吸引一些天生就喜欢打折的易流失顾客，这些顾客是不可能被保留的。

因此关键的挑战在于协调。可以利用激励措施来保证获取部门得到的是正确的顾客，这可能会用到终身价值方法。Ainslie 和 Pitt(1988)证明有可能设计一个模型来努力引导取得部门长期顾客管理目标。他们的模型包括顾客最终的盈利性、风险和对未来营销活动的反应，然后他们将顾客按这三个标准的综合评分进行优先排序。因此公司有可能使用预测模型来实现获取和保留部门的协作。

3.4 信息管理的流程：知识管理

3.4.1 定义

知识管理是一个关于创造、编纂、传递和使用知识以提高企业业绩的系统流程。知识管理涉及与组织有关的各类知识，但在数据库营销的内容中，我们关注的是有关顾客的知识。

Davenport 和 Prusak(1998：1-6)区分了数据、信息和知识三个概念。知识管理系统涵盖了以上三个内容。数据是原始的、被存储而未经分析的，信息是经过编纂的数据并且可以帮助决策(Davenport & Prusak：3)。知识比信息更进一步，它是“经验、价值、情境信息以及为评估、合并新经验与信息提供框架的专家洞察力”(Davenport & Prusak：5)的混合体。比如，在一个电脑外接扬声器的交叉销售活动中，每个顾客的反应都可以被记录下来，这就是数据。这些数据可以被编纂组织以获得反应率，这就是信息，信息可以用来计算这个活动的营利性。这些数据可以用来分析判断那些有回应的顾客有哪些曾在过去的三个月里买过电脑。在此基础上，我们还可以产生洞察，即知识，即那些刚买过电脑硬件的顾客非常有可能购买外接设备。这就意味着一个特定的目标群体产生了(没有最好的扬声器，新电脑系统是不完整的)。

知识管理涉及信息技术、经济学、组织行为、人力资源及市场营销。信息技术是数据建仓的基础，对于知识管理至关重要。尽管我们没有看到对知识管理所进行正规的经济学分析，但 Davenport 和 Prusak(1998)认为企业同时面临组织内部与外部的知识市场，知识市场也涉及购买者、销售者和价格问题。组织行为的学者在“组织学习”(如 Argote，

1999)这一范式下研究了知识管理,集中于研究组织如何学习、遗忘和记忆以及信息如何分享。人力资源管理学认为知识管理是人力资本问题,是关于如何为员工提供学习技巧以及分享所学到的知识(Tapp,2002：110)。

市场营销学者也在"市场导向"的研究中涉及知识管理。事实上,Kohli 和 Jaworski(1990)将市场导向定义为有关顾客需求信息的产生、传播与应用。这和我们对知识管理的定义非常相似。

3.4.2 有效的知识管理会提高企业业绩吗

正如上文提到的,市场导向的概念和知识管理的概念非常相似,因此,市场导向和企业业绩间正向联系的证据(Jaworski & Kohli,1993；Moorman,1995；Moorman & Rust,1999)表明知识管理对企业业绩也会产生影响。然而,需要说明的是,这些研究都是一般性的顾客信息收集和应用,而不是通过数据库营销获得的专门知识。

一些研究将知识管理和成功的 CRM 联系起来。Chaston 等人(2003)调查了 223 家英国会计师事务所,他们用以下指标测量知识管理,包括公司从外部获取知识的导向、探索新知识、认真存档、使所有员工都可以得到这些信息以及提高员工技能。因此,他们的研究覆盖了知识管理的创造—编纂—传递—利用的全部环节(DiBella et al.,1996)。他们通过以下几个指标测量 CRM 导向：保持与顾客的密切接触、有规律地会见顾客、通过建立坚固的关系来获取知识,为顾客定制服务、通过重复销售获取收入。作者发现了知识管理和 CRM 之间的紧密联系,在 CRM 导向上超过平均水平的公司在知识管理上也同样超过了平均水平,同时它们的销售增长也是高于平均水平的。

Croteau 和 Li(2003)调查了 57 家覆盖不同行业并且员工超过 250 人的公司,利用"根据可获得的顾客知识做出快速决策"这样的指标来测量知识管理,利用公司对保留率、忠诚度、市场占有率、创新性的便利产品的主观满意度来衡量 CRM 的影响。他们通过结构方程模型发现知识管理是 CRM 效果的显著预测指标。

这些研究都表明了知识管理和 CRM 之间的关系,它们证实了数据和 CRM 是密不可分的(O'Neill,2001;Swift,2001)。然而,他们并没有区分知识管理中知识的类型：到底是 Davenport 和 Prusak 的框架中的数据、信息还是知识。所以需要进一步研究来帮助我们加深理解,到底是哪类知识对促进 CRM 最重要。

知识管理的一个潜在好处就是它不会因为员工跳槽而丧失持续性。事实上,员工跳槽是使知识管理迅速成为一个研究领域的首要原因(见 Tapp,2002)。知识管理可以看作获取现有员工的知识,这样他们离开后,他们的智慧仍然可以留下。然而,还需要进一步的研究来证实知识管理的这些收益在真实世界里是否存在。

3.4.3 知识创造

知识管理的第一步就是知识创造,并且可以进一步分为内部知识创造与外部知识创造,引导性的知识创造与非引导性的知识创造。

当公司进行数据分析与制定决策时就会产生内部知识的创造(Davenport et al.,2001a)。Gellett(1999,图 4)进一步论证了这一观点。当一个经理每次建立预测模型并用模型来定位顾客时，他都会学到许多经验，而这些经验就创造出了"哪些有用，哪些没用"的知识。

知识也可以通过外部创造，最明显的例子就是雇用其他公司的员工[Huber(1991)提到的"移植"]。在微观水平上，移植可以通过雇用个体员工，比如雇用竞争对手公司的一个CRM经理；在宏观水平上，移植可以通过购买整个公司，比如DoubleClick通过购买Abacus获取了大量的有关名录行业的知识。

当公司主动聚焦于一个特定主题时，就会发生针对性的知识创造。比如，一家服务型公司可以聚焦于顾客满意(DiBella et al.,1996)。Aavenport等人(2001b)认为，成功的企业都会集中精力研究高端顾客，或者是将来有可能提供利润的顾客。他们引用了FedEx和US West的例子。当商业顾客成为未来主要增长来源时，宝洁公司开始集中研究沃尔玛，微软公司开始集中研究CIO。

非针对性的知识创造是分析或决策过程的一个副产品。比如，一个管理人员想要设计一个累积奖励计划，通过使用公司的知识管理系统，他发现里面并没有这一类的知识，于是他会自己进行研究，了解其他公司的做法，并进行调查研究。另一种非引导性知识创造的情境是当现有员工培训新员工时，新员工对于某些事物会提问为何要这样做，这就促使现有员工将他的知识进一步提炼。

实验是创造知识的一个有效途径，这使企业能检验一些更根本的假设从而取得更大的收益，而不是小步提高(DiBella et al.,1996)。实验在数据库营销中的普及会使这一类学习更加流行。

知识创造的最后一个问题是它需要管理者有解释数据和信息的手段与能力。例如，一个预测模型最直接的应用是产生顾客的优先排序名单。然而，当模型建立者和营销经理坐下来一起去研究预测模型中的重要变量时，知识才会被创造出来。因此，知识的创造需要时间、培训以及不断的团队合作(Gillett,1999)。Davenport等人(2001a)认为大多数公司在将数据转换为知识这一方面并不成功，它们忽略了"分析、解读数据以及根据结果进行行动的人为因素"(p.118)。他们也引用了自己研究成果中的两个例子，连锁行业中的超市扫描数据以及互联网交易数据。这些数据确实已经产生了，但管理者并没有时间从这些数据中总结信息，更不要说知识创造了。

对于这个问题解决方法之一就是进行更多的针对性的知识创造活动，或者要求管理人员记录他们所学到的。企业需要打造一个有时间来反思的工作环境，这对今天在不断裁员的企业来说确实是一个挑战。

3.4.4 编纂知识

知识需要被存储有两个原因：第一个原因是储存使知识能够更有效地传递给其他员工；第二个原因是未被记录的知识会被忘记。组织遗忘是一个很明显的现象(Argote,1999)。它的发生可能是由于员工的跳槽或者缺乏重复(例如，几年前我们曾举办过类似的活动，但那已经是几年前的事了，坦率地说，我已经忘了发生过什么了)。

编纂知识的关键问题是存储什么和如何存储。那些对保持企业战略有用且必要的知识需要被存储起来。显然，对于那些旨在发展顾客关系的企业，必须存储与顾客关系有关的全部数据、信息和知识。然而,有可能存在知识被过度存储的现象,因此需要决定什么样的知识在未来是有用的。

具体怎样存储知识是信息技术领域的问题。尽管成本很高,但企业还是要编辑和记录顾客的数据与信息,这也正是CRM信息系统所要做的。深刻的洞察,即真正的知识编纂起来更加困难。企业可以通过要求关键员工撰写白皮书的方式完成。专家系统和知识地图是另外的方式(Davenport & Prusak,1998;Vail,1999)。

Davenport等人(2001b)强调企业既需要存储定量数据也需要存储定性数据,并以宝洁公司为例,说明如何通过面对面的会议或者"讨论数据库"(p. 65)来存储定性数据。然而有时候,学习到的东西是很难被编纂的。哈雷摩托和戴姆勒·克莱斯勒公司吉普车部门依靠人种学研究去理解他们的消费者。咨询顾问实施了研究并且和管理者讨论了他们学到的内容,但并没有正式地整理这些数据。

另一个问题是应该有一个还是几个知识仓库。假设成本不是问题,企业都有设立一个仓库的明显倾向。这将有利于交叉查阅以及员工获取知识。但可能是由于成本的问题,Davenport等人(2001b)报告说,大多数企业并没有把所有的知识存储到一个地方。他们举了戴尔公司的例子,因为戴尔并没有整合其在线数据和来自呼叫中心的数据。

最后,知识既有关于事实的,也有关于过程的,可能编纂过程知识更重要。Davenport等人(2001b)讨论了Kraft的"三步分类建立工具",这是一个用于分析产品分类和决定该分类怎样成长的程序。

3.4.5 传递知识

传递知识给合适的人既有正式的也有非正式的机制,最常见的正式机制是训练经理人员从数据仓库里获取顾客信息,这种机制尤其适用于传递数据和信息。信息也能被自动地传递,例如,当一个商品目录销售公司的销售代表与一名顾客谈话时,这位顾客的简介就出现在屏幕上。其他正式的知识传递还有召开内部研讨会和撰写白皮书。

非正式的知识分享可能是最难以周密安排的,它涉及创造合适的物理条件和文化环境以有利于对话的进行。例如,让模型的建立者靠近需要以模型为基础做决策的管理人员,通过职业辅导制度鼓励高级管理者将他们的经验知识传递给初级管理者。

Huber(1991)从有关知识分享发生环境的组织行为文献里总结了大量的研究成果。当信息提供者A有知识要传递给接收者B时,如果A认为这一信息对B有意义,A分享信息的成本低,A的工作量低,A有分享的动机及B在组织里有较高地位和权力时,则知识传递更可能发生。

3.4.6 使用知识

使用知识可能是知识管理系统里最重要的部分,如果知识从来不被使用,它有什么用呢?如果前三个步骤——创造、编纂和传递已经正确地完成,使用就应该顺利地发生,因为前三步意味着充满洞察力的相关知识已经被创造出来,并存在系统里随时可得,并且对管理人员来说点击知识库是很简单的事。

消费者行为研究者已经证实,人们会使用那些可得的且对他们的问题有诊断性的信息(Feldman et al.,1988)。可得性取决于在知识系统中知识获取的容易程度,如知识传递的效率。诊断性取决于知识的有用程度。知识管理系统的设计者需要保证这两点。例如,Payton 和 Zahay(2003)的针对美国一家健康保险公司研究发现容易使用(可得性)和数据的质量(诊断性)是决定员工使用公司数据库的两个关键因素。高层的支持和培训也是非常重要的因素。

知识是否具有诊断性是很难判断的,因为判断知识是否有用是主观的。例如,一家公司的知识管理系统可能有这样的信息,即最近买过电脑的人也是购买外设扬声器的主要潜在购买者。然而,一个新的经理人员可能认为这样的见解在当今的市场环境下不是有用的知识。这位新的经理人员可能持有这样的观点:交叉销售外设扬声器给最近买过电脑的人是没有意义的,因为扬声器可能已打包在购买的产品中,或者如果顾客想要购买扬声器,他可能当时已经购买。

困难在于新的经理可能的确是对的,这样的知识不适应于当今的市场环境。要求新的经理使用这样的知识没有任何意义。可能最好的策略就是知识容易获得,但允许新的经理对知识是否有用做出判断。

3.4.7 设计知识管理系统

图 3.3 显示了设计知识管理系统的步骤。第一步就是确保先决条件(公司的数据库营销战略、信息技术基础建设、技能和组织文化)是到位的(Davenport et al.,2001a)。战略用于指导什么样的知识被创造和存储,信息技术建设是基础,因为它决定了存储顾客数据和其他形式知识的能力。Croteau 和 Li(2003)在他们对加拿大公司的研究中发现,技术的准备状态是成功知识管理的一个非常重要的前提。员工不仅需要有创造、编纂、传递和使用知识的技能,同时还需要有一个重视知识的组织文化。

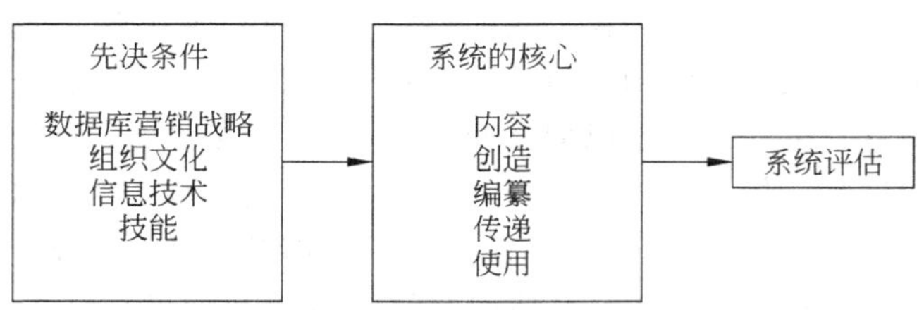

图 3.3 设计知识管理系统的步骤

下一个阶段是设计系统的核心:内容、创造活动、编纂程序、传递技术和使用机制。内容决策涉及系统中知识的主题和深度。主题是根据战略确定的,包括消费者行为方面、先前的活动、策略等。在考虑知识深度的时候需要做出重要的决策——这是一个信息系统还是知识系统?

在 3.4.3 节中阐述的各种各样的创造知识的方法需要被评估并列出优先顺序。例如,知识管理系统应该在多大程度上依赖移植?怎样使这些活动正式规范化?如果公司很重视那些非针对性的研究,经理人员是否能获得做这种研究的工具?例如,一位经理人员想要知道顾客分级计划对什么类型的顾客有用,他是否能够获取顾客数据来进行这项研究?当他需要了解其他公司在做什么以及相关学术研究的成果时,能否获取这样的图书馆资源？

在数据编纂方面也需要做出决策（见3.4.4节）。什么知识需要通过白皮书或者内部研讨会的形式收集整理？是不是所有重要的知识都能够被记录并存入计算机？一个关键的决策是知识该集中存储还是分散存储。正如前面讨论的，集中储存有利于交叉查阅和获取，但是可能实践性并不强。

为了确保知识被传递给了需要的人，并确保接收者的确使用了知识，在3.4.5节和3.4.6节中讨论的问题需要再次被提及。例如，需要制定决策来确保系统能被有效地使用，究竟是鼓励使用还是必须使用。一种极端情况是公司要求所有营销活动的策划都必须参考知识管理系统中的知识；另一种极端情况则是对此没有要求。

最后一步是建立一个评估系统的机制。研究者已经进行的横截面研究表明，拥有更复杂的知识管理系统的企业能够获得更好的顾客关系管理效果（如Chaston et al., 2003）。评估某一特定企业的知识管理系统的价值需要有事前和事后的分析。但是，执行起来是困难的，因为知识管理系统的价值主要是在长期显现。可能在执行知识管理系统两年后发现顾客保留率和顾客忠诚度都降低了，但是如果不使用这个系统，这些指标可能降低得更多。在某些情况下，竞争数据可以用来作为研究的跨时期基准。

Sharp（2003）讲述了一家用创新性的方法去评估知识管理系统的公司，这家公司就是壳牌国际石油开发公司（SIEO）。SIEO投资600万美元建设了一个强调知识传递的知识管理系统。为衡量这项投资的投资回报率，SIEO首先调查了那些知识的传播者，大家会问什么类型的问题？以此来计算各种类型问题的分布频率。SIEO然后找到知识的使用者（工程师），让他们算出对某一特定类型的问题，他们接收的知识值多少美元。这些数字乘分布频率得到投资回报率。SIEO计算的投资回报率是50，意思是600万美元的投资已经在3年的时间内产生3亿美元的财务收益。

这一方法的问题在于，知识使用者能否正确判断各种知识的价值。他们可能在认知上有高估这一价值的倾向（“我决定使用这个系统，因此，它一定是有价值的”）。此外，并没有基准组，如果知识管理系统没能提供回答又会发生什么呢？然而，值得肯定的是，SIEO为判断它们对知识管理系统投资的效果已经做了切实的努力。

3.4.8 问题与挑战

知识管理是实施数据库营销的重要组织流程。组织学习的相关文献在此方面有大量学术研究。但是我们需要的是在数据库营销或CRM背景下对于知识创造、编纂、传递及使用的营销导向的研究。其中的关键问题如下：

- 哪些知识创造活动是最重要的？
- 知识管理比信息管理到底重要多少？比起从编辑顾客数据中获得狭窄的信息，产生、存储以及传递深刻的洞察是否值得？
- 如何确保知识的潜在使用者能够切实地使用系统中的知识（见Huber，1991）？
- 对这项范围如此之宽、效果如此之长的技术投资，公司该如何评估效果？
- 对知识管理系统的投资典型的投资回报率是多少？什么因素会影响投资回报率？
- 组织文化在知识创造与使用中到底有多重要？可能比起鼓励企业家精神的文化，推崇团队合作与集体主义的公司文化更有利于知识管理产生效果(见 Deshpandé et al.,1993)。

- 知识管理是否是企业竞争优势的来源?大规模的知识管理系统显然不容易被复制,当然当企业管理者跳槽时可能会有部分的泄露。

3.5 薪酬和激励

所有组织的管理者和员工都会对激励做出反应。例如,如果企业需要提高新顾客的获得率,那么员工应当基于其获得顾客的多少得到相应的激励。由于数据库营销能帮助管理人员更准确地衡量业绩,因而制定合适的激励措施对成功实施数据库营销变得更加重要。我们将首先回顾该领域的理论成果,然后讨论一些实证研究发现。

3.5.1 理论

Hauser 等人(1994;"HSW")进行了一项经济学研究,探讨企业应如何使用薪酬激励制度来奖励员工在增加顾客满意度(长期)和创造即时销售(短期)方面做出的努力。在数据库营销方面,这是一个在获得新顾客与保留老顾客之间的基本权衡。这个模型使用了一个委托—代理框架,在委托—代理框架内,员工(代理人)不能确定他们的努力将得到什么结果,管理者(委托人)不能很好地观察员工的努力程度。企业之间将基于价格和他们的薪酬奖励结构来进行竞争。

HSW 理论建立了两个竞争企业的两阶段模型。需求取决于价格和顾客感知的质量。员工付出努力去提高顾客感知质量,假定在第一阶段提高即时销售需要付出的努力为"a";先在第一阶段提高顾客满意度再在第二阶段增加销售量需要付出的努力为"b",员工总共付出的努力则为"$a+b$"。虽然第一阶段的销售量和顾客满意度是考察员工努力的间接测量指标,但企业不能直接考察"a"或"b"的大小。尽管员工了解自身付出了多少努力,但他们也不能直接观察其努力的效果。

模型的求解程序遵循双寡头博弈(Stackelberg 模型),两家企业选择价格和薪酬体系来实现利润最大化,而企业员工基于一系列价格和奖励函数来优化其努力程度。企业首先根据一个给定的奖励函数寻找最优的价格,再考虑竞争对手与员工的反应来确定最优的奖励函数。HSW 理论显示,员工应得的薪酬(w_1 代表第一阶段薪酬,w_2 代表第二阶段薪酬)是销售量(q)和考察到的满意度(s)的线性函数。

$$w_1 = \alpha_1 + \beta_1 q_1 + \eta s \tag{3.1a}$$

$$w_2 = \alpha_2 + \beta_2 q_2 \tag{3.1b}$$

一个关键的发现是,不论竞争对手怎样做,企业最好在对员工的销售进行奖励时还要奖励员工创造的顾客满意度($\eta>0$)。这个结果是相当明智的。即使企业不能准确观察员工对增加顾客满意度做出的努力,企业也明白顾客满意度的确是通过员工努力创造出来的,并且第一阶段的顾客满意度能够增加第二阶段的销售量。如果顾客满意度提高这一绩效不能得到奖励,企业将失去第二阶段的销售量。对于提高顾客满意度应当得到的奖励数量受到何种因素的影响,HSW 理论提供了如下见解。

- 如果员工是短期导向的，企业应该更加关注对满意度的奖励。即如果员工不是天生具有长期导向，企业需要以一定的奖励来促使他们转变。
- 如果顾客满意度能够更加精确地测量，企业应当更多地在这方面进行奖励。因为在满意度精确测量的情况下，企业可以更好地衡量员工的努力。
- 员工如果提高了低转换成本顾客（即企业不做出努力很容易流失的顾客）的满意度，应当得到更多的奖励。这种做法的道理在于，一旦这些顾客不满意，企业将会失去他们。
- 如果一家企业的基本感知质量比较高，那么它应该针对顾客满意度的提高提供更多奖励。[①] 这是非常重要的，因为这表明在顶级企业中，奖励员工提高顾客满意度对企业的收益更大。这可能是因为高品质的公司已经可以保证短期的销售，所以能更多地投资于顾客满意度的提高，以提高长期销售。

HSW 理论的结果总体上肯定了对创造满意顾客的员工进行奖励的薪酬体系。需要进一步研究的一个问题是：奖励顾客满意度是否能提高行业的整体利润。奖励顾客满意度可能掀起“顾客满意度的战争”，竞争企业争相获得新顾客，因为一旦获得了顾客，便可以通过顾客满意度奖励机制将顾客锁定。

薪酬奖励的另一个对象是建立预测模型的统计人员。正如已经在本书中多次重复的，数据库营销通过更好地顾客定向能对利润产生直接和确切的影响。因此，奖励那些从模型中计算顾客“增益率”的模型开发者是有意义的。最后一个领域是如何为进行知识管理的员工确定薪酬，尤其是从事知识创造、编纂和传递的员工。由于这些活动很难得到即刻的回报，因此尤其应该进行奖励。

3.5.2 实证研究结果

许多系统和零散的实证研究都证明，薪酬是确保数据库营销或 CRM 成功的一个关键因素。

Reinartz 等人（2004）发现，对那些与高价值顾客培育关系的员工进行奖励，能改善企业业绩。研究者调查了来自奥地利、德国和瑞士的 211 位经理人和 CRM 专家，他们测量了 CRM 实施过程的各个方面，同时也对顾客满意度、顾客保留、企业形象和顾客收益这些以市场为基础的指标进行了测量。例如，研究者发现，“与 CRM 兼容的组织特征”能加强顾客获取工作在改善企业绩效中的作用。与 CRM 兼容的组织特征是一个含 4 个题项的量表，其中包括对根据顾客等级为其提供相应服务的激励（即“奖励与高价值顾客建立和深化关系的员工”）。其他测量题项并不是特指奖励（如培训、有组织地对不同顾客群做出最佳反应等）。因此，奖励对企业的确切贡献是什么还不清楚，但一定是起作用的。

Peppers 和 Rogers（1997：79-98）描述了一个有关 MCI 电信公司的有趣案例。20 世纪 90 年代初，由于面临顾客流失的问题，MCI 公司启动了一个“顾客第一”的保留计划。该计划重点关注为公司创造 40％收入的前 5％顾客。MCI 公司为每群顾客配备了专门的顾客经理，并以顾客保留率为指标奖励顾客经理。根据 Peppers 和 Rogers 的研究，该

---

① 这一结果在一篇工作论文中得到了阐释和证明（Hauser et al.，1992）。

项目已经开始取得成功。然而，按照产品销量来进行奖励的MCI营销部门却不喜欢这个计划，因为这个顾客保留计划带走了他们进行交叉销售的潜在顾客，而把这些顾客送到了销售和服务部门。

Day和Van den Bulte(2002)调查了来自美国公司的345位营销人员、销售人员和管理信息系统高管。他们确认了一些能够影响CRM成功实施的潜在因素，将其中一个因素定义为"配置"，包括组织结构、激励和控制。配置被证明是影响"顾客关系能力"(customer relationship capability，CRC)的最重要的因素，而顾客关系能力又与顾客保留、销售增长和利润密切相关。这为薪酬和激励机制的重要性提供了进一步的支持。[①]

Day(2003)发现，西贝尔公司(Siebel Systems)管理层50%的薪酬依赖于顾客满意度，销售人员25%的薪酬依赖于顾客满意度。为了更加直接地将员工的努力与其取得的顾客满意效果联系起来，西贝尔公司在销售合同签署一年后支付奖金。Day还提到，Capital One公司允许客户代表在向一个潜在的流失顾客提供服务时有较大的自由度从而使他继续留在公司。客户代表基于其保留顾客并获得利润的能力来获得报酬。通过这种方式，Capital One公司对于员工改善盈利性顾客保留的能力进行了奖励。

最后，Srinivasan和Moorman(2002)研究了线上零售商业绩的驱动因素。他们将组织因素与顾客关系投资联系起来，然后研究了顾客关系投资与顾客满意度、顾客满意度与企业业绩的关系。他们通过BizRate.com的顾客评分与高管汇报的企业现金流的关系来证明满意度与业绩的关系。研究发现，最重要的顾客关系投资就是顾客信息系统支出，而建立一套以顾客为中心的奖励制度是信息系统支出的一个重要的决定因素(营销/技术互动是另外一个重要的因素)。言下之意是，建立一个与CRM相关的奖励机制能够鼓励企业在顾客信息技术上做出正确的早期投资，继而可以获得更高的顾客满意度和更好的企业业绩。这个发现也进一步验证了五星模型(见图3.1)，模型指出，这些组织设计要素(在这个案例中指薪酬和知识管理)是高度联系的。

3.5.3 总结

有确凿的证据表明，薪酬激励系统应当并且的确在数据库营销的成功实施中发挥了作用。大部分研究是关于激励系统—顾客满意度—业绩的联系。Hauser等人(1994)提供了理论联系，而Reinartz等人(2004)，Day和Van den Bulte(2002)，Srinivasan和Moorman(2002)提供了实证联系。

尽管这些结果是令人鼓舞的，未来的研究还需要考虑如何协调公司内部不同群体的薪酬体系。Hauser等人(1994)提出更多的奖励措施应该与员工的努力成果直接相关。例如，如果员工集中精力于减少顾客流失，那么他们就应当基于顾客流失率获得报酬。然而，在Peppers和Rogers(1997)的MCI案例中，如果一组员工基于获得新顾客得到报酬，另一组员工基于保留老顾客获得报酬，这样会带来问题。在MCI案例中，一组员工通过"隔离"最有利可图的顾客提高顾客保留率，本质上就让这些顾客远离了想卖给他们更多产品的其他组。两组员工都要响应薪酬奖励机制，但他们是有冲突的。

---

① 注意：然而，需要注意的是"配置"是采用单一量表测量的，这个量表并没有直接提到薪酬。

3.6 人　员

3.6.1 提供合适的支持

一旦公司的战略、结构、知识管理流程和薪酬都安排好了，剩下的事情就是，员工培训和支持。对知识管理来说，培训显得尤为重要，特别是关于如何访问和使用系统(Payton & Zahay,2003)。同样重要的还有顾客管理还是产品管理——这是两个不同的思路。最后，组织文化必须能够强化组织设计的其他方面希望完成的目标。例如，基于 Deshpandé 等人(1993)阐述的文化类型理论：以人际凝聚力、团队合作、师徒制为特点的“家族”文化，可能适合一家高度重视知识管理的传递部分的公司；强调目标实现和竞争力的“市场”文化，可能更适合一家高度重视结果导向的顾客管理系统的公司。

对人员提供支持的另一个方面是高层管理者的承诺。高层管理者可以表达他们对组织设计的支持，并超越正式的薪酬计划奖励个人。此外，高层管理者也可以直接做出贡献。Senn(2006)报道了西门子信息和通信部门的“高层管理者关系计划”，它要求公司的高层管理者与其客户的高管定期见面，制订基础计划。

3.6.2 公司内部协调

不论五星模型(见图 3.1)组合出何种形式的组织设计，只有人们互相配合、互相协调，这种设计才能成功。协调的问题可能来源于三个方面：冲突、沟通不畅、缺乏教育。以下是需要协调的人员及可能会阻碍协调的潜在问题。

群体	协调问题
建模者和管理者	沟通、教育
获取人员与保留人员	冲突
顾客经理和产品经理	冲突
渠道经理	沟通
建模者和 IT 人员	沟通、教育
营销经理和 IT 人员	沟通、教育
营销和财务经理	冲突
数据库营销人员和高层管理者	沟通、教育

我们将在接下来的两节中进一步深入地讨论这些问题。

1. 营销职能内的协调

建模者和管理者。Gillett(1999)指出，为了数据库营销的成功，模型的创建者和使用模型结果的管理者需要有效协调。根据 Gillett 的观点，这需要了解彼此的需求、管理期望和了解彼此的能力。这里存在大量的沟通和教育问题。建模者需要将经营问题进行转化，例如，将如何有效交叉销售这一经营问题转化为统计分析问题来解决。管理者需要了解模型能做什么、不能做什么，例如，预测模型特别擅长将顾客按照反应率进行优先分级，但并不那么擅长界定谁是目标顾客。管理者对于建模的速度以及模型的准确率也需要有切合实际的期望。随着如今企业越来越强调精减人员，管理者非常容易对建模者做出不切实际的要求。对一个管理者来说，真正理解为什么要花费一个星期来建立预测模型是很难的，但对于建模时间还是要有恰当的预期。

Gillett(1999)建议，数据挖掘应该成为团队工作，这个团队由一个IT专家(负责数据)、一个统计专家(负责数据挖掘)、一个管理人员(负责确保满足业务需要)共同组成。团队协作的好处是：①更有可能提高公司业绩；②提供一系列深刻见解，更有可能增加企业长期的知识水平。

获取人员与保留人员。以顾客为中心的组织的标志之一是对获得新顾客与保留老顾客的单独管理(见3.3.5节)。然而，这些职能的思路是有冲突的。负责获得新顾客的员工往往注重顾客数量且短期导向，因为他们的工作任务容易量化。而负责保留老顾客的员工则关注顾客关系且长期导向。当获取员工吸引到了一些难以保留的顾客时，问题便发生了。例如，电信公司可能会发现它更容易吸引年轻顾客，但这些人恰恰是天生难以保留的顾客。另外，容易保留的顾客可能是最难以促成购买的。例如，如果年纪较大的顾客更可能对品牌保持忠诚，那么他们对保留人员来说很有价值，但却很难被获取。

顾客经理和产品经理。这两者的冲突在于，顾客经理可能会要求生产某种产品，但产品经理却生产不出来。例如，针对青少年的顾客经理可能要求生产一款造型设计很棒同时具有大容量存储能力的个人电脑。这听起来很不错，但是个人电脑的产品经理可能也同时被企业顾客经理、教育机构顾客经理、家庭顾客经理等其他顾客经理的各种要求所烦扰。

渠道经理。营销活动也可能按不同渠道来执行，这同时引出了协调问题(Botwinik，2001)。其中一个问题是，许多企业起初将线上销售渠道设置为一个单独的利润中心，以确立其在网络市场的存在感。而现在，已经不需要证明这种存在感，企业要在线上线下不同的渠道间进行协调。开始时不同渠道经理为争夺同一名顾客而冲突，如今这个问题更多地集中在如何有效沟通以便能满足全部顾客的需求上。举一个简单的例子，一个销售代表手头上如果有顾客在网上的购买记录，销售将变得更加容易。

不同营销职能的经理。Botwinik(2001)认为，营销、销售、客服等不同营销职能的人员都觉得自己的工作是独特的因此缺少相互协调。然而，顾客却基于他的全部体验来看待自己与企业的关系。例如，顾客可能会抱怨互联网反应时间太长，他联系了立即能解决问题的客服，但真正的问题是顾客使用的计算机有问题。此时，营销人员可以识别顾客的需求，然后销售人员可以告诉他需要更换的计算机的规格。这三个团队需要彼此有效沟通，让每个部门都可以无缝衔接地将顾客送到其他相应的部门。

2. 营销职能外的协调

建模者和IT人员。虽然建模人员和IT人员都是技术导向的，但是这两类人的沟通未必容易。数据管理员负责组织非常多种类型的数据结构，以至于他们没有时间坐下来和建模者讨论如何为预测模型准备数据库。另外，建模人员可能对定义数据库中的变量不感兴趣，他们更感兴趣的是如何在给定的一组变量基础上获得预测能力、什么样的统计技术效果最好。简而言之，数据管理员需要上一堂统计课，数据挖掘者需要上一堂数据管理课。

营销经理和IT人员。IT部门要为包括财务、运营、市场营销部门在内的整个公司处理数据。结果导致，营销部门可能要花大量的时间来等待数据被整合。IT、营销、财务、运营及人力资源的部门总监们需要彼此协调并设立优先级。如果营销经理想要提出搜索请求并访问数据库，但是无法将他们的需要转换成系统能识别的搜索语句，也会产生协调问题。Cunningham 等人(2006)描述了一个用来衡量系统如何满足管理需求的评估工具。这类工具应该能够加强 IT 部门和管理人员之间的沟通。

营销经理和财务经理。这里也会发生大量潜在冲突，冲突源于如何在第一类错误与第二类错误之间的权衡(见第 10 章)。第一类错误是指当接触某个顾客可以盈利时却没有接触他。第二类错误是接触某个顾客不能盈利去接触了他。问题在于，同时减少这两类错误是十分困难的——这是一种内在固有的冲突。

当市场营销人员如顾客经理，谈论起投资顾客以赢得长期效果时，他们认为，第一类错误是更糟糕的错误——没有比机会摆在那里却不去把握住以增加顾客价值更糟糕的事了。然而，财务经理更自然地关注第二类错误，他们认为，更糟糕的是顾客本身没有价值却浪费金钱在他身上。对于二者来说，理解彼此的关注点长期看有助于解决冲突，但是似乎需要有人为究竟哪一类错误更重要定一个基调。

数据库营销人员和高层管理者。这里的问题是沟通和教育，问题主要在高层管理者一方。高层管理者应该清晰地理解数据库营销人员能做什么，数据库营销人员应当避免过于夸大他们所能做的。这有些类似数据挖掘者和营销经理之间发生的沟通不畅，但更多是在战略层次上的。

顾客隐私与数据库营销

摘要

在法律环境中数据库营销最重要的一个方面就是顾客隐私问题，我们将对这个问题进行深入探讨。对顾客来说隐私是一个多维命题，我们首先回顾这些维度的本质以及潜在结果，然后讨论一些顾客由于担心隐私而影响其行为的证据——尽管有一些并不是确切的证据，例如隐私顾虑会阻碍电子商务的发展。我们既讨论那些有关顾客隐私的主要法律，也讨论一些有关隐私的企业实践。最后我们将对顾客隐私问题的解决方案进行总结，包括监管、基于许可的营销及聚焦于信任的战略。

4.1 背　　景

4.1.1 顾客的隐私顾虑及其对数据库营销人员的影响

数据库营销中涉及的顾客隐私是指顾客对其个人数据的收集、使用以及匿名与否的控制能力。数据库营销的基本前提是交换：公司收集分析顾客信息，然后为顾客提供更适宜的产品、服务、促销。然而当顾客开始为个人隐私担忧时，这个前提就被打乱了。图 4.1 勾勒了这些顾虑及其对应的后果①。

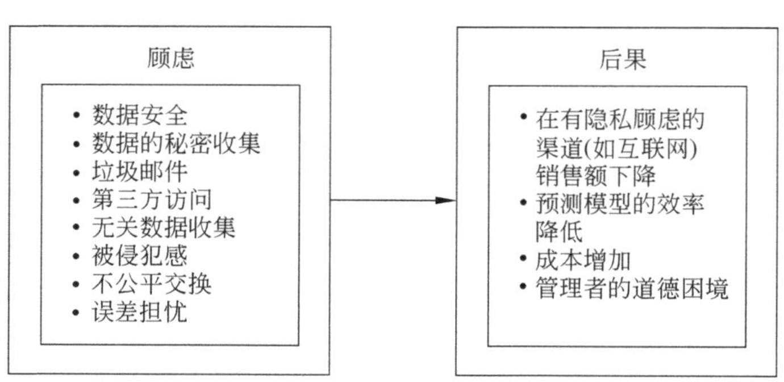

图 4.1　顾客的隐私顾虑及其对数据库营销人员的影响

• **数据安全**。顾客担心电脑黑客能够获得他们的数据，“身份盗用”这类案件加大了这种恐惧。例如，Choice Point 是一家对公共领域的顾客数据进行收集并销售的公司，这家公司曾揭露，一个身份盗用团伙侵入其数据库内的 145 000 条记录

---

① 见 Smith 等人(1996)以及 Stewart、Segars(2002)为隐私顾虑正式开发的 CFIP 量表。量表涉及了安全、第三方访问、无关数据收集、误差担忧这些在本章出现的概念。

(Perez,2005),这些数据包括姓名、地址和社会安全号码。另一著名的数据公司 Lexis-Nexis 提到罪犯得到了其数据库中的社会安全号码、驾照信息和 310 000 个个人地址(Timmons & Zeller Jr.,2005)。这些例子对顾客意味着即使这些公司收集顾客数据是善意的,也无法保护他们的数据隐私。

数据安全也适用组织内人员对数据的访问。例如,一个病人可能对于医师查看自己的病历感觉正常,但对一名医科学生或是医院行政人员翻看却很在意。

- **数据的秘密收集**(George,2002)。顾客怀疑企业在自己不知情的情况下取得自己的信息。最显著的例子是 Cookies 的使用,它是被网站嵌入顾客电脑的几行计算机代码,可以被用来追踪顾客的行为(Turner & Dasgupta,2003)。Cookies 嵌入顾客电脑时一般并没有得到顾客的允许。实际上并非追踪行为本身困扰着顾客,而是这种鬼鬼祟祟收集数据的行径让顾客烦恼。
- **垃圾邮件**(George,2002)。一些顾客担心数据收集导致其收到垃圾邮件。尽管好的预测模型可以解决这种问题,因为模型是帮助企业针对那些能回应的顾客进行目标市场营销,但是即便最好的预测模型也只能把回应率从 1% 提高到 5%～7%。虽然这对企业数据库营销人员来说意味着巨大的利润(详见第 10 章),但对于其他 93%不愿回应的顾客来说,这种行为被看作对个人隐私的侵犯。
- **第三方访问**(Smith et al.,1996; Turner & Dasgupta,2003; George,2002)。顾客意识到那些和他们做生意的企业把其收集的数据卖给那些自己未知的第三方组织,美其名曰"合作伙伴"。顾客也许并不介意与自己有关联的企业使用个人数据,却不想让其他企业利用这些信息。
- **与公司无关**(Smith et al.,1996; George,2002; Winer,2001)。顾客可能只是简单认为自己更喜欢哪种书籍、电影、电子设备等,以及给哪个国家或地区打电话,这些行为不关企业什么事。这些顾客把自己与公司之间的关系看作交易关系,十分讨厌被企业打上"魔幻书读者"或"国际长途人士"的标签。
- **被侵犯感**(Winer,2001)。Winer(2001)曾把被侵犯感表述为"他们怎么知道我的情况?"例如,一个直复营销商可能使用一个编译数据库(第 8 章)了解某个顾客经常阅读《新闻周刊》并且最近购买了高清电视。即使顾客知道企业在收集并整合相关的数据,但当企业告诉顾客它知道什么时,所有的数据收集工作似乎都变得具有侵犯性。
- **不公平交换**(Fletcher,2003)。尽管数据库营销的前提是顾客牺牲自己的一些隐私来换取更好的服务、价格或产品等,但有一些顾客也许会把这视为一种不公平交换。可能他们没有看到目标市场营销带给他们的好处,抑或他们把牺牲个人隐私的成本看得太高了。不管怎样,他们都把数据库营销的交换看作不公平的,对他们不利的。
- **误差担忧**(Smith et al.,1996)。顾客也许担心从他们身上收集的数据可能会有误差。误差可能来自"电脑失灵"或是人工失误。结果是企业会在企业顾客双方都不知情的情况下拥有一份不准确的顾客资料。

正如图 4.1 中所显示的,这些隐私顾虑有四种主要的后果。第一,顾客对隐私的担心会减少销售额。Stewart 和 Segars(2002)发现,那些对隐私担忧的顾客会打算将他们的名字从邮寄名单上删除,或者会因为对企业利用私人数据这种方式不满而减少购买。这个问题对网络营销非常重要。Udo(2001)调查了 158 个线上用户发现,对隐私与安全的忧虑是阻碍网络销售的第一大问题。微软公司的一个部门声称(微软,2000),根据 Forrester 的研究,顾客的隐私顾虑使 2000 年的网络销售额损失了 122 亿美元。

第二,隐私顾虑可能会使公司可以使用的数据受到限制,因而降低预测模型的精确度与盈利能力。Stewart 和 Segars(2002)发现,对隐私有担心的顾客更可能拒绝向企业提供信息。对于现有顾客,购买历史记录是影响预测模型精确度的最重要的变量(如 Knott et al.,2002),企业会自动收集这些数据。然而,当获得新顾客时,企业内并没有潜在顾客的购买历史记录,于是人口统计与其他相关数据变得非常重要。如果 Cookies 被宣布是不合法的,企业就无法追踪顾客的网络搜索的偏好与行为——它们都是在预测模型中非常重要的变量。在极端情况下,如果企业被禁止使用之前的购买历史数据来进行目标市场营销,预测模型就会失灵。

第三,隐私会增加成本。Turner(2001)注意到对外部顾客数据获取的限制会增加 3.5%～11%的成本,这样会降低数据库营销的效率。

第四,如果管理者发现自己在收集那些顾客并不希望被收集的数据,他可能会面临棘手的道德问题。对道德行为的一个有用的检测是,"如果大众知道我在干什么,我会很难堪吗?"在收集利用那些顾客更希望保密的数据时,这个回答可能就是"是的"。这便让善意的管理者陷入道德困境。

总体来讲,顾客对于其隐私有种种担心,这些担心的后果是:①降低顾客开销尤其是网络消费;②可用于预测模型的数据越来越少;③为了遵守各种各样的隐私规则而带来更高的成本;④使管理者陷入道德困境。

4.1.2 历史观点

对于顾客隐私的关注并不是最近才出现的。在 20 世纪 60 年代当顾客信息第一次被打在电脑卡片上时,这些问题可能就出现了。最初使用顾客信息的是金融领域,那时需要确定顾客的信用度。对隐私的忧虑带来了 1970 年的《公平信用报告法》和 1974 年的《隐私法》,它阐释了顾客关于信用信息的权利(Turner & Dasgupta,2003)。随着技术复杂度的提高,以及公司开始整合数据文档并且不停顿地传播信息,有更多的立法被通过了——1986 年的《电子通信隐私法》和 1988 年的《电脑匹配与隐私保护法》(Turner & Dasgupta,2003)。即使这样,1992 年的一项调查发现,76%的顾客感到他们对自己的信息如何被组织收集与使用已经失去控制(Turner & Dasgupta,2003)。

当今互联网时代的一个里程碑式的隐私事件是 DoubleClick 在 1999 年收购 Abacus (Winer,2001)。DoubleClick 的专长是投放互联网广告,并拥有以相应的 Cookies 为基础的大量顾客信息。Abacus 是一家拥有数百万顾客的地址、姓名以及线下购买习惯信息的顾客名单交易公司。DoubleClick 的战略是将它的互联网数据与 Abacus 的线下数据合并,这样就可以得到关于成百上千万顾客的清晰而完整的数据。这一轰动的负面公众事件导致 DoubleClick 宣布取消这一计划。DoubleClick 要做的与许多合并名单并进行数据整合提炼的操作并无两样。但是，由于这次事件的影响力过大，同时又介入了互联网的因素，引发了公众的觉醒和恐惧。

互联网的发展以及在健康、儿童等领域与日俱增的隐私顾虑，共同促成了隐私法律的增加；我们在4.3.3节中会简要回顾这些法律中的几项。这些规章制度是历史的进步，随着科技的发展，数据收集与传播变得越来越无孔不入，将会出现更多的法律。

4.2 顾客对隐私的态度

前文所述揭示了顾客对于隐私担心的本质，已经有研究测量了顾客态度以及这种态度对购买行为的影响。此外，也有研究使用市场细分方法根据顾客的隐私顾虑来分析顾客的异质性。

4.2.1 市场细分方法

Ackerman 等人(1999)对网络用户进行调查，确定了对于隐私和互联网持不同看法的三种人群。①主要影响者。他们非常关心数据的使用并且不想通过网站提供任何数据。②实用主义者。他们关心个人隐私，但可以通过法律、隐私声明等手段减少其担心。③轻微影响者。他们极少关心这个问题。研究者发现，主要影响者占样本总量的17%，实用主义者占56%，而轻微影响者占27%。这表明对于隐私极端关注的只限于少数。然而，如果主要影响者宣扬隐私问题(如 DoubleClick 的越轨事件)，同时如果企业不消除实用主义者的担忧，这些实用主义者可能很容易转移到主要影响者的阵营。

一项在德国进行的后续研究(Grimm & Rossnagel,2000)同样发现有30%的主要影响者、24%的轻微影响者。45%的实用主义者被进一步细分为关心身份被泄露的人(20%)与关心自身详细信息被泄露的人(25%)。关心身份被泄露的人显得更容易解决，因为企业只有将身份与姓名、地址、电话号码档案合并后才可以使用家庭身份并联系顾客，而这些数据只可能掌握在第三方或者组织内的有限人手中。然而，顾客对于自身详细信息被泄露的顾虑对数据库营销更重要。预测模型本质就是勾勒最有可能响应的顾客、最有可能流失的顾客及最有利可图的顾客等详细信息。

Fletcher(2003)提出一种细分方案，如图4.2所示。这一细分方案基于两种因素：对直复营销收益的态度和信任及隐私知识和隐私意识。Fletcher 确定了四种类型。①沉默的多数。他们的隐私知识和隐私意识低，但对直复营销持有积极态度。这一群体是合作的，但应该告知其数据的使用和隐私问题来对其进行教育，以免他们看到负面的宣传时对企业产生质疑。②沉睡者。他们的隐私知识和隐私意识低，但对直复营销抱有敌对态度。企业对把他们带入 CRM 世界无能为力。③合作者。他们的隐私意识很强，对直复营销态度积极。他们是数据库营销应关注的对象。④激进分子/麻烦制造者。他们的隐私意识很强，对直复营销抱有敌对态度。这些人与主要影响者类似。实施 CRM 的公司应努力对其进行教育，宣传直复营销的价值。

上述市场细分方案很实用，但需要更多的测试和改进。各细分市场的规模以及情感的强度会因行业不同而异，这也使问题变得更加复杂(Bart et al.,2005)。

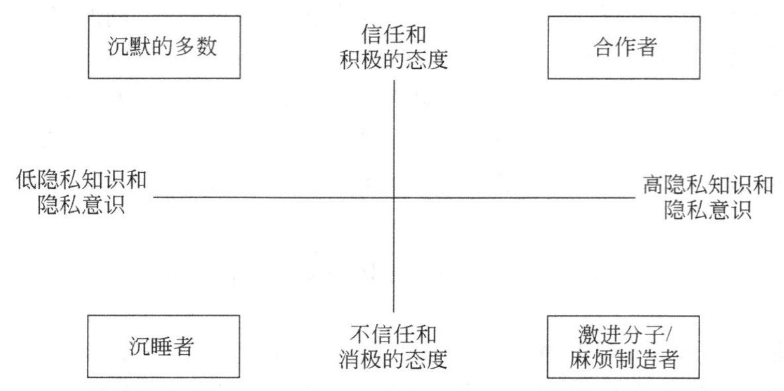

图 4.2 一个基于顾客隐私态度的细分方案

（资料来源：Fletcher，2003）

4.2.2 态度对数据库营销行为的影响

在数据库营销环境下的一个关键问题是顾客对隐私的态度如何影响他们对各种购买行为的态度。如前所述，Stewart 和 Segars 发现，那些更担心个人隐私的顾客会要求将他们的名字从邮寄名单中移除，更有可能拒绝向企业提供信息，更可能拒绝购买产品，只是因为企业使用了他们的个人信息。

Verhoef 等人（2007）将顾客对不同销售渠道（网络、产品目录、电话）的属性评分与顾客在这些渠道的搜索与购买的态度联系起来。一种属性是在这些渠道购买时个人隐私受保护的程度。结果发现，在网络渠道，这一属性评分与购买行为有较强的负相关关系；在目录购买时，这一属性评分与购买行为的负相关关系较弱；而在商店购买时，这一属性评分与购买行为无关。这些结果是有意义的，它们强调隐私问题被网络诱发。他们还证明，隐私问题抑制购买，并因此降低电子商务的发展速度。

George（2002）研究了互联网经验、“一个人的数据属于自己（‘物权观’）”的观念、对互联网保护隐私的信任、对互联网购买安全的关心、互联网购买意向和互联网购买之间的关系。主要结果建立在 1998 年一项互联网用户调查的基础上，如图 4.3 所示。

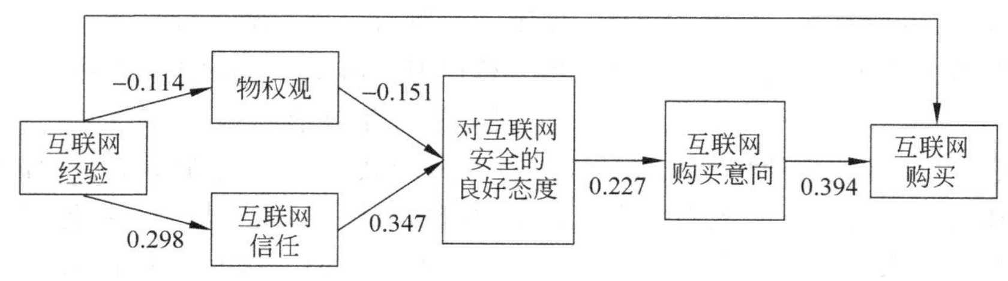

图 4.3 隐私态度和互联网购买的关系

（资料来源：George，2002）

结果表明，互联网经验有利于对互联网的信任，这种信任又促成对互联网安全的积极态度，然后会促进互联网购买意向和购买行为。而且，互联网经验与个人数据的物权观呈负相关,进而促成更多对互联网安全的积极态度,最终,导致了更高的互联网购买意向和购买行为。总之,互联网经验引起了良好的态度变化并进一步促进互联网的使用。

George 在他的互联网信任量表中将“信任”和“隐私”结合起来。Bart 等人(2005)将它们分成两项。他们将信任作为一种整体的信任来进行测量,即相信该网站将履行自己的承诺并且该网站上的信息是可信的。隐私则从网站隐私策略透明度的方面进行测量。他们发现,隐私影响信任,进而又影响使用互联网的行为意向。

在 Peppers 和 Rogers(2004a)的一项研究报告中,Intel 和 Urban 公司发现,信任水平将影响从英特尔网站下载软件的数量。这项研究并未研究隐私,但它强调了在网络营销中信任的重要性(也可参见 Pepe,2005)。

信任作为一个关键因素出现是非常重要的。信任是一个比隐私更广泛的问题——例如,它涉及顾客对网站提供的产品推荐是否信任的问题,而这不是一个隐私问题——但毫不意外的是,在没有信任时隐私问题变得更加突出。对隐私的顾虑当然会破坏信任,但缺乏信任也会引发对隐私的担忧。

虽然上述研究清楚地表明隐私顾虑抑制了网络购买行为,但 Turner 和 Dasgupta(2003)认为,顾客可能比他们的态度所显示的更愿意提供数据。Chain Store Age(2002)报告说 70%的美国顾客报告担心隐私问题,但只有 40%的顾客费心去阅读隐私政策。然而另一方面,Clampet(2005)的报告则显示有 86%的顾客要求将自己从邮寄名单中删除,83%的顾客因为信息过于私人化而拒绝提供。

4.2.3 隐私顾虑的国际差异

一个有趣的问题是隐私顾虑是否会因国家而异。Milberg 等人(1995)调查了 9 个国家的文化价值观、监管环境和信息隐私顾虑之间的相互关系。文化价值观,包括不确定性规避指数(uncertainty avoidance index,UAI)、权力距离指数(power distance index,PDI)、个人主义指数(individualism index,IDV)(Hofstede,1980,1991)。不确定性规避指数衡量一个社会规避不确定性的程度。Milberg 等人的假设是来自不确定性规避指数高的国家的顾客应该更关心隐私问题。权力距离指数衡量社会各阶层之间的不平等程度。Milberg 等人的假设是来自高权力距离指数国家的顾客会更关心隐私问题,因为高权力距离指数的国家以低信任水平为特征。个人主义指数衡量社会对独立性的鼓励程度。Milberg 等人的假设是来自高个人主义指数国家的顾客更关心隐私问题。

对调查的 9 个国家,文化价值观采用 Hofstede 的分类标准进行测量,监管水平采用研究人员对于监管程度(从低到高)的主观判断进行测量。Milberg 等人采用 Smith 等人(1996)的隐私测量工具调查了信息系统审计与控制协会(Information System Audit and Control Association,ISACA)的 900 名成员(IT 专业人士和财务审计人员)对隐私的顾虑。

结果表明:①隐私顾虑水平因国家而异。②对各种隐私问题关注的次序是相同的,第一是数据的二手使用;第二是不正当访问;第三是误差;第四是收集。③文化价值观与隐私顾虑无关。④文化价值观与隐私监管的程度有关。权力距离和不确定性规避与监管程度呈正相关,个人主义与监管程度呈负相关。

这些结果很有趣，它确立了国家之间在隐私问题上的差异。然而有意思的是，文化价值观影响隐私监管程度，却没有明显影响对隐私的顾虑。Milberg 等人(2000)进行了另一个针对 595 名 ISACA 会员的调查。他们调查了 19 个国家而不是 9 个，并采用偏最小二乘法，而不是简单 F 检验。在这项研究中，他们发现文化价值观确实既影响隐私监管程度，又影响对隐私的顾虑。权力距离指数、个人主义指数和大男子主义(Masculinity，MASC)与隐私顾虑呈正相关，而不确定性规避指数与隐私顾虑呈负相关。与他们先前的研究一致的是，他们发现，不确定性规避指数与隐私监管程度呈正相关，个人主义指数与监管呈负相关。他们还发现，大男子主义与隐私监管程度呈负相关。然而，与他们先前的研究不同的是，他们发现，权力距离指数与隐私监管程度呈负相关。

Bellman 等人(2004)调查了 38 个国家的 534 位互联网用户。他们的研究与 Milberg 等人的研究的不同之处在于他们是对顾客进行调查。他们研究了顾客对信息隐私顾虑的三个潜在的关联因素：文化价值观(PDI、IND、UAI、MASC)；当前的隐私监管架构；使用互联网的经验。根据当前的隐私监管将国家划分成不同类型："没有监管或自行监管""行业监管"(针对特定行业的监管)、"综合监管"(适用于各行业的一般监管)。

Bellman 等人将监管方式作为文化价值观和信息隐私顾虑之间的中介效应进行了检测。他们的研究结果证明，监管方式的中介作用存在，当把监管方式这一变量加入后，文化价值观与信息隐私顾虑之间的关系就不再显著。

然而，文化价值观与信息隐私顾虑的不同维度之间存在关系。例如，来自 IND 指数较低的国家的受访者对数据库中的误差有更高的关注；来自 PDI、MASC 指数较低的国家的受访者更关心未经授权的二手利用；来自 PDI 指数较低的国家的受访者期望更多的隐私监管，而来自 MASC 指数较低的国家的受访者更多地关注数据安全。此外，网络隐私顾虑与互联网经验呈负相关。

综合 Milberg 等人和 Bellman 等人的研究，他们都证明了对隐私的担忧因国家而异。然而，关于隐私顾虑和文化价值观、对监管的期望以及监管环境之间的关系，结果并不一致。Milberg 等人(1995)没有发现文化价值观和整体隐私顾虑之间的关系，而 Milberg 等人(2000)发现了一些关系和成果，同时，Bellman 等人(2004)发现了文化价值观和隐私顾虑不同维度之间的关系。

这些研究在许多方面有所不同。Milberg 等人以信息系统专家和财务审计人员为研究样本，而 Bellman 等人以顾客为研究样本。Milberg 等人(1995)使用了简单的统计测试，Milberg 等人(2000)使用偏最小二乘法，Bellman 等人使用多元方差分析和中介检验。这里存在的一个基本问题是变量间的结构模型到底是什么。

图 4.4 显示了一种可能的结构。在这一模型中，最直接的路径是文化价值观对隐私顾虑的影响，隐私顾虑进而影响对监管的期望，对监管的期望又进而影响监管结构。然而，文化价值观对监管期望也可能有直接影响，这也影响了监管结构，所以隐私顾虑可能对监管结构没有影响。此外，存在反向影响的可能，即监管结构可以影响隐私顾虑以及监管期望。揭开这些关系可能很困难但非常重要。另外，Bellman 等人指出顾客的互联网经验与隐私顾虑呈负相关。或许"数据库营销经验"也应该被添加到这个

框架中去。

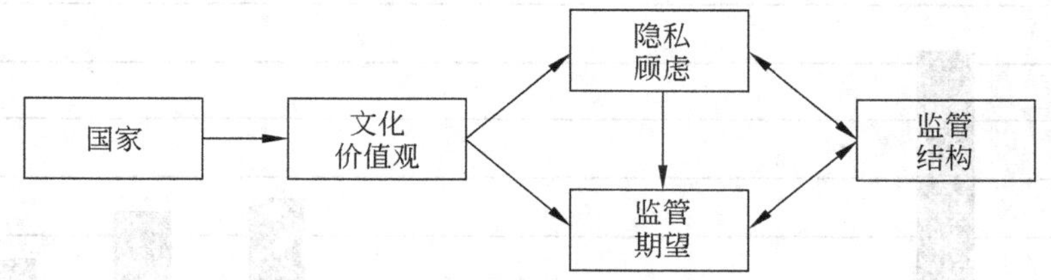

图 4.4　分析隐私顾虑与监管结构的国家差异的潜在框架

4.3　关于隐私的现行做法

4.3.1　隐私政策

企业——尤其是那些通过网络和目录销售的企业——已经为顾客提供了官方的隐私政策，通常会展现在它们的网站上。这些政策有三个关键部分。

- **选择加入 vs. 选择退出**。"选择加入"意味着顾客有机会主动同意他们的数据被用于多种用途，其对应的"零(默认)假设"意味着这些数据不会被使用。选择退出就意味着顾客可以主动提出他们的数据不能被使用，其对应的"零假设"是这些数据将被使用。
- **企业内部使用 vs. 第三方使用**。企业可以仅为了自己的营销活动而使用这些数据，或者它们可以与其他"合作伙伴"分享使用。它们也可能会将数据卖给另外一家企业。例如，一本杂志可能将订阅名单卖给直复营销商，或者公司可能会充当中介去将其他公司的优惠传递给顾客。例如，一家手机公司可能会与一家电子公司成为合作伙伴，并给部分顾客赠送 DVD 机。
- **顾客特征数据 vs. 购买历史数据**。一些企业仅仅收集顾客特征数据，如年龄、性别等。其余的企业，事实上也就是大部分企业，同样会收集购买历史数据。

这些内容构成了隐私政策的一种分类方式。例如，一家企业在内部使用顾客特征资料，对外部第三方则只提供购买历史数据。为了衡量各项政策的普及程度，我们分析了由 *Catalog Age*(2003)排出的前 50 名的目录营销商的隐私政策。我们浏览了每家公司的网站，阅读了它们的隐私声明，并归入相应的政策分类[①]，结果如图 4.5 所示。解读各项政策通常是很难的(它本身就是一个问题)，所以这些结果应当被视为探索性研究。但是，图中也显示了一些有意思的结果。

- 选择退出比选择加入更普遍。这很有趣，但是为什么选择退出更普遍？因为企业都认为，顾客不愿意费力进行选择。
- 个人特征和购买历史数据均被收集。这个有时很难去衡量，尤其是关于购买历史数据，我们调查的企业中有 9 家不愿透露它们是否使用了购买历史数据。但看来

① 作者感谢 Carmen-Maria Navarro 对此部分非常重要的研究支持。

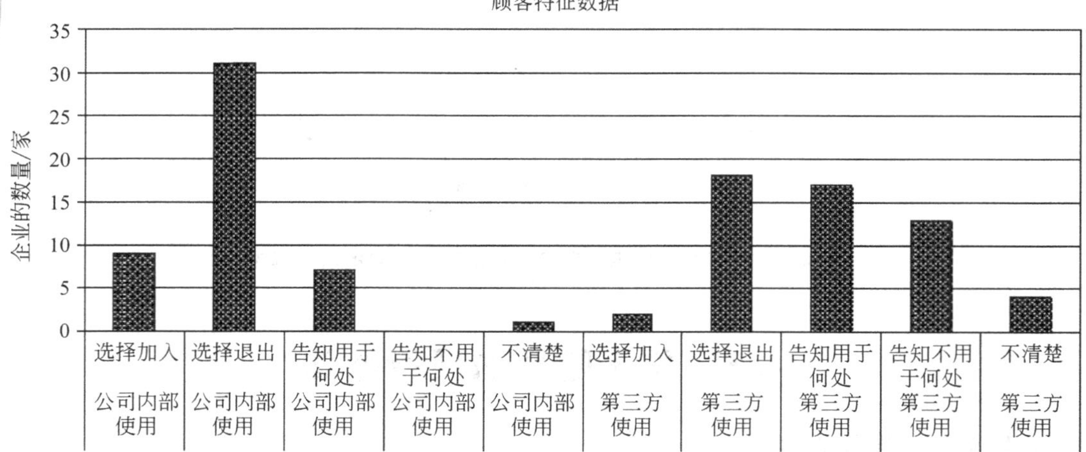

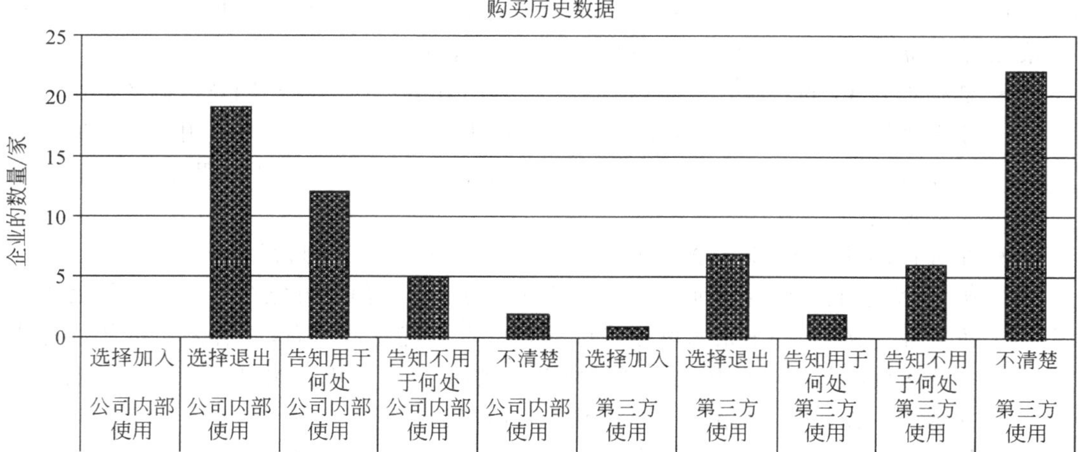

图 4.5　2003 年前 50 名目录营销商的隐私政策

企业的确通知了顾客关于收集个人特征和购买历史数据的事情。

- 尽管选择退出的政策很普遍，但相当多的情况是，顾客只是被简单告知企业是如何使用数据的，却没有被告知选择性进入或退出的政策。

再一次说明，这些结果都是探索性的，但它们却表明对企业的隐私声明未来需要研究的一些问题。第一，尽管隐私声明一般都是公开的，却是非标准化的，通常很难去解读。

第二，企业似乎更倾向于提供选择退出。然而，现在并不清楚这是最佳的政策。由于许多顾客并未阅读隐私声明，他们就不会意识到自己的数据将会被使用，很可能是被第三方以及收集企业使用。当他们收到各种各样的促销信息时才觉得自己的隐私被侵犯了，这只会加剧隐私顾虑并会降低顾客回应。如果企业能更好地公布隐私声明，并采用选择加入的方式，对隐私的担忧将会得到平息，顾客的反应率也会提高。选择加入可能是决策树预测模型的第一个节点，在这个节点中，那些没有选择加入的人本身就不易回应。

第三，企业内部和第三方使用的最佳组合是什么？个人特征和购买历史数据的最佳组合是什么？Chen 等人(2001)用博弈论的分析表明，一家企业将顾客信息卖给另外一家企业是有利可图的(见 4.4.7 节)。另一个关于共享信息的考虑是，是否要确认共享信息的合作伙伴。如果该合作伙伴久负盛名，顾客可能会对企业将他们的信息与第三方共享这一做法更满意，并且将它看作一个与知名企业建立关系的机会。

第四，使用或者共享数据确切的意义需要透彻地解释给顾客。在作者的经验中，一家企业很少会将其顾客的完整购买记录和姓名、地址一并提供给第三方。而可能由第三方提出请求，例如，“将这个优惠(或产品)提供给去年购买了一台高清电视机的顾客”。比起直接给第三方数据，企业作为中介，会让顾客觉得受到了较少的侵犯。简单地说，与第三方共享顾客信息的黑箱应当向顾客打开。

4.3.2 收集数据

企业收集数据的方式可能增加顾客对隐私的顾虑。例如，企业常从交易中直接提取顾客的购买历史数据。这是一个直接的不显眼的数据收集方式。然而，互联网公司可能希望从顾客的搜索行为中收集数据。它们为了达到这个目的而使用 Cookies，这样又会使顾客意识到他们的隐私受到了侵犯。实体店面对的情况更具有挑战性。对他们来说，商店购买数据与企业内部数据很难“匹配”。因此零售商就开发出顾客忠诚计划，主要是为了收集顾客数据！注册会员卡(loyalty card)的时候顾客通常需要回答一些问题，这其中至少包括姓名和地址，这样零售商去了解那些使用会员卡的顾客就变得非常简单。

收集个人特征的数据有以下几种方式：①通过网站注册或会员卡注册；②通过“数据公司”，如使用 Equifax 等所收集的数以百万计个体的公开可用信息；③通过购买一些名单(如企业可以从一个杂志社购买一个订阅者名单)；④通过数据共享(Stone & Condron，2002)和合作交换方式。

在目录行业有一个著名的交换论坛是由 Abacus 公司运作的。企业提供顾客姓名给数据库(可能会有附加的信息，如该人是否在近×月内购买了产品)，同时也从库中获取顾客姓名。企业可以指定某些竞争对手不允许使用它们提供的那些名字。另外，有时企业之间直接交换姓名。比如，A 公司和 B 公司各向对方提供在自己“12 月购买者”名单上的 10 万顾客的使用权。这些交换是企业获得顾客的一个重要方式，而且是以较低的价格获得了抢手的顾客。另外，名单交换也降低了获得新顾客的成本，进一步压低了价格。

但顾客是否应该被告知这一做法呢？如果告知后，许多顾客选择退出，这将不再成为获得新顾客的有效方式，从而导致价格的上升？Chen 等人(2001)也认为，信息交换也可能会使价格上升，因为它缓和了价格竞争。根据顾客对数据共享的态度，他们对于这个理论会有何反应？

4.3.3 法律环境

许多法律已在美国、欧洲以及其他国家或地区颁布。欧洲曾于 1995 年颁布的“数据隐私指导方针”(http://europa.eu.int/eurlex/lex/Notice.do?val=307229:cs&lang=en&list=307229:cs,&pos=1&page=1&nbl=1&pgs=10&checktexte=checkbox&visu=#texte)，要求公司无论出于何种目的在使用个人信息之前都必须获得

用户许可(Turner&Dasgupta,2003)。具体规定如下:

- 数据必须以"特定的、明确的和合法的目的被收集。"
- 顾客("信息内容主体")必须被告知"数据被收集处理的目的"。
- "只有在得到信息内容主体明确的许可之后才可以处理个人信息。"
- 顾客必须被告知他们有"访问及纠正关于自身数据的权利……以保证公平地处理数据"。
- 企业的数据"控制者"必须在"开始自动处理"数据之前通知"监察机关"——一个可以确保相关法律法规得以实施的公共权威机关。
- 只有在"第三方确保能提供足够的保护之后",数据才能够传输到另一个国家。

该指导方针奉行信息的完全披露政策——顾客会知道什么数据正在以什么目的被处理,将有机会接触这些数据,并对特定的数据分析表示同意或不同意。此外,该指导方针设置了一个公共机关进行法律监管,并要求企业向该机关报告。

上述指导方针的其中一条是,只有在"第三方确保能提供足够的保护之后",数据才能够传输到另一个国家,该条文引起了美国企业的注意,因为美国并不能像欧洲指导方针一样提供那么充足的隐私保护。因此,能在美国本土自由流动的顾客名单不会从欧洲流向美国,这将妨碍在欧洲的美国企业的直复营销活动,比如,信用卡公司在获取新顾客时。2000 年,双方谈判签署了《安全港协议》,从而使得依据七项原则运作的美国企业不必担心受到欧洲的制裁(Harvey & Verska,2001;Carlson,2001)。许多美国企业没有签署这项协议,因为它仍然要求企业无论何种目的只要处理数据,都必须完全告知顾客,并且欧洲的顾客可以禁止企业进行特定的数据分析。然而,微软公司在 2001 年签署了《安全港协议》(Lucas,2001)。截至 2005 年,共有 400 家美国企业签署了该协议。

尽管到 2005 年时,《安全港协议》看起来已被实施,但是欧盟委员仍然指责美国企业并没有完全地遵守该制度,并督促美国商务部强力执行该协议(Swartz,2005)。一个关于安全港协议的完整描述可以在以下网址找到:http://www.export.gov/safeharbor/safeharbordocuments.htm。虽然这是一个放宽了的欧洲指导方针,但它仍然有几个强烈的要求,包括:①企业要通知欧洲顾客关于它们收集和使用数据的目的;②如果该企业希望披露数据至第三方,顾客有权选择退出向第三方的披露,或者退出任何曾经认可过的内容之外的披露;③顾客必须能够访问企业所持有的个人信息(除非"访问的费用与个人隐私的风险不成比例")。

这显然是一个处于变化之中的监管问题。有很多问题必然将在未来几年得到解决。例如,如果一个目录营销商获得一份来自欧洲公司的名单(假设顾客同意),难道目录营销商在每次做预测模型时都必须告知该顾客吗?当顾客访问他们的数据时,什么是合理的成本?如果一家公司的某一部门获得数据,假设是美国在线(AOL)/时代华纳公司的杂志部门,难道杂志部门为了 AOL 能够使用这些数据还需要得到顾客的许可吗?最后,安全港协议,或者其前身欧洲指导方针,能够成为美国的相关交易法案吗?

除了欧洲指导方针和安全港协议,美国已经通过了一些有关数据隐私的具体法律。以下是四个重要法律的简要介绍(见 Goldstein & Lee,2005;额外的法律简要请浏览 http://www.consumerprivacyguide.org/law/):

- **《反垃圾邮件法案》**。适用于直复营销中的电子邮件信息(Dixon,2005)。它要求企业确切表明邮件的发件人,为顾客提供明确的选择退出的机制,并注明该消息是一个广告或一个促销。
- **《儿童在线隐私保护法案》(COPPA)**。保护互联网上的儿童隐私(http://www.consumerprivacyguide.org/law/)。该法律规定网站在收集12岁或12岁以下儿童的个人信息之前需要通知家长该企业的信息收集行为并且取得家长的同意。它还允许家长检查和修改网站收集的有关他们孩子的信息。
- **《金融服务现代化法案》(GLB)**。对金融产品和服务领域的顾客信息共享行为进行管理。它要求通知顾客有关金融企业的隐私政策,当金融企业与其他企业共享顾客信息时,给顾客提供选择退出的权利。
- **《健康保险可携带性和责任法案》(HIPAA)**。1996年的HIPPA法案和随后颁布的法规致力于管理病人的医疗信息并涵盖了三个主要的方面:隐私(例如,如须披露患者的用药记录,何时须得到患者许可;何时患者可以了解他们的医疗记录等)、安全(保护在电子网络和传输中的数据机密性)、交易(健康保险公司、供应商和其他医疗机构之间进行医疗信息共享时所采取的内容和格式的标准)(Speers et al.,2004)。

从这些法律中可以看到与欧洲指导方针有关系的元素。例如,它们强调清楚地通知顾客隐私政策(如果不是实际使用数据)、选择退出的权利和获得患者的同意。

美国所采取的一个额外的监管措施是国家无骚扰电话注册(www.donotcall.gov)。公民可以报名参加,注册后将会免去许多电话推销的骚扰。但也存在一些例外——以调查、竞选活动、慈善为目的的电话。此外,该注册政策允许企业给那些与它们有关系的顾客打电话。这似乎有利于大企业,因为它们有更多的顾客可以打电话。有人可能认为这样减少了竞争。例如,如果一名顾客有一个与Verizon的手机合同,Verizon公司可以打电话给他进行交叉销售或调整合同。这进而又赋予了Verizon在顾客方面更多的垄断力量,从而使价格上涨。虽然这到底是不是无骚扰电话注册的结果还仅仅是推测,但它仍然是一个很重要的考虑因素,并且揭示了隐私管理所带来的潜在经济影响。

4.4 隐私顾虑的潜在解决方案

在本节中,我们将介绍解决表4.1中所列的个人隐私问题的应对措施。表4.1显示了各个措施应对何种隐私顾虑。我们还将讨论每种措施在应对隐私顾虑后果上的净效应。

表4.1 隐私顾虑的潜在解决方案

顾　　虑	潜在解决方案							
	软件解决方案	政府监管	自我监管	许可营销	顾客数据所有权	培养顾客信任	高层管理支持	将隐私作为利润最大化策略
数据安全	√	√	√	—	√	√	√	—
数据秘密收集	√	√	√	√	√	√	√	—

续表

顾虑	潜在解决方案							
	软件解决方案	政府监管	自我监管	许可营销	顾客数据所有权	培养顾客信任	高层管理支持	将隐私作为利润最大化策略
垃圾邮件	√	√	√	√	—	√	√	—
第三方访问	—	√	√	√	—	√	√	√
与公司无关	—	√	√	√	√	√	√	—
被侵犯感	√	√	√	√	√	√	√	—
不公平交换	—	—	—	√	√	√	√	—
误差担忧	√	—	—	—	—	—	√	—

“√”表示该解决方案可以解决这种隐私顾虑。

4.4.1 软件解决方案

目前，已经有一些软件解决方案可以保护顾客的隐私。这些软件允许企业在向它们的顾客营销时考虑顾客的隐私偏好(Maselli et al.，2001)。这类软件还允许财务信用等敏感信息只与用户ID相关联而不是和特定的名字或地址相关联。因此，在企业内只有极少数人可以将特定的名字与敏感数据对应起来。同时，还有一些正在开发的软件可以将不同组织的数据整合并进行数据挖掘，却不需要组织间共享这些数据(Kantarcioglu & Clifton，2004)。

针对互联网和电子商务也开发了大量的软件解决方案(Turner & Dasgupta，2003)。例如“匿名者”软件可以保护顾客的IP地址，或者在他们每次登录时提供一个新的IP地址，使企业无法使用Cookies记录顾客的交易。事实上，Hoffman等人(1999)曾建议，尽管为了进行数据库营销顾客仍然需要被记录，但企业应该允许他们匿名或是“伪匿名”。还有一些工具可以让顾客屏蔽某些电子邮件、反抗Cookies嵌入或简单地删除Cookies。

总之，软件可以解决与数据安全、数据秘密收集、第三方访问和担心被侵犯等有关的隐私顾虑问题。其中一个好处是，可以通过将管理者和数据进行隔离以避免道德困境。例如，他们将不再有机会获得个人身份信息。在某种程度上，企业可以运用软件去整合顾客隐私偏好和营销工作，同时也能减少垃圾邮件，并减少顾客“与公司无关”的态度。如果顾客将一家企业使用先进的隐私软件的行为解读为这家企业关心它的顾客，那么这些顾客将会更容易接受公司的营销工作。尽管这些好处是不确定的，但可以确定的是，软件和软件维护的成本总是很高的。

4.4.2 监管

监管措施可以被看作从无监管到自我监管再到政府监管逐渐加强(Milberg et al.，1995)。

1. 政府监管

在4.3.3节中讨论了欧洲指导方针及其他一些可以解决隐私顾虑问题的法规，这些问题包括数据安全、数据秘密收集、垃圾邮件、第三方访问和“与企业无关”的态度。例如，欧洲指导方针包含第三方使用和通知顾客什么样的数据正在被收集等相关的规定。《反垃圾邮件法案》削减了垃圾邮件。《金融服务现代化法案》(GBL)对企业之间财务信息的共享行为进行了规定。“无骚扰电话注册”减轻了顾客对那些不受欢迎的电话推销的担心。在美国，政府监管特别聚焦于真正的敏感数据的隐私权，如医疗信息(HIPPA)、财务信息(GBL)和儿童信息(COPPA)。

政府监管提供了一个简单的逃避道德问题的出口，例如，“我们所做的根据某法规是合法的”。然而，政府监管成本很高，因为为了监控企业是否遵守，政府和企业都需要付出较大的代价。监管是否有益于销售或者利润提高取决于消费者对监管的解读。如果消费者认为监管打消了他们的担心，使他们在和企业做生意的时候不考虑隐私，那么他们就更有可能接受企业的营销活动。最关键的悬而未决的问题是，政府监管真的提高了信任吗(Turner & Dasgupta,2003)？

2. 自我监管

自我监管通常是由行业协会制定标准，并要求其成员遵守。一个典型的例子是直复营销协会(Direct Makcting Association,DMA)的“隐私保护承诺”(DMA,2007)。这个承诺包含四个主要的规定：①每年通知顾客，提醒他们有选择退出第三方信息交换的权利；②尊重顾客退出信息交换的决定；③接受顾客将自己添加到不被公司联系的清单(内部“抑制”文件)的请求；④使用DMA的邮件名单、电子邮件名单、电话名单排除那些不希望被接触的潜在顾客。

另一个自我监管的例子是隐私偏好平台(Platform for Privacy Preference,P3P)的倡议。在2002年，P3P由万维网联合会(World Wide Web Consortium,WC3)开发并建议企业采用(Computer and Internet Lawyer,2002)。P3P提供给了互联网用户在一个标准的格式下查看网站的隐私政策的能力，并使他们能够将隐私政策和自己的偏好进行比较(Matlis,2002；Grimm&Rossnagel,2000)。

这种自我监管可以减轻顾客对于隐私的顾虑。但问题在于顾客是否认为自我监管是有效的。例如，尽管所有DMA的企业成员都签署了声明同意将隐私保护承诺作为入会条件的一部分，确定了一个隐私保护承诺联系人并且每年重新保证会遵守，顾客仍然可能会对DMA如何监控成员企业是否遵守规定产生担忧。P3P没有遵约机制(Matlis,2002)。因此，自我监管虽然成本较低，但它的有效性取决于顾客是否了解它并相信它能正常运作。

4.4.3 许可营销

许可营销(也被称为“基于许可的营销”)是指在启动数据库营销之前取得顾客的同意(Peppers & Rogers,2004b)。许可营销最主要的好处是可以明确交换的意义：企业希望收集顾客数据同时作为回报，通过使用这些数据使产品和服务更加个性化。许可营销也可解决顾客关于秘密数据收集、垃圾邮件、第三方访问、与企业无关和感觉被侵犯的顾虑。

如果许可营销执行得好，则顾客定位可以更有效率。首先，不想参加许可营销的顾客回应率可能也很低，而参加许可营销的顾客更容易对营销活动产生回应(Godin，1997)。其次，对于参加许可营销的顾客想必会收集更多的数据。尽管获得并记录顾客的同意会增加成本，但由于顾客清楚地了解这些情况，因此许可营销是道德的。一个关键的问题是许可营销是否增加了销售额和利润。当顾客定位效率更高时，从投资回报率的角度来说盈利能力应该随之增加。但绝对利润是否增加取决于有多少顾客同意参加许可营销。很有可能在许可营销下，企业留下的就是少数能够进行数据库营销的高利润顾客。

许可营销的一个核心问题是招揽顾客的方式，即如何抛出问题来询问顾客是否愿意参加。在问问题时有两个基本的考虑：①问题的框架，它可以是正面的“我希望参加”，或负面的“我不想参加”；②假定的默认选项，可以是“是”“否”，或者两者都不是。例如，当呈现的问题是“我希望参加”“是”选择框被选中，那么顾客将参与这一个计划，除非他检查并选择了“否”。因此顾客通过默认选项或者主动说“是”来定义选择加入，顾客通过默认选项或主动说“否”来定义选择退出。

Bellman 等人(2001)检验了这样一个假设，即顾客会沿着阻力最小的路径，按照努力最小原则进行回答。他们利用控制实验研究了两个因素：①正面与负面框架(“我想参加”和“我不想参加”)；②默认选项，包括参加、不参加和两者皆不。

作者进行了两个实验。第一个实验研究了问题框架。实验者询问 134 名互联网用户是否愿意接受健康调查。这个问题通过两种不同的框架来表达：①显示“告知我更多的健康调查”，如果顾客想要参加需要主动勾选选项框(选择进入陈述)；②显示“不要告知我更多的健康调查”，如果顾客不想参加需要主动勾选选项框(选择退出陈述)。研究者发现在选择进入框架下，有 48.2%的顾客选择参加，但在选择退出框架下，有 96.3%的顾客选择参加。

在第二个实验中，Bellman 等人将问题框架与默认选项相结合。在这个实验中有两个因素：问题的框架和选项的行动要求。问题框架是将问题通过两种方式表达：“告知我以后的健康调查”(正面框架)或者“不告知我以后的健康调查”(负面框架)。被勾选的选项框上可以是参加、不参加或者两者皆不(选项框没有被勾选)。例如，“不要告知我以后的健康调查”和一个被勾选的“是”的选项框意味着一个正面框架以及默认的选择进入。

结果如图 4.6 所示，正面框架和不须勾选的默认选项增加了参与率。图 4.6 显示，如果顾客看到“告知我以后的健康调查”“是”选项框而不是“否”选项框被勾选，89.2%的顾客会选择参加。也就是只有 11.8%的顾客会取消选择“是”而去选择“否”。另一个极端是，如果是负面的措辞，“不要告知我未来的健康调查”“是”选项框被勾选，意味着顾客必须选择“否”才能选择进入，只有 44.2%的顾客选择参与。

Bellman 等人的研究非常重要，因为它表明了征求顾客参与许可营销的方式对于有多少顾客最终签署同意是至关重要的。以一种正面的措辞询问(“我希望参加”)，以及一个默认的“是”选项框可以比以负面的措辞询问(“我不希望参加”)，以及一个默认的“是”选项框多出一倍的参与率。有趣的是，在一个正面的框架下，默认选择“是”选项框似乎并不是十分重要。如图 4.6 显示的，以正面方式措辞，即使“否”为默认选项，顾客的参与率也会高达 88.5%；而同样正面措辞，将“是”作为默认选项，参与率仅有一个轻微的提高，达到 89.2%。

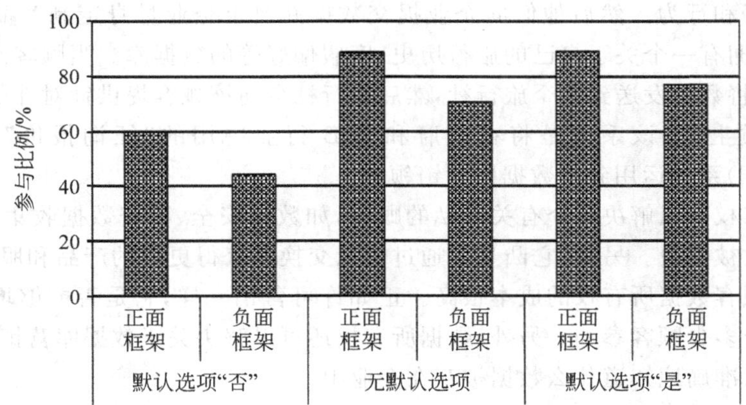

图 4.6　问题框架与默认选项对于顾客是否参与许可营销的影响

(a) 正面框架意味着请求措辞是"通知我更多的健康调查";负面框架意味着请求措辞是"不要通知我更多的健康调查";(b)"默认为否"意味着选项框表示不参加是默认勾选的。"默认为是"意味着表示参加的选项框是默认勾选的。"两者皆不"意味着两个选项框都没有被勾选。

(资料来源:Bellman,et al.,2001.)

随后的关键问题是,对顾客进行"操纵"是否影响其对于未来直复营销的回应。即正面措辞和一个默认的同意选项有可能获取大部分顾客,但许多顾客本质上是被默认参加的,因此他们不会对未来的直复营销活动进行回应。相反,那些面对负面措辞和默认的不参加选项的顾客,如果选择参加,那么他们对未来直复营销活动的回应会更好。这些都需要未来进一步的研究。

许可营销的另一个方面是企业需要教育顾客——帮助他们了解 CRM 到底是什么和为什么为数据库营销提供隐私信息是值得的。顾客似乎能够接受银行等金融机构了解他们的信用历史。人们认为,信息的自由流动将使风险降低从而降低利率,结果必将有利于经济发展。同样的论点也应该适用于其他产品——信息的自由流动帮助企业降低营销成本,量身提供服务,并针对性地进行价格折扣。顾客需要接受这个观点,并基于许可自愿提供数据来做到这一点。总之,为使许可营销有利可图,需要对顾客进行观念的营销。

4.4.4　顾客数据所有权

顾客数据所有权的目的是给予顾客对自身信息的控制权。有两个方法可以达到这个目的。第一个是提供给顾客访问自身数据并修改数据的权力(Zwick & Dhclakia,2004)。Cespedes 和 Smith(1993)很早就建议让顾客可以访问并控制自身的信息。Zwick 和 Dholakia 以亚马逊作为例证,认为顾客知道了亚马逊根据什么做出推荐以后,就可以通过更新或添加他们的偏好数据以提高推荐的质量。这实际上是让顾客成为预测模型估算的积极参与者——顾客提供的数据增加了亚马逊推荐引擎的准确度。因此,这种形式的顾客数据所有权可产生更高的回应率。

顾客数据所有权的另一种形式是让顾客把数据存在他们自己的计算机上。Watson

(2004)设想了一个"顾客管理的交互"(CMI)系统,通过这个系统顾客可以编辑自己对各类产品的偏好和行为。然后他们向企业提交数据并要求企业量身定制产品或服务。例如,顾客可能拥有一个关于自己的旅行历史、度假偏好等的数据库。当顾客准备去度假的时候,他可以将数据发送到各个旅行社,然后旅行社会向该顾客提供针对性的产品推荐及报价。从本质上看,该系统是将在政府和 B2B 行业中用的"征询报价"(request-for-proposal,RFP)系统运用到了数据库营销领域。

数据所有权可以解决几个有关隐私的顾虑,如数据安全、秘密数据收集、与企业无关的态度和感觉被侵犯。另外,它凸显了通过信息交换来获得更好的产品和服务这一性质。问题是给予顾客数据所有权的成本很高。正如许可营销一样,它是否能够增加销售额和利润取决于有多少顾客参加。另外,数据所有权还可以解决关于数据库营销的道德担忧,因为顾客可以准确地知道什么数据被存在企业中。

4.4.5 关注信任

我们曾在 4.2 节中讨论过 Bart 等人(2005)的研究,他们认为需要将隐私问题与信任相结合。究竟如何在数据库营销中将隐私和信任结合起来是未来一个很有潜力的研究领域(见 Peppers & Rogers,2005a)。信任消除了关于垃圾邮件、第三方访问、数据安全和感觉被侵犯的顾虑。然而,信任能起作用主要是因为它定义了 DBM 交换公式——顾客相信给企业提供更好的数据,他们可以获得更好的服务。Bart 等人的研究还表明这将导致更高的销售额。信任企业的顾客倾向于从企业购买更多的东西。

Cespedes 和 Smith(1993)建议从三个方面去获取信任:①使用顾客数据要取得顾客明确而正式的同意;②企业有责任确保信息准确并允许顾客访问和编辑数据;③根据顾客的行为而不是顾客个人特质进行分类。第③项建议尤为有趣,顾客认为相对于给特定收入的人群提供特殊优惠,给重度使用者提供特殊优惠的系统更加公平。或许 Cespedes 和 Smith 研究的关键问题是透明度,即数据如何使用、什么样的数据被收集和对数据访问的透明度。

Bart 等人(2005)提出的隐私量表也涉及透明度,因为其中包含"容易理解"和"清晰地解释"等字眼。这个与信任强烈相关的测量表明了透明度对建立信任具有关键的作用。我们在 4.3.1 节的回顾中发现,企业的隐私政策中经常出现措辞含糊的情况。对企业来说,可以采用隐私政策的标准表述格式,以清晰地显示它在以下三个关键问题上是何种立场:什么样的数据被收集、第三方是否能够访问数据和顾客能否选择退出。

其他建立信任的建议包括:使之成为企业文化的一部分;在整个企业内倡导一种态度,即采取一切可能之举来确保顾客隐私,而不仅仅是被要求才这样做(Peppers & Rogers,2005b);通过调查获得顾客信任评级并予以公开——例如,最近的一项调查发现易贝、宝洁、亚马逊和惠普是最值得信赖的企业(McClure,2004)。

4.4.6 高层管理者支持

欧洲指导方针要求企业设立专门的高级管理职位来管理隐私问题。越来越多的美国企业设立了首席隐私官(Chief Privacy Officer,CPO)一职(Clampet,2005b)。例如,辉瑞企业的 CPO 的职责就是要处理 HIPAA 带来的监管环境问题。

高层管理者的支持可以解决所有隐私问题，因为高层管理者可以保证相关软件的实施，遵守政府监管和自我监管、许可营销、数据所有权并采取措施来取得顾客信任。Milberg 等人(2000)采用了多个题项如“信息隐私对你们企业的高层管理者而言有多重要”等来测量“企业隐私管理环境”。他们发现企业隐私管理环境与管理者是否认为企业内部存在隐私问题呈现负相关关系。至少企业高管认为，最高管理层的支持减少了隐私顾虑。然而，还需要进一步的研究去考察顾客是否看到了这一联系。

尽管上面的研究表明高层管理者的支持可以解决隐私顾虑，但它增加了人力成本也可能增加组织中的官僚主义。同时，高管层的支持有助于解决道德困境，因为 CPO 可以让这些问题更加突出并且更加公开地在企业内部进行讨论。

4.4.7 隐私作为利润最大化的工具

有一种观点认为，顾客数据库是许多企业的竞争优势，因为它能够告诉企业一些其他竞争者不知道的顾客信息，从而使企业能够提供更好的服务。因此，企业应该通过拒绝信息共享以保护它们的核心竞争力。

Chen 等人(2001)提出了一个稍微不同的观点：在竞争环境中的一个平衡点是，中等水平地共享顾客数据并获利。Chen 等人检验了拥有不同水平的目标市场营销能力企业的情况。他们研究了当企业了解其顾客的品牌偏好和支付意愿时该如何针对性地定价。但普遍的观点是，一个重要的行业能力是各个企业在多大程度上了解不同的顾客的差异。Chen 等人一个主要的发现是在不完美的目标市场营销时，例如，当企业不知道所有顾客偏好的时候，行业利润得到最大化。Chen 等人认为，当企业对顾客了解不多时应该共享信息来增加利润。但是如果共享过度反而会弄巧成拙，因为广泛地共享顾客信息会促进价格竞争(Chen et al.，2001：31)。

总而言之，Chen 等人的研究减轻了人们对于企业可能会毫无限制地共享信息的恐惧。他们提倡一种平衡的信息共享。因为，当一个行业的顾客定向能力较低时，顾客信息共享是重要的。但是行业中的企业应该尽早进行自我监管来保护顾客隐私，以保证行业中的双赢竞争(pp. 36-37)。

另外一种将隐私视为利润最大化策略的观点是：隐私是企业的一种特质属性，如果企业在隐私方面表现良好就会增加销售和顾客忠诚度。正如 Thibodeau(2002)所引述的皇家银行 CPO Peter Cullen 的话，隐私是“顾客承诺的关键驱动力，并对于顾客整体需求的提高有着重要的贡献”，同时“在顾客决定是否购买我们的产品或服务中扮演着重要的角色。它使我们在顾客支出中占据了更大的份额”。

4.5 总结与未来研究方向

在本章中我们回顾了隐私问题的性质、顾客对于隐私的观点、当今的企业实践，以及对这些问题的解决方案。主要结论如下：

- 隐私是多维度的。其范围包括从顾客的被侵犯感、不平等交换到不愿将信息传送给第三方。这意味着任何对顾客隐私顾客的测量都应是多维度的，并且任何对隐私顾虑的解决方案都必须解决数个维度的问题(详见表4.1)。

- 顾客对隐私的负面态度似乎减少了销售。证据来源于三项研究：Georger(2002)发现隐私态度影响互联网的购买意向，Verhoef 等人(2007)发现隐私态度减少了人们对互联网这一销售渠道的使用，以及 Bart 等人(2005)发现隐私顾虑导致较低的信任，低信任进而导致低销售。
- 企业会宣传它们的隐私政策。这种宣传至少在网上是存在的。关于数据收集、所收集数据类型，以及数据是否与第三方共享这些方面，不同企业的隐私政策在给顾客提供的选择进入/选择退出/不提供选择三者上也会有所区别。尽管企业好像更倾向于选择退出而不是选择进入，而且没有任何选择比选择进入更为普遍，但多数隐私政策的陈述还是含混不清很难解读。
- 存在一个活跃的顾客信息分享市场。它包括名单销售、顾客名单交换或第三方顾客信息收集。顾客关于信息分享的担心是很明显的。
- 对于隐私问题的法律法规越来越多。欧洲在采取限制性的、高度保护的隐私政策上是领先者，美国企业也跟随在后。相比之下美国的管制会松一些，但是美国对于儿童、金融业、医疗保健业与邮件营销都有专门的法规。更多的法律法规还会出现。
- 有几种可能的办法来解决顾客隐私顾虑。包括软件解决、政府与自我监管、许可营销、顾客数据所有权、关注信任、高层管理者支持、隐私作为利润最大化战略。这些解决方案合起来可以解决所有的顾客隐私顾虑。它们可以使企业以一种道德的方式来提高销售额并确保实施有效的目标市场营销。

本章也显示了未来需要研究的若干领域。

- 哪个隐私维度是最重要的？它是否因行业和顾客而异？有没有顾客细分群体？
- 是否有更多关于隐私顾虑阻碍交易的证据：我们前面确实总结了一些证据表明隐私顾虑削减了经济活力，但我们需要新的研究尤其是有关互联网的研究。
- 监管有哪些影响？监管究竟是数据库营销的朋友还是敌人？政府和自我监管哪一个更有效，在哪种条件下更有效？一个让人期待的问题是无骚扰电话注册是否为拥有大量顾客基数的大企业带来优势？
- 为顾客创造更透明的信息环境会带来什么影响？如果顾客清楚地知道什么数据被收集到，企业如何使用数据，并且依此做出何种决策，这会使他们更愿意参加数据库营销还是会导致很多顾客选择退出？这是一个重要的问题，因为很多 CRM 的高管们潜在的担心是，如果选择进入加上完全的透明，将导致很少的顾客选择进入。
- 顾客参与数据库营销的经验是降低还是增强了他们对信息隐私的忧虑？这是一个非常重要的问题，因为如果经验减少了顾虑，那么隐私问题可能会随时间消逝。在互联网领域这个问题已经被研究过。有证据表明经验降低了顾虑(George，2002；Bellman et al.，2004)。然而，这个问题需要更进一步的探讨。
- 针对隐私问题所提出的各种各样的解决方案效果如何？一些关于顾客信息所有

权的建议可行吗？它们有何影响？许可营销是终极解决方案吗？也就是说，告诉顾客企业想做什么，向顾客宣传这些做法将带来什么价值，顾客是否会签字同意？这个战略的效果如何？

总体来说，隐私是一个不断变化且难以研究的领域，但它的核心聚焦于数据库营销的前提上，即顾客交换数据并牺牲部分隐私以获得更好的产品/服务/报价，作为一个长期的商业模式，这个前提是否可行。

第 2 部分

PART 2

顾客终身价值（LTV）

第5章 顾客终身价值：基本原理

摘要

顾客终身价值(LTV)是数据库营销的基石之一，也是我们用来衡量顾客对企业长期价值的度量标准。本章重点介绍计算顾客终身价值的基本方法，以“简单保留模型”和“转移模型”为中心。我们将介绍运用这些模型计算LTV的常用方法，并且用具体的例子加以解释说明。我们也将讨论在顾客流失不可观测的情况下计算LTV的特例。

5.1 概　　述

为了对高层管理者更有帮助，营销需要创建关键度量指标。企业通常采用的营销度量指标有销售额和市场份额，但这些度量指标已“过时”。它们是一种总量指标，无法提供现代管理者用来管理企业所需的洞察力水平。本章着重介绍一个相对较新的度量指标——顾客终身价值(LTV)。

LTV最主要的应用有两点：①诊断业务的健康状况；②辅助制定营销策略。LTV为企业提供了一个评价顾客的长远的经济视角，并且产生了一种以保留率、每个顾客的销售额及成本等参数为基础的诊断方法。LTV与顾客获取率及顾客消费额相关联，决定企业长期的获利能力。一家企业应持续投资于新顾客的获取，直到新获取的顾客数与其LTV的乘积减小，这标志着企业总利润的长期下降。

LTV在决策中的作用包括决定企业在获取新顾客上应该投入多少，以及决定该为老顾客提供多少服务。比如，一家银行可能认为高LTV顾客应当接受更好的服务(例如，派遣个人客户代表提供一对一服务，对银行支票账户免收服务费等)。

本章涵盖了LTV的计算原理。第6章涉及了LTV计算中的难题。第7章介绍了LTV的应用。

5.1.1 顾客终身价值的定义

我们所采用的顾客终身价值(LTV)的定义如下。

从获取某个顾客开始，在顾客的整个生命周期中，与其相关联的利润扣除其额外增加的营销、销售、生产和服务成本后所得的净现值。

此定义暗含了一些重要的问题。企业需要：①预测顾客未来的销售额；②计算每个顾客额外增加的成本；③确定合适的以用来计算当前价值的贴现率。另外需要注意，我们没有把顾客的获取成本纳入终身价值的构成部分。然而，我们通常将顾客的获取成本与顾客的终身价值并列来看。这样有助于我们判断无盈利顾客(LTV与获取成本之差为负的人)究竟是由于他们的获取成本太高还是LTV太低。从形式上,我们用"顾客资产"来表示LTV与获取成本之差(Blattberg et al.,2001)。

5.1.2 顾客终身价值计算的简单举例

假设某企业每印刷和邮寄一份目录需要花费2美元,现须向100万名潜在顾客邮寄。目录邮寄的回应率为1%。潜在顾客成为真的顾客后只要还是活跃顾客,每年就会花费200美元。顾客每年的"损耗率"("流失率")[①]为20%。一旦一位顾客流失,他会终止顾客身份并且永远不再回来。企业每年还会为每位活跃顾客花费20美元的营销费用(目录和服务)。该企业拥有50%的毛利率,使用15%的贴现率。

表5.1显示了顾客的LTV值与每个顾客的平均获取成本的计算方法。我们看到,顾客的获取成本比顾客的终身价值少,所以公司应该投资去获得这个顾客。

表5.1 终身价值和获取成本的计算——一个简单的例子

(a) 终身价值

参数				
保留率				80%
收入(如果仍是顾客)				200美元
利润率				50%
毛利(如果仍是顾客)				100美元
营销成本(如果仍是顾客)				20美元
每年净盈利(如果仍是顾客)				80美元
贴现率				15%
年份	生存率[a]	预期利润/美元	贴现率乘数[b]	净贴现利润/美元
1	1.000	80	1.000	80
2	0.800	64	0.870	56
3	0.640	51	0.756	39
4	0.512	41	0.658	27
5	0.410	33	0.572	19
6	0.328	26	0.497	13
7	0.262	21	0.432	9
8	0.210	17	0.376	6
9	0.168	13	0.327	4
10	0.134	11	0.284	3
LTV=总净贴现利润=256美元				

a. 生存率是指某个顾客在给定的某年仍是顾客的概率。这种情况下,在第t年的生存率为0.8^{t-1}。这是因为顾客每年的流失率为0.2;因此保留率为0.8,且我们假设保留率是一个常量。

b. 贴现率乘数$=1/(1+\text{贴现率})^{(\text{年份}-1)}$。

① 在本书中"流失率"与"损耗率"可以互换使用。

续表

(b) 获取成本

每位潜在顾客的邮寄成本	2 美元
潜在顾客的邮件总数	1 000 000
邮寄总成本	2 000 000 美元
回应率	1%
顾客获取数量	10 000
顾客获取平均成本	200 美元

这个例子显示了一些计算 LTV 所需的关键信息。表 5.2 总结了这些信息，并说明每个信息将在哪个章节被重点阐述。

表 5.2 计算 LTV 的信息需求

参　数	涉及章节
保留率	5.3 节
没观测到的流失	5.4 节
每位顾客的预期收入	5.5 节
有关费用	第 6 章
适当的折现率	第 6 章

5.2 LTV 的数学公式

终身价值的计算公式可以表述为

$$\mathrm{LTV}=\sum_{t=1}^{\infty}\frac{E[\widetilde{V}_t]}{(1+\delta)^{t-1}} \tag{5.1}$$

其中，$\widetilde{V}_t$ 为一个随机变量，代表顾客在 t 时期的净利润贡献；δ 为单位时间 t 内的贴现率。

利润贡献值随时间的变化而变化，因此 LTV 是未来利润贡献的预期净现值。在量化这些不确定的利润时所作的假设决定着 LTV 的值。为简单起见，我们没有把顾客的差异性包括在式(5.1)中。在理想情况下，计算应以每个顾客为基准，但要想以每一名顾客为基础去估算所需的参数，相关数据很难获得。因此，LTV 的计算经常采用平均参数，以“平均水平”的顾客为基础进行计算。然而假定一个平均的保留率去计算一组顾客的 LTV 并不能得出正确的平均 LTV 值。原因是，变量“X”函数值的平均值并不等于这个函数在 X 的均值处的值{即 $E[f(X)]\neq f(E[X])$}。正确计算一组顾客的平均 LTV 值的方法是确定每个顾客的参数(如保留率)，用它们来计算每个顾客的 LTV 值，然后平均计算。出于这个原因，即使该企业只需要在分组水平上计算 LTV，也最好先计算单个顾客的终身价值，再按照分组求平均值。

更大的贴现因子会使未来利润对企业的“重要性”变小。也除了考虑在计算 LTV 时贴现因子的重要性外，有关贴现因子到底采用何值的系统研究也很少。在实际操作中，年贴现率因子的取值在 10%(δ=0.10)和 20%(δ=0.20)之间变化，一般不说明采用具体值的理由。我们将在第 6 章深入探讨这个问题。

$E(\widetilde{V}_T)$可以分解成收入和成本。具体来说，$\widetilde{V}_t=\widetilde{R}_t-C_t$，$\widetilde{R}_t$ 是在 t 时期顾客所产生的收入，C_t 包括产品、营销和服务的成本。很少有研究介绍如何计算 LTV 模型中的各种成本。例如，一个非常重要的问题是如何看待“固定”与“可变”成本。这些内容将在第 6 章重点介绍。我们假设未来的成本是已知的，但收入是不确定的，所以计算预期终身价值时，我们需要计算 $E(\widetilde{R}_t)$，即预期收益。要做到这一点，我们假设顾客已被保留，用 t 时期的顾客保留概率[存活率见表 5.1(a)]乘以在此期间产生的预期收入。形式上，$E(\widetilde{R}_t)=P$(保留至 t 期)· $E(\widetilde{R}_t$|保留至 t 期)$=S_t\cdot E(\widetilde{D}_t)$，$S_t$ 是顾客保留至 t 期的概率，$\widetilde{D}_t$ 是一个随机变量等于顾客在 t 时期产生的收入，假定顾客保留至此时刻。

风险模型可以用来估算 S_t，回归模型可用于估算 $E(\widetilde{D}_t)$。一个重大的挑战是纳入什么控制变量，如定价和营销接触。我们将在第 6 章和第 28 章讨论这些问题。

5.3 两种主要的顾客终身价值模型：简单保留模型和转移模型

我们主要用两种模型来计算顾客终身价值——简单保留模型和转移模型(Dwyer，1989；Berger & Nasr，1998)。简单保留模型假定，一旦顾客流失，企业就会失去顾客。表 5.1(a)就是简单保留模型。转移模型认为，顾客可能在其生命周期内的任意时刻进入或退出。简单保留模型更适用于金融服务业、B2B 业务、订阅杂志和配制药物。转移模型更适用于零售、目录销售和快速消费品。

5.3.1 简单保留模型

1. 通过直接观察计算保留率

如表 5.1a 所示，简单保留模型最重要的参数之一是保留率，即假定在顾客还没有离开企业的情况下，企业留住顾客的概率。计算保留率最简单的方法是直接观察法。利用第一年的顾客群，企业可以确定第二年保留这些顾客的百分比。由此计算的保留率通常被认为适用于所有时期。企业也可以根据顾客的存活时间或其他人口或行为变量，将顾客进行细分，从而使计算更加详细。

刚才所描述的方法可能是在现实情况下计算保留率最常见的方式。但问题是，该模型假设保留率从过去到未来是不变的。而且在计算从现在起 11 年还是 2 年内顾客仍旧留在公司内的概率时，或者计算顾客个人层面的保留率时，该模型的灵活性较小。为了克服这些缺陷，风险模型提供了一个理想的方法(请参阅第 15 章关于风险模型更详细的讨论)。

2. 使用风险模型和简单保留模型计算顾客终身价值

风险模型被用来计算 S_t，即顾客在 t 时期依旧存在的概率。设 $\widetilde{T}$ 是一个随机变量，

代表概率密度函数 $f(t)$ 中顾客的死亡时间。流失的概率是 $P(\widetilde{T}<t)=F(t)$，其中 $F(t)$ 是累积分布函数：$F(t)=\int_0^t f(x)\mathrm{d}x$。顾客生存时间超过 t 的概率是

$$S_t = P(\widetilde{T} \geqslant t) = 1 - F(t) = \int_t^{\infty} f(x)\mathrm{d}x$$

风险函数非常有用。假定顾客在 t 时期依旧保留在企业中，则在 Δt 时期内顾客流失的概率被定义为 $h(t)=\frac{f(t)}{S(t)}$。风险函数也可以表示为 $h(t)=\frac{\mathrm{d}}{\mathrm{d}x}\log S(t)$。因此对于一个给定的生存函数，它与风险函数是一对一的关系。

为了说明生存函数如何用于计算顾客终身价值，我们从一个生存率分布非常简单的情况开始，即生存率服从指数分布，$f(t)=\lambda \mathrm{e}^{-\lambda t}$。生存函数为指数分布 $S_t=1-F(t)=\mathrm{e}^{-\lambda t}$，风险函数是 $h(t)=\frac{f(t)}{S(t)}=\lambda$。这意味着，如果顾客的生存周期服从指数分布，那么无论顾客生存多久，每个时期的风险率都是常数。

为了让问题简化，我们将使用离散型的指数分布，即参数为 h 的几何分布。在几何分布中的任何离散时间段内的风险率都是 h 并且恒定不变。令 $r=1-h$，这就是保留率。第一期以后 τ 时期的生存函数为 r^{τ}。截至时期 τ，顾客的价值为 $\sum_{t=1}^{\tau} r^{t-1}(R_t - C_t)/(1+\delta)^{t-1}$，其中，$R_t$ 是收入，δ 是贴现率，C_t 是 t 时期的成本。

表 5.3 显示了预期利润的计算，假设每个时期的风险率都为 h，每个时期的保留率为 $r=1-h$。该表还显示了生存率。每个时期的预期利润是每个时期的贴现利润乘以生存率，我们假定每期贴现利润是已知并且不变的。假定保留率和利润贡献不变，在这种情况下，可以通过一个简单的公式计算 LTV：

$$\mathrm{LTV} = (R-C)\frac{1+\delta}{1+\delta-r} \tag{5.2}$$

其中，δ 为贴现率；r 为保留率；R 和 C 分别为假定已知每期的收入和成本①。

图 5.1 显示了式(5.2)中顾客终身价值和保留率之间的关系。当保留率接近 1 时，这种关系是凸性的，终身价值显著增加。这就是很多学者认为保留率的小幅增长会对顾客终身价值产生重大影响的原因。它不包括改变保留率所产生的成本。把保留率从 0.90 增加至 0.95，代价可能非常昂贵。

---

① 假定收入(R)和成本(C)是随时间推移保持不变的，贴现因子是 δ，则有

$$\begin{aligned}\mathrm{LTV} &= \sum_{t=1}^{\infty}\frac{(R-C)r^{t-1}}{(1-d)^{t-1}} = (R-C) + \frac{r(R-C)}{1+\delta} + \frac{r^2(R-C)}{(1+\delta)^2} + \cdots \\ &= (R-C)\cdot(1+d+d^2+\cdots)\end{aligned}$$

其中：$d=\frac{r}{(1+\delta)}$。因为 $r<1$，并且 $(1+\delta)>1$，$d<1$，则有一个无限的几何级数。这一级数的总和为 $(R-C)\cdot\frac{1}{1-d}=(R-C)\cdot\left(\frac{1+\delta}{1+\delta-r}\right)$。

表 5.3　采用固定生存率的顾客终身价值

例 1：参数 风险率＝0.1 收入＝200 美元 成本＝100 美元 贴现率＝10% 顾客终身价值计算：						例 2：参数 风险率＝0.2 收入＝200 美元 成本＝100 美元 贴现率＝10% 顾客终身价值计算：					
年度	风险率	保留率	生存率	折扣乘数	贴现预期收益/美元	年度	风险率	保留率	生存率	折扣乘数	贴现预期收益/美元
1	0	1	1.00	1.00	100.00	1	0	1	1.00	1.00	100.00
2	0.1	0.9	0.90	0.91	81.82	2	0.2	0.8	0.80	0.91	72.73
3	0.1	0.9	0.81	0.83	66.94	3	0.2	0.8	0.64	0.83	52.89
4	0.1	0.9	0.73	0.75	54.77	4	0.2	0.8	0.51	0.75	38.47
5	0.1	0.9	0.66	0.68	44.81	5	0.2	0.8	0.41	0.68	27.98
6	0.1	0.9	0.59	0.62	36.66	6	0.2	0.8	0.33	0.62	20.35
7	0.1	0.9	0.53	0.56	30.00	7	0.2	0.8	0.26	0.56	14.80
8	0.1	0.9	0.48	0.51	24.54	8	0.2	0.8	0.21	0.51	10.76
9	0.1	0.9	0.43	0.47	20.08	9	0.2	0.8	0.17	0.47	7.83
10	0.1	0.9	0.39	0.42	16.43	10	0.2	0.8	0.13	0.42	5.69
10 年后的顾客终身价值＝476.06 美元						10 后的顾客终身价值＝351.49 美元					
使用式(5.2)计算的生命周期无限长的顾客终身价值＝550.00 美元						使用式(5.2)计算的生命周期无限长的顾客终身价值＝366.67 美元					

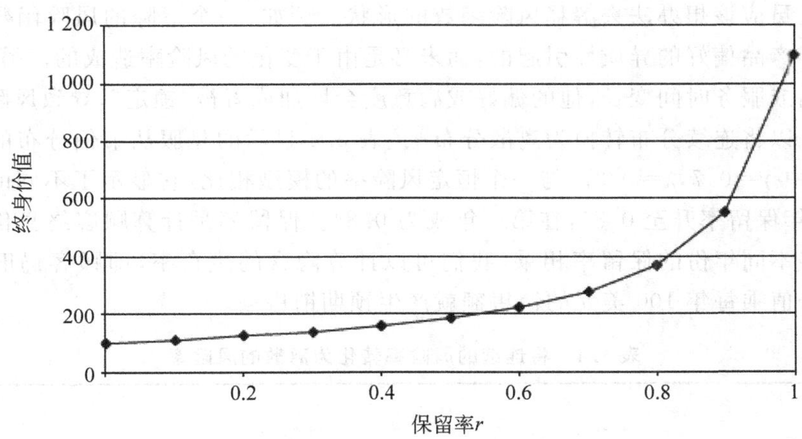

图 5.1　终身价值与保留率的关系——简单保留模型

其他统计分布也可以用来生成生存函数和风险函数。例如，如果有人认为顾客风险率会随时间不断下降，这就意味着顾客在企业内的时间越长，流失的概率就越低，这时可以使用具有特定参数的韦伯分布。韦伯分布的概率分布函数是

$$f(t) = \lambda\gamma(\lambda t)^{\gamma-1}\mathrm{e}^{-(\lambda t)^{\gamma}} \tag{5.3}$$

韦伯分布下的生存函数和风险函数分别是

$$S(t) = \mathrm{e}^{-(\lambda t)^{\gamma}} \tag{5.4a}$$

$$h(t) = \lambda\gamma(\lambda t)^{\gamma-1} \tag{5.4b}$$

生存函数和风险函数的形状是由 γ 确定的。如果 $\gamma<1$，那么风险函数随时间下降；如果 $\gamma>1$，那么风险函数随时间上升；如果 $\gamma=1$，那么韦伯分布成为具有恒定风险 λ 的指数分布。图 5.2 显示的是 $\gamma=0.7$ 和 $\gamma=1.3(\lambda=0.3)$ 的风险函数。风险函数的形状对于数据库营销是非常有用的，因为它告诉决策者随着时间的推移顾客流失的风险是增大还是减小。

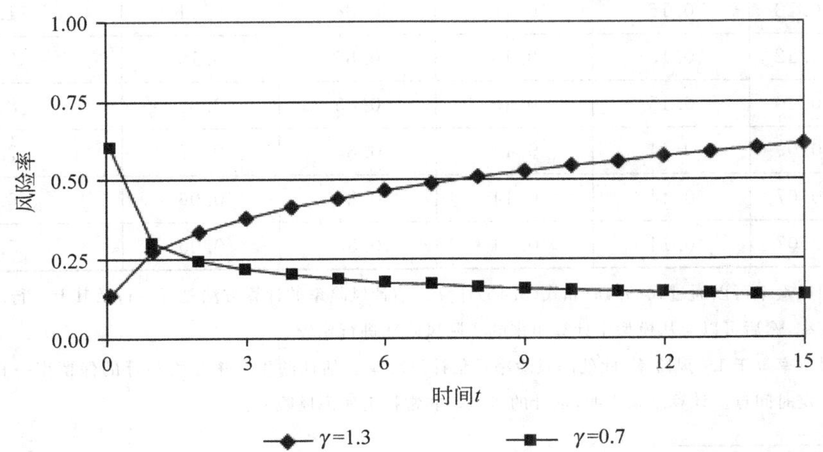

图 5.2　韦伯分布 $\gamma=0.7$ 和 $\gamma=1.3$ 的风险函数($\lambda=0.3$)

研究人员应该想办法去解释风险函数的形状。例如,一个下降的风险函数可能是由于顾客对于产品偏好的异质性引起的,而未必是由于变化的风险率造成的。另外,随着顾客使用产品或服务时间变长,他的偏好或满意度会增加或者被“锁定”,导致风险下降。

我们可以将连续分布转换为离散分布[①]。表 5.4 显示的是服从韦伯分布的十年的数据结果,其中 $\gamma=0.7,\lambda=0.3$。与一个恒定风险率的模型相比,它显示了不同的模式。例如,在第二年保留率升至 0.81,在第三年成为 0.84。保留率是计算顾客终身价值的关键统计量。将不同年份的保留率相乘,我们可以计算隐含的生存率,即顾客仍旧活跃的概率。用这个值乘每年 100 美元的销售额就产生预期销售额。

表 5.4 将连续的风险率转化为离散的风险率

韦伯参数:

$\gamma=0.7$

$\lambda=0.3$

顾客每人每年购买=100 美元

时间	生存率	实际风险率	估计风险率	估计保留率	估计生存率	每年的期望销售/美元
0.1	0.92	0.60	—	—	—	—
1	0.65	0.30	0.34	0.66	0.66	65.88
2	0.50	0.24	0.27	0.73	0.48	48.27
3	0.39	0.22	0.23	0.77	0.37	37.24
4	0.32	0.20	0.21	0.79	0.30	29.55
5	0.26	0.19	0.19	0.81	0.24	23.89
6	0.22	0.18	0.18	0.82	0.20	19.58
7	0.19	0.17	0.17	0.83	0.16	16.22
8	0.16	0.16	0.16	0.84	0.14	13.56
9	0.13	0.16	0.16	0.84	0.11	11.41
10	0.12	0.15	0.15	0.85	0.10	9.67
11	0.10	0.15	0.15	0.85	0.08	8.23
12	0.09	0.14	0.14	0.86	0.07	7.04
13	0.07	0.14	0.14	0.86	0.06	6.05
14	0.07	0.14	0.14	0.86	0.05	5.21

存存率和风险率可以通过式(5.4a)和式(5.4b)计算。估计风险率的计算方法是每一行及其上一行的生存率之差除以平均生存率,然后可以与从模型中计算出来的实际风险率进行比较。

估计的保留率等于 1－风险率,此处的风险率是估计风险率。估计的生存率是将估计的保留率一直相乘到待计算生存率的特定时间点。计算结果表明,估计的风险率非常接近实际风险率。

① 使用离散分布往往是有用的,因为连续时间分布计算顾客终身价值时通常需要数值积分,而且分成离散的时间段更容易与企业收入挂钩。

风险模型是计算顾客终身价值的一个强大的工具。因为它们可以扩展加入顾客层面的信息，如人口统计资料和营销变量(第15章)，所以可以用来计算特定顾客的终身价值。该模型很灵活，保留率可以是常数，也可以随时间变化。使用常用统计软件包，可以对风险模型进行估计。详情请参阅第15章，Seetharaman 和 Chintagunta(2003)，Lawless(2003)的研究。

使用风险模型计算顾客终身价值时，一个关键问题是我们可能不知道顾客流失的时间。对不掌握顾客情况的公司来说，公司不能确定顾客是否流失。例如，一个目录公司并不知道某个顾客是否已经流失。如果流失的时间不能确定，那么就不能对风险函数进行估计。稍后我们将讨论如何纳入"死亡"过程来估计顾客流失的概率(见5.4节)。

5.3.2 转移模型

1. 计算顾客终身价值的基本转移模型

第二个常用于计算顾客终身价值的模型是转移模型，例如我们将要在下一节中讨论的，将顾客终身价值建模为马尔可夫链。使用"转移"这个词是因为该模型允许顾客在不同状态间进行转移。界定顾客状态最常用的方法是考察顾客最近一次在公司购买的时间。相比于简单保留模型，转移模型认为顾客不可能在每一时期都从这个公司进行购买，但在经过一个或几个时期后还是会回到该公司。

为了对转移模型进行操作化，我们定义了"最近购买状态 j"，它表示顾客最后一次的购买是在 j 个时期前。在每个时期结束的时候我们给每个顾客分配一个"最近购买状态"。所以如果在时期15的时候顾客的最近购买状态为2，这意味着顾客在时期15没有购买，但在时期14进行了购买。而最近购买状态为1则意味着顾客在时期15进行了购买。转移模型的关键参数是"最近购买概率"①：

p_j＝已知顾客最后一次是在 j 期前购买，即顾客在上一期结束时的"最近购买状态"值为 j 的情况下，该顾客在本期购买的概率($NR \geqslant j \geqslant 1$)。②

如果当 $j>1$ 时，$p_j=0$，则转移模型可简化为简单保留模型，因为一旦无法保留顾客，则他将永久不再购买。我们假设最近购买概率不会因时间而变化，即 p_j 没有时间下标。如果该假设被放宽，那么会使问题变得更为复杂。

表5.5说明了如何使用转移模型计算顾客终身价值。我们有4个最近购买状态值($NR=4$)，分别被标为1,2,3和≥4。状态值"≥4"意味着顾客最后一次购买行为发生在4个时期前或更早的时期。表5.5中，按照马尔可夫链的术语，状态≥4是一个吸收阶段在这个状态，顾客将不会再购买。如果我们在时期1获得顾客，那么该顾客在时期1结束时被归类到最近购买状态等于1。在时期2，顾客购买的概率 $p_1=0.5$。在概率为 $1-p_1=0.5$ 下顾客在时期2不购买，因此在时期2结束时该顾客移动到最近购买状态值

① 请注意，我们在本节遵循的是 Berger 和 Nasr 的整个研究。同时也参考 Dwyer(1989)以及 Calciu 和 Salerno(2002)的研究。

② 从技术上讲，顾客在多少个时期前可能购买是不存在上限的，但出于计算的目的，我们通常使用上限"NR"。NR"≥5"是指在过去5个或更多时期内没有购买行为的顾客应该被归于状态值≥5。

为 2 的概率也是 0.5。为了计算顾客在时期 3 的购买概率，我们可以计算 P(顾客在状态 1)×P(购买|顾客在状态 1)+P(顾客在状态 2)×P(购买|顾客在状态 2)=0.5×0.5+0.2×0.5=0.35。一般规律是，如果顾客在此时期购买，则顾客最近购买状态变为 1；如果顾客不购买，则最近购买状态值再加 1。请注意，对于吸收状态≥4，我们假设顾客不会再次购买，所以顾客还是停留在那个状态。所以在时期 5，顾客状态≥4 的概率是 P(顾客在时期 4 并且状态值≥4)+P(顾客没有购买|顾客在时期 4 时状态值为 3)=0.360+(1−0.1)×0.200=0.540。

表 5.5 转移模型的计算

$j=$ $p_j=$	最近购买状态(j)				$Purch_t$	Delta=0.1		折现后的预期利润/美元
	1 0.5	2 0.2	3 0.1	≥4 0		如果购买产生的利润/美元	预期利润/美元	
时期	1	2	3	≥4				
1	1.000	0.000	0.000	0.000	1.000	100	100.00	100.00
2	0.500	0.500	0.000	0.000	0.500	100	50.00	45.45
3	0.350	0.250	0.400	0.000	0.350	100	35.00	28.93
4	0.265	0.175	0.200	0.360	0.265	100	26.50	19.91
5	0.188	0.133	0.140	0.540	0.188	100	18.75	12.81
6	0.134	0.094	0.106	0.666	0.134	100	13.43	8.34
7	0.096	0.067	0.075	0.761	0.096	100	9.65	5.45
8	0.069	0.048	0.054	0.829	0.069	100	6.92	3.55
9	0.050	0.035	0.039	0.877	0.050	100	4.96	2.31
10	0.036	0.025	0.028	0.912	0.036	100	3.56	1.51
11	0.026	0.018	0.020	0.937	0.026	100	2.55	0.98
12	0.018	0.013	0.014	0.955	0.018	100	1.83	0.64
13	0.013	0.009	0.010	0.968	0.013	100	1.31	0.42
14	0.009	0.007	0.007	0.977	0.009	100	0.94	0.27
15	0.007	0.005	0.005	0.983	0.007	100	0.68	0.18

LTV=总和=230.75 美元

如果扩展为对 100 个时期进行计算，LTV=231.08 美元

p_j=已知顾客在前一时期结束时最近购买状态值为 j 的前提下，顾客在当期的购买概率。

Delta=贴现因子=δ。

$Purch_t$=顾客在 t 时期的购买概率。

表 5.5 显示，15 个时期的折现预期利润总和是 230.75 美元。我们可以看到，因为在后面的时期内顾客价值下降很快，所以这种计算虽然不是最精确的但最接近最终的顾客终身价值。对 100 个时期的顾客终身价值进行计算得到的结果为 231.08 美元。

图 5.3 显示了在表 5.5 示例基础上进行的敏感性分析。该图显示了最近购买概率

p_2、p_3 和顾客终身价值之间的凸性关系。这些关系可以帮助企业评估吸引那些在最近的几个(如三个)时期内没有购买的顾客是否值得。

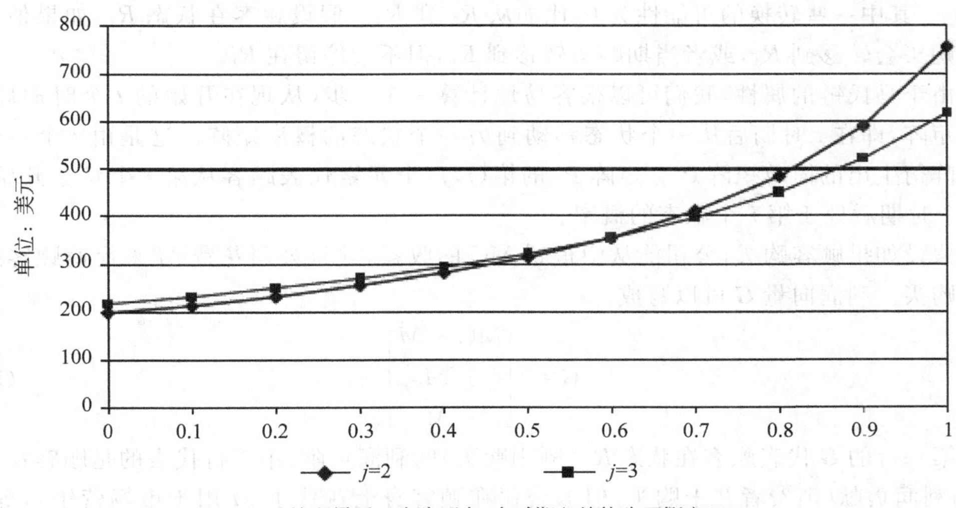

图 5.3　在转移模型中终身价值与最近购买概率的关系

Libai 等人(2002)给一家欧洲零售商建立了一名顾客转移模型。他们使用该模型将顾客分成几个细分市场。每个细分市场的成员是动态的。Libai 等人认为,将顾客转移到更加有利可图的细分市场可以增加顾客资产。通过识别细分市场之间的关键差异,企业可以调整针对每个细分市场的营销和服务组合策略。Libai 等人描述的概念有可能将营销组合策略与细分市场的转移结合起来。但是困难在于如何建立它们之间的联系。Libai 等人没有详细说明他们所使用的建模方法。对研究者和拥有庞大顾客数据库的从业者来说有必要进行更深入的研究。

2. 利用马尔可夫链框架推广转移模型

Pfeifer 和 Carraway(2000)提出了一个马尔可夫链框架,可以用来推广转移模型的计算。在已知顾客在上一期结束时最近购买状态值为 j 的前提下,我们使用相同的符号 p_j 来表示当前时期顾客的购买概率。我们还标注了最近的购买状态 $R_1, R_2, \cdots, R_{NR}$。为了简化论述,与 Pfeifer 和 Carraway 的研究相似,我们假设有三种可能的(最近购买)状态(NR=3):上一时期购买(R_1),两个时期前购买(R_2),三个或更多的时期前购买(R_3)。顾客转移模型可表示为一个具有 3×3 的转移概率矩阵的马尔可夫链 P,具体如下:

$$
\begin{array}{c} \text{时期 } t+1 \\ \begin{array}{cc} & \begin{array}{ccc} R_1 & \quad R_2 & \quad R_3 \end{array} \\ \boldsymbol{P} = \text{时期 } t \begin{array}{c} R_1 \\ R_2 \\ R_3 \end{array} & \begin{bmatrix} p_1 & 1-p_1 & 0 \\ p_2 & 0 & 1-p_2 \\ p_3 & 0 & 1-p_3 \end{bmatrix} \end{array} \end{array} \tag{5.5}
$$

$\boldsymbol{P}$ 的每个元素代表顾客在一个时期从一个状态转移到另一个状态的概率。考虑顾客处于状态 R_1。该顾客在当期购买和不购买的概率分别为 p_1 和 $1-p_1$。如果顾客购买,他

仍然在 R_1。如果没有，则顾客移动到 R_2。在状态 R_2 的顾客在当期购买和不购买的概率分别为 p_2 和 $1-p_2$。最后，在状态 R_3 的顾客在当期购买和不购买的概率分别为 p_3 和 $1-p_3$。其中一些转换的可能性为 0，比如从 R_2 到 R_2。假设顾客在状态 R_2，如果他当期没有购买会转移到 R_3，或者当期购买转移到 R_1，但不会停留在 R_2。

由于马氏链的属性，我们可以很容易地计算一个 t 步(从现在开始的 t 个时期后)的转移矩阵，即在 t 时期后从一个状态移动到另一个状态的概率矩阵。这是由 t 个一步转移矩阵衍生出的简单矩阵 $\boldsymbol{P}^t$。矩阵 $\boldsymbol{P}^t$ 的第(i,j)个元素代表顾客从第 i 个状态开始，经过 t 个时期后处于第 j 个状态的概率。

假设如果顾客购买，公司能从中得到 MC 的收益，并且公司花费 M 来促使顾客进行重复购买。利润向量 $\boldsymbol{G}$ 可以写成：

$$\boldsymbol{G}=\begin{bmatrix}\mathrm{MC}-M\\ -M\\ -M\end{bmatrix} \tag{5.6}$$

第一行的 $\boldsymbol{G}$ 代表顾客在状态 R_1(刚刚购买)的利润贡献；第二行代表的是顾客在状态 R_2 的利润贡献(消费者并未购买，但该公司在顾客身上花费了 M 用于市场营销)，等等。令 $\boldsymbol{\Pi}_1$ =一个时期后的利润。然后有

$$\boldsymbol{\Pi}_1=\boldsymbol{PG}=\begin{bmatrix}p_1\mathrm{MC}-M\\ p_2\mathrm{MC}-M\\ p_3\mathrm{MC}-M\end{bmatrix} \tag{5.7}$$

两个时期后预期利润的向量是 $\boldsymbol{P}^2\boldsymbol{G}$，$T$ 个时期以后的为 $\boldsymbol{P}^T\boldsymbol{G}$。在一个时期后考虑到每期贴现因子 d 后预期净现值对应的向量是 $\boldsymbol{P}^1\boldsymbol{G}/(1+d)$，两个时期后的为 $\boldsymbol{P}^2\boldsymbol{G}/(1+d)^2$，$T$ 个时期后为 $\boldsymbol{P}^T\boldsymbol{G}/(1+d)^T$。因此，从 0 时期到 T 时期的总净现值向量是

$$\boldsymbol{V}^T=\sum_{t=0}^{T}[(1+d)^{-1}\boldsymbol{P}]^t\boldsymbol{G} \tag{5.8}$$

因此，无限期的总净现值向量变成

$$\boldsymbol{V}^\infty=\lim_{T\to\infty}\boldsymbol{V}^T=[I-(1+d)^{-1}\boldsymbol{P}]^{-1}\boldsymbol{G} \tag{5.9}$$

其中，$\boldsymbol{I}$ 为单位矩阵。式(5.9)的向量具有特别意义，因为每个元素代表一个起始于状态 R_1、R_2 等的顾客的预期终身价值。$\boldsymbol{V}^\infty$ 的第一个元素也具有特别意义——这是一个开始于状态 R_1 的顾客的长期价值。这也是企业刚刚获得的顾客的终身价值，因为刚刚获得的顾客就是从状态 R_1 开始的。$\boldsymbol{V}^\infty$ 的第二个元素是我们目前观察在状态 R_2 的顾客(两个时期前进行购买)的净现值。通过这种方式，我们看到，马尔可夫框架是上一节提出的转移模型的扩展。

为了说明表 5.5 中的“强力”计算和矩阵计算之间的联系，我们将表 5.5 中最近购买概率表示为如下矩阵：

$$\boldsymbol{P}=\begin{bmatrix}0.5 & 0.5 & 0 & 0\\ 0.2 & 0 & 0.8 & 0\\ 0.1 & 0 & 0 & 0.9\\ 0 & 0 & 0 & 1\end{bmatrix} \tag{5.10}$$

矩阵 $\boldsymbol{P}$ 是 4×4 的矩阵，因为我们有 4 个状态。利润矩阵则比较简单：

$$\boldsymbol{G}=\begin{bmatrix}100\text{ 美元}\\0\text{ 美元}\\0\text{ 美元}\\0\text{ 美元}\end{bmatrix} \tag{5.11}$$

如果顾客购买则他的贡献为 100 美元，否则贡献为 0。我们不考虑任何营销成本。要完成模型，还要注意在表 5.5 中贴现率是 10%。因此根据式(5.9)我们可以得出：

$$\boldsymbol{V}^{\infty}=\left\{\begin{bmatrix}1&0&0&0\\0&1&0&0\\0&0&1&0\\0&0&0&1\end{bmatrix}-\left(\frac{1}{1+0.1}\right)\begin{bmatrix}0.5&0.5&0&0\\0.2&0&0.8&0\\0.1&0&0&0.9\\0&0&0&1\end{bmatrix}\right\}^{-1}\begin{bmatrix}100\text{ 美元}\\0\text{ 美元}\\0\text{ 美元}\\0\text{ 美元}\end{bmatrix}$$

$$=\begin{bmatrix}231.08\text{ 美元}\\57.29\text{ 美元}\\21.01\text{ 美元}\\0\text{ 美元}\end{bmatrix} \tag{5.12}$$

$\boldsymbol{V}^{\infty}$ 的第一个元素是顾客的终身价值。所以顾客的终身价值是 231.08 美元，这也是在表 5.5 中扩展到 100 个时期(≈∞)时我们计算得到的数值。

又例如，假设一名顾客购买后产生 40 美元的边际贡献(MC)，该公司会给顾客邮寄目录，除非它转移到状态≥4。在这种情况下，公司知道顾客无论如何不会购买，所以不会再费心去邮寄目录。邮寄成本是 4 美元。该公司的贴现率是 $d=0.2$。则得到利润矩阵 $\boldsymbol{G}$：

$$\boldsymbol{G}=\begin{bmatrix}\mathrm{MC}-M\\-M\\-M\\0\end{bmatrix}=\begin{bmatrix}36\\-4\\-4\\0\end{bmatrix}$$

接下来，假定转移矩阵被定义为

$$\boldsymbol{P}=\begin{bmatrix}0.3&0.7&0&0\\0.2&0&0.8&0\\0.05&0&0&0.95\\0&0&0&1\end{bmatrix}$$

这个转移矩阵意味着，如果顾客是在状态 R_1，则他的购买概率为 0.3。如果顾客在状态 R_2，那么他的购买概率为 0.2；但如果顾客是在状态 R_4，则顾客是处于“吸收”状态，状态值“≥4”，其购买概率为 0。

假设我们要研究一个新顾客的行为(处于状态 R_1)，确定他在 4 个时期后仍处于状态 R_1 的可能性有多大？我们可以将转移矩阵三次相乘，看看将出现什么购买模式。一个时期后我们会看到：

$$\boldsymbol{P}^2=\begin{bmatrix}0.23&0.21&0.56&0\\0.10&0.14&0&0.76\\0.015&0.035&0&0.95\\0&0&0&1\end{bmatrix}$$

4 个时期后，

$$P^4 = \begin{bmatrix} 0.082\,3 & 0.097\,3 & 0.128\,8 & 0.691\,6 \\ 0.037 & 0.040\,6 & 0.056 & 0.866\,4 \\ 0.007\,0 & 0.008\,0 & 0.008\,4 & 0.976\,6 \\ 0 & 0 & 0 & 1 \end{bmatrix}$$

矩阵显示一个开始于状态 R_1 的顾客在 4 个时期之后有 0.082 3 的概率还处于 R_1（刚刚进行过购买）。

我们还可以采用上述方法来计算每种初始状态在 4 个时期后的预期现值：

$$\underset{4}{\Pi} = \sum_{i=0}^{4} \frac{P^i G}{(1+d)^i} = \begin{bmatrix} 49.40\text{ 美元} \\ 2.69\text{ 美元} \\ (-1.980)\text{ 美元} \\ 0 \end{bmatrix}, \quad \text{其中 } P^0 G = G$$

Π_4 第三个元素的意思是，开始于最近购买状态 R_3 的顾客在 4 个时期后的预期现值是负的。公司不应该给处于这个单元的顾客邮寄，因为在时刻 0 时他的价值是负的。

Pfeifer 和 Carraway 认为，不能仅通过最近购买的时间来定义状态，而是要通过最近购买时间与购买频率共同定义状态。例如，在这种情况下，R_1 可以代表顾客刚进行了购买并且在过去一年仅购买了一次。R_2 可以代表一名顾客刚进行了购买并在过去一年里购买了两次。如果我们有 4 个最近购买状态，每个最近购买状态又对应了 4 个购买频率，则转移矩阵将是一个 16×16 的矩阵，但公式(5.6)～公式(5.9)所描述的机制仍将适用。尤其有意思的是，使用不同的营销策略进行实验将改变 $\boldsymbol{G}$ 向量的值。Pfeifer 和 Carraway 的研究中采用了目录制造商的例子来展示如何做到这点。

总之，Pfeifer 和 Carraway 利用马尔可夫链构建的转移模型是一个有价值的扩展。它提供的框架扩展了顾客状态的定义，并且可以使用不同的营销策略进行实验。这些成果在实践中具有一定的可操作性，因此对管理者很有价值。

5.4 包含不可观测的顾客流失的 LTV 模型

以往的研究开发了一系列包含不可观测的顾客流失的 LTV 模型（Schmittlein et al.，1987；Fader et al.，2004，2005）。基于顾客过去的购买历史，可以从模型中得出如下结果，比如预期的未来顾客保留数量，或者顾客在公司中预期的保留时间。因此这些模型能够用来评估顾客的未来购买量、生命周期持续时间或终身价值。

在这些模型中的一个基本概念就是：顾客是“活着”还是“死了”。顾客流失是众多企业关注的一个重要问题（第 24 章）。在电信、杂志或有线电视等合约行业中，只要顾客不再续签合同，公司就会很容易地知道顾客何时流失。但是，在很多行业中，顾客没有与公司签订合同，所以流失不能被观测。例如，众所周知，目录销售商可能会向好几年都没有购买过的顾客发送商品目录。也许这些顾客已经流失了，向他们发送商品目录是徒劳无功的。这个问题对于非合约型的行业，如旅游服务、餐饮、零售、医疗保健和目录营销商。

乍看起来确定顾客是“活着”还是“死了”似乎很简单——如果顾客在很长一段时间内

没有购买，则认为顾客已经流失。然而，如果顾客处于一种不稳定的、不频繁的购买模式呢？顾客的购买模式可能会出现中断（如顾客正在度假或者换工作），这样的顾客会在公司没有任何补救行动的情况下再次购买。

目前开发的这些模型主要聚焦于以下四个关键现象。

- 某给定时期内的购买次数。
- 购买率模型的参数的异质性。
- 顾客生命周期，即顾客在企业中存在多长时间。
- 生命周期模型的参数的异质性。

表 5.6 显示了这些现象在模型中如何被刻画。迄今为止，有三种模型：Schmittlein 等人（1987）（SCM）和 Fader 等人（2005）（FHL）将购买次数建模为泊松过程，而 Fader 等人（2004）（FHB）则将购买次数建模为伯努利过程。SCM 模型中的顾客生命周期呈指数分布，而其在 FHL 模型和 FHB 模型中则呈几何分布。我们将重点讨论 SCM 模型和 FHL 模型。

表 5.6　不可观测顾客流失的随机模型的比较（来自 Schmittlein et al.，1987；Fader et al.，2004，2005）

	方　法		
	帕累托/NBD（P/NBD）	β 几何/NBD（BG/NBD）	β 几何/β 二项式（BG/BB）
	Schmittlein 等人（1987）	Fader 等人（2005）	Fader 等人（2004）
现象			
顾客存活	τ=生命周期～Exp(μ)	p=每次购买之后的“死亡”概率	q=每次购买之后的“死亡”概率
异质性	$\mu\sim\gamma(s,\beta)$	$p\sim\beta(a,b)$	$q\sim\beta(\gamma,\delta)$
购买率	x=时间 t 内的购买次数～Poisson(λ)	x=时间 t 内的购买数～Poisson(λ)	p=每个时期的购买概率
异质性	$\lambda\sim\gamma(\gamma,\alpha)$	$\lambda\sim\gamma(\gamma,\alpha)$	$p\sim\beta(\alpha,\beta)$
概要			
生命周期	指数	几何	几何
购买	泊松	泊松	伯努利
购买间隔	指数	指数	几何

SCM 模型假设：

- 购买率。当顾客存活时，每个顾客的购买次数服从参数为 λ 的泊松分布。
- 购买率的异质性。考虑顾客的异质性，顾客购买次数 λ 又服从参数为 r 和 α 的伽马分布，λ 的平均值是 r/α，方差是 r/α^2。
- 生命周期。每个顾客的生命周期服从参数为 μ 的指数分布，μ 就是“死亡率”，即生命周期分布的平均值是 $1/\mu$。

- 生命周期的异质性。考虑顾客的异质性，顾客生命周期 μ 又服从参数为 s 和 β 的伽马分布，μ 的平均值是 s/β，方差是 s/β^2。

最具争议的假设是服从泊松分布的购买率和服从指数分布的生命周期，这两个假设都假定购买率和生命周期的无记忆特性。例如，在参数已知的情况下，一位存活顾客在未来 t 期内的购买次数与其以往的购买次数没有关系。购买间隔隐含的指数分布(已知顾客是存活的)意味着顾客在前一次购买之后很有可能会直接进行下一次购买。这在某些行业也许适用，但是另一些行业并不适用，顾客购买之后会产生存货，在存货消耗完之前不会再次购买。此外，无论是购买间隔时间还是顾客生命周期的均值都等于方差，这也不符合直觉而且可能存在限制条件。服从指数分布的生命周期假设意味着顾客在刚被公司获取后就会很快离开公司。某些非合约型的行业也许符合这一假设。

SCM 模型得到了两个重要的指标：①顾客存活的可能性；②顾客在一段长度为 T 的时期内将要购买的次数。如果一位顾客在 T 时间内购买量为 x，上次购买时间为 t，那么 SCM 模型将得出这位顾客仍继续存活的可能性为①

$$P(\text{顾客存活}) = \left\{1+\frac{s}{s+x+s}\left[\left(\frac{\alpha+T}{\alpha+t}\right)^{r+x}\left(\frac{\beta+T}{\alpha+t}\right)^{s}\times F-\left(\frac{\beta+T}{\alpha+T}\right)^{s}F\right]\right\}^{-1} \tag{5.13}$$

这里 F 是一个含有 4 个参数的高斯超几何函数(Schmittlein et al. 1987：6)②，这 4 个参数又与上面模型中的 4 个参数相关：$a_1=r+x+s$，$b_1=s+1$，$c_1=r+x+s+1$ 且 $z_1(T)=\frac{a-b}{a+y}$。

在一段长度 T^* 的时间内的预期购买量为

$$E\left[X^* \mid T^*\right]=\frac{(r+x)\ (\beta+T)}{(\alpha+T)\ (s-1)}\left[1-\left(\frac{\beta+T}{\beta+2T}\right)^{s-1}\right]\times P(\text{顾客存活}) \tag{5.14}$$

另一个重要的结果是在时点 t 上计算顾客留在公司的预期保留时间。SCM 模型显示考虑到顾客异质性，那么一位顾客剩余的生命周期(T)服从帕累托分布：

$$f(\tau \mid s,\beta)=\frac{s}{\beta}\left[\frac{\beta}{(\beta+\tau)}\right]^{s+1} \tag{5.15}$$

这里 s 和 β 是表示顾客死亡率 μ 的异质性的伽马分布的参数，帕累托分布的预期值是

$$E\left[\tau \mid s,\beta\right]=\frac{\beta}{(s-1)} \tag{5.16}$$

作者指出，由于死亡率和购买率被假定为相互独立，因此截至时间 T 的购买次数对预期的顾客剩余生存时间没有影响。然而，如果顾客在时间 T 是存活的，我们就需要把公式中的参数 β 更新为 $\beta+T$。因此，如果已知顾客在时间 T 是存活的，那么其剩余生命周期服从参数为 $\beta+T$ 和 s 的帕累托分布。于是，一位购买历史为 $\{x,\ t,\ T\}$ 的顾客的预期剩余生命周期为

---

① 这里假设 $\alpha>\beta$，作者还为其他情况推导出其他公式。

② Fader 等人(2005)中有关于估计高斯超几何分布的方法。

$$E\,[\text{剩余生命周期} \mid x,t,T,\alpha,t,\beta,s] = \frac{(\beta+T)}{(s-1)}P(\text{顾客存活}) \tag{5.17}$$

这里的 P(顾客存活)运用公式(5.13)计算。

以上集中讨论了由 Schmittlein 等人提出的"帕累托/NBD"模型。后来，该模型被 Fader 等人(2005)扩展为 FHL 模型，扩展之后的模型保留了原有的"帕累托/NBD"模型的思路，但是更容易估计。实际上，作者还提供了 Excel 电子表格来估算模型。

FHL 模型被称为 β 几何/NBD 或 BG/NBD 模型，在这个模型中，生命周期服从几何分布而不是指数分布，顾客在任何一次交易后停止购买的概率为 p，那么

$$P(\text{在第 } j \text{ 次交易后停止购买}) = p\,(1-p)^{j-1} \tag{5.18}$$

参数 p 类似帕累托/NBD 模型中的死亡率 μ，它呈现跨顾客的异质性，这种异质性又服从 β 分布。Fader 等人(2004)推导出了计算 P(顾客存活)和 E(购买次数)的公式，与"帕累托/NBD"模型中的计算公式类似。

FHL 模型假设顾客购买次数服从泊松过程，因此购买的间隔是指数分布。具体来说，令 λ 等于购买率，顾客第 j 次购买的时间为 t_j，然后

$$f(t_j \mid t_{j-1},\lambda) = \lambda e^{-\lambda(t_j - t_{j-1})} \quad t_j > t_{j-1} \geqslant 0 \tag{5.19}$$

如前所述，若顾客在 j 次购买后立刻不再购买的概率为 p，那么其在第 j 次交易后死亡的概率为 $p(1-p)^{j-1}$，这两个等式产生了我们关心的计算终身价值的表达式。第一个公式为在长度为 t 的时间内的预期购买次数：

$$E[X\,(t) \mid \lambda, p] = \frac{(1-e^{-\lambda p t})}{p} \tag{5.20}$$

而且顾客在时间 τ 时存活的概率为

$$P\,(\tau > t) = e^{-\lambda p t} \tag{5.21}$$

关键参数是 λ 和 p。p 越大，时间 t 之后顾客的购买次数越少，顾客存活的概率也越小。因为死亡率能够决定购买次数，所以这是合理的。在式(5.20)中，当 t 趋于无穷大时，顾客预期的长期购买次数的极限值是 $1/p$。顾客存活的概率的降低与 p 相关，这在直观上也是合理的。

一个潜在的问题是，随着 λ 的增大，式(5.20)的分子增大，预期购买次数将会增加。然而，在式(5.21)中随着 λ 的增加，预期的顾客存活时间将会降低。如果一位顾客的购买率较高，那么其在时间 T 存活的概率就会较低，这与顾客在任何一次购买后死亡概率为 p 的假设是一致的。FHL 模型隐含的假设是顾客购买的次数越多，则流失的概率越高。这是一个不太合理的假设。

FHL 提出了顾客个人层面的模型之后，又研究了购买率和死亡率的异质性是如何改变结果的。他们用 γ 分布来刻画 λ 的异质性，用 β 分布来刻画 p 的异质性。

$$f(\lambda \mid r,\alpha) = \frac{\alpha^r \lambda^{r-1} e^{-\lambda\alpha}}{\Gamma\,(\alpha)}, \quad \text{当 } \lambda > 0 \text{ 时} \tag{5.22}$$

$\Gamma(\alpha)$是参数为 α 的 γ 函数。

$$f(p \mid a,b) = \frac{p^{a-1}\,(1-p)^{b-1}}{B\,(a,b)}, \quad 0 \leqslant p \leqslant 1 \tag{5.23}$$

这里 $B(a,b)$是一个 β 函数，相当于 $\Gamma(a)\Gamma(b)/\Gamma(a+b)$。

由 FHL 模型得到的关键结果是

$$E[X(t)\mid r,\alpha,a,b]=\frac{a+b-1}{a-1}\left[1-\left(\frac{\alpha}{\alpha+t}\right)^{r}{}_2F_1\left\{r,b;a+b-1;\left(\frac{t}{\alpha+t}\right)\right\}\right] \tag{5.24}$$

其中，${}_2F_1(\cdot)$是高斯超几何函数。这是某段时间内整个顾客群的预期购买次数。显然，超几何函数使理解结果的含义变得更加困难。

另一个结果是对于一个观察到的购买次数为 x（购买频率 Frequency），最后一次购买的时间为 t_x（最近购买时间 recency），时间间隔为 T 的顾客，我们可以算出其预期购买次数。

令 $E(Y(t)\mid X=x,\ t_x,\ T,\ r,\ \alpha,\ a,\ b)$等于一段时间 t 内的预期交易次数。

$$E(Y(t)\mid X=x,t_x,T,r,\alpha,a,b)$$
$$=\frac{\dfrac{a+b+x-1}{a-1}\left[1-\dfrac{\alpha+T}{\alpha+T+t}\right]^{r+x}{}_2F_1\left[r+x,b+x;a+b+x-1;\left(\dfrac{t}{\alpha+T+t}\right)\right]}{1+\delta>0\ \dfrac{a}{b+x-1}\left(\dfrac{a+T_x}{a+t_x}\right)^{r+x}} \tag{5.25}$$

尽管这个表达式看起来比较复杂，但 FHL 认为可以使用 Excel 来逼近高斯超几何函数。FHL 将他们的模型与“帕累托/NBD”模型做了比较，发现它们是等价的。

对于未来一个固定的时间，FHL 的模型能够估算 LTV。他们利用式(5.25)算出了顾客的预期购买次数，其中顾客过去的购买次数为 x，上次购买时间为 t_x，基期（计算 LTV 之前的期间）为 T，未来的时间长度为 t，这样计算的价值是未贴现的未来 LTV。要想将 FHL 模型（或 SCM 模型）转化为含贴现的 LTV，需要基于离散时间间隔建立模型，并生成顾客存活（风险函数）的条件概率。

为了了解 FHL 模型如何运行，我们下面考察一个相对简单的模型形式，即只研究一名顾客，从而避免由于异质性而造成的复杂情况。FHL 模型（和 SCM 模型）提供了三个关键的数值，它们在 LTV 模型中十分有用：

$E[X(t)\mid\lambda,p]$=一段时间 t 内的交易次数。

$P(\tau>t\mid\lambda,p)$=顾客在一段时间 t 后存活的概率。

$E[Y(t)\mid x,t_x,T,\lambda,p]$=从 t 到 T 的时间内预期的交易次数，其中顾客已被观测到的购买行为 $X=x,t_x$，这里 t_x 是顾客在期间$[0,t]$内的最后一次购买时间。

从以上可以看出，λ 是每个时期的购买率，p 是顾客在一次购买后流失的概率。对于这个例子，我们将对参数和时期赋予不同的数值来考察上述三个数值的变化。我们利用以下公式来计算这三个数值。

$$E[X(t)\mid\lambda,p]=\frac{1-e^{-\lambda pt}}{p} \tag{5.26a}$$

$$P(\tau>t\mid\lambda,p)=e^{-\lambda pt} \tag{5.26b}$$

$$E[Y(t)\mid X=x,t_x,T,\lambda,p]$$
$$=\frac{p^{-1}(1-p)^x\lambda^x e^{-\lambda T}-p^{-1}(1-p)^x\lambda^x e^{-\lambda(T+pt)}}{L(\lambda,p\mid X=x,t_x,T)} \tag{5.26c}$$

其中

$$L(\lambda, p \mid X = x, t_x, T) = (1-p)^x \lambda^x \mathrm{e}^{-\lambda T} + \delta_{x>0}\, p\,(1-p)^{x-1} \lambda^x \mathrm{e}^{-\lambda t_x} \tag{5.26d}$$

以上算式用 Excel 计算很方便。我们先从给定时间 t 内的预期购买次数开始。我们将使用两个 λ 值和两个 p 值来对比预期购买次数的结果。表 5.7a 显示了计算结果。当 p(死亡率)升高时，购买次数下降；当 λ 升高时，预期购买次数也会上升。在一个简单泊松模型中，令 $\lambda=0.1$，它表明每个月的购买次数为 0.1，则 24 个月内的预期购买次数将是 $\lambda_t=2.4$。在 FHL 模型中，我们看到当 $t=24$(24 个月)时，预期的购买次数是 2.13。当 p 升高时，我们看到预期的购买次数下降。$p=0.25$，$\lambda=0.1$ 时，期望值下降到 1.8。因此，p 的值越大，该模型与泊松购买率模型的偏离就越大。

表 5.7(b)列出了有关顾客存活率的一个有趣的结果，它表明当购买率 λ 升高时，保持 p 不变，则顾客存活率会降低。如前所述，这是一个与直觉相反的结果。

另一个值得关注的结果是已知过去的购买行为时所预期的一定时间(24 个月)内的购买次数，这个结果反映在表 5.7(c)中。这个数量与前面的预期购买次数不同，因为它是以上次购买时间为条件的。从表中可以看出，距离上次的购买的时间越长，预期的顾客购买次数就越少。直观地说，如果一位顾客的购买率很高，但是在一个固定的时间内没有购买，那么顾客流失的可能性就会提高。因此，对于一个固定的购买次数 x，最近一次购买的时间 t_x 离现在越远，则预期购买次数越少。这符合直观的感觉，并且与最近购买模型结果一致。

表 5.7(d)表明随着 λ 增大，t_x 的影响也会随之增大。随着 t_x 值由低到高，预期购买量的变化也更大。这个结果同样符合直觉。

表 5.7　计算预期购买次数和顾客存活概率(来自 Fader et al.,2005)

	死亡率(p)	
	0.10	0.25
(a) 预期的 24 个时期的购买次数($t=24$)		
购买率(λ)		
0.10	2.13	1.80
0.25	4.51	3.10
(b) 24 个时期后顾客存活的概率		
购买率(λ)		
0.10	0.787	0.549
0.25	0.549	0.223
(c) 预期的 24 个时期的购买次数，考虑到过去购买历史($t=24,t_x=5,T=10,x=3$)		
购买率(λ)		
0.10	1.80	1.16
0.25	3.25	1.43
(d) 预期的 24 个时期的购买次数，最近一次购买时间(t_x)是变化的($t=24,T=10,x=3,p=0.1$)		

续表

	购买率(λ)	
	0.10	0.30
最近一次购买(t_x)		
3	1.74	2.69
5	1.80	3.42
7	1.85	4.03
9	1.90	4.46

总之,用 FHL 模型得到的很多计算结果都是合理的,只有一点,即把顾客每次购买后的流失率看作常数有些问题,因为流失率应该是购买率的函数。而且,如果考虑到异质性问题而将它们的模型应用在个人层面而非总体层面,也会出现较低的拟和度。

Fader 等人(2004)(FHB),对 BG/NBD 模型进行扩展,将整个过程完全建立在离散时间的基础上,其关键的变化是从泊松过程转变为伯努利购买过程。每个时期,顾客的购买概率为 p,每个时期之间是独立的,p 是一个常数,这与泊松分布中的稳定性和独立性假设是类似的。实际上,当我们将离散时间改为连续时间,伯努利过程就成为泊松过程。参数 p 在顾客之间是有差异的,服从 β 分布。顾客的死亡过程与 FHL 模型服从相同的几何分布,但单位是时期,而不是交易。所以每个时期内顾客的死亡率为 q,q 在顾客之间是有差异的服从 β 分布。作者称这一模型为 β 几何/β 二项式(BG/BB)模型。同样,他们也给出了 P(存活)和 E(购买次数)的公式。

总之,SCM、FHL 和 FHB 这些随机模型提供了当顾客流失不可观测时的终身价值模型。这些模型可以用来计算顾客终身价值,既可以估算平均水平(类似一个简单保留模型),也可以估算拥有购买历史(尤其是购买次数和上次购买时间)的个别顾客。然而,在计算个别顾客时应该特别谨慎,因为个人的数据很有限。这些模型包含的内容很丰富,但计算起来非常简单,表 5.6 已列举出每个模型中所有需要定义的变量。

对这些模型的扩展主要可以从两个方面着手。首先是在模型中允许购买和死亡过程相互关联,尤其是这些过程和购买数量之间的关系。当然,这些过程的参数是与顾客相关联的。例如,我们可以假设一个购买率较高的顾客,其死亡率就会较低。

其次是将营销变量纳入这些模型。模型的参数可以表示为营销变量的函数。这就需要引入分层贝叶斯框架,例如:

$$p \sim Beta\ (\alpha,\beta) \tag{5.27a}$$

$$\alpha \sim Normal\ (\mu,\sigma^2) \tag{5.27b}$$

$$\mu = f\ (\text{营销活动}) \tag{5.27c}$$

真正复杂的问题是当购买率或者 P(存活)为营销活动的函数时,如何预测顾客个人水平的反应。然而,这个尝试是值得的,因此,它将使现在的假设其他条件不变的终身价值模型转变为潜在的更有解释能力的终身价值模型。

5.5 收入估算

计算顾客终身价值的下一个步骤是估计每个顾客每期带来的收入，可使用的估算方法有好几种。

5.5.1 收入恒定模型

计算所有时期的每个顾客的平均收入，然后使用此估算值作为每位顾客每期的收入值。这种方法非常容易，但很不成熟也可能是不现实的。在通常情况下，收入会随着时间的推移而增加。

5.5.2 趋势模型

可以算出从最初的获取阶段至购买终止阶段，顾客每期的收入变化趋势。我们可使用对顾客细分或聚类的办法。趋势模型可用来捕捉顾客收入随着时间变化的模式。趋势模型可使用一个恒定的增长率或增长曲线进行建模，其中增长曲线可渐近于一个特定值或其他形状，这取决于收入数据的模式。

5.5.3 因果模型

可以使用因果模型估计收入。在估计模型中，因变量是消费额的对数值(避免负面的预测)，自变量是可以预测消费额的前因变量，如价格及其他相关变量。在预测中，决策者或研究员可以使用前因变量中的历史值或模式作为自变量。因果模型存在的问题是，它们除了要拟合历史数据，还必须能预测未来的消费。为了克服这个问题，我们可以创建情境，以了解自变量的不同取值是如何影响消费水平的。然后由企业决定哪个情境最能刻画企业的行为。

5.5.4 购买率和购买量的随机模型

可以使用购买数量的概率分布来预测每个顾客的购买量，这个预测值是每个顾客的历史购买量与所有顾客均值的加权平均，权重分配取决于每个顾客的观测数量[见Columbo & Jiang(1999)以及第12章的相关阐述]。

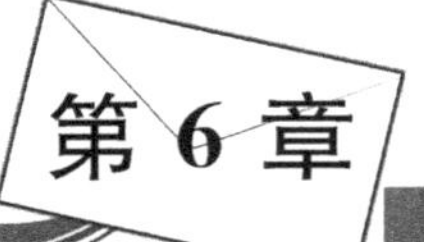

第6章 顾客终身价值的计算问题

摘要

本章将介绍计算 LTV 过程中易被忽视的细节问题，特别是适当的贴现率和成本。我们借鉴了标准的公司金融和资本资产定价模型(CAPM)来导出贴现率，并讨论了成本计算中作业成本法(ABC)的应用。我们认为，适合 LTV 计算的唯一成本是可变成本，即随顾客数量变化而变化的成本。本章最后将讨论如何在 LTV 计算中纳入顾客对营销活动的反应以及顾客的外部效应。

6.1 概　　述

本章讨论了 LTV 计算中的主要问题。这些问题很重要，但许多没有在市场营销文献中受到关注。具体来讲：6.2 节介绍了如何确定 LTV 计算中的贴现率；6.3 节讨论了顾客资产组合管理，并指出企业可以通过构建一名顾客组合来降低风险，但这会带来收益的降低，6.3 节同时也讨论了企业是否应该调整贴现率来适应与顾客个人或细分市场相关的风险；6.4 节对 LTV 计算中的相关成本进行了介绍，许多企业会在计算 LTV 时分配固定成本，但是我们建议，对大多数数据库营销决策(如向一组特定顾客进行邮寄营销)来说，LTV 计算应该仅使用可变成本；6.5 节讨论了如何将顾客对营销活动的反应纳入 LTV 的计算中。这在营销环境可能改变或企业期望通过 LTV 确定长期市场战略时特别有用；在本章的结尾，将对 LTV 计算中的顾客外部效应(如顾客推荐)进行简短讨论。

6.2 贴现率和时间期限

LTV 的基本公式是 $\mathrm{LTV}=\sum_{t=1}^{\infty}\frac{E(\widetilde{R}_t-C_t)}{(1+d)^{t-1}}$，其中 $\widetilde{R}_t$ 为 t 时期内的收入，C_t是 t 时期内的成本，d 是指贴现率。我们假设收入是一个随机变量而成本已知①，则贴现率就是一个关键参数。高的贴现率意味着未来利润流($\widetilde{R}_t-C_t$)现值的减少，许多企业通过限制 LTV 计算周期的长短来解决贴现率设置的问题。然而根据顾客保留率和收入流的大小，在截止期后产生的收入流可能很大。

我们将讨论确定 d 的两种方法——资本机会成本(6.2.1)和风险来源(6.2.2)，提供多种方法的目的是希望激发该领域的更多研究。

① 隐含假设是成本比收入更可预测。

6.2.1 资本机会成本

1. 基本概念

公司金融中的资本预算理论表明，评估项目的财务价值所用的贴现率等同于企业投资者的机会成本。此处的机会成本是指投资者从另一相似风险的投资上所获得的收益率。在计算 LTV 的过程中，我们将顾客视为投资或者"项目"，而贴现率等于投资者从相似风险投资中所获的收益率，也就是投资者的资本机会成本。

在此有三个关键概念：①LTV 中的贴现率与投资者在其他投资中所获收益率之间的关系；②投资者可以期望在那些与企业进行的顾客计划具有相似风险的项目中获得什么样的收益；③投资者的定义[①]。

收益率与贴现率有关系，因为它们都代表了资金的时间价值。如果投资者在投资中可以获得 10%的收益率，那么他会觉得现在收益 100 000 美元和将来收益 110 000 美元是一样的。假设投资者将来的 110 000 美元与现在的 100 000 美元相等[110 000/(1.10)]，则收益率(10%)与贴现乘数(1/1.10)是相对应的。假如投资者可以在另一个投资中获得 10%的收益率，那么如果对顾客投资每期贴现率是 10%，则对该顾客投资是不盈利的，那么投资者便不会对该顾客进行投资。因此，如果我们想通过 LTV 来决定一个营销活动是否实施，则在贴现率与投资者在其他投资中的收益率相等时，营销活动必须是有利可图的。

第二个关键概念也很重要——风险。投资具有不确定性，在 LTV 计算中也是如此，我们需要以投资者可以从那些与顾客管理计划有相似风险的项目中获得的收益率作为贴现率。例如，假设投资者在确定风险水平下的资本机会成本是 d，在 d 的条件下某顾客的 LTV 是正值，如果投资该顾客比其他收益率为 d 的项目更具风险，投资者则很可能不会对该顾客进行投资。本节将用很大一部分来阐述如何整合风险来计算资本机会成本(d)。

第三个概念是"投资者"的定义。对上市公司来说，投资者便是股东。管理者决定了是否对某顾客进行投资，管理者是股东的代表，因此实际上是股东在做决策。而对私人持股公司来说，投资者很可能就是向企业进行个人出资的企业所有者，其个人资金也可作为其他用途。

2. 资本机会成本的计算

在对这些概念进行说明后，首先便是整合风险后计算资本机会成本。Brealey 等人(2004)指出："公司投资的资本成本取决于金融市场的投资收益率。"[②]该理论是针对上市公司的。因此，在它的一般式中，资本成本代表了股东可以在金融市场中进行的收益和风险相同的可选投资，即加权平均资本成本(Weighted Average Cost of Capital，WACC)[③]：

---

① Hansen(2006)对与 LTV 模型相关的资本成本有过讨论，他的观点与本书不同，但对我们确定问题有所帮助。

② Brealey et al.，2004：40.

③ Brealey et al.，2004：325。该式没有根据税率进行调整。

$$WACC = \frac{D}{V}r_{debt} + \frac{E}{V}r_{equity} \tag{6.1}$$

其中：D＝公司债务总额；E＝公司权益总额；$V=D+E$；r_{debt}＝公司债务收益率；r_{equity}＝公司权益收益率。

计算 WACC 需要四个关键指标：D，E，r_{debt}和 r_{equity}。D 和 E 可以从公司的资产负债表中获得，r_{debt}是公司的边际贷款成本，通常容易计算。之所以使用边际贷款成本，是因为如果债务增加，债务成本则很可能增加，因为风险提高了。

r_{equity}的计算需要使用另一个模型，公式如下：

$$r_{equity} = r_f + \beta(r_m - r_f) \tag{6.2}$$

其中，r_f 为无风险利率；r_m 为市场收益率；r_f 通常是长期国债（10 年或 30 年期）的利率，长期国债的现行收益率通常是 4%～5%[①]；$r_m - r_f$ 是股票的风险溢价，目前在 4%～5%。

另一个未知量是 β 系数，它根据公司（或投资）的风险水平对风险溢价进行调整。一个市场投资组合（例如，包含标准普尔 500 指数或富时 100 指数中的所有股票的投资）的 β 系数是 1，可变性高于市场的公司的 β 系数大于 1，可变性小于市场时 β 系数小于 1。β 系数很重要，β 系数越高，市场对风险的补偿越高，资本的加权成本也就越高。

Brealey 等人（2004）列举了在 1997 年 5 月到 2002 年 4 月间关于 β 系数的例子[②]。例如，亚马逊公司的 β 系数是 3.3，辉瑞公司的 β 系数是 0.57，以下将使用这些例子在假定债务权益结构下，计算加权平均资本成本。假设辉瑞公司债务占比 20%，权益占比 80%，亚马逊公司债务占比 30%，权益占比 70%，同时假设辉瑞公司借款利率是 6%，而亚马逊公司债务风险更大因此借款利率为 7%，假设市场溢价（$r_m - r_f$）为 5%，无风险利率为 4%。

首先是用式(6.2)来计算，对辉瑞公司来说，$r_{equity}^{Pfrizer} = 0.04 + 0.57 \times 0.05 = 0.0685 = 6.85\%$，而亚马逊 $r_{equity}^{Amazon} = 0.04 + 3.3 \times 0.05 = 0.205 = 20.5\%$。由此看出，亚马逊的预期收益远高于辉瑞公司，因为亚马逊承担了更高的风险。以下可以分别计算 WACC。

辉瑞公司的加权平均资本成本 $WACC^{Pfrizer} = 0.2 \times 0.06 + 0.8 \times 0.0685 = 0.0688 = 6.88\%$，亚马逊为 $WACC^{Amazon} = 0.3 \times 0.07 + 0.7 \times 0.205 = 0.1645 = 16.45\%$。显而易见，亚马逊的资本成本远高于辉瑞公司，这从亚马逊投资的各类项目中可以看出来，这些项目能保证股东所期望的收益率。而辉瑞公司 WACC 要低得多，对收益率的要求相对较低，因此可以对更多有潜力的项目进行投资。根据 LTV，亚马逊的贴现率应是 16.45%，而辉瑞公司的贴现率仅是 6.88%，因此为了保证 LTV 值是正的，亚马逊需要从顾客处获得更高的收益率和保留率。

总的来说，在 WACC 计算中有两个关键因素：①β 系数，反映了企业的风险水平；②资本结构，即债务和权益的组合。

---

① www.Bloomberg.com.2007 年 3 月 9 日指出 10 年期国债券收益率是 4.59%。

② Brealey, et al.,2004：296. http://finance.yahoo.com/ 中对特定股票的 β 的描述，单击进入某股票的股票代码，并单击页面左边的“关键统计变量”。

现在的问题是加权资本成本对计算 LTV 来说是否合适，这取决于企业所实施的 LTV 计划是否在正常经营范围内，与常规投资在风险方面是否类似。如果答案是肯定的，并且投资者已对权益成本进行了恰当的假设，市场也通过 r_{equity} 和 r_{debt} 对风险进行了调整，那么 WACC 便是恰当的方法。否则，需要用具体项目资本成本来计算，这在下一部分讨论。

3. 项目加权平均资本成本(Project Weighted Average Cost of Capital)

如果企业所投资的项目与以往的投资相似，WACC 便可以作为贴现率。然而如果该项目计划与以往大不相同，则应该用项目 WACC，因为它的风险与市场所期望的风险不同。Brealey 等人(2004)指出：①

"项目资本成本取决于资金投放在哪个项目上，因此它取决于项目的风险而非企业的风险。假如企业对低风险项目进行投资，则需要根据相应的低资本成本来贴现现金流，而如果投资于高风险项目，便需要根据高资本成本来贴现现金流。"

项目的风险各不相同，然而只有风险水平大不相同的项目才需要计算具体项目资本成本。例如，假设 Capital One 正在决定是否对一个新的顾客细分市场进行投资，这些顾客与其典型信用卡的目标顾客相似，则该公司的 WACC 可作为贴现率。而如果 Capital One 决定在一段时间后拓展到次级贷款市场(信誉不佳的顾客)，显然与它的典型项目相比该项目的风险要高得多，Capital One 在此项目中应使用高于 WACC 的贴现率。

重要的是如何确定合适的具体项目贴现率。次级贷款顾客在经济衰退时期会更脆弱，因此 Capital One 在次级贷款市场项目中的收益的 β 系数较高，与 Capital One 通常的投资相比，次级贷款顾客带来的利润流更不稳定。而在较高的 β 系数下，公司必须使用更高的资本成本和贴现率。理解 β 系数的含义及计算过程可以帮助确定合适的 β 系数。

4. β 系数的计算和具体项目贴现率

β 系数可以用多种方法来计算，但是我们主要讨论它的定义：

$$\beta_i = \frac{\sigma_{im}}{\sigma_m^2} \tag{6.3}$$

其中，σ_{im} 为股票 i 的收益和市场收益的协方差；σ_m^2 为市场收益的方差，因此股票越接近市场走势，β 系数越高，而协方差为 0 时，β 系数为 0。一般分析师会获取单只股票的收益率和市场收益率，由此计算协方差和方差，进而计算 β。

假设企业发现顾客所带来的利润流与整体股票市场的利润流之间的相关系数为 0.5，根据年度利润表中所显示的正常波动，其不同顾客间的收益的标准差是 0.1，而对股票市场的分析显示其收益的标准差是 0.04。则 $\sigma_{im} = \rho_{im}\sigma_i\sigma_m$，$\beta_i = (0.5 \times 0.1 \times 0.04/0.04^2) = 1.25$。显然，以上计算的难点在于市场收益与顾客收益之间的联系。几乎没有市场营销文献阐述怎样进行这些分析，让我们来看一些实践中的例子。

对新项目来说，因为缺少现金流数据，确定 β 会更加困难。有些企业根据项目类型制定了通用准则，如风险性项目的资本成本要远高于标准项目。如更换设备等项目，其收益主要来源于节省的成本，这种收益是可以保证的(σ_i^2 很低)，因此可能有很低的贴现率。

---

① Brealey, et al., 2004: 309.

虽然 LTV 计算中的具体项目贴现率需要主观确定 WACC，这是它的劣势，但是其理论基础很强。理解 WACC 如何设定以及何时不适用的基本原理很重要，如果分析人员对风险水平不确定，他仍然可以使用公司的 WACC。

5. 计算具体顾客贴现率的实证研究

Wangenheim 和 Lentz(2004)将具体项目贴现率的观点应用到具体的顾客层面，认为每个顾客在某种意义上是一个不同的项目，拥有各自的 β。他们的应用与传统理论相比有所不同，即将每个顾客的收益与所有顾客相比较来计算 β，而不是与金融市场的收益相比较。将整体顾客的收益设为"C"，企业从顾客 a 处获得的收益为"a"，则计算如下：

$$\beta_a = \frac{\mathrm{Cov}_a c}{\sigma_C^2} \tag{6.4}$$

金融学者认为，以上公式应该使用所有有价证券市场来计算协方差，而不是使用企业的顾客群。因为在上市公司中，管理者代表的是投资者的利益，而这些投资者会投资于整体证券市场。即使在私人持股公司中，公司所有者通常也会对证券市场进行投资。

Wangenheim 和 Lentz(2004)，以及 Dhar 和 Glazer(2003)建议忽略无风险回报率，仅用 $\beta_a \cdot R_m$ 作为贴现率。也就是说，假设所有顾客的无风险回报率是 0，这违背了相关金融理论。因此从理论上讲，这种贴现率与 CAMP 之间的关系被削弱了。然而实际上，β 值高的顾客在计算 LTV 时有更高的贴现系数，这些 β 值反映了与整体顾客组合相比特定顾客的波动情况。

Wangenheim 和 Lentz(2004)计算了某欧洲航空公司顾客群中的每名顾客的 β_a，用营业收入作为收益的测量方法，并且将公司所有顾客所带来的收入作为市场收益。样本包括了 4 年期间的 26 776 名顾客。作者用每位顾客无购买行为的期数(NIP)来计算风险。本过程分为两个单独周期来计算，第一周期包括第 1 季度至第 8 季度，第二周期包括第 9 季度至第 16 季度。表 6.1 展示了本方法中的相关矩阵。

表 6.1 不同测量方式下风险之间的相关性(Wangenheim & Lentz，2004)

	β_1^a	β_2^b	NIP_1^a	NIP_2^b
β_1^a	1	—	—	—
β_2^b	0.087	1	—	—
NIP_1^a	−0.133	−0.157	1	—
NIP_2^c	−0.187	−0.067	0.613	1

a："1"和"2"表示数据所处周期；b：Wangenheim 和 Lentz 运用公式(6.4)计算所得；c：NIP 指无购买行为的期数。

结果显而易见：通过 β_a 所测量的顾客风险不稳定，在两个单独周期间几乎不相关，而另外，通过无购买行为期数这一特别且简单的方法测量的风险一直很稳定。也许有人怀疑 NIP 究竟是测量风险的方法还是仅仅是对购物频率的测量，但无论如何，β 的不稳定有些令人失望，也许是因为仅仅用了 8 个季度的观察值来估算 β，观察值并不充分所致，但这对 NIP 的稳定并没有造成影响。另一种方法是根据人口统计特征或其他变量将顾客细分为不同群体，之后在每个细分市场计算 β 并观察其稳定性，这样也许会有更高的相关性。无论如何，对β进行研究并作为测量具体顾客风险的方法是一种有趣但冒险的做法。

6.2.2 基于风险来源方法的贴现率

数据库营销计划的风险许多时候可以归结到某个具体组成部分上。例如，在决定是否实施一个顾客获取活动时，顾客获取率也许存在很大不确定性，但是长期顾客收入流会与历史风险水平相称。对于这种情况，一种方法是对生命周期价值组成中风险水平最高的部分(顾客获取率)使用高贴现率，而对长期收入则使用企业的常规 WACC。

现在来考虑以下情况，对一个顾客获取计划进行评估。该计划需要 2 500 000 美元的投资来邮寄 1 000 000 份邮件，其预期的反应率为 2%。一旦有顾客对该邮件做出反应，便具有某个特定的反应模式。所获得的顾客每年会带来 35 美元的净收益，且保留率为 90%。然而，企业仍觉得这是一个颇具风险的项目，因为顾客获取率是不确定的，因此企业计划使用 20%的贴现率，尽管它的常规贴现率为 10%。

假设以上 2 500 000 美元的顾客获取投资所发生的时间为 $t=0$，营业收入开始的时间为 $t=1$，则在 $t=1$ 时开始对收入进行贴现。在以上案例中，投资的净现值为①

$$\text{NPV}=N\alpha\text{LTV}-I=N\alpha m\left(\frac{1}{1+d-r}\right)-2\ 500\ 000 \tag{6.5a}$$

其中，N 为对顾客的邮寄数量；m 为每名顾客带来的利润；α 为反应率；r 为顾客保留率；I 为投资；d 为贴现率。在以上案例中，N 为 1 000 000，m 为 35 美元，α 为 0.02，r 为 0.9，I 为2 500 000 美元，d 为 0.2，代入式(6.5a)可以得出该项目净亏损为 167 667 美元。因此，运用常规 NPV 方法可知，企业不应该对该顾客获取计划进行投资。

然而，异常风险只会影响第一周期的收益情况。受这一具体风险来源的影响，需要对第一期收入确定合适的贴现率，并对之后的收入使用常规贴现率。通过要求管理者确定一个确定性等值，我们可以得出一个合适的第一期贴现率。这个确定性等值是指，管理者认为多少金额的钱与第一期预期收益等值，之后根据这个确定性等值，我们可以确定贴现率，并将该贴现率应用于第一期收益。对之后周期的收益则用企业的 WACC 来贴现，我们假设这个贴现率为 10%。该项目的 NPV 计算如下：

$$\text{NPV}=\frac{Npm}{1+d_1}+\frac{Npmr}{(1+d_2)(1+d_2-r)}-I \tag{6.5b}$$

公式的第一部分表示了第一期收益，用 d_1 对其贴现。第二部分表示了从第二期开始的将来收益的贴现价值，用 d_2 来表示贴现，即企业的 WACC(10%)。将参数代入可得 $Npm=1\ 000\ 000\times0.02\times35=700\ 000$(美元)。之后询问管理者“在 2%的反应率不确定的情况下，你认为多少金额的钱与第一期预期收益 700 000 美元等值?”管理者回答：

$$550\ 000=\frac{700\ 000}{1+d_1} \tag{6.5c}$$

也就是告诉我们：

$$d_1=27.3\%$$

---

① 将 LTV 写为 $\text{LTV}=m/(1+d-r)$，而不是我们在 LTV 的简单保留模型中经常使用的公式 $m(1+d)/(1+d-r)$，其差别是因为我们在此假设从第一期开始贴现。

现在可以将 $d_1=27.3\%$代入式(6.5b)中，并且使用 $d_2=0.10$，则 NPV 为 606 818 美元，此时该项目是盈利的。如果在整个计算中都使用 20% 的贴现率，会对生命周期价值过度削弱，使投资显得无利可图，而当对计算中真正不确定的部分(第一期收益)使用高贴现率时，结果则显示该项目是盈利的。

当项目具有异常风险性时，"风险来源"是一个有用的方法。该方法有两个优点：①它要求管理者去全面考虑为什么该项目具有异常风险性；②它计算出一个更真实的净现值，对项目中真正具有风险的部分使用高贴现率，而对正常风险的部分则使用较低的贴现率。正如以上案例所示，技术可以改变决策，这依赖于管理者确定的确定性等值，这在以上例子中并不太困难，而在其他情况下则可能比较困难。虽然如此，当一个项目或顾客的终身价值因为某个原因而具有异常风险时，基于风险来源的贴现方法是值得考虑的。

6.3 顾客投资组合管理

金融理论中有应对风险的方法，其中 CAPM 模型适用于贴现率 d 的确定，这已在 6.2 节中讨论过，现代投资组合理论(Sharp，2000)适用于对不同风险(方差)以及不同预期收益(均值)的顾客的管理。营销人员在投资组合理论的应用方面仅做了一些比较初步的研究，这在本节中将进行讨论。现代投资组合理论所关注的是，企业的总投资在多种可投资机会中应该怎样分配比例，这些具体的比例构成了投资组合。

假设有两项投资 A 和 B，每项投资都有相应的预期收益，表示为 μ_A 和 μ_B，收益的标准差分别为 σ_A 和 σ_B，A 与 B 收益的相关系数为 ρ_{AB}，用 ω_i 表示投资 i 所占总投资的百分比($i=A,B$；$\sum_i \omega_i = 1$)，则对任何一组 ω，期望收益和收益方差分别为

$$E[\text{收益}] = \mu_p = \omega_A\mu_A + \omega_B\mu_B \tag{6.6}$$

$$\text{Variance}[\text{收益}] = \sigma_p^2 = \omega_A^2\sigma_A^2 + \omega_B^2\sigma_B^2 + 2\omega_A\omega_B\sigma_A\sigma_B\rho_{AB} \tag{6.7}$$

其中下标 p 表示投资组合，给定具体的一组 ω 就构成一个投资组合，运用式(6.6)和式(6.7)可以算出该投资组合的具体期望收益和风险(用方差衡量)。

为了解释企业为什么应该投资一个组合而不是一个单独证券，我们假设有两只股票，具有相同的年收益率 10%，每只股票收益的标准差是 2%，二者收益的相关系数是 0.5。现在有两个决策，购买 100 股其中一只股票或是每只股票分别购买 50 股。如果购买了 100 股的一只股票，则期望收益为 10%(1×10%)，方差为 $1^2\times2^2=4$；如果每只股票购买了 50 股，则期望收益仍是 0.5×10%+0.5×10%，但方差成为 $0.5^2\times2^2+0.5^2\times2^2+2\times0.5\times0.5\times2\times2\times0.5=3$。这证明了一个重要原理——两个证券之间的相关性越低，投资组合的优势就越大。因为在相同的收益率下，投资组合的风险更低。而如果两个证券之间的相关系数为 1，则购买两只股票组合没有获得分散后的优势。

顾客管理也可以应用相同的原理。如果能够建立两个顾客细分市场的投资组合，则与仅向一个顾客细分市场进行营销活动相比，可能会有相同的收益率和较低的风险。

顾客投资组合的含义是什么？它与证券投资组合的概念相同，但是决定顾客收益率之间关系的因素可能是经济因素(如收入水平)或生活方式的不同。

假设某企业面对两个潜在的目标细分市场，即高收入顾客和低收入顾客，企业需要决定是投资两个细分市场还是仅投资一个。假设该企业从高收入潜在顾客中每年获取了100 000个信用卡顾客，这些顾客的预期年收益率是10%，标准差是2%。[①] 低收入顾客的预期收益率较高，为20%，因为他们支付了更高的信用卡利率，但是因为风险较高所以其标准差为10%。在某些时候，因为较高的违约率，低收入顾客所带来的收益率是负值。[②]

两个细分市场之间收益率的差异源于两个因素：它们的借款额(称为“循环贷款”)以及还款程度(“偿付”风险)，该企业发现两个群体的收益之间的相关系数是0.75。

企业构建了三个市场组合，第一个包括10%的低收入顾客和90%的高收入顾客，第二个包括30%的低收入顾客和70%的高收入顾客，第三个则各包括50%。运用式(6.6)和式(6.7)计算每个组合的预期收益和方差，计算结果如表6.2所示。

表6.2 可选顾客投资组合

	数据		
	细分市场1(高收入)		细分市场2(低收入)
平均收益/%	10		20
标准差/%	2		10
相关系数	0.75		
	可选投资组合		
	组合1	组合2	组合3
细分市场1占比	0.9	0.7	0.5
细分市场2占比	0.1	0.3	0.5
预期组合收益/%	11.00	13.00	15.00
标准差/%	2.06	3.31	5.10

组合1的预期收益率是11%，标准差是2.06%；组合2的预期收益率是13%，标准差是3.31%；组合3的预期收益率是15%，标准差是5.01%。该企业觉得组合1远优于仅以高收入顾客为目标市场的现行战略(收益率为10%，标准差为2%)，因为风险上微小的增加(0.05%)，便可以将收益率从10%提高到11%。然而，组合2和组合3的风险超过了企业的可接受范围。

顾客投资组合的概念显然有很多优势。企业必须确定的关键性输入信息是相对收益率、收益的波动及收益的相关系数。如果企业可以充分估计这些因素，便可以构建不同顾客细分市场的投资组合。

---

① 本案例中设定的是预期年收益率，以尽可能地符合金融理论。然而也可以设定每个细分市场的LTV，这样我们就可以使用具体细分市场的贴现率。

② 例如，来自低收入家庭的房主面临处罚以及更严格的信用条件，导致“次级”市场中的违约问题(Simon，2007)。

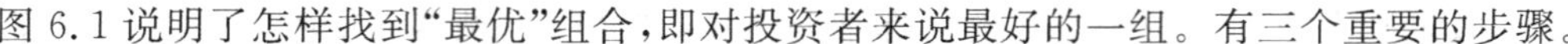

图 6.1 说明了怎样找到“最优”组合，即对投资者来说最好的一组。有三个重要的步骤。

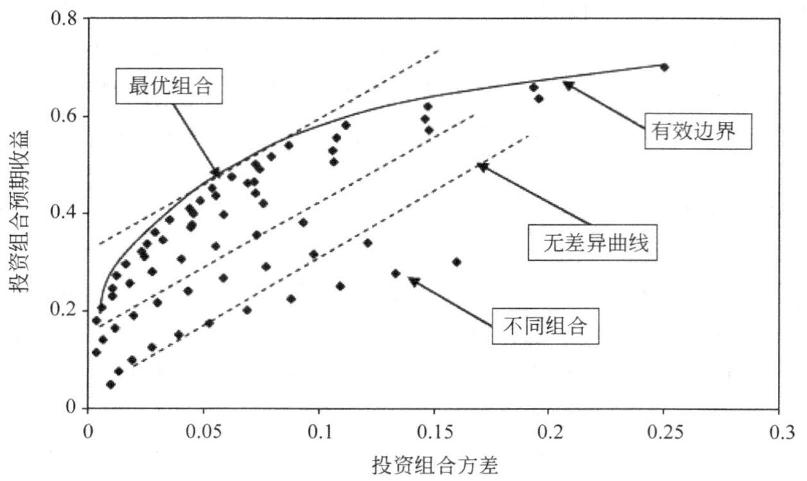

图 6.1　现代投资组合理论在管理顾客投资组合假设中的应用

假设 3 个顾客细分市场(A,B,C)：$\mu_A=0.30(30\%)$；$\mu_B=0.05$；$\mu_C=0.70$；$\sigma_A=0.4$；$\sigma_B=0.1$；$\sigma_C=0.5$；$\mathrm{Cov}_{AB}=0.02$；$\mathrm{Cov}_{AC}=-0.06$；$\mathrm{Cov}_{BC}=-0.04$。

(1) 考虑所有可能的，对可能的投资组合进行计算并画图(注意：图 6.1 由假设的三个投资组合所构成，相关参数在图的注释中)。

(2) 确定投资组合的“有效边界”。它由一系列投资组合组成，对于这些组合我们并不能通过改变 ω 来同时提高预期收益和风险。图 6.1 显示有限边界是一个上包络，在上包络之内的任意组合都不是有效的，因为这些组合可以在相同风险下提高收益或是在相同收益下降低风险。

(3) 将投资者的“无差异曲线”放在图中，并找出与有效边界相切的最高的无差异曲线，切点处的组合就是最优组合。图 6.1 中的无差异曲线的效用函数为 $U=b\times$ 预期收益 $-c\times$ 方差，即无差异曲线表示预期收益 $=U/b+(c/b)\times$ 方差。对投资者来说，任何满足该等式要求的预期收益和方差的组合是相同的，因为它们产生的效用都是 U。如果想提高 U，无差异曲线就会更高，因此图 6.1 切点处的组合可以产生最高的效用。①

以上所述的步骤可以用于确定具有不同风险和收益特征的顾客各需要多少，才能达到企业的目标，即创造出在可接受风险条件下产生高收益的顾客投资组合。风险和收益之间的权衡将用效用函数来体现，而 ω 则代表了每类顾客的比例。

总而言之，顾客细分市场组合的概念很重要。许多企业虽然也使用了相似的理念，但只是凭直觉去做而非有系统地实施。在金融学中，一个重大突破是在有效边界上选择证券投资组合，而数据库营销人员应用相同概念的机会出现了。数据库营销中关注于顾客投资组合管理的研究很少，但这是一个有前景的研究领域。

---

① Sharpe(2000，第 1 部分，第 4 章)展示了在数学规划中如何将有效边界的确定公式化，以及如何选择最优组合。

6.4 成本核算问题

不管是在LTV中还是在任何顾客价值的相关成本计算中，成本量化都是一个严峻的挑战。Seppanen 和 Lyly Yrjanainen(2002)将产品成本和顾客成本区分开来，其中产品成本是指生产产品的成本，顾客成本是指由顾客带来的营销和服务成本。顾客成本与LTV计算有关，我们在本节将对相关的研究进行回顾。

6.4.1 作业成本法(ABC)

每个顾客的营销活动、顾客的订单和售后服务要求都是不同的，因此顾客的成本具有显著差异。难题是如何以每个顾客为基础量化成本。而 Searcy(2004)建议用作业成本法(ABC)作为量化成本的方法。ABC试图将诸如下订单等顾客活动与执行活动的成本联系起来(Kaplan & Cooper,1998),Searcy 建议用5个步骤来进行ABC分析。

(1) 列出与顾客相关的"活动"(如履行订单)。

(2) 确定组织在每项活动上总计花费多少。

(3) 确定组织的产品、服务和顾客。

(4) 选择每项活动的"动因"。动因是指引发活动的顾客行为(如下订单)。

(5) 计算每项活动的成本，例如，履行订单的成本。

表6.3展示了一家假定的目录营销公司实行作业成本法的例子。公司确定了5个与顾客相关的活动：产品目录邮寄、完成网上订单、完成电话订单、数据维护和售后支持，之后列出了执行这些活动时产生的直接成本——薪酬、印刷、运输、硬件或软件成本，并列出了这些成本的动因。例如，目录邮寄成本在邮寄目录时产生，而公司在当年邮寄了1 000 000份目录，网上订单的数量引发了完成网上订单的活动。下一步，公司尽可能用成本动因将这些成本分配到每项活动上。例如，企业在当年的薪酬花费为2 825 000美元，其中完成电话订单上分配的薪酬为1 875 000美元，这是由如下数据计算的：话务员的薪酬成本为22.50美元/小时，平均每个订单的时间为10分钟，共500 000份订单，则共计1 875 000美元。其他如印刷和运输成本的分配也可以准确计算。但是还有一些成本不容易科学计算，例如，与完成网上订单相关的薪酬。

表6.3 某假定产品目录营销公司的作业成本法核算案例

单位：美元

费用	活动						
	目录邮寄	完成网上订单	完成电话订单	数据维护	售后	间接成本	总计
薪酬	100 000	50 000	1 875 000	200 000	500 000	100 000	2 825 000
印刷	500 000	—	—	—	—	50 000	550 000
运输	400 000	100 000	500 000	—	—	50 000	1 050 000
硬件/软件	—	50 000	—	200 000	—	1 000 000	1 250 000

续表

费用	活动						
	目录邮寄	完成网上订单	完成电话订单	数据维护	售后	间接成本	总计
总计	1 000 000	200 000	2 375 000	400 000	500 000	1 200 000	5 675 000
间接成本分配	268 156	53 631	636 872	107 263	134 078	1 200 000	
动因	邮寄目录	网上订单	电话订单	总订单	售后服务		
数量/份	1 000 000	100 000	500 000	600 000	50 000		
每项活动成本/单位	1.27	2.54	6.02	0.85	12.68		

那些不能直接分配给每项活动的顾客相关成本被归类为间接成本。例如，硬件或软件的间接成本是 1 000 000 美元，与顾客相关但是不能归为任何活动的薪酬成本为 100 000 美元。将间接成本按照每项活动直接成本占总直接成本的比例分配给每项活动。间接成本的分配是有争议的，这将在后面进行讨论。

最后也是重要的一步是计算每项活动的成本。最昂贵的活动是售后支持，因为它针对每个顾客的个人服务时间长达 30 分钟。需要注意的是，完成一个网上订单比完成一个电话订单成本要低得多，这是由于必须向完成电话订单的活动支付薪酬，而网上订单几乎不需要薪酬支付。

表 6.4 展示了用 ABC 作业成本法评估三个顾客的盈利能力的应用案例。顾客 A 只下了 4 个订单，但是这些订单都在网上进行，因此成本不高，这个顾客也只有一个售后服务需求，此顾客带来的利润是 58.91 美元。顾客 B 的订单是顾客 A 的两倍，但利润性较低，这是因为其订单都是电话订单，而且该顾客需要更多的售后支持。管理人员也许更希望顾客 B 像顾客 C 那样，顾客 C 也下了 8 个订单，但是这些订单都在网上进行，且只要求了两次售后服务，此顾客带来的利润是顾客 B 的两倍多(101.84 美元与 42.88 美元相比)。

表 6.4　作业成本法基础上的顾客盈利性

单位：美元

	邮寄目录	网上订单	电话订单	总订单	售后服务
顾客 A					
动因(个)	12	4	0	4	1
成本	15.22	10.15	0.00	3.38	12.68
收入	200.00	(4 个订单×50 美元/订单)			
销货成本(COGS)	100.00	(收入×0.50)			
顾客成本	41.43				
利润总额	58.57				
顾客 B					
动因(个)	35	2	6	8	5

续表

	邮寄目录	网上订单	电话订单	总订单	售后服务
成本	44.39	5.07	36.14	6.76	63.41
收入	400.00	(8 个订单×50 美元/订单)			
销货成本(COGS)	200.00	(收入×0.50)			
顾客成本	155.77				
利润总额	44.23				
顾客 C					
动因/个	35	8	0	8	2
成本	44.39	20.29	0.00	6.76	25.36
收入	400.00	(8 个订单×50 美元/订单)			
销货成本(COGS)	200.00	(收入×0.50)			
顾客成本	96.80				
利润总额	103.20				

表 6.4 说明了 ABC 方法的价值,此分析也揭示出重要的市场营销问题。例如,如果顾客 B 可以转移到网上来下订单并且被鼓励使用网络来进行售后服务,那么显然能够具有更高的盈利性,这从成本角度看是有意义的。然而,如果不对顾客进行人员接触,从长远来看就会削弱其对企业的忠诚(Ansari et al.,2008)。无论如何,这种分析都是有价值的,因为它明确了潜在的可节约的成本,强调了顾客之间的差异,并提出了降低成本会对顾客带来什么影响这样更广泛的问题。

6.4.2 可变成本和分配固定间接成本

在作业成本法以及用于 LTV 分析的所有成本核算法中,一个重要的问题是固定间接成本的分配。在此有两个思想流派——全部成本法和边际成本法。全部成本法认为所有固定成本都应该进行分配,表 6.4 显示的“间接成本”是很明显的,但它的分配有些随意,例如,为什么将这么多硬件/软件成本分配给完成电话订单?这是因为每项活动的分配额是与该活动的成本成比例所造成的。然而,这也许会使完成电话订单的成本增加,使电话顾客看起来更昂贵且盈利较低,同时促使公司将顾客转移到网络上,而这可能损害顾客忠诚。

间接成本分配会使顾客承受巨额成本,从而造成负的终身价值。假设某电信公司刚刚对基础设施进行了巨额投资,如果这些成本被分配给每个顾客,很多顾客 LTV 很容易转为负值,尽管这些顾客对利润做出了贡献,而如果放弃他们则会降低利润。

另一个方法是边际(可变)成本法,即向顾客分配的成本应该随顾客数量而改变,并且直接由于对顾客的服务或营销而发生。“边际成本法”的目标是确定每个顾客对固定间接成本和利润的贡献。如果向顾客随意分配间接成本就会隐藏顾客的真实价值,可能促使企业放弃某些顾客而降低了企业利润，或者放弃获取某些顾客而失去提高利润的机会。

为了理解为何固定间接成本不应该计入LTV，在此假设某公司有100 000名顾客，平均每名顾客每年花费150美元，毛利率为40%。企业的固定间接成本为3 000 000美元，其中包括办公设施、高层管理者报酬和其他固定成本。每个顾客的可变成本(如目录邮寄)为10美元。表6.5提供了该案例的损益表，在不包含间接成本分配时顾客的盈利能力是50美元，而包含间接成本时盈利为20美元。

表6.5 顾客获取之前的企业利润

现有顾客数量/名	100 000
每名顾客每年的销售额/美元	150
毛利率/%	40
间接管理成本/美元	3 000 000
每名顾客的可变成本/美元	10
每名顾客的间接成本/美元	30
销售额/美元	15 000 000
总利润/美元	6 000 000
可变顾客成本/美元	1 000 000
间接成本前利润/美元	5 000 000
间接管理成本/美元	3 000 000
间接成本后净利润/美元	2 000 000
每名顾客的盈利能力(不包含间接成本)/美元	50
每名顾客的盈利能力(包含间接成本)/美元	20

假设公司考虑增加10 000名新顾客，我们假定间接成本是固定的，它不会因10 000名新顾客的增加而提高，现在我们可以在新加入顾客的情况下构建一个损益表，如表6.6所示。我们看到利润提高了500 000美元，即平均每名顾客50美元，因此新顾客的价值是平均每名顾客50美元，而不是20美元。

表6.6 获取10 000名顾客后的企业利润

现有顾客数量/名	100 000
获取顾客数量/名	10 000
每名顾客每年的销售额/美元	150
毛利率/%	40
间接管理成本/美元	3 000 000
每名顾客的可变成本/美元	10

续表

每名顾客的间接成本/美元	30
销售额/美元	16 500 000
总利润/美元	6 600 000
可变顾客成本/美元	1 100 000
间接成本前利润/美元	5 500 000
间接管理成本/美元	3 000 000
间接成本后净利润/美元	2 500 000
净利润增长(较于表 6.5)/美元	500 000
每位获取顾客的增加价值/美元	50

可能有人认为企业必须分配间接成本,因为这些成本必须被“覆盖”。确实,对持续经营的企业来说,它必须覆盖间接成本,但这与是否增加新顾客等经营决策是无关的,企业可以通过增加对边际利润有贡献的顾客数来提高利润。如果企业将固定间接成本加入顾客价值的计算,则导致在增加新顾客方面投资不足,从而无法最大化利润。

许多人将“间接成本”与“固定”联系起来,但是间接成本很有可能随着顾客数量的增加而改变,这便是可变成本。我们可以用公式对这些成本进行核算,以便获知这些成本如何随着顾客数量改变而改变。假设这个公式为 $OH(N)=2\,500\,000+5N$,其中 N 表示顾客数量,$OH(N)$是指与 N 个顾客相关联的间接成本。继续以上案例,则 $N=100\,000$,$OH(100\,000)=2\,500\,000+5N=3\,000\,000$(美元)。当企业增加 10 000 顾客时,间接成本增加 50 000 美元。特别指出的是,增加一个新顾客的边际间接成本是 5 美元,即 N 前面的系数,这个成本应该从新顾客的盈利中减去,则在本案例中利润增加将降至 45 美元。

企业如何确定以上公式中的系数?一个方法是进行回归,其中顾客数量是自变量,企业的间接成本费用是因变量。根据通货膨胀对变量进行调整是很重要的,否则顾客数量(通常会增加)与成本(通常也会增加)之间将是伪相关。

另一个重要的概念是“半可变成本”。半可变成本随着顾客数量的变化按照一个阶梯函数改变,成本成为顾客数量的非线性函数,这使得 LTV 的计算更为复杂。

为了理解半可变成本,我们首先假设某公司有 1 000 000 名顾客,平均每年对每名顾客的销售额为 50 美元,可变成本为 35 美元,则利润为 15 美元。公司所承担的固定成本为每年 2 000 000 美元,其中包括顾客呼叫中心的成本。顾客平均每年的保留率为 85%,每个新顾客的获取成本是 50 美元。公司使用的贴现率为 15%。在这些假设和简单的终身价值模型的基础上,LTV 为 57.50 美元。[①]

假设从现在这个状况开始,下一步增加的 200 000 名顾客需要公司新建一个大楼,所发生的一次成本为 500 000 美元,再增加的 200 000 名顾客导致成本增加 300 000 美元,

---

① 本案例的 LTV 计算公式为 $LTV=\frac{m}{1-k}$,其中,$k=r/(1+d)$,m 表示利润;r 表示顾客保留率;d 指贴现率。

在这之后每增加 200 000 名顾客增加的成本为 150 000 美元。由此可以做出一个阶梯函数，我们将它们称为半可变成本。一般来说，顾客呼叫中心的成本是顾客数量的非线性函数，而问题是“它是如何影响 LTV 计算中的成本的？”

答案取决于需要做的决策。假设决策是：公司是否应该增加 200 000 名新顾客。从最简单的情况开始，我们先假设 500 000 美元是一项一次性成本，那么这项决策的计算便非常简单明确。我们知道每个顾客的获取成本是 50 美元，之前计算的 LTV 是 57.50 美元，该决策是应该增加 200 000 名新顾客，同时有 500 000 美元的一次性增量成本。则增加的顾客带来的利润为 200 000×(57.50－50)－500 000＝1 000 000(美元)。在本案例中，半可变成本是一项一次性成本，因此在决定是否增加新顾客时应将该成本从净利润中减去。表 6.7 展示了该公司当年的利润表和 LTV 中的净收益。注意其中因为对顾客获取的投资，当年利润减少了，但是从长远来看，利润增加了 1 000 000 美元。

表 6.7 半可变成本的处理：一次性支出

	本年度基准	本年度计划
固定成本/美元	2 000 000	2 000 000
半可变成本/美元	0	500 000
顾客数量/名	1 000 000	1 200 000
每名顾客销售额/美元	50	50
每名顾客可变成本/美元	35	35
每名顾客总利润/美元	15	15
每名顾客获取成本/美元	50	50
总获取成本/美元	0	10 000 000
销售总额/美元	50 000 000	60 000 000
总可变成本/美元	35 000 000	42 000 000
总利润/美元	15 000 000	18 000 000
扣除固定和半可变成本后利润/美元	13 000 000	15 500 000
获取成本后利润/美元	13 000 000	5 500 000
每名顾客总利润贡献/美元	15	15
保留率	0.85	0.85
贴现率	0.15	0.15
LTV 乘数	3.83	3.83
顾客 LTV/美元	57.50	57.50
顾客总 LTV/美元	57 500 000	69 000 000
表述问题扣除固定成本、半可变成本、获取成本后顾客总 LTV/美元	55 500 000	56 500 000
总 LTV 净变化/美元		1 000 000

在第二个例子中，除了增加一个大楼之外，我们的其他假设与之前相同。公司意识到如果增加 200 000 名顾客，就要增加主管和管理层，因此每年都会增加 500 000 美元成本，则公司的增量成本（现在的可变成本之外的）为每名新顾客 2.50 美元（500 000/200 000）。公司该如何计算 LTV？

将终身价值看作与顾客带来的增量收益和成本，则解决方法也是简单明确的。对 200 000 名新顾客来说，我们在可变成本上增加 2.50 美元，则每名新顾客的总可变成本现在为 35.00＋2.50＝37.50（美元），则每名顾客的利润贡献现在为 12.50 美元。LTV 现在为 47.92 美元而不是 57.50 美元，顾客获取的净损益为 200 000×（47.92－50）＝－416 667（美元）（见表 6.8），那么现在增加 200 000 名新顾客是不盈利的。

表 6.8　半可变成本的处理：年度支出

	本年度基准	本年度计划
固定成本/美元	2 000 000	2 000 000
半可变成本/美元	0	500 000
顾客数量/名	1 000 000	1 200 000
每名顾客销售额/美元	50	50
每名现有顾客可变成本/美元	35	35
每名获取顾客可变成本/美元	—	37.5
每名现有顾客总利润/美元	15	15
每名获取顾客总利润/美元	—	12.5
每名顾客获取成本/美元	50	50
总获取成本/美元	0	10 000 000
销售总额/美元	50 000 000	60 000 000
总可变成本/美元	35 000 000	42 500 000
总利润/美元	15 000 000	17 500 000
扣除固定和半可变成本后利润/美元	13 000 000	15 500 000
获取成本后利润/美元	13 000 000	5 500 000
每名现有顾客总利润贡献/美元	15	15
每名获取顾客总利润贡献/美元	—	12.5
保留率	0.85	0.85
贴现率	0.15	0.15
LTV 乘数	3.83	3.83
现有顾客 LTV/美元	57.50	57.50
获取顾客 LTV/美元	—	47.92
现有顾客总 LTV/美元	57 500 000	57 500 000
获取顾客总 LTV/美元	—	9 583 333
扣除固定成本、半可变成本、获取成本后顾客总 LTV/美元	55 500 000	55 083 333
总 LTV 净变化/美元	—	－416 667

这个问题的棘手处在于，我们假设每名新顾客的可变成本为 37.50 美元，与现有顾客的 35.00 美元不同，尽管事实上新顾客与现有顾客相比使用呼叫中心不多也不少，然而，这涉及以下问题：①将半可变成本的处理与进行的决策联系起来；②将 LTV 看作顾客产生的增量成本和收益。现在需要决定是否增加 200 000 名顾客，而这些顾客使我们的呼叫中心每年增加 500 000 的花费。

如果我们将 500 000 美元在获取 200 000 名顾客后所拥有的 1 200 000 名顾客中摊销，则每名顾客仅为 0.42 美元，结果每名顾客的利润贡献为 14.58 美元，新顾客的 LTV 为 55.89 美元，计算利润可得 200 000×(55.89－50)＝1 178 000(美元)，而表 6.8 却显示最终结果为利润降低。

对本案例来说，关键之处在于成本是非线性的，在上述情况中为阶梯函数。成本也可能是顾客数量的凹函数或凸函数，成本函数的形状很关键。而关于 LTV 的大多数文章假设了恒定可变成本函数，即每名顾客的可变成本不随顾客数量发生改变。

我们最后的例子将讨论一个不同的决策。假设在增加了 200 000 名新顾客后，该公司想要计算 LTV。然而我们将稍微改变决策的参数，以使新增顾客具有盈利性。除此之外，其他假设与之前相同。因为需要主管和管理人员来管理新增顾客，所以在此我们假设 200 000 名新顾客的增量成本为每名顾客 0.50 美元(而不是 2.50 美元)，所以每名顾客的利润贡献现在为 14.50 美元，此顾客细分市场的 LTV 是 55.58 美元。表 6.9 显示了此次顾客获取活动是盈利的。

表 6.9 半可变成本的处理：较低的年度支出

	本年度基准	本年度计划
固定成本/美元	2 000 000	2 000 000
半可变成本/美元	0	100 000
顾客数量/名	1 000 000	1 200 000
每名顾客销售额/美元	50	50
每名现有顾客可变成本/美元	35	35
每名获取顾客可变成本/美元	—	35.5
每名现有顾客总利润/美元	15	15
每名获取顾客总利润/美元	—	14.5
每名顾客获取成本/美元	50	50
总获取成本/美元	0	10 000 000
销售总额/美元	50 000 000	60 000 000
总可变成本/美元	35 000 000	42 100 000
总利润/美元	15 000 000	17 900 000
扣除固定和半可变成本后利润/美元	13 000 000	15 900 000
获取成本后利润/美元	13 000 000	5 900 000

续表

	本年度基准	本年度计划
每名现有顾客总利润贡献/美元	15	15
每名获取顾客总利润贡献/美元	—	14.5
保留率	0.85	0.85
贴现率	0.15	0.15
LTV 乘数	3.83	3.83
现有顾客 LTV/美元	57.50	57.50
获取顾客 LTV/美元	—	55.58
现有顾客总 LTV/美元	57 500 000	57 500 000
获取顾客总 LTV/美元	—	11 116 667
固定成本、半可变成本、获取成本后顾客总 LTV/美元	55 500 000	56 616 667
LTV 净变量/美元	—	1 116 667
顾客获取后每名顾客可变成本/美元	—	35.08
顾客获取后每名顾客总利润贡献/美元	—	14.92
顾客获取后每名顾客 LTV/美元	—	57.18
顾客获取后现有顾客总 LTV/美元	—	68 616 667
顾客获取后总顾客总 LTV/美元	—	56 616 667

现在假设已经获取了 200 000 名顾客，该公司想要计算 LTV，以实现预期目标，例如以特定顾客为目标市场来进行忠诚计划。如果我们知道某个顾客对每种资源需要多少，则可以用 ABC 成本核算法来计算具体顾客的可变成本。如果不知道资源使用水平，我们应该仅仅使用每名顾客平均可变成本。总可变成本为 42 100 000(35×1 200 000＋100 000)美元，每名顾客为 35.083(42 000 000/1 200 000)美元。因此，在整体顾客群中每名顾客的利润贡献为 14.927(50－35.083)美元，每名顾客 LTV 平均为 57.18 美元。

总之，一个 LTV 计算中所使用的成本可能是计算过程中最困难的部分。其中最有挑战性的难题是，是否包括固定成本还是只使用可变(边际)成本。研究人员中既有提倡使用全部成本法的(如 Searcy，2004；Foster et al.，1996：11)，也有提倡使用边际成本法的(Mulhern，1999：29；Gurau & Ranchhod，2002)。我们的建议是将成本计量与所做的决策联系起来，且 LTV 是增量收益和成本的净现值。如果决策是增加顾客，他们的 LTV 应该使用企业的增量成本来计算。营销人员很可能遗漏这些计算要素，但就像以上讨论所说的，这些要素在实际应用中是至关重要的。

6.5 对营销活动的反应

到目前为止，我们回顾的 LTV 模型没有考虑顾客对营销活动如何反应这一问题。这些模型将终身价值看作一个其他条件不变的计算：假定环境保持不变，顾客的价值是什么？这些计算虽然也是有效的，但是在 LTV 计算中加入对营销活动的反应会更有价值(Berger et al.，2002；Calciu & Salerno，2002)，其原因至少包括以下两方面。

- 营销活动实际上会改变，因此在计算中假设营销活动不变是不正确的。
- 将顾客对营销活动的反应纳入 LTV 计算使企业能够检验提升顾客价值的相关政策的作用。

需要注意的是，LTV 本质上是对未来顾客价值的预测，并将其贴现到当前。因此，如果纳入对营销活动的反应需要企业预测未来的营销活动，而这是很难预测的，因此将对营销活动的反应纳入计算中可能会降低 LTV 的准确度。

在最早将营销支出与顾客价值联系起来的研究中，Rust 等人(1995)对下述过程进行了建模：

市场营销支出 → 目标质量 → 感知质量 → 顾客保留 → 市场份额 → 利润

作者没有在顾客个人层面上测量 LTV，而是在汇总层面上计算市场份额和利润。其市场份额和利润模型为

$$MS_t = \frac{rMS_{t-1}N_{t-1} + (1-r'-c)(1-MS_{t-1})N_{t-1} + A(cN_{t-1} + N_t - N_{t-1})}{N_t} \tag{6.8a}$$

$$\text{Pro}fit_t = Y \cdot MS_t \cdot N_t - X_t \tag{6.8b}$$

其中，r 为保留率；MS_t 为在 t 期的市场份额；N_t 为 t 期市场中的顾客数量，即市场规模；r' 为竞争者的保留率；c 为顾客离开此市场的比率；A 为选择此品牌的新顾客的百分比，即获取率；Y 为利润率；X_t 为在 t 期的质量改进支出。

为了完成此模型，作者假设保留率 r 是感知质量的函数，感知质量是客观质量的函数，客观质量又是营销费用的函数，因此本质上：

$$r = f(X_t) \tag{6.9}$$

除了式(6.9)显示的营销支出与保留率的明确关系外，作者在式(6.8a)中包含了从竞争者转向该企业的顾客数，也包含了获取的新顾客，这些新顾客或在前期离开了该市场(cN_{t-1})，或在本期进入该市场($N_t - N_{t-1}$)。需要注意的是，作者关注了市场营销对保留率的影响，而没有关注对获取率或离开市场的顾客的百分比的影响，而这将是该模型的一个扩展方向。

当然难题是对式(6.8a)的估计。作者建议使用市场测试，并讨论了它的应用方法，我们将在第 7 章对此进行回顾。同时作者对利润流的净现值计算如下：

$$\text{NPV} = \sum_{k=1}^{P} \frac{Y \cdot MS_{t+k}(1+G)^k N_t - X_{t+k}}{(1+\sigma)^{k-1}} \tag{6.10}$$

其中，G 为市场中顾客总量的年增长率；δ 为年贴现系数；NPV 为 LTV 在汇总层面的模拟。

Blattberg 等人(2001)以及 Blattberg 和 Thomas(2000)提出了一个“顾客资产”模型，对获取率、保留率和未来“追加销售”建模，将这些变量作为市场营销活动的函数。他们的顾

客资产模型是在顾客细分市场的层次上建模的，如下所示。

$$CE_t = \sum_{i=1}^{I} \left[N_{it}\alpha_{it}(S_{it} - c_{it}) - N_{it}B_{iat} + \sum_{k=1}^{\infty} \frac{N_{it}\alpha_{it}(\prod_{k=1}^{\infty}\rho_{it+k})(S_{i,t+k} - c_{i,t+k} - B_{ir,t+k} - B_{i,AO,t+k})}{(1+\delta)^k} \right] \tag{6.11}$$

其中，N_{it}＝t 期的市场“潜力”，即细分市场 i 中可以获取的顾客数量；α_{it}＝t 期在细分市场 i 中的获取率；S_{it}＝t 期在细分市场 i 中每名顾客的销售额；c_{it}＝t 期在细分市场 i 中的产品销售成本；B_{iat}＝t 期在细分市场 i 中每名顾客的获取支出；ρ_{it}＝t 期在细分市场 i 中的保留率；$B_{ir,t}$＝t 期在细分市场 i 中每名顾客的保留支出；$B_{i,AO,t}$＝t 期在细分市场 i 中每名顾客的追加销售支出；δ＝贴现因子。

式(6.11)描述了企业所有顾客从获取开始直到生命周期结束的终身价值。该分析建立在细分市场水平上，在现实生活中非常实用。该模型确定了顾客资产的三个动因：获取、保留和追加销售。追加销售包括交叉销售和升级销售。Blattberg 等人讨论了增加这三个变量的策略，Blattberg 和 Thomas 提出了将市场营销支出与这三个变量相联系的模型，即

$$\alpha_{it} = k_a[1 - e^{-\sum_{j=1}^{J}\lambda_j B_{iatj}}] \tag{6.12a}$$

$$\rho_{it} = k_r[1 - e^{-\gamma B_{irt}}] \tag{6.12b}$$

$$S_{it} = \sum_{j=1}^{J_{it}} O_{ijt} r_{ijt} \tag{6.12c}$$

$$B_{i,AO,t} = \sum_{j=1}^{J_{it}} O_{ijt} C_{ijt} \tag{6.12d}$$

其中，B_{iatj} 为 t 期对细分市场 i 的顾客获取活动 j 的支出；O_{ijt} 为 t 期对细分市场 i 的活动 j 的数量；C_{ijt} 为 t 期对细分市场 i 的活动 j 的单位成本；r_{ijt} 为 t 期对细分市场 i 的活动 j 所带来的反应率和贡献。

式(6.12a)～式(6.12d)对于动态计算顾客价值而言是非常重要的，应该通过市场测试来估算。

Rust 等人(1995)的 RZK 模型与 Blattberg 等人(2001)的 BGT 模型相比，二者都考虑了顾客获取和保留，但 RZK 是建立在顾客集合层面而 BGT 是建立在细分市场层面，当然 RZK 也可以在细分市场层面上来建模(Rust et al.，2000)。RZK 关注保留率，并且对以下过程进行建模：从营销支出到客观质量，到感知质量或满意度，到顾客保留。而 BGT 模型仅仅刻画了支出和行为之间的关系，包括对顾客获取和追加销售的影响，以及对顾客保留的影响。

两个模型都可以用来评价现有营销活动以及其他可能的营销活动，而营销活动与顾客保留之间的关系是关键。在 BGT 中，顾客获取和追加销售之间的关系也很关键。这些关系可以用历史数据、管理判断(Blattberg & Deighton，1996)或市场测试来估算。例如，企业可以通过以下方式来测试某种营销活动：将该活动扩展到每个细分市场，测量其反应率。相似的测试方法也可以用于测量顾客获取和顾客保留活动的影响。通过 BGT 模型，企业只需要测量顾客行为(即有多少顾客被获取了，有多少顾客被保留下来等)，而

RZK 模型需要对感知质量或满意度进行调查，虽然这需要更多的努力，但却会为企业提供丰富的信息。两个模型都需要市场规模的信息，即在每个时期内有多少潜在顾客是可以获取的。RZK 通过离开市场的顾客(c)和从竞争者处转移到本企业的顾客(r')来刻画市场规模，通过参数 G 来刻画市场增长。

下一步是利用实证数据对这些模型进行估计，并将市场营销与 LTV 之间的关系量化，之后是确定市场营销活动的最优水平。第 26 章、第 28 章和第 29 章将对这些问题进行讨论。

6.6 外部效应

顾客价值的另一项指标是顾客所产生的外部效应。外部效应包括积极或消极的口碑或者顾客的推荐量。

在终身价值计算中，纳入顾客推荐的过程存在一个循环性难题。人们可以将推荐产生的预期收益计算在内，但这项收益却是被推荐顾客的终身价值。然而为了计算终身价值，必须考虑新顾客可能会推荐其他顾客，而这些被推荐的新顾客也有终身价值。因此人们面临一个无限循环的问题，而如何将其并入终身价值计算是不明确的。

另一个复杂的问题是，如果想要计算全部顾客数据库中每个顾客的价值，必须小心谨慎避免进行重复计算。例如，顾客 i 或许推荐了顾客 j，因此顾客 i 的 LTV 将包括顾客 j 的 LTV，而顾客 j 应该被看作没有单独的 LTV 吗？总之，在 LTV 计算中加入顾客推荐价值是具有挑战性的，需要妥善处理。

Hogan 等人(2003)分析了口碑外部效应，其中，他们融合了终身价值模型和巴斯扩散模型(Bass diffusion model)来计算顾客“不采用”(disadopting)的影响。Hogan 等分析的一个不采用的案例是顾客在初试网银服务后决定停止使用网银，注意我们并不是说该顾客转向使用另一个公司的网银服务，而是该顾客决定不再使用网银服务。这会对整个行业产生有害的影响，因为在行业中的顾客群减少了。例如，巴斯模型可以表述为

$$n(t)=\left(p+q\cdot\frac{N(t)}{m}\right)\cdot[m-N(t)] \tag{6.13}$$

其中，$n(t)$为 t 期新的市场采用者的数量；$N(t)$为 t 期市场采用者的总数量；m 为市场潜力；p 为创新系数(innovation parameter)；q 为模仿系数(imitation parameter)。

当顾客退出市场时，$N(t)$和 m 都会降低，因为 $N(t)<m$，则丢失一名顾客的后果是降低了比率$\frac{N(t)}{m}$，乘以模仿系数后会得到较小的数值。这降低了市场增长速度，因此降低了所有企业的销售额。

在网上银行的一个实证应用中，Hogan 等人发现这种因为不采用而产生的间接影响(对于模仿)可能比收益(在网上银行的例子中，是节约的成本)的直接损失还要大，以至于不采用会更早发生。Hogan 等人另外提出了两点：首先是竞争者顾客的不采用也会带来间接影响，也会损害到企业本身；其次是不采用者可能会进行消极的口碑传播，会进一步对企业产生消极影响。巴斯模型并没有考虑到这一点。但是 Hogan 等人通过一个简单

假设(因为消极的口碑,一个不采用者会导致另一个潜在的采用者延迟5年才购买产品),表明消极口碑可能带来巨大的财务影响。

总之,可以通过口碑和推荐量这些外部效应来评价顾客。需要实证研究来证明推荐的影响力大小,同时也需要理论研究将其整合到终身价值计算中。口碑最初由Hogan等人(2003)进行研究,但需要进一步的工作,特别是估算不采用者的负面口碑。

第7章 顾客终身价值的应用

摘要

前两章已经介绍了终身价值模型的技术问题，但是如何在现实生活中应用 LTV？LTV 可以解答哪些传统营销分析无法解决的问题？本章将回答以上问题。我们将讨论如何在现实生活中应用 LTV 模型，并介绍文献中的一些应用案例。

本章将首先讨论顾客的获取，这是 LTV 分析的主要应用之一。之后我们将学习赢回策略(reactivation strategies)，在此策略中，企业依据顾客的 LTV 来选择赢回顾客。下一步我们将提供一些案例，介绍如何使用 LTV 对顾客群进行细分，并进行针对性的营销活动。在本章最后，将介绍如何利用 LTV 模型来评价企业的顾客整体以及最终评价企业。

7.1 使用 LTV 获取目标顾客

可能 LTV 模型最早的应用就是为获取顾客服务。它与传统营销分析中的常用方法大不相同，着眼于一名顾客的长期价值，以此来决定企业是否应该为了获取该顾客而进行投资。通过在顾客获取中使用 LTV，企业可以确定哪些获取策略的收益最大，或收益高于门槛回报率。

大多数营销分析专注于营销支出和营销收益(称为营销投资回报率——ROMI)。典型的 ROMI 模型没有将顾客获取从顾客保留的营销支出中独立出来，因此不能看出投资于新顾客是否会得到回报。

此方法首先要确定在顾客获取上的支出。在某些行业中这项支出可能很难确定，因为将新顾客的支出从现有顾客中区分出来是不可能的。例如，快速消费品企业常常不知道在某些特定人口统计特征的人群之外他们的支出到底是针对哪些人的。而在顾客获取和顾客保留之间进行支出分配也几乎是不可能的，这些企业对顾客获取成本知之甚少。

为了更好地理解这些步骤，让我们看看下面这个例子。假设某 B2B 企业想要计算获取一名顾客的成本。在这个例子中，我们假定企业会对每位潜在顾客进行 3 次电话销售，如果没有进展就会停止。平均每 3 名潜在顾客(prospect)中有一位会因提供了某种“购买信号”而成为销售线索(lead)。每个线索会接到大约 4 次销售电话，而其中的 1/2 会成为顾客。因此，平均 17 次电话销售才会有一次成功。

为了计算一次电话销售的成本，该企业记录了销售人员的直接成本。平均每名销售人员每周可以进行 4 次电话销售，每年薪酬大约为 95 000 美元，另外，每名销售人员的差旅费和直接支持成本每年平均为35 000美元，因此与销售人员有关的直接成本为

130 000 美元。一名销售人员每年大约进行 200 次电话销售(50×4),因此一次电话销售的成本是 650 美元。如果获得一名顾客需要 17 次电话销售,则顾客获取成本为 17×650=11 050(美元)。

获取顾客后下一步是确定其终身价值。在本例中,新顾客平均每年带来的新增利润为 8 000 美元,顾客保留率为 0.75,该企业的贴现率为 15%。对这一系列假设使用 LTV 公式(式 5.2),则 $LTV=m(1+d)/(1+d-r)$,其中 m=增加的利润,r=顾客保留率,d=贴现率,则每名顾客 LTV 计算结果为 23 000 美元,大于 11 050 美元的获取成本。

假设该企业可以对潜在顾客进行市场细分。其中一个细分市场的顾客估计可以带来 3 000 美元的新增利润,其保留率与以上相同,则 LTV=8 625 美元,因此在 11 050 美元的获取成本下,获得这部分顾客不能带来收益。

如果该企业能够识别那些销售潜力低的顾客,为了使 LTV 大于获取成本,企业可以用什么方法来获取这些顾客?该企业决定使用电话营销来找到销售线索,由外包的电话营销专员联系那些低潜力的企业顾客(由企业规模确定)。平均每名电话营销专员需要打 10 次电话来产生一个合格的销售线索,每次电话的估算成本为 3 美元,通过这些电话该企业可以获得一些合格的企业顾客。之后该企业派出销售代表,每名销售代表平均进行两次直接电话销售,在两次电话销售之后完成交易的概率大约为 50%,则这部分顾客中每名顾客的获取成本为 30(电话营销)+650×4=2 630(美元)。

假设通过电话营销获取的顾客新增利润贡献为 3 000 美元,保留率为 0.75,贴现率为 15%,则这部分顾客的 LTV 为 3 000×(1+0.15)/(1+0.15−0.75)=8 625(美元),大于获取成本,因此使用电话营销技术来获取低价值顾客是盈利的。

从使用 LTV 模型解决顾客获取问题中,我们可以学到:①相对于首年个人利润,LTV 是顾客获取更好的度量标准。因为企业获取顾客当年很可能是损失的,这可能导致企业没有获取到最优的顾客数量。②将 LTV 与获取成本相比较,可能促使企业制定其他可选的顾客获取策略,并进行衡量,以确定哪些方法适合获取 LTV 较低的顾客。

7.2 使用 LTV 指导顾客赢回策略

在第 6 章中我们讨论了与顾客赢回有关的一些问题,顾客赢回是 LTV 模型的一项重要应用。在此我们将讨论一般性的赢回问题,并简要介绍几篇相关文献。

Stauss 和 Friege(1999)研究认为,重新获得流失顾客是很重要的,原因如下:首先,这将有助于确保未来的销售和利润;其次,可以减少为替代流失顾客而获取新顾客的成本;最后,可以控制口碑传播的消极影响。

在此有两个常用指标来评价顾客赢回的投资回报:①赢回顾客的首年盈利能力;②赢回顾客的 LTV。Stauss 和 Friege(1999)使用第二终身价值(second lifetime value, SLTV)——再次获得顾客的终身价值——代替 LTV 重新计算再次获得顾客的价值。

Griffin 和 Lowenstein(2001)在 Stauss 与 Friege(1999)的框架上建立了相关理论,提出了再次获得流失顾客的通用流程。他们认为,企业应该根据 SLTV 对流失的顾客进行细分,并确定顾客流失的原因。

Griffin 和 Lowenstein 使用出版行业的数据研究发现，SLTV 随着顾客流失后持续时间的增加而降低，此外顾客获取的途径也会影响 SLTV。例如，通过该出版物的订阅卡获取的顾客会有较高的顾客价值，而通过订阅多个出版物的二手来源获得的顾客价值较低。

在一项相关研究中，Thomas 等人(2004a)着眼于企业在再次获取顾客时应如何定价以及一旦再次获取之后又该如何给他们定价。其中最有意思的结果发现定价会影响顾客的生命周期。令人惊讶的现象是，赢回定价越高，赢回顾客的生命周期便越长。以上发现可以用价格敏感度的异质性来解释，价格敏感度较高的顾客更易于因价格而改变购买行为。而与之前提到的 Griffin 和 Lowenstein 的研究结果相反，他们假设较长的顾客流失持续时间与再次获得后的顾客生命周期是正相关的，然而 Thomas 等人发现此关系是负的，虽然这在统计学上并不显著。

顾客赢回策略和 SLTV 领域的研究并不充分。基于企业寻找目标顾客的定向能力和历史行为资料，企业应该能够鉴别具有高盈利潜力(SLTV)的流失顾客。为了确定流失顾客的盈利潜力，需要对 SLTV 的可靠性进行理解和分析。然而迄今为止，还没有人对此进行分析。

7.3 使用 SCM 模型确定顾客价值

在第 5 章中，我们讨论了 Schmittlein 等人(1987)提出的 SCM 模型。该模型可以帮助企业估算活跃顾客的数量、每个顾客“存活”的概率，以及在未来给定的时期中，顾客发生购买行为的期望次数。在没有合同关系的交易中，使用 SCM 或 Fader 等人(2005)提出的模型来确定顾客终身价值是很重要的。我们将讨论 Schmittlein 和 Peterson(1994)的一篇论文，在这篇论文中，他们对某工业企业应用了 SCM 模型来解决之前所讨论的一些问题，同时提供了 SCM 模型的一些实证检验。我们将不再复述第 5 章中的公式，而是对这个应用案例进行讨论，并讨论 SCM 模型在工业背景中是如何使用的。

Schmittlein 和 Peterson(SP)的应用案例涉及一个办公用品企业，SP 获得的原始数据为订单数据，即订单时间和花费金额的原始数据。因为顾客没有合约责任，因此确定顾客何时活跃是建模的一个基本要求。

SP 展示了 SCM 如何应用于个体层面，其需要的关键变量为：①在任意时期中顾客活着的可能性；②订单数量；③顾客的平均订购量。在 SP 的表 4 中(1994：57)，即本章中的表 7.1，SP 展示了 10 个顾客未来 5 年内的计算值。他们计算了每一名顾客的活跃可能性、预期订单数量、平均订购金额和期望购买金额。由于该模型所具有的性质，他们没有计算购买的净现值。如表 7.1 所示，我们注意到顾客的活跃概率要么很高要么很低，其中只有一位顾客的活跃可能性为 0.38，而其他顾客的活跃可能性或者高于 0.9 或者低于 0.2。这是一项有趣的结果，但这也可能是由于他们所选取的 10 个顾客样本引起的。

表 7.1 顾客的 5 年期预测(Schmittlein & Peterson,1994)

顾客编号	第一次购买时间	最后订单	观察的再订购次数	P(活跃)	预期 5 年内再订购次数	观察的平均再订购金额/美元	预期 5 年内订购金额/美元
1	3/86 之前	4/89	15	0.99	21.0	70.81	1 521.88
2	3/86 之前	6/89	2	0.18	0.7	42.50	45.98
3	6/86	2/89	1	0.99	2.8	210.50	424.32
4	8/86	5/87	2	0.38	1.7	59.00	125.48
5	10/86	11/88	6	0.95	10.3	113.00	1 148.68
6	12/86	没有	0	0.15	0.3	97.00	24.61
7	12/87	1/89	4	0.91	11.1	54.25	703.49
8	3/87	没有	0	0.16	0.3	124.00	29.71
9	5/87	6/87	1	0.05	0.2	79.50	15.52
10	3/86 之前	10/86	2	0.91	3.9	86.00	350.33

从该模型中获得的另一个有趣的发现是,顾客活跃性的保持与未来预期购买次数之间的取舍。图 7.1 中 P(活跃)和 E(之后两个时期的购买次数)是 x 的函数,x 表示时期 $t=0$ 到 $t=2$ 之间的购买次数,其最后交易发生在 $t=1$ 时期。图 7.1 显示,随着购买次数的增加,在顾客保持活跃的前提下,预期购买次数随之增加。这是因为如果顾客在[0,2]期间内的购买次数很多,即使最后购买发生在时期 1,他的购买率 λ 也可能很高。然而,如果顾客在[0,1]期间内购买次数很多,而在时期 2 中没有购买行为,则顾客很有可能已经流失。因此随着购买次数的增加,P(活跃)的曲线为倒"U"形。如果购买次数很小,且在一段时间内没有购买行为($x=0$),顾客很有可能不再活跃。而如果购买次数很大但是在一段时间内没有购买行为,顾客同样很有可能不再活跃。

这对顾客盈利性分析有着重要影响。Schmittlein、Columbo 和 Morrison 的方法使人们可以计算每个顾客保持活跃的概率、预期剩余生命周期及在给定时期内的预期购买次数。理想顾客是指那些有可能保持活跃、剩余生命周期时间长、购买率高的顾客。而图 7.1 说明在以上变量中至少有两个之间需要进行权衡,不能同时获得。

在此案例中另一个引人关注的方面是,他们是少数将每份订单交易金额模型化的研究者之一。大多数研究只是将总体订单金额的均值假设为个体层面或总体层面上每份订单的金额,而他们则基于个体顾客和总体顾客订单金额的信息,对每份订单金额使用了一个加权平均估计值。这是采用收缩估计量的形式,从而在个体水平上算出每份订单金额。

SP 对该模型进行了许多有效性测试。例如他们证明了该模型可以准确地预测未来某时期将分别进行 0 次、1 次、2 次等购买行为的顾客数量。该模型还能够反映未来顾客是否还保持"活跃"。为了验证这一点,作者按照活跃性将数据库中的顾客分别归类为[0%~10%],[10%~20%]等,之后他们在每个分类中分别选取了 40 名顾客进行接触,并询问他们是否能汇报自己的"活跃状态"。图 7.2 展示了在预测活跃分类和自述活跃概

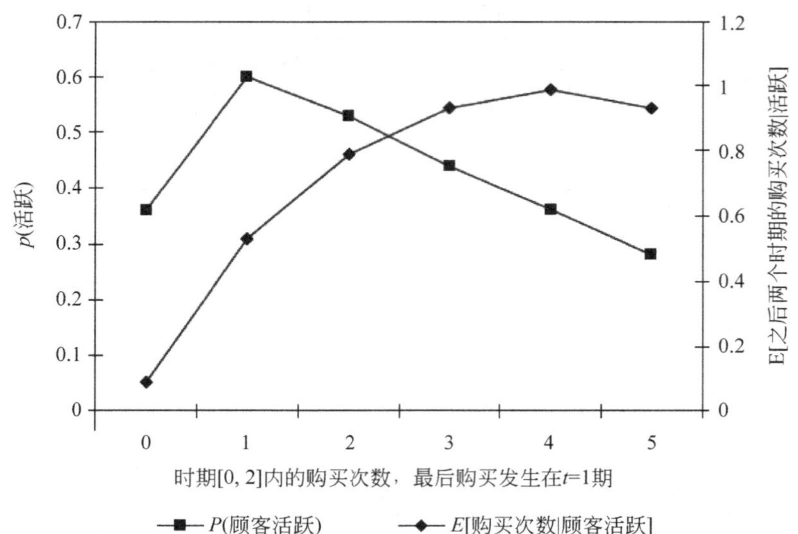

图 7.1 顾客依然活跃的可能性以及未来预期购买次数，为近期购买次数量的函数

假设 $R=0.415$；$\alpha=0.415$；$s=2$；$\beta=4$

率之间明显的单调递增关系，其中体现出向均值回归的趋势。例如，在[90%～100%]的分类中仅有55%的被选者认为自己是活跃的，而在[0%～10%]的分类中有22%的被选者认为自己活跃，然而这也可能是"活跃"的询问方式所引起的。无论如何，单调递增的关系是非常明显的。

SP 的研究对 SCM 模型的一个非常好的应用，它展示了该模型在估算个体 LTV 方面如何应用，并提供了一些模型验证结果。该模型另一值得关注的部分是在 B2B 行业中的应用。LTV 模型的许多应用更适合工业或企业之间的交易(B2B)，因为此时可以得到比通过分销渠道销售的消费品行业更好的数据库。

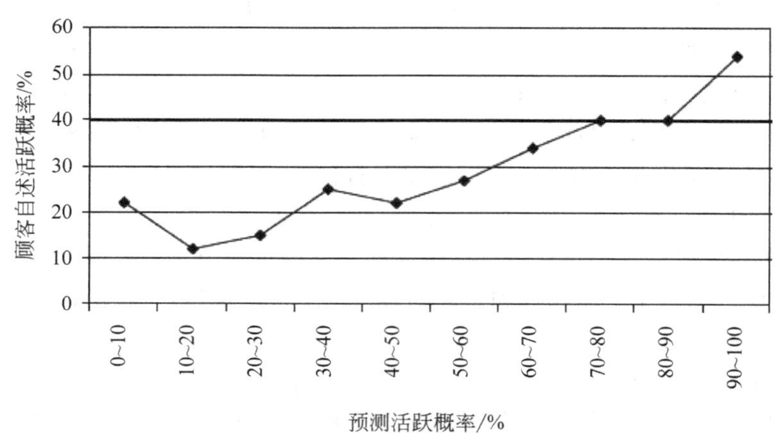

图 7.2 P(活跃)预测的验证(Schmittlein & Peterson，1994)

7.4 LTV 模型应用案例

VanRaaij 等人(2003)报告了一个 B2B 企业首次将顾客价值分析整合到了市场营销计划中的例子。这家被称为“DBM”的企业是一家经营专业清洁产品的跨国公司。该企业的产品直接销售给最终用户,如航空餐饮供应商和专业保洁服务商,同时该企业也通过分销商销售产品。该企业将它的市场分为几部分,如医疗、住宿或乳制品等行业。经过多年的发展,企业的销售额和利润保持平稳,但是 DBM 担心新的竞争者的出现。非产品成本(如顾客服务成本)不断增长,而该企业希望能将这些成本分配到每个顾客身上,并计算顾客利润。

DBM 使用六个步骤来计算顾客水平上的利润,并根据结果提出相应策略。

- 选取活跃顾客。
- 设计顾客盈利计算模型。
- 计算顾客利润。
- 对结果进行解释。
- 提出策略。
- 为未来的应用建立基础框架(infrastructure)。

(1) **选取活跃顾客**。考虑到我们刚刚提到的用于计算顾客是否活跃的模型,将选取活跃顾客作为第一步很有必要。DBM 的方法非常实用:在研究的时期内,如果顾客至少进行了一次购买,则该顾客就是活跃的。DBM 面临的另一个难题是:所选定的顾客是最终用户还是分销商,或者二者兼具。DBM 最后选定的是最终用户,因为它想从最终用户的角度出发来开展营销活动。这使情况变得很困难,因为有时 DBM 不得不通过分销商来收集最终用户的信息。DBM 通过努力做到了这一点,不但排除了分销商的收入,而且这些分销商也同意向 DBM 提供相应信息。

(2) **设计顾客盈利计算模型**。设计盈利性模型的核心是分配成本,对此,DBM 使用了作业成本法(ABC)(第 6 章)。DBM 写出了一系列成本活动[成本“池”(pool)]和成本动因,如下所示。

成本活动	**成本动因**
物流	物流合作伙伴收取的费用
订单处理	顾客的订单数量
技术服务	技术人员花费在顾客身上的服务时间
顾客咨询	在顾客身上花费的咨询时间
设备	在顾客身上使用的设备成本

涉及每项活动的费用多是劳务成本,在使用作业成本法之前,这些劳务成本已经被简单地指定为间接成本。通过使用 ABC 模型,DBM 可以将劳务成本分配到每名顾客所需要的特定活动上,之后计算具体顾客成本。除此之外还有其他间接成本,如产品开发、与特定活动无关的销售和营销成本,这些成本将按单个顾客占销售总额的比例分配给每位顾客。而这些成本不应该加入顾客价值计算中,因为这会歪曲未来的营销成本(第 6 章)。

企业水平上的间接成本，如办公建筑等，没有包含在成本计算中。

（3）**计算盈利性**。盈利性的计算需要收入和成本方面的数据，需要将多种企业内部数据组合起来。

（4）**对结果进行解释**。一个最明显的发现是顾客之间盈利性差异很大。我们经常谈到 80/20 规则，即 20％的顾客带来了 80％的收入或利润。而在本案例中，DBM 发现 20％的顾客带来了 95％的利润。表 7.2 展示了顾客的“金字塔”。

表 7.2 DBM 案例中的顾客“金字塔” ％

顾客类型	占总顾客比例	占总收入比例	占总利润比例
顶级	1	50	49
大	4	23	25
中	15	20	21
小	80	7	5

另一个有意思的发现是，顶级顾客中每名顾客的边际利润要低于大顾客。DBM 解释说这是因为顶级顾客有更好的议价能力，因此能协商出较低的价格，同时他们也需要更高的服务支持水平。

企业用顾客利润曲线绘制了“Stobachoff 曲线”（Stobachoff，1997），这相当于一个累积递增曲线（cumulative lift curve），它将顾客按照盈利性进行排序，之后绘制了从最高到最低利润的顾客的累积利润百分比。图 7.3 显示，在本案例中，75％的顾客是盈利的（曲线大约上升到该点），而 25％的顾客是不盈利的。考虑到前 75％的顾客带来了 120％的利润，则剩余的 25％使利润降低了。在这种情况下，有许多盈利顾客，但是这些顾客补贴了相对较少的非盈利顾客（至少有少部分）。需要注意的是，通过间接费用增加了固定成本后，企业可能扭曲了剩余 25％的顾客的真实盈利性，有些其实可能带来新增盈利。

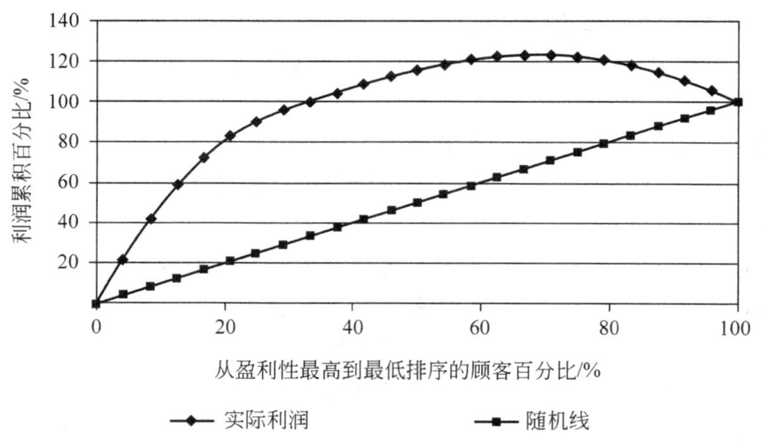

图 7.3 “Stobachoff 曲线”展示了顾客盈利性排序后带来的利润百分比

DBM 对它的 13 个业务部门检测了该 Stobachoff 曲线，根据所依赖的盈利顾客数量及盈利顾客非盈利顾客的补贴额，他们将所有部门分为四组。图 7.4 描述了四个不同单元。在低依赖、低补贴单元，所有的顾客都是盈利的，或与此大致相同；在低依赖、高补贴单元，大部分顾客是盈利的，但是有一些非盈利顾客降低了利润总额；在高依赖、低补贴单元，只有很少的盈利顾客，剩余的顾客是非盈利的，但非盈利程度不高；最危险的情况可能是高依赖、高补贴单元，在这种情况下，有很少的高盈利顾客以及很多的非常不盈利的顾客，这是很危险的，因为那些很少的高盈利顾客一旦流失，企业将会突然损失大笔金钱。

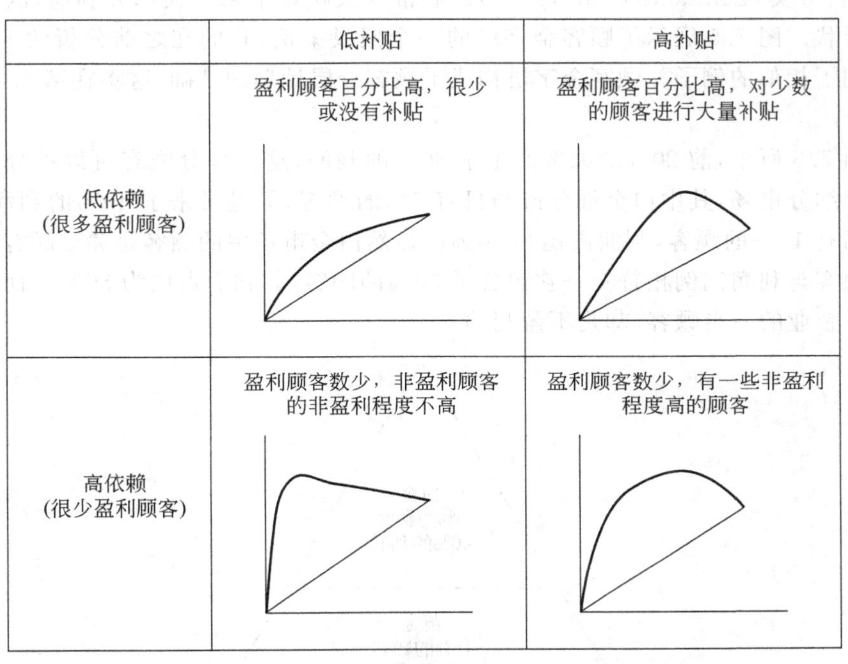

图 7.4　一个应用 LTV 模型的案例

(5) **提出策略**。DBM 分析了它的 13 个部门的 Stobachoff 曲线。其中的 9 个显示为低补贴。2 个部门属于低依赖、高补贴单元，这说明对于少量拉低总利润的顾客应该被个别处理。剩下的两个部门属于高依赖、高补贴单元，这意味着必须重点培养其中的盈利顾客，而抛弃其他非盈利顾客，或使其至少带来少量盈利。

除了 Stobachoff 曲线分析之外，DBM 还向部门管理者提供了每位顾客的详细盈利性计算，这使管理者能够关注非常盈利或非常不盈利的顾客个体。非盈利顾客通常会过量使用某种成本活动，如技术服务等，管理者可以与顾客一起采取某些措施降低这些成本。

总之，顾客盈利性分析(CPA)提供了部门层次和特定顾客层次的相关策略，极大地改进了 DBM 公司管理顾客群的方法。

(6) **建立基础框架**。DBM 公司决定每 6 个月执行一次 CPA。而对该企业来说，第一个主要障碍是确保可以收集顾客方面的成本信息，基于此才能使企业计算个体顾客的盈利性，并开发顾客策略。DBM 的管理者认识到，他们需要长期对营销活动、终身价值和顾客潜力加以整合。

7.5 使用 LTV 相似形式的市场细分方法

7.5.1 顾客金字塔

对顾客盈利性数据的最常见的分析可能是依据利润对顾客进行排序，并在顾客"金字塔"中进行分类(Zeithaml，et al.，2001)。通常少数顾客带来了大部分利润，因此出现了金字塔形状。图 7.5 展示了顾客金字塔的一个假设案例，我们在之前分析的 DBM 案例中也看到了相似的例子。顾客金字塔构成了顾客分层计划的基础，这将在第 23 章中进行讨论。

据图 7.5 所示，前 20%的顾客产生了 80%的利润，这一部分顾客可以再分为白金和黄金两个细分市场，其中白金细分市场只有 5%的顾客，但是带来了 40%的利润，而黄金细分市场有 15%的顾客，利润占比为 40%。显然白金市场中的顾客是关键顾客。铁细分市场的顾客与利润比例相符——它包含了 30%的顾客，其利润占比为 30%。而铅细分市场包含了企业的一半顾客，却是不盈利的。

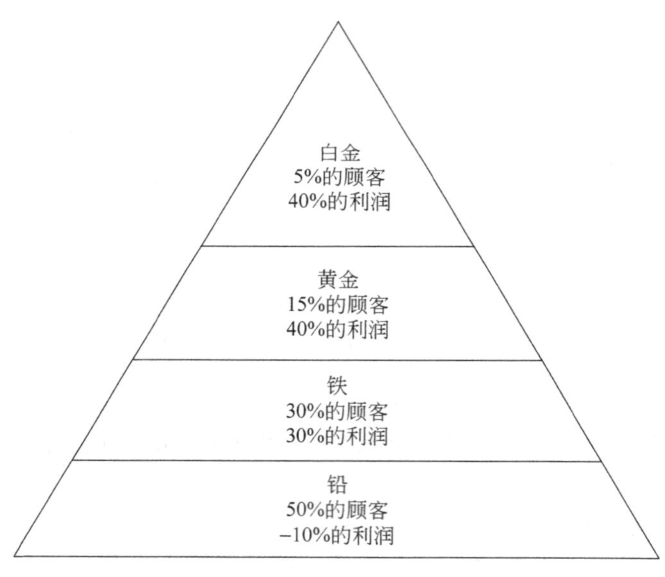

图 7.5 顾客金字塔(Zeithaml，et al.，2001)

顾客金字塔是 DBM 案例所应用的 Stobachoff 曲线的另一种形式，只是顾客金字塔通常将顾客分为 4 个细分市场。Zeithaml 等人提出了多种方法来发展每个细分市场，并讨论了市场营销研究、房地产和医疗行业的应用案例。在建造和管理顾客金字塔过程中，以下几方面很重要。

- **以单一测量标准为基础**。该单一测量标准可以是利润、LTV、销售额水平，或是这几项的综合。单一测量标准的优点是简单，缺点是过于简单化。然而在实际应用中，企业在每个金字塔细分市场可以考虑多个测量方法。例如，当期利润可以用于确定金字塔，但是在考察金字塔每部分的顾客时，企业可以使用 LTV 和顾客对营销的反应。

- **抛弃、忽视和发展顾客**。顾客金字塔管理中的一个重要决策是决定何时发展某顾客、何时忽视某顾客、何时抛弃某顾客，这分别对应着加强营销活动、保持营销活动与减少营销活动。这里有许多关键问题，例如，“一名‘铁层’的顾客能够转变为黄金层顾客吗？我们是否该停止对这类仅带来平均利润的顾客进行投资而转投其他顾客呢？”这些问题难以回答，当然解答这些难题必须考虑顾客对营销的反应、竞争和企业资源问题。
- **金字塔能做的只是对顾客进行区分**。Zeithaml 等人(2001)强调，尽管顾客金字塔可根据盈利性对顾客进行区分，但企业还应该通过其他方面来细分顾客。例如，不同层级的顾客对于服务水平的偏好是不同的，对不同水平服务的支付意愿上也是不同的。此外，每个细分市场中的顾客都应是可接近的，也就是 CRM 术语中可接触的。顾客的潜在 LTV 应该很高，这样企业才可能进行投资将至少一部分顾客转变为更高层次的顾客。最后，企业应该有资源向潜在的高价值顾客进行投资。在这些情况下，顾客金字塔才是顾客价值评估的一个有用的副产品。

7.5.2 使用 LTV 方法建立顾客组合

Ang 和 Taylor(2005)提出了 LTV 测量方法的一个有趣的应用，即用来建立顾客组合矩阵。该应用首先涉及两个影响 LTV 的关键变量，即顾客生命周期和毛利率，他们用这两个度量标准将顾客分为四个象限。该矩阵基于顾客生命周期的长短、毛利率的高低而建立，之后他们对这些象限进行了命名。图 7.6 展示了该矩阵与 Ang 和 Taylor 的命名。

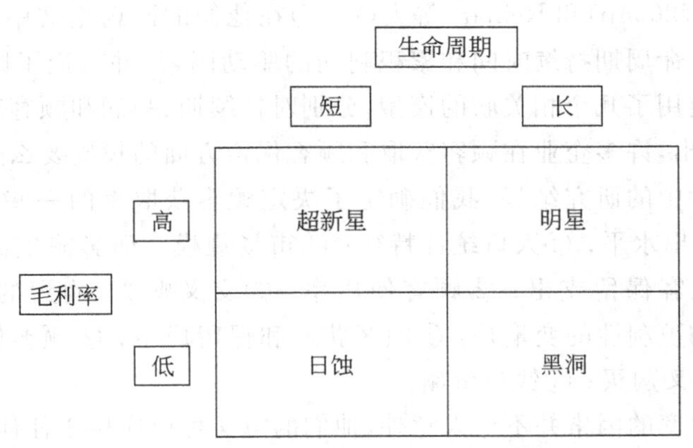

图 7.6 顾客盈利性矩阵(Ang & Taylor，2005)

他们论文的一个有趣的方面是计算了矩阵中每个单元的规模和顾客盈利性，结果如图 7.7 所示。据 Ang 和 Taylor 所示，在短生命周期和低利润的 14%的顾客中，有 10%的顾客(5/7)是不盈利的，在长生命周期和低利润的 42%的顾客中，有 20%的顾客是不盈利的。之后企业要决定采取什么行动。

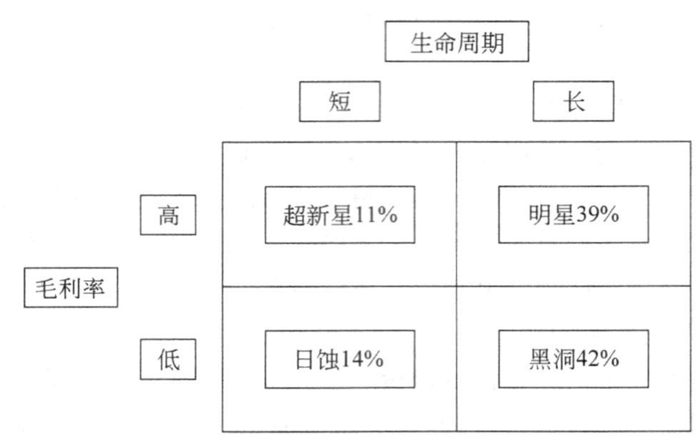

图 7.7　顾客盈利性矩阵——单元规模(Ang & Taylor,2005)

Ang 和 Taylor 对每个单元提出了建议。对短生命周期、高利润的顾客,需要通过提供低价服务来吸引其购买年度合约;对长生命周期、高利润的顾客,需要保持高质量服务水平,并听取顾客的意见和建议;对长生命周期、低利润的顾客,需要对具有附加功能的高价方案的好处进行宣传;最后,对短持续期、低利润的顾客,可以提高价格并减少服务。

Ang 和 Taylor 描述了如何应用以上策略将 18%的短生命周期、低利润的顾客最终转变为高利润顾客。因此,将顾客分类并分别应用不同策略,会带来更高的利润以及顾客更长的生命周期。

7.6　LTV 组成部分的驱动力

Thomas 等人(2004b)和 Reinart 等人(2005)在他们的两篇论文中讨论了 LTV 的两项组成部分——生命周期持续时间和累积利润的驱动因素,并讨论了顾客获取的驱动因素。他们的研究使用了几个相关联的模型,分别对持续期、利润和顾客获取建模。通过模型的应用,他们指出,许多企业在顾客获取和顾客保留方面的投资要么过低要么过高。

根据他们文章中的研究结果,我们确定了决定顾客获取率的一些关键因素,如下所示:①顾客获取支出水平;②人口统计特征;③市场规模。而影响生命周期持续时间的关键变量是:①顾客保留支出;②顾客使用率;③交叉购买(购买的产品种类数目);④钱包份额。影响盈利性的变量是:①顾客获取和保留成本;②顾客使用率;③生命周期持续时间;④交叉购买;⑤钱包份额。

影响顾客获取率的因素并不令人意外,他们的方法可以应用于任何企业的数据库,以确定决定较高或较低获取率的因素。而在生命周期持续时间和盈利性方面有一些有趣的发现,比如购买品类宽度和钱包份额这两个变量从直觉上看是有意义的,但是在企业实践与学术研究中并没有被广泛关注。

Thomas 等人(2004b)使用关系持续时间、利润贡献和顾客获取可能性的估计模型,计算了最优营销支出。他们发现很多企业的支出远非"最优的"。表 7.3 展示了他们的主要研究结果,其中最低的利润增加量是 28.9%。由此我们得出的结论是,使用这些 LTV

关键组成部分的模型可能有助于企业改善支出水平。关于企业的支出是过高还是过低，并没有一般性的结论。然而，如果将 Thomas、Reinartz 和 Kumar 的结论复制到其他企业，就会发现使用 Thomas 等提出的模型会使企业提高利润的机会大幅增加。

表 7.3 改变市场支出所产生的潜在收益（Thomas, et al. , 2004b） %

企 业	支出变化量	利润增加量
B2B	−68.30	41.52
制药	31.40	35.80
目录零售商	−30.70	28.90

7.7 预测潜在 LTV

Kim 等人(1999)针对一家通信公司的企业顾客，使用传统经济模型，提出了预测顾客层面的潜在终身价值的方法。在此我们将顾客 i 的潜在终身价值定义为

$$\mathrm{PLV}_i = \sum_{t=1}^{\infty} (R_{it} - C_{it}) / (1+\gamma)^{t-1} \tag{7.1}$$

其中，PLV_i 为顾客 i 的潜在终身价值；R_{it} 为顾客 i 在 t 时期带来的收益；C_{it} 为顾客 i 在 t 时期所发生的成本或费用；γ 为贴现率。根据企业数据收集的时间间隔，上面的时间间隔 t 可以是月、季度或年。同样地，贴现率 γ 也取决于时间间隔 t。

企业的目标是将顾客的潜在终身价值最大化。而对于每个时期 t，企业应该找到最优的 C_{it} 来使 PLV_i 最大化。收益 R_{it} 显然是过去和现在的成本/营销支出(C_{it})的函数，因此我们需要解决一个复杂的最优化问题。我们需要确定关于现在的和过去的成本的收益反应曲线的方程形式，并根据适当的数据估算其参数。此外，该成本包括几个部分，如产品销售成本、服务成本和多种营销成本，这几部分在总成本中的不同比例可能会改变 PLV_i。因此，我们进行了一个简化假设，即企业的成本与相对应的收益成比例，$C_{it} = \beta R_{it}$，同时假设 β 对于顾客和时间是恒定不变的。在以上假设下，式(7.1)变为

$$\mathrm{PLV}_i = \sum_{t=1}^{\infty} \frac{(1-\beta)}{(1+\gamma)^{t-1}} R_{it} \tag{7.2}$$

这样确定顾客 i 的潜在终身价值的问题就转变为预测顾客未来收益流的问题。比例假设使我们能够很容易地根据预测的未来收益计算 PLV_i。如 Makridakis 等人(1983)所述，确定预测模型(预测未来收益流)取决于几个因素，包括数据有效性、行业特征、预测范围、成本、应用方便性等。因此，他们的预测模型是对通信公司企业顾客进行顾客层面的收益预测。与消费者相比，企业顾客更适合进行一对一营销，因为他们的平均收益高，而且收益的分布是高度有偏的。在他们的研究中，企业顾客的前 3%带来了总收益的 60%。

顾客 i 在时期 t 的收益(R_{it})可以分解为两部分，每部分需要单独估算，即 $R_{it} = Q_{it} \cdot CS_{it}$，其中 Q_{it} 表示顾客 i 在时期 t 内的通信需求，CS_{it} 表示企业的市场份额或顾客份额。总通信需求的经济模型包含了几个自变量，如企业规模、过去通信支出和增长率。另外，市场

份额预测主要基于顾客调查。根据对每个企业顾客的未来收益流预测，使用式(7.2)可以得出潜在终身价值。同时他们计算了相应顾客的已实现的终身价值(realized lifetime value)，在实践中管理者经常将其作为潜在终身价值的替代值。图 7.8 展示了已实现的和潜在的终身价值的关系，相关系数大约是 0.4，在 $p=0.05$ 水平上是显著的。然而，有许多顾客潜在终身价值非常高，但是已实现终身价值很低，这些顾客可能具有很高的增长潜力。也有一些顾客已实现终身价值很高，但是潜在终身价值相对较低。

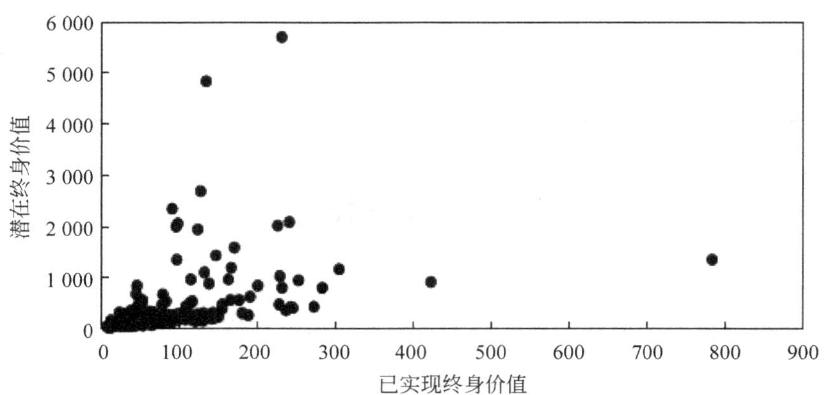

图 7.8 已实现终身价值和潜在终身价值(Kim et al.，1999)

7.8 评价企业的顾客整体

根据本章开始所提到的，顾客价值评价的一项重要应用是评价企业的顾客整体。该价值应该与企业的证券市场价值相关，因此对高层管理者具有重要意义。此外，它还能帮助其他可能想收购该公司的企业确定合理价格。

Gupta 等人(2004a)使用终身价值的简单保留模型，评价了 5 个企业的整体顾客群的价值。该分析在顾客队列水平上进行，其中队列 0 指现有顾客群，队列 1 指下一年获取的顾客，队列 2 指后年获取的顾客，以此类推。队列 0 的终身价值为

$$\mathrm{LTV}_0 = n_0 \sum_{t=0}^{\infty} m_t \frac{r^t}{(1+\delta)^t} - n_0 c_0 \tag{7.3}$$

其中，LTV_0 为现有顾客群生命周期价值；n_0 为现有顾客数量；m_t 为在生命周期的第 t 时期，平均每名顾客的利润贡献；r 为保留率；c_0 为现有顾客中每名顾客的获取成本。公式(7.3)是标准简单保留模型，它用顾客队列产生的净利润减去了获取成本。

作者认识到对企业的长期价值(一般认为是证券市场和任何收购方所重视的)有重要贡献的是企业将要获取的未来顾客。

一般而言，有

$$\mathrm{LTV}_k = \frac{n_k}{(1+\delta)^k} \sum_{t=k}^{\infty} m_{t-k} \frac{r^{t-k}}{(1+\delta)^{t-k}} - \frac{n_k c_k}{(1+\delta)^k} \tag{7.4}$$

其中，LTV_k 表示从现在开始第 k 个时期内被获取的顾客的终身价值的净现值($t=0$ 时的

价值)。将所有队列($k=0,1,2,\cdots,\infty$)的式(7.4)相加,可得出顾客群的总价值:

$$\text{Customer Value} = \sum_{k=0}^{\infty}\left\{\frac{n_k}{(1+\delta)^k}\sum_{t=k}^{\infty} m_{t-k}\frac{r^{t-k}}{(1+\delta)^{t-k}} - \frac{n_k c_k}{(1+\delta)^k}\right\} \tag{7.5}$$

作者花费了大量的时间来估计模型的主要部分。为了估计从现在开始第 k 个时期内获取的顾客数量n_k,他们收集了每个企业的整体顾客群的季度数据,并估计一个用来预测未来n_k的类似扩散的增长模型。虽然假设顾客获取的现有模式可以用于未来不太合适,但该模型是根据 5 年的季度数据进行估计的,拟合度好,而且它将顾客获取的峰值和随后的下降也刻画了出来,所以具有一定的实际意义。为了估计利润贡献 m,作者使用了企业年报,并将数据除以顾客数目。需要注意的是,他们使用的是平均成本,而不是增量成本,而增量成本在具有高固定成本的企业中很重要,如零售业、分销业等。他们能够通过历史数据计算每个队列的 m,并发现不同队列的 m 是非常稳定的。此外,他们假设一个给定队列的利润贡献不会随时间而改变,因为顾客一直没有流失。

利用营销成本除以获取顾客的数目,作者估算了顾客获取成本。这虽然是一个很强的假设,但在他们研究的 5 个企业中,有 4 个在研究期间还是比较新的企业,因此该假设相当于认为至少在企业成立初期,营销支出的大部分都用于顾客获取。这个假设在未来可能是不适用的,但是到那个时候如果考虑了贴现系数,这个假设还是可以接受的。通过咨询行业专家和借鉴其他已发布数据,作者估算了保留率。保留率从亚马逊的 70%到美利坚证券(Ameritrade)的 95%不等。最后,作者使用了 12%的贴现率。

主要结果如图 7.9 所示,式(7.5)的计算结果表明,美利坚证券(Ameritrade)、第一资本金融公司(Capital One)、亿创理财(E* Trade)的顾客价值与证券市场价值(股票价格乘以股份数)相匹配。而有趣的是,亚马逊公司(Amazon.com)和 eBay 公司的顾客价值与其市场价值相比严重偏低。

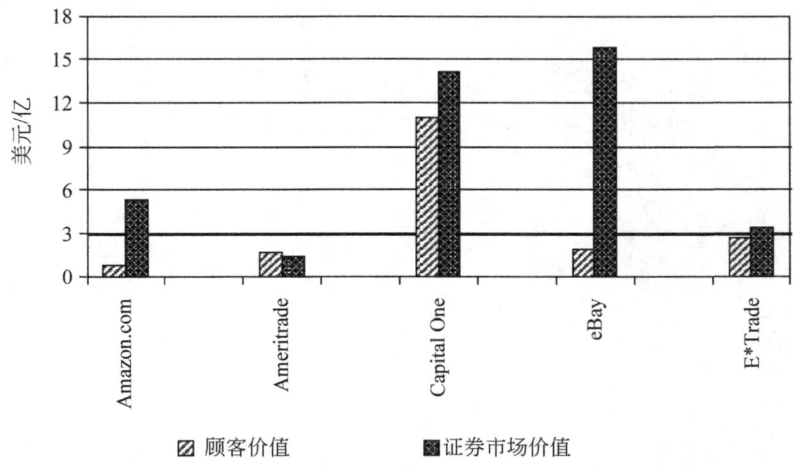

图 7.9 整体顾客群价值与证券市场价值(Gupta et al.,2004a)

作者对此提供了可能的解释。例如,他们引用的报告认为市场可能高估了 eBay 的价值。同时,他们认为 eBay 的特点是既代表买方也代表卖方,这使计算 eBay 的顾客数目变得很困难。

作者还提出了这样一种可能性：该模型没有反映市场使用顾客价值以及企业价值的所有现象。例如，简单保留模型没有包含口碑价值，而口碑对亚马逊和 eBay 很重要。市场也可能考虑将亚马逊和 eBay 的品牌延伸到其他行业中。例如，亚马逊开始时是一个图书供货商，而现在也出售 DVD、电器等；eBay 开始时是一个美国公司，但是现在正力图发展到中国。通过在模型中纳入追加销售或者允许利润贡献随时间变化而增加，这些问题就可以被纳入终身价值的计算中，而 Gupta 等人假设利润是恒定不变的。

终身价值计算中的一些技术问题可能会影响简单终身价值公式的准确性。首先，如果顾客群在保留率方面是高度异质性的，使用平均保留率可能会低估终身价值。其次，作者使用了一个基于季度数据的简单保留模型，而一个转移模型可能会更合适，因为顾客可能会离开和回归(第 5 章)。该模型没有直接解决这些问题，因为模型虽然计算了每期的新增顾客数量，但没有区分他们是真正的新顾客还是回归的顾客。

无论如何，这是一项有前景且有趣的研究。它清楚地证明了企业的长期顾客群价值与企业的市场估值之间的潜在关系。该模型准确预测的三个案例展示了这种方法的潜力，而模型预测不准确的两个案例则为将来的研究提供了机会。

第 3 部分

PART 3

数据库营销工具：基础

第 8 章

数据的来源

摘要

我们有足够理由将“数据”列为数据库营销中最重要的词语——数据库营销的质量、影响及 ROI 都取决于能获得好的数据。本章我们将讨论企业可以获得的不同种类的顾客数据，例如，顾客人口统计特征、交易营销活动，以及数据的来源，如内部记录、商业数据、细分框，以及外部顾客名单和调查数据。

8.1 概　　述

顾客信息文件(CIF)是数据库营销的基础。一个关注顾客的企业总是基于顾客数据分析而做出决策，而一个详细的顾客记录是分析的前提。

顾客数据包含顾客信息的各个方面，包括顾客的姓名、地址、电话号码，他们的人口统计特征和生活方式信息，交易历史以及任何能够从顾客接触中获得的信息。更详细的信息能够带来更好的决策。然而，人们需要在收集信息的成本与收益间做出权衡。因此，在顾客信息文件中列出必要信息时最好排出各信息元素的优先级。

建立顾客信息文件首先要了解信息使用者的目的。这样，信息文件的大小与具体的数据元素将取决于使用这些信息做决策的管理者要解决的问题。不幸的是，有些企业建立顾客数据库仅仅是因为竞争对手建立了一个，或者模糊地认为拥有数据是好事。结果是，企业花费了数百万美元来收集和整理数据却没有得到明确的回报。这些对数据的不当投资给“CRM”冠上了恶名。在这些企业里，CRM 已经成为收集数据方面巨大信息技术投资的关键，但是却没有一个清晰的计划来指导企业如何有效地使用它。

由此，我们建议采用如下的步骤来建立顾客数据库。

例如，在第一步中，一个企业的管理者可能会明确他们希望专注于减少顾客流失和增加交叉销售的活动。第二步，列出顾客已购买的产品、顾客流失以及之前的营销活动历史，作为支持他们行动的数据类型。第三步，列出他们需要的准确数据以及获得这些数据的途径。例如，对于顾客已购买产品的信息列出具体产品是什么，以及如何获得这些数据。

本章将集中论述第二步和第三步，即需要的顾客数据类型以及数据来源。本章不包括第四步数据的财务评估，但是会在第 10 章和第 25 章对此问题进行一些讨论。很多企业会发现尽管数据是非常有价值的，但建立一个具体的数据库还是要花费很高的成本。有时企业会尝试性地从外部来源购买数据，看看这些数据能否用于预测模型并支持营销活动，一旦有用，就会长期购买。

8.2 描述顾客的数据分类

在顾客信息文件中没有对顾客数据分类的标准方法。而且，在不同的行业与企业里，数据元素的类型也并不相同。简单起见，我们把它们分为顾客身份数据、人口统计数据、心理特质或生活方式数据、交易数据、营销活动数据和其他类型数据。① 我们将聚焦于大多数企业顾客信息文件的共性数据元素。

8.2.1 顾客身份数据

顾客身份数据是最基本的顾客数据，包括各种分类数据、顾客的联系地址和其他有用的顾客身份数据。更具体地说，它们包括顾客的姓名（名，中间名，姓，前缀和后缀），一个唯一的 ID，家庭和企业地址，家庭、办公电话和移动电话号码，电子邮件地址，出生日期，等等。对企业顾客数据来说，还可能包括联系人的姓名、部门、传真号码等。

顾客身份信息很少被用来构建反应（统计）模型，部分原因是这些信息是有名无实的测量。② 然而，在维护顾客关系时它们至关重要，因为它们能提供联系顾客的手段。如果没有顾客的正确地址，目录销售商就无法把目录邮寄到顾客那里去。没有顾客的电话号码，电话销售公司也不能给顾客打销售电话。

有必要具体提及两个顾客身份信息。第一，顾客 ID，从企业与顾客第一次接触时开始就要为这名顾客分配一个唯一的 ID 号。其后，ID 将是与其他数据库相联系的重要桥梁。一旦一名顾客被指定一个 ID 号，在以后的重复访问或联系中就必须使用相同的 ID。也就是说，为了追踪所有的顾客联系，我们应该有一个在系统中确定这名顾客是谁，找出他的顾客 ID，或是分配其一个新的 ID。如果有商店会员卡（或信用卡）的 ID 号就能很容易地追踪到这种卡的购买记录。同样，当顾客以 ID 号登录时，线上销售企业也能很容易地识别顾客。但有些顾客会采用现金付款或者使用新的信用卡。许多零售商也很难识别那些没有会员卡的顾客。这时零售商会采用姓名、地址、电话号码或组合信息来识别重复购买者。

第二，地址和电话号码等顾客身份信息需要定期更新。超过 4 000 万的美国人每年会改变他们的地址，在一年之中会有 17%的消费者和 22%的企业搬家，而拥有准确且最新的顾客地址是非常重要的。一个快速而廉价的更新地址的方法是使用由美国邮政总局 USPS 授权的 NCOA（国家地址变更）。为使用这种服务，要将所有顾客的名字和他们的地址发送给 NCOA 的服务提供商。然后这些数据会按照 USPS 的要求被标准化，包括 ZIP+4 的代码。下一步就是将这些数据与 NCOA 文件中的近几年搬家人口的新老地址相匹配。一旦匹配顾客的地址就会被更新。尽管这项服务不能确保 100%的覆盖，但它

---

① 由于许多公司没有竞争数据，因此在分类中我们没有包括竞争数据。但是在 8.3.3 节我们会讨论如何调研一小部分样本顾客来获得竞争信息，并进而推断其他的竞争行为。

② 生日和地址可以被转化为“年龄”和“位置”，这些是预测模型中的重要因素。但是，当它们变成可使用的格式时就成为人口统计数据。

比许多其他地址更新办法(如通过顾客调查来更新)[①]要快而且便宜得多。许多企业通过这个 NCOA 服务每年一次或两次定期更新他们的顾客信息文件。

8.2.2 人口统计数据

人口统计数据包括美国人口普查局每十年收集的数据,包括户主的年龄、家庭收入、家庭规模、户主的职业、婚姻状况、有无孩子、居住时间、教育水平、自有或租房、住所的类型、汽车拥有和类型、性别、种族等数据。对于企业顾客,可能还包括从 CEO 的种族到员工数量、销售量、经营年限等数据。

人口统计信息对于在潜在顾客中寻找目标顾客非常有用。营销研究人员发现预测顾客未来购买行为的最好指标是其历史购买或交易信息。但是,现有的顾客才有交易数据,为寻找没有任何交易的潜在目标顾客,我们需要使用企业能观察到的顾客的人口统计和/或心理特征。例如,基于现有顾客,我们可以使用预测模型来确认高价值顾客具有何种类型的人口统计特征。接下来,我们可以寻找那些与现有高价值顾客具有相似人口统计特征的潜在顾客。一旦潜在顾客变成顾客,就可以收集交易数据来调整目标市场营销策略。

很多企业在他们的顾客信息文件中没有足够的人口统计信息,尤其是那些基于散布在各部门的遗留数据库而建立顾客信息文件的企业。正如在后面讨论的,这些企业可以通过由外部数据提供商提供的人口统计数据来增强顾客信息文件。这些数据既可能是个体层面的人口统计数据也可能是地理总体水平的人口统计数据。个人层面的数据更准确,但更加昂贵,而且有时是无法获得的。总体数据是生活在同一地区,如人口普查区、邮政编码、ZIP+4 和邮政运营商路线的顾客的平均人口统计值。例如,由于美国国税局的文件是保密的,一般无法获得顾客的收入信息。在这种情况下,个体顾客的收入被假定等同于他们普查区域的平均收入。

8.2.3 心理特质或生活方式数据

生活方式是一种人生或生活的风格,是顾客态度和价值观的反映;心理特质则是指诸如顾客态度、价值观、生活方式和意见等方面。一般来说,生活方式和心理特质可以互换使用。测量生活方式的具体问题分为三组:"活动"包括在业余爱好、假期、娱乐、俱乐部成员、体育等方面的活动;"兴趣"包括对家庭、工作、时尚、食物、传媒等的兴趣;"观点"包括对政治、商业、经济、教育、产品、文化等的观点(Plummer,1974)。

产品使用或拥有情况可以被分类为心理特质数据,我们可以从产品的使用情况推断顾客的态度和行为。例如,百思买(Best Buy)想了解其顾客对技术、创新和市场专家的态度,也想了解顾客使用各种电子产品以及其他辅助电子产品的情况。那么,是否喜欢徒步可能就是一个百思买想知道的相关信息,因为他们或许能够出售如 GPS 定位等电子产品给这些徒步者。数据库营销者经常购买消费者"响应名单"来收集这些消费心理信息。消费者回应名单是一些对特定产品(如武术装备或数码相机)有兴趣并被证明愿意通过邮寄

---

① NCOA 标准收费是每条更新 3 美元,3%的更新率(Robinson,2002)。但是,也有企业根据提交的名字数据来报价,一般每个名字低于 5 美分。

购买的个人(Roberts & Berger,1999)。有几种不同类型的消费者回应名单。买家名单(已经买了产品或服务的人)和订阅名单(订阅了某刊物的人)对于数据库营销人员是最有意义的。例如,Nordstrom 的优质女性服装买家名单包括了过去 12 个月从 Nordstrom 购买过服装的 500 000 名购买者。

在解释消费者不同的购买行为方面,生活方式研究已经突破了传统的人口统计变量的局限性。尽管企业经常通过购买消费者回应名单来获得生活方式数据,但自己收集个人生活方式数据来进行数据库营销的企业还是比较少的,一部分原因是成本较高。然而,数据库营销人员应该知道,很长时间以来,传统的市场营销研究人员已经成功地使用生活方式的数据进行目标市场营销。对现有顾客的生活方式进行调查并确定高价值的顾客具有怎样的生活方式是非常有价值的。然后我们可以将这些生活方式的特征与顾客的人口统计数据和交易数据联系起来。通过人口/交易数据⇒生活方式⇒顾客价值这个链条,我们就可以锁定我们的目标顾客。

最著名的生活方式细分系统是 VALS,即**价值和生活方式系统**(Values and Lifestyles System),于 1978 年由斯坦福研究所(SRI)开发,现在由 SRI 咨询公司(SRIC-BI)所持有和运营。VALS 是第一个基于消费者生活方式特征的消费者市场细分系统。它将人们对于诸如堕胎权利和军事支出等社会问题的价值观与他们的产品和媒体偏好联系在一起。1989 年,VALS 被重新修订。比起社会价值观,寻求兴奋等心理特征被发现能够更好地预测顾客行为而且也更加稳定。这些年来,许多消费品企业都在使用 VALS 进行新产品开发、定位,以及制定更有效的广告策略。

VALS 把美国成年人分成八个差异化的群体:革新者(innovators)、思考者(thinkers)、成功者(achievers)、体验者(experiencers)、信仰者(believers)、奋斗者(strivers)、制造者(makers)和挣扎者(survivors)。这八个群体在态度、决策方式、产品、服务、购买和媒体习惯方面显示出很大差别。如图 8.1 所示,VALS 细分群体是从两个维度上被定义的:基本动机(横向维度)和拥有的资源,这个和创新行为联系起来(垂直维度)。VALS 指出,人们主要有三个强有力的动机:理想、成就和自我表达。拥有的资源则指教育、收入、自信、健康、购买的急迫性和精力水平。例如,成就者具有目标导向的生活方式,对事业和家庭具有较高的承诺。他们非常重视共识、可预测性、抗击风险的稳定性、亲密和自我探索。对 VALS 更为详细的描述在 http://www.sric-bi.com/VALS/types.shtml。GeoVALS 通过城市区和邮政编码估计 VALS 八个细分群体在不同地理区域的百分比。Japan-VALS 则可以细分日本顾客。

8.2.4 交易数据

交易数据是最有效的预测顾客未来购买行为的数据。事实上,研究人员在过去 20 年里开发了各种模型,通过交易历史数据来预测顾客购买各种包装商品的行为。此外,交易数据通常不能够被外部购买①。企业可以通过它与顾客联系的各种渠道来收集相关的交

① 此处定义的交易数据并不包括产品使用或者拥有的信息,这些信息可以通过购买消费者回应名单而得到。我们聚焦于与公司具体产品或服务交易相关的信息。

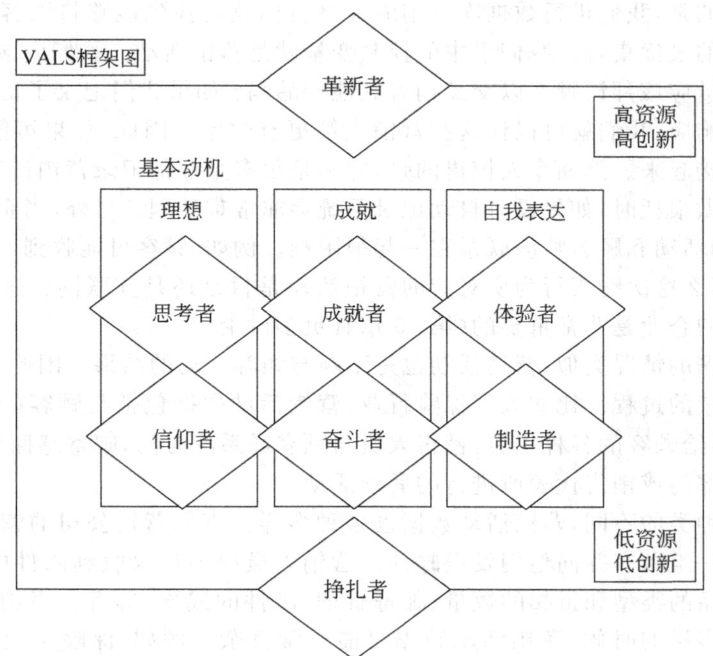

图 8.1　VALS 的八个细分市场

(SRI 咨询公司,http://www.sric-bi.com/VALS/types.shtml)

易数据。此外,很多企业内部各部门如客户服务部、订单部、财务部等都储存着大量有价值的交易信息。

一般而言,交易数据包括购买日期,购买的产品种类、包装大小和价格,购买量,支付方式,折扣,销售税,退货代码,津贴,销售人员 ID,等等。更宽泛地讲,顾客交易是一系列行为的结果,这一过程包括注意、兴趣欲望、行动(AIDA 模型)。因此,我们将把购买前或购买后(如产品/服务查询、网络单击流数据、顾客投诉、顾客满意度分数等)任何与交易有关的信息都视为交易数据。

由于数据存储和维护成本,一些企业只能保存一部分的交易数据或者汇总数据。例如,一个典型的通信企业拥有数千万顾客,每个顾客一天打几个电话,通话记录的数据在几周之内就高达 TB 级。

因此,企业并没有保存所有的通话记录,而是以汇总方式保留为交易数据(每天打电话的总次数,最经常拨打的号码,等等)。一旦数据存储和访问成本下降,我们就可以预计会有更多的数据以原始状态被存储下来。

8.2.5　营销活动数据

对制定有效的营销战略和策略来说,营销活动数据和交易数据可能是最重要的数据类型。营销活动信息是为吸引顾客而进行的所有营销活动的记录,而交易信息则是顾客对营销活动的反应。例如,如果我们寄出一个目录然后顾客对此做出反应,那么邮寄目录就是营销活动数据,而顾客是否回应就是交易数据。

需要记住的是，我们进行数据库营销的最终目标就是找到能够将顾客长期利润最大化的营销活动的最优集合。我们手中的控制变量就是营销活动。我们应该向顾客发送目录吗？销售人员应该拜访顾客以交叉销售其他产品吗？如果我们记录了历史的营销活动和相应的顾客响应，我们就可以让这些营销决策更有效率。因此，如果可能的话，应将这两部分信息连接起来。然而令人惊讶的是，并不是很多企业都记录营销活动的信息，一部分原因是这么做很耗时，如果没有自动记录系统会非常难处理。另外，当企业采取多渠道营销时，将营销活动和顾客响应联系在一起很困难。例如，顾客可能收到一个鼓励其进行网购的目录，那么这次购买行为所对应的营销活动是目录还是互联网？这个问题对于想评估营销效果的企业是非常重要的(第 25 章有更多讨论)。

与交易数据的情况类似，营销活动也是不断与顾客互动的结果。因此，收集营销活动数据是一个持续的过程。比如人寿保险行业，营销活动数据包括与顾客(或潜在顾客)沟通的次数，提供给顾客的各种优惠，销售人员与顾客联系的时间，邮寄感谢信的时间，以及任一顾客服务部门或销售代表所进行的后续活动。

根据业务种类的不同，营销活动数据也多种多样。直复营销公司的营销活动是从内部名单中选择一组顾客并向他们发送邮件。营销人员应该记录收到邮件的顾客名单，邮件的内容如产品的类型和折扣的数量、邮寄日期、邮件的成本，等等。当销售产品和服务的渠道是多种多样的时候，营销活动数据可能非常复杂。例如，保险企业可以通过互联网、内部或外部电话营销机构、自己的销售团队或经纪人，以及与其他金融机构联合销售产品。这些不同的渠道都有各自不同的营销策略，因此营销活动的数据类型也不同。此外，不同渠道收集营销活动数据的难度也不同。网络营销的数据相对容易收集。采用经纪人营销时收集数据特别困难，因为有时销售代表没有记录自己的销售活动，或者即使记录了，他们也不愿意与保险企业分享这些信息。

8.2.6 其他类型的数据

对金融机构和要求顾客每月付款的服务企业来说，顾客的财务数据尤其重要。一些外部数据提供者可以提供顾客层面的财务数据。例如，Fair Isaac Inc. 已建立一个称为 FICO 评分的信用评分(Myers Internet，2005)。FICO 评分试图将一名顾客的信用历史(如延期付款、信用建立的时间、在目前住宅的居住时间、雇用历史)浓缩为一个数字，能够代表这个顾客的财务风险。也就是说，FICO 评分代表了借款人支付账单的可能性。实际上有三个 FICO 评分，分别由三个信用机构——Experian、Trans Union 和 Equifax 提供数据计算得出。

一些企业还会在顾客信息档案中加入它们计算或推断出的顾客指标，这些指标通常是由统计模型得出的，如终身价值、RFM 价值、信用评分、销售升级得分、交叉销售得分、销售生产率等。这些指标可以是实际的分数也可以是排名。

8.3 顾客信息的来源

一旦明确了顾客信息的需求，我们就可以列出达到信息目标的具体信息内容，以及如何去收集这些信息。我们的目的是采用尽可能便宜的办法来收集最准确而有价值的信息。可以理解的是，我们需要在信息价值和获取成本之间进行权衡。

营销研究者已经将营销研究数据分为原始数据和二手数据(Malhotra，1993)。研究人员会为解决手头的难题来收集原始数据。原始数据的收集既花钱又花时间。另外，二手数据是为其他目的，而非当前的问题所收集的数据。二手数据收集更容易也更快。二手数据一般分为两类：内部数据与外部数据。内部数据是做研究的机构内部产生的数据，而外部数据则从机构外部产生。

我们采用同样的办法来区分顾客信息：内部(二手)数据、外部(二手)数据，以及原始数据。最便宜的是收集内部数据，其次是外部数据、原始数据。与此相反，最花费时间的是收集原始数据，其次是外部数据、内部数据。因此，当我们收集顾客数据时，首先应想到收集内部数据。如果数据已经存在，准确性及质量可以接受，那么就可以到这里了。但如果数据不行，我们再寻找外部数据来源。最后再考虑收集原始数据。

8.3.1　内部(二手)的数据

内部来源应是顾客信息文件的起点。很多企业拥有海量的内部数据，甚至超过企业的预期。许多数据是为了营销之外的其他目的而收集并保存的。例如，订单处理与完成系统可能储存了订单获得的渠道、库存及交付的信息。账单和财务系统可能存储了定价、销售量、折扣及支付净价等信息。销售部门的合同管理系统可能拥有顾客特征组合、联系时间、提供的优惠甚至谈话内容等有价值的信息。而顾客服务部门也是一个有价值的内部数据来源，可以提供顾客抱怨和满意的信息。营销和销售部门保存了顾客的交易历史以及各种营销活动的记录。营销部门可能拥有的一个很重要但容易被忽视的数据来源是潜在顾客数据。这些数据可以来自抽奖的参与者、赠品的接受者及给800位来电的顾客姓名。

遗憾的是，管理者经常不能准确地知道内部数据保存在哪里，或者其中一部分数据格式无法使用。这也是建立数据仓库的重要原因之一。数据建仓是将各种来源的数据进行收集、转化并且组织为统一格式，从而为决策服务，并且为使用者提供访问途径的过程(Man，1996)。也就是说，数据仓库是为企业制定决策而将各部门的信息收集起来的储存库。一个妥善建立起来的数据仓库可以让企业更准确地理解其顾客的行为。例如，美国内衣连锁店维多利亚的秘密曾花费太多时间收集信息但却没有想过如何利用这些信息(Goldberg & Vijayan，1996)。当它建立数据仓库时却发现向678家分店按照均值的办法供货是错误的。按照均值，每家商店销售的白色与黑色内衣的数量是相等的，但是迈阿密的分店却以10∶1的比例卖出白色内衣。

此外，由于数据仓库是将各职能领域的数据围绕顾客进行整合，因此可以帮助企业变得更加以顾客为中心。基于整合的顾客数据库，许多银行，如Bank America Corp和Bank One Corp.可以给其分支机构以及顾客服务人员提供更全面的客户关系信息(Barthel，1995)。结果是他们通过一次接触就能满足顾客涉及多种账户的询问，提升了服务质量。另外，数据整合还能使银行更容易地确认交叉销售的可能性。

通常情况下会有大量不同需求的使用者想要使用数据仓库，因此，用一个数据仓库来满足所有使用者的要求并不是很有效率。解决方案是建立“数据集市”(data mart)作为部门化的数据仓库。数据集市是针对一个特定部门(如营销数据集市)的需求或者目的建立的数据系统。(企业)数据仓库是拥有企业所有数据的中心储存库,而数据集市则是针对某一狭窄的职能领域的数据仓库的子集。例如,时代华纳公司的杂志部门拥有满足自己特殊需要的专门的营销数据集市。数据集市要通过与企业数据仓库的对接来建立并更新。

与数据仓库相比,营销数据集市的规模相对较小,因此建立营销数据集市的成本更低,只需几个月时间就行。但是最近营销数据库的规模在急剧增长。许多企业报告说它们的营销数据集市已经接近 TB 级的水平(Stedman,1997)。例如,Fleet Financial Group 正在建立一个 1TB 容量的数据仓库和一个 500GB 容量的营销数据库。MCI 拥有 2.5TB 的销售和营销信息,Charles Schwab & Co. 已经建立了一个接近 1TB 的顾客数据集市。由于规模迅速增长导致性能下降,企业正在与终端使用者商议,在营销数据集市中仅包括最重要的信息。它们常常把营销数据库分解为更小的模块来提高性能。例如,MCI 已经建立了 16 个独立的营销数据集市,每一个集市的数据量都小于 100GB。

8.3.2 外部(二手)数据

内部的数据并不总能满足管理者的要求。因此,数据库营销者通常会基于两个目的购买外部数据。第一,他们通过租用目标顾客的名单来进行潜在顾客的开发。第二,他们可能通过增加各种人口统计特征和生活方式信息来增强他们的顾客信息文件,这个被称为数据增强(data enhancement)。为增强数据,你要将顾客的名单(包括姓名和地址等身份识别信息)发送给负责名单增强的企业,并提出自己想加入的人口统计特征(如职业)。负责名单增强的企业运行自己所拥有的数据库以及顾客名单,将名单上的姓名/地址与他们的信息相匹配(Roberts & Berger,1999)。如果你的顾客在他们的数据库里,人口统计特征信息随之将会被加入。之后名单增强企业将增强后的数据返还给你。

对营销研究者来说,有许多外部的数据来源,包括联邦政府和州政府、贸易团体、商业数据提供者,以及营销调研企业(Malhotra,1993)。在这个部分,我们将集中讨论一些对于数据库营销者非常有用的外部数据来源。

1. 美国人口普查(US Census)数据

美国人口普查数据是一个简单而又快捷的增强顾客信息文件的外部来源。人口普查局每十年进行一次全国的人口普查,现在可以获得 2000 年的人口普查数据(www.census.gov)。为了减少市民被询问太多问题造成的负担,人口普查局采用了长表格与短表格一起使用的方法。六个家庭中的五个将拿到短表格,这个表格仅仅包含一些基本的人口统计问题。另外一个家庭会被要求填写一个长表格,这个长表格包含超过 100 个关于生活方式以及背景的问题。

对数据库营销者来说,美国人口普查数据包含非常有用的信息。例如,普查中的变量包括家庭收入、人均收入、教育水平、职业类型、房屋价值、租用还是所有、户主年龄等。出于隐私保护的原因,企业可能无法获得个人水平的人口普查数据,但是可以获得地域平均信息,例如,可以获得邮政编码或街区水平上的均值数据。一个街区可能包含 10~20 个家庭,而且可以预计在同一个街区的不同家庭其人口特征是相似的。企业可以查询街区水平的家庭人口数量以及收入等变量,但是另外一些变量(如出生地、房产税等)只能查询到更广泛水平的数据。

商业数据提供商将人口普查数据与其他的数据编辑在一起，使这些数据对于数据库营销者更加简单而方便。考虑到每十年才做一次人口普查，他们还可以提供每年的预测数据。

2. 测绘数据

地理编码是将一个地点进行经度和纬度定位的过程。地理营销信息供应商提供的地理编码服务可以通过给每个地址、ZIP 邮政编码或者 ZIP＋4 指定坐标来增强你的顾客信息文件。在指定坐标之前，他们也会核实这个地址是否与美国邮政署（UPSP）的标准信息是一致的。

一旦位置坐标被加入这个地址的记录，测绘软件就可以在地图上显示这个地点。这样就可以计算每个顾客与各种商店之间的距离。该数据也可以帮助企业从空间位置的视角来展示并理解市场状况。如果该数据与营销信息（如顾客的人口统计特征）整合起来，无论对于管理者还是分析人员都非常有价值。例如，测绘数据可以帮助零售商和银行为新的分支机构选址。

3. 个人水平的数据

一些外部数据的提供商可以在顾客个人层面上提供名单增强服务。例如，Donnelly Marketing，Info USA 的一个子公司，拥有超过 2.25 亿个人和 1 亿家庭的人口统计特征与生活方式信息。对于每一个个人或者家庭，它提供了超过 250 个变量可以加入委托者的顾客信息文件中。这些变量包括性别、年龄、估计的家庭收入、房屋所有权、估计的房屋价值、住所类型、信用卡信息、邮购状况、汽车拥有状况、种族、婚姻状况、是否新婚等（参见 http://www.infoUSA.com）。

Info USA 也可以为企业提供名单增强服务。他们从黄页、年报、主流商业杂志与报纸中获得信息，并通过拨打 1 700 万个电话来核实这些信息，现在其数据库拥有超过 1 400 万家美国企业的信息。委托者可以通过 70 多个变量来增强自己的企业名单，这些变量包括企业类型、销售量、员工的人数、CEO 的种族、成立时间、信用评级、电话号码以及传真号码等。

在名单增强行业中至少有四家竞争企业，它们是：Acxiom，Experian，Equifax（之前的 R. L. Polk & Co.），以及 Info USA。每一个企业编辑名单的方法略有不同。例如，R. L. Polk & Co. 是在各州机动车登记信息与各种公共记录的基础上编辑名单，因此它的数据库有一些与汽车相关的专业信息如厂商、车型、使用时间等。在将它的顾客信息解决方案部门出售给了 Equifax 后，Polk 现在聚焦于汽车产业（http://www.polk.com）。另外，Donnelly Marketing 最初通过电话和城市目录来编制它的名单。现在它的名单来源已经扩大到了邮购买家和订阅者、杂志订阅者、信用信息及其他的公共信息。1999 年 Donnelly Marketing 成了 Info USA 的全资子企业，而 Info USA 已经是著名的商业数据库提供商。

NDL（National Demographics and Lifestyles）在 20 世纪 70 年代创造了一种收集生活方式数据的方法[①]。NDL 通过给制造商和零售商提供保修卡处理服务来编制数据。

---

① 后来 NDL 被 R. L. Polk 收购。

制造商将保修卡随同 NDL 的一个生活方式调查一起放到产品包装中。NDL 对数据进行处理后，将保修信息以及一些生活方式数据提供给制造商，同时将全部信息加入自己的顾客生活方式数据库。

即使是大型名单编辑商也不能实现与委托者提供的顾客数据的 100%匹配。一般委托者提供的顾客名单中有 80%～90%能够被大型名单编辑商所覆盖（Roberts&Berger，1999）。此外，对于匹配上的名单，许多个人层面的数据仍无法获得，但是名单编制商能够提供不同的地域平均值（如 ZIP、ZIP＋4 或者街区）。可以想象，如果在个人层面上增强名单会更加昂贵。另外，有些变量如收入可以从统计模型中推导出的估计值。例如，一个收入预测模型中收入为因变量，自变量则是户主年龄、汽车拥有状况、汽车的类型与厂商、房产价值、职业类型等。通过对一组个人数据进行估计得到个人层面的收入，模型也可以用来预测家庭层面的总收入。

4. 预先建模或聚类数据

一些外部数据提供商还将顾客分析技术用于顾客（个人水平或地域水平）和企业数据，将美国的全部人口细分成若干个群组。聚类算法可以利用研究对象的几百个人口统计特征以及生活方式变量，将他们分为若干群组，使得组内成员具有同质的特征，而组间则具有异质的特征。一旦确定了合适的聚类数，每个群组就可以通过组内成员人口特征、生活方式、心理、媒体兴趣的平均值进行描画。详见第 16 章的聚类分析。

这些群组信息是外部数据提供者通过聚类分析得到的输出结果，所以被称为预先建模信息。将它们用于数据分析可以节省时间与工作量。如果你的顾客名单已经有了聚类编码，你就可以区分顾客属于哪个群组以及根据各群组的特征判断这名顾客的特点。有人认为聚类信息过于综合，每个群组的人口统计与生活方式变量无法解释购买行为的异质性。例如，可能一个群组的汽车拥有比例与其他群组没有什么显著差异。但是，群组信息至少对于寻找潜在目标顾客是有用的。更重要的是，它可以帮助你开发合适的广告文本与媒体选择方案。

PRIZM 是最早的人口特征与生活方式细分框架之一（http://www.claritas.com），它是由 Claritas 开发的，基于“物以类聚，人以群分”的原则。也就是说，具有相似人口特征与生活方式的人倾向于住得更近。通过对美国人口普查数据的一系列聚类分析与因子分析，它将人口普查得到的街区分为 66 个类型，如表 8.1 所示。每个群组内成员都具有相似的人口统计特征与生活方式，而且拥有一个独特的命名，如贵族阶层、猎枪和小卡车以及年轻影响者等。一旦一个委托者的顾客信息文件拥有了 PRIZM 的群组编码，就可以改进潜在顾客的目标市场营销决策。

表 8.1 66 个 PRIZM-NE 群组的简要描述（感谢 Claritas，Inc.，于 2007 年 8 月 8 日获得，见 http://www.claritas.com/MyBextSegments/Default.jsp? ID=30&SubID=&pageNa=Segment%2BLook-up）

群组	名称	描述
U1 组：城市上城（Urban uptown）		
04	青年数码英才（Young Digerati）	随着新的计算机和数字技术的快速发展，这个群组代表了生活在城市边缘时尚街区的夫妇和精通科技的单身人士

续表

群组	名　　称	描　　述
07	财智双全(Money and Brains)	财智双全的居民拥有一切：高收入、高学历以及与他们的资历相匹配的复杂品位。这些城市居民中绝大多数是白人，同时还有相当多的亚裔美国人，他们是育有少数孩子的已婚夫妇，生活在时尚、精心维护的城市小型房屋中
16	波西米亚人(Bohemian Mix)	波西米亚风格年轻的、移动的都市居民，代表了这个国家最自由的生活方式。主要是年轻的单身人士和夫妇、学生和专业人士，西裔、亚裔和非裔美国人以及白人。他们住在时髦的联排别墅和公寓里，是最新电影、夜总会、笔记本电脑和精制啤酒的早期采用者
26	世界主义者(The Cosmopolitans)	持续的城市中产阶级化导致了这个群组的出现，生活在美国快速增长的大都市如拉斯维加斯、迈阿密、阿尔布开克。他们主要是一些年长的房主、空巢者以及享受安逸生活方式的大学毕业生
29	美国梦(American Dreams)	美国梦想是美国种族多元化的活生生的例子，这个群组超过一半都是西裔、亚裔、非裔美国人。在这些使用多种语言的街区中，十个人中有一个人讲除英语外的其他语言。他们主要是中年的移民，与孩子生活在中产阶级的套间里
U2 组：多元中城(Midtown Mix)		
31	都市成就者(Urban Achievers)	通常是来自亚洲、南美和欧洲移民的第一代，集中在港口城市。这些年轻的单身人士和夫妇一般受过大学教育，而且呈现种族多样化：大约 1/3 在外国出生，甚至更多比例的人讲英语以外的其他语言
40	封闭夫妻(Close-In Couples)	他们主要是一群年老的、非裔美国人夫妇，他们生活在中型城市市区的老房子里，多是高中毕业以及空巢者，这些 55 岁以上的居民通常生活在较老的城市市区，享受安全、舒适的退休生活
54	文化马赛克(Multi-Culti Mosaic)	体现出西裔新移民(现有 3 800 万人)的快速增长。这个群组在市区中由年轻的西裔、亚裔和非裔单身者与家庭组成。近 1/4 在国外出生，作为第一代移民正在为提升他们的中产阶级偏下的社会地位而努力
U3 组：城市核心(Urban cores)		
59	都市老者(Urban Elders)	居住在纽约、芝加哥、拉斯维加斯和迈阿密这样的大都市市中心的社区，为经济问题而挣扎。通常是西裔和非裔美国人，住在租用的旧公寓中，低层次，而且很多是单身人士
61	扎根城市(City Roots)	是生活在市中心的低收入的退休者，通常生活在他们已经住了很多年的较老的单层或双层公寓里。在这些民族多元化的社区中，超过 1/3 的人是西裔和非裔美国人，居民通常是寡妇和鳏夫，依靠固定收入生活并且保持低调的生活方式

续表

群组	名　　称	描　　述
65	大城市蓝领(Big City Blues)	50%为拉丁裔，西裔美国人最集中的群组。同时也是多种族聚居地，包括另外一些低层次的亚裔、非裔家庭，居住在较老的内城公寓中。集中在少数大城市中，这些年轻的单身者和单身父母家庭面临着巨大的挑战：低收入，不确定的工作以及较差的学历。超过40%的人没有读完高中
66	低层生活(Low-Rise Living)	经济挑战最大的城市群组，由年轻的、多种族的单身者与单亲父母组成。房产价值很低，国家平均水平的一半左右，甚至拥有住房的人不足1/4。典型的状况是经营夫妻店，亟须救助
S1组：郊区精英(Elite suburbs)		
01	上流社会(Upper Crust)	最高档的住宅区，是美国最富有的生活方式，空巢者的天堂，居住的夫妻超过55岁。每年收入超过20万美元或者拥有研究生学历，享受最富裕的生活标准
02	贵族阶层(Blue Blood Estates)	生活在郊区的富裕者，拥有价值百万美元的住宅以及修剪整齐的草坪，高档汽车和专属私人会所。作为美国第二富裕的生活方式，它的特点是有孩子的已婚夫妇、大学学位，其中很大比例是亚洲裔美国人和年薪六位数的企业高管、中层经理和专业人员
03	有权势的人(Movers & Shakers)	是美国最有前途的企业阶层：典型的是年龄在35～54岁之间、受过高等教育、有两份收入、有孩子的夫妻，享受富有的郊区生活。考虑到高管和专业白领的高百分比，这个群组有明确的嗜好：在拥有企业和家庭办公室方面排第一
06	赢家圈子(Winner's Circle)	在富有的郊区生活方式中，这是一个最年轻的群组，年龄在25～34岁的夫妇，住在新贵阶层居住区，家庭人口。住宅旁边到处体现着高层次的生活方式：休闲公园、高尔夫球场以及高档商业中心。收入在9万美元的中等水平，这一群组的人在旅游、滑雪、外出用餐、服装专卖店与演出方面花销最大
S2组：富裕阶层(The affluentials)		
08	豪华套房(Executive Suites)	由中上阶层的单身者和夫妻组成，居住在环城公路外。有大量的亚裔美国人和大学毕业生，这两类人的比例超过全国平均水平的两倍。这些地段是吸引专业人士的天堂：舒适的住宅与公寓，到市中心上班的便利交通、餐饮与娱乐场所
14	新空巢者(New Empty Nests)	这群人的孩子刚刚成年并搬出，他们是新的空巢者，是追求积极生活的年纪较长的高层次美国人。近3/4年龄超过了65岁，但是他们表示对在家休息的退休生活不感兴趣。旅行成为他们的首选，而最喜欢的目的地是意大利

续表

群组	名　　称	描　　述
15	游泳池和庭院(Pools & Patios)	战后生育高峰的一代人,他们已经从年轻的郊区家庭发展为成熟的空巢夫妇。居住在稳定的社区,房子有游泳池和庭院,主要建成于20世纪60年代。主要是白领经理与专业人士,已经达到他们事业的顶峰阶段
17	环城高速婴儿潮一代(Beltway Boomers)	生育高峰出生的人现在已经是四五十岁,这个群组是其中的一部分,他们是大学毕业、中上阶层的房屋所有者。与那些晚婚正在养育孩子的同龄人一样,这些生育高峰出生的人住在舒服的郊区并依然追求以孩子为中心的生活方式
18	以孩子为中心(Kids & Cul-de-Sacs)	这个群组为高层次、住在郊区、有孩子的已婚夫妇。他们住在新建郊区,家庭人口众多,生活方式让人羡慕。其中西裔和亚裔美国人占了很高比率,往往拥有大学学历,是从事行政工作的白领专业人士,收入处于中高阶层。他们的受教育水平、富裕和孩子共同导致了对以孩子为中心的产品以及服务的大量花销
19	圆满的家(Home Sweet Home)	该群组广泛分布于郊区,为中上阶层已婚夫妇,住在中等面积的住所内,孩子较少。这个群组的成人一般在25～54岁,上过大学,并且从事专业及白领工作。由于较高层次的收入以及少的人口数,他们享受时尚舒适的生活方式,家里面都是玩具、电视和宠物
S3 郊区中层(Middleburbs)		
21	灰色力量(Gray Power)	过去十年中人数不断上升的健康的美国老年人产生了一个重要的副产品:在一个地方慢慢老去而不是搬到养老院,拥有房屋的中产阶级的郊区居民。该群组是一群住在安静住所的中等层次的老年单身者和夫妇
22	年轻影响者(Young Influentials)	这个群组曾经是被人熟知的雅皮士之家,现在则反映出了已经风采不再的雅皮主义。现在主要是全心全意追求工作和休闲平衡的中产阶级年轻单身者和夫妇的统称。他们刚离开学校不久,住在周围有球场、健身中心和快餐厅的公寓中
30	城郊蔓延(Suburban Sprawl)	这是一种与众不同的美国生活方式:一群住在郊区核心地带、中等阶层、中等年龄的单身者和夫妇。典型的生育高峰期出生的一代人,他们拥有得体的工作、老旧的房屋和公寓,追求书上所描述的美国梦。他们最喜欢的活动是在跑步机上慢跑、玩简单的游戏和租录像带看
36	蓝筹蓝领(Blue-Chip Blues)	一个正在增长的年轻人群,从事待遇良好的蓝领工业,追求舒适的生活方式。种族多元化,西裔非裔占据相当多的比例。所住社区正在老化,居所紧凑、价位适中,周围有迎合有孩子家庭的商业中心

续表

群组	名　　称	描　　述
39	国内二重奏(Domestic Duos)	该群组是指住在旧的郊区的中产阶级,年龄超过55岁的单身者或已婚夫妇。高中教育水平和固定的工资,使他们维持着简单的生活方式。这些居民的社交活动大多是打保龄球、看话剧、在本地的市政厅见见面或者一起出去吃饭
S4 郊区核心(Inner suburbs)		
44	新开端(New Beginnings)	由年轻人和单身的成年人组成,正处于成人的转型期。大多数居民是20岁左右刚开始工作的单身者和夫妇——或者最近才经历过离婚或者跳槽的人。种族很分散,近一半的居民是西裔、亚裔及非裔美国人。他们的生活水平适中,公寓都是临时的装饰
46	年老的荣耀(Old Glories)	为下层的住在郊区的退休者和住在老年公寓的老年人。种族混合,经常是有固定收入的寡妇与鳏夫。他们倾向于过着以家为中心的生活方式。他们也是热情的电视粉丝,他们经常看综艺节目、电视剧、脱口秀和新闻杂志
49	美国经典(American Classics)	他们可能是老人、中低阶层和退休者,但是仍然生活在自有房产中,这也是美国梦的一部分。很少有其他群组的房产拥有率超过他们。这些白人单身者与夫妇的生活方式更舒服,和周围邻居建立了更深的关系
52	城郊先锋者(Suburban Pioneers)	反映了折中主义的生活方式,是年轻的单身者、最近经历过离婚而搬到老房屋和郊区内环的单亲父母的混合群组。因为蓝领的工资有限,所以他们住在老房子或者带有花园的公寓里。他们是白种人、西裔、非裔美国人的混合体,但是把他们聚类起来的原因是工人阶级的敏感性,以及他们居住的偏僻的社区
C1 二线城市(Second city society)		
10	二线城市精锐(Second City Elite)	在二线城市仍有许多商机,你很可能找到住在二线城市的精英们。这些住在卫星城的富裕的高管们用电脑、大屏幕的电视和惊人的红酒收藏来装饰他们20万美元的房子。他们半数以上拥有大学学历,享受读书、观剧、舞蹈等文化活动
12	小城市富人(Brite Lites, Li'l City)	不是所有时尚、见多识广的美国人都住在大城市。这个群组的人都是些有不错收入的中年夫妇,住在卫星城里。他们是典型地拥有大学学历的丁克家庭,有一份待遇良好的企业或专业工作,并用最新的科技打造出华丽的家
13	向上努力(Upward Bound)	与其他群组不同,这个群组就是传说中的足球妈妈爸爸的家庭。在这些小的卫星城中,上层家庭有两份收入并且拥有大学学历,是新分化的阶层。该群组常被孩子缠住,他们有大量要买的东西,如电脑、玩具、线上游戏、自行车和露营装备

续表

群组	名　　称	描　　述
C2 城市中心(City centers)		
24	后起之秀(Up-and-Comers)	这个群组是年轻的单身者在成家之前的中转站,有家人,呈现一种独立的生活方式。这些到处搬家的二十几岁的年轻人中有相当大比例是大学刚毕业的学生,喜欢参加体育活动、掌握最新科技活动,并且喜欢夜生活
27	米德尔堡经理(Middleburg Managers)	是一群居住在卫星城的空巢者,追求较低的生活成本与更休闲的节奏。主要是中产阶级,55 岁以上,从事固定的管理职位,拥有舒适的退休生活。房屋较陈旧,喜欢读书、演奏乐器、照顾花园和修理家具
34	白色栅栏(White Picket Fences)	处于社会经济阶梯的中间位置,这些住在白色栅栏里的居民看起来更像典型的上一代人:年轻、中产阶级、已婚并且有孩子。但是实际情况已经改变,他们往往居住面积适中,而且呈现种族多元化,有相当多的西裔和非裔美国人
35	新兴城市单身(Boom town Singles)	在快速增长的卫星城里这个群组的人数也在增多,他们住在价格可承受的住所里,从事入门型工作,非常强健。他们多是年轻的单身者,属于工人阶层,追求积极的生活方式,生活在公寓、酒吧、便利店以洗衣房组成的社区之中
41	老旧城市蓝领(Sunset City Blues)	分散在小城市的老社区内,是一些已退休或将要退休的中下阶层的单身者或夫妇。这些空巢老人倾向于拥有自己的房屋,但是教育水平与收入很有限。他们保持着低调的生活方式,每天白天埋于报纸和电视,晚上到家庭式的餐馆用餐
C3 微型城市蓝领(Micro-city blues)		
47	城市创业者(City Startups)	在城市的新兴区域,这些年轻的、多种族的单身者所聚集的社区里到处是廉价的公寓,以及迎合 20 多岁年轻人的咖啡馆、酒吧、洗衣房和俱乐部。是美国最年轻的群组之一,其中大学生人数是全国平均水平的十倍,他们以低收入为主,西裔和非裔美国人非常集中
53	流动性蓝领(Mobility Blues)	这些年轻的单身者和单亲父母居住在卫星域的工人阶层社区里。他们由不同种族组成,年龄在 25 岁以下,由于从事低收入的蓝领工作而倾向于简朴的生活方式。调查显示,他们经常去看电影、打篮球和台球
60	公园长椅上的老人(Park Bench Seniors)	他们是退休的单身者,居住在卫星城多种族混居的社区。由于教育水平与收入有限,他们保持着低调、久坐不动的生活方式。他们是看电视最多的群组之一,尤其是看白天的电视剧和游戏节目

续表

群组	名　称	描　述
62	家乡的退休者（Hometown Retired）	这个群体3/4都是65岁以上的老人，过着最古老的生活方式。他们生活在种族混居的社区里，住在老旧的房子里，这些房子有一半建于1958年以前，靠社会保障和有限的养老金生活。因为大多数没有超出高中学历，而且年轻时主要从事蓝领工作，因此他们的退休生活是相当窘迫的
63	家庭节俭者（Family Thrifts）	居住在类似小城市的内城区，这个群组主要是年轻、多种族、有很多小孩、从事入门级服务工作的父母。他们居住在充斥着公寓楼的社区里，街道上到处都是婴儿和幼童、三轮车和篮球筐，大宇（美国通用汽车企业旗下品牌之一）和现代汽车
T1 乡村士绅（Landed gentry）		
05	乡绅（Country Squires）	住在美国远郊区最富有的居民是一些乡绅，他们也是出生在婴儿潮时期的人，现在已经逃离了城市享受小镇生活的魅力。这些高管们的家庭住在新建的房子里，享受着六星级的舒适生活。社区俱乐部里可以玩高尔夫、网球、滑雪、游泳、划船和骑自行车
09	小池塘里的大鱼（Big Fish, Small Pond）	这个群组是上等阶层的老人，受过大学教育的专业人员，在他们的小镇社区里是领导公民。这些高层次的空巢夫妇享有成功的外表，是乡村俱乐部的会员，有大量投资组合，对信息产品的使用可以随心所欲
11	上帝之乡（God's Country）	当城市居民和郊区居民从20世纪70年代开始搬往乡村时，这个群组就成为城市远郊生活方式中最富裕的人群。如今，内陆地区有许多富裕的社区，但是这个群组仍然是那些高收入夫妇的天堂，可以住在宽敞的住宅内。他们主要是受过大学教育的婴儿潮的一代人，他们试图在高压力的工作与悠闲的空闲时光之间找到平衡
20	快车道家庭（Fast-Track Families）	在迁入远郊乡村的人中间有这样一批上层城市居民，他们是中年父母，拥有可自由支配的收入，受过良好教育，并且喜欢田园生活方式，他们钓鱼、划船和进行网购——花销不菲
25	乡村休闲者（Country Casuals）	这个群组享受着悠闲的生活氛围，他们是家庭已经开始空巢的中上阶层的中年人。多数家庭有两人在赚钱，或者是拥有小型企业，或者是企业白领，收入很好。如今，这些婴儿潮一代的夫妇已经有可自由支配的收入，能享受旅游、分时度假和外出用餐
T2 乡村舒适者（Country comfort）		
23	绿带运动（Greenbelt Sports）	是住在远郊的中产阶级夫妇，生活方式非常积极。他们主要是已婚、受过大学教育、拥有新住房的中年人，1/3有孩子。他们几乎是最热衷于户外运动的人，进行滑雪、皮划艇、背包旅行、划船和山地自行车运动

续表

群组	名　　称	描　　述
28	传统年代(Traditional Times)	这个群组是临近退休的小镇夫妇,正开始他们的第一个空巢年。他们通常在五十几岁或六十几岁,中产阶级,追求田园生活。在他们的咖啡桌上,既有《乡村生活》《乡村家居》也有《美食》《福布斯》等杂志。他们喜爱旅行,尤其是房车和露营
32	新开垦者(New Homesteaders)	年轻的中产阶层家庭,试图逃避郊区扩张而到乡村小镇定居,这里到处都是新牧场和 Cape Cod 式的房子。从事着白领和服务行业但收入降低,这些双职工夫妇享受着时尚舒适、以孩子为中心的生活方式。他们的车道停着露营车和汽艇,房间里都是游戏机和玩游戏的男孩
33	大天空家庭(Big Sky Families)	分散在美国中心地带的平静的小镇,是将高中学历与蓝领工作转化为繁忙、中产阶级生活方式的农村家庭。他们喜欢打棒球、篮球和排球,还喜欢钓鱼、打猎和骑马。为了让日渐庞大的家庭享受娱乐,他们几乎会买遍市场中的每一件运动器材
37	梅贝里维尔(Mayberryville)	就像在一个风景如画的冰山中上演着古老的美国家庭喜剧,这个群组回到了老式的生活之中。在这些小镇,中产阶级夫妇和家庭白天喜欢钓鱼与打猎,晚上待在家里看电视。从事蓝领工作,住在中等价位的住房里,这些人用他们可自由支配的现金买船、露营车、摩托车和皮卡车
T3 美国中部(Middle America)		
38	简单的快乐(Simple Pleasures)	这个群组有超过 2/3 的居民大于 65 岁,享受着简单而快乐的退休生活。社区由中下阶层的单身者和夫妇组成,房屋价格适中。许多人是受过高中教育的老人,退休前从事蓝领工作。有相当多人曾在军队服役过,退伍军人俱乐部成员的数量是最多的
42	红、白、蓝领(Red, White & Blues)	这个群组居住的远郊城镇正迅速演变成近郊区。街道上有新的快餐店,以及沃尔玛、Radio Shack 和 Payless Shoes 等连锁商店。一般是高中毕业、中下阶层的中年人,在制造、加工和建筑行业从事固定的蓝领工作
43	传统城镇居住者(Heartlanders)	美国曾经是一片中产阶级小城镇,今天这些还能在该群组中看到。这个分布广泛的群组是由工人阶级的中年夫妇组成,住在结实、简朴的房屋中。社区由一些小家庭与空巢夫妇组成,追求乡村生活,主要的休闲活动包括打猎和钓鱼,以及做饭、缝纫、露营和划船
45	蓝色的高速公路(Blue Highways)	在地图上,蓝色的双车道高速公路向远处延伸。这个群组是中下层夫妇中的佼佼者,生活在偏僻的城镇和农场。在这里,男人喜欢打猎和捕鱼,女人享受缝纫和制作工艺品的乐趣,每个人都期待着出去听乡村音乐会

续表

群组	名　称	描　述
50	美国的孩子城(Kid Country, USA)	这个群组广泛分布在整个国家的中心地带,主要由生活在小镇上的大家庭组成。主要是白人,也有超过平均水平的西裔人,这些年轻的工人阶级家庭包括有房子的家庭、租房者和住在基地住房里的军人,约20%的居民拥有移动房屋
51	猎枪和小卡车(Shotguns & Pickups)	这个群组在所有生活方式中是拥有猎枪和小卡车最多的。他们是年轻的工人阶级夫妇,家庭规模大,一半以上的家庭有两个或更多的孩子。居住在小住宅和预制式住房里。近1/3的居民生活在移动房屋里,是所有群组中最多的
T4 乡村生活(Rustic living)		
48	年轻的乡下人(Young Rustic)	这个群组由年轻、不安分的单身者组成。这些人往往收入较低、有着高中学历并且生活在远郊城镇的狭小公寓里。从事服务行业的工作而且收入有限,他们的生活方式更加快节奏,喜欢体育、汽车和约会
55	金色池塘(Golden Ponds)	这是一种退休的生活方式,由超过65岁的下层单身者和夫妇组成。这些高中学历的老人生活在一些田园小镇上,居住在小型公寓里,年收入小于25 000美元,1/5的人生活在养老院。对这些老人来说,每天的生活主要是一些久坐的活动,如读书、看电视、玩游戏和做手工
56	十字路口的村民(Crossroads Villagers)	这是一种典型的乡村生活方式,由蓝领的中年夫妇和家庭组成,主要是高中毕业,中低收入并且住房面积紧张。1/4居住在移动房屋中。经常自力更生,通过打鱼、园艺和打猎来制作食物
57	老工业社区(Old Milltowns)	随着美国制造业的萎缩,以前繁荣的工业城镇逐渐老化。这个群组反映出了以前小型工业社区的衰落过程,现在充斥着退休的单身和夫妇,靠固定收入生活。这个以家庭活动为中心的群组是白天电视节目最大的观众群之一
58	返乡者(Back Country Folks)	这个群组生活在偏远的农场上,远离经济中心。成员很穷,超过55岁,居住在老旧、面积紧张的住宅或者预制房屋内。这个群组的生活就像是回到了美国以农业为主的时代
64	美国基石(Bedrock America)	由年轻的、经济紧张的家庭组成,生活在偏远的小镇上,远离中心地带。受教育有限,家庭人口庞大,从事蓝领工业,这些人挣扎在收支平衡线上。1/4居住在移动房屋中。1/3没有上完高中。居住的地方风景美丽,是钓鱼、打猎、登山与露营的天堂

最近,Looking Glass开发了一个叫作Cohorts的细分框架。与PRIZM不同的是,Cohorts是基于家庭层面的自我报告数据,而非社区集合层面的数据。因此,对于瞄准家庭进行目标市场营销时被认为更精确(http://www.cohorts.com)。数据来自两家大型个人数据提供商Experian和Equifax。Cohorts最后得到了30个聚类群组,每个都有名字,比如

Alex & Judith(富裕的空巢者)和 Chad & Tammie(年轻家庭),见表 8.2 中的总结[①]。到现在为止,有超过 100 家来自不同行业的消费品企业已经使用了 Cohorts 的细分框架。

表 8.2 "2007 年 Cohorts 细分"的简要描述(源于 2007 年 Cohorts Segments,致谢 Looking Glass Inc.,于 2007 年 8 月 8 日获得。见 http://www.cohorts.com/pdf/2007_Briefs.pdf)

Cohorts 细分名称	描　述	年龄中位数/岁	收入中位数/美元
已婚夫妇			
Alex & Judith	**富裕的空巢者** 双份收入的老夫妻,用他们较高的可支配收入享受美好的生活	61	144 000
Jeffrey & Ellen	**富裕的有孩子的夫妻** 城市家庭,尽管有孩子,仍有足够的财力去拥有最新的高科技产品,引领活跃的休闲与文化的生活方式	43	142 000
Barry & Kathleen	**富裕的专业夫妻** 教育良好、双份收入、没有孩子的夫妻,拥有鉴赏家口味,关注自己的事业,保持健康与投资	46	133 000
Stan & Carole	**高层中年夫妻** 没有孩子,这些信用额度高、双份收入的夫妻将时间主要用于户外活动和家庭爱好	50	75 000
Brett & Tracey	**极度活跃的新婚夫妇** 年轻、双份收入、没有孩子,将精力投入积极的运动、户外活动、事业和家庭生活之中	31	65 000
Danny & Vickie	**青少年主导家庭** 父母中年、中等收入、由青少年主导的家庭,忙于户外活动、电脑和电子游戏	42	59 000
Burt & Marilyn	**成熟夫妻** 舒适、接近退休的有房家庭,是活跃的投资者,从事慈善活动、旅游、政治,关注孙子辈孩子	67	58 000
Todd & Wendy	**返校家庭** 中等收入水平的家庭,有青春期的孩子、宠物,大量录像、电脑、户外活动占据了他们的时间	38	57 000
Chad & Tammie	**年轻家庭** 生气勃勃的年轻家庭,进行低花费的户外活动或者做家务活来缩减生活开销	31	53 000

① Cohorts 实际提供了 31 个聚类群组。最后一个"Omegas"是统计上的异常值,与前 30 个群组不同。

续表

Cohorts 细分名称	描　述	年龄中位数/岁	收入中位数/美元
Frank & Shirley	**养育孩子的老夫妻** 保守的祖父母，养育孩子的年长父母，以家为中心的生活方式包括养宠物、家庭作坊、园艺和购买彩票	60	50 000
Ronnie & Debbie	**工人阶级夫妻** 中等收入的夫妇，传统兴趣包括钓鱼、打猎、玩车和手工艺制作	48	38 000
Eric & Rachel	**年轻的新婚起步者** 年轻，没有子女的租房者，生活方式包括露营、钓鱼和跑步等户外活动，以及玩车和电子游戏	28	20 000
Elwood & Willamae	**收入有限的祖父母** 退休、收入有限的夫妇，溺爱自己的孙辈，主要追求家庭生活	72	20 000
单身女性			
Elizabeth	**机智的事业女性** 富裕的工作女性，品位精致，积极的生活方式，较好的投资习惯	43	182 000
Virginia	**上层成熟女性** 老年妇女，接近或已经享受退休生活，旅游，有高层次兴趣，包括慈善事业和投资	60	72 000
Allison	**受过教育的工作女性** 没有孩子，正建立自己事业的职业女性，发展精致品位，保持健康	32	53 000
Andrea	**工作的单身妈妈** 成功的职业单身妈妈，在工作和养育孩子之间保持平衡	40	50 000
Bernice	**活跃的祖母** 注重家庭的女性，喜欢手工制作、室内园艺和孙辈	62	36 000
Penny	**工人阶级女性** 没有孩子的办公室女性，关注外表，喜欢音乐、宠物、手工艺品，对中彩票大奖的兴趣在提高	43	18 000
Denise	**节省的单身妈妈** 收入有限的单身妈妈，纵容孩子玩电子游戏、看电影、听音乐，试图给自己留有时间	36	17 000

续表

Cohorts 细分名称	描　述	年龄中位数/岁	收入中位数/美元
Megan	**健康时髦的学生** 年轻、赶时髦的、事业心强的女学生，喜欢音乐、有氧运动和最新高科技	26	16 000
Minnie	**固定收入的祖母** 年老的单身女性，时间花费在孙辈、手工艺品和宗教阅读	73	11 000
单身男性			
Jonathan	**精英单身男性** 能力强、事业心强的男性，精致品位，广泛投资，想周游世界	45	186 000
Sean	**富裕男性** 富裕、身心健康的男性，有投资，兴趣高端	46	97 000
Harry	**小康绅士** 成熟男性，对投资、旅游、政治都很理性	59	49 000
Ryan	**精力充沛的年轻男性** 年轻、身体活跃、事业心强，高端兴趣包括电子设备和科技	33	48 000
Randy	**单身爸爸** 单身，喜欢户外活动、家庭作坊和与孩子一起电子娱乐	38	46 000
Jerry	**工人阶级男性** 蓝领男性，业余时间花在车库和户外	48	19 000
Jason	**男学生或毕业生** 身体活跃，技术导向的年轻男性，马上要毕业或刚开始第一份工作	26	17 000
Elmer	**久坐的男性** 老化、久坐的男性，拥有固定收入，除他们的孙辈和花园之外几乎没有什么兴趣	73	17 000
违背分类的家庭			
Omegas	无法对此类人进行明确分类，他们可能是已婚或是单身，房主或租户，18～65岁，有收入但范围从非常低到六位数，拥有众多不同的兴趣		

企业委托者已经开始质疑由外部数据商提供的聚类群组的性质。金融服务产品的购买行为应与生鲜食品的购买行为不同。不同行业也应该是由不同的人口统计特征和生活方式驱动的。在 20 世纪 80 年代，Pinpoint 开发了 FiNPiN，这是一个为金融服务业设计的消费者分类系统（Winters，1993）。另外一些数据商也紧随其后。例如，Claritas 推出了用于金融行业的产品，叫 P $ YCLE，该产品将美国家庭分为 42 个群组。随后，Claritas 又为保险行业开发了 LifeP $ YCLE。Claritas 收集了 90 000 名消费者如何使用金融服务

的调查数据。

最后，细分市场数据提供商还整合了来自其他专业研究机构的数据库。例如，数据供应商通过整合来自 Nielsen 营销研究公司、Simmon 营销研究所的数据、信用数据、选民名册和其他的消费者调查的数据，现在可以描述每一细分市场更广泛的购买行为（如特定的产品和服务的使用规律）。

5. 租赁名单以寻找潜在顾客

数据库营销人员可以通过认真筛选正确的潜在顾客名单来提高他们获取顾客的效率。例如，一家服务于身材娇小的女性的直邮企业可能希望将目标锁定为矮小的女人（Hatch，1995）。来自国家机动车辆管理局关于司机驾照的数据则可以提供司机的身高和体重。企业从这里就可以找到一个包含身高和体重信息的女性名单。

名单租赁行业是很多元化的，并没有对不同类型名单进行分类的标准方法。Roberts 和 Berger（1999）首次将名单划分为消费者和企业名单。另外，名单可分为内部名单、反应名单和编辑名单。一个内部名单是企业自己的顾客信息文件中的顾客名单，而（顾客）反应名单是其他一些企业的内部名单或“订阅者”名单（见 8.3.2 节中的第 3 点）。一个编辑名单是对公共记录、电话目录或专业协会数据编辑后的顾客名单。之所以被称为编辑名单，是因为这些不同来源的数据实际已经被编辑过。通常，编辑名单具有一些共同的可识别的特征，它的规模大，单位价格低。例如，InfoUSA 正在租赁的编辑名单包含 9 500 万个不同种族的人，3 700 万房主，840 万新搬家者等。因此，一个编辑名单更适用于广泛的市场分析。另外，反应名单是顾客针对特定企业，或者已经购买或者进行询问的信息。由于这个名单中的顾客已经显示了他们对回应邮件的兴趣，所以名单的邮件回应率应该会很高。此外，有很多种可用的反应名单，每个反应名单中的顾客通常会对特定的产品或服务显示出兴趣。例如，猫咪杂志的订阅者会对猫咪有很大的兴趣，猫粮企业也许会想租赁这个订阅者名单。

有成千上万的名单购买者和销售者。名单的市场呈现出以下的组织方式。

名单购买者希望购买一个针对潜在顾客的名单，它会雇用一个名单经纪人来寻找好的名单。在另一方面，名单的拥有者，可能是上面所说的名单编辑商或是一家企业。企业一般会雇用名单经理来负责销售他们的顾客名单。例如，百思买可能想通过促销苹果 Ipod 吸引顾客来店购物。而 Crutchfield 是一家电子产品的目录销售企业，它有一个最新的顾客名单。百思买的名单经纪人和 Crutchfield 的名单经理聚在一起，协商关于百思买租赁 Crutchfield 顾客名单的条款。如果 Crutchfield 认为百思买会抢自己的生意，当然可以决定不租名单给百思买。但是如果 Crutchfield 愿意，这个经纪人和名单经理就会协商好价格等条款。在这个案例中，名单拥有者 Crutchfield 会付给经纪人和名单经理特定佣金。这是个很有意思的安排。基本上，名单购买者不直接向名单经纪人或者名单经理付款。然而，可能有人会认为名单购买者实际上间接付费给经纪人或名单经理，因为名单拥有者付费给经纪人和名单经理，会使成交价格相对较高。

多年来，名单行业的技术含量一直相对较低。然而近年来，计算机名单搜索引擎已经出现，这使经纪人和名单购买者可以直接搜索名单。Nextmark（http://www.nextmark.com）就是一个这样的搜索引擎。可以参考 Roberts 和 Berger（1999）关于名单租赁行业的具体内容。

另一种获取潜在顾客名单的方法是通过名单交换，Abacus(http://www.abacusus.com)等公司就是从事这个业务的。Abacus运营了一个被称为合作数据库的产品。企业如果给数据库贡献了新的名单，作为回报，也可以从数据库中获取名单。名单交换在过去几年的现金紧缩中被越来越多的公司所接受。根据2004年Catalog Age对名单所做的研究，30%的受访者参与过名单交换(Del Franco，2004)。比起与竞争者进行名单交换，他们更加愿意与非竞争者交换。Chen等人(2001)发现，在特定条件下两家竞争企业进行信息分享(或名单交换)也能有利可图。

8.3.3 原始数据

如果从内部或者外部来源都无法获得数据，就需要利用消费者调查直接收集数据。这些虽然费时费钱，但通常是值得的。由于在传统的市场调研教科书中已经有详细的描述，我们将不会讨论收集原始数据的各种统计问题(调查、焦点小组、深度访谈和观察数据等)。取而代之，我们将提供一些企业如何收集原始数据的真实案例。

传统的快速消费品企业都是大众营销者。然而，桂格公司已经看到了一对一营销的潜力。为了创建自己的顾客名单，1990年桂格向消费者邮寄了带有独特家庭代码的优惠券。通过分析谁使用了优惠券以及在何时使用，桂格公司就可以了解顾客层面的购买行为。而且，这些信息可以被用来根据不同家庭的独特需求定制广告和促销(Mollie，1991)。

Philip Morris公司是另一个很好的例子。因为对烟草广告的越来越多的限制，Philip Morris认为，有必要建立自己的顾客信息文件以及直接接触吸烟者。顾客通过填写详细的问卷可以获取免费的T恤和睡袋(Berry，1994)。在有了2 600万吸烟者的姓名和住址后，Philip Morris开始定向发放优惠券，并且要求人们支持他们的游说活动。类似地，Seagram公司建立了自己的顾客信息文件，其中记录了顾客姓名和地址，他们喝酒的品牌和种类，性别、生日、收入，以及每个月平均买酒的瓶数(Berry，1994)。

信用卡公司和互联网门户网站的战略联盟常常可以显著减少收集原始数据的成本。例如，1992年，通用汽车与万事达卡联合发行了GM信用卡，最后建立起一个包含上千万顾客名单的数据库。近年来，一些线下企业和线上企业建立了战略同盟，瞄准在线顾客，追踪在线顾客的行为。例如，United Artists Theatre Circuit是美国最大的连锁剧院之一，它与AOL建立了长期战略联盟(Time Warner，1999)。联盟使得United Artists有效地接触到网络空间最大的电影观众群体。

原始数据的另一个重要用途是利用调查收集竞争信息(Kamakura & Wedel，2003；Du et al.，2005)。例如，一个企业可以调查它的顾客，询问他们从竞争者那里购买产品的频率，买了哪些竞争者的产品，还有竞争者产品所占的购买比例(钱包份额)。他们可以获取竞争对手的样本数据，比如1 000个顾客。然后可以建立一个预测模型，将某些已知变量与顾客的钱包份额联系起来。于是企业就可以利用这个模型为其余顾客打分。这样，每个顾客都可以根据其钱包份额被打分，也就是，在所有交易中购买本企业的产品占多少比例，购买竞争对手的产品占多少比例。

Du 等人(2005)指出很少有企业收集竞争信息。他们认为,企业可以使用调查方法来推断竞争信息从而加强与顾客的互动。他们的实证研究发现,顾客与企业的交易数量和他与竞争对手的交易数量之间几乎无关。此外,一小部分的顾客占据了竞争对手交易量的大部分,因此如果这些人能够被确认并通过促销激励转换至本企业将会极大增加销售。

8.4 终极营销企业

随着外部数据供应商产品服务差异化的减少,它们之间的竞争在不断增强。因此,数据销售业务已经成为一个低利润业务。为了与竞争对手相区别并增加价值,外部数据供应商开始向后整合以提供更多的服务,如预测模型、顾客细分、交叉销售建模和其他营销咨询服务。除了数据之外,通过提供销售和营销调研服务,这些供应商增加了在总价值链上的价值含量。我们观察到已经出现了这种大型的营销经纪商,我们称之为"终极营销企业"(Destination Marketing Company,DMC)。例如,Acxiom 的业务覆盖了名单销售、数据增强、分析和营销咨询服务、数据质量评估和直邮服务。

DMC 的重要作用是连接买家和卖家。DMC 就像是一个大型营销经纪商。一个企业可以将自己所有营销职能外包给 DMC。例如,许多企业雇用广告代理公司或营销调研公司来辅助自己的营销部门。同样,一个企业通过外包营销职能给 DMC,就不需要建立自己的营销部门。DMC 尝试为企业的产品和服务去寻找潜在顾客,传递沟通信息以及完成交易。DMC 通过佣金来获得收益。

DMC 拥有两种主要资源:顾客信息和数据库营销知识。也就是说,DMC 应该拥有一个巨大的顾客信息文件,文件包括个人和企业顾客,或者至少在获取外部数据库源方面尤其擅长。DMC 还要熟知各种数据库营销技术,如数据库管理和预测模型。如果一家企业委托 DMC 销售产品,DMC 就会从自己的顾客信息文件中选择一群被预测将有最高购买概率的顾客。为寻找最有效的销售方式,DMC 也可以为每个顾客选择最好的沟通和销售渠道。一旦完成销售,结果就被记录在顾客信息文件中。

我们能否为这种新兴的 DMC 找到实证证据?一些外部数据供应商例如 Acxiom 和 Harte-Hanks 正在向这个方向转变。企业一直愿意将它们的广告和市场调研业务外包。一些企业利用代理和经纪人来销售它们的产品。然而,你可能会说企业也许愿意外包部分营销职能,但它们必须为整体营销战略负责,包括寻找目标市场和进行产品定位。没有一个坚实的营销战略,产品就成了商品。例如,OEM 制造商的边际利润就非常低。他们也许没有足够的资源和能力来进行一对一营销,但是可将营销职能外包给 DMC。因此,虽然 DMC 有自己的优势,但它可能既是一个糟糕的营销战略的结果,也是一个起因。然而,如果将 DMC 整合到一个企业的营销团队中,而且这个团队又对自己的整体营销战略有着清晰的把握,那么 DMC 就可以发挥其最大价值。

第9章 测试设计与分析

摘要

数据库营销的另一大基石就是测试。测试为通过复杂数据分析得到的方案能否在现实市场中获得成功提供了清晰的证据。数据库营销中涉及的大多数测试都十分简单——选择 20 000 名顾客,将他们随机分成两组,对其中一组实施营销方案而另一组不做任何处理,然后比较两组的结果。尽管如此简单,有关数据库营销的测试设计和分析仍然存在一些议题,我们将在本章中进行讨论。

9.1 测试的重要性

Capital One 是当今最成功的信用卡公司之一(Cohen,2001)。它成功的秘诀就是基于测试与学习的管理哲学,Capital One 将其称为信息化战略(information based strategy,IBS)。该公司在 2000 年进行了 45 000 次测试,也就说平均每天进行 120 次。例如,当该公司想推出一款新产品时,就会通过测试来确定目标客户群,方法就是对不同的客户样本实施不同的新产品促销方案。根据测试的结果,Capital One 识别了那些最容易接受新产品的顾客类型以及相应的促销方案,有时也采取附加测试来对战略进行微调。Capital One 总是通过一系列的测试来制定重要的营销决策(如个性化定价、促销和包装)。

除非期望收益会大于成本,否则数据库营销人员不应该投入大量的公司资源。通常来说,计算期望收益并不容易,因为未来具有不确定性。除非你确信决策一定会成功,否则就应该进行测试以在充分信息的基础上做出决策。测试的目的就是在进行一项大规模的企业投资前获取更多的信息,降低失败的风险。数据库营销领域十分适合测试,因为公司有可追踪的客户信息,可以将它们随机分组到不同的处理条件,然后观察测试结果。

Capital One 是公认的数据库营销测试领域的领导者和广泛使用者,许多数据库营销人员都把测试当作工作中不可或缺的一部分。他们要对很多决策进行测试,如媒体选择、促销活动的拟订、邮件列表的选择、消息格式的选择等。另外,决策过程就像是一个封闭的环路,一个方案经过测试后需要修改,修改后再进行测试,然后才被执行,执行后的结果为今后的测试提供信息,如此循环下去。也就是我们从一个测试或正式活动中获取的信息将成为下次测试的输入信息,而测试结果又会为未来的测试和正式活动提供信息。

9.2 测试还是不测试

在进行测试前我们可能会问到底该不该进行测试？正如前面讨论的，测试可以提供帮助我们做出正确管理决策所需的信息。然而信息的获取会花费成本。测试的成本包括管理费用和因时间拖延而产生的成本。例如，为了评估一个客户忠诚项目或一项客户流失管理方案带来的收益，那么一年期的测试是必要的。但这样一般来说是不切实际的。营销人员必须想出一个方法让有用的信息可以在1～2个月的测试时间内收集到。因此，在对信息带来的期望收益是否会超出收集成本进行分析的基础上，我们可以做出是否需要收集信息或数据的决策。

本节我们将讨论两种决定是否进行测试的方法：第一种方法是基于决策分析，称为“信息价值法”(value of information)，该方法量化了数据库营销人员在一项测试上愿意花费的成本。第二种方法为“误命中成本评估法”(assessing mistargeting costs)，该方法虽然比较概念化，但为我们提供了一个是否进行测试的思考框架。

9.2.1 信息价值法

测试可以为我们提供信息，本节中我们将讨论量化信息价值时所涉及的基本概念。首先我们来看一个对理解复杂决策问题十分有用的工具：决策树。利用决策树，我们可以计算“完全信息价值”，然后延伸到如何计算“非完全信息价值”的问题上。

让我们考虑一个新产品推出的问题，新产品成功的平均概率为30%，也就是说，不收集关于新产品任何附加的信息，该产品的成功概率是30%，相对应的，失败率就是70%。假设当新产品获得成功时，该公司会赚1 000美元，失败会损失500美元，那么我们的问题是该公司是否应该推出新产品？如果该公司不推出新产品，它的收益是0美元，如果推出，那么该公司面对的是30%的概率收入1 000美元和70%的概率损失500美元，结果就是新产品推出的期望收益为−50(1 000×0.3−500×0.7)美元。因此，该公司不应该推出该产品。图9.1所示的决策树总结了以上的计算过程。

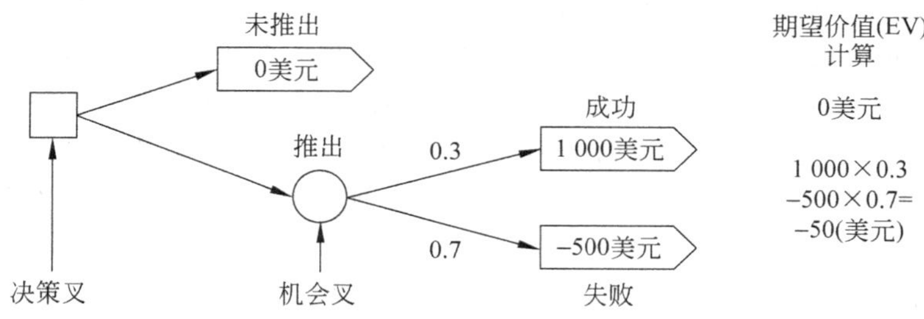

图9.1 计算新产品推出的期望价值的决策树

决策树是一种以图表的方式组织概率计算步骤从而做出最佳决策的方法。决策树的描绘开始于一个决策，本例中的决策是公司是否应该推出新产品？图9.1的方块代表决策叉，引出两个箭头(即两种选择)：推出新产品或不推出新产品。接下来就是计算每种选择的收益。第一种选择“不推出”的计算结果是 0。第二种选择的计算相对复杂，如果公司决定推出新产品，则收益由机会决定。图中我们以圆圈表示，称为机会叉（用以区别于决策叉）。推出新产品的两个结果是“成功”与“失败”，成功的概率是 30%，失败的概率是 70%。相对应成功的收益是 1 000 美元而失败的收益是 −500 美元。因此推出新产品的期望收益为 −50(1 000×0.3−500×0.7)美元。因为不推出新产品的期望价值是 0 美元，大于推出新产品的期望价值 −50 美元，所以该公司不应该推出新产品。

1. 完全信息价值(value of perfect information)

接下来我们考虑利用测试来帮助我们做出是否推出新产品的决策。首先我们需要考虑完全测试（或信息）的价值。完全测试能够百分之百准确预测新产品是成功还是失败。图 9.2 显示的是决定是否进行测试的决策树。

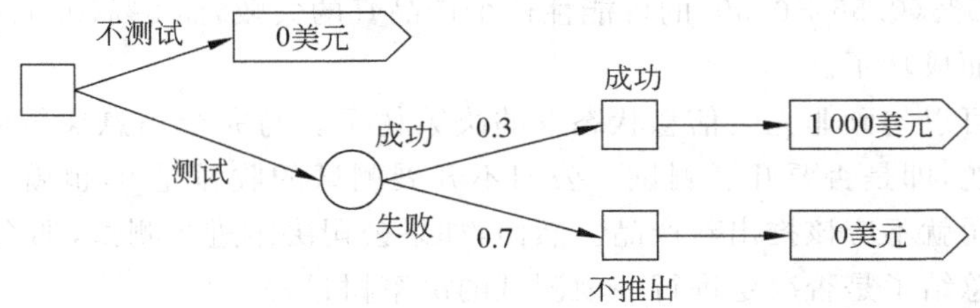

完全信息期望价值：
(0.3)(1 000)−(0.7)(0)=300(美元)

图 9.2 评估完全信息价值的决策树

如果不进行测试，我们就会做出不推出新产品的决策（因为正如前文的计算结果，推出新产品的期望价值是 −50 美元），这样的话相应的收益就是 0 美元。然而，如果我们决定进行一项测试，那么收益由机会决定。30%成功的机会和 70%失败的机会，假设测试能够准确预测新产品是成功还是失败，如果在测试中新产品被预测是成功的，那么就会成功，公司应该推出新产品，获得 1 000 美元的收益。相反，如果新产品在测试中被预测是失败的，那么就会失败，公司不应该推出该产品，而相应的收益就是 0 美元。因此期望收益就变成了 300(1 000×0.3−0×0.7)美元。由于进行了测试，收益由之前的 0 美元变为现在的 300 美元，所以完全信息（或完全测试）价值变为 300 美元。换句话说，公司应该进行完全测试，除非该测试的成本比 300 美元高。

2. 非完全信息价值(value of imperfect information)

测试所提供的信息很少是完全的。这其中包含很多原因，如样本量过小、测量误差等。回到之前有关新产品推出的问题，即假设测试提供的信息是不完全的。假设如果新产品实际可以成功而测试只能正确预测其中的 90%。也就是说，可以成功的新产品中有 10%被预测为“失败”。同理，如果新产品实际失败了，在测试中却只有 80%被预测失败，另外 20%被错误地预测为“成功”。那么，在这种非完全测试中我们应如何评估信息价值？

在我们进入非完全信息决策树之前，首先简要地计算几个重要的概率。我们可以计算测试结果（“成功”或“失败”）和真实结果（“成功”或“失败”）的联合概率。方法就是将相应二者的概率相乘。例如，我们将真实结果成功和测试结果“成功”的联合概率写为 P(产品成功 & 测试“成功”)$=P$(产品成功)$\times P$(测试成功，给定产品实际成功了)$=(0.3)\times(0.9)=0.27$。同理，P(产品成功 & 测试“失败”)就是$(0.3)\times(0.1)=0.03$，而 P(失败 &“成功”)$=(0.7)\times(0.2)=0.14$，P(失败 &“失败”)$=(0.7)\times(0.8)=0.56$。

运用以上四个联合概率我们可以算出测试给出的新产品成功或失败的概率。测试给出的新产品成功概率 P(“成功”)，应该等于 P(产品成功 & 测试“成功”)$+P$(产品失败 & 测试“成功”)$=0.27+0.14=0.41$。测试结果显示 41%的新产品会成功。然而，我们应该知道，当测试预测一个新产品会成功时，意味着有 66%(0.27÷0.41)的可能性这个产品会真的成功，而 34%(0.14÷0.41)的可能性这个产品会失败。同理，通过测试给出的新产品失败的概率 P(“失败”)为 0.59(0.03+0.56)。然而，当测试结果预测新产品会失败时，意味着有 95%(0.56÷0.59)的可能性这个产品真的失败，而 5%(0.03÷0.59)的可能性这个产品反而成功了。

现在我们可以勾画非完全信息状态下的决策树了。与完全信息决策时一样，公司需要一个决策问题，即是否要开展测试。公司不开展测试的收益是 0，也就是说，测试未提供附加信息公司就不应该推出新产品。然而，如果公司决定进行测试，那么收益将由机会决定。图 9.3 总结了是否决定进行一项测试的决策树过程。

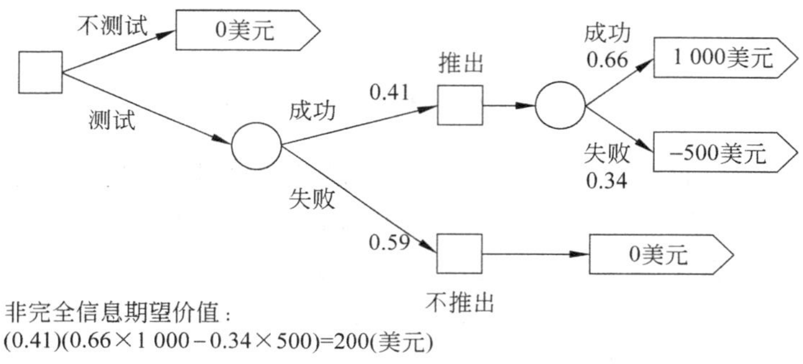

图 9.3 非完全信息价值决策树

如果进行测试，就会有一个机会叉，即 P(“成功”)$=0.41$，P(“失败”)$=0.59$。测试结果告诉我们有 41%的新产品会成功，59%的新产品会失败。如果测试预测会成功，那么公司将会面临另一个决策问题，是否推出新产品。如之前计算的，如果测试预测是“成功”，那么有 66%(0.27÷0.41)的概率会真的成功，但会有 34%(0.14÷0.41)的概率是预测失败的。此时推出新产品的期望价值为 488(1 000×0.66－500×0.34)美元。基于以上计算结果，公司应该推出新产品。同理，当测试预测是“失败”时，公司也面临相同的决策，此时，95%(0.56÷0.59)的概率预测结果是对的，即新产品失败了，但仍有 5%(0.03÷0.59)的概率预测结果是错的，即新产品没有失败。在这种情况下，推出新产品的期望价值是－425(1 000×0.05－500×0.95)美元，公司就不应该推出新产品。

综合以上的结果，如果测试说“成功”，公司应该推出新产品，期望利润是 488 美元，如果测试说“失败”，公司不应该推出新产品，相应的利润也就为 0 美元。我们又知道“成功”的概率是 0.41，“失败”的概率是 0.59，因此，通过进行非完全的测试我们得到的期望利润是200(488×0.41+0×0.59)美元,收益由0美元上升到200美元。应该注意到,这比进行完全测试获得的300美元要低,在测试成本小于200美元时公司可以进行非完全测试。

以上列举了公司在决定是否推出新产品时运用的一些决策理论技术。测试可以是一个关于新产品的直邮广告,这和数据库营销非常相关。决策树方法具有逻辑性而且也给出了解决决策问题的清晰"图示"。然而,我们需要一些关键的输入信息,例如,产品真的会成功时测试也预测成功的概率,诸如此类的数据。这些概率通常需要利用主观判断来进行评估。这看起来有些麻烦,但理论决策的观点就是当管理人员在决定是否进行测试时需要自己评估这些可能性。信息价值的方法很少让管理者明确写下对于这些概率的假设,然后严格根据假设来推断到底应该怎么做。

9.2.2 评估误命中成本(assessing mistargeting costs)

对于是否要测试这个问题可以从另一个角度看。我们需要做出一个正确或完全的决策,然而事实是我们不是总能做出这样的决策,主要有两个原因。①我们决定进行一项测试,但是测试中会有一些针对参与测试的部分顾客或所有顾客的错误决策。这被称作测试的误命中成本(MT_{test})。②我们针对顾客总体实施一项我们认为最优的行动方案,结果却是一个错误决策。这被称为实施的误命中成本($MT_{rollout}$),因此我们得出以下公式:

$$\Pi = \text{Optimal Profit} - DC_{test} - MT_{test} - MT_{rollout} \tag{9.1}$$

其中,Π为利润总额;Optimal Profit为公司采取正确行动获得的利润;DC_{test}为测试的直接成本;MT_{test}为测试的误命中成本;$MT_{rollout}$为实施的误命中成本。

例如,一个公司可能需要决定是否将产品A或产品B交叉销售给它的顾客。存在一个正确的决策,卖A、卖B或者两个都不卖,但我们并不知道哪个是正确的。进行测试的直接成本包括在这期间发生的行政管理费用,因延迟行动而给竞争对手可乘之机的机会成本,联系顾客参与测试的成本等。$MT_{rollout}$测量的是由于我们销售了错误的产品或者没有产品能够盈利却进行了交叉销售而导致的与最优决策之间的偏差。MT_{test}代表的是测试中因采取错误的行动而发生的成本。例如,我们随机挑选了三组顾客进行测试,每组n人,对组1销售产品A,组2销售产品B,组3什么也不销售。三组中有一组的决策是正确的,而其他两组的决策都是错误的。这时就发生了我们所说的误命中成本,因为对于错误决策的组我们浪费了资源,并且我们也不能再向这两组的顾客进行交叉销售了(如你对组1的顾客销售产品A,你不可能再对他们交叉销售产品B)。[①]

有三种情况可以降低误命中成本:①如果我们对于正确的行动有先验知识;②如果

---

① 在这里我们暗含的假设是检验污染了实验单元。如果一个检验中所有顾客都能够参与到测试中,那么MT_{test}会变得更小,但通常来说这种情况是不可能的。让我们考虑一个关于信用卡测试的例子,随机选择两组顾客,组A和组B,让他们分别使用两种信用卡,结果显示组B的信用卡是最优的,如果此时再对组A的顾客使用组B的信用卡就会产生问题,首先,部分人已经注册了组A的信用卡,其次,组A的顾客未必认为后来的这个信用卡是最优的,毕竟他们先使用的是组A的信用卡,最后,公司会尽量避免混杂客户,因此会将已接受测试的顾客排除在正式实施之外。

顾客有回应，那么在回应的可能价值间存在较小差异；③可能获得的回应率差异也不大。概括地说就是，回应价值和回应率只有有限数量的可能值，并且我们还有先验知识，那么误命中成本就会比较低。此外，如果我们进行一项大规模测试，即样本量较大，那么MS_{rollout}的值也会比较低，因为此时我们更有可能做出正确的选择，不会产生误命中成本。我们可以将上述问题总结到式(9.1)的扩展形式中：

$$\prod = \text{Optimal Profits} - DC_{\text{test}}(n) - f(\text{Priors}, \sigma_v, \sigma_p) \times n - g(\text{Priors}, \sigma_v, \sigma_p, n) \times (N-n) \tag{9.2}$$

其中，$f(\cdot)$为测试中每个参与者的误命中成本；$g(\cdot)$为真正实施中的每个顾客的误命中成本；N为顾客总数；n为参与测试的顾客人数。

如我们之前的讨论，$f(\cdot)$和$g(\cdot)$的值会随着我们先验知识的增多而减小，随着回应价值和回应率差异的变大而增加。式(9.2)还有以下更加深刻的意义。

- 测试的目的就是将误命中成本由正式实施中转移到测试中，测试中的误命中成本是发生在很小的顾客群体中($n << N$)，但是我们在测试中不断学习[$g(\cdot)$在n中不断减小]，所以，在正式实施中就可以最小化误命中成本，然后这些较低的成本再乘以大的样本量($N-n$)。
- 如果对于正确的行动我们有很强的先验知识，我们就不需要测试，因为我们十分确信哪个是正确的决策。因此，就不必再进行测试，以免无谓承担测试产生的直接成本以及由于施加于某个实验组的错误行动而导致的误命中成本(MT_{test})了。
- 如果回应价值或回应率的可能值存在较大的波动，那么就应该进行测试，因为在这种情况下正式实施中的误命中成本可能会存在较大差异。
- 过少的测试不行(如样本量小或处理组少)，因为此时我们并不能从中获取足够的信息从而减少正式实施的误命中成本。另外，过多的测试也不行(如样本量过大或处理组太多)，因为这样在测试中会导致更多的误命中成本，即使我们能得到正确的决策行动，我们也不可能有足够的顾客来正式实施营销行动($N-n$不会足够大)。因此测试往往存在一个中间地带。

理论上，式(9.2)能够被量化，但是这里我们只把它作为一个理论框架用以指导是否进行测试。以上四点是从该框架中总结出的关键点。一般来说，如果①对于正确行动的先验知识不足或不可信；②回应的可能价值存在巨大差异；③回应率有较大的潜在波动；④执行测试的直接成本(时间成本、行政管理成本和联系人员成本)较低；⑤通过测试获取较多信息所需的顾客数量和处理条件对顾客总体基数来说不是特别多，那么就应该进行测试。举例来说，如果我们的总体顾客基数是30 000人，我们期望的回应率在1%范围内，我们希望测试三组，每组5 000人，总共就是15 000人，这相比于30 000人就是一个很大的比例，我们可以基于潜在的回应价值和回应率计算一些特殊的情况，但是要测试一半的顾客花费的成本就比较高，而且只能将结果应用于剩下的一半顾客，这未免有些不划算。

9.3 抽样技术

一旦我们定义了一个测试的总体和抽样单位之后，就可以从总体中抽出一个或多个样本。广义上来讲有两种抽样技术：概率抽样和非概率抽样。

9.3.1 概率抽样 VS. 非概率抽样

概率抽样(probability sample)是指顾客("抽样单位")是被随机选择的，也就是说，总体中的每个顾客都有同等的机会被选中(Boyd et al.，1981)。由于顾客是严格的随机选择，所以概率样本有执行的客观性，这也使得我们可以计算抽样误差以及对结果进行之后的统计推断。

另一种抽样方法为非概率抽样(nonprobability sample)，样本的选择是非随机的，可能是基于研究者的主观判断、便利性或是其他的非随机过程。由于在抽样过程中有主观判断，我们无法确定每个顾客被选入样本的概率，所以也就无法计算抽样误差，之后进行的基于非概率样本的统计推断也会存在一定的风险，从而产生一定的偏差。

非概率抽样包括便利抽样、判断抽样、配额抽样、滚雪球抽样等。尽管在统计推断上这些方法相对概率抽样存在一些劣势，但是由于它们成本低廉，实施起来方便快捷，这些抽样方法被广泛应用于调查研究中。在数据库营销中，由于营销人员可以很容易掌握顾客的个人信息，所以实施随机抽样相对快捷和成本低廉，大多数的数据库营销人员会使用概率样本。

9.3.2 简单随机抽样

在实际中，我们主要使用几种概率抽样技术，按照实施效率来分，概率抽样可以分为简单随机抽样、系统抽样、分层抽样、整群抽样等。高效率的抽样方法是指对于相同的样本量，参数的估计更准确。例如，估计的标注差低。一般来说，抽样的效率和抽样成本呈正相关，在给定抽样预算的前提下，数据库营销人员应该选择最高效的抽样技术。

简单随机抽样是最简单的概率抽样技术，大多数统计推断都假设观测值来自简单随机抽样，如果我们有一个详细的公司顾客名单，那么实施起来是相当容易和低廉的。在简单随机抽样中，每个顾客都有相等的机会被抽中，好比一个彩票系统。如果在总体 N 中不放回地抽取 n 个顾客，那么每个顾客被抽中的概率为 n/N。

以下举例说明如何运用简单随机抽样。假设一个数据库营销人员有 10 个客户的客户信息，他想通过简单随机抽样的方法选择 2 名客户，为了构造一个简单随机样本，这 10 个客户每人被贴上一个标签，比如说从 1 到 10 的 10 个数字。接下来从 0～1 的均匀分布中产生一个随机数 r_1，如果 $0\leqslant r_1<0.1$，那么就选择标号为 1 的客户，如果 $0.1\leqslant r_1<0.2$，就选择标号为 2 的客户，如果 $0.2\leqslant r_1<0.3$，就选择标号为 3 的客户，以此类推。当我们选择完第一个客户时，第二个随机数 r_2 产生了，也是来自 0～1 均匀分布，从接下来的 9 个客户中选择第二个顾客，如果 $0\leqslant r_2<1/9$，选择剩下 9 个当中的第一个，如果 $1/9\leqslant r_2<2/9$，选择剩下 9 个当中的第二个，如果 $2/9\leqslant r_2<3/9$，选择剩下 9 个当中的第

三个，以此类推。

从总体 N 中选择样本 n 也是如此操作，一些商业统计软件如 SAS 可以为数据库营销人员解决这些烦琐的过程，数据库营销人员在实施简单随机抽样时唯一需要做的就是执行一个简单的命令。

9.3.3 系统随机抽样

尽管简单随机抽样通常来说具有代表性，但是仍可能有非代表性样本的出现，尤其是在样本量很小的情况下。因此，很多营销人员倾向采用比简单随机抽样具有更高统计效率的抽样技术(不需要花费额外的成本)。系统抽样就是被数据库营销人员经常使用的一种替代抽样技术。系统抽样提供了一个更加简单的方式来实施简单随机抽样，同时它比简单随机抽样更高效，解释如下。

让我们来看以下的例子。假设我们需要从总体 N 中随机抽取样本量为 n 的样本，首先确定抽样间距 k，方法为 N/n 后四舍五入取最近的整数，然后随机选取一个起始点，每隔 k 个单位进行选择。例如，$N=1\ 000$，$n=100$，则 $k=10$，[①]将总体 N 从 1 开始编号，一直到 1 000，从 1 到 10 中随机选择一个数，假设这个数是 8，则 8 就作为起始点，那么这 100 个顾客就由编号为 8，18，28 一直到 998 的顾客组成。

当目标总体中顾客的顺序与需要研究的特征有关时，系统抽样比简单随机抽样在统计上更高效。例如，如果顾客的信息是按照他们累积购买金额的大小排列的，那么系统抽样将会在不同购买金额的顾客中进行均匀抽样，这在一定程度上提高了样本的代表性。此时，如果选择简单随机抽样则有可能降低样本的代表性，因为简单随机抽样可能只抽出重度使用者或抽出与总体不成比例的重度使用者。然而，如果目标总体中顾客的顺序与需要研究的特征无关时，比如说顾客就是按照字母表的顺序排列的，那么系统抽样将产生和简单随机抽样非常相似的结果(Malhotra，1993)。

系统抽样产生的是概率样本，对于目标总体中的每一名顾客都有同等地被抽中的概率。由于系统抽样相比于简单随机抽样具有高效性和经济性，因此在数据库营销中被广泛应用。

9.3.4 其他抽样技术

除了以上提到的简单随机抽样和系统抽样外，还有其他的概率抽样技术，如整群抽样、分层抽样、区域抽样和多阶段抽样等。数据库营销人员或许使用得不多，但是对调查研究来说，这些方法还是被广泛使用的。

为了节约调查成本，研究人员会使用整群抽样而非简单随机抽样。在整群抽样中，样本是以整群的方式被选取的。例如，某研究人员需要对 1 000 名美国顾客进行个人深度访谈，简单随机抽样就要对居住在整个国家的人进行抽取，选出 1 000 个人。这样做是十分不经济的，因为很可能研究人员要在纽约访问 3 个顾客，在洛杉矶访问 5 个顾客，诸如此类。而整群抽样就会经济得多，例如，我们可以按照邮编将美国分成几个部分，即我们

---

① 在营销应用中人们也把系统抽样叫作 N 阶段抽样，这里的 N 即间隔 k。

这里所说的"群"。然后随机选取10个群,每个群里再随机选取100个顾客。整群抽样通过选择较少的群数可以在一定程度上降低抽样成本,但是也存在样本代表性较差的风险。同一个群中的顾客可能在人口统计特征上存在相似性。因此,如果我们在第一步只选择了那些大城市的群,那么第二步从这些群中选择的顾客可能不能很好地代表美国顾客的平均情况。

分层抽样的目的是通过提高样本的代表性来提高统计效率。数据库营销人员现在越来越多地开始使用这种抽样技术。分层抽样首先要根据一个或多个特征将总体进行分层,然后从每层中随机抽取顾客。例如,我们可以根据获利情况对顾客进行分层,低于200美元为一组,200～300美元的为一组,等等。由于总体按照我们设定的标准进行了分层,所以分层抽样保证了样本的代表性,此时如果层内顾客的同质性较强的话,该方法也会增加统计效率。分层抽样分为几类。使用最多的是比例分层抽样,即每层中抽出的样本量与该层在整个总体中的相对量成比例。例如,在以性别为分层标志的总体中,有70%的女性和30%的男性,那么抽出的样本中男女比例也要保持在这个水平。有关分层抽样和整群抽样更加具体的内容详见Lehmann等人的论文(1998)。

9.4 确定样本量

确定样本量并不是一个容易的工作,营销人员感兴趣的是目标总体的真实参数值(如对直邮广告的回应率)。受成本的限制,他们需要从总体中选出一小部分样本进行测试,进而去估计真实的参数。样本量越大,估计出的参数值就越接近真实值。然而大样本量又增加了测试成本(见9.2.2章节),因此我们需要在测试结果的准确性与成本之间做一个权衡。

为了确定完全样本量,营销人员需要考虑各种定性和定量因素,包括做出正确决策的成本与收益,对于真实参数值需要的先验知识程度,期望的回应率,所需要的精确度等。例如,如果做出一个正确的决策带来的收益是相当大的,那么此时一个大的样本量就十分必要。

鉴于确定样本是一项十分复杂的工作,很多学者都提出了更加实务性的指导。Schmid(1995)提出了"大拇指"规则,即所谓的"一百规则"。即对一个测试来说,至少应该有100个回应,根据这个法则,如果我们预期有2%的回应率,那么样本量至少要达到5 000,才能得到100个回应。Levin和Zahavi(1996)提出样本量应该在总体的10%左右。

尽管上述两种方法在决定样本量时有一定的实践意义,但并没有证据表明这样确定的样本量就是一个最优的样本量。从本质上讲,这些规则仅仅是为了给实践者提供一个简单的方法,从而忽略了一些影响最优样本量的因素。

9.4.1 确定样本量的统计方法

一个确定样本量更加常用的方法是基于统计推断。在大多数的营销调研课本中,样本量的确定都是基于一个给定的置信区间,通过统计公式进行计算的(Tull & Hawkins,1993)。一般公式会有两种形式:一个是估计总体均值时样本量的确定(如订单金额的均值)；另一个是估计总体比例时样本量的确定(如回应率)。估计总体均值时样本量计算公式如下：

$$z = (\overline{X} - \mu)/\sigma_{\overline{X}} = D/\sigma_{\overline{X}} = \frac{D}{\sigma/\sqrt{n}} \tag{9.3a}$$

其中，z 值为给定置信水平的标准正态分布的分位点值；$\overline{X}$ 为样本均值；μ 为总体均值；$\sigma_{\overline{X}}$ 为样本均值的标准误；σ 为总体的标准误；D 为估计的精度；n 为样本量。同理，估计总体比例的情况下，公式如下：

$$z = (p - \pi)/\sigma_p = D/\sigma_p = \frac{D}{\sqrt{\pi(1-\pi)/n}} \tag{9.3b}$$

其中，p 为样本比例；π 为总体比例；σ_p 为样本比例的标准误。根据式(9.3a)和式(9.3b)，我们可以推导为了达到估计精度(D)构建围绕样本均值或比例的置信区间(z)下样本量的计算公式：

$$\text{估计总体均值时样本量计算公式：} n = \sigma^2 z^2 / D^2 \tag{9.4a}$$

$$\text{估计总体比例时样本量计算公式：} n = \pi(1-\pi) z^2 / D^2 \tag{9.4b}$$

例如，假设置信水平为 95%(相应的 z 值为 1.96)，允许误差为 20%，总体比例为 1%(研究人员估计目标总体中有 1% 的顾客会有回应)，则需要的样本量为 $\{(0.01)(0.99)(1.96)^2\}/\{(0.2)(0.01)\}^2 \approx 9\,508$。[①]

如果抽出的样本占到总体的 10%以上时，就应该用有限总体校正系数对所需的样本量进行调整，调整后的样本量为

$$z = \frac{D}{\sigma\sqrt{(N-n)/(N-1)}/\sqrt{n}} \tag{9.5a}$$

$$z = \frac{D}{\sqrt{\pi(1-\pi)}\sqrt{(N-n)/(N-1)}/\sqrt{n}} \tag{9.5b}$$

其中，N 为总体大小，由上述两个公式可以得到

$$n_c = \frac{nN}{N+n-1} \tag{9.6}$$

其中，n_c 为经过有限总体校正的样本量；n 为没有经过有限总体校正的样本量。值得注意的是，如果总体量很大，则不需要调整，因为此时 $n_c \approx n$。

确定样本量时我们需要知道三个未知值：总体方差、置信水平以及估计的精度。总体方差的估计值 σ^2 或 $\pi(1-\pi)$ 可以从之前的经验中获得(总体比例的情况请见脚注①)。假设没有二手资料，可以做一个预测试或直接根据研究人员的判断。另外两个未知量是基于研究人员的主观判断。我们需要确定样本均值/比例和总体均值/比例之间的最大允许差异 D，同时需要确定与置信水平相对应的 z 值。例如，95%的置信水平是指总体均值/比例和样本均值/比例之间的误差在确定的精度内的概率为 95%，相应的 z 值为

---

① 请注意，在式(9.4b)中，估计总体比例时的样本量计算公式，我们需要知道真实的比例 π，但是为了计算样本量我又不得不估计 π 的值！这看起来有些自相矛盾，但是，通常来说经理们对比例会有一个经验判断。例如，我们要估计邮件的回应率，经理们会假设这个比例在 1%左右，因此式(9.4b)中 π 的值为 0.01，这个值其实是真实 π 值的一个先验猜测。

1.96。表 9.1 给出了估计精度为 D,样本比例为 p 时的样本量。

表 9.1　估计精度为 D,样本比例为 p 时的样本量

	$D=\pi^{oa}$ 的 $x\%$			
π^{oa}	$x=5\%$	$x=10\%$	$x=20\%$	$x=30\%$
0.01	152 127[b]	38 031	9 508	4 226
0.05	29 196	7 299	1 825	811
0.10	13 830	3 457	864	384
0.20	6 147	1 537	384	171

[a] π^{o} 代表对于真实比例 π 的一个先验估计,需要由样本比例 p 估计而得出。

[b] 在 95%(或者 $z=1.96$)置信水平下计算的样本量。

在大多数的数据库营销实践中,置信水平通常被假设为 95%($z=1.96$),真实比例 π 依情况而定,但是在邮件调查中,1%的比例是比较常用的。估计的精度 D,只要在 20% 以内都是可以接受的。例如,假设真实的回应率为 10%,估计的回应率在 8%~12%都是可以接受的。从表 9.1 中我们也可以看出,在数据库营销实践中,一个比较好的样本量都是以 1 000 为单位的,而不是 100。

总的来说,确定样本量的统计方法在理论上是可靠的,但是由于其中三个未知量需要由研究人员进行主观判断,所以从实践角度看仍存在一些缺憾。

9.4.2　决策理论方法

鉴于测试样本的统计特性和经济因素,Pfeifer(1998)提出了一个更具实践性的方法用以确定样本量。在他的方法中把确定样本量的决策当作一种商业决策,因此当我们要增加样本量时就必须考虑经济因素。接下来我们简要介绍 Pfeifer 的方法.尽管 Pfeifer 将这个方法应用到了邮件测试的问题中,但是在其他的数据库营销情境中,该方法是可以很容易复制的。

1. 定义问题

直复营销研究人员需要决定从总体 N 中抽出多少样本 n 发出测试邮件,此邮件测试的固定成本为 A,单位变动成本为 C。设 r 为测试的回应数,V 为一个回应给公司带来的净现值。如果 r 被观测到了,那么直复营销人员就要决定是否给剩下的 $N-n$ 个人发邮件。假设固定成本和变动成本在测试邮寄和之后的正式邮寄中是一样的。设 r_R 为正式邮寄中的回应数,V_R 为相应的净现值。

2. 先验回应率

Pfeifer 模型中的一个关键参数是未知的总体回应率 π,该回应率是指一个被随机选择的顾客回应邮件的概率,而这个概率是我们不知道的。根据 Pfeifer 的经验,假设直复营销人员对于这个回应率 π 有一个先验的分布,而且,Pfeifer 假设该分布是服从参数 $a=n_0\pi_0$ 并且 $b=n_0(1-\pi_0)$ 的 β 分布。

$$f(\pi)=\frac{\pi^{a-1}(1-\pi)^{b-1}}{B(a,b)},\quad 0\leqslant\pi\leqslant 1,a>0,b>0 \tag{9.7}$$

参数 a 和 b（或者说 n_0 或 π_0）反映了直复营销人员对总体回应率 π 的先验知识，这两个参数在 Pfeifer 模型中是必不可少的。参数 π_0 可以被理解为对总体回应率的一个完全猜测，参数 n_0 为该猜测的不确定程度①。参数 π_0 和 n_0 中包含的先验知识与对 n_0 个顾客进行邮寄（测试）最终得到 $\pi_0 n_0$ 的回应所获得的信息是一样的。例如，假设有 1 000 个顾客收到了产品目录，其中 50 个顾客给予了回复，那么估计的总体回应率就是 $\pi_0=0.05$，π_0 的方差为 $\pi_0(1-\pi_0)/n_0=(0.05)(0.95)/1\,000$。因此，当 $\pi_0=0.05$ 且 $n_0=1\,000$ 时，决策者有 95% 的确信度认为真实的回应率在 $\pm1.96\sqrt{(0.05\times0.95)/1\,000}=\pm0.018$ 之内的某个值。

给定 π 的先验分布，直复营销人员可以对 n 个顾客发出测试邮件，并且收到 r 个回应。通过观察邮件测试的结果，直复营销人员会重新估计 π 值，更新后的 π 或者 π 的后验分布为

$$f(\pi|n,r)=\frac{\pi^{r+a-1}(1-\pi)^{n-r+b-1}}{B(r+a,n-r+b)} \tag{9.8}$$

3. 计算期望的实施利润

根据测试的结果直复营销人员会决定是否对总体中剩下的 $N-n$ 顾客正式实施营销行动，从实施中获取的利润是

$$\text{Profit}_R=V_R r_R-(N-n)C \tag{9.9}$$②

当期望利润，$E(\text{Profit}_R)$ 大于 0 时，一个风险中立的营销人员会进行正式实施。因此，我们要计算正式实施的回应数量 $E(r_R)$。由于 r_R 服从 β 二项分布，它的均值可以写为（Johnson & Kotz，1969）：

$$E(r_R)=(N-n)\frac{r+a}{(r+a)+(n-r+b)}=(N-n)\frac{r+n_0\pi_0}{n_0+n} \tag{9.10}$$

所以，期望利润为

$$E(\text{Profit}_R)=V_R E(r_R)-(N-n)C=(N-n)\left[V_R\frac{n_0\pi_0+r}{n_0+n}-C\right] \tag{9.11}$$

如上文所说，如果 $E(\text{Profit}_R)>0$，则营销人员应对总体实施正式行动。因此有

$$r>C(N-n)(n_0+n)[V_R(N-n)]^{-1}-n_0\pi_0 \tag{9.12}$$

设 r^* 为满足式(9.11)的最小整数，当测试的回应数大于等于 r^* 时，直复营销人员应该实施正式行动，如果小于 r^*，则不应该正式实施。

4. 确定最佳样本量

为了确定完全样本本量，我们需要同时考虑测试和正式实施的期望利润，如果 $r<r^*$，不实施正式行动，则（来自测试）利润变为 $\text{Profit}_T=Vr-nC$，如果 $r\geq r^*$，则实施正式行动，利润（来自测试和正式实施）变为 $\text{Profit}_T+\text{Profit}_R=Vr-nC+V_R E(r_R)-(N-n)C$。也就是说，总利润是关于 r 的函数，由于 r 服从 β 二项分布，所以期望的总利润为

---

① β 分布的均值是 $a(a+b)^{-1}=\pi_0$，因此 π_0 可以作为数据库营销人员对总体回应率的完全猜测值。β 分布的方差为 $ab(a+b)^{-2}(a+b+1)^{-1}=\pi_0(1-\pi_0)(n_0+1)^{-1}$。因此 n_0 测量了不确定程度。

② Pfeifer(1998) 在式(9.9) 中包含了测试的固定成本 A，这里，我们为了表述的方便去掉了 A，结果并不受影响。此外，Pfeifer 自己也指出如果预测试是作为常规测试的一部分，那么固定成本是可以忽略的。

$$E(\text{Profit}_T + \text{Profit}_R \mid n)$$

$$= \sum_{r=0}^{r^*-1} g(r \mid n)(V_r - nC) + \sum_{r=r^*}^{n} g(r \mid n)[V_r - nC + V_R E(r_R) - (N-n)C]$$

$$= Vn\pi_0 - nC + \sum_{r=r^*}^{n} g(r \mid n)[V_R(N-n)(n_0\pi_0 + r)(n_0 + n)^{-1} - (N-n)C] \quad (9.13)$$

$g(r|n)$为r的β二项分布密度。

5. 应用举例

假设测试样本为n，直复营销人员可以运用式(9.13)计算出期望利润，为了确定完全样本量，直复营销人员需要对不同n取值下的式(9.12)进行评估，选择使利润最大化的n值。让我们用Pfeifer(1998)的例子进行说明。假设共有50 000个家庭，向每个家庭邮寄一封邮件需要花费1美元。直复营销人员对总体回应率(π_0)的估计为2%，相应的不确定性(n_0)假设为200。由这些先验知识，Pfeifer假设家庭的回应率是来自一个$\pi_0=2\%$，$n_0=200$的β分布的随机变量。每一个回应可带来50美元的收益，所以如果要对50 000个家庭寄出邮件，那么带来的收益为0美元。因为此时的成本为50 000(1×50 000)美元与收入(50×2%×50 000)=50 000美元是相等的。所以如果不使用测试，直复营销人员向所有50 000个家庭寄出邮件或者什么也不做是没有任何区别的。

式(9.12)中各个参数的值都是已知的。$N=50\ 000$，$C=1$美元，$V=V_R=50$美元，$\pi_0=0.02$，$n_0=200$。图9.4显示的是期望利润随测试样本大小n变化的函数，可以看到当样本量为2 000时，期望利润最大，当样本量为0时，利润也为0，因为此时的期望回应率是一个盈亏平衡的回应率。同样，当样本量为总体$N=50\ 000$时，期望利润也为0，因为此时没有正式实施，所以来自测试的期望利润由处在盈亏平衡点的期望回应率决定。

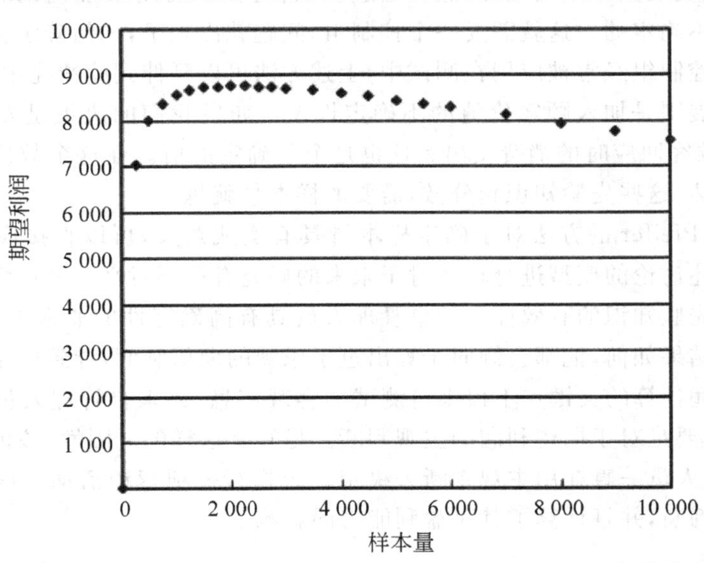

图9.4 期望利润随样本量变化，Pfeifer模型(1998)

对于样本量在 0～50 000 中的任何一点，我们都可以基于样本的测试结果来决定是否要正式寄出邮件。如果测试结果预示正式寄出邮件是无利可图的，管理人员虽然会浪费测试的成本，但也避免了大规模正式寄出邮件的花费。如果测试结果预示大规模寄出邮件是有利可图的，管理人员不但可以在测试的时候获得利润，同时在正式实施时也可以赚取更多的利润。也就是说，测试结果有 50%的可能预示需要进行正式邮寄，有 50%的可能预示不进行正式邮寄。如果测试结果不好会让我们受到损失，但是如果测试结果很好会让我们赚取更多的利润。所以平均来说，营销人员可以通过实施测试来赚取利润，对一个规模为 50 000 的总体来说，2 000 的样本量比较合适，也就是大约 4%。

值得注意的是，根据此分析方法获得的期望利润既包含主观因素也包含客观信息。根据传统统计观点，如果管理人员对回应率的先验知识平均而言与真实回应率不相等，那么估计的期望利润与真实期望利润之间会存在偏差。例如，如果管理人员的先验经验过于乐观，并且过于自信，那么测试信息对于更新回应率几乎没有影响，期望利润也会过于乐观。然而，管理人员可以从整个顾客清单中学习到平均的回应率，因此他们的先验知识可能并不会过于乐观。而且，如果他们对于要进行测试的清单的回应率不是很有信心，那么这种不自信可以通过一个较小的 n_0 值体现出来。①

6. Pfeifer 模型的扩展

Pfeifer 模型有很好的应用前景，同时也可以进行很多扩展。最主要的一个扩展是加入了控制组。该方法假设如果来自正式实施的利润大于 0，那么就应该正式实施营销行动。然而，这也假设了如果没有行动，就没有利润产生。对应到具体的营销活动中就是数据库营销人员会开展一些项目，目的就是接触那些还不是他们顾客的消费者，这也是 Pfeifer 论文研究的方向。但对于那些已经是公司顾客的消费者，即便不采取任何行动，公司也会从这些顾客身上获利。例如，如果产品 A 不对顾客交叉销售，顾客总会从其他渠道购买，这些利润具有不确定性，这与通过和顾客直接接触累积获得的利润一样，因此，行动与否也是不确定的。这就需要一个控制组，问题就出现了，如何确定实验组和控制组的样本大小？控制组经常被应用在测试中，上述方法可以延伸到此情况中。

另一个扩展则是加入顾客价值的不确定性 V。如果我们的决策是发送一个产品目录，则 V 代表顾客回应时的消费支出。这也是个不确定的值。在这个数值上也可以应用先验知识。显然，这些先验知识越分散，需要的样本量就越大。

总体来看，Pfeifer 的方法对于确定样本量具有实践意义，可以直接应用到顾客获取测试中。将上述讨论的模型进行扩展对于未来的研究有重要意义。该模型的有用性取决于管理人员的先验知识的有效性。如果管理人员具有高确定性的非常乐观的先验知识，那么无论测试结果如何，他都会倾向于算出过于乐观的期望利润，导致的结果就是钱财的损失。期望利润计算的关键点不仅来自测试的客观信息，还来自管理人员基于先验知识的主观判断，主要是对于期望利润的主观判断。尽管有这样的局限性，该模型仍然是有价值的，因为管理人员一直在用主观判断去决定是否进行一项营销活动。该模型只是严格地利用了那些判断，并且计算了其对盈利能力的影响。

---

① 在此作者感谢 Phil Pfeifer 提供该模型以供我们进行讨论。

9.5 测试设计

实验研究一般由三部分组成：实验计划阶段、实验设计阶段和分析阶段。本节我们将重点介绍实验设计，略带介绍分析部分。一旦一项研究处在计划阶段，那么研究问题应以可检验的假设的形式表现出来。例如，研究人员想要知道新的目录设计能否提高现有顾客的回复率，一个移动通信服务商想要知道 25 岁以下顾客的流失率是否更高，这时候我们就需要设计实验。本节我们将介绍被数据库营销人员广泛应用的测试设计。

9.5.1 单因素实验设计

单因素实验设计是最简单的实验设计，也是其他复杂实验设计的基础。本节介绍的单因素实验设计是指随机化过程没有被施加任何限制。随机化是指用于实验组(或控制组)的样本单位是通过随机数的形式产生的。例如，一个信用卡公司想要知道是否可以通过促销的方式来提高信用卡的使用率，公司提出了一个对于那些使用信用卡进行加油的顾客提供优惠券的促销手段。于是公司设计了一个实验，随机选择 10 个顾客，给他们提供 5 美元的优惠券，再随机选择 10 个顾客，给他们提供 10 美元的优惠券，第三组随机选择 10 个顾客，不提供任何优惠券，第三组被称为控制组。[①] 表 9.2 显示的是一个月后 30 个顾客的信用卡使用情况。则单因素模型为

$$Y_{ij} = \mu + \tau_j + \varepsilon_{ij} \tag{9.14}$$

其中，Y_{ij} 为第 j 个处理($j=1,2,\cdots,k$)的第 i 个观测值($i=1,2,\cdots,n$)，例如，表 9.2 中 Y_{31} 代表控制组的第三个观测值，为 600 美元；μ 为实验的总效应；τ_j 为第 j 个处理组的实验效应；ε_{ij} 为随机误差项。

通常我们假设随机误差项 ε_{ij} 来自均值为 0，方差为 σ^2 的正态分布，即 $\varepsilon_{ij} \sim N(0,\sigma^2)$，同时假设处理效应的总和为 0，即 $\sum_{j=1}^{k} \tau_j = 0$。为了描述单因素方差分析(one-way analysis of variance，ANOVA)，我们将式(9.14)改写如下：

$$Y_{ij} = \mu + (\mu_{.j} - \mu) + (Y_{ij} - \mu_{.j}) \quad 或 \quad Y_{ij} - \mu = (\mu_{.j} - \mu) + (Y_{ij} - \mu_{.j}) \tag{9.15}$$

μ_j 为 Y_{ij} 的期望值，比较式(9.14)与式(9.15)，τ_j 可以表示为($\mu_{.j} - \mu$)。

表 9.2 单因素实验的信用卡使用情况

顾客编号	处理条件	信用卡使用(消费金额)/美元
1	控制组	500
2	控制组	550
3	控制组	600

① 在实际应用中，控制组是指那些接受当前处理水平的组或不接受任何处理的组。控制组存在的目的就是明确相比于非处理组，实施处理组所带来的真实效应。例如，没有促销优惠券时顾客仍然使用信用卡。因此，促销优惠券的真正实验效应就是相比于控制组顾客使用信用卡的情况，实验组顾客使用情况增加的数量。

续表

顾客编号	处理条件	信用卡使用(消费金额)/美元
4	控制组	450
5	控制组	500
6	控制组	400
7	控制组	450
8	控制组	550
9	控制组	550
10	控制组	500
11	5 美元优惠券	550
12	5 美元优惠券	600
13	5 美元优惠券	700
14	5 美元优惠券	650
15	5 美元优惠券	700
16	5 美元优惠券	550
17	5 美元优惠券	750
18	5 美元优惠券	650
19	5 美元优惠券	600
20	5 美元优惠券	700
21	10 美元优惠券	700
22	10 美元优惠券	750
23	10 美元优惠券	700
24	10 美元优惠券	800
25	10 美元优惠券	600
26	10 美元优惠券	700
27	10 美元优惠券	750
28	10 美元优惠券	800
29	10 美元优惠券	700
30	10 美元优惠券	750

式(9.15)中的均值是未知的，需要从每一个处理条件 j 的所有观测值n_j中估计出来，这些观测值可以用来估计总体均值 μ 和处理均值$\mu_{\cdot j}$。我们可以根据“样本均值”将式(9.15)改写成以下形式：

$$Y_{ij}-\bar{Y}_{\cdot\cdot}=(\bar{Y}_{\cdot j}-\bar{Y}_{\cdot\cdot})+(Y_{ij}-\bar{Y}_{\cdot j}) \tag{9.16}$$

其中，$\bar{Y}_{..}$为所有观测值的样本均值；$\bar{Y}_{.j}$为处理条件为 j 的观测值的样本均值。该公式表明，每一个观测值与总体平均值的离差由两部分组成：一个是来自处理均值与总均值的差异；另一个是来自观测值与其处理均值的差异。将式(9.16)两边平方后得到：

$$\sum_{j=1}^{k}\sum_{i=1}^{n_j}(Y_{ij}-\bar{Y}_{..})^2=\sum_{j=1}^{k}\sum_{i=1}^{n_j}(\bar{Y}_{.j}-\bar{Y}_{..})^2+\sum_{j=1}^{k}\sum_{i=1}^{n_j}(Y_{ij}-\bar{Y}_{.j})^2 \tag{9.17}$$

公式左边叫作总变差(离差平方和)，公式右边第一个叫作组间离差平方和(因素 j 导致的变差)，第二个叫作组内离差平方和(随机因素导致的变差)。式(9.17)说明总离差平方和等于组间离差平方和加上组内离差平方和。

单因素实验感兴趣的是是否存在处理效应，所以我们进行单因素方差分析的原假设为 H_0：$\tau_j=0$，对于所有处理条件 j，不存在差异。如果该假设被接受了，则说明没有处理效应，那么因变量Y_{ij}所表现出来的变异完全可以由总均值μ 和随机误差项ε_{ij}解释。

回到式(9.17)中，将组间离差平方和除以相应的自由度$(k-1)$就得到了均方，服从卡方分布，同理，组内离差平方和除以相应的自由度 $\sum_{j=1}^{k}(n_j-1)=(N-k)$ 也服从卡方分布，由于两个卡方分布是相互独立的，所以它们的比值服从自由度为$(k-1)$和$(N-k)$的 F 分布。因此，如果原假设 H_0 为真，我们可以计算如下统计量进行假设检验：

$$F_{k-1,N-k}=\frac{\sum_{j=1}^{k}\sum_{i=1}^{n_j}(\bar{Y}_{.j}-\bar{Y}_{..})^2/(k-1)}{\sum_{j=1}^{k}\sum_{i=1}^{n_j}(Y_{ij}-\bar{Y}_{.j})^2/(N-k)} \tag{9.18}$$

处理均值与总均值的差异越大，上述式子中分子的值就越大。因此，如果由式(9.18)算出的 F 值大于临界值$F_{1-\alpha}$(α 为显著性水平)，则我们就可以拒绝原假设。

应用单因素方差分析方法分析表 9.2 中的信用卡使用数据，结果如表 9.3 所示。检验的零假设为对于处理组 $j=1,2,3$ 三个组，各组之间无差异，即 H_0：$\tau_j=0$。F^* 统计量的值为 124 000/3 916.7≈31.7，比临界值$F_{2,27}=5.45$ 大(显著性水平为 0.01)。[①] 因此，我们可以拒绝原假设，认为不同组之间存在统计上的显著差异。

表 9.3　信用卡数据的单因素方差分析结果

变异来源	自由度	平方和	均方
组间	2	248 000	124 000
组内	27	105 750	3 916.7
总体	29	353 750	—

$F^*=124\ 000/3\ 916.7\approx31.7>F_{2,27}=5.45$，在 0.01 的显著性水平下。

9.5.2　多因素实验：全因子(full factorials)

数据库营销人员经常需要获取很多不同的战略问题的信息。例如，一个信用卡公司

---

① 大多数统计软件报告的单因素方差分析结果和表 9.3 相似，参见 SAS 中的“Proc ANOVA”，Excel 中数据分析工具中的单因素方差分析以及 SPSS 软件中的单因素方差分析。

的管理人员希望开发一个最优促销组合以提高现有顾客的信用卡使用率。他有很多可供选择的促销策略。例如，可以在实验中测试以下三种策略，分别为：①加油时的提供优惠券；②提供现金回扣；③提供附属卡。营销人员感兴趣的是这三种策略对信用卡使用率的影响。一种方法是让另外两个因素保持不变，只考察其中一个因素在不同水平下的信用卡使用率。还有一种方法是运用全因子实验，即考察所有因素在不同水平下的作用。

第二种方法要比第一种方法有诸多优越性(Hicks，1982)。在多因子实验中，由于在计算每个因素的影响作用时用到了所有数据，所以该方法的统计效率更高，此外，我们也可以评估各个因素之间的交互作用，这一点十分重要，因为我们经常需要观测不同营销变量的协同作用。

为了理解多因子实验是如何工作的，我们不妨继续上述信用卡公司的例子。现在管理人员想知道两种促销变量对信用卡使用率的影响：加油优惠券和现金回扣。优惠券的水平有三个(0 美元、5 美元、10 美元)，现金回扣的水平有两个(0%和 1%)。因此我们可以说，这是一个 3×2 的多因素实验设计，会有 6 个组。每组当中随机选择 5 名顾客进行实验，表 9.4 显示的是一个月后各个实验组的顾客使用信用卡的情况。

表 9.4 多因素实验信用卡使用情况数据

顾客编号	因素 1 处理条件	因素 2 处理条件	信用卡使用/美元
1	控制组	控制组	450
2	控制组	控制组	500
3	控制组	控制组	450
4	控制组	控制组	400
5	控制组	控制组	450
6	控制组	5 美元优惠券	500
7	控制组	5 美元优惠券	500
8	控制组	5 美元优惠券	600
9	控制组	5 美元优惠券	400
10	控制组	5 美元优惠券	500
11	控制组	10 美元优惠券	500
12	控制组	10 美元优惠券	550
13	控制组	10 美元优惠券	550
14	控制组	10 美元优惠券	500
15	控制组	10 美元优惠券	500
16	1%现金回扣	控制组	500
17	1%现金回扣	控制组	450
18	1%现金回扣	控制组	500

续表

顾客编号	因素 1 处理条件	因素 2 处理条件	信用卡使用/美元
19	1%现金回扣	控制组	450
20	1%现金回扣	控制组	470
21	1%现金回扣	5 美元优惠券	650
22	1%现金回扣	5 美元优惠券	700
23	1%现金回扣	5 美元优惠券	700
24	1%现金回扣	5 美元优惠券	650
25	1%现金回扣	5 美元优惠券	600
26	1%现金回扣	10 美元优惠券	800
27	1%现金回扣	10 美元优惠券	850
28	1%现金回扣	10 美元优惠券	900
29	1%现金回扣	10 美元优惠券	800
30	1%现金回扣	10 美元优惠券	950

该实验的数学模型可以写为

$$Y_{ijk} = \mu + \tau_{jk} + \varepsilon_{i(jk)} \tag{9.19}$$

$j(j=1,2,3)$代表优惠券的三种水平；$k(k=1,2)$代表现金回扣的两个水平；$i(i=1,2,3,4,5)$代表实施 j 和 k 处理水平的第 i 个顾客的观测值，例如，Y_{422} 在表 9.4 中为 650($j=2,k=2$ 的第四个观测值，对应到表中就是 1%的现金回扣，5 美元优惠券，第四个顾客的观测值)美元。与单因素实验一样，μ 为实验的总效应；τ_{jk} 为第 j 个优惠券处理条件和第 k 个现金回扣处理条件下的处理效应；$\varepsilon_{i(jk)}$ 为随机误差项。

如果将每一个处理条件都独立处理，则式(9.19)中的模型并没有考虑实验的多因素特性，也就是说，我们可以使用单因素方差分析法对表 9.4 中的数据进行分析，结果如表 9.5a 所示。

表 9.5a　因子数据的(factorial data)单因素方差分析

变异来源	自由度	平方和	均方
组间	5	613 437.5	122 687.5
组内	24	54 500	2 270.8
总体	29	353 750	—

原假设为在 $j=1,2,3$ 和 $k=1,2$ 的处理水平下，H_0：$\tau_{jk}=0$，检验统计量 $F^* \approx 54.0(122\ 687.5/2\ 270.8)$，在 1%的显著性水平下是显著的，因此我们有理由拒绝原假设，认为在不同的优惠券和现金折扣下，顾客信用卡的使用情况是有显著差异的。

将式(9.19)稍微修改，我们就可以得到多因素作用下的因子实验，将τ_{jk}分解为加油优惠券处理条件下的主效应C_j和现金回扣处理条件下的主效应R_k，以及它们的交互效应

CR_{jk}，于是式(9.19)可以被写为

$$Y_{ijk}=\mu+C_j+R_k+CR_{jk}+\varepsilon_{i(jk)} \tag{9.20}$$

对此我们应用双因素方差分析的方法分析式(9.20)对应的模型，这也是双因子实验经常用的一个方法。对于该类实验主要有三个检验：①是否有加油优惠券的主效应(H_0：$C_j=0, j=1,2,3$)；②是否有现金回扣的主效应(H_0：$R_k=0, k=1,2$)；③二者之间是否有交互效应(H_0：$CR_{jk}=0, j=1,2,3$ 且 $k=1,2$)。如果假设 H_0：$C_j=0$ 被接受，那么我们认为，加油优惠券的促销方法并未对信用卡的使用产生影响，同理其他两个假设被接受的话也会得出相应的结论。

对于表 9.4 中的数据我们进行双因素方差分析，结果输出如表 9.5b 所示。

表 9.5a 中的组间离差平方和为 613 437.5，现在在表 9.5b 中被分解为三种形式的平方和，分别为：优惠券组间离差平方和(258 875)，现金回扣组间离差平方和(229 687.5)以及交互组间离差平方和(124 875)。表 9.5b 也给出了在 1%的置信水平下，两个主效应和一个交互效应在统计上是显著的。

表 9.5b 因子数据的双因素方差分析

变异来源	自由度	平方和	均方	F 值
优惠券组间	2	258 875	129 437.5	57.0
现金回扣组间	1	229 687.5	229 687.5	101.1
优惠券×现金回扣	2	124 875	62 437.5	27.5
误差项	24	54 500	2 270.8	—
总和	29	667 937.5	—	—

本例中优惠券×现金回扣的交互作用表示其中一个因素(如优惠券)对因变量的影响程度受另一个因素(如现金回扣)的影响而不同。这种交互作用通过作图的方式会更加清晰地显示出来，如图 9.5 所示，根据每个处理条件绘制信用卡使用的均值(每 5 个顾客)。在没有现金回扣的情况下，对于没有优惠券、5 美元的优惠券和 10 美元的优惠券信用卡的使用情况分别是 450 美元、500 美元和 520 美元，在现金回扣为 1%的情况下，对于没有优惠券、5 美元的优惠券和 10 美元的优惠券信用卡的使用情况分别是 475 美元、660 美元和 860 美元。也就是说，在优惠券和现金回扣两种促销方法中存在显著的交互作用。当顾客被提供了 1%的现金回扣时，这时再使用优惠券策略更有效，如果二者之间没有交互作用，那么体现在图中的两条线(无现金回扣和 1%现金回扣)应该是平行的。

9.5.3 多因素实验：正交设计

上节提到的全因子实验对数据库营销人员是一个十分有用的方法，因为它同时考虑了多种因素并且将交互效应也包含了进去，然而，随着我们考虑因素的增多，相应的处理条件也会增加。例如，如果有 5 个因素要包含在实验中，且每个因素有 3 个不同处理水平，那么这个实验总共要有 245(3^5)个处理组，这样的实验既不经济，同时实施起来也不便捷(要对 245 个处理组随机分配顾客!)。为了解决这个问题，研究人员采取了一种“分

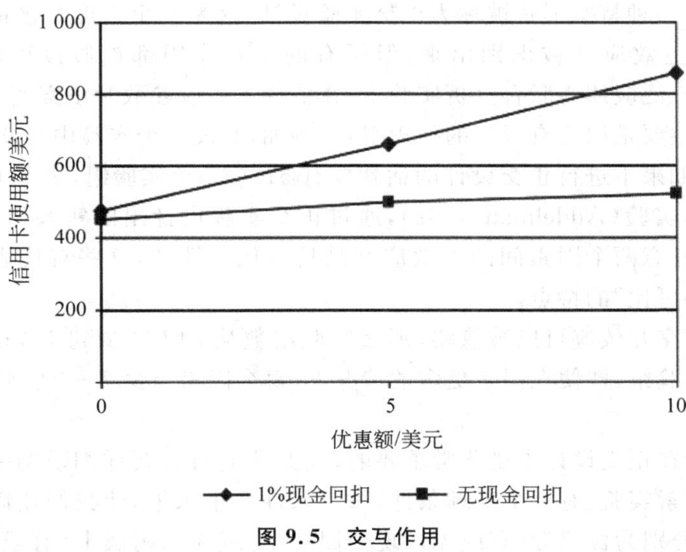

图 9.5　交互作用

式析因"(fractional factorial)的实验方法,即对所有可能的处理组只选出一部分进行实验(Hicks,1982)。在这样的实验设计中,研究人员放弃了对所有可能的交互作用的测量,而只选取一小部分有代表性的组合。

表 9.6　对 2^9 个因子的正交设计

组合	因子与因子水平								
	A	B	C	D	E	F	G	H	I
1	1	1	1	1	1	1	1	1	1
2	1	1	1	1	2	2	1	2	2
3	1	1	1	2	1	2	2	1	2
4	1	1	1	2	2	1	2	2	1
5	1	2	2	1	1	1	1	2	2
6	1	2	2	1	2	2	1	1	1
7	1	2	2	2	1	2	2	2	1
8	1	2	2	2	2	1	2	1	2
9	2	1	2	1	1	1	2	1	2
10	2	1	2	1	2	2	2	2	1
11	2	1	2	2	1	2	1	1	1
12	2	1	2	2	2	1	1	2	2
13	2	2	1	1	1	1	2	2	1
14	2	2	1	1	2	2	2	1	2
15	2	2	1	2	1	2	1	2	2
16	2	2	1	2	2	1	1	1	1

分式析因的一种特殊形式被称为正交实验设计，这是一个高度分散的设计。在这种设计中，所有的主效应都被识别出来，但所有的交互作用都被假设可以忽略(Green，1974)。该方法广泛应用于联合分析实验中，在估计主效应参数时正交实验被认为是最简洁的实验设计(主要是因为有很少的处理组)。例如，假设一个实验中有 9 个因素，每个因素有 2 个水平，如果不进行正交设计的话就要有 512(2^9)个实验组，表 9.6 显示的是采取正交方法设计的实验(Addelman，1962)，通过正交实验设计出的实验组，不会出现重复组。也就是说，任意两个因素间的主效应都是具有代表性的，这些有代表性的点具备了"均匀分散，齐整可比"的特点。

假设所有的交互效应可以被忽略，那么实验组数从 512 减少到 16，正交设计就是应用相对较少的实验组，即便在因素更多的情况下(每个因素至少 2～3 个水平)也能非混杂地估计主效应。

"混杂"概念在正交设计中是非常重要的，在此我们有必要详细说明一下。假设我们要进行一个三因素实验，有 3 个处理条件，每个条件 2 个水平，让我们还以信用卡公司为例，因素与水平分别为优惠券(有或无)、现金回扣(有或无)、附属卡(有或无)。一个全因子实验需要进行 $2^3=8$ 个组。对研究人员来说，8 个实验都进行是没有多大实际意义的，所以我们只进行 4 组实验。表 9.7 列示的是两种可能的设计，哪一个是较好的呢？实验 1 就存在"混杂"问题，我们无法识别优惠券与现金回扣两个因子到底是哪个在产生效应，因为在每一个有优惠券的组都有现金回扣，在每一个无优惠券的组也无现金回扣。如果组 1 和组 2 的信用卡使用率较高，无法判断究竟是优惠券的效应还是现金回扣的效应。然而，在实验 2 中就不存在这样的"混杂"问题，如果组 1 和组 2 的信用卡使用率较高，我们可以解释为是优惠券的效应，因为对组 1 和组 2 来说，它们都有优惠券这个处理条件，而对现金回扣和附属卡来说则是有时有，有时没有，同样的，对组 3 和组 4 来说，它们都没有优惠券这个处理条件，而对于现金回扣和附属卡也是有时有，有时没有。所以说实验 2 是一个较好的设计。

表 9.7 对 2^3 实验的两个潜在正交设计

处理	设计 1			设计 2		
	优惠券	现金回扣	附属卡	优惠券	现金回扣	附属卡
1	有	有	有	有	有	有
2	有	有	无	有	无	无
3	无	无	有	无	有	无
4	无	无	无	无	无	有

正交表的设计(见表 9.6)由 Plackett 和 Burman (1946)和 Addelman(1962)提出，同时我们也可以利用 SPSS 软件进行简单的正交表设计。

正交实验设计也存在一些风险，因为这里我们假设没有交互作用，而事实上交互作用是存在的(如我们在信用卡的例子中看到的)，关于该假设另一个需要说明的是正交设计不能区分多个交互作用和主效应，所以我们假设没有交互效应，通过该实验估计的主效应就真的只是反映主效应，不包含其他任何效应。这似乎有点麻烦，但是对于那些主效应比交互效应重要得多的实验，该方法是比较合适的。事实上，也有一些更加趋于中立形式(intermediate-type)的分式析因设计，将所有可能的组合选进实验组，目的就是能估计至少一部分交互效应（见 Winer，1971，一个彻底的实验处理），这种分式析因设计显然需要更多的实验组。

9.5.4 准实验设计

由名字可知准实验几乎是一个真实的实验，但是对要测试的对象我们缺乏对处理进程安排的控制(Malhotra，1993)。准实验有多种形式，但是都有一个共同点：顾客接受的实验处理不受研究人员的控制。

当营销研究人员无法对顾客进行随机分组时就会采用准实验设计。例如，我们想要评估顾客参与奖励计划后对其后续购买频率的影响，我们向所有顾客提供这种奖励计划，让顾客自己决定参加还是不参加。假设 40%的顾客参加，剩下的不参加。我们测量该计划实施前后顾客的每月花费。结果显示参与该计划的顾客每月花费由 100 美元上升到 120 美元，未参加计划的顾客每月花费也由 90 美元上升到 100 美元。在这个准实验中，未参加计划的顾客作为控制组，因此我们可以得出顾客因参加了该计划而增加的消费额为(120－100)－(100－90)＝10(美元)，然而，这个结果具有一定的误导性，因为该实验中的两个组并不是采取随机方法进行的分组。这里可能存在一个自我选择偏差，那些选择参加计划的顾客可能之前就会有参加这种计划的倾向（见第 11 章，预测模型中的统计问题）。在真实验设计中，该问题会通过随机分组的方式得以解决。

降低准实验中选择偏差的一个方法就是在分析中引入协变量，称为协方差分析(ANCOVA)。协方差分析主要从统计上控制那些除了组内因素外其他可能影响购买频率的因素。我们也可以建立一个正规的选择模型（见第 11 章，预测模型中的统计问题）。

总体来说，准实验一般不是很常用，因为它失去了真实验的随机化。通过随机可以排除许多其他影响因素，尤其是解决了选择偏差问题。然而在现实生活中，随机化有时也是很奢侈的。在这种情况下，研究人员至少也应该应用协方差分析方法，考虑构建一个选择模型。

第10章 预测建模过程

摘要

数据库营销的第三个基石是预测建模(另外两个是 LTV 和测试)。预测建模是应用统计的方法来预测顾客行为,如顾客是否会对企业提供的优惠或产品目录有所反应?在未来 2 个月顾客是否会流失?我们产品线中的哪个产品对顾客最具吸引力?顾客收到电子邮件后会选择哪种渠道购买产品?预测建模是一个过程,包括定义问题、准备数据、估计模型、评价模型和选择目标顾客。本章将深入探讨这个过程,并且总结出与预测建模相关的议题。

10.1 预测建模与对营销生产率的需要

预测建模是数据库营销人员用来提高营销活动生产率的最基本的工具。它可以将公司的营销投入聚焦于那些最有效的顾客身上。表 10.1 列举了对一名直复营销人员来说,应用预测建模的方法带来的经济效益。某公司从数据供应商那里购买了一个包含 1 000 000 名顾客信息的名单,准备通过邮件向这些顾客促销一款 DVD 机。如果顾客对此有回应并且决定购买,那么将为公司带来 80 美元的利润,邮寄成本为每封邮件 0.7 美元。虽然回应率无法预先知道,但是我们可以假设,如果公司对名单上所有顾客进行邮寄,会有 1%的回应率,即 10 000 个回应。因此,如果对所有顾客邮寄,那么带来的利润是 1 000 000×0.01×80=800 000(美元),邮寄成本为 1 000 000×0.7=700 000(美元),净利润为 800 000-700 000=100 000(美元),投资收益率为 100 000/700 000=14.3%。

表 10.1 目标邮寄与全部邮寄:预测建模的作用

• 一项营销活动设计的参数	
名单上的顾客数量/名	1 000 000
单位利润贡献/美元	80
单位邮寄成本/美元	0.70
全部邮寄的回应率/%	1
• 全部邮寄方式:与 1 000 000 个顾客联系	
利润=1 000 000×0.01×80-1 000 000×0.70 =800 000-700 000 =100 000	
• 应用预测建模的方法进行部分邮寄:只与回应率最高的前 50%进行联系	

续表

十分位数	顾客数/名	回应率/%		
			利润/美元	累积利润/美元
1	100 000	3.00	170 000	170 000
2	100 000	2.00	90 000	260 000
3	100 000	1.40	42 000	302 000
4	100 000	1.15	22 000	324 000
5	100 000	1.00	10 000	334 000
6	100 000	0.60	−22 000	312 000
7	100 000	0.40	−38 000	274 000
8	100 000	0.30	−46 000	228 000
9	100 000	0.10	−62 000	166 000
10	100 000	0.05	−66 000	100 000

前五位的累计利润为 334 000 美元

表 10.1 后面的部分向我们展示了预测建模是如何提高效益的。首先我们根据顾客回应的可能性对 1 000 000 名顾客进行排序。将他们按回应率分为 10 个组，越是排在前面的组，说明回应率越高，应该优先对待。从表中可以看出第一组的回应率有 3%，而最后一组的回应率只有 0.05%。对第一组进行邮寄获得的利润是 100 000×0.03×80−100 000×0.70=170 000(美元)。如果对前五组进行邮寄获得的是正利润，那么对后五组进行邮寄获得的就是负利润。这时决策就很简单：即只对前五组顾客进行邮寄，那么获得的利润为 334 000 美元，这时的投入仅有 500 000×0.70=350 000(美元)。成本只有全部邮寄的一半，而此时的投资收益率却上升到了 334 000/350 000=95.4%！利润比以前的三倍还要多。

该方法最关键的假设就是直复营销人员能够根据回应的可能性将顾客细分为不同的组，这也是预测建模要解决的问题。预测建模也可以用来区分回应者与非回应者，表 10.2 就显示了这样一个“小的”改进对利润产生的巨大影响。

表 10.2　更加准确的预测建模效应[a]

十分位数	第一种情况(表 10.1)			第二种情况			第三种情况		
	回应率/%	利润/美元	累积利润/美元	回应率/%	利润/美元	累积利润/美元	回应率/%	利润/美元	累积利润/美元
1	3.00	170 000	170 000	3.50	210 000	210 000	4.00	250 000	250 000
2	2.00	90 000	260 000	2.20	106 000	316 000	2.80	154 000	404 000
3	1.40	42 000	302 000	1.50	50 000	366 000	1.20	26 000	**430 000**
4	1.15	22 000	324 000	1.00	10 000	**376 000**	0.80	−6 000	424 000

续表

十分位数	第一种情况(表 10.1)			第二种情况			第三种情况		
	回应率/%	利润/美元	累积利润/美元	回应率/%	利润/美元	累积利润/美元	回应率/%	利润/美元	累积利润/美元
5	1.00	10 000	**334 000**	0.80	−6 000	370 000	0.50	−30 000	394 000
6	0.60	−22 000	312 000	0.45	−34 000	336 000	0.30	−46 000	348 000
7	0.40	−38 000	274 000	0.28	−47 600	288 400	0.15	−58 000	290 000
8	0.30	−46 000	228 000	0.18	−56 000	232 400	0.10	−62 400	227 000
9	0.10	−62 000	166 000	0.07	−64 400	168 000	0.09	−63 200	164 400
10	0.05	−66 000	100 000	0.03	−68 000	100 000	0.07	−64 400	100 000
平均	1.00			1.00			1.00		

a 表中黑体字表示选择最优数量的分位组所获取的利润(即最大利润)

表 10.2 列出了三种情况：第一种情况来自表 10.1。第二种情况通过预测建模的方法能够识别出一个最高回应率组，有 3.5%的回应率，而不是之前的 3.00%，接下来排在第二位和第三位的回应率也比第一种情况的要好(2.20% vs. 2.00%；1.50% vs. 1.40%)，处在最后几组的回应率要比第一种情况下低，所以平均下来的回应率还是 1.00%，保持了 1 000 000 名潜在顾客 1.00%会回应的假设。预测能力这种较小的改进意味着直复营销人员只需对前五组的顾客进行邮寄，实现的利润就不是之前的 334 000 美元，而是 370 000 美元。当只对前四组进行邮寄时，利润最大，为 376 000 美元，相比 334 000 美元，增加了 42 000 美元，净利润率变为 376 000/(400 000×0.70)=134%。第三种情况继续这个过程，现在最高回应率不是 3.00%，而是 4.00%，该情况下的最大利润为 430 000 美元，相应的投资收益率为 430 000/(300 000×0.70)=205%。

总之，相比于大规模邮寄，通过预测建模能够显著提高利润，哪怕是稍微提高预测精度，带来的利润增加也是可观的。从上述例子中我们可以看到，回应率从 3.0%上升到 3.5%，虽然只有 0.5 个百分点，但是如果乘以 100 000，再乘以 80 美元，那么增加的利润就是 0.50×80(美元)×100 000=40 000(美元)。

预测建模由于其可观的经济效益，已经成为一个很有竞争力的产业。尽管它的基本过程很简单直观，但其中也有许多微妙的差别。例如，上例中的 3.5%和 3.0%，对于是要“最接近的还是最好的”仍然存在争论。具体问题我们在第 8 章以及第 11 章至第 19 章进行讨论，主要包含预测建模过程中所涉及的统计方法和数据种类。本章只关注过程，即如何将方法与数据结合起来构造出像表 10.1 那样的一个“增益表”。

10.2 预测建模过程：总述

图 10.1 概括了预测建模的过程，主要包含四步：①定义问题；②准备数据；③估计模型；④选择目标顾客。每一步中又包括几个重要的步骤，通常来说，学术研究每次只关注一个步骤，例如，将神经网络与 Logistic 回归作为统计模型进行对比。然而，正如

Neslin(2006a)等人强调的一样，所有的步骤都是非常重要的，它们一起构成了预测建模的过程。

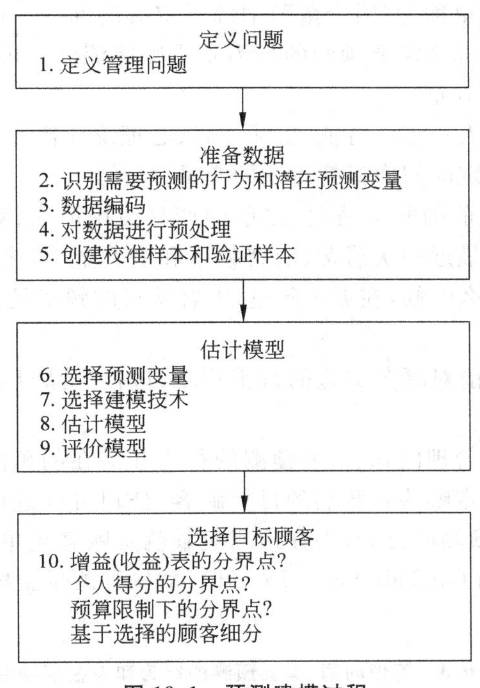

图 10.1　预测建模过程

10.3　过程详述

10.3.1　定义问题

预测建模可以解决许多管理问题。例如，一家金融服务公司在获取顾客的营销活动中需要选择有潜力的目标顾客，或者识别现有顾客中哪些有转移(流失)的风险，或者需要决定对哪些顾客交叉销售哪些金融产品，哪些顾客应该收到公司主办的杂志，以及应该对哪些顾客提供一项免费的金融资讯服务。

预测建模在互联网中有很多应用，包括哪些顾客应该通过互联网进行服务而不是公司代理？当顾客在浏览公司网站时我们应该向其推荐什么产品？在线广告应该在什么网页上展现给哪些顾客(Manchanda，等，2006)？当顾客在网上购物时，电子零售商如何对其实施个性化促销(Zhang & Krishnamurthi，2004)？哪些顾客应该收到包含特定信息的电子邮件广告(Ansari & Mela，2003)？尽管互联网已经成为一个成熟的营销渠道，但是对于上述问题的回答，仍然不是一项标准的日常性的工作。

10.3.2　准备数据

数据准备也许是预测建模过程中最枯燥的一个阶段，但它是其他部分能否成功实施的基础。它包含一系列的任务，从概念的确认到具体的实施。

1. 定义要预测的行为及潜在预测变量

需要预测的行为（这里称为“因变量”）来源于定义的问题。例如，如果研究的问题是识别那些会流失的顾客，那么需要预测的行为就是顾客流失。可能用来作为预测变量的主要有以下几类（详见第 8 章）。

- 顾客个人特征。人口统计特征、生活方式、心理统计特征，通常来说是能够描述顾客特征并且在一定时间内保持不变的变量。
- 先前的行为。之前的购买情况、之前的产品使用情况、对之前营销策略的反应。通常使用 RFM（最近一次消费、消费频率和消费金额）来描述行为，例如，顾客最近一次购买是什么时候，在近×年里，顾客购买的频率是多少，顾客购买时的平均花费是多少。
- 先前的营销。之前对顾客实施的营销行动，包括产品目录、电子邮件、电话营销、销售拜访等。

表 10.3 列举了一些管理问题、需要预测的行为和潜在的预测变量。例如，在获取顾客的活动中，我们需要确定哪些是我们的目标顾客，公司可以进行一项邮件测试，那么对于邮件的回应就是需要预测的行为，潜在预测变量就是顾客名单上的有关顾客的个人特征，如顾客的“FICO”得分（由 Fair Isaac，Inc. 开发的一种测量金融风险的工具）。（Myers Internet，Inc. 2005）

表 10.3 管理问题、需要预测的行为和潜在预测变量

管理问题	需要预测的行为（因变量）	潜在预测变量
在获取顾客的活动中确定哪些是我们的目标顾客	对测试邮件的回应	顾客个人特征（人口统计特征、FICO 得分等）
识别哪些顾客会流失	顾客流失	顾客个人特征（人口统计特征、居住地），之前的行为（使用率、使用趋势、抱怨等）
对哪些顾客交叉销售何种产品	最近一次被购买的产品	顾客个人特征（人口统计特征等），先前的行为（拥有的产品、交叉购买倾向等）
向哪些顾客发放产品目录	对产品目录邮寄测试的回应	顾客个人特征（人口统计特征等）先前的行为（RFM 变量）先前的营销行动（之前发放产品目录的时间和频率、滞留的目录变量）
决定哪些顾客应该进入顾客分级计划	顾客生命周期价值	顾客个人特征（人口统计特征等），先前的行为（对营销活动的回应、RFM 变量），先前的营销行动（与顾客联系的次数）

有时这些选择并不是那么直观。例如，如果公司在交叉销售时只考虑一种产品，那么就可以进行一项测试，并把对这个产品的回应作为因变量。但是，如果有多种产品需要交叉销售，而且没法对每个产品都进行测试，那么一个可能的做法是选择最近一次被购买的

产品作为我们要预测的行为。重要的预测变量就是购买该产品的顾客之前购买的产品是什么(见第 21 章,Knott,等,2002)。

然而遗憾的是,之前的营销活动,包括顾客对营销投入的反应,由于记录的不完善,这些通常来说是最难编译的数据。例如,在.com 浪潮中,公司盲目地向顾客发送电子邮件,而并不清楚哪些顾客收到了哪些邮件。相反,先前的购买数据很容易获得,因为购买数据是通过账户的形式记录的。

有一类数据通常不会被使用,这就是竞争性数据。这类数据是指现有顾客收到的竞争对手的竞争行动或是购买的竞争对手的产品。我们很难获得这类数据,这是数据库营销特有的一个局限性。

2. 数据编辑

上述提到的行为和预测变量必须进行量化,并且编译成统计软件可以分析的数据文件。数据来源可以有以下几种。

- "内部文件"。例如,要预测下一个可能会被顾客购买的产品,公司需要从现有顾客的购买记录中了解该顾客最近一次购买的产品以及在这之前购买的产品。
- 外购数据。例如,如果一家金融服务公司需要一个对财务风险的测量结果,如 FICO 得分。它可以购买带有 FICO 得分的顾客名单,和"内部文件"进行合并。这也适用于其他变量,如产品拥有情况、媒体使用情况等。该处理过程是找到一份包含所需变量的名单,并且与内部名单进行合并。进行这项活动的机构,我们称为名单经纪人(那些能找到名单的人)、名单管理者(那些销售这些名单的人)以及专门的服务机构(负责将购买的名单和内部文件进行合并)。
- 测试数据。一般来说,测试可以为我们提供最关键的数据资料,尤其是因变量。例如,一家电信公司可能对一项顾客流失管理项目进行测试,目标对象是 20 000 个存在较高流失风险的顾客,观察他们当中哪些能够被项目"挽救"。对应到预测模型中,"挽救"就是因变量。
- 调查数据。调查对于测量顾客态度和竞争活动这两个变量十分有用,这些变量在内部文件中通常没有,而且很难从第三方机构购买。存在的问题就是对一家有着几百万甚至更多顾客的公司来说,对所有顾客实施调查是不现实的。一个比较有效的办法是只对一部分顾客实施调查,然后利用结果推断剩下的顾客的态度或顾客的竞争性活动(见 Du et al.,2005)。
- 文本数据。预测建模的大部分数据是可度量的,如 RFM、顾客的人口统计特征等。然而,一些比较重要的数据来源,如文本数据(如顾客的邮件内容)却是无法度量的。参见 Coussement & Van den Poel(2007a)最近一项将文本数据用于预测顾客流失的研究。

图 10.2 系统地列举了预测模型是如何通过应用一部分顾客的调查数据来推断余下顾客行为的(也可见第 16 章)。其中的一个例子就是某公司对调查数据进行聚类分析来细分市场,然后建立预测模型来预测顾客属于哪个细分市场,最后将预测模型应用到那些没有接受调查的顾客中来预测他们属于哪个细分市场。

第一步,调查 500 个顾客在产品"属性重要性"上的态度(如质量、可靠性、耐用性、价

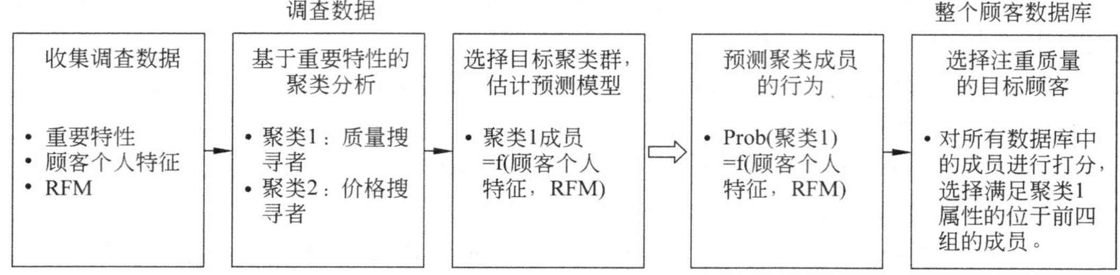

图 10.2 将调查数据应用到整个顾客数据库中

格、方便性和重要性)，这些数据被用来进行聚类分析并且定义细分市场(本例中通过聚类分为质量搜寻者和价格搜寻者)。然后估计一个预测模型用以预测调查中的顾客哪些属于质量搜寻者，哪些属于价格搜寻者。用来预测的变量是从调查中收集到的顾客个人特征和 RFM 变量，这些数据也存在于内部数据文件中。[①] 将预测模型应用于整个顾客数据库中，预测出顾客应处于哪个群中。

这个过程提供了一个将更多变量纳入预测模型的方法。核心思想与所有的预测模型一样，即将基于部分顾客估计的模型应用于所有顾客数据。然而，由于用于估计模型的样本量通常过少(如 500 而不是几千个)，而且用于分析的数据所包含的丰富信息也加大了预测的难度。因此，企业在这方面应该谨慎，在正式实施营销行动之前最好基于该方法使用控制测试。

3. 数据预处理

形成数据文件后，还需要对数据进行“预处理”，这是一项非常辛苦的工作。主要涉及三方面内容：创建哑变量、处理缺失值和创建复合变量。

定类变量如性别、居住地、新获取顾客的途径等，必须被重新编码为哑变量。一些电脑程序如由 ASA 发布的 ModelMax(http://www.asacorp.com/index.jsp)可以将这些变量自动生成哑变量。除此之外，SAS、SPSS 和 Excel 也可以创建哑变量。

复合变量是由原始的两个或多个变量生成的。例如，RFM 变量就是由原始变量创建而来的。“最近一次消费”(recency)这个变量就是先找出最近一次消费发生的时间，然后计算从这个时点到因变量被观测的时点之间的时间间隔；“消费频率”(frequency)这个变量是计算给定一段时间内(或从顾客第一次购买开始)的购买次数；“消费金额”(monetary value)计算的是顾客所有购买的平均花费。RFM 既可以从购买数据的角度进行定义，也可以从营销角度定义。例如，用 RFM 测量活跃顾客与公司可能的接触，包括：顾客上一次收到产品目录是什么时候(recency)，在最近一年里，顾客收到过多少产品目录(frequency)，平均每个产品目录里包含多少产品介绍(monetary value)。

另一个复合变量就是趋势变量。例如，一个电信公司总共有 8 个月的顾客通话数据。分析人员可能会计算一个趋势变量用以预测未来通话的数量是增加还是减少。这个趋势变

① 我们假设调查是匿名进行的，因此顾客的个人特征和 RFM 变量由直接询问获得。如果调查不是匿名的，公司可以将内部文件中顾客的个人特征和 RFM 变量与被调查的顾客关联起来，只需用调查收集态度数据。

量可以是 8 个月的复合增长率(几何平均值),或者是来自通话数量与时间回归的趋势系数。

复合变量能够量化许多分类变量,如邮政编码或者州名(Steeburgh,等,2003)。例如,美国有 50 个州。我们可以创建 50 个哑变量来代表每一个州。但很可能其中一些州对因变量的贡献是一样的,所以这些州应该合并为一个复合哑变量(例如,如果所在州是 CA、NH、ME、FA、MA,那么 comstate=1,否则 comstate=0)。问题是我们需要确定哪些州是要合并的。一些算法可以用来解决这个问题,这些算法通常是将启发式算法和统计检验结合起来。我们可以把所有的州按照回应率进行排列,然后根据不同的断点组合将州进行分组。对于每组断点,可以通过统计检验判断根据该断点组合在一起的州是否有相同的回应率。这种算法可以由决策树软件实现(见第 17 章),也可以通过其他的统计软件或程序实现(如之前提到的 ModelMax,将诸如居住地所在的州这种二进制变量转化为具有同质性的复合组)。

另一个方法就是由 Steenburgh 等人(2003)提出的分层贝叶斯模型(Hierarchical Bayes Model),以邮政编码为例写出该模型的形式:

$$Y_i = \sum_{j=1}^{J} \alpha_j X_{ij} + \beta_{z_i} + \varepsilon_i \tag{10.1}$$

$$\beta_z = \sum_{k=1}^{K} \gamma_k W_{kz} + \upsilon_z \tag{10.2}$$

其中,Y_i为顾客 i 的因变量值(如生命周期价值);X_{ij} 为顾客 i 的预测变量 j 的值;α_j 为反应预测变量 j 重要性的参数;β_z 为邮政编码 z 对预测行为的贡献[①];W_{kz} 为与邮编 z 相关的变量 k 的值,例如,这些变量可以是居住地的邮编为 z 的所有人的平均收入、平均年龄、教育程度,或者是在 z 地的所有家庭的平均家庭价值;γ_k 为在决定邮政编码 z 的预测贡献时变量W_{kz} 的重要性,例如,变量 k 为收入,那么γ_k 值越高,说明收入这个变量越重要,也就是说,如果 z 地区的收入越高,那么预测出的因变量的值也越高;ε_i 为对于顾客 i 来说的不可观测因素;υ_z 为可能影响邮政编码 z 贡献的不可观测因素。

这种方法的思路是不再将所有 10 000 个邮编设为哑变量,而是将邮政编码对于预测行为的贡献构建为一个邮编相关特征的函数。作者们应用贝叶斯技术对该模型进行了估计,结果显示这样估计出的模型比那种直接将邮编的相关特征纳入模型的直观模型效果更好。而且他们还发现,获得邮编相关的信息越多,不同方法之间的差异越小。

数据预处理的最后一个步骤就是缺失值的处理。就像第 11 章描述的那样,我们可以直接删除有缺失值的顾客(这通常很浪费),或者创建缺失变量的哑变量,或者为缺失值赋值。最简单的赋值方法就是用均值代替,但是如果缺失变量和其他变量高度相关的话,该方法的精确性就比较低。例如,如果收入与受教育程度高度相关,如果收入缺失,那么此时如果我们对高教育程度的人和低教育程度的人赋予相同的收入值,分析结果就会被歪曲。基于这个原因,采取其他替换缺失值的方法或者定义缺失值哑变量的方法会更好。

4. 创建校准样本和验证样本

如第 11 章所描述的,用一个"校准"数据集估计预测模型,然后用一个"验证"数据集

---

① 式(10.2)中的 z 不是由 i 索引,因为式(10.2)是通过对邮政编码 z 的平均贡献进行建模预测,在式(10.1)中,可以对z_i使用β,即顾客 i 居住地的邮编,预测顾客个人行为。

来进行检验，是一种很好的做法。这样可以避免模型的"过度拟合"，例如，可能会存在校准数据中预测异质性特征的统计参数在现实世界中并不适用。

问题是样本量究竟要有多大，而且我们需要分配多少数据作为校准样本，多少数据作为验证样本。在数据库营销中，样本大小从 10 000 到 100 000 不等。有时候在几百万名顾客中观测所有变量的情况也可能发生。这是因为估计一个有一百万名顾客的模型需要大量的计算时间，而一个几万的样本已经足够了。如果样本量相对比较小(比如 10 000)，直觉看来大部分的数据都应该作为校准样本。第 11 章提到我们可以把 2/3 的数据作为校准样本，1/3 的数据作为验证样本。

10.3.3 估计模型

1. 选择预测变量

在第 11 章中我们讨论了很多方法用以选择包含在预测模型中的变量，这些方法包括：

- 理论知识。例如，应该用顾客满意度来预测顾客流失。
- 管理相关度。例如，管理人员通常都会对呼叫中心进行评估，因此顾客"呼叫中心的被呼叫次数"可能是一个应被纳入顾客流失模型的重要变量。
- 逐步回归。该方法选出能够使调整的 R^2 最大化的变量，如果为了获得较高的拟合度而使用了太多的变量，那么使用调整 R^2 可以降低我们对模型拟合度的认知。逐步回归不仅排除了那些和因变量相关，而且也和其他预测变量相关(这种相关性比和因变量的相关性还高)的变量，也排除了那些和因变量相关性很低的变量。
- 子集回归。在给定的这种方法考察了预测变量集下，能够估计出来的所有预测模型，并从中选择一个最优的。这是一个十分不错的想法，但是即使预测变量数量适中，该方法也不具实用性。
- 因子分析。将高度相关的预测变量放在一起，创建一个复合变量，该新变量是所有原始变量的加权总和。
- 决策树。该方法可以对数据进行逐层划分，在每一次划分时都会选择能够把回应的顾客与非回应的顾客分开的变量。

为预测模型选择变量的最优方法，还没有研究得到明确的结论。"流失模型竞赛"(Neslin，等，2006a)中收集的数据或许可以给我们提供一些启示，如图 10.3 所示。流失模型竞赛邀请学者和企业实践者应用已知的数据库去预测顾客流失情况。总共有 44 名参赛者，学者与实践者大概各占一半。从图 10.3 中可以看出，最常用的选择变量的方法是：①探索性数据分析(EDA，如计算相关系数和检查数据)；②"常识"(common sense)；③"逐步法"(stepwise)。不太常用的是理论知识(theory)、"因子分析"(factor analysis)和"聚类分析"(cluster aknalysis)。当遇到一个实际问题时，研究人员通常使用比较通俗的方法进行变量选择，在所有统计方法中，逐步回归被经常使用。

从该模型竞赛中获得的另一个启示就是包含在模型中的变量数。图 10.4 显示了变量数量的分布。竞赛提供的数据中大约有 75 个预测变量。参与者也可以构建哑变量和复合变量。图 10.4 显示尽管有一少部分的模型有超过 100 个变量，但大多数的模型包含

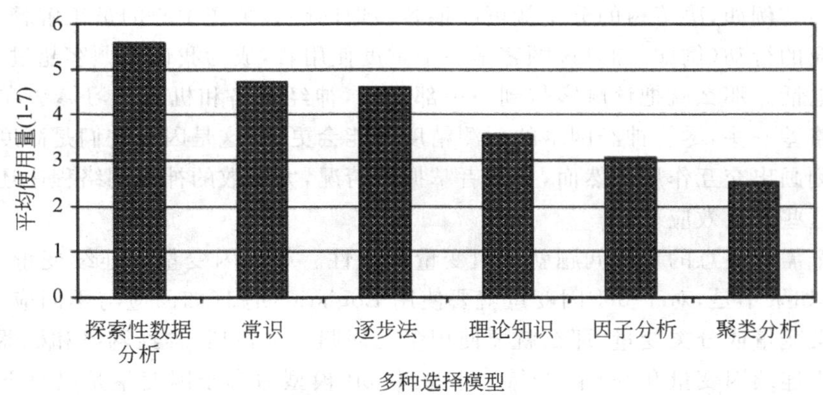

图 10.3　流失模型竞赛的变量选择方法(Neslin et al. ,2006a)

40 个或更少的变量。这些参与者采取决策树的方法创建了各种决策树，每一个决策树都包含一组变量。因此，现实实践中变量数通常维持在 20～40 个。

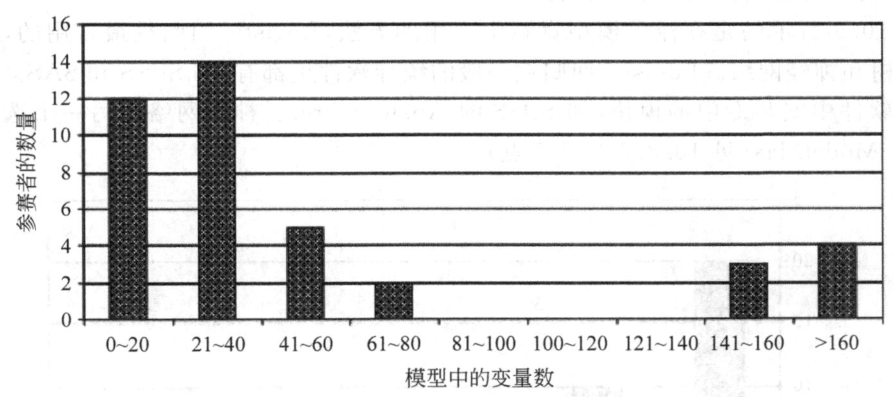

图 10.4　流失模型竞赛中预测模型中包含的变量数(Neslin et al. ,2006a)

2. 选择统计建模技术

应用于预测建模中的统计技术有：

- 回归。
- Logistic 回归(第 15 章)。
- Ⅰ型 Tobit 模型和Ⅱ型 Tobit 模型(第 15 章)。
- 决策树(第 17 章)。
- 神经网络(第 18 章)。
- 机器学习算法(第 19 章)。

从预测精度上来看没有哪个方法被认为是最好的，机器学习算法看起来很有前景，但是它们应用得不够多，也没有与传统的方法进行足够的比较以得出肯定的结论。值得注意的是，在流失模型竞赛中，获胜者用的方法就是决策树算法，它是一种机器学习方法。

选择统计模型时除了要考虑预测精度外还要考虑结果的可解释性，例如，理解并解释是什么驱动了模型中要预测的行为，决策树在这个方面最有说服力，其次是 Logistic 回归和一般回归。例如,决策树的分支就可以很容易地向顾客关怀中心的员工解释,从而使他们采取相应的行动(例如,如果该顾客是一个重度使用者,成为我们的顾客超过5年,并且之前打过电话。那么就把该顾客带到……部门)。神经网络和机器学习算法在结果的可解释性上略差一些,尽管神经网络的预测精度可能会更高,这是因为它们是高度非线性的并且能够刻画出交互作用。然而,据笔者掌握的情况,大多数的神经网络程序还不能清晰地显示出这些交互效应。

另一个需要注意的重要问题就是因变量的特性。如果因变量是连续变量,可以使用一般回归,如果不是,对于0-1因变量就要使用Logistic回归(如回应与不回应)。如果因变量是名义变量或分类变量,那么就要使用多元回归。决策树、神经网络和机器算法可以同时应用于连续因变量和0-1因变量。Ⅰ型Tobit模型适合于因变量是具有下限的连续变量,如个人花费,取值不能在0以下。Ⅱ型Tobit模型适合于因变量既包含0-1变量也包含连续变量,例如,顾客是否回应,如果回应的话,他会支付多少钱。我们需要进一步研究Ⅱ型Tobit模型的结果,以及先对个人花费进行回归分析,对顾客回应进行Logistic分析,然后将两者相乘得到结果,孰优孰劣。

图10.5所示的是在流失模型竞赛中应用的方法,Logistic回归是最常用的,接下来是决策树和神经网络。Logistic回归在一般的统计软件里都有,如SPSS和SAS。决策树需要在软件中安装专门的模块,如SPSS的Answer Tree。神经网络的另一个选择就是ASA的ModelMax(见10.3.2节第3点)。

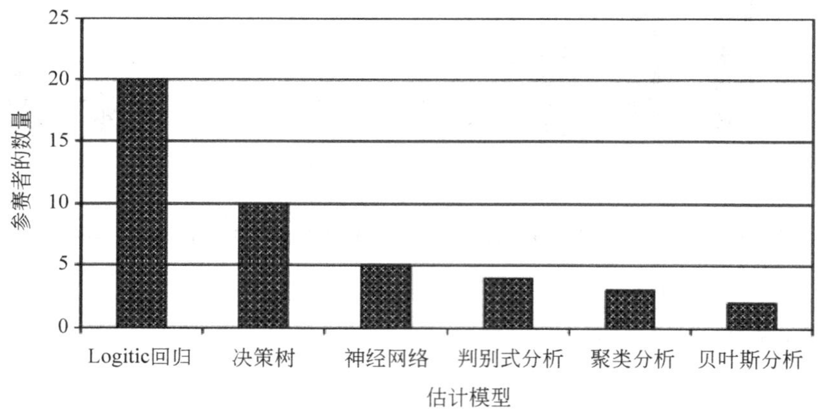

图10.5 流失模型竞赛中应用的统计模型(Neslin et al.,2006a)

3. 模型估计

如10.3.2节第4点中所述,我们通常将数据分为校准样本(估计样本)和验证样本(保留样本)。有时模型要在校准样本中进行估计,在验证样本中进行检验,然后如果有必要验证还要再重新估计重新检验,直到最后得到一个最佳模型。注意这种迭代的过程不是一个验证检验,因为在验证检验中,最终的模型要用于预测验证样本。在流失模型竞赛(Neslin et al.,2006a)中,有超过3/4的数据被分为估计组。实际上,神经网络算法经常利用“训练”和“检验”样本来测试这种策略。

10.3.4 模型评价

1. 创建增益表

评价并使用预测模型的第一步是创建增益表(见表 10.4)。

表 10.4 创建增益表：RFM 指标和回应数据

顾客	最近一次消费	频率	金额/美元	买或不买
1	0	5	242	1
2	3	4	221	1
3	1	6	192	1.
4	0	4	182	0
5	1	4	215	0
6	1	5	244	1
7	1	6	211	0
8	3	7	180	0
9	4	6	183	0
10	3	8	210	0
11	2	8	231	0
12	0	6	182	0
13	2	5	193	1
14	0	5	214	0
15	0	7	231	0
16	0	2	168	0
17	4	10	178	1
18	2	10	191	1
19	3	12	181	0
20	4	4	227	1
21	1	5	216	0
22	6	11	244	0
23	1	4	208	0
24	4	8	202	0
25	1	5	230	0
…	…	…	…	…
9 990	0	5	240	1

续表

顾客	最近一次消费	频率	金额/美元	买或不买
9 991	1	11	169	0
9 992	1	1	172	0
9 993	1	6	211	0
9 994	1	6	179	0
9 995	0	4	214	0
9 996	1	4	220	1
9 997	2	11	208	1
9 998	4	10	215	0
9 999	2	5	197	1
10 000	1	7	229	0
平均值	2.00	5.99	200	0.261

让我们来看邮寄产品目录的例子。公司在 10 000 名顾客中进行测试，并观察到回应情况，如表 10.4 所示。我们用最近一次消费、消费频率和消费金额作为预测变量。例如，顾客 1 上个月才进行购买，因此最近一次消费为 0，在最近一年购买了 5 次，因此消费频率为 5，该顾客每次购买的平均花费为 242 美元。结果显示，顾客对产品目录做出了回应，并且进行了购买。这些回应可以由下面的 Logistic 回归模型模拟：

$$\text{Probability(Respond)} = \frac{1}{1+e^{-(-7.5-0.15R+0.1F+0.03M)}} \tag{10.3}$$

回应与“最近一次消费”成反比，与消费频率和消费金额成正比。通过该模型的模拟，结果显示 26.1%的顾客（在 10 000 中）会对产品目录进行回应。如果有 10 000 个观测值，那么得出 Logistic 回归模型如下：

$$\text{Probability(Respond)} = \frac{1}{1+e^{-(-7.739-0.118R+0.092F+0.031M)}} \tag{10.4}$$

式(10.3)中的模型最接近真实模型。下一步就是将每一名顾客的 R、F、M 值替换到式(10.4)中，然后计算回应率的预测值，如表 10.5 所示。我们预测出顾客 1 对产品目录的回应率为 0.554。

表 10.5 创建增益表——应用估计出的预测模型来预测回应率

$$\left[\text{Probability(Respond)} = \frac{1}{1+e^{-(-7.739-0.118R+0.092F+0.031M)}}\right]$$

顾客	最近一次消费	频率	金额/美元	买或不买	回应率的预测值
1	0	5	242	1	0.554
2	3	4	221	1	0.293
3	1	6	192	1	0.203

续表

顾客	最近一次消费	频率	金额/美元	买或不买	回应率的预测值
4	0	4	182	0	0.151
5	1	4	215	0	0.304
6	1	5	244	1	0.543
7	1	6	211	0	0.320
8	3	7	180	0	0.133
9	4	6	183	0	0.122
10	3	8	210	0	0.299
11	2	8	231	0	0.480
12	0	6	182	0	0.178
13	2	5	193	1	0.178
14	0	5	214	0	0.343
15	0	7	231	0	0.514
16	0	2	168	0	0.087
17	4	10	178	1	0.145
18	2	10	191	1	0.245
19	3	12	181	0	0.201
20	4	4	227	1	0.310
21	1	5	216	0	0.328
22	6	11	244	0	0.529
23	1	4	208	0	0.259
24	4	8	202	0	0.229
25	1	5	230	0	0.434
…	…	…	…	…	…
9 990	0	5	240	1	0.538
9 991	1	11	169	0	0.168
9 992	1	1	172	0	0.081
9 993	1	6	211	0	0.320
9 994	1	6	179	0	0.147
9 995	0	4	214	0	0.323
9 996	1	4	220	1	0.337
9 997	2	11	208	1	0.377
9 998	4	10	215	0	0.350
9 999	2	5	197	1	0.199
10 000	1	7	229	0	0.475

接下来我们按照表10.6中显示的回应率的预测值将顾客进行排序。第7672号顾客，$R=2$，$F=11$，$M=290$美元被预测为有最高的回应率，为0.884。排在前25名的顾客被预测为有较高的回应率，他们当中大多数确实也回应了。最下面的顾客(9 990～10 000)被预测为有较低的回应率，确实也没有人回应。

表10.6 按回应率的预测值排列的增益数据

排序	顾客	最近一次消费	频率	金额/美元	买或不买	回应率的预测值
1	7 672	2	11	290	1	0.884
2	2 633	2	8	296	1	0.874
3	1 887	2	8	289	1	0.848
4	1 941	0	11	270	1	0.837
5	3 330	2	10	277	1	0.821
6	6 800	0	8	273	1	0.814
7	1 972	2	13	266	1	0.813
8	5 805	0	14	255	1	0.809
9	9 686	0	10	265	1	0.799
10	9 842	5	9	286	1	0.795
11	4 842	2	4	289	0	0.795
12	311	0	5	277	1	0.789
13	9 258	1	7	275	1	0.787
14	5 936	1	7	275	1	0.786
15	635	2	3	290	1	0.786
16	7 269	0	7	270	1	0.781
17	7 230	3	5	287	1	0.781
18	8 908	1	3	285	0	0.778
19	8 590	0	5	273	0	0.768
20	191	1	9	265	1	0.767
21	251	0	6	270	1	0.766
22	8 489	3	10	268	1	0.758
23	8 096	1	9	263	1	0.755
24	8 674	0	6	268	1	0.753
25	4 592	2	7	271	0	0.747
…	…	…	…	…	…	…
9 990	5 490	3	3	132	0	0.023

续表

排　序	顾　客	最近一次消费	频　率	金额/美元	买或不买	回应率的预测值
9 991	5 152	5	1	144	0	0.023
9 992	8 166	7	7	134	0	0.022
9 993	5 944	6	4	139	0	0.022
9 994	1 680	2	5	119	0	0.021
9 995	481	5	7	123	0	0.021
9 996	8 976	5	11	111	0	0.02
9 997	5 892	4	2	131	0	0.019
9 998	7 526	1	4	112	0	0.018
9 999	95	1	3	114	0	0.017
10 000	913	3	8	−38	0	0.000

现在我们需要将数据分为 n 分位组，在这个例子中就是十分位组。第一个十分位组的顾客包括排在第 1 名到第 1 000 名的顾客。表 10.7 显示第 1 000 名顾客的回应率为 0.458 8。[①] 我们可以将任一个回应率在 0.458 8～1 的新顾客归到第一个十分位组中。该组中确实有 54.2%的顾客发生了购买行为。

表 10.7　创建增益表，分界点和回应预测值：第一个十分位组

排　序	顾　客	最近一次消费	频　率	金额/美元	买或不买	回应率的预测值
1	7 672	2	11	290	1	0.884
2	2 633	2	8	296	1	0.874
3	1 887	2	8	289	1	0.848
4	1 941	0	11	270	1	0.837
5	3 330	2	10	277	1	0.821
6	6 800	0	8	273	1	0.814
7	1 972	2	13	266	1	0.813
8	5 805	0	14	255	1	0.809
9	9 686	0	10	265	1	0.799
10	9 842	5	9	286	1	0.795
11	4 842	2	4	289	0	0.795

① 我们假设在预测回应率时各观测值间没有联系，因此可以分离出单独的第 1 000 名顾客。有时，尤其是在大样本并且预测变量较少的模型中，很容易在预测回应时出现观测值之间有联系的情况，这时，有的分组里就会出现顾客数量是奇数的情形。

续表

排　序	顾　客	最近一次消费	频　率	金额/美元	买或不买	回应率的预测值
12	311	0	5	277	1	0.789
13	9 258	1	7	275	1	0.787
14	5 936	1	7	275	1	0.786
15	635	2	3	290	1	0.786
16	7 269	0	7	270	1	0.781
17	7 230	3	5	287	1	0.781
18	8 908	1	3	285	0	0.778
19	8 590	0	5	273	0	0.768
20	191	1	9	265	1	0.767
…	…	…	…	…	…	…
990	2 090	5	9	237	1	0.459
991	2 189	1	5	233	0	0.459
992	731	1	3	239	0	0.459
993	9 487	0	4	232	1	0.459
994	5 273	2	10	222	0	0.459
995	8 283	4	6	242	0	0.459
996	1 985	2	4	240	1	0.459
997	5 141	2	3	243	0	0.459
998	3 274	2	6	234	0	0.459
999	335	0	9	218	0	0.459
1 000	7 111	2	4	240	0	0.458 8
1 001	1 882	1	9	221	1	0.458 5
					54.20%	55.10%

我们可以对第二分位组、第三分位组及其他各组都重复上述这个过程，这就创建了如表 10.8 所示的增益表。① 利用表 10.8 可以计算出每个分位组的利润，就像表 10.1 所示的那样。该模型将会被应用到公司其他 1 000 000 名顾客中。根据表 10.8 中的分界点，可以将每个顾客划分到合适的组中，然后对能够获利的组进行邮寄。值得注意的是，在利润计算中我们使用的是真实回应率而不是预测回应率。在实际应用中，二者并没有太大

① 我们将在下个部分介绍表 10.8 的“提升”栏。

区别。[①]

表 10.8　创建增益表：最终表

十分位组	上限分界点	下限分界点	预测的平均回应率	真实的平均回应率	增益值
1	0.884 5	0.458 8	0.551	0.542	2.08
2	0.458 5	0.373 7	0.411	0.420	1.61
3	0.373 6	0.315 1	0.342	0.354	1.36
4	0.315 1	0.270 2	0.292	0.305	1.17
5	0.270 2	0.232 2	0.251	0.272	1.04
6	0.232 2	0.195 0	0.214	0.219	0.84
7	0.194 9	0.162 4	0.178	0.165	0.63
8	0.162 3	0.129 6	0.146	0.145	0.56
9	0.129 6	0.093 4	0.111	0.121	0.46
10	0.093 3	0.000 2	0.068	0.065	0.25
				平均率＝0.261	

因为我们可以将每个分位组中的 1 000 名顾客看作从公司所有顾客中抽出的一个样本，所以，真实回应率是一个样本比例。因此，在 95％的置信水平下第 k 组的回应率置信区间为

$$r_k \pm 1.96\sqrt{\frac{r_k(1-r_k)}{n}} \tag{10.5}$$

其中：n 为第 k 分位组的样本大小，本例中为 10 000。因此第一分位组 54.2％的回应率在 95％的显著性水平下置信区间为 $0.542 \pm 1.96\sqrt{\frac{0.542(1-0.542)}{1\,000}} = 54.2\% \pm 3.1\%$。

2. 计算增益值

"增益值"是测量模型绩效的最常用标准（见第 11 章）。这是因为它可以直接从表 10.1 这样的增益表中计算出来，并且直接与管理决策联系。我们将第 n 分位组的增益值定义为

$$\lambda_k = \frac{r_k}{\bar{r}} \tag{10.6}$$

其中：λ_k 为第 k 个组的增益值；r_k 为第 k 个组的回应率；$\bar{r}$ 为整个样本的回应率。

总体来说，λ_k 表示相比于整个样本的回应率，第 k 分位组的顾客回应的可能性。我们希望第一组的增益值比 1 大，最后一组的增益值比 1 小。如表 10.9，整个样本的回应率——平均值为 1.60％，第一组的回应率是 6.00％。因此，我们说相比于平均回应率，第

① 然而，预测的回应率很会受到"罕见事件"偏差的影响（见 10.3.5 节第 1 点和第 15 章的 15.1.3）。使用真实回应率会避免该问题。

一组有 3.75 倍的回应率($\lambda_1=6.00/1.60=3.75$),该组的"增益值"为 3.75∶1。

"增益"本身并没有直接的管理意义。重要的是利润的经济效益,它们建立在回应率、利润贡献和成本上,如表 10.1 所示。然而,"增益"越高,则该组的利润越高,这是因为增益值与回应率成比例。同时,增益值也为模型在不同情境下的应用提供了一个一般性的评价标准。例如,根据我们的经验,第一个十分位组的增益值在 1.5～10.0,可能带有 3～5 个标准。

第一个 n 分位组有一个可获得的最大增益,设 $\bar{r}$ 为整个样本的回应率,N 为样本大小,n 为分位组的数量,那么:

$$\text{Max Lift}=\begin{cases} n & N\times\bar{r}\leqslant N/n \\ 1/\bar{r} & N\times\bar{r}>N/n \end{cases} \tag{10.7}$$

一个关键的问题是要说明在第一个分位组中是否存在一个足够大的样本能容纳所有的回应者。考虑第一种情况,回应者的数量($N\times\bar{r}$)少于第一分位组的顾客数量(N/n)[①]。那么该组的最大回应率就是 $\dfrac{N\times\bar{r}}{N/n}=n\bar{r}$,最大增益值为 $n\bar{r}/\bar{r}=n$。假设表 10.9 就是这种情况,第一组的最大增益值为 10,现在的值为 3.75,因此我们只做到了最佳模型的 37.5%。如果回应者的数量多于第一分位组的顾客数量,最佳情况就是在第一组的所有顾客都被确认为回应者,那么此时的增益值为 $1/\bar{r}$。表 10.8 中,$\bar{r}=0.261$,$n=10$,$N=10\ 000$,因此 $N\times\bar{r}=2\ 610>1\ 000$,第一组的最大增益值为 $1/\bar{r}=1/0.261=3.83$。我们实际得到的第一组的增益值为 2.08,意味着只做到了最佳模型的 54.3%。

表 10.9 计算增益值

十分位组	回应率/%	增益值
1	6.00	3.75
2	3.50	2.19
3	2.50	1.56
4	1.50	0.94
5	1.00	0.63
6	0.65	0.41
7	0.50	0.31
8	0.19	0.12
9	0.12	0.08
10	0.04	0.03
平均值	1.60	—

3. 评估模型的其他方法

第 11 章详细介绍了用于评估预测模型的其他统计方法。其中比较常用的一个是累

① 我们假设在最高组没有 tiles,因此该组的顾客准确值就是 N/n,见本章 P19 脚注 1。

积增益表法(cumulative lift chart)。该方法以列表的形式从上到下计算累积回应率。继续利用表 10.9 的例子,表 10.10 显示了累积增益值的计算。

表 10.10 计算累积增益值

十分位组	回应率/%	增益值	累积增益值/%
1	6.00	3.75	37.50
2	3.50	2.19	59.40
3	2.50	1.56	75.00
4	1.50	0.94	84.40
5	1.00	0.63	90.60
6	0.65	0.41	94.70
7	0.50	0.31	97.80
8	0.19	0.12	99.00
9	0.12	0.08	99.80
10	0.04	0.03	100.00
平均值	1.60		

第 k 个分位组的累积增益值表示的是前 k 个分位组的所有回应者的百分比。如表 10.10 所示,前 3 个分位组包含了 75%的回应者。显然,对于给定的分位数累积增益值越高越好。累积增益值可以由如下计算方法获得,将连续分位组的回应者数量加总,然后除以总的回应者数量。①

正如第 11 章讨论的,一个评估方法就是看该模型在一个验证数据集中的预测精度如何。假设现在有 20 000 名而不是 10 000 名顾客参与实验,但是估计出来的预测模型[式(10.4)]是基于 10 000 名校准顾客的。式(10.4)以及表 10.8 里的分界点可以用来区分验证样本,然后在这些顾客中计算真实回应百分比。这个回应率与表 10.8 中的真实回应率不应相差太多。另一个比较常用的评估办法就是将一个模型与另一个模型进行对比,比如说 Logistic 回归和神经网络模型,可以按照增益值、累积增益值等进行对比。

10.3.5 选择目标顾客

有四种方法确定目标顾客:

- 增益表分界点(见 Banslaben,1992);
- 个人得分分界点(见 Bult & Wansbeek,1995);
- 预算限制;

① 也可以用另一种方法计算,计算列增益值,然后除以所有 n 列的增益值,但是,如果在每个 n-tile 中由于联系的偏差而导致顾客数量有细微差别时,计算结果会不准确,见本章 P19 脚注 1。在表 10.10 中,我们假设不存在这样的问题。

- 基于选择的顾客细分(Gensch 1984;Gensch et al.,1990)。

1. 增益表分界点

运用增益表来确定目标顾客有四个步骤(参见 Banslaben,1992):

- 完成增益表;
- 为余下的顾客数据打分;
- 将顾客安排到合适的分位组中;
- 选择 n 个分位组作为目标顾客。

1) 完成增益表

这里有两个问题需要解决:①需要多少个分位组? ②对每个分位组直接使用由模型预测出来的回应率还是使用真实回应率? 第一个问题的答案取决于样本的大小。从式(10.5)中可以看出,第 n 个分位组的回应率预测的大小取决于样本大小,也就是 N/n 的值,其中 N 代表总的样本大小,n 代表分位组的数量。这个方法适用于有较少数量的分位组。然而,如果第一个分位组被划分为两个组:最高回应组和较高回应组,那么此时较多的分位组数量会比较好。对于二者之间的权衡主要是看增加的细节是为了更多的分位组还是为了量化细节用小样本。根据我们的经验,十分位数之所以经常被用来评估模型,仅仅因为它是一个常用的基准点。然而,更多的分位组,甚至是百分位组也可以用来选择目标顾客。

尽管使用模型计算出来的回应率进行顾客选择看似最有逻辑性,但是仍然存在两个质疑。首先,当回应相对"较少"时,非线性模型如 Logistic 回归会低估真实回应率。第15章就讨论了这个问题和潜在的统计改进。最简单的办法就是用每一个分位组的真实回应率来作为回应的预测值。其次,校准样本会被有意构建为包含50%回应者和50%非回应者的形式。这是为了提供更多回应的例子,从而使模型能更好地刻画出回应者的特征。这样做的结果是我们无法直接得到回应率的预测值。但是,该模型可以用来对反映总体真实回应率的验证样本进行排序。然后我们将顾客分为十个分位组,观察真实回应率,将它们作为回应率的预测值。

2) 为余下的顾客数据评分

大多数的预测模型都是基于所有顾客数据的一部分进行估计的,但是决策必须针对所有的顾客。例如,在上面的例子中,对10 000名顾客进行试验,基于该样本建立增益表,然后对公司其余的顾客进行预测,这就叫作为数据"评分"。

3) 将顾客安排到合适的分位组中

当每个顾客都有得分后,就可以根据分界点(参见表10.8的例子)将其划分到合适的分位组中。这种分类方法既适用于当前比较迫切的应用,也适用于未来应用。例如,管理层可能对那些在三个目录回应模型里的至少一个中,其分数位于最高分位组的顾客实施一项行动。

4) 选择 n 个分位组作为目标顾客

一旦我们将顾客安排到合适的分位组中,并且决定了用什么来预测回应,那么顾客选择就变得比较简单了。如表10.1所示,我们只需计算每个分位组的利润,然后选择那些在获利分位组中的顾客作为目标就可以了。从表10.1中可以看出,相比于大规模营销通过这种方式选择目标顾客可以大大提升利润和投资收益率(ROI),这也是数据库营销最核心的内容。

2. 个人得分分界点

一个选择目标顾客的方法是运用预测模型预测每一名顾客的回应,然后在所有预测值中选择一个分界点,那么得分在该分界点以上的顾客就是我们的目标顾客。实施此方法最简单的方式就是:首先计算处在营销活动盈亏平衡点上的回应率,然后选择回应率预测值可能在该点之上的所有顾客。例如,r 为回应率;w 为每个回应的利润贡献;c 为接触一名顾客花费的成本,接触顾客获利的条件是 $rw-c>0$,或 $r>c/w$。因此,公司会选择那些回应率预测值比分界点 c/w 高的顾客。

Bult 和 Wansbeek(1995)推导出了一个最佳分界点,在该点向顾客邮寄的期望边际贡献等于期望边际成本。假设用预测模型算出的顾客 i 的得分为 n_i。利用一个 Logistic 预测模型并且假设顾客 n_i 在所有顾客中服从 Logistic 分布,他们推导出了一个应被选择的最优顾客集,其表达式如下:

$$q_{opt}=\frac{1}{1+\mathrm{e}^{\alpha\gamma}\ (w-1)^{-\gamma}} \tag{10.8}$$

其中,q_{opt} 为在直复营销活动中被选中的最优顾客集;γ 为 n_i 的逻辑分布的参数,γ 值越高,说明分布越集中,即所有顾客的得分预测值的方差越小;α 为 Logistic 回归模型中的常数;w 为回应的边际贡献与边际成本之比,当 $w>1$ 时,说明边际贡献大于边际成本。

式(10.8)显示如果边际贡献增加,我们就可以选择更多的目标顾客。如果 Logistic 回归模型中的常数越大,说明回应的水平一般较低,此时我们不会希望选择更多的目标顾客。γ 和最优目标顾客集之间的关系并不是单调的(见 Bult 和 Wansbeek 中的表 3)。

Bult 和 Wansbeek 使用分位数和线性概率模型将他们的方法与增益表的方法进行了对比,发现他们的方法比增益表法多产生了 8%的利润。有两个原因可以解释:①作者使用的是 Logistic 回归模型而不是线性概率模型,而 Logistic 回归会更加精确;②以分位数的形式进行细分有些粗糙,以分位数的形式产生的需要邮寄的比例是 40%,而采用作者的方法产生的需要邮寄的比例是 47%。

Bult 和 Wansbeek 的方法具有较好的应用前景。首先,前面提到的将总体分成几个分位组的方法,只是函数形式的回应率的一种近似形式。其次,这种方法考虑了预测个人回应率时的不确定性,这是通过对预测模型中误差项的详细解释实现的。然而,该方法不仅做了模型形式的假设(所有的建模者都是这样做的),也对总体预测得分的分布进行了假设。未来的研究需要对以下方法进行更多更详尽的比较,包括 Bult 和 Wansbeek 的方法、增益表法和分界点法,以及本节最开始讨论的简单分界点法。

3. 预算限制下的分界点

另一个用来选择目标顾客的方法是找到一个预算限制下的分界点。该方法比较简单。如果每个顾客的接触成本为 c,预算为 B,那么公司应该接触根据预测模型排序得到的前 B/c 个顾客。如果公司在营销计划中对直复营销活动设定了一个总体预算,那么就可以使用该方法。如果该计划的一部分是花费 1 000 000 美元完成五个直复营销活动,那么每个活动的预算就是 200 000 美元。

预算方法的一个优点是它不需要确定什么样的预测是正确的，只是对顾客进行排序，这也很容易理解。预测模型可能是在 t 时刻估计的，然后应用于 $t+x$ 时刻，这里的 x 可以是以月计的。在这段时间里，竞争、季节、余下的产品营销组合等因素都可能改变回应的绝对水平，而顾客的排序则很少会改变（除非在预测模型的变量中存在交互作用以及环境发生了变化）。

预算方法也有不足之处，预算可能会限制公司向那些可能有利可图的顾客进行邮寄，或者促使公司向那些不会带来利润的顾客进行邮寄。

4. 究竟选择多少顾客就够了：权衡误命中误差

正如上文提到的，在选择目标顾客时通常会犯以下两类错误。

- 第Ⅰ类错误：选择了那些实际不会带来利润的顾客，即"存伪"。
- 第Ⅱ类错误：没有选择那些会带来利润的顾客，即"去真"。

一个公司理想上想让两种错误概率都变小，但一类错误的概率下降会导致另一类错误概率的上升。例如，为了阻止第Ⅰ类错误的发生，公司会尽量避免和那些不能带来利润的顾客接触，那么这种"偏差"使公司不愿再向更多的顾客邮寄。结果就是，公司可能错失了与某些能够带来利润的顾客的联系。这就意味着增加了犯第Ⅱ类错误的概率。如果我们试图减小第Ⅱ类错误发生的概率，也存在相同的情况。由于公司不想错失那些有利可图的顾客，所以就接触更多的人。公司接触的顾客越多，就越有可能会接触到那些并不能带来利润的人，这就增加了犯第Ⅰ类错误的概率。

这些争论的根源来自对第Ⅰ类错误和第Ⅱ类错误的经典统计处理。公司主要是在两个假设中进行抉择：能带来利润的顾客和不能带来利润的顾客。根据我们前面对此问题的定义，零假设应该是顾客不能带来利润。在这个定义下，即便零假设（无利可图）确实是真的，第Ⅰ类错误认为它的备择假设（有利可图）是真的。

为了将这些问题规范到一个决策制定框架中，一个比较可行的方法是量化第Ⅰ类错误和第Ⅱ类错误的成本以及公司对这些错误的效用函数。我们推荐把这个作为未来的研究方向。而在这里我们将关注由第Ⅰ类错误和第Ⅱ类错误思想产生的战略性衍生物。

一个相关问题是，在什么情况下公司会更关注第Ⅰ类错误而不是第Ⅱ类错误，从而尽量少与顾客接触或多与顾客接触。以下是几个比较重要的因素（见表 10.11）。

- 目标。关注第Ⅰ类错误的公司关心的是投资收益率 ROI。这会促使他们降低 ROI 中的分母值，也就是，不去联系那么多的顾客。关注第Ⅱ类错误的公司关心的是销量。毫无疑问，接触的顾客越多，带来的销量也会越高。
- 看待联系的视角。关注第Ⅰ类错误的公司认为，从顾客的角度来看，公司与他们的联系非常混乱，比较繁杂，因此除非十分确定这个顾客会带来可观的利润，否则不会轻易地打扰他。关注第Ⅱ类错误的公司将联系看作沟通的过程。即便顾客不会做出任何回应，他们对于公司的知晓度也会提高，而这些会在未来得以回报。
- 活动预算。当公司的营销预算比较小时必然会关注第Ⅰ类错误，而当营销预算较多时，则会比较关心是否没对那些能获利的顾客进行邮寄（第Ⅱ类错误）。
- 未来活动。关注第Ⅰ类错误的公司会同时考虑好几个活动。如果在当期活动中不能从顾客那里获利，可以期望他们在接下来的活动中带来利润。如果一个公司一年只进行这一次活动，那么它会担心犯第Ⅱ类错误。

- 顾客导向。如果一个公司把它与顾客之间的关系看成一种交易关系，那么它会关注第Ⅰ类错误——如果能够从顾客身上马上获利，那么就与其联系，如果不是，就不联系。一个更加关系导向的公司，会更加关心第Ⅱ类错误——即便顾客此刻不付钱，作为维持一段长久关系的润滑剂，公司也会联系顾客。
- CRM 战略。Langerak 和 Verhoef(2003)将“战术”型 CRM 与“战略”型 CRM 进行了区分，战术型的 CRM 把 CRM 严格当作营销效率工具。这时公司关注的是第Ⅰ类错误。战略型的 CRM 是把 CRM 当作培养顾客关系和最大化顾客生命周期价值的手段。这样的公司关注的就是第Ⅱ类错误。

表 10.11 选择目标顾客时决定对增益表进行深入挖掘的程度：第Ⅰ类错误和第Ⅱ类错误[a]

因　　子	第Ⅰ类错误导向	第Ⅱ类错误导向
目标	ROI	销量
联系人的角度	混乱	沟通
活动预算	小	大
未来活动	多	少
顾客导向	交易型	关系型
CRM 战略	战术型	战略型

[a]第Ⅰ类错误：选择了未来不会获利的顾客(例如，没有回应)。第Ⅱ类错误：没有选择会带来利润的顾客(例如，会回应的)。

总结来说，公司关注的是投入所能产生的效益，而且营销“温暖而柔软”的一面被认为是一种不切实际的奢侈品时，其将更加关注第Ⅰ类错误。它将只联系那些他们认为是好的回应者的顾客。这样做好的一面是 ROI 较高，而不好的一面是只关注那些能在短期获利的顾客，而不能发展边际顾客。最终结果是，公司保留了稳定但相对较少的忠实顾客，但边际顾客却流失到竞争对手那边去。公司可能需要重新实施一项获取顾客的活动来赢回这部分顾客。这时公司可能会尽可能联系较多的顾客，虽然会产生很多第Ⅰ类错误，但是避免了使其陷入困境的第Ⅱ类错误。

过度重视第Ⅰ类错误和第Ⅱ类错误都会带来麻烦。重视第Ⅱ类错误的公司会联系很多顾客，即便这些顾客在短期内不会带来利润。可问题是这些顾客可能在长期也不会带来利润。营销中的一面可能会让公司在那些不能盈利的顾客身上浪费太多的营销投入。在意识到这个问题之前，我们已经花费了大量的营销预算，营销生产率比较低，忠诚顾客也会因为过多不必要的联系而被湮没。这样的公司可能不得不忍痛改变，不再向过多的顾客邮寄，减少总花费。这样虽然销量可能下降，但是 ROI 会上升。

显然从长久来看，我们希望平衡第Ⅰ类错误和第Ⅱ类错误，至少，数据库营销者在应用预测模型并确定“分界点”时必须清晰地知道两种错误。这既是高层管理者也是活动策划专员的任务。

5. 基于选择的顾客细分

增益表、个人得分和预算方法都是在预测模型测量了营销活动中的回应率或者总销量的情况下使用的。然而还有一些情况，预测模型只测量了顾客的忠诚度，即在没有营销投入的情况下顾客的购买概率。在这种情况下，企业可能并不想将100%的忠诚顾客都选出来，因为这些顾客无论如何都会购买，并且他们购买的可能性不受营销投入的影响。另一种极端的情况是，公司不希望选择那些不能被动摇的顾客，因为这些顾客对公司的偏好很低。在这种情况下，公司最好选择那些居中的顾客。我们称为"基于选择的顾客细分"(Gensch，1984；Gensch et al.，1990)。

Gensch(1984)和 Gensch 等人(1990)运用多元逻辑回归模型给出了选择化细分公式：

$$P_{ik} = \frac{e^{V_{ik}}}{\sum_{j=1}^{J} e^{V_{ij}}} \tag{10.9a}$$

$$V_{ik} = \sum_{m=1}^{M} \beta_m X_{ikm} \tag{10.9b}$$

其中，P_{ik} 为顾客 i 在公司 k 的购买概率；V_{ik} 为顾客 i 对公司 k 的偏好；X_{ikm} 为对顾客 i 来说公司 k 的属性 m 的价值；β_m 为在决定偏好时属性 m 的重要性；M 为评估公司使用的属性数目；J 为公司的数量。

该模型将顾客对每个公司所有 M 个属性的排序以顾客从该公司进行购买概率的形式展现出来。模型可应用的数据是每个顾客对属性的打分和购买决策。V_{ik} 不是能直接观测到的，而是由式(10.9b)计算出并且解释为偏好，这是因为由式(10.9a)可知，较高的 V_{ik} 可被转化为较高的购买可能性。

图10.6显示的是购买概率相对于偏好的函数。根据偏好值 V_{ik} 顾客被定义为"流失""可转换""竞争"和"忠诚"四类。"忠诚"类顾客具有很高的购买可能性，即便 V_{ik} 发生了少量变化，该类顾客的购买概率也不会发生变化。顾客对品牌属性的打分非常高，以致属性的一点改善，但并不会明显改变购买概率。同样道理适用于流失类顾客，因为 V_{ik} 的值太低，所以即便公司 k 在属性上有所提高使 V_{ik} 改变了一点，也不足以促使顾客进行购买。竞争类顾客和可转换类顾客正好是相反的情况。如图10.6所示，他们的 V_{ik} 值处于曲线

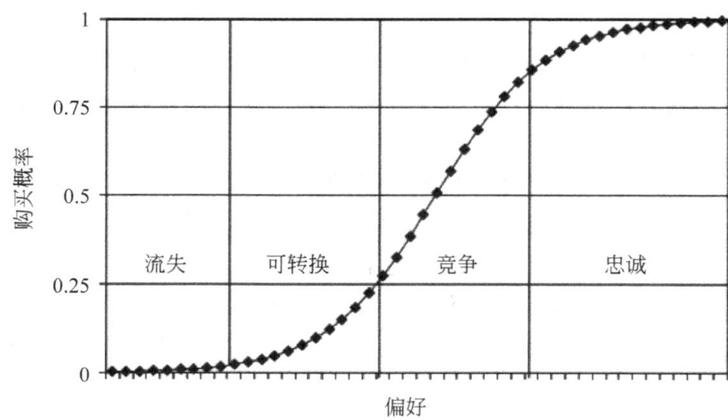

图 10.6 基于选择的顾客细分(Gensch，1984)

上升比较陡峭的部分。“竞争”类顾客倾向于选择公司 k，但是如果 V_{ik} 值改变，公司很可能会额外获得一些顾客也可能很不幸地会流失更多顾客。可转移顾客倾向于远离公司 k，但是如果公司 k 能做哪怕一点改善，那么顾客的购买概率也会提高很多。

一种战略是选择“可转换”类和“竞争”类的顾客作为目标顾客，因为如果公司在一个或几个属性上做一点改善，就会带来显著的偏好提升。Gensch 等人(1990)举了一个 B2B 的电子商务公司应用该战略的例子，通过一个现实实验证明了关注可转换类和竞争类顾客的销售人员的业绩比那些未关注这些顾客的销售人员的业绩要高。

利用预测模型所进行的基于选择的顾客细分方法是一种很好的目标顾客选择途径。它之所以好于其他的目标顾客选择是因为其他模型是将回应作为因变量，而基于是把购买概率作为因变量。顾客的响应性可以从他们在图 10.6 中的位置上推断出来。

10.4 一个预测建模的例子

本节我们简要介绍一个预测建模的例子。表 10.12 显示了建模中的每一步是如何实施的。值得说明的是这只是其中一种实现方式，并不是最佳的过程。

表 10.12 预测建模例子[a]

阶 段	步 骤	结 果
定义问题	1. 管理问题是什么	产品目录邮寄的目标顾客是谁
准备数据	2. 确定要预测的行为和潜在预测变量	要预测的行为是否为顾客回应；潜在预测变量是 RFM 和其他之前的行为变量
	3. 编码数据	可用内部数据中先前的目录邮寄结果
	4. 数据预处理	没有什么是必要的——几乎没有缺失值，只有数值型变量
	5. 创建校准样本和验证样本	n=30 000 的校准样本 n=71 000 的验证样本
估计模型	6. 选择预测变量	逐步法
	7. 选择建模方法	Logistic 回归
	8. 估计模型	SPSS
	9. 评估模型	增益表——校准和验证，解释
应用模型	10. 创建增益表	使用十分位数
	11. 给数据打分	使用估计的 Logistic 回归模型
	12. 将顾客分配到分位组中	使用增益表中的分界点
	13. 选择目标分位组	评估利润，假设每个回应的平均花费和 40% 的边际利润 联系的成本=1.00 美元；完成订单的成本=2.00 美元每个

[a] 作者感谢 Direct Marketing Educational Foundation 对本例给予的数据支持。

本例的数据由 Direct Marketing Educational Foundation(DMEF)[①]提供。案例的背景是一家礼品公司希望知道在节日期间应该向哪些顾客邮寄产品目录。该公司拥有2002年假日季的数据，在那期间公司向大量顾客邮寄了产品目录。我们的问题是这些顾客当中有哪些需要2003年继续邮寄?

需要建模的行为(因变量)是：顾客是否对去年的邮寄产生回应。潜在预测变量包括RFM变量和顾客特征。数据编码时，并没有很多可以利用的顾客特征数据，因此大多数的集成数据库是由先前的行为变量组成的。这些在表10.13中有所列示。数据包括花费的美元、订购的数量、购买产品的数量、购买产品线的数量。另外，支付方式(信用卡、特定种类的信用卡、电话订购)以及购买的产品是否用于礼物赠送(这个产品目录是以送礼为目的的，但是顾客也可以给自己买)也是可获得的。变量40是因变量，顾客是否在2002年的秋天购买了?

大多数变量之间是高度相关的。例如，第一季度花费(FORDSLS)＋最后一季度花费(LORDSLS)＋其他季度花费(未量化的)＝本年度花费(SLSLYR)。所以，第一季度花费、最后一季度花费和本年度花费是高度相关的。

表10.13 预测指标和因变量[a]

1. 顾客编号	MATCHOD
2. 第一季度花费的美元	FORDSLS
3. 第一季度的订单	FORDORD
4. 第一季度的商品	FORDITM
5. 第一季度的产品线	FORDLNS
6. 最新季度花费的美元	LORDSLS
7. 最新季度的订单	LORDORD
8. 最新季度的商品	LORDITM
9. 最新季度的产品线	LORDLNS
10. 本年花费的美元	ORDTYR
11. 本年的订单	SLSTYR
12. 本年的商品	ITMTYR
13. 本年的产品线	LNSTYR
14. 去年花费的美元	ORDLYR
15. 去年的订单	SLSLYR
16. 去年的商品	ITMLYR
17. 去年的产品线	LNSLYR

① 我们感谢DMEF允许我们使用该案例的数据。

续表

18. LTD 信用卡的订单	CHARGORD
19. LTD 信用卡花费的美元	CHARGSLS
20. LTD AmerExp 卡的订单	AMEXORD
21. LTD AmerExp 卡花费的美元	AMEXSLS
22. LTD MC&VISA 卡的订单	MCVISORD
23. LTD MC&VISA 卡花费的美元	MCVISSLS
24. LTD 的电话订单	PHONORD
25. LTD 电话订购花费的美元	PHONSLS
26. LTD 的礼物订单	GIFTORD
27. LTD 礼物花费的美元	GIFTSLS
28. 2 年前的订单	ORD2AGO
29. 2 年前花费的美元	SLS2AGO
30. 3 年前的订单	ORD3AGO
31. 3 年前花费的美元	SLS3AGO
32. 4 年前的订单	ORD4AGO
33. 4 年前花费的美元	SLS4AGO
34. LTD 春天的订单	SPRORD
35. LTD 秋天的订单	FALORD
36. 购买的季节	PURSEAS
37. 最新购买的年份	LPURYEAR
38. 最新购买的季节	LPURSEAS
39. 有购买行为的年份	PURYEAR
40. 2002 年秋天已经购买的商品	RESPONSE

[a]作者感谢 Direct Marketing Educational Foundation 对本例给予的数据支持。

由于这些数据大多数是连续型的并且没有太多的缺失值,所以可以不进行预处理。这 101 000 个观测值被分成 30 000 个校准样本和 71 000 个验证样本。

接下来逐步对 Logistic 回归进行估计。如果有很多潜在预测变量并且没有理论支撑哪几个变量最有用(例如,到底是第一季度还是最后一季度的订单更加具有预测性?这些变量的特征是什么?)这时逐步回归是一个很好的选择。Logistic 回归很容易估计,本例中利用 SPSS 就可以实现,结果如表 10.14 所示。

表 10.14 估计的 Logistic 回归——产品目录例子[a]

变量	β	S. E.	P 值	Exp(β)
FORDLNS	−0.059	0.014	0.000	0.943
LORDSLS	−0.004	0.001	0.000	0.996
LORDORD	−2.970	0.359	0.000	0.051
LORDLNS	0.213	0.017	0.000	1.237
ORDTYR	1.175	0.058	0.000	3.238
LNSTYR	−0.054	0.023	0.018	0.947
ORDLYR	0.699	0.033	0.000	2.011
CHARGSLS	−0.595	0.208	0.004	0.552
AMEXSLS	0.595	0.208	0.004	1.814
MCVISSLS	0.596	0.208	0.004	1.815
PHONSLS	−0.002	0.000	0.000	0.998
ORD2AGO	0.429	0.034	0.000	1.536
ORD3AGO	0.307	0.036	0.000	1.359
ORD4AGO	0.297	0.037	0.000	1.346
Constant	−0.512	0.359	0.153	0.599

[a]作者感谢 Direct Marketing Educational Foundation 对本例给予的数据支持。

表 10.14 显示本年度的订单对回应有巨大影响，去年、前 2 年、前 3 年、前 4 年的订单也有影响，但影响逐渐递减。用信用卡购买（CHARGSLS）会减少回应，但是使用 American Express（AMEXSLS）或 Master Card/Visa 的信用卡（MCVISSLS）会增加回应，也就是说，使用 American Express，Visa 和 Master Card 的顾客有更高的回应率，同时也说明使用其他信用卡的顾客（如 Discover）有较低的回应率。与我们的直觉相反的一个结果是，最近一段时间的订购产品线的数量（LORDLNS）的系数为正，而最早时段内的订单量（FORDLNS）的系数为负。通常我们认为的是这两个变量的系数应该都为正，或者至少应该是同方向的。出现这样的结果很可能是两者存在多重共线性。逐步回归能解决多重共线性的问题，因为逐步能够舍弃两个相关变量中的一个。但有时也并非一定是这样。

图 10.7 显示了校准样本和验证样本的增益图和增益表。校准样本的第一个十分位组的增益值接近 4∶1（0.347/0.091=3.8）。因此第一个十分位组顾客的回应率是普通顾客平均回应率的四倍。根据式（10.7）我们可以计算出最大化的第一十分位组的增益值为 10。所以该模型得到的增益值是我们可能得到的最大增益值的 38%。

模型在验证样本中的表现并没有下降。这是很正常的。相对于预测变量较少的大样本来说，对验证样本的预测通常比较成功。但这不意味着该模型应用时就一定是准确的。所有数据（校准和验证的）是 2002 年的。事情在 2003 年也许会发生变化，而这些变化会使模型不再准确。这些只能通过在 2003 年应用该模型时进行评估。因为节假日是一个

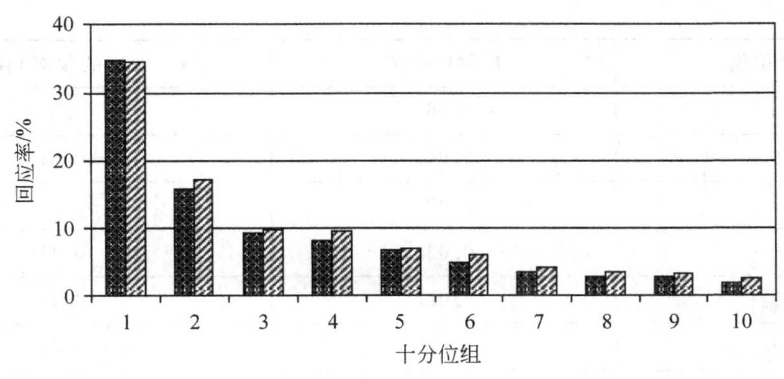

■ 校准样本 ▨ 验证样本

	校准样本		验证样本	
十分位组	回应率	N	回应率	N
1	0.347	3 051	0.345	7 102
2	0.158	3 051	0.172	7 102
3	0.094	3 048	0.098	7 087
4	0.081	3 053	0.096	7 117
5	0.068	3 052	0.070	7 102
6	0.048	3 053	0.060	7 103
7	0.034	3 050	0.041	7 101
8	0.030	3 051	0.036	7 103
9	0.027	3 075	0.033	7 113
10	0.019	3 027	0.026	7 091
总计	0.091	30 511	0.098	71 021

图 10.7 增益图和增益表——产品目录的例子[*]

* 作者感谢 Direct Marketing Educational Foundation 对本例给予的数据支持。

非常短的时期，所以进行检验是不实际的。

表 10.15 显示了利用十分位分界点的方法来选择目标顾客的结果。假设平均订单大小是 60 美元且回报率为 40%。一个比较全面的分析是将订单量和回应一起放到模型中，但是通常的做法是只关注回应，然后假设一个平均的购买量(Bult & Wansbeek, 1995)。每个顾客的接触成本是 1 美元(打印和邮费)，完成订单的成本(打包、包装和邮寄)是 5 美元。因此第 k 个十分位组的每个顾客的利润是 $r_k\times(60\times0.4-5)-1$。表 10.12 预测第 1 个到第 5 个十分位组的顾客是可获利的，第 6 组处在不可获利的边缘，一个关注第Ⅱ类错误的公司可能会对第 6 组进行邮寄。

表 10.15 应用预测模型——决定向哪些组的顾客进行邮寄[a]

十分位组	预测回应率	每位顾客的预测利润/美元
1	0.347	5.59
2	0.158	2.00
3	0.094	0.79
4	0.081	0.54

续表

十分位组	预测回应率	每位顾客的预测利润/美元
5	0.067	0.27
6	0.049	−0.07
7	0.034	−0.35
8	0.030	−0.43
9	0.027	−0.49
10	0.019	−0.64

假设：
预测利润 $=r\times(60\times0.40-5)-1$
其中：
平均订单额＝60 美元
利润贡献＝40%
联系成本＝1 美元
实施成本＝5 美元
r＝增益表第二列的回应率

[a]作者感谢 Direct Marketing Educational Foundation 对本例给予的数据支持。

本例展示了实施预测建模的全过程，从问题定义到实施计划。使用的案例是一个典型的产品目录的例子，是否回应（0-1 变量）是我们最感兴趣的行为变量，RFM 和先前行为变量是最常用的预测变量，而逐步 Logistic 回归则被用来进行变量选择和模型估计。最后模型表现比较好（第一个十分位组的增益值 3.8∶1），并且在验证样本中效果没有下降。最后利用十分位分界点使模型的应用变得比较简单。

10.5 长期考虑

尽管在营销活动中预测建模被广泛应用于选择目标顾客上，但在使用这些模型时仍然有一些长期问题需要考虑。本节我们将讨论这些问题。

10.5.1 “向唱诗班传道”

预测模型的重复使用可能会影响公司忠诚顾客群的大小，过程是这样的：模型将 RFM 得分较好的顾客分在靠前的十分位组，那么这些顾客就会被选为要接触的目标顾客。于是，他们的 RFM 得分会提高而那些没有接触的顾客 RFM 得分就会偏低。在下次应用模型时，同样的顾客会被分在高分位组，而其他的仍在低分位组，如此循环。长此下去，有一部分顾客会获得大量关注，而另一部分顾客的关注度则较低。前者就变成了更好的顾客，而后者的情况可能会变糟。

过度强调第Ⅰ类错误会进一步加重这种窘况。解决的办法就是对于那些处在靠后十分位组的顾客也要偶尔接触一下。即使他们对这一次的邮寄不太可能产生回应，但这种接触可以促使顾客对下一次邮寄产生回应。这就是第Ⅱ类错误战略。如果从分析的角度看，我们需要一个考虑长期顾客管理的最佳接触模型。该模型应该具有前瞻性——需要认识到一项投入可能在短期不会带来回报而在长期会带来收益。详见第28章关于最佳接触模型的讨论。

10.5.2 模型适用期和选择性偏差

模型有它的“适用期”，也就是在保证准确性的前提下，模型能够被应用的次数。模型的准确性可能会随时间的推移而下降，这是由于市场条件发生了变化，尤其是竞争活动发生了变化。也因为这样模型需要重新估计。然而，也可能是因为用预测模型选择的顾客受到营销活动的影响。例如，公司10 000 000名顾客中只有1 000 000名收到了产品目录。这些被选择的目标顾客是基于一个现在看起来比较落后的预测模型。因此需要对模型重新估计，但是产品目录只邮寄给了那些被预测会最先回应的顾客。这些顾客为新的模型提供了样本，但是基于这些顾客估计的模型结果可能并不能应用于所有的顾客。

以下是一个选择偏差的例子。为了能从统计上理解该问题，我们来看这样一个例子：当特定员工(例如，充满雄心壮志的或者高天资的)能够接受业务培训时，估计他们的工资与业务培训之间的关系。如果这些变量没有包含在工资对业务培训的回归模型中，那么业务培训这个变量的系数就是一个偏差系数。从统计上看，一些未被观测到的因素(雄心和天资)既影响是否获得业务培训也影响是否获得高工资：

$$\text{工资} = f(\text{业务培训}) + \varepsilon \tag{10.10a}$$

$$\text{业务培训} = \varepsilon' \tag{10.10b}$$

两个ε都包含雄心和天资这两个因素，因此它们是相关的。因为ε'和业务培训相关，且ε'和ε相关，所以业务培训和ε相关，偏差就产生了(Maddala，1983；Wooldridge，2002)。

我们的情况与此相似但不完全相同。我们测量决定产品目录是否被接收的所有变量，因此如果将它们放进重新估计的模型中，就不会有选择性偏差，然而，RFM预测变量会因不同的人收到了目录而被选择性地改变了。具体地说，由于R和F在顾客购买中具有偶然性，所以具有高误差项的顾客相比低误差项的顾客其R和F的值差异更大。如果误差项随时间变化无自相关性，这种效应只会出现在一个阶段里。然而，如果误差项随时间变化而自相关，那么R和F就与这些误差项相关，由此也会产生潜在的偏差。

为了探索这个问题，我们可以做一个模拟，首先估计一个初始预测模型，重复使用它进行目标顾客选择，然后再对它重新估计。假设回应由一个probit模型产生：

$$Z_{im}^{*} = \beta_0 + \beta_1 \text{Recency}_{im} + \beta_2 \text{Frequency}_{im} + \beta_3 \text{Monetary\_Value}_{im} + \varepsilon_{im} \tag{10.11a}$$

$$\text{Response}_{im} = \begin{cases} \text{Yes} & \text{若} Z_{im}^{*} > 0 \\ \text{No} & \text{若} Z_{im}^{*} \leqslant 0 \end{cases} \tag{10.11b}$$

其中，Response_{im}为顾客i是否对第m次邮寄产生了回应；Recency_{im}为在第m次邮寄时顾客i的Recency得分；Frequency_{im}为在第m次邮寄时顾客i的Frequency得分；$\text{Monetary_Value}_{im}$为在第$m$次邮寄时顾客$i$的Monetary_Value得分。

为了举例说明，我们假设由β决定真实回应产生的过程，在一段时间保持为不变。未

观测到的因素 ε，在个体之间有所不同，但对于给定个体是随时间变化自相关的。我们的假设是：如果该相关关系是非零的，那么当我们重新估计模型时就会导致偏差。

我们假设公司有 1 000 000 名顾客，随机对每名顾客产生初始 RFM 值，然后对一个 10 000 名顾客的随机样本进行模拟邮寄。根据式(10.11)，我们设 $\beta_0=-4.5$，$\beta_1=-0.05$，$\beta_2=0.07$，$\beta_3=0.01$，来随机产生回应。因此，最可能回应的顾客回应时间距现在最近，回应得最频繁，并且有很高的货币价值得分。我们使用这次邮寄的回应来估计式(10.11a)，并把它称为"初始模型"。该模型的系数平均来说应该等于真实的系数。接下来我们会更新每个顾客的 RFM 值，用初始模型为 1 000 000 名顾客打分，选择前 200 000 名进行邮寄。然后看谁会回应，更新 RFM 变量，重新对顾客打分，再邮寄。第三次邮寄之后，我们重新估计预测模型，把它称为"重估模型"。应该注意重估模型使用了 200 000 名最近接受邮寄顾客的数据。之所以这样做是因为，尽管我们在模拟中的样本并不是这些，但我们只希望用最近的数据看看模型是否改变了。

接下来我们同时使用初始模型和重估模型选择第四次邮寄的顾客。我们的假设是：如果 ε 是随时间自相关的，那么重估模型是有偏差的，而且用重估模型为第四次邮寄选择的顾客也不如初始模型好。

图 10.8 显示的是估计的结果。与假设相同，初始模型的系数是非偏差的，当 $\rho=0.0$ 时重估模型的系数也是非偏差的，但当 $\rho=0.4$ 时，重估模型的系数有偏差，在 $\rho=0.8$ 时偏差更严重。这个结果告诉我们：如果重估一个已经被重复用来进行顾客选择的模型，那么这个新模型会包含有偏差的系数，即便是产生回应的潜在过程没有发生变化。这很好地证实了我们之前的假设。

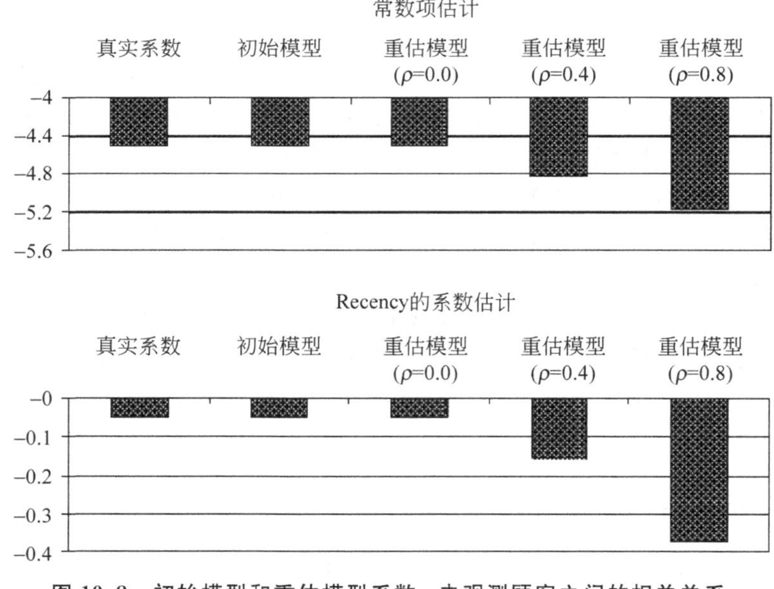

图 10.8 初始模型和重估模型系数：未观测顾客之间的相关关系

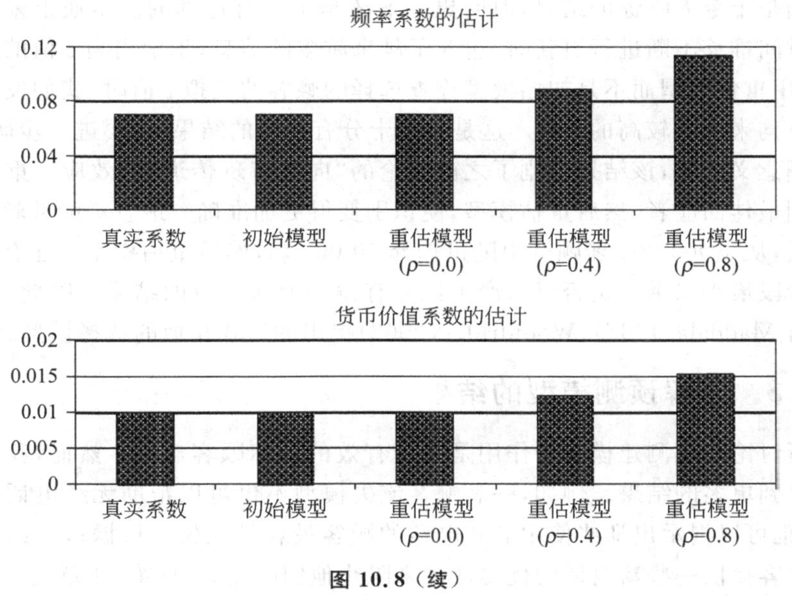

图 10.8（续）

然而，如果我们分别应用初始模型和重估模型进行第四次邮寄，图 10.9 展示了两个令人吃惊的结果：①随着相关关系的增强，两个模型都变得更加准确，也就是他们选择的顾客都有很高的回应率。这可能是因为对于一个给定的邮寄，回应者一般来说有很高的 ε 值，因为他们做出回应了，所以他们的 R 和 F 值在下一次邮寄时会更有可能变好，并且仍然保持着高 ε 值。②当重估模型出现偏差时（$\rho=0.4$ 或 0.8）其预测效果也并不糟糕。实际上比初始模型更好。我们有例子可以说明有偏差的模型比无偏差的模型更准确！原因也是由于选择了高 ε 值的顾客，重估模型确实有偏差，这是因为 RFM 变量随着时间的推移变得与误差项相关。而这个信息已经被包含在偏差系数里，所以尽管系数有偏差，但它们包含了更多的信息，即误差项与 RFM 变量之间的相关性信息。所以重估模型表现得更好。

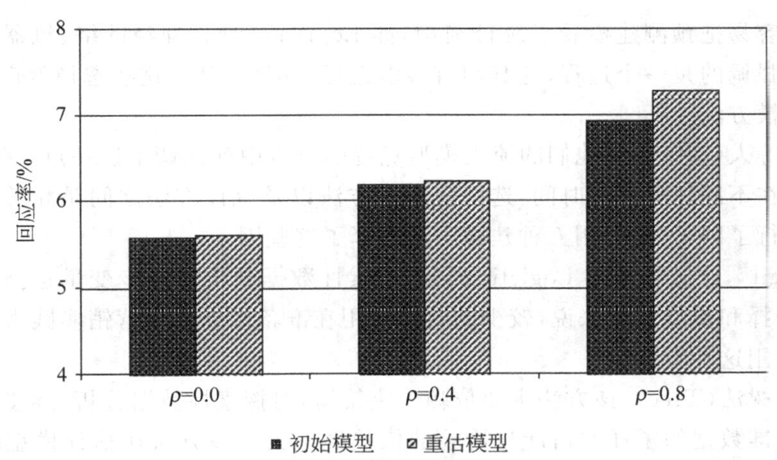

图 10.9　初始模型和重估模型基于选择坚持的回应率：未观测顾客之间的相关关系

这的确是个令人吃惊的结果，但回想一下还是十分有道理的。本质上来说，当 RFM 变量随着时间推移不断进行更新时，包含了越来越多的信息，识别出高 ε 值的顾客。事实上，当我们用重估模型而不是初始模型检查选择的顾客的模拟 ε 值时，我们发现前者选择出的顾客平均来说有较高的 ε 值。这是一个十分有意思的结果，需要进一步研究讨论。

从管理意义上看，该结果加剧了之前讨论的"向唱诗班传道"的效应。重复使用一个模型去识别最佳回应者，然后重估模型，使识别变得更加准确。最直观的补救方法是进行另一个测试，从 1 000 000 名顾客中随机选择 10 000 名，然后重估模型。还有一种可能就是探索二阶段最小二乘法是否可以产生虽然有偏差但却一致的结果。除此之外，也可以开发一种与 Maddala(1983)、Wooldridge(2002)提出的形式相似的选择模型。

10.5.3 理解预测模型的结果

本节所讨论的预测建模主要作用是进行有效的目标顾客选择。然而，我们可以从预测模型中得到更多的结果。例如，一名顾客流失模型不仅可以帮助无线电话公司预测顾客流失率，也可以揭示出那些使用老式电话的顾客最容易流失。根据这个结果公司可以向这部分顾客提供一些新电话的优惠活动来阻止他们的流失(见第 24 章)。

共享预测模型的结果是十分重要的，因为：①这可能能够为提高营销效率提供有洞察力的对策(如上面提到的电话公司顾客流失案例)。②保证目标顾客与整体营销计划相一致(例如，预测模型可能发现年轻人更容易对某个特定的活动产生回应，但是年长的人却是公司的目标顾客)。③向高层管理者保证驱动他们业务的模型是可信的。例如，如果一个模型的结果不容易解释，那么很难说服高层管理者执行一个基于模型的交叉销售活动。

Gillett(1999)建议预测模型的应用应该是分析员、数据库经理、顾客关系管理(CRM)经理和高级营销经理的团队工作。这样的话，结果可以被共享，对模型的信任能够建立起来，团队中的每个成员都能更好地工作。

10.5.4 预测建模过程需要管理

我们很容易把预测建模看成统计模型，如 Logistic 回归、神经网络、机器学习等。但是预测建模强调的是一个过程，这其中有很多选择。因此，基于这些选择就产生了很多不同的预测建模方法。

Neslin 等人(2006a)在他们的流失模型竞赛的分析中就强调了这一点。他们发现，用以代表花费在不同任务上的时间，选择变量的方法以及统计方法之间是相关的。作者对这些数据进行了因子分析，用五种建模方法解释了这些因子。

- "Logit"，这包括使用 Logistic 回归、探索性数据分析和逐步变量选择。相对于变量选择和模型估计来说，较少的时间被用在准备数据上。营销实践者而不是学者会使用这种方法。
- 决策树法(Tree)，该方法主要依赖于决策树，对探索性数据分析，逐步变量选择以及校准数据的子样本估计与检验的依赖性不大。该方法在估计模型时会用很多时间，导致花费的总时间也较长。

- 实践法(Practical),该方法并未强调任何特定的统计模型,但着重强调了在变量选择中主观判断的重要性。尽管该方法在整个过程中花费的时间比较少,但使用者往往将较长的时间花费在下载数据上,并且并没有把数据分为估计样本和检验样本。实践者经常用到这个方法。
- 判别法(Discriminant),该方法经常将判别分析作为统计模型而将聚类分析用于变量选择。该方法的使用者在数据清理上花费的时间较少,更多的时间是花在了模型估计上,最终的结果是在模型中使用比平均水平更多的变量。
- 解释法(Explain),该方法和特定的统计模型联系不大,但是在变量选择时,经常用到自我报告理论的使用、因子分析和聚类分析。研究结果还显示该方法的使用者既对理解顾客流失感兴趣,也对如何进行预测感兴趣。他们在最终的模型中倾向于使用较少的变量,并且在确定最终模型前通常会使用多种估计技术。

作者用描述每个参赛者使用每种方法的程度因子得分对参赛者的预测绩效进行了回归分析,他们发现 Logit 和 Tree 表现最好,Practical 次之,然后是 Explain,Discrimant 的结果最糟。

这些结果可能不具有普适性,但是通过分析我们知道预测建模是一个过程,而不仅仅是一个统计工具。给我们的启示是有很多方法能够进行这项工作,但前提是必须进行管理。例如,如果一个公司的分析员使用 Tree 的方法,他们可能需要更多的时间,尤其是在估计模型时。这意味着在加快硬件速度上的投资是值得的。使用 Explain 方法的分析员可能不会得出准确的预测结果,但是他们会提出一些有见识的洞察力。如果这些洞察力不具备足够的启发性,那么就应该鼓励分析员使用 Logit 或 Tree 的方法,因为使用这些方法即便不能带来足够的洞察力,也会提高预测的准确性。

10.6 未来的研究方向

通过本章的分析,我们对未来的研究方向有如下的建议。

- 合适的校准样本大小和验证样本大小。未来的研究需要进一步对最佳样本量的绝对大小和相对大小进行研究,给出相应的指导方针。
- 在不同类型的预测模型中不同种类变量的相对重要性。顾客的特征变量是否值得花额外的钱从名单商那里获取?竞争性变量的重要性到底有多大?测量之前的营销活动和顾客对这些活动回应的变量有多大价值?
- 变量选择的新方法。即选择哪些变量加到预测模型的方法,这些新的应该可以避免因使用逐步法而产生遗漏变量的情况,或避免为了得到一个简化的模型而进行因子分析。
- 统计模型的新方法。机器学习算法(矢量支持机器、boosting and bagging、贝叶斯网络等)需要被深入研究并且与基本的方法进行对比。
- 第Ⅱ类 Tobit 的使用。当我们预测 0-1 回应或者回应水平时,第Ⅱ类 Tobit 方法是否比用回归和 Logistic 回归分别估计再把两者相乘的结果好?
- 完美 n 分位组分界点方法。我们需要更好的方法来决定应该使用多少个分位组。

- 最佳分界点得分法。在 Bult 和 Wansbeek(1995)的基础上还需要更多的工作，将他们的方法与分位组分界点法进行比较。
- 平衡第Ⅰ类错误和第Ⅱ类错误。我们需要新的方法来帮助数据库营销人员量化第Ⅰ类错误和第Ⅱ类错误的成本，然后基于他们的考虑决定一个最佳分界点得分。
- 用于决定后续活动分界点的最佳接触战略模型。该领域具有很好的发展前景(见第 28 章)，但是需要考虑 wear-in，wear-out 以及第Ⅰ类错误和第Ⅱ类错误。
- 选择性和模型损耗。如果提供给模型数据的顾客已被之前的其他营销模型选择出来接受过营销活动，那么我们该如何对预测模型进行重新估计？
- 对模型的解释能带来回报吗？公司能否将由预测模型产生的一些洞察力转化成长期成功吗？什么样的组织形式最有利于共享这些洞察力？如果将预测建模的估计和执行阶段进行外包，是否将导致减少的共享洞察力和较差的长期表现？
- 预测建模过程的方法有哪些？如何管理好这些方法？Neslin 等人(2006a)指出预测建模有很多不同的方法，这些方法是根据分析人员在建模过程中所做的不同选择而定义的。有没有一个一般性的方法能适用于所有的模型？如果有，它们的成本和收益各是多少？如何管理这些方法？

第 4 部分

PART 4

数据库营销工具：统计技术

第 11 章 预测建模中的统计问题

摘要

在第 10 章中我们介绍了预测建模的基本过程。本章将深入探讨三个关键问题：变量的选择、缺失数据的处理和模型的评价。涵盖的主题包括逐步法和主成分法的变量选择；有关缺失数据处理的插值法，缺失变量的哑变量法和数据融合技术；最后是评价预测模型的验证技术和公式。

"模型"(从科学上讲)一词有很多含义。本章主要指的是统计模型。一个模型，实际上是对真实情况的一种描述或近似。社会科学中的很多现象都十分复杂。运用模型我们可以简化这些现象并且聚焦于可掌控的有限因素。例如，经济学家们为了了解一个苹果和一个橘子之间的价格关系，经常假设市场中只有两种产品：苹果和橘子。尽管他们知道这种假设的情景离现实相距甚远，但是通过这个假设的模型能使经济学家们回答在这个情景中他们关心的问题。一旦经济学家们从一个简单的模型中得到了他们需要的答案，那么他们会将这个模型扩展到更接近现实世界的复杂情景中。

管理者构建统计模型是为了了解和预测对公司有重要影响的变量。不妨考虑一个银行经理，他需要决定向谁发放信用卡或者他希望知道哪些人会违约，哪些人不会。我们不可能完全理解顾客为什么会违约以及识别所有影响顾客违约行为的因素。通过简化现实，银行经理构建了一个反映顾客违约行为的统计模型，这个模型中只包含两个因素：收入和教育程度。我们知道这个简单的模型并不是很贴近现实情况，肯定还有很多其他因素会影响顾客的违约行为。管理者之所以没有把这些因素放进模型中，是因为这些因素或者影响很小，或者在数据库中没有。通过该模型管理人员有希望可以把违约率降低 80%。

本章将讨论建立统计模型的基本要素。我们不会涉及统计的基础知识，这些读者们可以在相应的统计课本或市场调研课本中找到。我们关注的是那些对数据库营销者十分重要而在其他书籍中没有被深入讨论的问题。我们将从构建统计模型的管理判断开始，然后讨论三个对数据库营销都十分重要的问题：模型/变量选择、缺失数据的处理和模型评价。

11.1 构建统计模型的经济判断

我们为什么要构建一个统计模型？从模型中获得的经济利益是什么？数据库营销者通常使用十分位组分析法去评价一个模型的价值。我们用一个例子解释这个概念。假设一个银行在预算约束下只能发行 2 000 张信用卡，需要决定在 10 000 名信用卡申请者中如何选出这 2 000 个人。如果顾客在未来违约将会给银行带来 400 美元的损失，如果不违约会给银行带来 100 美元的收益。假设市场的平均违约率是 11.5%。如果没有统计模型，银行不知道谁会违约谁不会违约。这时他们会在 10 000 名申请者中随机挑选 2 000 名然后发放信用卡。由于市场的平均违约率是 11.5%，所以有 230(0.115×2 000)名顾客会违约，1 770 名不会。因此，如果随机向 2 000 名申请者发放信用卡，该银行的利润为 85 000(1 770×100－230×400)美元。

现在我们假设银行利用现有顾客的数据建立了一个模型。基于估计这个模型，可以预测出 10 000 名申请者每个人的违约概率。然后将这些顾客按照他们的违约概率降序排列。将他们平均分为 10 组(十分位组)，每组 1 000 人，如表 11.1 所示。其中第二列代表每 1 000 名顾客的平均违约概率。这时我们不需要像之前那样随机选择 2 000 名顾客，我们只选择在第 9 组、第 10 组的 2 000 名顾客，他们是最不容易违约的。[①] 第三列代表真实违约者的百分比，第 9 组中只有 11 人真的违约，而第 10 组中只有 1 人违约。通过运用统计模型该公司获得的利润是 194 000(1 988×100－12×400)美元。利润从 85 000 美元提高到了 194 000 美元。所以，统计模型带来的经济效益就是 109 000 美元。

表 11.1 证明模型经济效益的十分位组分析

十分位组	模型预测的违约率/%	真实的违约率/%	预测的利润/美元	真实的利润/美元
1	25.5	26.7	－27 500	－33 500
2	21.4	22.3	－7 000	－11 500
3	18	17.8	10 000	11 000
4	13.3	12.9	33 500	35 500
5	12.6	12.5	37 000	37 500
6	10.8	10.4	46 000	48 000
7	8.1	7.6	59 500	62 000
8	3.7	3.3	81 500	83 500
9	1.2	1.1	94 000	94 500
10	0.1	0.1	99 500	99 500
总计	11.5	11.5	426 000	426 000

一个模型所带来的经济效益只有在该模型提供了准确预测时才能被认识到。表 11.1 所示的预测模型可以说是一个好的模型，因为它预测的违约率和真实的违约率十分相近。当然我们也可以开发出更准确的模型来预测违约率。在接下来的三节中，我们将讨论三个关键的(然而，经常被忽略的)统计问题，它们能帮助数据库营销人员构建更准确的

① 如果我们没有 2 000 名顾客这个目标的限制，完全可以找到使利润最大化的均衡点。如果期望利润大于零，银行就应该发行信用卡，因此利润最大化的条件是"如果 $100\times(1-p)-400>0$，p 为违约概率，那么发行信用卡"。因此，违约概率的均衡点为 0.2，也就是说如果预测的违约概率比 0.2 小，那么银行就应该发行信用卡，根据表 11.1 的数据，要使利润最大化，应该对第 3～10 组的 8 000 名顾客发放信用卡。

模型。

11.2 变量与模型的选择

11.2.1 变量选择

大多数的预测模型(回归、Logistic 回归、神经网络)能够写成下面的回归形式:

$$Y = f(X_1, X_2, X_3, \cdots, X_K) + \varepsilon \tag{11.1}$$

其中:Y 为需要预测的变量(顾客回应、顾客价值等);X 为潜在的预测变量;ε 为研究人员不可观测到的随机误差项;K 为潜在预测变量的数量(包括截距项)。在现实情境中,K 值可以非常高,没有几千也有几百。这是因为我们经常可以获得很多人口统计变量和其他顾客特征变量,还有一些先前的顾客行为的测量数据(RFM 等),以及一些之前的接触变量(如营销接触)。不把所有的 K 个变量都包含在模型中有以下几点原因:①计算时间。例如神经网络方法要花费大量的时间去计算一个包含 300 个预测变量的模型。②可行性。在决策树模型中,如果使用 300 个预测变量,那么观测值可能不够用。③过度拟合。使用 300 个变量可能会带来"过度拟合"的危险,即该模型可以找到一个特殊的变量结合方式来预测个体观测值,但是这种结合方式并不适用于所有的个体。④解释。要对一个包含 300 个变量的模型进行解释通常是不容易的。导致我们无法将模型与高层管理者进行沟通,因此模型被他们信任和使用的可能性也很低。

为模型选择变量的理想方法是基于理论,该理论在某种程度上应该可以告诉我们为什么一些特定的变量要包含在模型中(例如,如果顾客抱怨数据可以获得,那么它应该包含在一个预测顾客流失的模型中)。然而,我们经常缺少这种可信赖的好的理论。在这种情况下,我们就应该依赖于统计方法来进行变量选择,有几种技术可以实现:①全子集回归;②逐步回归;③主成分回归;④其他技术。我们将在本节中讨论这些方法。

1. 全子集回归

全子集回归通常被用来确定最佳自变量集。该方法的第一步是对自变量的所有可能组合进行回归分析。例如,如果有 3 个自变量,我们需要拟合 8 个回归公式,分别是 ϕ,$\{X_1\}$,$\{X_2\}$,$\{X_3\}$,$\{X_1,X_2\}$,$\{X_1,X_3\}$,$\{X_2,X_3\}$和$\{X_1,X_2,X_3\}$。接下来利用基于统计标准如调整的 R^2,AIC(Akaike Information Criteria)或 BIC(Bayesian Information Criteria)来选择最佳的回归公式:

$$\text{调整的 } R^2 = 1 - \left[\frac{n-1}{n-k}\right](1-R^2) \tag{11.2a}$$

$$\text{AIC} = -2\log\hat{L} + 2k \tag{11.2b}$$

$$\text{BIC} = -2\log\hat{L} + k\log n \tag{11.2c}$$

其中,n 为观测数量;k 为包含截距项在内的预测变量的数量;$\hat{L}$ 为由模型得到的似然公式的值。与 R^2 不同,这些标准会将复杂模型排在不利地位,因此如果加入额外变量后拟合度的提升不是很大的话,这些标准就能排除复杂的模型从而选择比较简单的模型。我们选择具有最大调整 R^2 值或最低 AIC、BIC 值的模型作为最佳模型。调整的 R^2 适用于线性回归模型，AIC 和 BIC 既适用于线性也适用于非线性。假设模型的随机误差项 ε 服从正态分布，AIC 变成 $n\log\hat{\sigma}^2(k)+2k$，这里 $\log\hat{\sigma}^2(k)$ 是 ε 的方差。然而，使用 AIC 还是会倾向于选择那些过度拟合数据的模型。为了克服这个问题，BIC 比 AIC 更加排斥参数估计个数的增加，也就是将包含较多变量数的模型排在更加不利的地位。

全子集回归的一个缺点是当自变量的数目很多时它变得不怎么实用。如果有 50 个变量，我们需要进行 $2^{50}=1.16\times10^{15}$ 次回归。大多数的商业统计软件包都有全子集回归，但当自变量超过 30 个时，它就无法运行了。

2. 逐步选择

选择最佳自变量集的另一个方法是逐步选择法，它将“向前选择”和“向后剔除”结合在一起。向前选择的方法首先对所有 $K-1$ 个潜在 X 变量中的每一个分别拟合一个简单的回归模型。对每一个回归模型计算 F 统计量，该统计量用来检验斜率是否为 0。F 值最高的那个 X 变量将作为第一个备选变量。如果 F 值超过了之前确定的 F_0 水平，那么 X 变量就被加入模型中。否则，这个过程将终止，并且没有变量被加到模型中。假设 X_1 在第一步中加入了。接下来向前选择将拟合所有包含两个 X 变量的回归模型，X_1 是其中一个变量。我们对这样的每个模型都计算其偏 F 统计量，该统计量是为了检验当 X_1 和 X_k 在模型中时，β_k 是否等于 0。具有最大偏 F 值的 X 变量将作为新的备选变量。如果 F 值超过了提前设定的 F_0，那么第二个变量就被加到模型中，否则，这个过程将终止。向前选择将不断进行直到没有新的变量被加入，过程终止。

向后剔除过程只不过是从相反的方向得到与向前选择相似的结论。也就是说，向后剔除首先将所有自变量加入回归模型中，然后逐渐剔除不合适的自变量，直到该公式可以得出一个比较好的拟合。剔除变量的顺序决定于偏 F 值。向后剔除法最初始的回归中包含所有变量。每个预测变量的偏 F 值的计算是假设他们都是最后一个进入回归模型的。F 值最小的那个变量将作为备选剔除变量。如果 F 值比先前预设的 F_1 小，则将其剔除模型，否则过程结束。向后剔除法将一直进行直到没有变量再被剔除，此时过程结束。

最常见的逐步选择法是将向前选择和向后剔除结合使用。首先是向前搜索过程，假设 X_1 在第一步进入，X_2 在第二步进入。然后进行向后剔除步骤，主要是决定在该模型中的两个变量 X_1 或 X_2 是否需要被剔除。如果变量的偏 F 值比提前设定的 F_1 小，则该变量应该被剔除，否则保留。逐步选择过程将持续下去直到没有变量需要被加入或剔除，这时搜索停止。如果一个先前步骤加入模型的变量 X 与之后加进去的变量联合起来不再有用时，逐步回归允许这个变量随后被剔除。

逐步选择在计算上十分高效，因为它并不需要去评估自变量所有可能的组合方式。然而由于它的算法特点(如顺序搜索)，逐步选择方法产生的通常是次优解。有关逐步选择法的相对优缺点，低计算成本和次优性主要在人们介绍线性回归时被详细讨论(Hocking，1976；Miller，1989)。

应用逐步选择法经常遇到的一个问题(尽管在全子集回归中已常见)是解释结果存在一定的困难。逐步选择法倾向于剔除一个变量，如果它①预测能力较弱；②尽管有预测能力。但是与另一个有更好预测能力的变量高度相关。其中第二种情况会带来解释的困难。例如，假设收入能很好地预测顾客盈利能力，但是年龄这个变量能更好的预测，而收入与年龄正相关。在逐步回归中很可能就会将年龄纳入最终的模型中，而剔除收入变量。但是由此估计出来的年龄系数不仅有年龄的影响，同时也有收入的影响——尽管收入未在模型中体现，但是它的作用由年龄这个变量代表。我们如何解释一个年龄变量的系数是1 000美元？从字面上看，顾客的年龄每增加1岁，他（她）就会为企业多带来1 000美元的盈利。但实际上，增加的年龄与增加的收入共同使顾客的盈利性变大。

站在实践的角度，研究人员要经常问自己：纳入模型中的这个变量除了它自己以外是否还代表了其他的变量？如果是，我们应该谨慎对待回归结果，不能根据变量的回归系数假设由该变量的独自变化就会引起的因变量变化。一个重要的例子是如果产品目录和电子邮件的数据都是可知的，但是逐步回归后的模型中只包含产品目录册这个变量。这时就要小心处理，产品目录的系数反映可能是产品目录和电子邮件的联合效应。如果我们仅提升产品目录的数量而忽略电子邮件的数量，就可能得不到根据产品目录的系数而预测的销售结果。应用逐步选择方法时，一个细心的研究人员在解释最终的结果时应该精明一些。

3. 主成分回归

Massy(1995)通过将主成分分析和回归分析结合起来，开发了主成分回归分析方法。我们首先回顾一下主成分分析方法。主成分分析是一种将众多变量重新组合成较少变量的一种统计分析方法，而新变量也会尽可能多地反映原始变量的各种信息。假设我们对于k个变量的n个观测值有一个$n\times k$的矩阵$\boldsymbol{X}$，Σ为矩阵的协方差。主成分分析的目的就是构建原来矩阵$\boldsymbol{X}$的线性组合得到一个新的矩阵$\boldsymbol{P}$，这里的$\boldsymbol{P}$为$n\times p$，且$p\leqslant k$。在新的矩阵$\boldsymbol{P}$中，变量p称为因子，每个因子的n个观测值称为因子得分。矩阵$\boldsymbol{P}$有一些理想的特性：①处在纵向的p个变量与其他变量不相关（正交性）；②矩阵$\boldsymbol{P}$中的每一个变量，从$\boldsymbol{P}_1$到$\boldsymbol{P}_2$，等等，能够尽可能多地解释原矩阵$\boldsymbol{X}$的联合方差，与先前的$\boldsymbol{P}$矩阵保持正交。在n维空间中，由样本散点形成的与椭圆主轴对应的新变量包含了原$\boldsymbol{X}$矩阵中的元素。因此，主成分变换可以看成是从原始的$\boldsymbol{X}$坐标系统到定义的椭圆主轴的旋转①。特别的，主成分变换可以表示成如下形式：

$$\boldsymbol{P}=\boldsymbol{M}'\boldsymbol{X} \tag{11.3}$$

矩阵$\boldsymbol{M}(p\times n)$的确定需要将式(11.3)两边同时乘以$\boldsymbol{P}'$，即$\boldsymbol{PP}'=\boldsymbol{M}'\boldsymbol{XX}'\boldsymbol{M}$。$\boldsymbol{XX}'$为矩阵的协方差$\Sigma$，主成分$\boldsymbol{PP}'=\boldsymbol{\Lambda}$的协方差矩阵应该在满足上述(i)条件下是对角的，因此，我们有

$$\boldsymbol{\Lambda}=\boldsymbol{M}'\sum\boldsymbol{M} \tag{11.4}$$

式(11.4)是对角矩阵Σ的对称正交近似变换，变换矩阵$\boldsymbol{M}$的列元素是Σ的特征向量的正交集合，$\boldsymbol{PP}'=\boldsymbol{\Lambda}$的对角元素是$\Sigma$的特征值。如果矩阵$\boldsymbol{M}$的列元素按顺序排列，$\boldsymbol{\Lambda}$的第一个对角元素包含最大的$\Sigma$的特征值，第二个次之，以此类推。每一个主成分会按照上述条件(ii)进行排序。主成分拟合的不是线性回归$\boldsymbol{Y}=\boldsymbol{X}\beta+\varepsilon$，而是如下的回归形式：

---

① 因此矩阵$\boldsymbol{X}$在主成分转换前通常是标准化的。

$$Y = P\gamma + \varepsilon \tag{11.5}$$

$\boldsymbol{P}$ 为来自式(11.3)的因子得分。一旦 $\boldsymbol{P}$ 值由主成分分析法确定后,参数 γ 可由普通回归估计出来。

主成分分析最主要的目的是降维,因此 Massy(1995)认为最终只需包含几个因子就够了,但并未提供一个通用的准则来确定因子的数量。营销人员有一些习惯性的通用准则,例如,特征值大于 1 的因子会被选择。Basilevsky(1994)通过运用 AIC 方法来确定因子的数量,AIC 即 Akaike's information criterion(Naik 和 Tsai,2004),或者我们可以根据哪组因子最容易解释,我们就决定使用哪组因子①。

综上所述,主成分回归将所有 k 个原始变量转换成较少的更容易管理的 p 个因子,该方法的价值依赖于 p 个因子的可解释性,很多时候由矩阵 $\boldsymbol{M}$ 转换产生的因子都不好解释。对于给定数量的因子 p,$\boldsymbol{M}$ 不是唯一的,通过旋转还可以得到其他类似的 $\boldsymbol{M}$ 矩阵,而这些矩阵也能产生一个因子得分矩阵 $\boldsymbol{P}$,包含与原始 $\boldsymbol{X}$ 矩阵相同的信息(Lehmann 等,1998)。通常来说,但也不总是这样,正交旋转的 $\boldsymbol{M}$ 矩阵产生的因子得分更容易解释。因此,我们建议只有当原始自变量之间高度相关,且有很多潜在探索性变量以及此时的因子很容易被解释时使用主成分回归。主成分回归在 SAS 或 SPSS 中很容易实现,只需通过运行主成分分析模块,解释产生的因子,计算因子得分,然后以这些因子作为自变量进行回归分析。

4. 其他技术

近年来,Naik 等人(2000)向营销学者介绍了一个新的降维技术,叫作切片逆回归(Sliced Inverse Regression)。该方法首先由 Li(1991)提出。与主成分回归相似,该方法也是通过提取重要因子(对所有原始自变量的线性组合)达到降维的目的。但是切片逆回归对于决定因子的数目和评估因子载荷系数(矩阵 $\boldsymbol{M}$ 的元素)的显著性仅做简单的检验。因子组合由 t 值决定,Naik 等人(2000)利用 Monte Carlo 实验和两个真实的应用证明了切片逆回归比主成分回归更好。然而,切片逆回归也避免不了结果是否可解释的问题,因此,只有在获得的因子是有意义的情况下我们才建议使用该方法。

最后,变量选择问题引起了统计学家们应用最新开发的 MCMC(Markov Chain Monte Carlo)估计方法的兴趣。在之前的章节,我们讨论了逐步方法的相对优缺点:低计算成本和次优性。George 和 McCulloch(1993)提出了 SSVS(Stochastic search variable selection)模型,用以克服全子集回归(计算成本)问题和逐步选择问题(次优性)。他们的程序是通过概率来选择有前途的 $\boldsymbol{X}$ 的子集,SSVS 模型是基于将整个回归设置嵌入分层贝叶斯正态混合模型中,这时,潜变量是用来确定子集选择。可以认为,有前途的自变量子集是那些具有较高后验概率的。利用 Gibbs 抽样技术通过一套可能的子集选择间接地从多项后验分布中抽样,从而达到减轻运算负担的作用。那些具有较高概率的子集可以由他们在 Gibbs 抽样中频繁的出现得以确认。

---

① 主成分分析产生的是一种"载入矩阵",代表的是每一个因子和每一个原始 X 变量之间的相关关系,这可以用来解释因子,详见 Lehmann 等人(1998)。

11.2.2 变量转换

最受数据库营销者欢迎的模型之一就是经典线性回归模型。它应用简单而且结果易于解释，然而，经典线性回归模型假设一个因变量与几个自变量之间的关系是线性的。例如，我们要用一个线性模型预测顾客价值：

$$Customer\ Value(i) = Y_i = \sum_{k=1}^{K} \beta_k X_{ik} + \varepsilon_i \tag{11.6}$$

该线性模型假设顾客价值(Y_i)和自变量X_{ik}之间的关系是线性的。然而，在许多应用中，直线假设不能很好地说明近似真实关系。例如，当营销接触(自变量 X 中的一个)较小时，顾客价值将是最小的。但是一旦营销花费超过一个特定值时，顾客价值就会显著上升，这被称为门槛效应(threshold effect)。或者刚开始随着营销的投入顾客价值迅速上升，之后会趋于平稳，这被称为饱和效应(saturation effect)。

然而，在古典线性回归中线性假设并不是那么狭窄。在回归情境下，线性是指参数和扰动项进入公式的方式，而非变量之间的关系(Greene，1997)。我们可以用一个通用的形式写出线性回归模型，令 $X=\{x_1,x_2,\cdots,x_k\}$为一组 K 个自变量，$f_1,f_2,\cdots,f_M$ 为M 个的自变量函数，$g(Y)$为 Y 的函数，则线性回归模型为

$$\begin{aligned} g(Y) &= \beta_1 f_1(Z) + \beta_2 f_2(Z) + \cdots + \beta_M f_M(Z) + \varepsilon \\ &= \beta_1 x_1 + \beta_2 x_2 + \cdots + \beta_M x_m + \varepsilon \end{aligned} \tag{11.7}$$

因此，初始的线性回归模型可以通过对数变换、指数变换、倒数变换、超越函数、多项式、比例等形式转化成 $f(\cdot)$或 $g(\cdot)$的函数形式。例如，变量 X 与变量 Y 之间的关系可以被假设为

$$Y = X_1^{\beta_1} X_2^{\beta_2} \cdots X_K^{\beta_K} e^{\varepsilon} = \prod_{k=1}^{K} X_k^{\beta_k} e^{\varepsilon} \tag{11.8a}$$

取对数形式为

$$\mathrm{Ln}Y = \beta_1 \ln X_1 + \beta_2 \ln X_2 + \cdots + \beta_K \ln X_K + \varepsilon = \sum_{k=1}^{K} \beta_k \ln X_k + \varepsilon \tag{11.8b}$$

该模型称为乘法模型或是对数线性模型，其中，$f(\cdot)=g(\cdot)=\ln(\cdot)$。它也被称为常数弹性模型(Constant Elasticity Model)，因为 Y 对 X_k变化的弹性不随X_k的变化而变化(注意：$\eta_k=\partial \ln Y/\partial \ln X_k=\beta_k$)。该模型被广泛应用于各种营销问题。由于式(11.8)的函数形式属于式(11.7)的类别，因此我们可以采用标准最小二乘法估计式(11.8)的参数。

另一个被营销人员广泛应用的模型是指数形式的回归模型，这时变量 X 和变量 Y 之间的关系被假设为

$$Y = e^{\beta_1 X_1 + \beta_2 X_2 + \beta_K X_K + \varepsilon} = e^{\sum_{k=1}^{K} \beta_k X_k + \varepsilon} \tag{11.9a}$$

取对数：

$$\mathrm{Ln}Y = \beta_1 X_1 + \beta_2 X_2 + \cdots + \beta_K X_K + \varepsilon = \sum_{k=1}^{K} \beta_k X_k + \varepsilon \tag{11.9b}$$

这里我们只应用 $g(y)=\ln(y)$的变换。该模型也被称为半对数模型，因为 Y 与 X 之

间不是线性关系(但是 $\ln Y$ 与 X 是线性关系)。我们仍然可以使用标准最小二乘法估计式(11.9)的参数,因为其函数形式属于式(11.7)的类别。

另一个比较实用的模型是 Box-Cox 模型,现在我们考虑一个线性模型的形式为 $Y=\alpha+\beta g(x)+\varepsilon$ 的情况,函数 $g(x)$ 如下定义:

$$g^{(\lambda)}(x)=\begin{cases}\dfrac{x^{\lambda}-1}{\lambda}, & \lambda\neq 0\\ \ln(x) & \lambda=0\end{cases} \tag{11.10}$$

当 $\lambda=1$ 时,为线性模型;当 $\lambda=0$ 时,为对数线性或半对数线性模型(取决于 Y 如何测量)。如果 $\lambda=-1$,公式将会涉及 x 的倒数。也就是说,根据 λ 的值我们可以写出 Y 与 X 之间不同的关系形式,如果 λ 值已知,只需通过式(11.9)中加入 λ,将 x 转换成 $g(x)$ 即可。但是 λ 通常来说是不知道的,所以我们需要尝试不同 λ 的值(如 $-1,0,1$),将不同 λ 值的模型进行比较,或者我们可以将 λ 作为额外未知参数加入模型中,这样做会带来更大的灵活性,这样做的一个代价就是模型参数变成非线性的,也就是说,模型形式不再属于式(11.7)类别,我们不能使用普通最小二乘法进行估计,需要使用非线性回归(在 SAS 可以实现)。

最后,如果我们准备牺牲古典线性回归模型的简单性,那么可以采取非参数回归,该方法不会预先假设变量之间的关系,只是简单假设关系是平滑的,非参数回归克服了线性模型的高度限制性结构,也能灵活地决定变量之间的关系形式。这也是一种数据挖掘技术,所以在估计时计算量也十分大,然而随着计算机技术的发展,一些非参数程序也可以在个人计算机上实现,了解更多有关非参数回归详见 Härdle & Turlach (1992), Hastie & Tibshirani(1990)。

11.3 缺失值处理

在数据库营销中时常会碰见缺失值的情况。例如,诸如收入和婚姻状况等人口统计信息,由于顾客不愿透露常常会缺失。对一些顾客我们可能记录了之前的营销活动数据,但是对其他人却没有记录,我们的问题是如何处理这种情况。一个极端的做法就是剔除那些有缺失的变量,这显然是一种浪费。例如,收入可能是一个很重要的预测变量,仅仅因为有 20%的顾客缺少这一指标的数据就将该变量剔除显然会导致巨大的机会成本。接下来我们将介绍几种处理缺失数据的方法。

11.3.1 个案删除

在个案删除中,只要单个个案有一个变量的数据缺失,那么该个案就会被删除。该方法虽然简单,但当样本量很小时就不是很适用。尤其是当每一个个案都有很多观测变量,那么有一个变量数据缺失的概率是很高的,这样还采取个案删除法就不是很恰当的做法。另外,如果剔除个案的特征与保留下来的个案特征存在差异的话,该方法也会有一定的结果偏差。

11.3.2 成对删除

如果不同的样本可以被用于不同的计算时，可以采取成对删除的方法来代替个案删除。例如，考虑一个计算成对相关性的例子。变量 1 与变量 2 之间的相关性是由剔除了变量 1 或变量 2 有缺失的观测值后由剩下的观测值计算出来的，变量 1 与变量 3 的相关性也是由剔除了变量 1 或变量 3 后由剩下的观测值计算出来的。每一个成对相关性都是基于不同的观测基数。例如，一些 SAS 程序（默认情况下）提供成对删除，SAS 中的 PROC CORR 步就是用来对没有缺失值的所有观测值估计成对变量的相关性。

该方法对于样本量较小的情况同样不适用。此外，缺失数据的生成具有某种系统性的规律，那么相关系数矩阵也会存在严重的偏差，因为每一个成对相关性都是基于不同的子集计算的。

11.3.3 单一插值法

单一插值法是指将每一个缺失值进行替换。当所有缺失值都替换后，再对完整的数据集应用标准的统计分析程序。单一插值法最简单的方式就是“均值替换”，将缺失的数据用已有数据的均值替代（该均值是由已有个案观测到的数据计算而得），或者根据一个完整（没有缺失的）数据的规律选择一个适合的值来替代缺失值。例如，家庭收入可能与拥有的汽车价值和房子的价值相关。因此，我们可以估计一个以家庭收入为因变量，拥有的汽车价值和房子价值为自变量的回归模型。对家庭收入这个变量的缺失值可以通过回归分析来进行预测（“插值”）。

当分析人员在总体水平上对一个变量已知，但是该变量在家庭层面缺失时，单一插值法就会面临挑战。考虑这样一个例子，分析人员有人口普查的人均收入数据，用该人均收入数据作为顾客的收入值是很正常的。然而，Duan 等人（2007）指出，如果在收入与在个体层面上观测到的一个变量（如年龄）是相关的，那么将会导致预测模型中对收入变量系数的估计存在偏差。Duan 等人提出了贝叶斯程序用以推断个体层面收入变量的估计。该程序依赖于调查或其他数据来源，这些数据包括年龄与收入在内的个体特征值。

单一插值法存在的最关键问题是它忽略了未知缺失数据进行预测的不确定性。产生的结果是，对于观测值缺失的变量中的变化，会被误认为变化的减少与缺失数据点的数目成正比例。

11.3.4 多重插值法

多重插值法是一种较为高级的缺乏值处理方法，它可以解决单一插值法的“过度确定”问题。多重插值法并不是为每一个缺失值填补单一值，而是填补多重值。例如，在家庭收入的例子中，我们对缺失值采取的是基于回归的单一插值法，家庭收入的缺失值由估计的回归公式进行预测，但是我们知道预测值是服从正态分布，在单一插值法中，我们是根据正态分布的期望值替换缺失值，在多重插值法中，我们可以多次以正态分布取值从而对缺失值进行多次替换。

统计人员已经开发出了一套通用的多重插值程序，它以一组合理的值替代缺失值，从而将插值缺失值时涉及的不确定性问题考虑进来(Rubin,1987;Schafer,1997)。该程序包括三个步骤:第一,对缺失数据插值 m 次,因此产生了 m 个完整数据集;第二,每一个完整数据集都使用了相同的预测模型技术进行分析;第三,将这些完整数据集产生的中间结果进行合并得到最终的模型。

实施多重插值程序有几种方法。方法的选择依赖于缺失数据的形式。对于单调缺失数据形式,可以使用回归方法或倾向评分(propensity score)方法。单调缺失数据形式是指当顾客 i 其中一个变量 X_j 缺失,那么对于所有接下来的变量 $X_k(k>j)$,顾客 i 都是缺失的。对于任意缺失数据形式,MCMC(Markov Chain Monte Carlo)方法比较适用(Schafer,1997)。由于数据库营销的数据变得越来越随意,我们会讨论 MCMC 方法。

$\boldsymbol{X}$ 为 $n\times p$ 的数据矩阵,有缺失数据。将已有观测值的部分记为 X_{obs},缺失的部分记为 X_{mis}。Schafer 的插值方法使用贝叶斯方法,即关于未知参数的信息以后验概率分布的形式表现出来。在贝叶斯推导中 MCMC 已被应用于推导后验分布。此外,我们还需要对完整数据集假设一个数据模型或一个概率模型。多元正态模型通常用于正态分布的数据,而对数线性模型是对分类数据的假设。为了不失一般性,我们假设完整数据集来自未知参数为 θ(均值向量和协方差矩阵)的多元正态分布。我们的目的是推导出给定 X_{obs} 下的 X_{mis} 和 θ 的联合后验分布 $h(X_{\text{mis}},\theta|X_{\text{obs}})$,多重插值法处理缺失数据时,需要重复以下两个步骤。

(1) 插值步(the imputation step)。从 $f(X_{\text{mis}}|X_{\text{obs}},\theta)$产生 X_{mis},也就是说,给定估计的均值向量和多元正态分布(θ)的协方差矩阵,插值步骤是从条件分布 f 中产生缺失值(X_{mis})。

(2) 后验步(the posterior step)。从 $g(\theta|X_{\text{mis}},X_{\text{obs}})$产生 θ,后验步是从条件分布 g 中产生多元正态分布的后验参数(均值向量和协方差矩阵)。这些新的估计将会被应用到插值步骤中。

这两个步骤要迭代足够长的时间直到迭代值收敛于平稳分布。也就是说,在第 t 次迭代时,给定$\theta^{(t)}$ 插值步骤产生 $X_{\text{mis}}^{(t+1)}$,给定 $X_{\text{mis}}^{(t+1)}$ 后验步骤产生 $\theta^{(t+1)}$。所以就产生了 Markov 链$\{X_{\text{mis}}^{(1)},\theta^{(1)}\}$,$\{X_{\text{mis}}^{(2)},\theta^{(2)}\}$,$\{X_{\text{mis}}^{(3)},\theta^{(3)}\}\cdots$,它最后会收敛于 $h(X_{\text{mis}},\theta|X_{\text{obs}})$。在实践中,通常在插值缺失值前使用 50～100 次灼伤迭代收敛于平稳联合分布,接着从该联合分布中就会独立地产生一组缺失值 m 次。

插值步骤完成后,每一个完整数据集都要用预测模型进行分析。这样就产生了 m 个不同的有关预测模型参数的 m 个不同的估计值和方差的集合。$\hat{Q}_i$ 为来自第 i 个插值数据集的点估计,$\hat{U}_i$ 为相应的方差估计。因此我们有来自预测模型的 m 个应用$\{\hat{Q}_i\hat{U}_i\}$,$\{\hat{Q}_2\hat{U}_2\}$,$\{\hat{Q}_m\hat{U}_m\}$。m 个完整数据集的点估计值Q 是来自 m 个不同数据集的点估计的平均值。

$$\bar{Q}=\sum_{i=1}^{m}\hat{Q}_i/m \tag{11.10a}$$

另一方面,$\bar{Q}$ 的方差估计应该既考虑组间插值方差,也考虑组内插值方差。

$$\text{Var}(\bar{Q})=\bar{U}+\left(1+\frac{1}{m}\right)B \tag{11.10b}$$

$$\overline{U} = \sum_{i=1}^{m} \overline{U}_i / m \text{（组内插值方差）}$$

$$B = \sum_{i=1}^{m} (\hat{Q}_i - \overline{Q})^2 / (m-1) \text{（组间插值方差）}$$

总方差 $\mathrm{Var}(\overline{Q})$ 是组内插值方差和组间插值方差的加权平均，组内插值方差 $\overline{U}$ 是 m 个不同数据集方差估计的平均值，组间插值方差 B 是解释与缺失值相关的不确定性重要指标。单一插值法未考虑缺失数据的组间插值方差，它的方差估计是被低估的。

多重插值法在处理缺失值时越来越受到数据库营销人员的欢迎，既因为它有理论的吸引力也因为现代商业软件可以很容易实现这一过程。例如，SAS 软件中 Proc MI 程序就可以对非完整数据集矩阵 $n \times p$ 实施多重插值。一旦产生了完整数据集 m 并且用我们选择的预测模型进行了分析，PROC MIANALYZE 就可以将预测模型中 m 个应用的结果结合起来，产生有效的统计推断[例如式(11.10)]。

11.3.5 数据融合

Kamakura 和 Wedel(1997)提出了一种特殊类型的缺失数据问题，叫作数据融合(data fusion)。图 11.1 显示了数据融合的数据结构。营销研究人员试图将一个调研的结果与另一个不同样本的调研结果联系在一起。假设第一个调研样本为 A，收集了变量Ⅰ和变量Ⅱ，第二个调研样本为 B，收集了变量Ⅱ和变量Ⅲ。如果将两个调研结果合并，那么对于样本 A 将缺失变量Ⅲ，对于样本 B 缺失变量Ⅰ。样本 A 和样本 B 的共同变量可能是人口统计信息，而样本 A 或样本 B 独有的信息可能是品牌选择行为和媒体暴露。

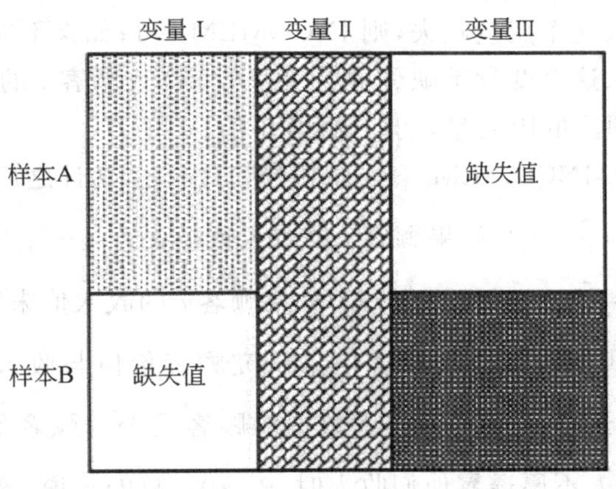

图 11.1　数据融合问题的数据结构[根据 Kamakura & Wedel(1997)修改]

这种类型的数据因为有太多的缺失值而不太适合使用多重插值法，统计学家为这种类型的数据开发了一种特殊的方法，叫作档案串联法(file concatenation)，该方法的目的就是将不同来源的数据结合在一起。在档案串联方法中，样本 A 中缺失的变量(接收样本)可以从样本 B(捐赠样本)中获得并进行替代(Ford，1983；Roberts，1994)。通过共同变量样本 A 中的每一个接收者都与样本 B 中一个或多个捐赠者联系起来。顾客之间的相似性或距离可以通过共同变量进行测量(例如，人口统计变量)。

Kamakura 和 Wedel 的数据融合方法与档案串联法有几点不同。第一，他们假设在样本 A 和样本 B 的联合样本中存在一组未观测到的插值组，如果样本 A 中的一些变量缺失，这些变量可以由属于相同潜在插值组的样本 B 中的个体估计出的（混合）模型推导出的值替代。基本思想和档案串联方法相似，但是，Kamakura 和 Wedel 基于统计估计识别出了（潜在）同质群体，而档案串联法是以启发的形式识别相似顾客。第二，他们的方法特别针对离散数据和在独立样本中对自变量形成交叉分类表和进行卡方检验时遇到的问题。第三，档案串联是基于共同变量信息对两个独立的文档进行匹配（如图 11.1 中的变量Ⅱ），而数据融合是基于两个样本的所有可见信息运用混合模型识别同质插值群体。第四，数据融合法克服了之前在有缺失值情形下建模时遇到的模型选择问题。在数据融合过程中引起的不确定性可以通过多重插值的形式进行评估。

正如我们讨论的实施多重插值程序有几种方法，这依赖于缺失数据的形式。数据融合是一种特殊形式的多重插值技术，它用于将不同来源数据结合在一起。因此，数据库营销人员遇到的一般的变量缺失问题都可以用前文提到的多重插值法。然而，当营销人员企图将不同来源的顾客数据结合起来时，数据融合会是一个更高效的方法。

11.3.6 缺失变量哑变量

另一个处理缺失变量的方法是为每一个协变量创建一个缺失变量哑变量，以表示该变量对给定顾客是缺失的（Van den Poel & Larivière，2003）。根据顾客在该变量上是缺失还是完整而将哑变量设定为 1 或 0。例如，收入这个自变量中包含一些缺失值，我们定义如下：

如果顾客 i 的收入这个变量缺失，则 $\text{INCOMEM}_i=1$；如果不缺失则为 0。

如果顾客 i 的收入这个变量不缺失，则 $\text{INCOMEO}_i=$顾客 i 的收入；缺失则为 0。

$Y_i=$顾客 i 需要预测的因变量，例如，顾客价值。

模型为 $Y_i=\beta_0+\beta_1\,\text{INCOMEM}_i+\beta_2\,\text{INCOMEO}_i+\varepsilon_i$，估计之后，我们有如下的预测：

$$\hat{Y}_i=\hat{\beta}_0+\hat{\beta}_1 \text{ 如果顾客 } i \text{ 的收入值缺失} \tag{11.11a}$$

$$\hat{Y}_i=\hat{\beta}_0+\hat{\beta}_2\text{INCOMEO}_i \text{ 如果顾客 } i \text{ 的收入值未缺失} \tag{11.11b}$$

该模型可以帮助我们根据已有顾客信息研究顾客价值与收入之间的关系，由 $\hat{\beta}_2$ 量化，此外我们还可以知道那些缺失了收入数据的顾客是否为顾客价值做出了贡献，由 $\hat{\beta}_1$ 量化。例如，如果有钱人不愿透露他们收入时，$\hat{\beta}_1>0$。总的来说，该方法让我们知道了缺失变量与感兴趣的因变量之间的关系，同时也对那些有缺失信息的顾客类型提供了信息。

缺失变量哑变量可以在单一插值法和多重插值法之后使用，如果观测个体被插入一个值（说明之前是缺失的），则哑变量设为 1，如果观测个体是完整的，则哑变量为 0。例如，我们以两个收入变量应用上述回归，如果顾客 i 的收入值是插入的，则 $\text{INCOMEM}_i=1$，如果是完整的，则为 0；如果顾客 i 的收入不是插入的，$\text{INCOMEO}_i=$顾客 i 的收入，如果是缺失的，则$\text{INCOMEO}_i=$插入的顾客 i 的收入值。如果缺失值是随机产生的且我们的插值程序是无偏差的，与收入联系的系数的估计应该是 0，如果该系数不为 0 并且在统计上是显著的，我们就可以得出结论，插值法没有很好地捕获缺失数据产生的过程模式。

11.4 统计模型的评价

在数据库营销的实际应用中我们会面对多种模型，这时就需要决定选择使用哪个模型，这是统计当中的模型选择问题。在一个典型的数据库营销应用中，我们会随机地将数据分成两个相互独立的子集，即估计样本和保留(或检验)样本，利用估计(也可以称为校正)样本进行模型估计，然后利用保留(也可以称为验证)样本检验预测的结果。

在估计样本中进行模型比较的一个缺点是存在过度拟合问题(也就是说，预测校正数据异质特点的统计参数无法承受现实中的情况)。例如，经典回归模型的估计是为了最小化均方误差(或者误差的平方)，所以一个复杂模型的均方误差比简单模型的低(或者是高的 R^2)。举一个极端的例子，如果使用一个具有足够高次数的多项式，我们可以开发出零均方误差的回归模型，然而，复杂模型可能会过度拟合数据，会将随机波动确认为真实的数据形式。在全子集回归的章节中，为了克服过度拟合的问题，统计学家们开发了一些评价标准，如调整的 R^2，校正样本中模型选择的 AIC 和 BIC。我们选择具有最高的调整 R^2 或最低 AIC 或 BIC 的模型，基本上这些标准通过面板化(panelizing)要估计的参数的数目避免了过度拟合问题。

尽管在过去的统计文献中有不少关于校正样本模型选择的研究，但是数据库营销者很少在校正样本中评估替代模型，因此，对模型选择问题我们只是基于验证样本。首先我们讨论几种将样本分成校正样本和验证样本的方法，然后介绍在验证样本中用来比较不同模型的评价标准。

11.4.1 将样本分为校准样本和验证样本

验证样本需要包含多少数据？虽然当校正样本的规模超过某一值时回报率会开始减少，但是总的来说校正样本越大，模型的精度越高(因此参数估计的标注误较低)。验证样本越大，模型之间的挑剔性就越强。可以看出两者之间有一个权衡。

1. 保留样本方法

鉴效组方法将数据随机分成相互独立的两个子集，校正样本和验证样本(或保留)样本，用校正样本进行模型估计，使用验证样本对估计模型的预测误差进行比较。

鉴效组方法的关键问题是决定多少比例的数据作为校正样本。校正样本的数据越多，估计的效率越高，而验证样本的数据越多，检验的有效力度越强。也就说，如果更多的数据用于校正样本(验证样本的数据就会减少)，那么模型参数的估计会更精确，但每个模型的预测误差的方差也会变大。相反，如果减少校正样本的数据，每个模型的预测误差的方差会较少，但同时模型参数估计的精度会降低。

在许多数据库营销的应用中，通常的规则是 1/3 的数据用作保留样本，2/3 的数据用于估计(Kohavi，1995)。Steckel 和 Vanhonacker(1993)指出，验证样本的最佳比例会随着总样本大小的上升先上升，然后趋于平缓，最后再下降。尤其是在小样本情形下($n<100$)，推荐使用 1/4～1/3 这个比例的验证样本数量。然而，随着样本规模的扩大，任

何合理的分配都是可接受的，因此，在现实营销情形下样本规模较大时，我们可以不必担心估计样本和验证样本的分配比例①。

创建校正样本和验证样本第二个关键问题是：尽管采取随机的方法，但是仍然避免不了选出的校正样本和验证样本存在不具代表性的风险。在校正样本中过度代表的部分在验证样本中缺乏代表。以信用打分为例，假设数据中有 50%的顾客是违约的，50%是不违约的，如果校正样本恰好有超过 50%是违约的，那么在验证样本中违约的比例就会低于 50%。

有两种方法解决上述问题(Witten & Frank，2000)。第一种是采取分层方法分割数据，对于离散因变量，保证校正样本和保留样本每个类别有相同的比例。对于连续因变量，数据按升序排列，然后被分为具有均匀代表性的两个观测样本。第二种方法是进行随机子集抽样，此时，鉴效组方法已经重复了 k 次，预测误差由来自不同迭代的平均预测误差推导而得。尽管有些浪费时间，但是随机子集抽样不失为最小化样本错误代表性的一个好方法。

在一次实验中就选择出最佳模型这听起来有些天真。预测误差的估计是随机变量，这样它们可以显示出随机变化，因此，为了比较不同模型的真实表现情况，我们需要一组从多次实验中得到的预测误差估计。更具体地说，我们把数据随机分为校正组合验证组，用校正样本估计两个模型，将得到的两个模型预测误差应用到验证样本，$\{x_1, y_1\}$，这里的x_1 和y_1 分别代表第一个模型和第二个模型的预测误差估计。现在我们重复这个程序，分割数据，估计模型，得到另一组预测误差，为$\{x_2, y_2\}$，重复 k 次就会得到 k 组预测误差估计，将这 k 组估计作为配对比较数据，我们可以设计一个正式的配对统计检验，即配对样本 t 检验，检验统计量 $t=\overline{D}/\sqrt{\sigma_D^2/k}$，$D_i=x_i-y_i$，$\overline{D}$ 为 D_i 的均值，σ_D^2 为 D_i 的方差，给定选择的置信水平，我们可以接受或拒绝两个模型表现相同的原假设②。

2. *K*-折交叉验证

鉴效组方法对数据的使用效率较低，这是因为它保留了一大部分数据作为验证样本。如果数据规模真的很大，这不是什么大问题，然而，实践中的数据通常比你想要的要小。营销人员经常使用 K-折交叉验证法，该方法可以更高效地使用数据。

在 K-折交叉验证法中，数据被随机分成 K 个相同规模的互相独立的子集，模型被估计和验证 k 次，每一个子集都作为验证样本，剩下的数据用于估计。来自不同迭代的 k 个预测误差的平均值作为整体预测误差估计值。

与鉴效方法相似，K-折交叉验证中出现的样本代表性失实问题可以通过分层或重复的方式进行缓解。如果在 K-折交叉验证中应用了分层方法，那么就称为分层 K-折交叉验证。对不同的分组重复使用 K-折交叉验证，将结果平均，可以得到一个更好的误差

---

① 来自 Steckel 和 Vanhonaker(1993)的所有结果都是基于包含两个自变量的回归模型，这是一个相当严格的规范。因此，我们需要更多的研究来一般化它们的结果。

② 一旦我们找到了最佳模型，我们总是对报告参数估计感兴趣。对整个样本应用最佳模型，然后报告参数估计，该程序也可以应用在其他的校正/验证方法中，如 K-折交叉验证，leave-one-out 和 bootstrap。总的来说，将样本分为校正样本和验证样本的目的就是高效获得准确的预测误差估计。所以如果我们只对参数估计感兴趣，就不需要将样本分为两个部分，这样参数估计会更准确。

估计。

要分多少组呢？经验表明“10”是一个最佳数字，尽管目前还没有任何强有力的理论解释为什么(Witten & Frank，2000)。Kohavi(1995)通过实证方法指出当 k(如 $k=2$ 和 $k=5$)和估计样本量的减小时，由于估计样本的不稳定，导致了方差的增大。K-折交叉验证法中当分组为 10～20 时，能产生最好的结果。

3. 留一法

留一法是 K-折交叉验证法的一个特例，这时 k 为整个样本的规模。每一个观测都会被预留作为验证，剩下的 $k-1$ 个观测用作估计。该模型应用于验证样本(包括只有一个观测值的)，预测误差是可计算的。预测误差的整体估计是来自 k 次迭代的误差估计的平均值。

在数据的使用上留一法十分具有吸引力(Witten & Frank，2000)。因为该方法使用大量的数据进行估计，参数估计会更加准确。该方法更适合因变量为连续变量，不适合因变量是离散变量或者模型选择问题(Shao，1993)。

4. 自举法

给定数据集大小为 n，自举法的原理是从原始样本中有放回的选择大小为 n 的样本。因为自举法样本是有放回选择的，所以一些个体会被抽样不止一次。Efron(1983)第一次介绍了该方法，自举法被认为比其他的交叉验证方法更有效，尤其是在小样本中。

有很多自举法可以用来估计预测误差和置信区间(Efron & Tibshirani，1993)，一个最简单的例子就是 0.632 的自举，从初始样本 n 中(有放回的)选择一个具有 n 个观测值的数据集。由于一些个案被选择了不止一次，而一些个案没有被选择，那些未被包含在自举样本中的个案被用作验证样本。在原始样本中任何一个未被抽中的概率是 $(1-1/n)^n \approx e^{-1}=0.368$。因此，在校正样本中来自原始数据集的特殊个案的期望数值是样本规模 n 的 63.2%。所以验证集的规模是原始样本量为 n 的数据集的 36.8%。0.632 的自举已经被修正到了著名的 0.632+ 自举，修正后的更适合离散因变量的估计预测误差(Efron & Tibshirani，1993)。

0.632 自举的预测误差估计由来自验证样本和校正样本的误差推导而得。由于模型是基于包含 63.2%特例的样本估计而得，应用于验证样本的预测误差会高估真实预测误差。另一方面，校正样本的误差会低估真实预测误差。因此，估计就是这两个误差的线性组合，即 0.632×验证样本的预测误差+0.368×校正样本的误差。给定自举样本，计算替代模型的预测误差然后进行比较以找到最佳模型。

11.4.2 评价标准

本节我们探讨在选择最佳模型时被营销人员广泛应用的几种评价标准。有几种方法用于评估验证样本中模型使用的表现。所有这些方法都可以测量“拟合的美度”，就是模型能够预测因变量的准确程度。换句话说，这些测量标准可以评估出真实发生和通过模型预测发生之间的差距，只是在量化这种差距上存在差异。根据模型的用途，一个标准会比另一个标准更优，并不存在最优标准。营销人员根据因变量本身的特性采取不同的测量标准，首先我们讨论当因变量是连续变量(销量、市场份额、月购物开支等)时的测量标准，接下来再考虑因变量是离散的情形(顾客流失、回应等)。

1. 连续因变量

假设验证样本有 n 个观测数据，我们想要评估预测结果的准确性，因变量的真实值为 $Y_1, Y_2, \cdots, Y_n$，相应的预测值为 $\hat{Y}_1, \hat{Y}_2, \cdots, \hat{Y}_n$，如果该模型能够很好地预测第 i 个观测值，那么 $\hat{Y}_i$ 与 Y_i 的值应该相同，无误差。$\hat{Y}_i$ 与 Y_i 之间的差异为预测误差，表 11.2 总结了用于连续因变量的评价指标公式，主要因测量差异定义的不同而不同。

表 11.2 连续因变量的预测误差评估标准

评估标准	公　　式
均方误差	$\sum_{i=1}^{n} e_i^2/n = \sum_{i=1}^{n}(Y_i - \hat{Y}_i)^2/n$
平均绝对误差	$\sum_{i=1}^{n} \mid e_i \mid /n = \sum_{i=1}^{n} \mid Y_i - \hat{Y}_i \mid /n$
均方根误差	$\sqrt{\sum_{i=1}^{n} e_i^2/n} = \sqrt{\sum_{i=1}^{n}(Y_i - \hat{Y}_i)^2/n}$
平均绝对误差百分比	$\left[\sum_{i=1}^{n}\left\lvert\frac{e_i}{Y_i}\right\rvert/n\right]\times 100 = \left[\sum_{i=1}^{n}\left\lvert\frac{Y_i-\hat{Y}_i}{Y_i}\right\rvert/n\right]\times 100$
相对误差平方	$\sum_{i=1}^{n} e_i^2 \Big/ \sum_{i=1}^{n}(Y_i - \bar{Y})^2 = \sum_{i=1}^{n}(Y_i - \hat{Y}_i)^2 \Big/ \sum_{i=1}^{n}(Y_i - \bar{Y})^2$
相对绝对误差	$\sum_{i=1}^{n} \mid e_i \mid \Big/ \sum_{i=1}^{n} \mid Y_i - \bar{Y} \mid = \sum_{i=1}^{n} \mid Y_i - \hat{Y}_i \mid \Big/ \sum_{i=1}^{n} \mid Y_i - \bar{Y} \mid$

其中，e_i 为第 i 个观测的预测误差；Y_i 为第 i 个观测的真实值；$\hat{Y}_i$ 为通过模型估计的第 i 个观测的值；$\bar{Y}$=真实值的均值，$\sum Y_i/n$。

均方误差由于其在数学上的易处理性而成为最受统计学家欢迎的测量标准，容易根据平方项的总和进行统计推断。另一个测量指标是平均绝对误差，测量预测值与实际值之间的欧几里得距离。均方误差通过平方的方法使原本就很大的误差被放得更大，而平均绝对误差对待所有的误差都是均等的。因此，如果应用中接受边际预测误差，但同时希望避免大的误差，可以考虑使用均方误差作为评估标准。另外，需要注意在对待异常值时平均绝对误差比均方误差更有效。

有时我们更倾向于使用相对测量指标，均方误差和平均绝对误差都有单位依赖性。例如，我们可以通过对数据乘以任意非零数来扩大或减小均方误差。对于一个均方误差为 100 的模型，我们无法告知该模型好到什么程度。相对平方误差通过标准化使均方误差具有单位自由性。与线性回归中R^2 相似，总平方和用于标准化条件，同样，相对绝对误差可以标准化平均绝对误差。平均绝对误差百分比由于具有标准化条件(分母中的实际值)在实际应用中也可以被解释为一种相对测量指标。

这里并不存在一个最佳测量指标，例如，均方误差和平均绝对误差两个指标，每个指标在测量时都有各自的优缺点。选择哪个测量指标与我们需要研究的问题息息相关，例如，与预测误差相关的成本会影响对预测指标的选择，但是，成本信息通常是不可知的，因此，研究人员总是会报告一系列指标进行模型评价，幸运的是，很多研究都表明测量指标之间有很强的正相关关系，因此我们不必过多担心测量指标的选择问题。

2. 离散因变量

1）命中率

当因变量为离散变量时，可以用不同的评价指标进行测量，这里我们首先讨论两个广泛使用的测量指标：当因变量的取值为 0 或 1 时，使用命中率（hit ratio）和预测对数似然函数（predictive log-likelihood）。当因变量的离散值多于两个时，这两个方法也适用。对于一个离散因变量，预测值通常是以概率的形式出现。例如，银行希望知道哪些顾客会违约，已有的历史数据是包括违约者（编码为 1）和非违约者（编码为 0）的人口统计信息，将估计后的模型（比如 Logit 模型）应用于有 n 个顾客的检验样本，根据顾客具体的人口统计信息，模型提供了每一名顾客违约的概率，如果该概率值比 0.5 的截断阈值还大，那么我们就可以预测该顾客会违约，否则，不会违约。命中率计算如下：

$$\text{Hit ratio} = \sum_{i=1}^{n} H_i / n \tag{11.12}$$

预测正确时 $H_i=1$，预测错误时为 0。也就是说，命中率是预测准确的百分比。也许你会问为什么使用 0.5 这个截断点作为命中率，答案是，如果预测概率大于 0.5，那么事件会更容易发生，因此我们预测会发生。虽然这看似有些武断，当我们讨论 ROC 曲线时，会将命中率这个概念在所有阈值中一般化。

2）预测对数似然函数

命中率适合于 0/1 的损失函数，0 代表预测成功，1 代表预测失败。该损失函数很直观也很容易理解，然而，命中率是字典形式的测量指标，当顾客真正违约时，0.51 的预测概率和 0.99 的预测概率是一样的。一旦超过 0.5 的阈值，它就会忽略真实值和预测值之间的距离，采用连续形式的损失函数，预测对数似然函数克服了命中率的字典损失函数的有关问题。预测对数函数可以表达如下：

$$\text{Predicted Likelihood} = \prod_{i=1}^{n} \left[\hat{P}_i^{Y_i} \times (1-\hat{P})_i^{(1-Y_i)} \right] \tag{11.13a}$$

该公式两边取对数，得到 predictive log-likelihood 的形式：

$$\text{predictive log-likelihood} = \sum_{i=1}^{n} \left[Y_i \log \hat{P}_i + (1-Y_i) \log(1-\hat{P}_i) \right] \tag{11.13b}$$

其中，$\hat{P}_i$ 为违约的预测概率；Y_i 为真实的违约值。当顾客违约时为 1，否则为 0。log 似然值越大，模型越好。最佳模型是 log 似然值为 0，此时真实值为 0 预测值也为 0，真实值为 1，预测值也为 1。不理想的模型 log 似然值为负，负值越大，预测效果越差。

3）ROC 灵敏度

ROC（receiver operating characteristic）曲线的概念来源于信号检测领域，主要用来衡量模型诊断能力（Swets，1988）。为了更好地理解这个概念，让我们首先看一下表 11.3 的 2×2 列联表。一个诊断系统（或模型）在寻找一个特别的“信号”，忽略其他“噪声”事件，该事件被认为是“积极”的或“消极”的，相应的诊断也为积极或消极。例如，对邮件调查回应的顾客是“积极”的，未回应的就是“消极”的。

表 11.3 真实事件 vs. 诊断事件(Swets，1988)

		事件		
		积极	消极	
诊断	积极	真积极(a)	假积极(b)	$a+b$
	消极	假消极(c)	真消极(d)	$c+d$
		$a+c$	$b+d$	$a+b+c+d$
				$d-N$

使用预测模型估计顾客的回应率，并将他们分为回应者和非回应者。真实事件和诊断事件在两种情形下是一致的：“真积极”和“真消极”。诊断事件在两种情形下是错误的：“假积极”和“假消极”。

在诊断模型的检验中，真积极比例，$a/(a+c)$和假积极的比例 $b/(b+d)$可以代表模型准确性的所有相关信息，这两个比例通常被称为“命中率”(hits)和“错误警报”(false alarms)。真积极比例也称为“灵敏度”，是一个随机选择的积极事件被模型评估为积极的概率。此外，真消极比例也称为“专一度”，是一个随机选择的消极事件被模型评估为消极的概率。假积极的比例就为(1－专一度)。一个好的诊断模型应该具有多的命中率和少的错误警报。

ROC 曲线绘制的是众多决策标准的设置中命中率和错误警报的比例(见图 11.2)。回到信用评估的例子，我们得到的命中率是基于顾客的预测违约概率是否高于阈值 0.5 的决策，如果高于 0.5 则预测他会违约，否则不会违约。在 ROC 曲线中，起先我们将阈值设定很高，比如说是 0.9，如果顾客预测的违约概率高于 0.9，我们就不会向他发放信用卡，低于 0.9 就会向他发放。给定一个阈值，我们可以写出一个 2×2 的列联表，来自表 11.3 中命中率与错误警报的比例就是模型中 ROC 曲线的一个点。现在我们将阈值设定得低一些，比如说是 0.8，然后绘制该点的 ROC 曲线，改变阈值直到 0，我们就完成了 ROC 曲线的绘制。

ROC 曲线可以生成一个特别模型，该模型是关于决策标准或参数阈值的函数。模型的表现(或值)由 ROC 曲线下面的面积衡量，该部分代表的值从 0.5 到 1。图 11.2 中的对角线代表该区域等于 0.5 的情况，命中率和错误警报的比例相同。随机设定就会落在 0.5 的区域。另一方面，一个理想模型的左上方曲线下方的面积应该为 1，即命中率为 100%，没有错误警报。而现实的模型是在两者之间，曲线下方的面积随着模型有更多的命中率和更少的错误警报而增加，我们希望选择 ROC 曲线面积最大的模型，因为这意味着，给定截断阈值，会产生更多的真积极事件，而不是假积极事件。

3. 评价财务绩效的评估标准

到目前为止，我们讨论的评估标准都是针对模型是否能很好地预测因变量，但是这些标准对于评价模型的经济适用性并不起作用，不适合的模型也可以表现得很好

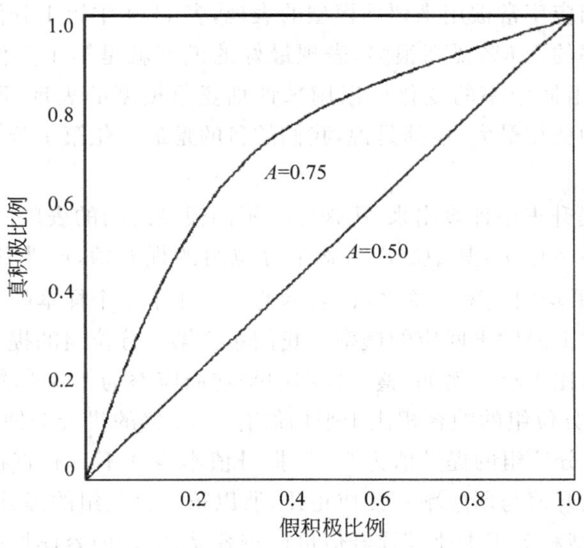

图 11.2 ROC 曲线*

*"A"代表 ROC 曲线下面的面积，最佳模型应该是产生 ROC 曲线最大面积的(Swets,1988)。

(Malthouse,2002)。以下介绍几种用于评价模型经济适用性的评估标准。

1) 增益表

营销人员通常使用提升表分析法来评估他们提出的模型，提升表如下(Banslaben,1992，第 10 章有详细介绍)。当我们估计了响应模型后，该模型被应用于验证样本的每一名顾客，得到相应的回应率($\hat{P}_i$)，然后所有验证样本中的顾客按照他们的回应率进行排序，在最后一步中，顾客随之被分为人数相等的组(通常是十分位组)，计算每组的平均真实回应率，提升表描述了这些组的排序和累计平均回应率。表 11.4 是增益表的一个例子。

表 11.4 收益和增益表

十分位组	回应率/%	增益	累积增益/%
1	6.00	3.75	37.50
2	3.50	2.19	59.40
3	2.50	2.56	75.00
4	1.50	0.94	84.40
5	1.00	0.63	90.60
6	0.65	0.41	94.70
7	0.50	0.31	97.80
8	0.19	0.12	99.00
9	0.12	0.08	99.80
10	0.04	0.03	100.00
总体	1.60	1.00	

第1分位组的回应率常被用来评估模型的表现，表11.4中第1分位组的回应率是6%，这比总体平均回应率的1.6%要高很多，表现最好的模型就是第1分位组回应率最高的模型。另外，每个分位组回应率的变化可以用来评估竞争模型的表现（Rathner，2002）。表现最好的模型回应率的变化最大，也就是说，我们的目的是最大化第1分位组和最后分位组之间的距离。

提升值可以从提升表中计算出来，用来比较不同模型之间的表现情况。在一般情况下，我们定义提升值为$\lambda_k = r_k/\bar{r}$，其中λ_k是第k个分位组的提升值，r_k为第k个分位组的回应率，$\bar{r}$为整个样本的平均回应率。总之，λ_k表示的是相比于整个样本的平均回应率第k个分位组的顾客多大程度上能做出回应的概率。我们希望第1分位组的提升值比1大，相应地，以后分位组的提升值比1小。例如，整个样本的平均回应率为1.6%，第1分位组的回应率为6%，因此，在第1分位组的顾客相比于平均值有3.75倍的机会会回应（$\lambda_k = 6.00/1.60 = 3.75$）。我们说，第1分位组的提升值为3.75，提升值本身并不具有直接的管理（或经济）上的意义，但是，由于提升值与回应率直接成正比，所以第1分位组的提升值越高，获利性也越高。此外，在不同模型和应用中比较提升值也比较容易，更多内容详见第10章。

另一个在数据库营销中比较常用的评估标准是累积提升表，计算从第1分位组到第n分位组的累积回应率。继续表11.4的例子，第k分位组的累积提升值为前k个分位组所有回应率的百分比，例如，本例中，第3分位组解释了所有回应者的75%，显然，累积提升值越高，模型效果越好。

2）基尼系数

基尼系数主要是模型的累积提升曲线和由随机预测产生的提升曲线之间的面积，基尼系数最早由意大利统计学家Corrado Gini提出，为了理解基尼系数的一般概念，我们需要定义洛仑兹曲线（Lorenz curve）和完全平等线（perfect equality line）。洛仑兹曲线是代表一个概率分布的累积分布函数，例如，它通常用来代表一个国家的收入分布，人口前x%和它们的收入的百分比y%。x轴代表的是人口的百分比，y轴代表总收入的百分比，绘制洛仑兹曲线需要将分布的所有元素（顾客）按照从大到小排序（按照预测的回应率的大小），然后，每个元素（顾客）按照x和y的累积百分比进行绘制。将洛仑兹曲线与代表x和y之间线性关系的完全平等线进行比较，例如，如果所有人的收入都相同，那么洛仑兹曲线就变为完全平等线。

在数据库营销应用中，x轴代表顾客的百分比，按照预测的回应率的大小进行排序，y轴代表回应的累积百分比（如累积提升曲线），如图11.3所示。由于每个顾客都有平等的机会被预测为回应者，所以完全平等曲线代表的模型是随机预测的。洛仑兹曲线相对完全平等曲线越高，模型越好，因为我们的模型可以仅根据相对较小百分比的顾客预测较大百分比的回应者。

由图形上来看，基尼系数代表的是洛仑兹曲线和完全平等线之间的部分A除以完全平等线以上的部分A+B所得的比率。

也就是说，在图11.3中，基尼系数为A/(A+B)。取值在0和1之间，0代表完全平等（即每个人的收入都一样），1代表完全不平等（如一个人拥有所有的收入，其他人的收入都为0）。在数据库营销中，基尼系数为0代表此时模型预测不如随机好，基尼系数为1（一个

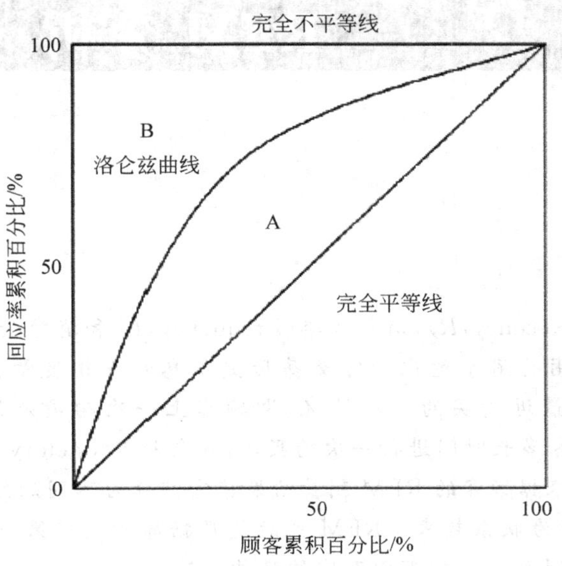

图 11.3　基尼系数

非常罕见的情况)就是只有一个回应者,并且该顾客被认为是有最高回应率的顾客。一般来说,高基尼系数意味着通过较少数量的顾客可以有更多的回应者被识别出来。给定模型下的基尼系数可以按照如下公式进行计算:

$$\text{基尼系数} = \sum_{i=1}^{N} (c_i - \hat{c}_i)/(1 - \hat{c}_i) \tag{11.14}$$

其中,$\hat{c}_i$ 为预测的回应率等于或大于顾客 i 的人数的比例;c_i 为在回应率中等于或大于顾客 i 的真实回应者的比例。也就是说,$\hat{c}_i$ 为累积提升曲线的轨迹;c_i 为完全平等曲线的轨迹。我们选择基尼系数最高的模型,即基尼系数最接近 1。

11.5　总结:演化模型建立

一个科学预测未来的方法是基于未来会重复过去的假设,对于许多应用这个假设是合理的。假设我们想预测彩色电视的月度销量,我们会基于历史销售数据构建一个预测模型(时间序列模型或回归模型),隔离随机变化的模式。电视的预测销量基于估计的模型(或是识别出的模式)。然而事实是:随着市场条件的变化未来情况与过去会有很大的不同,模型就会变得不实用,这也就是为什么我们需要不断更新模型。有时用额外的数据重新估计模型已经足够,有时,我们需要改变模型本身。应该谨记,模型不是一成不变的(详见 10.5.2 章节有关“货架寿命”的讨论)。

第12章 RFM分析

摘要

最近一次消费(Recency,R),消费频率(Frequency,F)和消费金额(Monetary Value,M)是三个广泛被使用的用于量化顾客交易历史信息的营销度量指标。最近一次消费(Recency)代表顾客最近购买的一个情况,即顾客上一次购买是什么时候。消费频率(Frequency)代表顾客多长时间进行一次购买,消费金额(Monetary Value)是顾客购买时的花费。RFM分析根据顾客的RFM测量结果将它们分为不同的组,然后将这些分组与诸如回应可能性等行为联系起来。RFM可能是数据库营销中第一个被使用的"预测模型",本章将讨论RFM的理论框架以及它的延伸扩展。

12.1 概述

在进行一项直邮广告时你如何选择目标顾客?或者说你应该向哪些顾客直接邮寄产品目录?邮寄的精准性一直都是直复营销人员最关注的问题之一。如果通过邮寄能给销售带来2%的增长,那么这项邮寄活动通常被认为是成功的。因此,识别和确定哪些是企业的目标顾客是我们首要关心的问题。

因为多年来直复营销人员包括目录销售商的业务本质就是收集顾客数据、分析数据,以及开发模型用以提高他们的业务绩效。其中用以提高邮寄效率的一个常用的方法就是RFM(Recency,Frequency,Monetary Value)模型。RFM模型早在50年前就被一般商品目录销售商开始使用。例如,早在1961年,George Cullinan就推动了人们对RFM顾客数据分析的使用和理解。为了表彰他在直复营销领域的贡献,直复营销协会DMA(Direct Marketing Association)在1989年将他选入DMA名人堂。

RFM模型的核心概念主要来源于对实证数据的观察。直复营销人员发现对邮寄的回应在不同顾客中存在差异,那些在过去对邮寄有回应的顾客在未来也倾向于回应。更具体地说,直复营销人员还发现可以根据顾客先前的购买数据对未来的购买进行预测。三个用以总结顾客购买历史信息的重要变量就是最近一次消费(R),消费频率(F)和消费金额(M)。对每个顾客分别测量R、F、M变量,就可以预测他/她未来的购买情况。一旦识别出哪些顾客会购买,直复营销人员就会对这些顾客寄出产品目录。

本章首先讨论RFM模型的基本概念。然后,运用盈亏平衡点的概念,我们研究如何运用模型决定利润最大化的邮寄数量。在第12.2节中,我们将比较RFM模型与其他统计工具之间的关系,批判性地看待RFM目前的地位并探讨其未来可能的延伸方向。我们认为,尽管RFM分析可以提供一个好的起点,但是应用原始顾客数据进行统计建模仍然是一个更好的选择。

12.2 RFM 模型的基础

假设一个直邮公司拥有一个包含上百万顾客的内部清单。每个季度它都需要决定向清单中的一部分顾客邮寄产品目录。虽然对所有顾客邮寄会最大化收入和销量,但是如果平均回应率过低会带来利润损失。总会有一些顾客无论公司做什么他也不会有购买行为。公司希望选择那些愿意对产品目录产生回应的顾客。RFM 分析的目的就是预测每个顾客的回应(或购买)率。基于这些预测,公司可能只需对 20%的顾客进行邮寄就可以获取利润。

12.2.1 Recency、Frequency 和 Monetary Value 的定义

基于经验,直复营销人员发现有三个重要的变量会影响顾客未来的购买意愿。第一个变量是最近一次消费(Recency,R),代表顾客最后一次购买的时间,它代表距离最后一次购买过去的时间(以天、周、月和年进行测量)。例如,假设你从一个内部清单中随机选择了 10 000 名顾客,你的目的是找到最近一次消费这个变量和回应率之间的关系。首先你选择一个目录进行邮寄,比如六月份的目录。你选择了 10 000 名接收了该邮件的顾客并记录他们是否回应。然后,你应该记录从顾客上一次购买到他们收到 6 月份的产品目录之间一共间隔了几个月。这就是最近一次消费这个变量的测量。我们将结果总结在图 12.1 中。

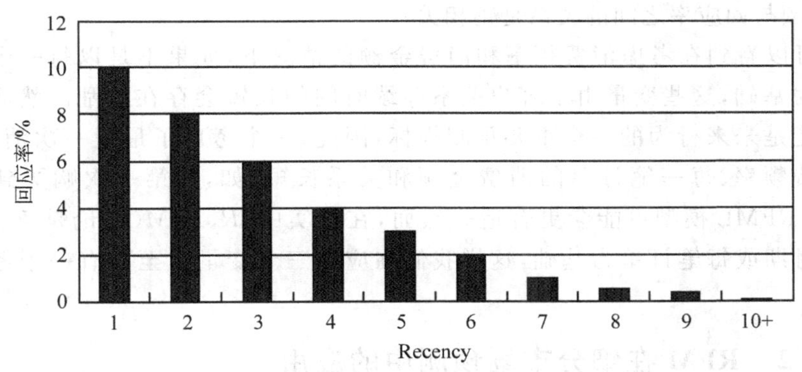

图 12.1 Recency 变量与回应率的关系

图 12.1 显示 10 000 名顾客中有 350 人对六月份的产品目录给予了回应。所以平均回应率为 3.5%。基于顾客 Recency 变量值的十分位组分析,Recency 变量与回应率之间呈负相关。那些刚刚从公司购买了产品的顾客当他们发现收到六月份的产品目录时,进行再次购买的概率是最高的。许多直复营销人员都相信这种负相关关系。有一些原因可以解释为什么回应率随着最近一次消费的上升而下降(Gönül et al.,2000)。初始购买可能是一个触发器,促使顾客考虑购买其他产品以补充初次购买。所以顾客在初次购买之后不久又会继续订购。还有一种解释是初次购买的顾客会进行第二次购买是因为拿到第

一次购买的产品之后消除了他们对产品质量不确定性的担忧。

但是，最近一次消费和购买之间的确切关系依赖于很多因素，如产品目录的种类、产品目录销售商以及目录本身的一些因素。例如，Gönül 等人(2000)在对家庭半耐用品研究时发现了"U"形关系。顾客的回应率由于上面提到的原因首先随着最近一次消费时间间隔的增加而减少，但是，一年以后由于库存效应会变为增加。也就是说，顾客可能需要在一年以后更换旧的产品。勾画最近一次消费和购买之间的正相关关系也不难。假设顾客刚从 Capital One 公司获得一张信用卡，他可能不会马上再要一张信用卡，因为此时他已经拥有一张新的信用卡了，为什么再要一张呢?

综上所述，最重要的一点是我们总会发现最近一次消费时间间隔与回应率之间存在某种关系，通常被认为是负相关，但也有"U"形和正相关的情况。一旦我们确定了二者之间的关系，就可以利用历史购买数据计算出的 Recency 值来预测未来的回应率。但是，在看到数据之前是无法知道关系的确切形状的。

第二个变量，消费频率(Frequency，*F*)，代表在一段时间内顾客的购买频率(Bult & Wansbeek，1995)。测量的是自从第一次购买之后的购买次数。某些直复营销人员会用购买的次数除以顾客存续的时间。与 Recency 变量相似，消费频率和回应率之间的关系也有实证支持，但是该关系通常是正相关的。经常购买产品的顾客倾向于有更高的回应率。

最后，回应率还与消费金额(Monetary Value，*M*)有关，消费金额代表之前购买的花费。可以由在一段时间内顾客的花费测量(Bult & Wansbeek，1995)，或者可以用总花费除以顾客存续的总时间，也可以是每笔订单的平均花费(Hughes，1996b)。与消费频率相似，消费金额与回应率之间的关系是正相关。

我们可以看到在考虑消费频率和消费金额的情况下，如果不是以每一个时期或每一笔订单为基础，这些变量由于客户关系存续时间的长短会存在混乱。然而顾客关系的长短可能是未来行为的一个重要预测指标，因此，一个考虑了最近一次消费、每一个时期的消费频率、每一笔订单的消费金额和关系长短(如，从第一次购买到现在的时间)变量的 RFML 模型可能会更合适。然而，在现实中，*R*、*F*、*M*(无论是 *F* 或 *M*)并没有以每个时期或每笔订单为基础，这样我们在应用三个变量中至少有一个考虑了关系的长短。

12.2.2 RFM 在细分市场预测中的应用

顾客的历史购买信息一旦由 *R*、*F*、*M* 三个变量给出，直复营销人员就可以构建模型来预测每个顾客的回应倾向。他们将 *R*、*F*、*M* 变量转化为离散形式以便预测回应率。具体地说，就是为 *R*、*F*、*M* 每个变量进行独立编码。例如，顾客按最近一次消费这个变量分类，应用"5"级编码，Recency 值在前 20%编码为 5，接下来的 20%编码为 4，以此类推。最后的结果是每一名顾客都有一个关于 Recency 的编码，5、4、3、2、1。这样我们就将连续变量(Recency)转化为离散变量(Recency 编码)。后面我们会提到这样做会丢失一些信息。同样，我们对每个顾客的消费频率进行编码，消费金额也进行编码。结果每个顾客具有 3 个 RFM 编码。

表 12.1　RFM 模型预测的顾客回应率

R	F	M	直邮数	回应数	回应率/%
5	5	5	100	15	15.0
5	5	4	90	13	14.4
5	5	3	100	13	13.0
5	5	2	80	10	12.5
5	5	1	70	7	10.0
4	5	1	100	8	8.0
—			—	—	—
—			—	—	—
1	1	2	70	1	0.01
1	1	1	90	0	0.00
总体			10 000	350	3.50

利用转化后的 R、F、M 变量我们可以将顾客分为 125(5×5×5)个组，每个顾客有自己的 RFM 编码并且属于 125 组中的一组。例如，假设一个直复营销人员在内部清单中随机选择了 10 000 名顾客实施直邮，对该邮寄的回应总结如表 12.1 所示①。

表 12.1 的结果实际上是一个 R・F・M 与回应的交叉列表，也是用来预测顾客回应率的 RFM 模型。换句话说我们把回应率看成 R、F、M 三个变量编码的函数。例如，一名顾客的 R、F、M 三个编码都为 5，他的回应率为 15%。当内部清单中的所有顾客的回应率都计算出来，我们就可以选择出要邮寄的对象。

RFM 模型的应用十分普及，在市场上有一些商业软件包可以自动执行上述程序。在一台电脑上操作，按照 RFM 对顾客进行编码、选择测试组、提供报告，这样营销人员就可以不借助技术支持而进行所有的工作。例如，可以从 http://www.dbmarketing.com 网站上获得“RFM For Windows”的演示程序。

12.3　盈亏平衡点分析：确定分界点

如果邮寄的数量受到预算的限制，我们完全可以根据预测的回应率的大小进行排序，选择那些排在前面的顾客进行邮寄。但是如果我们没有预算限制，仅凭借 RFM 模型无法确定邮寄的数量。为了利润最大化，我们必须确定一个最佳邮寄数量。

① 注意在每个分组中我们只有 10 000/125=80 个顾客，由于样本较小，所以分段的回应率可能估计得不够准确。例如，一个细分组估计的回应率为 3.5%，95%的置信区间经计算为(−0.5%，7.5%)，在实际中，估计一个 RFM 细分组的回应率通常会使用超过 10 000 个顾客的样本。

12.3.1 利润最大化的分界点回应率

如果有了成本信息，那么邮寄决策的利润最大化原则非常易于实施。只要公司从某个顾客那里获取的期望利润大于零，那么就可以对该顾客进行邮寄。也就是说，如果利润满足下面的公式，那么就进行邮寄。

$$m \cdot E(Z) \cdot \hat{r} - C > 0 \tag{12.1}$$

其中，m 为利润的边际贡献；$E(Z)$为期望的订单金额（假定顾客对邮寄进行回应）；$\hat{r}$ 为根据 RFM 模型得到的预测回应率；C 为单位邮寄成本。

我们认为对所有顾客邮寄产品目录的单位成本（C）应该是一样的。成本计算中应该只包括变动成本如打印、包装和邮寄。其他专用成本则不包括在成本计算中，因为我们假设公司的边际额外邮寄不产生额外的开销。[①] 另外，对于期望订单额和预测的回应率在不同顾客中的异质性。顾客的回应率可以通过 RFM 模型进行预测。期望订单额我们可以首先假设它在所有顾客中是相同的。具体地说，我们用所有顾客过去订单额的平均值来预测顾客的期望订单额。在本章的后面我们将会讨论如何估计不同顾客的不同订单额的问题。

式(12.1)可以改写为$\hat{r}>C/[mE(Z)]$。当所有顾客的订单额相同时，公司只需向那些预测的回应率比单位邮寄成本 C 除以预计净贡献$[mE(Z)]$值还大的顾客邮寄产品目录。这里，$C/[mE(Z)]$就是回应率的盈亏平衡点。例如，假设单位邮寄成本是 2.0 美元，利润边际贡献是 50%，顾客的平均订单额是 80 美元，那么回应率的盈亏平衡点是 0.05。根据由 RFM 模型预测出来的回应率对顾客进行排序，直复营销人员只需对那些回应率大于 0.05 的顾客进行邮寄。

有了成本信息，我们可以利用 RFM 模型来计算经济效益。例如，假设单位邮寄成本仍为 2.0 美元，利润边际贡献是 50%，顾客的平均订单额是 80 美元。直复营销人员有 100 万个顾客，他们的平均回应率假设为 0.02，此时回应率的盈亏平衡点为 2/[(0.5)(80)]=0.05 或 5%。[②]

如果没有 RFM 模型，直复营销人员就不会知道谁会回应，谁不会。因此，我们首先要随机选择 200 000 个顾客进行邮寄（这时预计获得的平均回应率是 2%）。我们预计净贡献是 160 000(80×0.5×0.02×200 000)美元，邮寄的成本为 400 000(2×200 000)美元。所以我们的损失就是 240 000 美元。如果直复营销人员应用了 RFM 模型，并且算出每个顾客的回应率，则结果会有所不同。假设只有 20%的顾客（或 200 000 个顾客）的回应率会超过盈亏平衡点 0.05。所以我们向这 200 000 个顾客进行邮寄，其中有 16 000 个

---

① 数据库营销中的开销分配是一个重要的问题，这部分可参见第 6 章的讨论。Schmid & Weber(1995)也指出，成本的计算应该根据目标顾客的不同而有所不同。他们认为，只有可变成本应该在对潜在顾客的分析中被考虑。而带有额外费用的所有变动成本应该用来计人重新启动老顾客。最后，所有成本和正常利润的一部分应包含在当前顾客中。

② 在实践中，营销人员通常根据市场的检验结果对预测的回应率大打折扣(Hughes,1996a)。这是因为营销人员经常实施不公平的检验，他们倾向于采用优先邮件(first class mails)然后选择一个最好的月份进行测试，这就导致了预测结果偏高，通常我们会在结果上降低 10%～15%，也就是说，通过 RFM 估计出的回应率只有检验回应率的 85%～90%。

顾客有所回应。假定平均回应率是 8%，净贡献是 640 000(80×0.5×16 000)美元，而邮寄的成本为 400 000(2×200 000)美元。这时我们的净利润是 240 000 美元。由此可以看出，通过 RFM 模型直复营销人员可以将利润由－240 000 美元变为＋240 000 美元。①

12.3.2 有差异的订单额

回到期望订单额的问题上，一个比较简单的预测顾客订单额的方法是将顾客过去的订单额求平均。这个方法很简单，仍然可以利用顾客层面的订单额数据。但是，当历史数据订单数量过小时预测结果就变得不那么可信。这时可能存在回归平均效应(regression-to-the-mean effect)。假设一名顾客的历史订单额相对较低，那么根据回归平均效应他/她的下一次购买金额会超过历史平均水平(基于小样本)。相反的结论适用于那些历史购买金额相对较高的顾客(Schmittlein & Peterson，1994)。意识到这种简单平均方法存在的一些不足，研究人员开发出了更复杂的模型(Schmittlein & Peterson，1994；Jen，等，1996；Colombo & Jiang，1999)。

这里我们详细介绍由 Colombo 和 Jiang(1999)提出的模型，因为他们的模型对分布假设可能最为合理。对于给定的顾客，订单额会随着购买而不断发生变化，并且金额不能为负。他们使用参数为 u 和 θ 的 γ 分布对可能随时间随机变化的订单额进行建模[另一方面，Schmittlein 和 Peterson(1994)以及 Jen 等人(1996)提出了正态分布的模型]。该 γ 分布的均值为 u/θ，为了使该均值可以根据顾客不同而变化，我们保持 u 不变，让 θ 随着另一个参数为 v 和 ϕ 的 γ 分布变化。这个(非条件)分布为 z，所以订单额如下：

$$P(z \mid u,v,\phi)=\frac{\Gamma(u+v)}{\Gamma(u)\Gamma(v)}\left(\frac{z}{\phi+z}\right)^{u}\left(\frac{\phi}{\phi+z}\right)^{v}\frac{1}{z} \tag{12.2}$$

以上等式可以根据已观测到的订单额数据使用最大似然法来估计参数 u，v 和 ϕ。Colombo 和 Jiang(1999)根据顾客过去 x_i 次购买的平均订单额 $\bar{z}_i$ 也推导出了顾客 i 的期望订单额(w_i)，即

$$E(w_i)=\frac{u(x_i\bar{z}_i+\phi)}{(ux_i+v-1)}=\left[\frac{v-1}{ux_i+v-1}\right]\frac{u\phi}{v-1}+\left[\frac{ux_i}{ux_i+v-1}\right]\bar{z}_i \tag{12.3}$$

式(12.3)显示顾客个体层面的期望订单额是所有顾客期望订单额 $u\phi/(v-1)$ 和观测到的顾客个体层面的订单额均值 $\bar{z}_i$ 两者的加权平均。随着顾客 $i(x_i)$ 交易数量的上升，赋予他/她的观测到的订单额均值的权重也会增加。例如，Colombo 和 Jiang 将他们的模型应用于直复营销数据，估计出 $u=2.9$，$v=2.5$，$\phi=496$ 美元。因此，总体均值 $u\phi/(v-1)=953$ 美元。现在我们来比较两个顾客，一个是有两次交易($x_i=2$)；另一个有 100 次交易($x_i=100$)。假设他们的平均订单额都是 500 美元，那么 100 次交易的那个人期望订单额是 502 美元，而两次交易的那个人的期望订单额是 592 美元，随着历史交易数据变得越来越少，观测的平均订单额的权重会越来越小，结果就是：期望的订单额会向总体均值收缩或缩小与总体均值的差距。

---

① 举个例子，本部分的例子并未考虑模型中回应率预测误差的问题，也没有考虑到从长期来看营销人员会对邮寄名单深入挖掘到什么程度。更多内容详见第 10 章。

12.4 RFM 模型扩展

直复营销人员之所以广泛使用 RFM 模型是因为它很容易理解而且预测效果比较好。然而，并没有很多人知道该模型为何会奏效以及什么时候会奏效。最近，一些学者对 RFM 模型的许多方面都提出了批判(Wheaton，1996；Yang，2004)。

首先，对最近一次 R、F 和 M 这三个变量的编码是十分随意的。五分法(把 Recency、Frequency 和 Monetary 划分为五个等级)是一种常用方式，这样就会有 125 个细分组。但是根据预算不同，也可以使用更精细或相对简洁的 RFM 编码(Hughes，1996a)。由于编码规则是提前设定的，因此得到的 RFM 单元经常无法使细分组之间存在回应差异。Yang(2004)最近提出了一个更普适的方法来确定 RFM 的单元数量。

其次，现在的直复营销人员会收集包括人口统计特征和行为特征在内的顾客层面信息。将这些信息加入传统的 RFM 模型会提高预测精度。然而，在 RFM 模型中加入其他变量是一项烦琐的工作。实践者经常简单地将这些额外变量像 RFM 变量那样处理。例如，加入性别这个新变量(男性和女性)，此时 RFMG 模型的单元数为 250(2×5×5×5)。随着额外变量的增加，单元的数量会呈几何级数增长。对于有两个以上的额外变量的 RFM 模型，进行估计是不现实的。

12.4.1 将 RFM 模型当成方差分析处理

在一般情况下，我们将 RFM 模型作为一个正规的统计方法进行评价。以下我们提供一些用以改进传统的 RFM 模型的建议。从统计上讲，RFM 模型就是一个包含所有主效应和交互效应的三因素方差分析。更确切地说，考虑一个有三个处理条件的因子实验，每一个处理条件(Recency、Frequency 和 Monetary)有三个水平(1、2 和 3)，如果将所有的交互效应包含其中，那么我们需要估计 27(3×3×3)个参数。由此可见，RFM 模型与此因子实验的全模型是一样的。

让我们举例子说明。表 12.2 显示了一个应用于产品目录邮寄回应数据的 3×3×3 的 RFM 模型的结果。我们对 4 000 名顾客进行了目录邮寄，325 人回应，整体回应率为 8.13%。在 27 个 RFM 单元中，回应率差别很大，从 1.14%～23.08%不等。现在我们对所有的主效应和交互效应进行三因素方差分析，表 12.2 为最终结果。与在 RFM 模型中一样，我们也估计了 27 个参数，可以利用这 27 个估计参数计算 27 个 RFM 单元的回应率。带有所有主效应和交互效应的三因素方差分析可以写为

$$\mu_{RFM} = \mu + \mu_R + \mu_F + \mu_M + \mu_{R\times F} + \mu_{F\times M} + \mu_{R\times M} + \mu_{R\times F\times M} \tag{12.4}$$

其中，μ 为总体回应率的均值(截距)；μ_R 为 Recency 变量的主效应；μ_F 为 Frequency 变量的主效应；μ_M 为 Monetary 这个变量的主效应；$\mu_{R\times F}$ 为 Recency-Frequency 的交互效应；$\mu_{F\times M}$ 为 Frequency-Monetary 的交互效应；$\mu_{R\times M}$ 为 Recency-Monetary 的交互效应；$\mu_{R\times F\times M}$ 为 Recency-Frequency-Monetary 三者的交互效应。例如，对于 R=1，F=1，M=1 的单元其回应率为

表 12.2 3×3×3RFM 模型

R	*F*	*M*	直邮数/个	回应数/人	回应率/%
1	1	1	455	26	5.71
1	1	2	354	38	10.73
1	1	3	239	24	10.04
1	2	1	50	5	10
1	2	2	50	8	16
1	2	3	33	6	18.18
1	3	1	52	12	23.08
1	3	2	167	32	19.16
1	3	3	303	58	19.14
2	1	1	277	12	4.33
2	1	2	196	10	5.1
2	1	3	134	6	4.48
2	2	1	39	3	7.69
2	2	2	27	2	7.41
2	2	3	27	2	7.41
2	3	1	37	3	8.11
2	3	2	84	11	13.10
2	3	3	178	17	9.55
3	1	1	351	4	1.14
3	1	2	269	12	4.46
3	1	3	168	6	3.57
3	2	1	29	1	3.45
3	2	2	39	2	5.13
3	2	3	27	1	3.70
3	3	1	45	4	8.89
3	3	2	149	8	5.37
3	3	3	221	12	5.43
总体			4 000	325	8.13

$$0.054-0.019+0.035-0.072-0.059+0.005-0.024=0.057$$

这与表 12.2 中单元(1,1,1)的回应率是一致的。

运用方差分析的方法解读 RFM 让我们可以用正规的统计方式来评价传统的 RFM 模型。结果表明,我们需要提出新形式的 RFM 模型。例如,表 12.3 显示在主效应中,只有 Recency 和 Frequency 这两个变量在 0.05 的显著性水平下显著,不同消费金额的顾客其回应率是相同的。此外,Recency-Frequency 是唯一显著的交互效应,基于这些统计检验,我们可以提出一个包含更少参数但又不牺牲预测精度的 RFM 模型。表 12.4 显示了新 RFM 模型的估计结果,该模型有两个主效应(R 和 F)以及一个交互效应(R·F),估计的参数也由原来的 27 个变为现在的 9 个。9 个单元的回应率也可以计算出来。例如,$R=1$,$F=1$ 单元的回应率为 0.058+0.138−0.030−0.082=0.084。

表 12.3 方差分析——全模型

参数	自由度	平方和误差	水平	估计值
截距				0.054[a]
R	2	3.59[a]	1	0.137[a]
			2	0.041
F	2	2.74[a]	1	−0.019
			2	−0.017
M	4	0.81	1	0.035
			2	−0.001
R·F	2	0.72[a]	1 1	−0.072[a]
			1 2	0.001
			2 1	−0.032
			2 2	−0.004
R·M	4	0.06	1 1	0.005
			1 2	0.001
			2 1	−0.049
			2 2	0.036
F·M	4	0.17	1 1	−0.059
			1 2	0.010
			2 1	−0.037
			2 2	0.015

续表

参　数	自由度	平方和误差	水　平	估　计　值
R·F·M	8	0.29	1 1 1	−0.024
			1 1 2	−0.003
			1 2 1	−0.084
			1 2 2	−0.037
			2 1 1	0.072
			2 1 2	−0.039
			2 2 1	0.054
			2 2 2	−0.050

a：表示在 $p=0.05$ 时统计上显著。

表 12.4　方差分析——限制模型

参数	自由度	平方和误差	水平	估　计　值
截距				0.058[a]
R	2	3.77[a]	1	0.138[a]
			2	0.046[a]
F	2	3.47[a]	1	−0.030
			2	−0.016
R·F	4	1.08[a]	1 1	−0.082[a]
			1 2	0.037
			2 1	−0.028
			2 2	−0.013

a：表示在 $p=0.05$ 时统计上显著。

将 RFM 模型以方差分析的方式进行处理的另一大好处就是可以很容易地添加诸如顾客人口统计特征等变量。根据协方差分析的原理我们可以将额外变量加入 RFM 模型中，协方差分析是将方差分析的特点和回归分析联合起来的一个技术(Neter，等，1985)。

我们可以通过添加一些与回应率相关的额外变量(也可以称为伴随变量)来扩展 RFM 模型。这些变量可能包含人口统计特征和其他顾客特征变量。这种扩展可以减少模型中误差项的方差以及提高预测精度。

12.4.2　非离散的替代回应模型

尽管 RFM 模型已经被使用了很多年，但是一些研究人员仍会对它的启发式算法提出质疑，也提出了一些其他的回应模型如决策树和 Logistic 回归(Wheaton，1996)。利用来自收藏行业邮寄回应的数据，Levin 和 Zahavi(2001)将 RFM 模型与决策树以及

Logistic 回归模型的预测效果进行了比较。他们发现，RFM 模型的预测效果是最差的，Logistic 回归比决策树稍好一些。Levin 和 Zahavi 也指出，他们的结果可能只对这个特定的应用有意义。这些实证研究显示了对于给定的数据应用 RFM 模型的劣势，但并未从理论上解释为什么 RFM 模型有效或是无效。

将 RFM 模型以方差分析的形式进行处理可以让我们从理论上将其与其他反应模型进行比较。RFM 模型一个主要的不足就是 Recency、Frequency 和 Monetary 三个变量的离散化，为了克服这一缺点，我们可以用一个经典线性回归模型来代替，该模型的因变量为顾客回应(0 或 1)，自变量为转化为离散分数之前的顾客最近一次消费、消费频率和消费金额。[①] 回归模型相比于 RFM 模型有以下两个优点。第一，需要估计的参数数量明显减少。RFM 中需要估计 125 个参数，而回归模型中只需要估计 4 个。这样，我们可以获得更加精确的参数估计。第二，由于变量的离散性，我们可能在 RFM 模型中丢失一些信息。相反，在回归模型中，由于使用的是原始自变量，所以不会有信息丢失的问题。此外，我们还可以避免编码量级过于随意的问题，比如"Recency"有 5 个量级。

尽管如此，在某些情况下，RFM 的表现可能好于回归模型。其一，当自变量和因变量之间的关系是高度非线性的(尤其是非单调的)。在这种情况下，RFM(或方差分析)的离散形式会更好。因为线性模型假设自变量与因变量之间的关系是线性的。与之类似，Logistic 回归假设自变量与因变量之间的关系是单调的(正相关或负相关)。另外，通过离散化自变量，RFM 模型可以很好地近似这种非线性关系。其二，当自变量之间的交互效应十分显著时，使用 RFM 模型要好于线性回归或 Logistic 回归。回归模型不能包含变量之间的交互效应，除非研究人员强制将其加入模型中，而 RFM 模型(或方差分析)会自动考虑和估计变量间的交互效应。

可替代 RFM 模型的回应模型还有决策树模型，如 CHAID 和 CART(Levin，Zahavi，2001)。决策树尽管也有自己的缺点，但它克服了线性模型和 logistic 回归模型中存在的很多局限(见第 17 章)。在 RFM 模型中，近似非线性关系是通过变量的离散化实现的。RFM 模型经常使用的是均等百分比的五级编码，但是量级的数量比较随意。对于非常明显的非线性关系，你可能需要 10 个量级。此外，均匀的间隔也是很武断的。决策树不仅可以解决非线性问题，而且可以以一种更正式和简洁的方式将变量间的交互效应纳入模型中(详见第 17 章)。

最后，统计学家近年来也开发出了一些非线性回归模型，如内核平滑(kernel smoothing)、径向函数神经网络(radial-basis function neural nets)、多层感知神经网络(multilayer perceptron neural networks)和添加剂模型(additive models)，这些模型可以通过正式地自动方式来拟合高度非线性曲线(Fahrmeir，Tutz，1994)。同样，这些现代回归模型也包含了自变量间的交互效应。它们在理论上或许比较复杂，较难理解，但是现在有很多商业软件包都嵌入了这些方法，使数据库营销人员并不需要有很多的统计训练，只需通过简单的命令就可以实现所有的过程。

---

① 如果你对因变量的离散特点担心，你可以使用 Logit 或 Probit 模型，自变量仍是顾客的 Recency、Frequency 和 Monetary Value。

12.4.3 Colombo 和 Jiang(1999)开发的一个随机 RFM 模型

RFM 模型通过将历史交易数据转化为三个 RFM 变量的方式简化了对顾客行为的分析。然而,在转化过程中有很多信息会丢失。这就需要我们开发更加复杂的统计模型使不进行转化就可以用来分析直复营销中的顾客购买数据。此外,也并没有理论说明使用 RFM 变量来预测顾客未来的回应是最合理的。

Colombo 和 Jiang(1999)通过在成熟的随机模型中嵌入一个拟合购买者行为的正规模型而克服了传统 RFM 模型的这些缺点。我们将在征求交易的背景下描述该模型,所谓征求交易就是顾客对企业的营销活动(如产品目录)做出反应而进行购买的情况[①]。

假设顾客 i 没有预测到的真实非观测回应率为π_i,他/她在m_i次征求下会回应r_i次。如果对于所有的征求来说回应率都是常数,那么m_i次征求的回应数量的分布服从二项分布,即

$$P(r = r_i \mid m_i, \pi_i) = \binom{m_i}{r_i} \pi_i^{r_i} (1 - \pi_i)^{m_i - r_i} \tag{12.5}$$

因为真实的π_i的回应率在顾客间是不同的,我们假设π_i服从以下 β 分布,

$$f(\pi \mid \alpha, \beta) = \frac{\Gamma(\alpha + \beta)}{\Gamma(\alpha)\Gamma(\beta)} \pi^{\alpha-1} (1 - \pi)^{\beta-1} \tag{12.6}$$

β 分布广泛应用在有异质性的顾客回应中(Lilien et al., 1992),根据参数 α 和 β 取值的不同,该分布可以展现出"U"形、"J"形及倒"U"形等不同的形状。

根据式(12.5)和式(12.6),对 m_i 次征求的回应数量 r_i 服从 β 二项分布:

$$\begin{aligned} P(r = r_i \mid m_i, \alpha, \beta) &= \int_0^1 \binom{m_i}{r_i} \pi_i^{r_i} (1 - \pi_i)^{m_i - r_i} \mathrm{d}\pi \\ &= \binom{m_i}{r_i} \frac{\Gamma(\alpha + \beta)\Gamma(m_i - r_i + \beta)}{\Gamma(\alpha)\Gamma(\beta)\Gamma(\alpha + \beta + m_i)} \end{aligned} \tag{12.7}$$

该分布将顾客回应行为与 β 分布的参数 α 和 β 联系起来。因此,这两个参数的值可以通过最大似然法进行估计,当 α 和 β 估计出来后,我们可以很容易地计算顾客 i 的期望回应率,如下:

$$P(\pi_i \mid r_i, m_i, \alpha, \beta) = \frac{\alpha + r_i}{\alpha + \beta + m_i} \tag{12.8}$$

有意思的是,公式(12.8)所需要的顾客层面信息只有征求数量(m_i)和回应数量(r_i)。也就是说,m_i和r_i是个人顾客购买历史的充分统计量。这个事实从理论上验证了使用消费频率在 RFM 模型中的合理性。

到目前为止,我们一直假设数据库中的顾客是活跃的。然而,事实并非如此,一些顾客因为不会或不愿购买公司的产品而成为不活跃的群体。处于无购买状态下的顾客当他们离开时不会给公司任何提示。因此,公司需要根据顾客的交易历史判断他们所处的状

---

① Colombo 和 Jiang(1999)也在非征求交易的背景下开发了一个模型,此时顾客可以在任何时间从公司进行购买,而不是对一个直接的传播活动产生回应。我们只将注意力集中在征求交易的情况下,因为在产品目录行业使用传统 RFM 模型比较多。

态。例如，如果一名顾客很长时间都没有进行购买，我们可以认为他/她是非活跃的。许多研究人员都在研究如何根据顾客的历史交易信息估计一名顾客是否活跃(Schmittlein, Peterson 1994；Schmittlein et al.，1987；Fader et al.，2005)。本章我们不会涉及这些模型，因为这些模型是基于非征求交易而构建的，购买并不是直接由公司征求的，它们可以发生在任何时候，对这些方法的讨论参见第 5 章。

第 13 章

购物篮分析

摘要

购物篮分析是指对顾客可能会同时购买的产品进行分析，利用已有的信息决定哪些产品应该被交叉销售，或者哪些产品应该被放在一起促销。购物篮的说法来源于超级市场内供顾客购物用的小推车。互联网技术的发展为我们编制和分析购物篮数据提供了一个新的平台。本章中我们讨论购物篮分析的三个重要概念——“信度”“支持度”和“增益”，以及这三个概念如何被转换成可操作的度量，最后进行扩展。

13.1 概　述

市场营销研究人员在很长一段时间都对产品相似性的研究感兴趣。无论是在经济学导论还是市场营销课上，我们都学过咖啡和砂糖是互补产品，而咖啡和茶是替代产品。一个产品价格的下降不仅提高了它自身的市场需求，同时也提高了互补产品的市场需求。也就说，如果两个产品为互补产品，那么它们的市场需求是正相关的。相反，如果两个产品互为替代产品，它们的市场需求是负相关的，因为一个产品价格的下降会导致替代产品需求的上升。

营销实践者也对产品近似性研究感兴趣，因为这类研究可以为他们制定不同的营销战略提供非常有用的信息。对一个超市经理来说，看到咖啡与咖啡奶油或砂糖一起被购买不足为奇。事实上，一个有经验的经理可能知道很多被消费者同时购买的产品组合。但是考虑到超市中通常都有成百上千件产品，这其中肯定有很多管理者未识别出来的产品组合。一个最好的例子就是数据挖掘找出了在超级市场里啤酒与纸尿布会被一起购买的事实。[①] 在大多数情况下，啤酒—纸尿布的组合都不容易被管理人员识别。购物篮分析就是为了发现这样的产品组合而设计的。

在通常情况下，输入购物篮分析的是顾客层面的销售点(POS)交易数据。购物篮分析可以从交易数据中挖掘出很多有意思的产品组合。所以，它的输出包含一系列的关联规则：例如，如果顾客购买了产品 A，那么他们也会倾向于购买产品 B。购物篮分析减轻了管理负担并且可以自动发现哪些产品是被一起购买的。让数据自己说话。

---

① Thomas Blischok 第一个发现这个有意思的现象，作为 NCR 咨询公司的副总裁，在 1992 年他为 Osco Drug 做了一项咨询，发现了商品之间很多的联系，其中之一就是每天下午 5～7 点超市的啤酒和纸尿布会一起大量的卖出，Blischok 在他的一次演讲中讲述了这个故事，从此该故事就成为数据挖掘行业的一个传奇(Forbes,1998)。

购物篮分析最初应用在分析超级市场的交易数据上。其实它的名字就是根据当顾客在超市购物时，将所买的商品放入购物车或篮子中而得名的。如今，购物篮分析不仅仅局限于超市数据，它还广泛应用于其他销售多种商品的行业，如银行、产品目录商和直复营销商等，也用于新型的销售渠道，尤其是互联网。

13.2 对营销人员的益处

购物篮分析的输出结果是一系列关联规则。这些规则可以提高营销战略和战术的效率。通过分析我们可以知道哪些产品或服务是被同时或者按照特定的顺序购买的，因此对进行多产品/服务销售的公司来说，这些规则非常有用并且具有实践性。例如零售商、金融机构(如信用卡销售公司)、产品目录商、直复营销商和互联网销售商等(Berry and Linoff，1997)。购物篮分析在零售商中十分受欢迎，因为他们有大数量的 SKU(库存单位)。Aberdeen 集团一项最近的调查显示，有 38%的零售商表示他们正在使用购物篮分析并且认为该方法对他们的业务有积极作用(Nishi，2005)。

购物篮分析为企业开展各种营销战略和战术提供了很多有价值的信息。第一，从购物篮分析中得出的关联规则可以用来管理超市的货架空间。可以将有关联性的商品摆在比较接近的地方，这样顾客在购买时就不会忘记要两个一起购买。另外，也可以将两个有关联的产品分开一段距离摆放，这样顾客在购买时就可以花更多的时间进行其他商品的浏览(Chain Store Age，1998)①。其他类型的销售商如零售商、产品目录商和互联网企业也会体会到相似的益处。

第二，购物篮分析可以用来设计不同的促销战略，可以为产品捆绑销售提供建议。此外，它还可以用来设计一个交叉优惠券的促销方案，顾客购买了产品 A 可以获得产品 B 的打折优惠券。② 或者也可以帮助管理者选择用来进行赔本促销的商品。

第三，带有时间因素的购物篮分析可以帮助营销人员选择进行交叉销售的商品。例如，购物篮分析的结果可能显示，购买了终身寿险的顾客很可能会在 6 个月内购买财产保险。这就暗示了一种交叉销售的可能，保险销售人员应该在 6 个月内联系那些购买了终身寿险的顾客，尽可能地向他们销售财产保险。

13.3 推导购物篮关联规则

从 Agrawal 等人(1993)发表了关于购物篮分析的会议论文开始，推导关联规则的问题已在知识发现领域被广泛研究(Agrawal，Srikant，1994；Mannila et al.，1994；Silverstein et al.，1998；Zhang，2000)，这也被称为购物篮问题。在本节中，我们主要讨论

---

① 后面我们会说到购物篮分析是探索性数据挖掘技术，一旦两种产品之间的关系被识别出来，我们可以检验两个不同的货架摆放策略(两个商品挨着放和分开放)。

② Dhar 和 Raju(1998)开发了一个模型研究交叉优惠券对顾客选择的影响，他们也推导出了在什么条件下使用交叉优惠券比其他的优惠券策略能带来更多的销量和利润。但是，他们并没有在实证应用中使用购物篮分析。

购物篮分析如何进行，如何推导出各种有趣的关联规则。

13.3.1 确认一个购物篮问题

购物篮分析的输入是顾客层面的交易数据，但是并不需要确切识别出每个顾客。例如，杂货店虽然不知道顾客的名字和地址等，但可以通过扫描仪器记录每个顾客的交易数据（“购物篮”）。对于每项交易，杂货店可以知道日期、收银员编号、购买的商品、每件商品的价格、使用优惠券的情况等。表 13.1 为一个假设的杂货店交易数据。从表中可以看出有 5 项交易，每项交易包含一系列的商品。购物篮分析关注的就是每次交易的产品组合。通过交易数据，购物篮分析为我们提供一系列关联规则，用以推断哪些产品是被一起购买的。

每一个关联规则都包括一个前因和一个后果，例如，考虑这个关联规则“如果顾客购买了产品 A，他/她就会购买产品 B”。这里 A 就是前因；B 就是后果。需要注意的是前因和后果都可以包含多个产品。

表 13.1 来自杂货店的交易数据

交　易	购买的产品（购物篮）
1	牛奶、橙汁、冰激凌、啤酒、肥皂
2	牛奶、冰激凌、啤酒
3	牛奶、橙汁、清洁剂
4	牛奶、冰激凌、披萨
5	牛奶、橙汁、肥皂

13.3.2 推导“有趣”的关联规则

根据表 13.1 我们可以从直观上推导几个关联规则。第一眼看，我们发现在 5 个交易中有 3 个交易都是牛奶与橙子一起被购买。这个观察告诉我们在牛奶与橙子之间存在交叉销售的可能。另外，5 个交易中有 2 个交易是啤酒与冰激凌一起被购买，所以我们又可以得出一个关联规则“如果一名顾客购买了冰激凌，那么他/她也会购买啤酒”，或者更简洁地表述为“如果冰激凌那么啤酒”。同样，我们也可以得出橙汁和香皂之间的关系。

从表 13.1 我们可以发现很多这样的关联规则，但是我们只对其中“有趣”的规则感兴趣。也就是说，我们发现的规则要和管理相关。一个关联规则是“有趣的”还是“良好的”很难用一个简单的标准去量化（Bayardo，Agrawal，1999）。因此，研究人员提出了许多不同的量化标准。三个被广泛用来评价关联规则质量与强度的标准是：支持度、信度和增益。

“支持度”是指在数据库中包含某一产品组合的交易占所有交易的百分比。对一个单独的产品 A 来说，支持度就是交易中包含产品 A 的概率，即“$P(\mathrm{A})$”。但是当我们对关联规则感兴趣时关注的是多种产品，所以产品组合 A 和 B 的支持度就是 $P(\mathrm{AB})$。例如，考虑表 13.1 中的关联规则“如果牛奶那么啤酒”。牛奶与啤酒一起被购买的支持度，就是包含这个组合的交易占所有交易的百分比。在5个交易中有2个包含了牛奶和啤酒。所以这个关联规则的支持度是2/5=40%。

多个产品的支持度可以用联合概率来解释。它计算的是一个随机选择的购物篮同时包含产品A和产品B的概率。因此支持度是对称的并未包含因果关系。我们知道产品A和产品B的联合概率$P(AB)$与产品B和产品A的联合概率$P(BA)$是一样的。例如，关联规则"如果牛奶那么啤酒"和关联规则"如果啤酒那么牛奶"的支持度是一样的。

在评价关联规则质量时"支持度"有一个严重的缺点。表13.1中显示关联规则"如果啤酒那么牛奶"有40%的支持度。但是，这个关联规则是有趣的吗？如果这个规则代表有40%的顾客会同时购买啤酒和牛奶并且没有人只购买牛奶而不买啤酒，那么答案就是肯定的。可是，正如在表13.1中看到的，所有的交易都包含牛奶。所有的顾客都购买了牛奶，而其中只有40%购买了啤酒。因此，关联规则"如果啤酒那么牛奶"并不是有趣的，尽管它的支持度有40%。因为在杂货店牛奶是很受欢迎的商品，它本身就有很高的支持度，以至于当我们计算牛奶与任何其他商品的支持度时都会非常高。

"信度"测量的是后一个商品在多大程度上依赖于前一个商品。换句话说，"信度"是给定第一个商品情况下后一个商品的条件概率，$P(B|A)$。例如，关联规则"如果冰激凌那么啤酒"的信度是66%，因为有3个交易是包含冰激凌(前一个商品)的，然后在这3个交易中有2个是包含啤酒(后一个商品)的。也就是说，给定选择了包含冰激凌的篮子，那么这个篮子有66%的可能同时包含啤酒。与"支持度"不同的是，信度是非对称的。例如，"如果啤酒那么冰激凌"的信度是100%，而"如果冰激凌那么啤酒"的信度却是66%。

条件概率的计算准则是$P(B|A)=P(AB)/P(A)$。也就是说，信度等于关联规则的支持度除以前一个商品的支持度(或概率)。例如，关联规则"如果冰激凌那么啤酒"的支持度为40%(5个交易中有2个)，第一个商品冰激凌的支持度为60%(5个交易中有3个)。所以信度就是66%(40%/60%)。

"信度"在我们选择有趣的关联规则时的确是一个好的标准，但是并不完美。考虑这个规则"如果冰激凌那么橙汁"。它的信度$P(B|A)$为33%，这时你可能认为它是一个有趣的规则。但是，如果随机选择，那么有60%的机会[如$P(B)=60\%$]会选择包含橙汁的交易。因此，在识别橙汁购买行为时用冰激凌作为前因并不具备说服力，它比随机识别一个橙汁购买行为的概率都低。所以这两个产品没有交叉销售的可能。

"增益"(也可以称为改善或影响)是另外一个评价标准，它能克服支持度和信度存在的问题，考虑关联规则"如果A那么B"。"增益"定义为$P(B|A)/P(B)$或$P(AB)/[P(A)P(B)]$。如公式中所显示的，增益是对称的，因为"如果A那么B"和"如果B那么A"的增益是一样的。

$P(B)$是一个随机选择的交易包含产品B的概率。换句话说，它是购买产品B的非条件概率(或称为基准)，而不管是否购买了其他商品。实践者经常使用"期望信度"而不是条件概率来代表$P(B)$。

因此，增益是用来测量规则的信度与期望信度之间差异的——以比率的形式表示。例如，规则"如果冰激凌那么啤酒"的增益是1.67，因为期望信度是40%，信度是67%。这说明那些购买了冰激凌的顾客相比于随机选择的顾客有1.67倍的可能会购买啤酒。

也就是说，增益值越大，代表该关联规则越值得我们注意。

增益值为 1 有特殊的含义。我们知道，如果 A 和 B 相互独立，那么 $P(AB)=P(A)P(B)$。因此，如果增益值等于 1 说明事件 A 和事件 B 是独立事件，增益值大于 1，说明产品 A 和产品 B 在一起发生的可能性比随机预测的概率大。增益值小于 1，则说明产品 A 和产品 B 在一起被购买的机会比随机预测的概率小。

当前一个商品的支持度非常低时，增益值就没有多大的实际意义。例如，假设 P(蘑菇披萨 & 冰激凌)＝0.01，P(蘑菇披萨)＝0.01，P(冰激凌)＝0.25。关联规则“如果蘑菇披萨那么冰激凌”的增益值为 4，这看起来是一个比较好的规则。但是，我们可以看到只有一小部分的顾客购买蘑菇披萨，设计一个鼓励购买蘑菇披萨的顾客去购买冰激凌的营销方案，并不能带来很大影响。这个问题可以由 13.4.1 节中提到的分类法解决。

总结一下，我们介绍了三个用以评估购物篮分析中关联规则的标准，定义如下：

$$信度 = P(B \mid A) \tag{13.1a}$$

$$支持度 = P(BA) \tag{13.1b}$$

$$增益 = P(B \mid A)/P(B) \tag{13.1c}$$

每一个标准都有优点和缺点，但总体来说，我们希望关联规则有较高的信度、支持度和增益。支持度高的规则可能会成为我们感兴趣的，同理，信度高的也一样。或者你也可能去寻找那些有极高或极低增益的规则。[①] 营销人员在选择他们感兴趣的规则时通常是综合分析考虑三种标准。他们会为每个标准设定一个阈值，然后让购物篮分析软件按照设定的条件选择关联规则（详见第 21 章）。例如，实践者会让软件选出那些支持度、信度和增益比设定的最小阈值都大的关联规则（Yan et al.，2005）。

13.3.3 Zhang(2000)关于关联和不关联的测量

除了以上讨论的三个标准，研究人员还提出了包括卡方值（Morishita，1998）、entropy gain（Morimoto et al.，1998；Morishita，1998）、基尼系数（Morimoto et al.，1998）和拉普拉斯（Webb，1995）在内的其他测量标准。最近，Zhang(2000)提出了一个新的标准，该标准从理论上看要比传统的信度或卡方检验的标准好。他将这个新的测量（与传统测量一起）应用于 POS 交易数据和捐赠交易的数据，结果发现，这个新标准可以识别出传统标准识别不出来的关联规则。找到一个好的关联规则是十分重要的，因此本节我们将介绍 Zhang 的标准并且与其他标准进行比较。

Zhang 理论的出发点是识别关联与不关联的差异，如果 A 和 B 一起发生的条件概率 $P(A|B)$ 大于不一起发生的条件概率 $P(A|\bar{B})$，那么 A 和 B 之间是关联的（互相吸引），否则，A 和 B 之间是非关联的（互相排斥）。关联可以如下定义：如果 $P(A|\bar{B})<P(A|B)$，那么 $P_A(B\Rightarrow A)=1-P(A|\bar{B})/P(A|B)$。不关联定义如下：如果 $P(A|\bar{B})\geqslant P(A|B)$，那么 $P_D(B\Rightarrow A)=P(A|\bar{B})/P(A|B)-1$。将两个公式联合起来得到：

① 极低的增益值意味着两个产品能够互相“击退”，替代品（可口可乐 VS 百事可乐）就不能在同一个市场中，如果知道了两种产品能够互相击退，那么就可以提出具有实际性的建议，例如，可口可乐就不应该和百事可乐一起进行促销。

$$P(B \Rightarrow A) = \frac{P(A|B) - P(A|\bar{B})}{\mathrm{Max}[P(A|B), P(A|\bar{B})]}$$
$$= \frac{P(AB) - P(A)P(B)}{\mathrm{Max}[P(AB)\{1-P(B)\}, P(B)\{1-P(A)\}]} \tag{13.2}$$

其中，B⇒A(B 预示 A)描述了 A 与 B 之间的关联性，例如，计算表 13.1 中 P(啤酒⇒冰激凌)，因为 P(冰激凌|啤酒)=1，比 P(冰激凌|非啤酒)=1/3 大，因此，冰激凌和啤酒之间是关联的，P(啤酒⇒冰激凌)就等于 2/3。

式(13.2)中的关联标准是非对称的，即 $P(B \Rightarrow A)$与 $P(A \Rightarrow B)$是不同的，Zhang 的这个标准还有其他的良好特性。例如，考虑三个极端的情况：完全关联、完全不关联、随机或自关联。一个好的关联测量标准应该对每种情况产生一个明确的结果。换句话说，每个极端情况下该标准得出的是一个常量，与 $P(A)$或 $P(B)$无关。

表 13.2 计算的是三种情况下的支持度、信度、增益以及 Zhang 的测量标准。

表 13.2 三种情况下的支持度、信度、增益以及 Zhang 的测量标准

	支持度	信度	增益	Zhang
完全关联	$P(A)(=)P(B)$	1	$1/P(B)$	1
完全不关联	0	0	0	−1
自关联	$P(A)P(B)$	$P(B)$	1	0

从表 13.2 我们可以看到只有 Zhang 的方法在三种情况下计算出的都是常数。这意味着 Zhang 的方法与相关系数的解释类似：值越接近 1 说明越趋于完全正关联，值越接近−1 说明越趋于完全负关联，值接近 0 说明一点关联也没有，其他的方法都达不到这样数字化的解释效果。

13.4 购物篮分析中的问题

13.4.1 使用分类法克服维度问题

美国一个典型的超市有差不多 30 000 个产品条目或者 SKU(库存单位)。这意味着我们需要评估 4.5×10^8 个诸如“如果 A 那么 B”这样的潜在关联规则。此外，我们后面会提到，你可能会对 3 个以上产品的关联规则感兴趣。因此如果我们不把产品数量控制在可管理的范围内，就会发生“维度诅咒”问题。

很多研究将重点放在了计算所有相关关联度的算法上(Agrawal et al.，1993；Agrawal，Srikant，1994；Hu et al.，2000；Yan et al.，2005)。然而另一种克服维度问题的方法是将产品项目归类为一些数量可管理的产品类别。例如，不同容量的 Tropicana 橙汁可以统一划分在 Tropicana 橙汁这个类别中，或者不同种类的 Tropicana 果汁(橙汁、葡萄汁等)也可以划分在一个类别中。更为一般化的类别，如果汁(将不同品牌、容量或种类的果汁划分到一起)也可以作为购物篮分析的输入。

将商品进行归类还有另一个好处。在原始购物篮数据中许多 SKU 的单位销量都很小。因此,它们对应的支持度也非常低。前面我们讨论过低支持度的产品很难发现关联规则。例如,假设在所有购物篮数据中A品牌橙汁的交易只有一项。这项交易中还包含酸奶。关联规则“如果A品牌橙汁那么酸奶”的信度就是100%。但事实上这并不是我们需要的规则。将产品归类就可以避免该问题。

显然,归类的程度越高,购物篮分析的计算负担就会越轻。但同时产品的归类也会导致一些交易信息的丢失,而这些信息又是我们制定营销战略不可或缺的。假设购物篮分析的结果告诉我们应该在啤酒与橙汁之间进行交叉促销。而在超市里,对橙汁品类中的所有产品都进行促销不太可能。相反,他们只能对某一品牌的橙汁进行促销。根据不同品牌汇总的购物篮数据不能帮助管理人员选择一个品牌进行促销。

对于购物篮分析什么才是一个正确的归类水平呢?实践者们总是建议归类后的类别在购物篮数据中具有大致相同的出现概率或支持度(参见www.megaputer.com/html/mba.html)。因此,单位销量比较小的产品会被归在一起,这样就能避免因低支持度而带来的差关联规则的问题。当然,在应用这个标准时也不能太严格。最终,用户的需求在决定归类的水平时更重要。例如,在折扣商店里,营销经理更希望卖电视机而不是DVD。也就是说,将便宜的商品归到一起比将昂贵的商品归到一起更有意义。

13.4.2 两个以上商品的关联规则

到目前为止,我们讨论的都是两个商品的关联规则——一个前因,一个后果。然而,营销经理可能也会对多于两个商品的关联规则感兴趣。在购物篮分析中,两个商品的关联规则可以很容易扩展到多个商品中。例如,考虑“如果A和B那么C”这个关联规则。其支持度为$P(\mathrm{ABC})$,信度为$P(\mathrm{C}|\mathrm{AB})$,考虑增益为$P(\mathrm{C}|\mathrm{AB})/P(\mathrm{C})$。相同的分析我们可以应用到四个商品,甚至更多的商品中。

之前说过,随着同时考虑的商品数目的增加,维度问题随之而来。随着同时考虑商品数目的增加,购物篮分析所需要进行的计算也会呈指数增长。例如,回到刚才有30 000个商品超市的例子,对于“如果A和B那么C”,我们需要评价${}_{30\,000}C_3$($\approx 4.5\times10^{12}$)个潜在的关联规则。如果是四个商品的话,就是3.4×10^{16}个潜在的关联规则。

研究人员提出了多种精简方法用以克服对多个商品进行购物篮分析中的维度问题(Agrawal et al.,1993)。一个比较简单的精简方法是生成满足给定支持度约束的关联规则。此外,精简运算还须反复迭代以最小化计算量。例如,假设支持度约束为1%,小于该数值的任何商品都要删除,只有剩下的商品才用来进行两个商品的分析。对于三个商品的关联规则,小于支持度约束的商品要成对删除,只有剩下的成对商品才被作为“前因”。处理大于三个商品的关联规则也是如此反复的精简方法。Yan等人(2005)指出,即便是使用了阈值这种简单的精简规则,也会带来大量的计算,所以他提出了一种产生关联规则的遗传算法。

13.4.3 添加虚拟项目以提高购物篮分析的质量

购物篮分析起初是用来分析超市中商品之间的关联规律的。然而,当商品不仅仅局限于实物时,购物篮分析变成一个更为有用的数据挖掘工具。虽然虚拟项目不是在零售店中销售的真实商品，但是在购物篮分析中它们与实物同等对待。例如，营销经理可能对男性顾客更倾向于购买哪种商品十分感兴趣。这时，购物篮分析只需对每个交易增加一个虚拟项目(性别："男性"或"女性")就可以提供这样的信息。

实际上，虚拟项目的数量是没有限制的。它们可以是顾客的人口统计信息如收入、家庭规模、教育程度等。有时顾客的购买行为信息——例如，付款方式(现金或信用卡)、一星期的哪天进行购买等这些信息都可以被当作虚拟项目。或者一些营销变量如临时的降价和特殊陈列也经常被用来作为虚拟项目。

通过构建相关虚拟项目确实可以提高购物篮分析的质量，然而，却带来之前提到的"维度诅咒"问题。所以，在你决定添加虚拟项目到购物篮数据中时，对于如何运用虚拟项目的分析结果来帮助营销经理解决决策制定问题应该有一些想法或假设。例如，超市通常每周会选择一组产品，将它们以非常低的折扣进行促销(把这些商品称为 loss leaders)，以提高光顾超市的顾客数量。超市经理知道卖这样的打折商品会亏本。但是大多数的超市仍然会这样做，因为他们期望可以通过消费者购买大量其他未打折的产品来进行弥补。将这种极低折扣产品的特征变量以虚拟项目的形式加入可以帮助我们研究与该策略有关的各种问题。

13.4.4 在购物篮分析中添加时间要素

购物篮分析起初是用来分析在一次购物中哪些商品会被一起购买。然而，如果加入时间要素我们就可以将它应用到更广泛的营销问题中。它可以被用来识别交叉销售的概率。例如，一部分的银行顾客可能会在开完支票账户后又开了一个储蓄账户，或者购买了个人电脑的顾客很可能在接下来的三个月内购买打印机。

研究人员曾试图将时间序列放入到购物篮分析中，以扩展该方法的应用领域(Agrawal，Srikant，1995；Chen et al.，1998；Ranaswamy et al.，1998)。他们指出只需做很小的改动，就可以将时间要素加入现有的关联规则算法中。但是，在数据要求上却存在很大的差异。具体来说，我们需要识别出特定的顾客并且不断地观察他们以获取固定样本组数据。在以前，每项交易都是被独立处理的，不需要追踪每项交易是谁的。但是在时间序列分析中，我们需要一个数据采集系统追踪顾客身份，目的就是将不同时间发生的交易联系起来。例如，超市中传统的扫描仪器可以提供匿名的顾客交易数据，但是这个数据并不是适合时间序列的购物篮分析。为了把时间要素纳入进去，我们需要一个能识别顾客身份的设备，比如，商店的会员卡，在顾客结账时，收银员会先扫描会员卡，然后再扫描购买的商品。

时序关联规则可以看成在传统关联规则的前因与后果之间加入时间因素的一种规则。从理论上来说，我们需要考虑一个给定顾客所进行的所有交易中所有可能的成对组合。所以，我们就得到了所有的"前项目"(在前一个商品中)和"后项目"(在后一个商品中)的组合。因为问题本身的组合特性，维度问题再次出现。例如，对于一个有 100 次交易的顾客，我们需要考虑 450($={}_{100}C_2$)个成对的组合。

减少成对组合数量的一个简单方法是限制时间的取值范围。例如，我们可以只关注"下一次购物"的时序关联，此时只需考虑一个有 100 次交易的顾客的 99 对组合，或者可以将我们的注意集中在从前一个商品的交易时间开始"两个月内"的交易上。

13.5 结论

有一些用来进行购物篮分析的商业数据挖掘软件包。如 Integral Solutions' Clementine(由 SPSS 销售)、Silicon Graphics' MineSet 等，这些软件中都将购物篮分析作为有别于其他数据挖掘产品的特征。那些没有太多统计知识的营销经理可以通过简单的命令就可以实施购物篮分析，在结果的解释上也不会存在太多的困难。

大多数购物篮分析软件的结果或关联规则都是以表格或简单的文字形式给出的，许多软件允许使用者明确选择标准，并按照支持度、信度、增益、前因或后果将得出的关联规则排序。表 13.3 是以紧凑表格的形式展现结果的例子。我们根据表 13.1 中的交易数据应用购物篮分析，选择了增益值大于 1 的关联规则，并将它们按增益大小进行排序。同时我们将关联规则限制到两个项目上。

表 13.3　两个项目的关联规则(表格形式)

前　提	结　果	支持度	信　度	增　益
橙汁	肥皂	0.40	0.67	1.67
橙汁	清洁剂	0.20	0.33	1.67
冰激凌	啤酒	0.40	0.67	1.67
冰激凌	披萨	0.20	0.33	1.67
啤酒	冰激凌	0.40	1.00	1.67
肥皂	橙汁	0.40	1.00	1.67
清洁剂	橙汁	0.20	1.00	1.67
披萨	冰激凌	0.20	0.50	1.25
啤酒	肥皂	0.20	0.50	1.25

一些软件是以文字的形式展示结果的，例如，表 13.3 中的关联规则可以写成如下形式：

- 当一名顾客购买了橙汁之后有 67%的可能性又会购买香皂。这种形式的交易在所有交易中占 40%。[①]
- 当一名顾客购买了橙汁之后有 33%的可能性又会购买清洁剂，这种形式的交易在所有交易中占 20%。
- 当一名顾客购买了冰激凌之后有 67%的可能性又会购买啤酒，这种形式的交易在所有交易中占 40%。

购物篮分析作为一个极具吸引力的数据挖掘工具有以下三个原因。第一，相比于其

① 这段话的意思是"如果橙汁那么香皂"这个关联规则的信度是 67%，支持度是 40%。

他数据挖掘工具，它计算简单。第二，它的输出结果易于理解，因为是以关联规则的形式给出的。第三，可操作性强，营销经理很容易将关联规则转化成具体的营销战略。

购物篮分析尤其适用于那些没有明确目标的营销问题。你可能只有一组庞大的数据(如超市 POS 机里记录的交易数据)，由于你缺乏分析它们的经验，所以并没有明确需要检验的假设。这时，购物篮分析就是一个非常好的间接数据挖掘技术。购物篮分析也可以用于直接数据挖掘任务(Zhang，2000)，但是我们建议当你有了清晰的要检验的假设后还是使用其他更适合的统计工具比较好。

第 14 章

协同过滤

摘要

协同过滤在数据库营销中是一个相对较新的技术，该技术的发展得益于互联网的崛起以及对“推荐引擎”的需求。我们主要讨论两种形式的协同过滤：基于记忆和基于模型。经典的基于记忆的方法可称为“近邻”法，即目标顾客对目标产品的偏好是基于和目标顾客有相似偏好的近邻用户信息来预测的。目前比较流行的方法是基于项目的协同过滤，它也是基于模型的。在基于模型的协同过滤中，目标顾客的偏好是根据那些和目标顾客有同样偏好的用户是否愿意购买目标产品而进行预测的。本章中我们将讨论以上两个方法以及其他一些协同过滤的方法，包括现有问题及其扩展。

14.1 概 述

假设你在录影带出租店租了一张《独立日》的碟片。结账时你会惊奇地发现在收据上列出了另外 10 部影片，而这 10 部影片又恰巧符合你的兴趣。因为出租店具有一个自动协同过滤系统，该系统记录了每位顾客对电影的偏好。系统首先识别出那些喜欢《独立日》的顾客，然后找出这些顾客除了《独立日》之外还喜欢的其他电影。最后，将他们最喜欢的 10 部电影推荐给你。协同过滤系统就像是一个专家或者说是一个朋友，他们会自动为你推荐一组电影。

协同过滤是近几年才发展起来的一种数据挖掘技术。它的主要思想来源于信息过滤领域，最早由 Goldberg 等人(1992)提出。他们的邮件过滤系统叫作 Tapestry，尽管该系统要求用户对项目做出明确的评价并且要回答一些复杂的问题，但它仍然开创了推荐系统研究领域。从那以后，该系统被逐渐改善成为一个自动系统(Resnick et al.，1994)，并且算法也进行了微调(Shardanand，Maes，1995)。近年来，一些网站如 Amazom. com，CD-Now. com，MovieFinder. com 也通过协同过滤系统为顾客提供个性化推荐。协同过滤的应用范围在不断扩大，可以应用到金融服务、旅游公司等。

让我们用电影的例子来进一步解释协同过滤的应用。协同过滤的目的是为每个顾客选择(然后推荐)他们喜欢的一组电影。典型的输入数据是每个顾客对产品的偏好评分。表 14.1 中显示的是一个 $n \cdot m$ 的顾客—项目矩阵(n 个用户，m 个项目)。每一个单元代表顾客对特定产品项目的偏好评分。我们主要的任务就是根据已有的偏好评分预测缺失单元格的偏好评分。例如，Amy 对电影 1，2，4 和 5 进行了评价。那么 Amy 对电影 3 的评价是什么呢？同样，我们也希望预测出其他顾客缺失的评价数据。一旦我们预测出了所有顾客对电影的喜好评价，那么就可以为每个顾客进行电影推荐(例如，为每位顾客推荐3部他们最喜欢的电影)。

表14.1 协同过滤的输入数据

	电影1	电影2	电影3	电影4	电影5
Amy	5	2	—	4	1
Joseph	1	—	1	2	—
Michael	—	4	3	—	5
Jim	3	1	—	1	2
Laura	5	3	4	—	1

14.2 基于记忆的方法

协同过滤中有很多不同的算法,但是总体来说可以分为两类:基于记忆和基于模型的协同过滤算法(Sarwar et al.,2001)。基于记忆的方法也被称为近邻法、基于用户或启发式方法,其目的是寻找那些与目标用户有相似偏好的一组用户。一旦近邻用户被确定,该方法通过分析他们的偏好从而预测目标用户的偏好。另一方面,基于模型的方法首先会开发一个用户评价模型。它们通常使用概率的方法并且计算目标用户的期望偏好。本节我们将讨论基于记忆的协同过滤,在下节讨论基于模型的协同过滤。

基于记忆的方法是根据已观测的用户的偏好来预测活跃用户或目标用户的未观测到的偏好。设 $r_{i,j}$ 代表用户 i 对产品 j 的偏好程度(表14.1中为第 i 行,第 j 列的单元格的值)。该方法通过以下公式预测目标用户 a 对产品 $j(\hat{r}_{a,j})$ 的偏好程度:

$$\hat{r}_{a,j} = \bar{r}_a + \tau \sum_{i=1}^{n} S_{a,i}(r_{i,j} - \bar{r}_i) \tag{14.1}$$

其中,$\bar{r}_i$ 为用户 i 的偏好评分均值;$\bar{r}_a$ 为活跃用户的偏好评分均值;$S_{a,i}$ 为用户 a 和用户 i 之间的相似性;τ 为正态常数以便 $\sum_{i=1}^{n}|S_{a,i}|$ 等于1。偏好得分的均值根据用户对一组项目的已有的评价计算而得。应该注意的是,这种计算只能应用于对产品 j 进行过偏好评分的用户。例如,为了预测用户 a 对《独立日》这个影片的偏好,我们只考虑那些对《独立日》这个影片进行了评价的用户。

式(14.1)中的预测评分包含两个部分:活跃用户自己的喜好评分均值和数据库中的其他用户已观测到的评分。如果没有其他用户的评分数据,那么对 $\hat{r}_{a,j}$ 最佳的预测值是用户之前对其他产品偏好评分的一个均值。协同过滤的魅力在于它可以通过纳入其他用户的意见进而提高预测准确性。看过电影 j 的用户 i 会对 j 有一个偏好评分,即 $r_{i,j}$。所以他的相对偏好就是 $(r_{i,j}-\bar{r}_i)$。这可能预示着活跃用户对电影 j 的评分也会比他的均值高。但是这取决于活跃用户和用户 i 是否有相似的偏好。这由两者之间的偏好相似性进行测量,即 $S_{a,i}$,它可能是正向的(活跃用户和用户 i 倾向于喜欢相同的电影),也可能是负向的(活跃用户和用户 i 对电影具有相反的偏好)。

对影片 j 进行评分的所有用户的相对评分会被用来预测 $\hat{r}_{a,j}$，但是每个用户的贡献($S_{a,i}$)是不同的。与活跃用户相似的其他用户会被赋予更大的权重。如果其他用户和活跃用户不是那么相似，那么他们的意见就不那么重要。总之，预测的评分是该用户偏好评分的均值加上其他用户相对偏好的加权和。这里权重由其他每个用户与活跃用户之间的相似程度决定。

我们之所以使用相对偏好而非绝对偏好，是因为不同用户评分分布会集中在不同的点上(Herlocker et al.，1999)。Herlocker 等人发现使用相对偏好方法比使用绝对偏好能提供更好的预测结果。在一个 5 级评分量表中，一些用户倾向使用 3～5 进行评价，而另一些倾向使用 1～3。如果一个用户对所有影片都给予了相同的评分，那么他/她的评分分布就不能为活跃用户的评分预测提供任何信息。

更进一步，Herlocker 等人(1999)也试图将用户评分分布之间的差异纳入分析。原始评分就被转化为均值为 0 方差为 1 的 Z 分数。然而，该方法的表现并不会显著优于相对偏好方法。他们的结论是用户评分分布之间的方差差异并不能影响预测结果，而均值差异却能。

14.2.1 计算用户之间的相似性

用户之间的相似性，$S_{a,i}$ 在近邻协同过滤中是最重要的一个概念。本节我们主要基于 Breese 等人(1998)和 Herlocker 等人(1999)的工作，回顾几种相似性的测量方法以及在协同过滤中应用时进行的一些修改。

1. 相似性测量

研究人员提出了很多标准来测量用户之间的相似性或距离。我们讨论三种相似性测量标准，皮尔森相关系数、斯皮尔曼秩相关系数以及余弦向量相似性。其他相似性测量标准还有熵不确定性(entropy-based uncertainty)和均方差距(mean-square difference)，但是这些都不如皮尔森相关系数好(Herlocker et al.，1999)。

1) 皮尔森相关系数

使用最广泛的相似性测量标准就是 GroupLens 在他的近邻算法中首次提出的皮尔森相关系数(Resnick et al.，1994)。活跃用户 a 和用户 i 之间的皮尔森相关系数为

$$S_{a,i}=\frac{\sum_j (r_{a,j}-\bar{r}_a)(r_{i,j}-\bar{r}_i)}{\sqrt{\sum_j (r_{a,j}-\bar{r}_a)^2 \sum_j (r_{i,j}-\bar{r}_i)^2}} \tag{14.2}$$

需要注意的是，这里相关系数的计算是基于两个用户都评价过的项目。因此，如果只有少量有共同评价的项目，那么这些相关系数有可能是不可靠的。

Shardanand 和 Maes(1995)提出了如下具有约束的皮尔森相关系数作为相似性的测量标准。他们认为该形式的测量表现更好：

$$S_{a,i}=\frac{\sum_j (r_{a,j}-4)(r_{i,j}-4)}{\sqrt{\sum_j (r_{a,j}-\bar{r}_a)^2 \sum_j (r_{i,j}-\bar{r}_i)^2}} \tag{14.3}$$

之所以使用 4 是因为 4 是七级评分量表的中点。然而，并没有让人信服的理论表明为什么 4 会比评分均值好。

2）斯皮尔曼秩相关系数

Herlocker 等人(1999)认为皮尔森相关系数需要极为严格的数据假设。因此，他提出了斯皮尔曼秩相关系数作为相似性的另一个测量标准。皮尔森相关系数是否可以投射在回归框架中依赖于几个假设。这些假设包括变量之间的关系是线性的并且误差分布的均值为 0，方差为常数。协同过滤数据常常不符合这些假设。而斯皮尔曼秩相关系数不依赖于这些模型假设。他与皮尔森相关系数唯一的不同之处就是皮尔森相关系数计算的是评分值之间的相关性，而斯皮尔曼秩相关系数计算的是秩排序之间的相关性。两个系数之间并未观测到显著的差异(Herlocker et al.，1999)，但是作者们建议对于有少量离散值的评分量表使用斯皮尔曼秩相关系数，对于有连续值的评分量表使用皮尔森相关系数。

3）(余弦)向量相似性

参考文献中的思想，Breese 等人(1998)提出了余弦向量相似性测量方法。在信息检索中，词频向量描述了每篇文档的特点，两个词频向量之间的角度测量了两篇文档的相似性。同理，活跃用户 a 和其他用户 i 之间的相似性可以定义为

$$S_{a,i} = \cos(r_a, r_i) = \frac{r_a \cdot r_i}{\|r_a\| \|r_i\|} \tag{14.4}$$

其中，$r_a = (r_{a,1}, r_{a,2}, \cdots, r_{a,J})$，$r_i = (r_{i,1}, r_{i,2}, \cdots, r_{i,J})$，$r_a \cdot r_i = \sum_{j=1}^{J} r_{a,j} r_{i,j}$，$\|r_a\| = \sqrt{\sum_{j=1}^{J} r_{a,j}^2}$，$\|r_i\| = \sqrt{\sum_{j=1}^{J} r_{i,j}^2}$。注意角度的计算是基于其他用户和活跃用户都评价过的产品。因为该方法来自信息检索，评分在 0 以下和未评分的项目在这里都取 0 值。

余弦向量相似性在数学上与皮尔森系数是相似的。不同的是，皮尔森相关系数考虑了不同用户之间评分的差异(如 $\bar{r}_i$ 和 $\bar{r}_a$，见式(14.2))，而余弦向量相似性则没有。尽管余弦向量相似性在信息检索领域取得了成功，但是在协同过滤中它不如皮尔森相关系数表现好。

2. 显著性权重

所有的相似性测量标准都有一个共同的问题，就是它们都没考虑相似测量标准的显著性(或置信度)，如果两个用户之间的相关系数是 0.9，是否就意味着二者非常相似？这取决于系数的置信度，如果 0.9 是基于 100 个共同评价的项目计算的，那么我们信任该系数并且认为两个用户之间的偏好是十分相似的。然而，如果 0.9 是基于 5 个共同评价的项目计算的，那么就需要保留我们的结论。因为我们并不确定 0.9 是真实的系数还是一个偶然的结果。换句话说，我们要认识到真实的相似性系数是一个未知的参数。因为计算出来的系数是真实相似性的估计值，所以知道估计的置信度是非常重要的。

Herlocker 等人(1999)发现和活跃用户关系非常密切的用户，他们在预测活跃用户的偏好评分时表现不佳。那些很高的相关系数(与之相关的预测效果很糟)通常是基于很小的样本量计算出来的(通常是 3～5 个共同评分的项目)。为了提高预测精度，计算相关系数时应该考虑权重，这样那些小样本相关系数就可以通过权重的调整而降低。打个比方，如果用户共同评价的项目少于 50 个，Herlocker 等人会将初始相关系数乘以 $n/50$ 的

显著性权重，其中 n 为共同评价的项目个数。对于项目大于 50 的情况，一律使用权重 1。作者发现无论是使用皮尔森相关系数还是斯皮尔曼秩相关系数，应用了显著性权重都会提高预测精度（Herlocker et al.，1999）。但是，在该方法中，他们并未提供任何的理论证明为什么选择 50 而不是 10 或 100 作为分界。

3. 方差权重

到目前为止，我们讨论的相似性测量都是假设对所有项目的评分在预测活跃用户的偏好时具有相同的信息价值。然而，研究人员意识到在确认用户之间的相似性时某些特定项目上的偏好评分会比其他项目更加重要（Breese et al.，1998；Herlocker et al.，1999）。例如，所有用户都高度评价或都不喜欢的一个项目，那么在区分不同用户时这个项目就不是一个有用的信息。另一方面，如果有 50%的用户都积极评价一个项目，而另外的 50%都消极地评价这个项目，那么我们就可以从这个项目上了解很多相关用户之间相似性的信息。

为了区别对待每个项目评分的信息价值，Herlocker 等人（1999）提出了将方差权重因素加入皮尔森相关系数的计算中。具体地说，首先将每个评分进行标准化，使其均值为 0，方差为 1。这样式（14.2）就可以写成：

$$S_{a,i} = \sum_{j=1}^{J} z_{a,j}\, z_{i,j} / J \tag{14.5}$$

其中，$z_{a,j} = (r_{a,j} - \bar{r}_a)/\sigma_a$，$z_{i,j} = (r_{i,j} - \bar{r}_i)/\sigma_i$，$J$ 为共同评价的项目的数量。现在我们将方差权重因素加入式（14.5）中，标准化后的皮尔森相关系数为

$$S_{a,i} = \sum_{j=1}^{J} v_j\, z_{a,j}\, z_{i,j} \Big/ \sum_{j=1}^{J} v_j \tag{14.6}$$

其中，$v_j = (\sigma_j^2 - \sigma_{\min}^2)/\sigma_{\max}^2$，$\sigma_j^2 = \sum_{i=1}^{n} (r_{i,j} - \bar{r}_j)^2/(n-1)$，$\sigma_{\min}^2$ 和$\sigma_{\max}^2$ 是所有项目中的方差的最大值和最小值。直觉上来说，在相似性计算中加入方差因素似乎是有道理的，但是该方法并未使预测精度有显著提高（Herlocker et al.，1999）。

4. 选择近邻

Shardanand 和 Maes（1995）发现只选择一部分用户（而不是所有用户）可以改善协同过滤的预测效果。当使用大量相关系数（或相似性）非常低的用户时，会产生比较大的噪声，而不会为预测活跃用户的偏好评分提供额外的信息。因此，他们设立了一个绝对相关系数阈值，这样只有那些超过阈值的用户才会被选择到式（14.1）中进行计算。另一个选择带有高信息价值用户的方法是选择与活跃用户高度相关的 n 个用户，而这里的 n 由分析人员确定（Herlcoker et al.，1999）。

如何选择一个恰当的相关性阈值或最佳近邻 n 值？如果相关性阈值设定过高或近邻 n 值过小，那么可以使你只选择那些高度相关的用户。然而，此时由于没有充足的近邻可供参考，所以得出的预测不太准确。或许这个数值只能根据特定的研究通过实证方法来确定。Herlocker 等人（1999）比较了不同阈值和近邻 n 值的组合，他们发现当 $n=20$ 时，整体效果是最好的。将相关性阈值加到近邻 n 值方法中并不能提高近邻 n 值方法的效果。

14.2.2 评价标准

有关协同过滤的研究用三个标准来评价特种算法的效果：覆盖率、统计的准确性以及决策支持的准确性(Sarwar et al.,1998)。

1. 覆盖率

覆盖率测量的是协同过滤算法能够为多大比例的项目提供预测。因为我们评价的是协同过滤算法，所以对目标用户的商品预测应该由包含在覆盖范围内的其他用户的评分决定。我们不期望100%的覆盖率，因为可能存在某个特定的项目没有任何人对其进行评价，对于那些没有与活跃用户评价相同项目的用户，其相似性也无法计算。如上文提到的，应用相关阈值法或最佳 n 相关法会降低覆盖率。

2. 统计准确性

统计准确性测量的是预测值与真实值之间的差距。指标包括平均绝对误差，均方根误差和皮尔森相关系数。更多细节详见第11章。

3. 决策支持准确性

决策支持准确性测量的是预测在多大程度上能提高一个用户在众多项目中选择出自己喜欢的项目的能力。用户的决策在很多情况下都是一个二元过程。例如，一个影迷是否会观看电影 *Martix*，一个网络购物者是否会在亚马逊买书。然而，正如表14.1显示的，输入数据和相应的预测值都是从1～5的评分，所以我们需要将评分数据转换成二进制的变量(0/1)。假设，一个影迷观看电影并且对其评分大于等于4，那么得分为4和5的电影就被转化为1，其他的转化为0。我们将介绍两个最主要的决策支持准确性测量的标准。

1) ROC敏感度

ROC(Receiver Operating Characteristic)曲线的概念来源于信号检测领域，用以测量模型的诊断能力(Swets,1988;见11章)。为了进一步理解这个概念，让我们以表14.2的2×2列联表为例进行说明。一个诊断系统(或模型)的目的是寻找一个待定事件的"信号"并且忽略其他的事件，这里称为"噪声"。事件可以是"积极"的，也可以是"消极"的，并且相应的诊断也是积极或消极。在两种情况下诊断是正确的，就是表14.2中的"正确—积极"和"正确—消极"。另外两种情况是错误的，即"错误—积极"和"错误—消极"。

表14.2 真实事件与诊断结果：ROC曲线的基础

		事件		
		积极	消极	
诊断	积极	正确—积极(a)	错误—积极(b)	$a+b$
	消极	错误—消极(c)	正确—消极(d)	$c+d$
		$a+c$	$b+d$	$a+b+c+d-N$

正确—积极的比例a/(a+c)和错误—消极的比例b/(b+d)，包含了所有关于模型准

确性的相关信息。这两部分的比例通常被称为"命中率"和"错误警报"[①]。一个好的诊断模型应该是命中率多而错误警报少。

ROC 曲线刻画了各种决策标准的命中率和错误警报的比例(见图 14.1)。回到电影推荐的例子,假设我们把评分阈值设置得很高,比如 4.9。如果预测的偏好评分比 4.9 高那么就推荐该电影,否则不推荐。给定评分阈值,我们可以在对整个数据库应用过滤算法后列出 2×2 的列联表。表中命中率和错误警报的比例将成为模型的 ROC 曲线的一个点。现在我们把评分阈值设置得低一点,比如 4.8。然后再画 ROC 曲线的一个点。改变评分阈值,一直到 0,这样就完成了整条 ROC 曲线。

需要注意,一个特定模型的 ROC 曲线被刻画为模型中一个关键决策标准或参数的函数,比如分界点。模型的表现(或价值)由 ROC 曲线下方的面积表示,面积值在 0.5~1 之间变化。图 14.1 的主对角线代表面积为 0.5 的情况,此时命中率和错误警报的比例是相等的。随机分配的情况就是 0.5。另外,当曲线的左侧和上半轴的面积为 1 时,该模型是完美模型。这时没有错误警报,100%的命中率。而现实中的模型是在两者之间。曲线下方的面积随着模型命中率的增加以及错误警报的减少而增加。

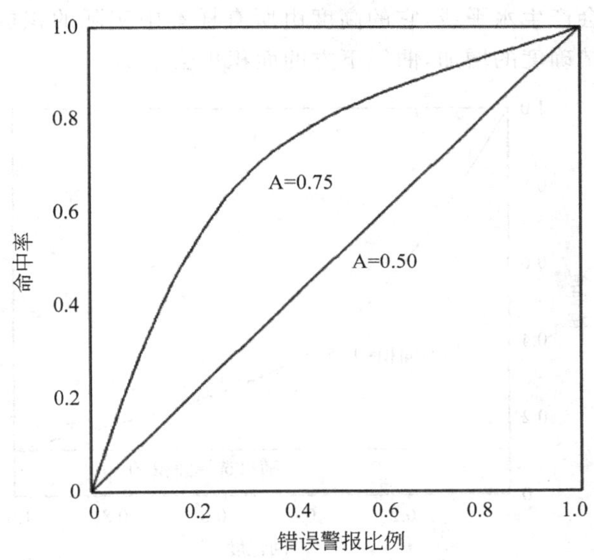

图 14.1 ROC 曲线(资料来源:Swets,1998.)

2) PRC 敏感度

假设一个电影预测模型向你推荐了 100 部电影,但是你喜欢其中的 50 部,另一个预测模型向你推荐了 200 部电影,而你喜欢其中的 80 部。哪一个预测模型比较好呢?信息检索领域的研究人员开发了决策支持准确性测量标准——精确度和回忆度——来评价模

① 正确—积极比例也叫作"敏感度",是随机选择的一个积极事件被一个模型评价为积极事件的概率。此外,正确—消极比例也称为特异性,即随机选择的一个消极事件被一个模型评价为消极事件的概率,此时,错误—积极比例就是 1-特异性。

型在上述情况下的表现。

回忆度与正确—积极比例或 ROC 中命中率的比例是一样的[如表 14.2 中 $a/(a+c)$]。精确度是正确—积极的数量除以由模型诊断出来的所有积极的数量[如表 14.2 中的 $a/(a+b)$]。因此，精确度预示了系统的选择性，回忆度预示系统挖掘有价值的信息的完备性(Salton, McGill, 1983)。例如，假设在电影数据库中一个用户喜欢的电影有 500 部($a+c=500$)。一个模型推荐了 100 部给用户，而该用户只喜欢其中的 50 部($a+b=100$ 并且 $a=50$)，那么 $b=50$，$c=450$。所以，精确度就是 0.5(50/100)，回忆度是 0.1(50/500)。

PRC(precision-recall curve)刻画的是各种决策标准的回忆度与精确度之间的关系。与 ROC 曲线类似，我们首先确定一个较高的评分阈值，比如 4.5。给定这个阈值，我们可以创建一个 2×2 的列联表，计算回忆度和精确度，然后画在 PRC 曲线上。逐渐降低评分阈值，一直到 0，我们就完成了整个 PRC 曲线。

给定回忆度水平，我们希望精确度越高越好，所以，PRC 曲线下方的面积测量的是模型的表现情况(或价值)。PRC 曲线与 ROC 曲线因为 x 轴不同而有所不同，如图 14.2 所示。其面积值在 0～1 变化。完美模型的面积值为 1，其对所有的回忆值都有 100%的精确度。随机地选择会产生水平线，它的高度由所有样本中实际的积极比例决定。随着模型在给定回忆度下精确度的增加，曲线下方的面积也会增加。

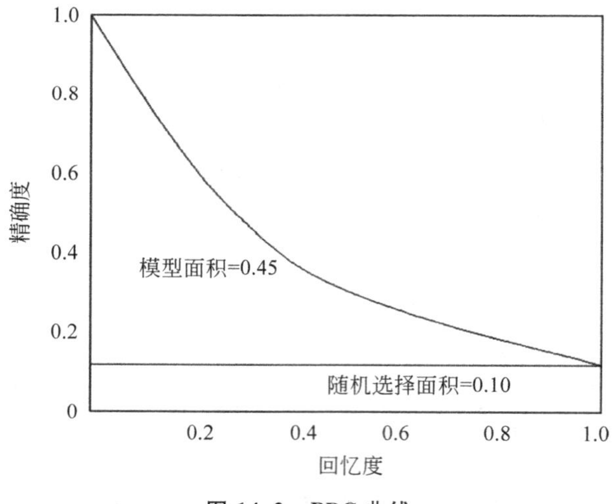

图 14.2 PRC 曲线

14.3 基于模型的方法

基于记忆的协同过滤法因其易实施而在实践中被广泛使用。然而，该方法却存在一些局限(Ansari et al., 2000; Sarwar et al., 2001)。首先，当数据比较稀疏时，预测的精度会很差。许多电子商务网站如亚马逊，销售很多产品。即便是那些重度用户，其购买的产品也不超过所有产品数量的 1%。由于较低的覆盖率，用户之间的相似性(或相关性)是不可靠的，有时甚至无法计算。其次，基于记忆方法所需的计算量会随着用户数量和产品数量的增加而增多。该方法在遇到数以百万计的顾客和产品时会遭遇严重的可扩展性问题。而基于模型的方法致力于克服基于记忆推荐算法的局限。

14.3.1 聚类模型

聚类模型将推荐问题看作是一个分类任务，它可以识别出具有相似偏好的用户组(Iacobucci et al.,2000)。每个细分组是根据聚类算法得到的，在该算法中聚类变量和项目数量是相等的。当项目数量过大时，我们建议只使用被一小部分用户(或购买者)评分(或购买)的项目。一旦细分组确定后，聚类模型就会把一个目标用户分到与其最相似的细分组。一些聚类算法把目标用户归到多个细分组，然后计算它在每个细分组中作为成员的强度。那么目标用户的预测偏好就可以由它所在的细分组的其他用户的偏好求平均而得到。

聚类模型能够克服基于记忆方法的扩展性问题，是因为它将目标用户与数量较少的细分组而不是整个用户群进行比较。但是，聚类模型提供的推荐不如记忆法提供的更具个性化。因此，聚类模型的预测质量比较低(Sarwarw et al.,2001;Linden et al.,2003)。聚类模型法之所以克服了扩展性问题，是因为它将大量用户归类到数量较少的细分组中，并且在预测中将同一细分组中的所有顾客看作相同的。增加细分组的数量可以提高预测的质量，但是随之而来的就是扩展性问题。

14.3.2 基于项目的协同过滤

与基于记忆的协同过滤将目标用户与相似用户进行匹配的方式不同，基于项目的协同过滤考虑的是目标用户评价过的一组项目，计算它们与目标项目的相似程度，然后用这些相似的项目进行预测(Sarwar et al.,2001;Linden et al.,2003)。也就是说，基于项目的方法分为两步：项目相似性计算和预测计算。

基于项目的协同过滤最重要的一步就是计算项目之间的相似性以及选择与目标项目最相似的项目。项目 i 和 j ($S_{i,j}$)的相似性由对它们都进行评分的用户计算而得。按照表 14.1 给出的数据，基于项目的协同过滤计算电影(或列)间的相似性，而基于记忆的协同过滤计算用户(或行)之间的相似性。有很多方法可以测量项目间的相似性。这里我们介绍两种最常用的标准：皮尔森相关系数和余弦向量相似性。

$$S_{i,j}=\frac{\sum_{u\in U}(r_{u,i}-\bar{r}_i)(r_{u,j}-\bar{r}_j)}{\sqrt{\sum_{u\in U}(r_{u,i}-\bar{r}_i)^2\sum_{u\in U}(r_{u,j}-\bar{r}_j)^2}} \tag{14.6a}$$

$$S_{i,j}=\cos(\boldsymbol{r}_i,\boldsymbol{r}_j)=\frac{\boldsymbol{r}_i\cdot\boldsymbol{r}_j}{\|\boldsymbol{r}_i\|\,\|\boldsymbol{r}_j\|} \tag{14.6b}$$

在式(14.6a)中，U 为对项目 i 和 j 都进行了评分的用户集；$r_{u,i}$ 为用户 u 对项目 i 的评分；$\bar{r}_i$ 为属于集合 U 的所有用户对项目 i 评分的均值。公式(14.6b)中，

$$r_i=(r_{1,i},r_{2,i},\cdots,r_{U,i}),\quad r_j=(r_{1,j},r_{2,j},\cdots,r_{U,j}),$$

$$\boldsymbol{r}_i\cdot\boldsymbol{r}_j=\sum_{u=1}^{U}r_{u,i}r_{u,j},\quad \|\boldsymbol{r}_i\|=\sqrt{\sum_{u=1}^{U}r_{u,i}^2},\quad \|\boldsymbol{r}_j\|=\sqrt{\sum_{u=1}^{U}r_{u,j}^2}$$

一旦计算出项目间的相似性后，我们就可以预测目标用户 u 对项目 j 的评分，该预测评分由用户对与项目 j 相似的项目的评分加权求和获得。项目 i 和 j 之间的相似性($S_{i,j}$)由皮尔森相关系数或余弦向量相似性进行测量。也就是说，目标用户 u 对项目 j 的预测评分($\hat{r}_{u,i}$)可以写为

$$\hat{r}_{u,i} = \bar{r}_u + \sum_{i=1}^{I} w_{i,j}(r_{u,i} - \bar{r}_u) \tag{14.7}$$

在式(14.7)中，$\bar{r}_u$ 为目标用户 u 对他 / 她评价的所有 I 个产品的评分的均值，$w_{i,j} = s_{i,j} \Big/ \left| \sum_i s_{i,j} \right|$ 为项目 i 和项目 j 的加权相似性。因此，如果用户对其他项目的评分较高并且与项目 j 正相关，那么该用户对项目 j 的评分会有一个较高的预测值。此外，相似性会由绝对相似总和进行评定(如 $w_{i,j}$)，以保证预测的评分在预定的范围内。

Sarwar 等人(2001)指出基于项目的协同过滤比基于记忆的协同过滤对所有稀疏水平的数据都能提供更好的预测，但是两者之间的差异并不是很大。此外，由于项目—相似性矩阵比较稳定并且可以线下创建，即便针对较大的数据集其线上推荐也比较快。它的线上预测速度并不依赖于用户的总数，只依赖于目标用户已经评价了多少项目。总之，基于项目的协同过滤克服了基于记忆的协同过滤在线上应用时经常面临的两个问题(数据稀疏和可扩展性)。

14.3.3 Chien & George 的贝叶斯混合模型(1999)

Chien 和 George(1999)首先提出可以将基于模型的协同过滤方法建立在贝叶斯混合模型的基础上。他们指出当来自一对用户的共同评分的项目数量非常少时(例如，稀疏数据问题)，基于记忆的方法存在局限。这将使极少量的共同评分项目的相似性得分很高(但不可靠)。之前讨论的显著性加权可能会缓解这一问题，但仍然不够。而且，基于记忆的协同过滤并不是基于一个统计模型，所以我们并不能从统计上评价预测值的不确定性程度。

贝叶斯混合模型假设那些倾向于给出相似的评价的用户有相同的评分概率分布。也就是说，用户可以根据共同评分的概率结构被分为几个子群。缺失评分的预测可以由分组的后验概率分布和相关的评分概率确定。混合搜索算法的 Markov Chain Monte Carlo (MCMC)方法可以用来进行参数估计，并获得缺失评分的预测值。Chien & George (1999)的研究结果显示，他们的模型无论是在两个模拟数据集还是在一个真实数据集的情况下，都好于基于记忆的方法。这里我们不做详细介绍，因为下面介绍的分层贝叶斯模型，与它有很多重合的地方并且应用性更强。

14.3.4 Ansari 等的分层贝叶斯模型(2000)

Ansari 等人(2001)提出了一个分层贝叶斯模型，可以用来有效预测缺失评分。他们采取回归方式，把顾客(或项目)的评分构建为项目属性、顾客特征和专家评价的函数。他们的模型也解释了在顾客偏好和产品外观结构上未观测到的异质性来源。具体地说，顾客 i 对产品 j 的评分可以写为

$$r_{ij} = x'_{ij}\mu + z'_i\gamma_j + w'_j\lambda_i + e_{ij}$$

$$e_{ij} \sim N(0,\sigma^2), \quad \lambda_i \sim N(\mathbf{0},\boldsymbol{\Lambda}), \quad \gamma_j \sim N(\mathbf{0},\boldsymbol{\Gamma}) \tag{14.8}$$

在公式(14.8)中，向量 $\boldsymbol{x}_{ij}$ 包含所有观测到的产品属性、顾客特征和它们的交互作用。向量 z_i 包含顾客 i 的个人特征，向量 $\boldsymbol{w}_j$ 代表产品 j 的产品属性，随机作用λ_i解释了未观测到的顾客异质性来源和它在模型中与观测到的产品属性存在交互作用。与之相似，随机作用λ_i代表了产品属性未观测到的来源，它在模型中与观测到的顾客特征存在交互作用。方差—协方差矩阵$\boldsymbol{\Lambda}$和$\boldsymbol{\Gamma}$分别提供了有关未观测到的顾客特征和产品属性异质性程度的信息。

Ansari 等人(2000)将他们的模型应用于 EachMovie 数据，这是一个被协同过滤研究者广泛使用的电影评分数据库。模型参数用 MCMC 方法进行估计。估计结果提供了一些有意义的结论。首先，式(14.8)的全模型，只包含用户异质性的模型、只包含产品异质性的模型、不带任何异质性的模型。结果发现全模型在很多方面都要优于其他三个模型。他们因此得出结论，同时考虑顾客和产品的异质性很重要。此外，解释顾客异质性比解释产品异质性更重要。其次，他们将分层贝叶斯模型与基于记忆的协同过滤法进行比较，结果显示他们的模型在评分预测上总体表现更好。

Ansari 等人的方法在协同过滤研究中的主要贡献是为我们提供了一个正式的统计方法。与基于记忆的方法不同，他们的模型可以根据相应的后验分布获得评分预测准确性的信息。此外，他们的模型甚至可以用于产品的评分或偏好数据不存在的情形中。例如，该模型可以基于新电影的属性数据和顾客特征数据(式(14.8)中的 x，z 和 w)为一个新上映的电影提供评价预测。相比于 Chien 和 George 的贝叶斯混合方法，该模型也有一些优点。Ansari 等人的模型明确地加入了解释变量(如顾客特征和项目属性)，这样就可以解释为什么顾客喜欢或不喜欢一件产品。最后，Chien 和 George 的贝叶斯混合模型假设在给定的细分组里所有顾客具有相同的偏好结构。在实践中这个假设可能会受到限制，并且有大量的参数需要被估计。另一方面，Ansari 等人的模型却加入了连续异质性，这样每个顾客都有他自己独特的偏好集合。

14.4 协同过滤存在的问题

在过去的 10 年里，很多研究人员对协同过滤算法不断进行改进。而且，该算法也已经被很多网站用于商业用途。但是，我们仍然有一些实际的和理论的问题需要解决。

14.4.1 将基于内容的信息过滤与协同过滤结合起来

如前所述，协同过滤的目的是为了进行准确而有效的推荐，换句话说就是一个推荐“引擎”。还有一个替代方法也可以达到相同的目的，这就是基于内容的信息过滤。每个方法都有自己的优缺点。本节我们简要讨论基于内容的信息过滤方法，并且介绍一些近年开发出的可以将此方法与协同过滤结合到一起的技术。

1. 基于内容的信息过滤

基于内容的信息过滤通过分析用户过去喜欢的项目的内容来为他们进行推荐(Balabanovic & Shoham，1997)。它的前提假设是项目的内容决定了用户的偏好(Balahanovic，1997)。在协同过滤中，我们用其他用户已观测到的偏好信息来推断活跃用户的项目偏好。然而，在基于内容的信息过滤中，我们并未使用其他用户的偏好信息。相反，预测只依赖于项目本身的内容信息和活跃用户的历史偏好信息。[①]

基于内容的方法被广泛使用。邮件过滤软件根据发送者和邮件的标题将邮件分成不同的组。新产品通知服务会根据用户喜欢的作者或艺术家来宣传一本新书或新唱片(Schafer et al.，1999)。像雅虎这样的搜索引擎会基于用户提供的关键词向其推荐相关的文本信息(Ansari et al.，2000)。

为了说明基于内容的过滤方法的主要思想，我们将一个项目定义为向量 $X=(x_1,\cdots,x_K)$，其中 x_i 为项目的内容或属性。例如，这个项目可以是一部名为 *Matrix* 的电影，它的内容就是这个电影的类型、主要演员、导演等。活跃用户会评价一组项目，这样我们就可以观测到他们的偏好评分以及项目的内容。对于每个用户，已评价的项目会被用作内容过滤的估计样本。也就是说，对每个用户我们会估计一个回归模型 $r=f(x_1,\cdots,x_K)$，r 为产品评分。一旦模型估计出来，我们就可以预测活跃用户对缺失项目的偏好评分。

2. 联合技术

当其他用户对于新产品的评价信息无法获得时，基于内容的过滤方法是一个相当有效的推荐工具。然而，它也存在一定的局限性(Sarwar et al.，1998；Good et al.，1999)。首先，由于它只考虑了预先设定的项目内容，所以难免会提供一些较差的推荐。如果两个项目有相同的内容，那么就会预测它们有相同的评分。其次，它倾向于把推荐的范围限制到消费者已经评价过的相似项目中(Balabanovic & Shoham，1997)。

相反，协同过滤通过让消费者分享他们对项目的意见和经验而克服了基于内容的过滤方法存在的缺陷(Herlocker et al.，1999)。协同过滤推荐相似消费者喜欢的项目。它自动实现了消费者之间的口碑传播过程。然而，它也有自己的局限性。首先，当评价者/用户的数量相对整个系统的信息量来说比较少时，协同过滤并不能很好地发挥作用。也就是说，在预测一些不受欢迎的项目的评分时很难找到相似的用户。其次，当数据库中出现一个新产品时，就会发生早期评估者问题。因为新产品还没有任何用户对其进行评价，所以协同过滤不能提供任何预测信息。

认识到基于内容的过滤系统和协同过滤系统在推荐产品时都有各自的优势和劣势，所以研究人员试图开发出将二者结合起来的混合模型(Balabanovie，1997；Balabanovic & Shoham，1997；Basu et al.，1998；Sarwar et al.，1998；Good et al.，1999；Herlocker et al.，1999；Kim & Kim，2001)。他们指出，这些混合模型具有协同过滤和基于内容过滤两者的优点，而且比单独的模型表现要更好。以下我们介绍 Kim & Kim(2001)的混合模型。

3. Kim & Kim 的混合模型(2001)

Kim & Kim(2001)采用一种统计上比其他结合方法更正式的方式，开发了一个混合推荐系统，该系统结合了基于内容和协同过滤两种系统。他们的出发点是首先通过回归的方式提取产品项目的内容成分，然后再对未能运用该内容回归方法解释的消费者偏好

---

① 由 Ansari 等人(2000)提出的分层贝叶斯方法是将顾客的评分看成产品属性的函数，因此可以被看作基于内容的方法，然而，在 Ansari 模型中顾客评分不仅依赖于产品属性，也依赖于顾客特征和专家评价。这是将基于内容的方法和协同过滤法结合起来的一个混合方法。

使用协同过滤。具体地说，作者用一个简单的回归提取项目属性，然后根据相似消费者与回归预测值是否有正向或负向的误差而做出向上或向下的调整。

1）算法

该算法包括六个步骤。步骤 1，系统需要确定一组刻画项目的内容特征。拿电影迷的例子来说，核心特征包括电影的类型、导演、制片人、主演等。步骤 2，识别产品特征与偏好评分之间的关系。对每个用户可以写出一个回归方程：

$$r_{aj} = \beta_{0a} + \beta_{1a} X_{1aj} + \cdots + \beta_{ai} X_{Kaj} + \varepsilon_{aj} \tag{14.9}$$

其中，r_{aj} 为活跃用户 a 对产品 j 的偏好评价；K 为产品特征的个数；X_{1aj} 为活跃用户 a 对产品 j 的第一个特征的价值评估。式(14.9)中待估计参数(或 β 值)测量了每个特征在决定用户偏好时的重要性。根据估计，该模型能够预测活跃 a 对用户未评价的项目的偏好。仍以表 14.1 中的电影数据为例说明，将已观测到的 Amy 的电影偏好作为因变量，相应的电影特征作为自变量，进行回归分析。给定电影 3 的特征，估计出来模型就能为 Amy 未进行评价的电影 3 给出一个预测的偏好评分。

步骤 1 和步骤 2 其实就是基于内容的过滤。只有项目的内容被用来预测用户的偏好。基于内容的过滤不能解释除特征以外的其他任何信息。例如，一个用户可能对两个有相同特征的电影给出不同的评价。除了已知的项目特征，还有许多其他的因素会影响偏好评分。用户评分中未能解释的因素将由下面几个步骤解决。

步骤 3 和步骤 4 用来获得预测误差矩阵。预测误差($\varepsilon_{aj} = r_{aj} - \hat{r}_{aj}$)是用户 a 对电影 j 的真实评价和预测评价之间的差异。换句话说，预测误差是回归模型里的残差或者说是未被模型解释的偏好。观测到的项目和缺失的项目的评价预测，但是缺失项目的预测误差无法计算。因此，预测误差矩阵中会包含一组缺失值。

步骤 5 是对预测误差矩阵应用协同过滤技术，Kim &Kim(2001)运用典型的近邻算法来计算缺失单元的值。因此，活跃用户 t 对产品 j 的评价预测(e_{tj})为

$$e_{aj} = \bar{\varepsilon}_a + \tau \sum_{i=1}^{n} s_{a,i} (\varepsilon_{i,j} - \bar{\varepsilon}_i) \tag{14.10}$$

其中，n 为在预测误差矩阵中评价了产品 j 的用户数量；权重 $s_{a,i}$ 为用户 i 和活跃用户 a 之间的(误差)相似性；τ 为标准化因子，它使得权重绝对值的总和为 1。

最后一步是加总步骤 3 和步骤 5 的输出结果。对于缺失单元，步骤 3 中的内容过滤中提供了$\hat{r}_{aj}$，而步骤 5 的协同过滤产生了 e_{aj}。活跃用户 a 对产品 j 的评价预测是这两个数的和。以下总结一下这个算法的步骤。[①]

步骤 1，确定一组刻画项目的内容特征。

步骤 2，对每个用户拟合(特征)回归方程。

步骤 3，计算所有用户和项目的预测值。

步骤 4，推导出预测误差矩阵。

步骤 5，对误差矩阵应用协同过滤。

---

① Kim &Kim(2001)提出的混合模型与 Ansari 等人(2000)提出的分层贝叶斯模型有一个相同的目的，就是将基于内容的过滤和协同过滤结合起来，Ansari 等人的方法在统计上更严格，但是，Kim &Kim 的方法实施起来更容易。

步骤6,将步骤3和步骤5的结果加总。

2) 模型表现

将Kim &Kim的混合模型应用于电影评价数据。将其他四个竞争模型也应用于该数据。基准模型是用所有用户的评分均值来预测每个电影的评分,以此模型作为衡量其他个性化推荐系统表现的标杆。第二个模型是基于内容的过滤方法,此时电影的类型被当作内容信息。作者为每个电影类型创建了一个哑变量,包括喜剧、戏剧、动作、艺术、古典、动画、家庭、浪漫、恐怖和惊悚。一个电影可能同时被划分为好几个类型。对于每位影迷,用这十个哑变量对实际的电影进行回归分析。第三个模型是使用近邻算法的协同过滤,其中用户之间的相似性用皮尔森相关系数测量。此外,具有20个共同评分的项目被当作显著性权重的分界点,相关系数不到0.01的用户不包含在近邻用户中。

表14.3　各种推荐模型的预测精度(Kim &Kim,2001)

模型类别	MAE	ROC
基准模型	0.223 8	0.739 8
基于内容的过滤	0.210 3	0.764 0
协同过滤	0.195 5	0.805 8
Kim &Kim(2001)的模型	0.183 2	0.832 8

表14.3显示了五个模型在验证样本中的预测准确性。使用了两个准确性评估方法:MAE和ROC敏感度测量。正如预期的那样,加入个性化成分模型的MAE和ROC是根据基准模型构建的。而且,混合模型的两个评估标准都比其他模型表现好。根据ROC,混合模型比基于内容的过滤和协同过滤的表现分别提高了6.8%和2.6%。

14.4.2　内隐评价

到目前为止,我们只关注了那些用户用离散数值量表明确给出的偏好评价数据的情况。但是,在现实生活中,明确的评价信息并不是总能获得。可用的数据经常是一些对行为的测量,如用户的网页浏览习惯、历史购买信息等。这些数据可以提供一些内隐产品评价。GroupLens的研究表明在新闻文章推荐中基于阅读时间的预测和基于明确数值评价的预测几乎一样准确(Konstan et al.,1997)。但是,Mild和Reutterer(2001)将不同的基于记忆的方法应用于实际的购买选择数据时却得到了较差的预测结果。相对于内隐评价在实际应用中的重要性,对其进行的研究都相对较少。

如何根据用户的历史购买信息得出一个内隐评分并不是显而易见的。我们不能简单的对已购买的项目评分为1,未购买的项目评分为0。项目被购买了可能说明顾客喜欢它[①]。但是如果没被购买,可能意味着顾客不喜欢它或者顾客根本不知道它的存在,或者还有其他别的原因。而且,从技术上说,我们不能对只有0或1的数据应用协同过滤。你

① 这个说法也是有争议的,因为购买并不能代表用户喜欢这个产品,CDNOW允许用户过后说“拥有这个产品但是并不喜欢它”(Schafer et al.,1999)

还需要能被预测的缺失单元。[①]

解决该问题的一个简单方法是使用默认投票(Breese et al.,1998)。该方法的提出，是基于这样的事实：当用户只对一小部分项目进行评价时，相关系数算法和近邻协同过滤方法并不太适用，因为这时只能使用两个用户共同评价过的项目评分进行分析。作者建议可以将一些默认评分分配给并未评价的项目，这样相关系数的计算就可以针对所有被评价过的产品。他们也建议将相同的默认值也分配给一些没被任何用户评价过的项目上。但是，Breese 等人(1998)并未给出一些未被评分的产品应该获得默认评分而其他不应该获得的理由。在这方面需要进一步的研究。

另一方面，Mild 和 Reutterer(2003)提出使用 Jaccard 或 Tanimoto 系数作为相似性的测量，以克服非常稀疏的二元购买数据的相似性存在的有限方差问题。两个用户 a 和 i 之间的 Tanimoto 相似性($s_{a,i}$)可定义如下：

$$s_{a,i}=\frac{\text{两个用户都购买产品的数量}}{\text{用户 } a \text{ 或用户 } i \text{ 购买产品的数量}}$$

也就是说，Tanimoto 相似性忽略了没被任何顾客选择的项目的数量。Mild 和 Reutterer(2003)的研究结果表明 Tanimoto 相似性在极度非对称分布或稀疏数据向量(例如，许多 0)的情况下比传统的相似性测量要好。

在基于项目的协同过滤相似性测量中，另一种方法是计算 0 和 1 数据之间的简单相关性，如 14.3.2 节中的式(14.7)所示。就是对每一对产品，我们根据用户是否购买了产品的 0、1 数据计算项目之间的相关性。式(14.7)需要该相关系数。如果相关系数较高，我们可以解释为：顾客购买了一个产品也会倾向购买另外一个产品。所以，如果活跃用户已经购买了和产品 A 正相关的产品，那么我们就会预测该用户也会有兴趣购买产品 A。这显然是一个比较简单、蛮力的方法，因为它忽略了我们不知道如何解释 0 和 1 的事实[见 Iacobucci 等人(2000)对使用 0 和 1 变量之间的相关性的批评]，但是未来还是值得对其进一步的研究，因为购买一个特定产品的用户有很大的可能性是由于喜欢这个产品。在基于项目的协同过滤中使用 0、1 变量相似性可以看成购物篮分析的一个扩展(见第 13 章)，它类似在给定一个产品被购买的前提下；另一个产品也会被购买的条件概率。这与基于 0/1 数据的项目协同过滤系统中的相关性在概念上是相似的。

如果收集了预示用户负面偏好的内隐数据，我们有可能大大提高数据的质量。例如，产品退货信息可能预示一些负面的偏好(Schafer et al.,1999)，或者是顾客对产品/服务的抱怨。但是，一个比较复杂的问题是，如何对内隐负面偏好进行编码/评分？如果 1 代表购买，0 代表未购买，那么该用什么数字代表诸如产品退货这样的内隐负面偏好呢？尽管没有任何理论进展，但研究人员已经运用实证的方法找到了能够产生最佳预测结果的最优值。另外，更好的方法可能是构建顾客对产品偏好的未知分布。

内隐评分的另一个问题是如何将明确的评分和内隐评分结合起来。我们可能首先从历史购买信息中获得内隐偏好评分。等到获得了明确的评分信息时再对评分数据库进行修正。例如，亚马逊的用户有时会对他们已购买的书籍提供一个明确的评价。在未来的

---

① Sarwar 等人(2000)建议使用购买的频率而不是购买指标(如“1”)测量产品的重复购买。

研究中,我们可以开发一个具体的方法,首先从内隐评价信息中获取评价的初始值,然后根据明确的评价信息对其进行更新。

14.4.3 选择偏差

大多数协同过滤算法都会假设缺失数据是随机产生的。然而,用户只是对他们购买的产品进行评价。或者影迷评价过的一组电影很可能是他喜欢的。我们不可能知道产生缺失数据的所有可能的原因,但是我们知道在协同过滤中大多数数据都有不可忽略的缺失规律。

如果缺失评价是随机的,我们可以确定地假设缺失数据在评价预测上不具备任何信息价值。也就是说,当缺失评价是随机发生的,评价缺失的事实就不依赖于该评价值的大小(Ying et al.,2006)。但是这个假设在现实中过于严格。一些顾客没有提供评分仅仅是因为他们没有购买产品。而他们没有购买产品的原因可能是他们不喜欢这个产品。如果没有将缺失数据产生的机制考虑到分析中就会导致估计偏差,除非缺失数据是完全随机产生的(Little & Rubin,1987)。也就是说,如果我们忽略了缺失数据的产生机制,那么评分预测的结果就是次优的。

Ying 等人(2006)对于选择和预测的潜在过程提出了一个联合模型用以解释非随机缺失数据。在他们的模型中,产品被"选择"出来进行评价的事实会影响该产品的评价预测值,具体地说,他们的选择和预测模型可以写为

$$\begin{aligned} U_s &= \beta_s X_s + \varepsilon_s \\ U_p &= \beta_p X_p + \varepsilon_p \\ (\varepsilon_s, \varepsilon_p) &\sim N(0,0,1,1,\rho) \end{aligned} \tag{14.11}$$

与 Ansari 等人(2000)相似,他们也将产品评价(或推荐)看成目标顾客的潜在消费效用。在式(14.11)中,下角标 s 代表选择成分,下角标 p 代表预测成分。X 代表所有协变量,如产品或顾客特征。

式(14.11)中的选择公式是考虑非随机缺失数据机制的关键等式。潜在值 U_s 可以被转化成观测到的数值,这是通过假设 $P(Y_s=1)=P(0<U_s)$ 而得到的,其中 Y_s 是 0/1 变量,代表产品是否被评价(见第 11 章关于选择模型的讨论)。相关系数 ρ 代表误差项之间的相关性,它对于不同的顾客是不一样的,并且刻画了选择程序和预测程序之间的相互关系。

虽然 Ying 等人没有对这两个过程做出任何有关时间顺序的假设,但是我们也可以将式(14.11)解释为一个两阶段的评价过程。首先根据选择模型,顾客可以做出项目是否被评价(或购买)的决策。如果该选择是肯定的,那么他/她就会做出评价。如果我们忽略选择模型,那么预测效用的期望值是 $E(U_p)=\beta_p X_p$。当考虑选择模型时,期望值就会改变。例如,假设一名顾客决定评价产品(也就是评分不缺失),那么预测效用的期望值应该为

$$E(U_p \mid U_s > 0) = \beta_p X_p + \rho\phi(\beta_s X_s)/\Phi(\beta_s X_s) \tag{14.12}$$

其中,$\phi(\cdot)$ 和 $\Phi(\cdot)$ 是在 $\beta_s X_s$ 被评估的密度函数和标准正态分布函数。也就是说,纳入选择过程改变了预测效用的期望值。这里也要注意一下相关系数 ρ 的作用。如果选

择过程与预测过程是不相关的($\rho=0$)，那么式(14.12)中预测效用的期望值就变为$\beta_p X_p$，这与没有选择模型时的期望值是一样的。

将它们的模型应用于 EachMovie 数据，Ying 等人(2006)发现相关系数 ρ 显著异于0。所以，缺失数据的产生过程并不是随机的。此外，包含了选择程序的模型显著改善了项目评分预测的准确性。

14.4.4 跨类别推荐

目前的推荐系统无论是基于协同过滤、内容过滤或二者结合的算法，都是从单一产品类别中推荐项目。例如，推荐系统会从成百上千的电影中选择10部电影推荐给消费者。一个更加有趣的营销问题是如何基于其他产品类别的偏好信息预测顾客在另一个产品类别中的偏好。例如，一家销售书籍和CD的网上商店想要开发一个推荐系统。一种方法是使用两个独立的推荐引擎，一个针对买书的顾客；另一个针对买CD的顾客。这种方法不能有效地利用跨类别产品的信息。另一种方法是，忽略类别之间的差异，把书籍和CD同等对待，那么就可以建立一个推荐系统。虽然这种方法最大程度地利用了顾客的购买信息，但是由于混合了两种产品信息这会在一定程度上出现预测偏差。最后，我们可以采用一种介于这两个极端情况中间的方法，在考虑类别差异的前提下，仍然使用跨类别的购买信息来预测顾客行为。

考虑类别效应的一个方法是在计算顾客和评分均值之间的相似性时对评分赋予不同的权重。例如，假设有两个产品类别，分别是书籍和CD。当我们预测书籍的偏好评分时，将CD的评分乘以因子α，然后再运用协同过滤算法。如果α等于0，那么该方法就是两个独立的推荐系统。如果α等于1，那么就是一个忽略类别效应的推荐系统，如果α介于0和1之间，那么我们就是假设在预测书籍偏好评分时CD购买信息的重要性是书籍购买信息的α倍。同样，当我们预测CD偏好评分时，将书籍的评分乘以因子β，然后再运用协同过滤算法。也就是说，在提供信息时我们允许任何非对称信息。书籍的购买信息可能对预测同一顾客对CD的购买偏好有帮助。但是，CD的购买信息却可能对预测书籍的购买偏好并不是很有用。

那么，如何确定α和β的值？一个比较简单的办法就是通过实证的方法，尝试0～1每一个可能的值，选择能提供最佳预测结果的值。

第15章 离散因变量与时间存续模型

摘要

在预测模型中最常用的统计工具可能是二元反应模型或 Logistic 回归模型。开发该模型的目的是预测顾客的行为，诸如顾客是否会购买？顾客是否会流失？在本章的前半部分我们会讨论 Logistic 回归以及其他诸如判别分析、多项式 Logit 模型和计数数据方法等离散模型。本章的第二部分将介绍时间存续模型——一种用来刻画事件发生的时机的模型。风险模型(hazard model)作为时间存续模型的一种形式尤其重要，因为它不仅能够预测顾客的保留时间，还能预测顾客进行再次购买或升级所需要的时间。本章中我们将对风险模型进行深入讨论。

在数据库营销中，很多我们要研究的现象都是离散的。例如，预测顾客在买车时会选择哪个品牌或者哪些顾客会对邮件促销进行回应。此时品牌的选择或对邮件的回应可以表示为顾客人口统计特征和购买行为特征的函数。然而，这里的因变量都是分类变量(如一个品牌的识别或回应指标)，这些因变量都是离散因变量。

本章将讨论各种用来分析离散因变量(也叫作定性因变量)的统计模型。我们首先介绍的是二元反应模型，包括线性概率模型、Logit 模型(或 Logistic 回归)、Probit 模型和判别分析。接下来我们将介绍多项式反应模型，它是二元反应模型的一般形式，然后我们简要讨论用于分析计数数据的模型，以及 Tobit 模型和删失回归。最后，我们将讨论适合分析存续数据的风险模型。风险模型分析的是直到一个事件发生为止所经历的时间，因此同时具有离散和连续两个特性。

15.1 二元回应模型

二元回应模型中的因变量有两个取值。例如，消费者对促销事件产生反应($Y=1$)，不产生反应($Y=0$)。再如，消费者购买本公司品牌的汽车($Y=1$)，购买竞争品牌的汽车($Y=0$)。我们赋予因变量的特定数值(0 或 1)是任意的，因为我们只关心如何将 Y 编码从而使其不同的结果具有不同的值。因此我们也可以将消费者对促销事件产生反应编码为 $Y=0$，不产生反应编码为 $Y=1$。或者也可以编码为 $Y=$"Yes"代表产生反应，$Y=$"No"为不产生反应。

为了方便接下来的讨论，我们将考虑金融机构里用以决定是否发给顾客信用卡的一个信用评分模型。信用评分模型的目的就是通过预测每一位信用卡申请人的违约概率来自动执行信用卡发放决策的过程。消费者未来的反应有两种可能，违约($Y=1$)，或不违约($Y=0$)。在通常情况下，消费者的违约行为或反应被刻画为他的人口统计特征、信用行为特征和一些宏观经济变量的函数。

15.1.1 线性概率模型

我们的目标是对第 i 个顾客的违约行为进行建模。令 Y_i 代表第 i 个顾客的违约指示变量,假设它是来自均值为 p_i 的伯努利分布的一个随机变量。因此 Y_i 等于 1 的概率为 p_i,Y_i 等于 0 的概率为 $1-p_i$。格式有下面的表达式:

$$Y_i=\begin{cases}1, P(Y_i=1)=p_i\\0, P(Y_i=0)=1-p_i\end{cases}\tag{15.1}$$

假设 p_i 是一些自变量的函数,那么因变量 Y_i 通过 p_i 就可以和自变量联系起来。因此,我们假设 $p_i=F(\beta'\boldsymbol{X}_i)$,其中 $\boldsymbol{X}_i$ 为第 i 个顾客的自变量向量(例如和顾客相关的信用变量),β 为对应的系数向量。所以有 $E(Y_i)=(1)(p_i)+(0)(1-p_i)=p_i=F(\beta'\boldsymbol{X}_i)$。

二元反应模型中的关键问题是链接函数 F 的确定。最简单的方式是假设 F 是线性的,即 $p_i=F(\beta'\boldsymbol{X}_i)=\beta'\boldsymbol{X}_i$。因为 $E(Y_i\mid\boldsymbol{X}_i)=\beta'\boldsymbol{X}_i$,所以可以建立如下线性概率模型:

$$Y_i=\beta'\boldsymbol{X}_i+\varepsilon_i\tag{15.2}$$

其中 ε_i 为第 i 个顾客的误差项。线性概率模型是一个包含二元因变量 Y_i 和一系列自变量 $\boldsymbol{X}_i$ 的经典回归模型。根据经典线性回归的假设,误差项的期望值为 0,计算方法如下:

$$\begin{aligned}E(\varepsilon_i)&=E(Y_i-\beta'\boldsymbol{X}_i)=p_i(1-\beta'\boldsymbol{X}_i)+(1-p_i)(0-\beta'\boldsymbol{X}_i)\\&=p_i-p_i\beta'\boldsymbol{X}_i-\beta'\boldsymbol{X}_i+p_i\beta'\boldsymbol{X}_i\\&=p_i-\beta'\boldsymbol{X}_i\\&=0\end{aligned}$$

然而,线性概率模型仍然有一些缺点。首先,式(15.2)中的误差项违背了经典线性回归模型中的方差齐性假设,因为 Y_i 是一个二元离散变量。由于 ε_i 只能取两个值,$1-\beta'\boldsymbol{X}_i$ 的概率为 p_i,$-\beta'\boldsymbol{X}_i$ 的概率为 $1-p_i$,误差项的方差计算如下:

$$Var(\varepsilon_i)=E(\varepsilon_i^2)=p_i(1-\beta'\boldsymbol{X}_i)^2+(1-p_i)(-\beta'\boldsymbol{X}_i)^2=\beta'\boldsymbol{X}_i(1-\beta'\boldsymbol{X}_i)^2$$

也就是说,方差不是齐性的,而是随着自变量的取值而变化。线性概率模型的第二个问题更为严重。我们称之为“单位间隔”问题。因为 p_i 代表的是 $Y_i=1$ 是的概率,取值应该在 0 和 1 之间。而线性概率模型中 p_i 的估计值 $\hat{p}_i=\hat{\beta}'\boldsymbol{X}_i$ 并不能保证在区间[0,1]。因此,估计值可能不能被解释为概率。此外,异方差性还会增大估计的误差。尽管线性概率模型有着计算的简便性,但是由于这些缺陷的存在,使其在数据库营销中的应用也越来越少。

一些研究人员提出了很多方法来克服线性概率模型的缺陷(Judge et al.,1985;Greene,1997)。例如,Goldberger(1964)建议运用广义最小二乘估计法(generalized least squares,GLS)来修正异方差问题。Judge 等人(1985)提出了一个不等式约束的最小二乘法用来克服单位间隔问题,然而他们的修正要依赖于样本。

15.1.2 二元 Logit(或 Logistic 回归)和 Probit 模型

修正单位间隔问题的一个直接方法就是寻找一个链接函数满足 p_i 在区间[0,1]上的约束。累计密度函数就是这样一个函数。$P_i = F(\beta'\boldsymbol{X}_i)$的值($Y_i=1$ 的概率)随着 $\beta'\boldsymbol{X}_i$ 的值逐渐趋向正无穷而接近 1,随着 $\beta'\boldsymbol{X}_i$ 的值逐渐趋向负无穷而接近 0,如图 15.1 所示。尽管任何一个累积分布函数都有这个特点,但是下面两个累积密度函数是应用最广泛的。

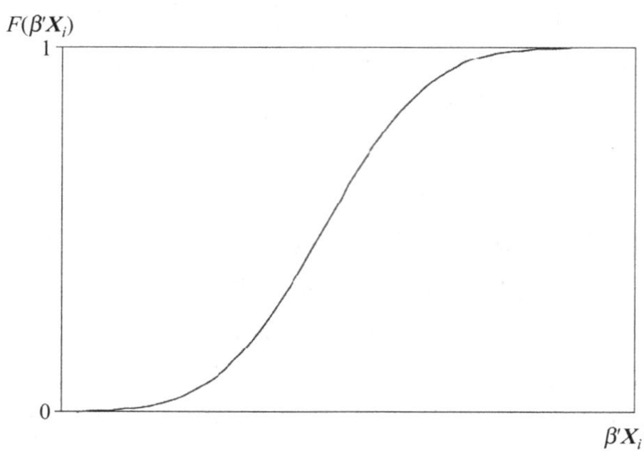

图 15.1 累积分布函数

Logistic 累积分布函数:

$$F(\beta'\boldsymbol{X}_i) = \frac{\exp(\beta'\boldsymbol{X}_i)}{1+\exp(\beta'\boldsymbol{X}_i)} = \frac{1}{1+\exp(-\beta'\boldsymbol{X}_i)} \tag{15.3a}$$

标准正态累积分布函数:

$$F(\beta'\boldsymbol{X}_i) = \int_{-\infty}^{\beta'\boldsymbol{X}_i} \phi(t)\,\mathrm{d}t = \Phi(\beta'\boldsymbol{X}_i) \tag{15.3b}$$

其中,$\phi(\cdot)$为标准正态分布的密度函数;$\Phi(\cdot)$为相应的累积密度分布函数。当连接函数 F 是 Logistic 分布时,该模型叫作二元 Logit 或 Logistic 回归,当函数 F 是标准正态分布时,该模型称为 Probit 模型。Logistic 分布的形状和标准正态分布的形状很相似,但 Logistic 分布更为长尾(Greene,1997)。因此,二者的估计结果也很接近。理论上我们很难说二者谁更好或更差。但实际中二元 Logit 模型使用更频繁,这是因为其数学上的方便性:一旦 Logistic 回归被估计出来,式(15.3a)就会提供一个相当方便的方式用以计算预测概率。相反,Probit 模型需要根据式(15.3b)查找正态分布表来计算预测概率。

二元 Logit 和 Probit 模型都可以用极大似然法进行估计。每一个观测值被认为是独立随机地来自相同伯努利分布。因此,对于样本数为 n 的二元反应模型的联合分布函数或似然函数为

$$L = \prod_{i=1}^{n} [F(\beta'\boldsymbol{X}_i)]^{Y_i}\,[1-F(\beta'\boldsymbol{X}_i)]^{1-Y_i} \tag{15.4}$$

参数向量$\boldsymbol{\beta}$的估计是要寻找一组参数使似然函数即公式(15.4)最大化。由于似然函数(线性概率模型的情况除外)是高度非线性的,所以很难得到$\boldsymbol{\beta}$的解析解。因此,Logit 或 Probit 模型中参数$\boldsymbol{\beta}$的估计可以运用牛顿的 BHHH 法进行迭代搜索而获得(Berndt et al.,1974)。

下面我们来看一个应用于信用评分的 Logistic 回归的例子。我们的目的仍然是预测

目标顾客的违约概率。我们假设顾客违约的可能性是其年收入和婚姻状况(这里不考虑其他与违约行为相关的变量)的函数。年收入x_1(以 1 000 美元为单位)是连续变量,婚姻状况x_2 为分类变量($x_2=1$ 代表顾客是单身、离异或分居,$x_2=0$ 代表其他状况)。对已被观测到违约行为的现有顾客样本进行 Logistic 回归分析,如果第 i 个顾客违约则编码为 $Y_i=1$,没有违约则编码为$Y_i=0$。下面的公式为估计的结果:

$$P(Y_i=1)=\frac{e^{0.5-0.01x_1+1.1x_2}}{1+e^{0.5-0.01x_1+1.1x_2}}=\frac{1}{1+e^{-(0.5-0.01x_1+1.1x_2)}} \tag{15.5}$$

式(15.5)显示收入 x_1 与违约可能性存在负相关关系。年收入越高的顾客其违约的可能性越小。另外,婚姻状况与违约可能性存在正相关关系。如果顾客是单身、离异或分居,那么他们的违约可能性会更大。具体地说,一个年收入为 4 万美元的单身顾客($x_1=40,x_2=1$)违约的概率被预测为 0.08,而同样收入的已婚($x_1=40,x_2=0$)顾客违约概率被预测为 0.03。因此婚姻状况 x_2 的边际影响为 0.05。这是已婚顾客和单身、离异或分居的顾客在违约概率上的差异。

解释 Logit 模型中 β 参数的一个比较直观的方法是考虑"胜算"。首先,回应为"Yes"($Y_i=1$)的胜算被定义为 $P(Y_i=1)/P(Y_i=0)$,也就是一个事件相对于没发生其发生的可能性。例如,如果胜算为 3 或 3∶1,那么意味着违约发生的可能性是不违约发生可能性的 3 倍。其次,胜算是指当自变量等于 $\boldsymbol{X}_i+1$ 的胜算除以自变量等于 $\boldsymbol{X}_i$ 时的胜算。因此"胜算比"表示的是当自变量增加一个单位时,胜算的变化程度有多大。

对于 Logistic 回归,我们可以用简单的代数方法来说明这个问题,胜算比等于 exp(β)——幂函数形式的 Logistic 回归参数告诉我们胜算随相应的自变量变化一个单位而变化的程度有什么。例如,公式(15.5)中婚姻状况的系数 $\beta=1.1$。因为 $\exp(1.1)=3$,这就告诉我们违约的胜算在婚姻状况这一因素上的变化系数是 3,也就是说,单身、离异或分居的顾客比已婚顾客发生违约的风险增加了 200%。再如,收入的系数 $\beta=-0.01$。因为 $\exp(-0.01)=0.99$,违约胜算在收入这一因素上的变化系数是 0.99,也就是说,收入每上升 1 000 美元,违约风险下降 1%[$(0.99-1)\times100\%=-1\%$]。

为了比较不同测量单位下的变量的作用,我们可以计算自变量单位标准差变化下的胜算变化。设 σ 等于自变量的标准差,则单位标准差变化下的胜算为 $\exp(\beta\sigma)$。所以,如果收入的标准差为 15 000 美元,那么 $\exp(-0.01\times15)=0.86$,随着收入违约似然率标准差的提高,违约率下降 14%[$(0.86-1)\times100\%=-14\%$]。

15.1.3 罕见事件数据的 Logistic 回归

很多研究人员探讨过在运用 Logistic 回归或二元 Probit 模型处理罕见事件数据时的统计分析问题。在社会学和流行病学的研究中,相比于事件发生 0 次(无事件发生),发生几次的事件更多。例如,在分析战争、政变、总统选举以及特殊疾病感染时都会遇到这种情况。在数据库营销中,应答率在 1%以下是很正常的事。当遇到罕见事件数据时,Logistic 回归或二元 Probit 模型就会低估顾客的回答概率。

从统计的角度来讲,该问题的产生是因为线性回归模型的统计性质不随因变量均值的变化而变化。但是在 Logistic 回归或二元 Probit 模型却不是这样(King & Zeng,

2001)。事实上,King 和 Zeng 指出,在 Logistic 回归模型中,当二元因变量的均值或者事件发生的频率非常小时,参数估计就会有偏差,使预测结果不准确。对这个问题有两个比较直观的解释:①King 和 Zeng 认为在罕见事件数据中,自变量中有很多值可以用以理解没有事件发生的情况,但是只有极少的数据可以用来理解有事件发生的状况。仅有的几个值会导致不能完全覆盖 Logistic 分布的尾部,因此模型推断出只有极少的情况会导致事件的发生,从而低估了事件发生的可能性。King 和 Zeng 指出这种现象最主要的表现是在 Logistic 回归模型中常数项出现向下偏差[①]。②用于 Logit 和 Probit 的参数连接函数缺乏灵活性。Logit 和 Probit 模型都对潜在的连接函数的形状进行了假设(见图 15.1),这意味着无论观测数据具有怎样的特征,连接函数的尾部概率形式都是不变的。因此,当没有足够的观测样本能充分覆盖估计连接函数所需要的范围时,模型也不能有所调整以适应这种情况(Kamakura et al.,2005)。

罕见事件的 Logistic 回归中存在的偏差具有潜在的重要意义,因为它表明预测的 Logistic 反应概率会低估反应实际发生的可能性。太多的顾客被误认为是无利可图的,由于不去接触这些可获利的顾客(即 10.3.5 节中第 4 点描述的第二类错误),会给公司带来一定的机会成本。

研究人员给出了三种方法用以克服使用 Logistic (或 Probit)回归分析罕见事件数据时的问题。这些方法都是用来计算个人层面的无偏预测的统计方法。当在 n 分位组层面上应用预测模型时,比较实际的做法是用每个分位组的真实回应率作为在该分位组的顾客的预测值(见 10.3.5 节第 1 点)。现在来看如何运用统计方法计算个人预测。第一步是调整估计出来的 Logistic 回归模型的系数和预测值。King 和 Zeng(2001: 147)描述了如何调整 Logistic 回归参数的最大似然估计以计算"接近无偏"的系数$\hat{\beta}$。$\hat{\beta}$对于给定的一组顾客,当自变量($\boldsymbol{X}_i$)加入模型时,得出的预测结果称为$\tilde{\pi}_i$。King 和 Zeng 应用以下调整模型,来预测当事件发生非常罕见时发生的概率。

$$P(Y_i = 1) = \tilde{\pi}_i + (0.5 - \tilde{\pi}_i)\,\tilde{\pi}_i(1 - \tilde{\pi}_i)\boldsymbol{X}_i \mathrm{Var}(\hat{\beta}) X_i' \qquad (15.6)$$

其中,$\mathrm{Var}(\hat{\beta})$是估计系数的方差/协方差矩阵的估计。第一,由于我们处理的是罕见事件数据,因此,$\tilde{\pi}_i$ 的值会比较小,所以运用式(15.6)做出的预测是向上调整的。第二,从某种程度上说我们拥有一个很大的样本量、更多的信息,$\mathrm{Var}(\hat{\beta})$会相对较小,可以不需要做出调整。[②]

第二种解决偏差问题的方法是"基于选择的抽样"。在该方法中,样本根据因变量的值而构建。例如,我们要构建一个模型用以预测顾客流失,就需要收集所有的流失顾客和非流失顾客的信息,然后随机选择 10 000 个流失顾客和 10 000 个非流失顾客。一个对此方法比较直观的解释是我们有一个相等的(或至少更加平衡的)流失顾客与非流失顾客的

---

① King 和 Zeng 注意到使用极大似然法估计 Logistic 系数是有偏差的,但却保证了一致性。然而,如果当观测样本是随机的并且事件概率达到 50%,那么这种偏差近于 0,这样对于偏差的直觉解释就说得通了。

② 执行这些调整的软件叫作"Zelig",可以在 King 教授的网页上找到,http://gking.harvard.edu/stats.shtml.我们感谢 King 教授在该问题上做出的贡献以及他所发明的软件。

数量，因此，成为一个流失顾客不再是一个罕见事件。但是基于选择的抽样也存在问题，会导致对于自变量的选择偏差，这是因为可能某些不可观测因素会系统性地导致流失顾客和非流失顾客的自变量具有不同的分布（King & Zeng，2001；Donkers et al.，2003）。

因此，基于选择的抽样产生的有偏结果和相关关系必须得到更正。其中比较常用的就是由 Manski 和 Lerman 开发的"加权外生抽样的最大似然"（WESML）（见 Singh，2005）。King 和 Zeng（2001）提出了一个更简单的计量解决方案，他们的研究显示该方法和 WESML 的表现差不多，但是 WESML 在大样本以及函数形式错误的情况下会更有效。King 和 Zeng 只调整了最大似然估计的 Logistic 回归模型中的常数项：

$$\hat{\beta}_{0,adj} = \hat{\beta}_0 - \ln\left[\left(\frac{1-\tau}{\tau}\right)\left(\frac{\bar{y}}{1-\bar{y}}\right)\right] \tag{15.7}$$

其中，$\hat{\beta}_{0,adj}$ 为调整的常数项；$\hat{\beta}_0$ 为常数项的最大似然估计；τ 为总体中"1"的百分比（例如，顾客流失回应等）。$\bar{y}$ 是基于选择的样本中"1"的比例。例如，τ 可以等于 2%，但 $\bar{y}$ 可以等于 50%。可以看出，因为 $\tau<\bar{y}$，所以调整的常数项会比最大似然估计出的常数项小。

Donkers 等人（2003）也探讨了相似的问题并且得出了 Logistic 回归模型中常数项的调整因子。他们的调整公式除了没有考虑总体（先验）百分比，其他都与式（15.7）一样，即 $\hat{\beta}_{0,adj}=\hat{\beta}_0-\ln[\bar{y}/(1-\bar{y})]$。

进一步的研究需要将 WESML 以及 King 和 Zeng 的调整方法放在数据库营销情境下进行考察，目的是找到在什么条件下随机抽样[用 King 和 Zeng 的调整公式（15.6）]比基于选择的抽样[用 King 和 Zeng 的调整公式（15.7）或 WESML]更适合。关于基于选择抽样的更多讨论和注意事项参见 Ben-Akiva 等人（1997）。

解决罕见事件问题的第三种方法是放宽 Logit 或 Probit 的参数链接假设，这些假设对于罕见数据来说太严格了（Bult & Wansbeek，1995；Naik & Tsai，2004）。Naik 和 Tsai（2004）提出了一个等渗的单指数模型并给出了一个有效的估计算法。与 Logistic 和 Probit 回归模型不同的是，它的连接函数很灵活，包含了所有适当的分布函数并且可以运用数据中的信息来确定潜在的分布，而不是强加一个特定的形状。我们还需要进一步地探讨 Naik 和 Tasi 的方法在数据库营销中的应用。

15.1.4 判别分析

在分析二元响应数据时，数据库营销人员通常会使用判别分析作为 Logistic 回归或 Probit 分析的一种替代方法。判别分析是一种多变量统计分析方法，用来识别可以解释组间差异（例如，邮件的回应者和非回应者）以及可以将新的观测样本或顾客分配到提前划定组中的变量。

判别分析的目的是找到一系列自变量的线性组合（$\beta'\boldsymbol{X}$），这些线性组合可以用来区分提前设定的组（例如反应者与非反应者）。判别权重（或者叫判别系数）可以通过使误判率最小或者使组间方差与组内方差的比值最大化的方式估计出来。当判别系数 β 确定后，对于每个顾客 i 的判别分数（$y_i=\beta' x_i$）也可以求得。用每个自变量的判别系数乘以顾客在该自变量上的取值，然后加总就是每个顾客的判别分。每个顾客的得分都可以转化成后验概率，通过后验概率，我们可以知道顾客属于每个组别的可能性。

现在我们使用判别分析方法来分析之前的信用评分数据。因变量是二元的(即，顾客 i 违约，则$Y_i=1$，否则 $Y_i=0$)。有两个自变量，年收入 x_1 和婚姻状况x_2。判别函数(d)被估计为 $d=-0.02\,x_1+1.87\,x_2$。也就是说x_1 和x_2 的判别系数分别是－0.02 和 1.87。在违约者中($Y_i=1$)，x_1 的均值是 30，x_2 的均值是 0.7 。在非违约者中($Y_i=0$)，x_1 的均值是 50，x_2 的均值是 0.3。因此，违约者的平均判别得分为$d_{\text{defaulters}}=(-0.02)\times(30)+(1.87)\times(0.7)=1.249$，非违约者的平均判别得分为$d_{\text{non-defaulters}}=(-0.02)\times(50)+(1.87)\times(0.3)=0.469$。如果一个单身顾客的年收入是 40 000 美元，那么他会被归类为违约者，因为他的判别得分为$(-0.02)\times(40)+(1.87)\times(1)=1.79$，该值大于$d_{\text{defaulters}}$和$d_{\text{non-defaulters}}$的中间点(0.859)。

有很多研究都讨论了分析二元因变量时 Logistic 回归和判别分析的相对表现，在计算量方面，判别分析会更好些。这是因为普通最小二乘法可以用来估计线性判别函数的系数，而估计 Logistic 回归系数需要使用非线性的优化方法(Maddala，1983)。然而，随着高速计算机的问世，计算的简单性已不再是一个恰当的评价标准。

Amemiya 和 Powell (1983)研究发现如果自变量是多元正态的，那么判别分析的估计是最大似然估计并且是渐进有效的。另外，如果自变量是非正态的，那么判别分析的估计就不是一致的，而 Logistic 回归分析的估计却是一致的，因此它更稳健。Press 和 Wilson (1978)对比了当自变量是虚拟变量即违背了正态性假设时，两个方法在正确分类的数量上的表现，结果发现 Logistic 回归确实略好于判别分析。

15.2 多项反应模型

多项反应模型将二元反应模型推广到有两个以上的可能结果或选择的情况中。因此，对多项反应模型来说，因变量的取值在两个以上。例如，一名顾客要在 J 个汽车品牌中选择一个品牌，那么因变量的值为选择第一个品牌时 $Y=1$，选择第二个品牌时 $Y=2$，选择第 J 个品牌时 $Y=J$。

相比于二元反应模型，多项反应模型的估计更复杂。但是两者的基本概念，包括对其结果的解释却是一致的。营销人员通常使用多项 Logit 模型来分析多项反应(或选择)数据，因为它在数学上的处理十分容易。但是多项 Logit 模型本质上有一个结构问题被称为 IIA (Independence of Irrelevant Alternatives)特性(Maddala，1983；Hausman & McFadden，1984)。多项 Probit 模型避免了 IIA 问题，但是带来了运算量大的问题。近年来，McCulloch 和 Rossi (2000)提出了一个基于模拟的估计技术，叫作 Gibbs 抽样，用以克服多项 Probit 模型计算量大的问题。

多项 Logit 模型类似二项 Logit 模型，除了因变量的取值数量不同。我们来看这样一个问题，当一个消费者面临 J 个选择的时候，消费者 i 选择 j 的概率可以写成：

$$P(Y_{ij}=j)=\exp(\beta' x_{ij}+\alpha'_j z_i)\Big/\sum_{k=1}^{J}\exp(\beta' x_{ik}+\alpha'_k z_i) \tag{15.8}$$

其中，z_i 为描述顾客 i 特征(例如收入)的一系列自变量；x_{ij} 为备选品牌属性的一系列自变量(例如,顾客 i 面对的品牌 j 的价格);β 和 α 为待估计的系数。每一个备选品牌所对应的参数α_j表示在不同的备选品牌中自变量的影响是不一样的。

数据库营销中多项反应模型应用得比较少。原因可能是数据库营销人员缺乏竞争对手的数据(例如,竞争对手的哪个品牌被选择了)。他们只能观察到顾客是否购买了自己的产品(或者是否对促销有所反应)。尽管如此,多项反应模型对于某些数据库营销问题仍然是有用的。

Gensch 等人(1990)运用顾客调研和多项 Logit 模型分析了 ABB 电力公司顾客的偏好和决策过程。ABB 是向北美市场的电力公司出售中小型电力变压器、断电器、开关、继电器等设备的公司,它的竞争对手有通用电器(GE)、西屋电器公司(Westinghouse)、麦克劳一爱迪生公司(McGraw-Edison)等。Gensch 等人发现顾客在 7 个供应商(包括 ABB)中进行选择时主要会考虑 8 个因素。运用式(15.8)的多项 Logit 模型,我们可以估计出在这 8 个因素中哪些对于顾客选择是最突出、最重要的。表 15.1 是多项 Logit 的结果。结果表明质保、能量损失和外观是顾客选择供应商时比较看重的特性。同时 Gensch 等人还发现,由多项 Logit 模型得出的重要因素和顾客自己说的重要特性非常不同。

表 15.1　电力公司消费者的概率模型系数的估计结果(Gensch,1990)

自 变 量	系数的估计值	t-值
发票价格	3.45	1.45
能量损失	7.45	3.29[a]
外观	4.32	2.11[a]
零部件的可用性	2.45	0.99
投标文件的清晰度	1.62	0.36
专业销售人员	2.78	1.12
维护要求	2.64	1.31
质保	8.22	4.05[a]

a:0.05 的显著性水平。

如前文所说,多项 Logit 模型分析还没有被广泛使用在数据库营销中。然而,我们可以想到一些可以运用多项 Logit 模型的情况。假设,我们运用聚类分析将现有顾客分成 J 个类别(细分市场)。我们可以将每个顾客的细分组作为多项 Logit 模型的因变量。运用估计出来的多项 Logit 模型,我们可以识别出潜在的顾客属于哪个细分组。除此之外,当数据库营销人员试图预测顾客会购买何种产品时,多项 Logit 模型也是有用的。例如,当保险销售人员需要对顾客交叉销售产品时,他就希望知道哪种产品(长期保险、养老保险还是死亡意外险?)是顾客有可能会购买的。

15.3 计数数据模型

一些因变量不是定类数据而是定序的离散数据。例如，一个消费者一周喝的罐装啤酒的数量可以是0,1,2等。另一个例子可以是一名顾客一年内邮购的次数。多项Logit模型并不适合分析这类数据，因为因变量是有序的。这时我们可以应用经典线性回归。但是如果数据中存在太多比较小的数值，数据的离散特征就会十分突出。因此，经典线性回归可能也不太适用，因为在经典线性回归中我们假设误差项服从正态分布，因此因变量是连续变量。

15.3.1 泊松回归

令Y_i为顾客i的因变量值。泊松回归模型假设每个$Y_i(i=1,2,\cdots,n)$是独立来自参数为λ_i的泊松分布的随机变量。其概率密度函数为

$$P(Y_i = y_i) = \lambda_i^{y_i}\exp(-\lambda_i)/y_i! \quad y_i = 0,1,2,\cdots \tag{15.9}$$

因变量Y_i通过连接函数与一组自变量联系起来。泊松回归中经常使用log线性连接函数，即

$$\ln\lambda_i = \beta'\boldsymbol{X}_i \tag{15.10}$$

其中，$\boldsymbol{X}_i$为顾客i的自变量向量；β为对应的参数向量。我们可以看出在泊松分布中均值等于方差，即

$$E(Y_i \mid \boldsymbol{X}_i) = Var(Y_i \mid \boldsymbol{X}_i) = \lambda_i = \exp(\beta'\boldsymbol{X}_i)$$

泊松回归模型通常用最大似然法进行估计。样本为n的log似然函数可以写为

$$\ln L(\beta \mid Y_i,\boldsymbol{X}_i) = \sum_i (Y_i\ln\lambda_i - \lambda_i - \ln Y_i!) \propto \sum_i Y_i(\beta'\boldsymbol{X}_i) - \sum_i \exp(\beta'\boldsymbol{X}_i) \tag{15.11}$$

通过使式(15.11)中的log似然函数最大化我们可以得出参数β的估计值。与Logit和Probit回归模型一样，泊松回归中的log似然函数是非线性的，所以没有解析解。我们可以用迭代搜索(如Gauss-Raphson)来找出最优解。

15.3.2 负二项回归

泊松回归模型假设泊松分布的均值与方差相等，这个内隐假设经常令该模型受到批判。一些检验(比如过度离散检验)可以用来确定这个假设是否合理(Greene,1997)。很多学者都发现了假设被违背的情况(Hausman et al.,1984;McCulloch&Nelder,1983)。在这种情况下，应该使用更加灵活的模型。研究人员也提出了多种方法来扩展泊松回归模型。我们简要讨论其中应用最广泛的一个，叫作负二项回归。

令泊松分布的参数λ_i等于$\delta_i u_i$，其中δ_i为研究人员观测到的成分($\ln\delta_i=\beta'\boldsymbol{X}_i$)，$u_i$为随机误差，它解释了观察到的横截面异质性，也就是未被研究人员测量出来的顾客之间的差异。因此，$\ln\lambda_i=\ln\delta_i+\ln u_i=\beta'\boldsymbol{X}_i+\ln u_i$。那么给定$u_i$，$Y_i$的条件分布是均值和方差$\lambda_i=\delta_i u_i$相等的泊松分布，即

$$P(Y_i = y_i \mid u_i) = \frac{\lambda_i^{y_i}\exp(-\lambda_i)}{y_i!} = \frac{(\delta_i u_i)^{y_i}\exp(-\delta_i u_i)}{y_i!} \tag{15.12}$$

非条件分布就是条件变量为u_i的条件分布的期望值，即

$$P(Y_i = y_i) = \int_0^{\infty}\left[\frac{(\delta_i u_i)^{y_i}\exp(-\delta_i u_i)}{y_i!}\right]g(u_i)\mathrm{d}u_i \tag{15.13a}$$

u_i的密度函数将决定非条件分布的形式。为了数学上的方便，u_i的密度函数通常假设服从伽马分布。因此式(15.13a)中Y_i的非条件密度函数变为负二项分布的密度函数：

$$P(Y_i = y_i) = \frac{\Gamma(\theta + y_i)}{\Gamma(y_i + 1)\Gamma(\theta)}\left[\frac{\delta_i}{\delta_i + \theta}\right]^{y_i}\left[1 - \frac{\delta_i}{\delta_i + \theta}\right]^{\theta} \tag{15.13b}$$

式(15.13b)中的负二项分布的均值为δ_i，方差为$\delta_i(1+\delta_i/\theta)$。与泊松回归模型不同的是，该模型的均值与方差不等。

数据库营销中还未使用过计数数据模型。但是并不能说该模型没用。例如在预测天然气管道泄漏事故的数量、专利颁发数量等时计量经济学家就会使用计数数据模型。相似的数据库营销例子有预测顾客抱怨数量、顾客退货数量和对直复营销活动的回应数量。我们可以使用 SAS 中的 GENMOD 程序来拟合泊松回归和负二项回归模型。

15.4 删失回归(Tobit)模型及扩展

在数据库营销中，我们感兴趣的因变量经常是删失的。根据 Wooldridge(2002：517)的定义“删失回归模型通常应用在需要解释的因变量是部分连续的，但是在一个或多个点上有正向概率质量的情况”。一个简单的例子就是目录营销公司的顾客的月消费支出。消费支出是连续的，但是有一些顾客在某个月份可能是没有消费支出的。所以消费支出就是一个在 0 点有正的概率质量，小于 0 点时没有观测值的连续因变量。

这种情况可以使用 Tobit(Ⅰ型)模型进行建模：定义y_i^*为一个潜变量，它反映了顾客i在给定时间段内，购买公司产品的倾向性，假设样本大小为$n(y_1^*, y_2^*, \cdots, y_n^*)$。当观测值$y^* \leqslant c$时，会被记录为$c$(在消费支出情形下$c$为 0)，这样得到的观测值样本$y_1, y_2, \cdots, y_n$被称为一个删失样本。如果$y_i^* > c$，那么$y_i = y_i^*$，否则$y_i = c$。

我们可以将y_i写成各个自变量的函数的形式，然后用最小二乘法进行估计。但是，Wooldridge(2002：524-525)指出不论是用所有n个观测值还是只选择$y_i > 0$的观测，由此产生的估计结果都不是一致的。问题出在 OLS 并未考虑到潜在的删失过程。为了分析删失样本而特别设计的回归模型称为删失回归(或 Tobit)模型，它可以写为

$$y_i^* = \beta' \boldsymbol{X}_i + \varepsilon_i \tag{15.14a}$$

$$y_i = \begin{cases} 0 & y_i^* \leqslant 0 \\ y_i^* & y_i^* > 0 \end{cases} \tag{15.14b}$$

式(15.14a)表示的是一个潜变量服从误差项为ε_i的普通回归模型，其中ε_i的均值为 0，方差为σ^2，而式(15.14b)中显示的因变量只能是非负的。我们的问题是如何用对y_i和x_i的n个观测来估计β和σ^2。该模型由 Tobin(1958)首先提出。因为它是基于 Probit 模型的相关文献提出的，所以该模型还有个名称叫 Tobit 模型(Tobin 的 Probit)。如果没

有删失观测值，那么 $E(y_i)=E(y_i^*)=\beta'\boldsymbol{X}_i$，并且可以应用经典回归模型。但是，如果存在删失观测值，$E(y_i)$就不再等于 $\beta'\boldsymbol{X}_i$。如果我们只关注非删失观测，那么可以得到：

$$E(y_i \mid y_i>0)=\beta'\boldsymbol{X}_i+E(\varepsilon_i \mid \varepsilon_i>-\beta'\boldsymbol{X}_i)=\beta'\boldsymbol{X}_i+\sigma\frac{\phi_i}{\Phi_i} \tag{15.15}$$

其中，ϕ_i 和 Φ_i分别为给定 $\beta'\boldsymbol{X}_i/\sigma$ 下的密度函数和标准正态分布函数。我们可以看到 $\boldsymbol{X}_i$ 与 ϕ_i/Φ_i 是相关的，因为 ϕ_i和 Φ_i 都是 $\boldsymbol{X}_i$ 的函数，所以如果对只包含 $\boldsymbol{X}_i$ 的函数进行 OLS 回归，由于缺失变量偏差我们得到的结果是有偏且不一致的。如果使用所有观测值，那么有

$$\begin{aligned}E(y_i)&=P(y_i>0)E(y_i\mid y_i>0)+P(y_i=0)E(y_i\mid y_i=0)\\&=\Phi_i\left(\beta'X_i+\sigma\frac{\phi_i}{\Phi_i}\right)+(1-\Phi_i)(0)=\Phi_i\beta' x_i+\sigma\phi_i\end{aligned} \tag{15.16}$$

由于 $\boldsymbol{X}_i$ 与 ϕ_i 是相关的，所以 OLS 回归仍然会产生偏差。

I 型 Tobit 模型可以用最大似然法进行估计(Wooldridge，2002：525-527)。在 SAS 中可以通过 Proc LIFEREG 或 QLIM 实现。

关于 I 型 Tobit 模型的一个重要扩展就是对购买水平为 $c(0)$或更高的顾客进行建模。例如，我们可能想要刻画在给定月份内什么类型的顾客可能会进行购买，如果发生购买行为，他们会花多少钱。这可以用如下公式表示：

$$y_i^*=\beta'\boldsymbol{X}_i+\varepsilon_i \tag{15.17a}$$

$$y_i=\begin{cases}0 & y_i^*\leqslant 0\\ y_i^* & y_i^*>0\end{cases} \tag{15.17b}$$

$$z_i^*=\alpha' w_i+u_i \tag{15.17c}$$

$$z_i=\begin{cases}1 & z_i^*>0\\ 0 & z_i^*\leqslant 0\end{cases} \tag{15.17d}$$

Probit 模型[式(15.17c)和式(15.17d)]决定了在给定时间内顾客是否进行购买，如果购买，式(15.17a)和式(15.17b)决定了顾客将花费多少钱。需要注意的是，花费只有在消费者进行购买的情况下才能观测到，但是通过 I 型 Tobit 模型我们知道当一名顾客进行了购买，那么他至少花费了 0 美元。问题是 Probit 模型的误差项 u_i与 I 型 Tobit 模型的误差项(ε_i)是相关的。这就给式(15.17a)的估计带来了“选择性偏差”。该模型用 LIMDEP 中的二阶段最大似然过程进行估计(Greene，2002：E23.18)。

式(15.17)的一种变形是不包括式(15.17b)的删失限制(Greene，2002：710)。如果因变量可以是正的也可以是负的，如分析顾客的盈利性，那么这种变形是可以应用的。许多作者把它称为Ⅱ型 Tobit 模型(Wooldridge，2002：562)。该模型也可以在 LIMDEP 里进行估计(Greene，2002：E23-1-E23-5)。

另一个与之相关的模型用于存在选择性的情况下，但数据是对所有顾客的观测，所以选择变量可以作为回归模型中的一个自变量。举个例子，我们想知道互联网的使用是否会影响顾客的盈利性，但是注意到只有某些顾客通过“自我选择”而使用了互联网。该模型如下：

$$Y_i=\beta'\boldsymbol{X}_i+\delta_{z_i}+\varepsilon_i \tag{15.18a}$$

$$z_i^* = \alpha' w_i + u_i \tag{15.18b}$$

$$z_i = \begin{cases} 1 & z_i^* > 0 \\ 0 & z_i^* \leqslant 0 \end{cases} \tag{15.18c}$$

这是一个递归模型，w 通过式(15.18b)和式(15.18c)确定顾客是否使用互联网，然后通过式(15.18a)确定使用互联网是否会带来顾客盈利，该模型与标准线性递归模型的唯一区别是传统递归模型包含两个或更多的线性方程，每一个都会递归到下一个，而本例中是一个“混合”递归模型，其中一个方程是非线性离散变量模型、Probit 模型，第二个方程是线性模型。如果 ε 和 u 相关，那么使用 OLS 估计式(15.18a)就会有偏差，因为这样会使 z 和 ε 之间存在相关。Greene(2002：E23-14)描述了该模型及其如何在 LIMDEP 中进行估计。

上述介绍的模型[式(15.16)～式(15.18)]都与数据库营销非常相关，但到目前为止还很少被应用。不过有一个例外，就是在第 26 章中我们会讨论 Reinartz 等人(2005)的研究。他们对式(15.17)进行了变形，其中 Probit 模型决定了顾客获取(或选择)的过程和两个(删失的)回归，刻画了关系存续和顾客盈利。他们利用这个模型来平衡为获取和保留顾客而实施的活动之间的资源配置。

15.5　时间存续(风险)模型

电信公司的顾客在一年之后能继续保留在公司的概率是多少？顾客每个月的流失概率是多少？流失概率是否会因顾客的人口统计特征不同而不同？顾客与公司之间的关系可以维持多久？所有这些问题都可以通过时间存续模型得以解决，特别是一种叫作风险模型的统计技术。我们首先讨论存续数据的特征，然后讨论用传统方法如 Logit 模型来分析存续数据时存在的问题。最后，我们会介绍专为分析存续数据而开发的风险模型。

15.5.1　存续数据的特征

为了更好地理解存续数据的特征，我们不妨考虑 ABC 报纸公司的例子。公司有一个订购者的数据库，记录了在过去 7 年中至少订购了一个月报纸的顾客的信息。我们在数据库中随机选择了 1 000 名顾客来研究他们的购买行为。图 15.2 显示的是顾客订购 ABC 报纸的时间，对于顾客 1、2、3，由于他们已经不再订购 ABC 的报纸，所以我们可以准确地计算出这些顾客的订购时间。但是像顾客 4 和顾客 1 000 这样的人，由于他们仍在订购 ABC 的报纸，所以他们所提供的存续信息是不完整的。我们只知道他们开始订购的时间，而不知道结束订购的时间。例如，我们只知道顾客 4 到目前为止已经订购 ABC 的报纸一年了，但是我们并不知道这种订购行为会持续到何时。因此，这样的数据是右删失的。

ABC 公司意识到顾客生命周期价值对于公司的成功运营是相当重要的，而顾客保持是顾客生命周期价值一个重要组成部分。因此，ABC 公司开发了一个模型，用以解释影响顾客订购时间的因素，并且预测现有顾客和潜在顾客的存续时间是多长。基于这些分析，ABC 公司计划实施各种顾客获取与保留策略，可问题是，什么模型才是最合适的模型？

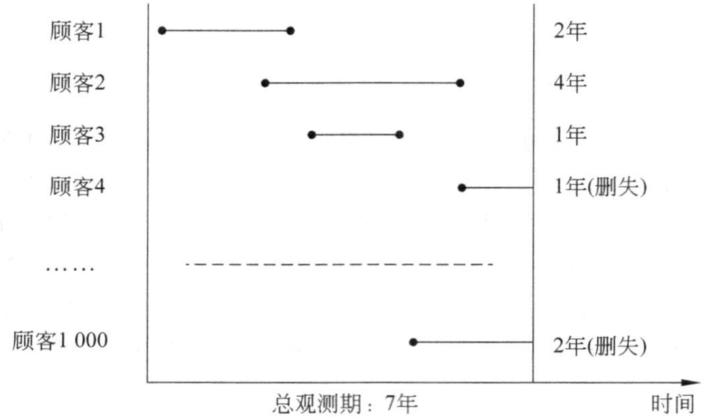

图 15.2 ABC 报纸的顾客存续数据

15.5.2 运用经典线性回归模型分析存续数据

运用经典线性回归模型来解释顾客的订购时间与他们的人口统计特征(收入、教育背景、年龄等)之间的关系可能是最简单的方法。我们可以在估计模型时忽略那些当前顾客的不完整观测(右删失数据),因为这些观测实际上会有更长的存续时间,所以他们的存在会导致存续时间的均值下偏。因此,我们把估计样本限制在非当前顾客上来拟合回归模型,其中每个顾客的订购时间作为因变量,相应的人口统计特征作为自变量或预测变量。①

对先前的顾客样本应用线性回归模型,顾客具有两个人口统计信息,分别是年收入(以千美元计)和性别(男性为1,女性为0)。估计出来的回归线为

$$\text{订购时间} = -1 + 0.2 \times \text{收入} + 0.5 \times \text{性别} \tag{15.19}$$

给定顾客的年收入和性别,根据回归线我们可以预测出他/她的期望订购时间。如果一位女性顾客她的年收入是 20 000 美元,那么她的期望订购时间是 3 年($-1+0.2\times20+0.5\times0$)。如果一位男性顾客他的年收入是 30 000 美元,那么他的期望订购时间是 5.5 年($-1+0.2\times30+0.5\times1$)。此外,该回归线表明订购时间与年收入正相关。在年收入相同的情况下,男性顾客会比女性多订购半年。

将回归应用于当前顾客,我们可以预测顾客将继续订购 ABC 报纸多久。假设图 15.2 中的顾客 4 是一位年收入为 30 000 美元的女性,她的预测订购时间是 5 年。到目前为止,她已经订购了 1 年,说明接下来她还会再订购 4 年的 ABC 报纸。不仅如此,我们还可以用回归模型的结果寻找潜在顾客。对每一个潜在顾客计算他/她的预测订购时间,然后按照订购时间的长短进行排序。订购时间越长的顾客,给 ABC 公司带来的利润越多,所以当顾客的订购时间超过某一个临界点时,我们就会把他/她定位为潜在顾客。

---

① 当完整观测值的特征与右删失的观测值是不一样时,完整观测值的数据集可能会产生样本选择偏差。例如,当前的顾客可能对 ABC 报纸满意,但是之前的顾客可能已经转换到了其他的报纸,结果就是,当前的顾客可能比过去的顾客有更长的订购时间。

然而，回归模型在分析存续数据时存在一些局限(Helsen &Schmittlein，1993)。首先，由于存在删失偏差，回归模型不能应用于所有顾客，只能对那些观测到了完整生命周期的顾客应用。尤其是当完整观测的数量相对于非完整观测的数量较少时就会产生问题。其次，回归模型在帮助营销人员管理顾客关系时存在很大的局限。例如，营销人员想知道在一个给定的时间段内每个顾客的流失概率是多少。银行希望在接下来的一个月中为具有高流失率的顾客制订一个特别的促销方案。回归模型无法回答这个问题①。有关运用回归模型分析存续数据存在的局限详见 Kallbfleisch 和 Prentice(1980)或 Lawless(2003)。

15.5.3 风险模型

近年来，来自不同领域的学者都在致力于研究存续数据、生存时间数据、生命周期数据或死亡时间数据。工程师希望知道在不同的条件下灯泡的寿命是多长。医学研究人员想知道感染了 AIDS 的病人能活多久。经济学家则对失业的持续时间感兴趣。负责订阅报纸的经理想知道顾客会订购多长时间的报纸。Verizon 的客户经理想知道在他们的顾客在转去别的运营商之前能够与 Verizon 维持多长时间的关系。

风险模型是专门为分析存续数据而开发的。Helsen 和 Schmittlein(1993)注意到分析存续数据时使用风险模型比使用传统的模型，如线性回归和离散时间 Probit 或 Logistic 回归有许多优势。与前文提到的例子类似，我们感兴趣的变量是事件从开始到结束(不删失的数据)，从开始到观测期结束(删失数据)之间的时间长度。如图 15.2 的例子，我们观测到的是 $t_1, t_2, \cdots, t_{1\,000}$，且 $t_1=2, t_2=4, \cdots, t_{1\,000}=2$。每个事件开始发生的时间是不同的。而且观测到的存续时间，$t_i(i=1,\cdots,1\,000)$ 与顾客的特征信息相关，这些特征通常是人口统计信息，如家庭规模、收入和婚姻状况等，但是在风险模型中还可以包括一些随时间变化的“协变量”，如最近一次购买，或上一次营销接触的时间。

我们将 T 定义为代表存续时间的一个随机变量(如顾客与公司保持关系的时间)，它的(连续)概率密度函数为 $f(t)$。所以累计密度函数或顾客在 t 时刻之前就离开公司的概率可以写为

$$F(t)=\int_0^t f(s)\,\mathrm{d}s = P(T \leqslant t) \tag{15.20}$$

生存函数(survival function)被定义为事件至少能持续到 t 时刻时的概率。也就是说，生存函数 $S(t)=1-F(t)=P(T>t)$。研究人员更愿意直接对风险函数而非概率密度函数建模，原因是风险函数在数学计算上有一定的便利性。风险率(hazard rate)是指给定事件在 t 时刻之前都没有发生，直到 t 时刻才发生的概率。也就是说，风险率是一种条件概率。例如，在人寿保险中，风险率测量的是给定顾客已经购买了 t 年保险，那么他在 t 到 $t+\Delta t$ 这段时间内取消保险的概率，这里 Δt 是一段相当短的时间。风险率可以定义为

① 通过将观测期划分为相等的间隔可以部分克服这种局限，对于每一个间隔，顾客的状态(1 代表仍然存在，0 代表已消失)作为因变量，由于离散的本质，我们需要应用二元 Logit 或 Probit 回归，但是，Logit 或 Probit 模型在对存续数据建模时也会存在一些缺陷，例如，任意确定的时间间隔。更多讨论详见 Helsen 和 Schmittlein(1993)。

$$h(t)=\lim_{\Delta t\to 0}\frac{P(t\leqslant T\leqslant t+\Delta t\mid T\geqslant t)}{\Delta t}=\lim_{\Delta t\to 0}\frac{P(t\leqslant T\leqslant t+\Delta t)/P(T\geqslant t)}{\Delta t}$$
$$=\lim_{\Delta t\to 0}\frac{[F(t+\Delta t)-F(t)]/S(t)}{\Delta t}=\frac{f(t)}{S(t)} \tag{15.21}$$

需要注意的是，$-\mathrm{d}\ln S(t)/\mathrm{d}t=-\left[\frac{\mathrm{d}S(t)}{\mathrm{d}t}\right]/S(t)=-[-f(t)]/S(t)=h(t)$。函数形式$-\ln S(t)=\Lambda(t)$被称为整合风险函数，由于$-\mathrm{d}\Lambda(t)/\mathrm{d}t=h(t)$，所以该函数等于$\int_0^t h(s)\mathrm{d}s$。那么，生存函数$S(t)=\exp[-\Lambda(t)]$。①

所以，密度函数$f(t)$可以写为

$$f(t)=h(t)S(t)=h(t)\exp\left[-\int_0^t h(s)\mathrm{d}s\right] \tag{15.22}$$

我们如何对风险率$h(t)$进行建模？最简单的方式就是假设$h(t)$是一个常量h_0。这个模型预示随着t的增加风险率是不变的，如图15.3所示。如果风险率是一个常数，在顾客购买了1个月的保险和10年的保险两种情况下，他们取消保险的概率是一样的。将$h(t)=h_0$代入式(15.22)中，我们可以得到$f(t)=h_0\mathrm{e}^{-h_0t}$。也就是说，常量风险率对应的概率密度函数是一个指数分布的存续时间。指数分布由于它的无记忆属性会导致一个恒定的风险率。

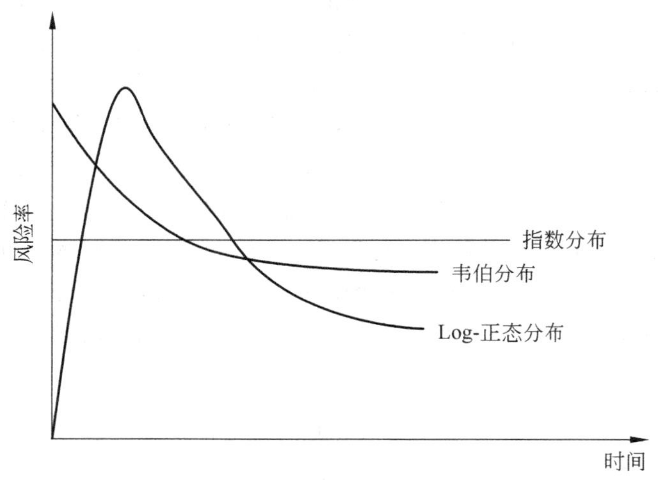

图15.3 各种风险函数

对大多数的应用来说，恒定的风险函数太过严格，一个简单的扩展就是通过假设$h(t)=\beta_0+\beta_1 t$，从而允许风险函数能够单调上升或下降，其中β_0和β_1为待估参数。如果$\beta_1=0$，模型就变为原来的常量风险模型。如果β_1是正的，如图15.3所示，那么风险率随着t的增加而上升。这种情况可以说是与存续时间正相关。我们偶尔会在对购物数据的分析中遇到这种情况。消费者在购买后立即再次购买所买产品的概率较小。随着t的增

① 当我们估计了风险函数的参数后，对当前顾客计算生存概率(直到T^*)时，该等式是十分有用的。

加，由于家庭库存不断消耗，这个概率就会增加。另外，如果 β_1 是负的，风险率随着 t 会单调递减。这种与存续时间负相关的情况经常会发生在对直复营销数据的分析中。

指数、Weibull 和 log-Logistic 是三个研究人员最常用的（参数化）风险函数。它们的概率密度函数、风险函数和生存函数分别为

	概率密度函数 $f(t)$	风险函数 $h(t)$	生存函数 $S(t)$
指数分布	$\lambda\exp(-\lambda t)$	λ	$\exp(-\lambda t)$
Weibull 分布	$\lambda p(\lambda t)^{p-1}\exp[-(\lambda t)^p]$	$\lambda p(\lambda t)^{p-1}$	$\exp[-(\lambda t)^p]$
log-Logistic 分布	$\frac{\lambda p(\lambda t)^{p-1}}{[1+(\lambda t)^p]^2}$	$\frac{\lambda p(\lambda t)^{p-1}}{1+(\lambda t)^p}$	$\frac{1}{1+(\lambda t)^p}$

这些风险函数的形状如图 15.3 所示。指数分布的风险率是一个常量，Weibull 分布根据 p 值的不同风险函数是单调递增或递减的，而 log-Logistic 分布假设风险率在刚开始时是单调递增的，随后单调递减（Kallbfleisch & Prentice，1980）。

风险模型的参数可以用最大似然法进行估计。假设存续数据的样本量为 n，即 t_1，t_2，…，t_n，log 似然函数可以写为

$$\begin{aligned}\ln L &= \sum_{\text{uncensoredobs}} \ln f(t\mid\theta) + \sum_{\text{censoredobs}} \ln S(t\mid\theta) \\ &= \sum_{\text{uncensoredobs}} h(t\mid\theta) + \sum_{\text{allobs}} \ln S(t\mid\theta) \end{aligned} \tag{15.23}$$

需要注意的是，对右删失观测来说唯一可用的信息就是生存率。上述的 log 似然函数是高度非线性的，所以需要使用像 BHHH 方法这样迭代搜索算法来寻找最优解（Berndt et al.，1974）。在 SAS 软件中可以使用两种程序来估计风险模型。PROC PHREG 比较常用，因为它可以处理随时间变化的协变量（如营销活动）和不同形式的风险函数。但是，如果当我们知道了生存分布的形状和风险函数时，PROC LIFEREG 程序可以更快、更有效地估计出结果。

15.5.4 在风险函数中加入协变量

有一些方法可以使我们在风险模型中加入自变量。首先，我们可以将参数化的风险率 $h(t)$ 中的参数写成一组自变量的函数。例如，指数形式和 Weibull 形式的风险模型的参数 λ 可以写为

$$\lambda_i = \exp(-\beta' \boldsymbol{X}_i) \tag{15.24}$$

表 15.2 顾客流失模型的参数估计和风险率（改编自 Van den Poel 和 Lariviere，2004）

自 变 量	估计值(β)	相对风险率[a]
购买间隔时间	0.048	4.9
拥有的产品	−6.856	−99.9
年龄	−0.022	−2.2

续表

自 变 量	估计值(β)	相对风险率[a]
性别	0.879	140.8
教育程度	−0.085	−8.2
高社会地位	−0.593	−44.7

a：相对风险率的计算：100×[exp(β)−1]

其中，$\boldsymbol{X}_i$ 为第 i 个观测的自变量向量；β 为对应的参数向量。Cox(1972)提出了一个更为灵活的方法，叫作比例风险模型(Proportional Hazard Model)。该模型将第 i 个观测的风险率定义为 $h_i(t|\underline{X})$：

$$h_i(t|\underline{X}) = h_0(t)\psi_i(\underline{X}) = h_0(t)\exp(-\beta' X_i) \qquad (15.25)$$

其中，$h_0(t)$为基准风险率；$\psi_i(\underline{X})$中加入了一些可能随时间变化的协变量(或自变量)。基准风险率是描述风险率与存续时间之间关系的风险率，具体的可以是前文讨论过的常量、指数分布、Weibull 分布等(也可见 Seetharaman 和 Chintagunta，2003)。

让我们继续回到 ABC 报纸的例子。对存续数据应用比例风险模型，该模型中包含两个自变量、收入和性别。风险率允许单调递增或递减，我们估计出的加入了自变量的风险函数如下：

$$h_i(t|\underline{X}) = h_0(t)\psi_i(\underline{X}) = h_0(t)\exp(-\beta_2 \times \text{收入} - \beta_3 \times \text{性别}) \qquad (15.26)$$

基于上述估计，我们可以从 β 系数中得出每个自变量对风险率的影响：100×[exp(β)−1]测量了自变量的单位变化导致风险率变化的百分比(Tuma & Hannan，1984)。

我们用 Poel 和 Lariviere(2004)提供的一个实际应用风险模型的例子来总结本部分。他们应用比例风险模型分析了一个欧洲金融服务公司的数据，该公司主要是为顾客提供银行和保险服务。数据集包含随机选择的 47 157 名顾客，其中 47%是已流失的顾客(非删失样本)，剩下的为当前顾客(删失样本)。他们考虑了各种类型的自变量用来解释顾客保持(或流失)，但是为了方便展示，我们只报告了他们估计中的一部分，如表 15.2 所示。

从表 15.2 中可以看出，随着购买间隔的增加顾客的存续时间会缩短。平均购买间隔每增加一年，流失率会增加 100×[exp(0.048)−1]=4.9%。一名顾客拥有公司的产品越多，他/她与公司保持关系的时间越长。每增加一个产品会降低 99.9%(100×[exp(−6.856)−1]=−99.9)的转换率。年龄越大的顾客越不容易离开公司，顾客的年龄每增加一岁，他/她流失的概率会减少 2.2%。男性(编码为 1)比女性多 141%的概率更容易离开公司。教育程度高的人比教育程度低的人少 8.2%的流失率。社会地位较高的顾客比社会地位较低的顾客有更低的流失率。

第16章

聚类分析

摘要

聚类分析是将顾客数据库进行细分，使得每个细分组里的顾客是相似的，组与组之间的顾客是有差异的。相似性是根据“聚类变量”来衡量的，这些变量可能是消费心理、人口统计特征或 RFM 之类的交易变量。聚类结果通常会有很丰富的解释，它们可以提供很多管理建议，如哪些顾客应该给予特定的优惠或以特定的方式进行营销。本章我们讨论有关聚类分析的具体细节，包括相似性的测量、主要的聚类方法、如何确定群组的数量以及如何解释结果。

16.1 概　　述

营销人员很久之前就开始使用聚类分析进行市场细分。它帮助营销人员将顾客分成几个具有同质性的细分组，在同一细分组里的顾客在人口统计特征和行为特征方面是相似的，而不同群组之间这些特征是不同的。

聚类分析和分类是两个比较容易混淆的过程。二者都是为了将研究对象分为几个组，但是它们的目的有所不同。在分类中，我们知道细分组的数量和每组的成员。目的是当一个分类模型估计出来后可以预测一个新的对象属于哪个组。相反，在聚类分析中，我们并没有事先定义的细分组。它的目的是把具有相似特征的研究对象划分到一个组。如果使用机器学习的术语，那么分类就是一个典型的直接知识发现任务，而聚类分析则是一个间接知识发现的例子。

在分类任务中，我们有一个因变量。例如，银行想要评估信用卡申请者的信用风险以决定应该向哪些人发放信用卡。为了建立一个预测模型，我们应该首先分析现有的顾客数据，这时每个顾客是否有过违约情况是已知的。用一个合适的模型如判别分析或 Logistic 回归对数据进行分析，将顾客的信用状态（即违约或不违约）作为因变量，人口统计特征和行为特征作为自变量。通过估计模型参数，我们可以根据获得新的信用卡申请者的人口统计特征和行为特征信息将其归类到违约组或不违约组。

另一方面，在聚类分析中我们并没有事先设定的分组，也不区分因变量与自变量。我们的目的是根据研究对象的特征或变量将其划分为任意数量的同质组。由于在决定群组数和选择聚类相似性算法时有一定的主观性，所以聚类分析经常被认为是一个探索性数据分析工具。

由于其探索性的本质，聚类分析能否得到一个“正确”的细分方案就成为一个问题。一个比较实际的回答是市场细分有很多种方法。问题的关键在于一个细分方案是否具有管理上的意义。显然，细分方案的可解释性会使其变得更有意义。但是在数据库营销的情景下，我们要考虑的是一个细分方案能否用来选择目标市场。我们将在16.3.2中讨论这个问题。值得注意的是，大多数聚类技术都是将顾客划分为组内特征相似而组间特征相异的群组算法。没有隐含的统计模型或理论假设存在一种真实的潜在分组需要我们去发现。这也使得聚类得到的结果是否"正确"很不明显。在大多数聚类方法中，误差和变异的来源经常不被考虑。因此，聚类结果对异常值和噪声比较敏感。一种例外情况是概率聚类，我们将在16.2.3节中第3点讨论。

16.2 聚类过程

聚类分析包含以下步骤：

- 选择聚类变量；
- 选择相似性测量方法，计算变量；
- 选择聚类方法；
- 决定聚类的群组数；
- 实施聚类分析，解释结果，应用结果。

以上的每一步都有多种方法，尤其是相似性测量和聚类方法。方法的选择通常具有一定的主观性。例如，研究人员发现一个相似性的测量方法，评分程序和聚类方法在过去应用时很成功，那么他会倾向于继续使用这些方法。在一个应用中尝试使用不同的方法是一个不错的选择，因为这样可以对比哪个方法会得出更好的结果。然而，读者们应该注意的是，聚类分析有很多方法可供选择，没有哪个方法是数据库营销人员公认的最佳方法。正如前面提到的，对于方法的选择取决于这样一个问题：得到的结果有用吗？

16.2.1 选择聚类变量

在聚类分析中，研究人员面临的第一个问题就是选择什么样的聚类变量。也就是说，形成顾客的同质组需要哪些变量？在一个典型的应用中，我们可以得到的变量包括：

- 寻求的利益：这是对顾客认为的产品或服务的重要利益的测量。它们可以通过在调查中向顾客直接询问而获得(例如，"价格对你来说有多重要？")或者通过联合分析或其他间接的测量方法获得。
- 消费心理：与特定产品类别相关的态度和行为。例如，如果产品类别是消费类电子产品，消费心理就是顾客自我报告的他们是否把自己看作创新者、意见领袖或"小怪胎"。对各种电子产品的拥有和使用也可以看成消费心理。
- 人口统计特征：包括年龄、收入、种族和职业等。
- 地理人口统计特征：包括可以从顾客居住地中推断出的变量。例如，美国国家统计局会按照相对较小的地理单位如"统计街区"公布平均收入、年龄、房屋所有权等信息。
- 行为：包括从公司的顾客数据文件中得到的最近一次消费、消费频率和消费金额。这些变量也可以分类别统计(如购买男士服装、女士服装、儿童服装和饰品的频率)。行为变量也可以包括顾客是通过何种销售渠道进行购买的。

- 竞争性指标：包括钱包份额、竞争者偏好等。
- 顾客价值：可能包括对营销活动的反应、生命周期价值、顾客生命周期长度和顾客风险等。

选择用什么变量进行聚类要依情况而定。例如，应用于新产品时，基于寻求的利益的聚类会比较有效。应用于交叉销售时，基于不同类别产品的销售渠道使用情况或 RFM 的聚类会比较有效。应用于顾客分级计划时，基于顾客价值的聚类会比较有效。

一种策略是使用上述其中一类变量作为聚类变量，其他变量作为"判别变量"。这些变量可以帮助解释结果和将新的顾客划分到聚类群组中。之所以不把不同种类的变量一起作为聚类变量，是因为如果这样做的话会给解释结果带来很大困难，而且不同类型的变量其测量尺度也不同，这就会带来测量尺度问题(16.2.2 节中第 3 点有所讨论)。在 16.3 中，我们会用一个虚拟的例子来说明聚类变量和判别变量的作用。

一个比较实际的问题是，如果我们已经知道了所需的聚类变量的类型，那么应该用多少个这样的变量呢？这个被称为"变量选择"的问题，在经典回归中已经被深入研究过。忽略相关变量会导致有偏估计，而包含了非相关变量会导致模型的过度拟合(Greene, 1997)。但是，聚类变量的选择问题很少被研究了。从技术上说，用于聚类的变量数目可以不受限制。但是为了保证结果的可解释性，通常把变量的数量控制在相对较小的范围(5～15 个)。①

16.2.2 相似性测量

聚类分析的目的是将顾客划分为几个同质的群组。同一组内的顾客应该比较相似，而不同组之间的顾客不相似。我们需要更加准确地界定。那么如何定义顾客之间的相似性呢？

聚类分析首先要选择一个相似性的测量指标和一组能够计算相似性的变量。在选择相似性测量指标时需要谨慎，因为不同的测量指标会导致不同的聚类结果。我们建议可以应用不同的测量指标然后检验聚类结果的稳定性。不稳定的聚类结果，可能说明我们找到的聚类群组不能提供一个有意义的或可用的细分方案。

1. 距离型相似性测量

总的来说，有两种类型的相似性测量：距离型和匹配型。如果变量是用同样的测量尺度测量的，那么使用距离型相似性测量比较合适，这样顾客之间的相似性就可以用他们在一个尺度空间中的距离来测量。例如，三个顾客的位置如图 16.1 所示，每个顾客的位置都可以用二维空间里的一个点表示。以矩阵的形式表达，我们有一个 3×2 的数据矩阵，包含三个顾客，每个顾客有两个属性。顾客 A 和顾客 B 之间的距离是所有两点之间距离中最短的。因此，我们可以说顾客 A 和顾客 B 在这两个属性(比如收入和年龄)上是相似的。这里我们使用的就是两点之间的距离作为相似性的测量标准。

---

① 也建议在聚类时借鉴备选变量的相关结构，聚类分析中包含高度相关的变量会有加重潜在维度的影响，因此，如果两个变量是高度相关的，则应该删除其中的一个。

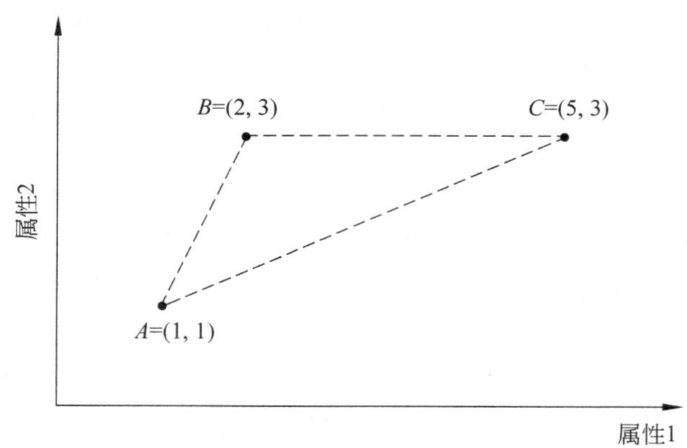

图 16.1 定义相似性*

* 点 A、点 B 和点 C 代表顾客，表示顾客在属性 1 和属性 2 上的价值

最常用的距离相似性测量标准是点对点的欧氏距离(Hair et al.,1992)。两个 p 维向量 $\boldsymbol{x}=[x_1,\cdots,x_p]$和 $y=[y_1,\cdots,y_p]$之间的欧氏距离被定义为

$$d(\boldsymbol{x},\boldsymbol{y})=[(x_1-y_1)^2+\cdots+(x_p-y_p)^2]^{1/2}=[(\boldsymbol{x}-\boldsymbol{y})'(\boldsymbol{x}-\boldsymbol{y})]^{1/2} \quad (16.1)$$

在图 16.1 中，顾客被表示成二维($p=2$)空间中的点，因此顾客 A 和顾客 B 之间的欧氏距离是$\sqrt{5}=[(1-2)^2+(1-3)^2]^{1/2}$。同样的，$A$ 和 C 之间的欧氏距离为 $2\sqrt{5}$，B 和 C 之间的欧氏距离是 3。从中我们可以看出 A 和 B 之间的欧氏距离是最短的。所以 A 和 B 是最相似的。闵可夫斯基(Minkowski)测量推广了欧氏距离的概念。两个 p 维向量之间的闵可夫斯基距离被定义为

$$d(x,y)=\left[\sum_{i=1}^{p}|x_i-y_i|^m\right]^{1/m} \quad (16.2)$$

其中，当 m 等于 2 时它就变成了欧氏距离。另外，当 $m=1$ 时，闵可夫斯基距离又叫作城市街区距离。例如，图 16.1 中顾客 A 和顾客 B 的城市街区距离是横向距离和纵向距离的加总，在这里就是 3(1+2)。

2. 匹配型的相似性测量

几何距离对于分类变量是没有意义的。当顾客由一组分类特征变量表示时，我们可以用匹配的程度来测量顾客之间的相似性。例如，如果两个顾客都是学生，那么他们被认为是相似的。

我们用两个顾客之间的匹配度作为相似性的测量，更确切地说，考虑的是匹配特征的数量占特征总数量的百分比。举个简单的例子，假设共有 5 个属性，我们用有某个属性(编码为 1)或没有某个属性(编码为 0)，来刻画两个顾客。如果顾客 A 的属性矩阵为 $\boldsymbol{x}=[0,0,1,1,1]'$，顾客 B 的属性矩阵为 $\boldsymbol{y}=[1,0,1,1,0]'$，在五个属性中有三个属性匹配，所以 A 和 B 之间的相似性就是 0.6。

匹配型相似性测量有一些不同的形式，如为不同的匹配情形分配不同的权重。例如，如果数据存在异常大量的 0 值，我们就要对 1 的匹配赋予较大的权重。同样的，如果数据中有大量的 1 值，我们也要对 0 的匹配赋予较大的权重。有关相似性测量更详尽的讨论

见第14章。

现在的问题是：当一些聚类变量是定量变量用距离型相似性测量比较好，而另一些聚类变量为定类变量用匹配型相似性测量比较好时，我们该如何做？这里没有明确的答案。在实际中，常用的解决方法是将定类变量以0/1进行编码，将它们与定量变量和距离型相似性测量一起使用。这个方法在距离能够被计算出来时是奏效的，但是这样我们会将用不同单位测量的变量混在一起，由此带来测量尺度的问题（将在下节中讨论）。另一个可能的解决方法是只使用一个类型的聚类变量（如寻求的利益），它们都是在相同尺度下进行测量的（在这种情况下，有相同的度量单位），所以混淆定量变量和定类变量的问题就不存在了。

3. 测量尺度和加权

即便都是定量变量也经常会用不同的单位进行测量，这会在一定程度上误导聚类分析的结果。例如，如果我们将一个变量乘以一个较大的数，比如说是100，那么相似性测量就会由这个变量值主导。因此，在相似性计算中我们建议重新调整某些变量的尺度，这样一个变量的百分比变化就不会比另一个变量的相同百分比变化更显著。

测量尺度问题主要来自每个变量测量时不同的方差。为了避免由于不同测量单位引起的尺度问题，一种方法就是让所有变量的方差相等，实践中经常使用的修正方法有两个。第一个方法是重新调整所有变量的尺度使它们的取值范围都在0～1。如果$\boldsymbol{X}_i$是原始变量，X_i^*是调整后变量，则$X_i^*=(\boldsymbol{X}_i-X_{\min})/(X_{\max}-X_{\min})$，$X_{\min}$为原始变量观测到的最小值，$X_{\max}$为原始变量观测到的最大值。另一种方法，我们可以将所有变量标准化，这样调整后的变量有相同的均值0和相同的方差1。如果$\boldsymbol{X}_i$是原始变量，那么调整后变量$Z_i=(\boldsymbol{X}_i-\overline{X})/\sigma_X$，其中$\overline{X}$为原始变量的均值，$\sigma_X$为相应的标准差。①

以上说的方法从表面上看可以解决尺度问题，但可能也会导致结果的局限性。例如，假设我们用五点量表来测量寻求的利益。结果价格重要性的均值为3.0，标准差是1.0。这就意味着顾客在对价格的重视程度上大不相同。现在我们假设质量重要性也有一个3.0的均值，但是标准差是0.5。这就说明顾客在对质量的重视程度上的差异并不是那么显著。如果我们将这些变量标准化，那么它们的方差都是1，而我们却丢失了重要信息，那就是顾客对价格的重视程度差异很大，而对质量的重视程度没什么差异。这个例子假设使用了相同的测量单位，但是将不同测量单位的变量标准化后，同样的问题仍然存在。让我们将服务重要性的测量也包含在里面，服务重要性利用顾客给呼叫中心打电话的数量来测量。假设这个变量的均值是10，标准差是10，说明该变量变化范围很广并且呈右偏状（因为呼叫的数量不能比0少）。变量标准化后它与质量重要性就在一个水平上，因为两个变量有相同的方差。这就掩盖了顾客对质量重要性的感觉大致差不多但是对服务重要性的评价却不同的事实。如果服务重要性的"真实"差异在定义细分组时是一个重要的因素，那么我们将所有变量转化为相等方差时就会丢失这个信息。

---

① 数据库营销中的变量（如货币价值）经常是呈高度偏态的，右偏变量会产生很多小的聚类群和几个大的聚类群，这些都是我们不希望的。因为有偏态变量，所以我们建议使用Log形式然后标准化变量。

解决重新调整尺度的问题并非易事。一个可能的方法是只使用以相同尺度测量的聚类变量，而不进行标准化(如利用五点量表测量寻求的利益)。然而，这种方法并不能适用所有情况，例如，人口统计特征经常是用不同的尺度进行测量的(如收入和年龄)。正是因为这样，聚类分析实际上是一个探索性技术。和距离测量一样，我们可以尝试不同的尺度调整程序，然后检查它如何改变聚类的本质和对结果的解读，最后选择最适合的解决办法。

考虑不同聚类变量在管理上的重要性，解决尺度问题的另一个方法是将每个聚类变量赋予不同的权重。例如，如果我们认为在决定家庭相似性时户主的收入变量比年龄变量更重要，那么通过在收入变量上乘以一个较大的数(至少比 1 大)来赋予它一个较大的权重是很合理的。但是，与尺度调整的客观性相反的是，寻找合适的权重通常比较主观。我们建议只有当基于先前的研究或自己的经验而有充分的理由时，才考虑使用权重。此外，要使用权重，我们建议尝试不同的权重(如对收入变量乘以不同的数值)，然后根据结果的可解读性和管理相关性将相应的聚类结果进行比较。

16.2.3 聚类方法

聚类的目的是将顾客划分为任意数量的细分组，使相同细分组里的顾客的特征是相似的，而不同细分组里顾客的特征是不相似的。但是，找到一个最佳的聚类方案并不是一件容易的事。例如，将 20 个顾客进行聚类就有上百万种方法。如果将 20 个顾客聚为一类，那么只有一种方法。但是要把 20 个顾客聚为两类就有 524 287 种方法！聚为三类方法就更多了。[①] 从理论的角度，找到一个最佳的聚类方案的方法就是列举出所有可能的聚类方案然后从中选择一个最好的。但是，从实际的角度讲，我们不可能列举出所有可能的方案。因此，研究人员开发了启发式算法，使得我们不需要找到最佳的聚类方案(如果确实有一个可以称为最佳的解决方案存在)，而只需找到可以接受的解决方案。

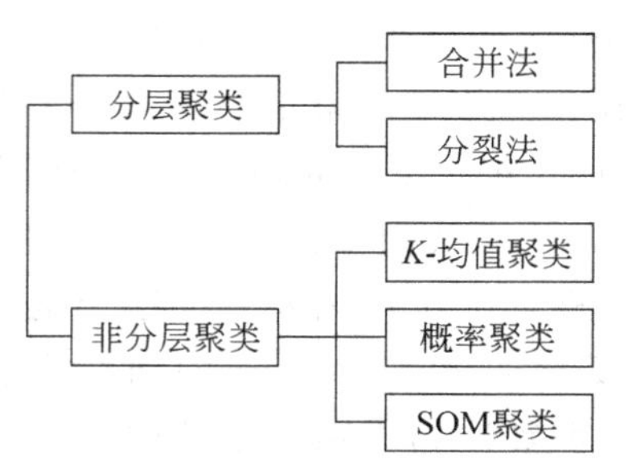

图 16.2 聚类方法分类

关于聚类的算法有很多。如图 16.2 所示，这些算法总的来说可以分为两类：分层聚类技术和非分层聚类技术。

分层聚类主要是通过两种方式构建出一个树状结构：一种方式是顺序合并集群的合并法；另一种方式是连续分割集群的分裂法。假设有 n 个顾客，合并法分层首先从 n 个聚类群开始，也就是每个顾客作为单独的一个聚类群。然后将 2 个最为相似的顾客合并为一组，这时就剩下 $(n-1)$ 个群组，然后继续合并，这时剩下 $(n-2)$ 个群组，以此类推。直到所有的顾客都合并到一个群组中。分裂法正好是相反的程序。它最开始将所有的 n 个顾客聚为一类，然后将 n 个顾客分为两组，使得其中一组的顾客与另一组中的顾客是不同的。这样不断分裂，直到每个顾客在

---

① 将 n 个顾客聚为 k 类的方法有多少种可以由如下公式计算：$(1/k!)\sum_{x=0}^{k}(-1)^{k-x}kC_{x}x^{n}$。

被分为单独的一个组中。在下文中我们会继续详细讨论合并法。但是，分裂法就不再详细介绍，因为该方法的算法与第17章将要讨论的决策树算法十分相近。

非分层聚类比分层聚类方法出现得晚一些，它主要用于用户事先指定了聚类组数的聚类分析中。虽然非分层聚类有很多种，但是这里我们只介绍 K-均值聚类、概率聚类和自组织映射(SOM 聚类)。K-均值聚类，首先随机将 n 个顾客划分为 k 个群组，然后通过改变每个顾客所属的群组来不断改进群组的划分。概率聚类可以看成 K 均值技术的概率版本，它克服了 K-均值聚类的几个缺陷，但是需要做出各种假设。最后，SOM 聚类是神经网络模型的一个特殊形式，它在检测群组时非常有用。它的一些特点与典型的神经网络模型类似，而另一些特征则与 K-均值聚类相似。

1. 合并式聚类

很长时间以来，营销人员就开始使用合并算法来进行市场细分。尽管合并聚类有很多不同的算法如连接方法和方差方法等，但是这里我们主要描述它的一般算法结构(Johnson & Wichern,1982)。合并法一开始将 n 个顾客作为 n 个聚类组，也就是说，每个作为单独的一个聚类组，然后顾客的相似性将他们不断合并，直到所有的顾客被合并为一个组。我们可以用一个例子来说明这个算法。

假设我们有五个顾客，使用之前讨论的一个相似性定义来计算他们两两之间的相似性。得到的相似性矩阵如表16.1(a)所示。因为矩阵的对称性(A 和 B 的相似性与 B 和 A 的相似性是一样的)所以只有下三角部分被显示出来。表16.1(a)显示，顾客1和顾客2在所有成对组中是最相似的(或距离最近的)，所以我们将这两个顾客合并为一个组，起名为(12)。现在我们就有四个聚类群，分别为群组(12)，群组(3)，群组(4)和群组(5)。

因为创建了一个新的群组(12)，所以要更新相似性(距离)矩阵。群组(3)、(4)、(5)之间的距离仍然保持不变，但是群组(12)和剩下群组之间的距离要重新计算。有三种方式来定义两个群组之间的距离：单连接法、完全连接法和平均连接法。单连接法将群组之间的距离定义为群组成员中离得最近的距离。例如，群组(12)中有两个顾客。群组(3)与顾客1的距离是5，与顾客2的距离是6。因此，群组(12)与群组(3)的单连接距离是5。群组(12)与剩下群组之间的距离是采取相同的办法计算。表16.1(b)显示的是使用单连接法计算的4个聚类群的距离矩阵。与之相反，完全连接法使用的是群组成员中离得最远的距离。所以，群组(12)和群组(3)之间的距离按照完全连接法的定义就是6。最后，平均连接法使用的是群组成员之间的平均距离。如果我们使用平均连接法，那么群组(12)和群组(3)之间的距离是5.5。

从现在开始，将讨论限定在单连接距离上。表16.1(b)显示接下来应该进行合并的是群组(3)和群组(4)，因为它们之间的距离最小。合并这两个组我们得到了群组(34)，现在我们总共有三个群组：群组(12)、群组(34)和群组(5)。表16.1(c)显示了三个聚类群更新后的距离矩阵，它表明接下来要合并的是群组(12)和群组(34)。表16.1(d)显示的是两个聚类群，群组(1234)和群组(5)以及它们的距离矩阵。最后，将这两个群组合并我们就得到了包含所有五个顾客的一个群组。

表 16.1 聚类分析案例

(a) 5-群组方法	(b) 4-群组方法
$\begin{array}{c\|ccccc} & 1 & 2 & 3 & 4 & 5 \\ \hline 1 & 0 & & & & \\ 2 & 2 & 0 & & & \\ 3 & 5 & 6 & 0 & & \\ 4 & 6 & 7 & 3 & 0 & \\ 5 & 10 & 11 & 8 & 7 & 0 \end{array}$	$\begin{array}{c\|cccc} & (12) & 3 & 4 & 5 \\ \hline (12) & 0 & & & \\ 3 & 5 & 0 & & \\ 4 & 6 & 3 & 0 & \\ 5 & 10 & 8 & 7 & 0 \end{array}$
(c) 3-群组方法	**(d) 2-群组方法**
$\begin{array}{c\|ccc} & (12) & (34) & 4 \\ \hline (12) & 0 & & \\ (34) & 5 & 0 & \\ 4 & 10 & 7 & 0 \end{array}$	$\begin{array}{c\|cc} & (1234) & 5 \\ \hline (1234) & 0 & \\ 5 & 7 & 0 \end{array}$

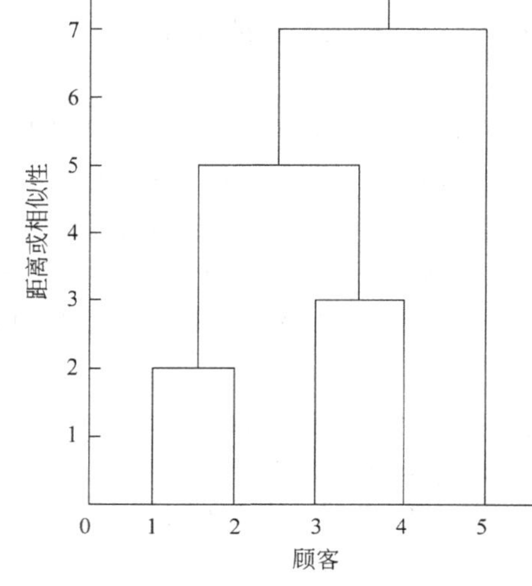

图 16.3 聚类树图案例

我们通常把从 n 个聚类群到一个聚类群的迭代过程总结在一个树状图表中，我们称之为“树图”(dendrogram)，希腊语中“dendron”的意思就是树。图 16.3 显示的就是包含五个顾客的聚类的树图。树图的横轴代表每个顾客，纵轴代表群组形成的过程和合并时的距离信息。树图通常被用来确定用户需要的聚类群组数。通过树图可以计算出群组合并时的距离。一般来说，我们会选择距离突然增大时的群组数量。但是，随着顾客变得越来越多，树图也会变得越来越复杂。而且，用树图来决定聚类的组数也非常主观。在 16.2.4 节中我们将讨论决定聚类组数的更为正规的程序。

合并法实施简单且容易理解。但是，树状结构，使它有一些重要缺陷。并且，一旦顾客在较早的聚类过程中被错误地分到一个组，那么聚类结果会有严重的偏差，错误会传递到剩下的树中，并且不能进行重新聚类。

2. *K*-均值聚类

数据中最常使用的聚类方法就是 K-均值聚类。给定用户事先确定的聚类群数 k，该算法首先在 n 个顾客中随机选取 k 个点，作为初始聚类中心。计算剩余顾客与聚类中心的欧氏距离，将他们归到离其最近的那个聚类中心所在的类。当所有顾客都被归到 k 个聚类群中后，需要计算新的聚类中心，通常是在每个群组中聚类变量的平均值，然后根据顾客与新的聚类中心的距离将每个顾客重新归类，直到顾客不再被重新分组，我们就停止迭代。

以下我们用一个简单的例子说明 K-均值算法。假设我们有四个顾客，顾客的特征用两个属性表示，分别为收入和年龄。表 16.2(a)显示了四个顾客的属性值。如果我们想创建两个聚类群($k=2$)，首先随机选择两个顾客，他们的属性值就是初始聚类中心。这里我们假设选择的是顾客 B 和顾客 C，由于顾客 A 与顾客 B 之间的距离是 10，与顾客 C 之间的距离是 $\sqrt{68}\approx 8.2$，所以顾客 A 被划分到了顾客 C 的群组中。类似的，顾客 D 与顾客 B 之间的距离小于与顾客 C 之间的距离，所以顾客 D 被划分到了顾客 B 的群组中。结果在第一次迭代后我们得到两个聚类群，分别为群组(AC)和群组(BD)。

一旦所有的对象都被分到两个群组中，我们就需要计算两个聚类群组的聚类中心，如表 16.2(b)所示。需要注意的是，对于给定的群组，其聚类中心是群组成员的特征均值向量。现在我们需要计算每个顾客与新聚类中心之间的距离，看看是否有重新分组的必要。由于顾客 A 与群组(AC)的聚类中心之间的距离是 $\sqrt{17}\approx 4.1$，与群组(BD)的聚类中心之间的距离是 $\sqrt{122}\approx 11$，所以顾客 A 不需要移动。然而，顾客 C 与群组(BD)的聚类中心之间的距离是 $\sqrt{10}\approx 3.2$，比与群组(AC)的聚类中心之间的距离 $\sqrt{17}\approx 4.1$ 要小，所以顾客 C 应该重新归到群组(BD)中。使用相同的方法，顾客 B 和顾客 D 仍然留在原来的群组中。第二轮迭代结束后，我们有了两个新的聚类群，分别为群组(A)和群组(BCD)。

表 16.2(c)显示了新的聚类群的聚类中心。给定两个新的聚类群和它们的聚类中心，我们需要重新评估每个顾客是否应该被移入或移出群组。经过计算后发现没有顾客需要移动，所以计算过程在本轮迭代结束，由此我们得出了最终的聚类方案，即群组(A)和群组(BCD)。

表 16.2　*K*-均值算法举例

(a) 四个对象的特征		
顾客	x_1	x_2
A	13	3
B	3	3
C	5	1
D	1	1
(b) 第一次迭代的群组及其聚类中心		
群组	聚类中心(x_1)	聚类中心(x_2)
(AC)	9	2
(BD)	2	2
(c) 第二次迭代的群组及其聚类中心		
群组	聚类中心(x_1)	聚类中心(x_2)
(A)	13	3
(BCD)	3	1.7

对大规模的数据来说，*K*-均值聚类法比合并聚类法更适用，因为它的计算速度比较快。在观测值的数目上 *K*-均值是线性的，而合并法根据不同相似性的测量往往是立方形

式的。而且，计算 K-均值不需要内存很大的计算机，因为它的算法不需要保存距离矩阵。但是，K-均值聚类最终的结果依赖于初始条件。在我们的例子中，我们随机选择了 k 个起始点或聚类中心。[①] 不同的初始聚类中心会产生不同的聚类结果。因此，我们建议使用不同的初始聚类中心然后比较对应的聚类结果。最后，K-均值聚类隐含的一个假设是球形集群有一个共同的误差方差。所以它往往会产生大小相等的集群(Everitt，1993)。

3. 概率聚类

合并聚类和 K-均值聚类在将对象进行分组时都存在一个严重缺陷。它们都假设每个对象只属于一个群组，没有任何有关对象属于某个群组的概率的说明。由于这种确定性的特点，这些方法对异常值都比较敏感，不适用于有重叠现象的群组。例如，一名顾客一部分属于这个群组；另一部分属于另一个群组。概率聚类通过引入顾客所属群组的不确定性而解决了上述问题，也引起了研究人员的重新关注。概率聚类具有吸引力的另一个原因是它假设有一组真实存在的潜在聚类群组，而概率聚类的任务就是发现这一潜在群组。这比其他方法在概念上令人满意，因为其他方法在聚类时更多的是凭借主观常识，并不能保证聚类方案在实际中是独特的或正确的。

概率聚类也有其他优点。它对变量的尺度没有特定的需求。例如，当变量是正态分布而且方差未知时，不论观测变量是标准化的还是非标准化的，其结果都是一样的(Magidson & Vermunt，2002)。此外，概率聚类使用一种统计上可以验证的方式来决定聚类群组的数量，而且还可以对聚类结果进行效度检验。概率聚类也叫作软聚类、混合模型聚类，基于模型的聚类或潜类别聚类分析。

概率聚类假设要进行聚类的数据来自一组潜在概率分布的有限混合，其中每个分布都代表了一个聚类群(Fraley & Raftery，1998)。令 x_i 代表顾客 i 的属性向量。如果顾客 i 属于群组 s，那么他的条件概率分布或"密度"表示为 $f_s(x_i|\theta_s)$，其中 θ_s 为描述条件密度的参数。所以顾客 i 的非条件概率分布或密度可以写为

$$g(x_i|\theta)=\sum_{s=1}^{S}\pi_s f_s(x_i|\theta_s) \tag{16.3}$$

其中，S 为聚类的群组数；π_s 为顾客 i 属于群组 s 的先验概率；或者 π_s 也可以被看作群组 s 的大小。应该注意对于所有 s 和 $\sum_{s=1}^{S}\pi_s=1$ 有 $\pi_s\geq 0$。

大多数有关式(16.3)的特定形式的研究都假设 $f_s(x_i|\theta_s)$ 是多元正态的(Banfield & Raftery，1993；Cheeseman & Stutz，1995；Dasgupta & Raftery，1998)。[②] 因此，参数 θ_s 由均值向量 μ_s 和协方差矩阵 $\sum_s$ 组成。最通用的模型需要估计所有群组的均值、方差和协方差。但是，随着顾客特征的数量或群组数的增加，待估计的参数数量也显著增加。因此，很多学者通过限制 $\sum_s$ 中参数的可能值而提出了更为简单的模型。

---

① 另一种方法可以是随机将所有顾客分为 k 个初始群组，但是这个方法也会存在后面同样的问题。

② 另一方面，潜类别模型假设 $f_s(x_i|\theta_s)$ 是伯努利分布或类条件分布(Bartholomew，1987)。

一个有意思的限制模型叫作"局部独立"模型，该模型中假设所有群组内的协方差都是0，或者假设$\sum_s$是对角矩阵。这个模型并不像想象中那么严格。顾客特征在给定的群组内是（局部）独立的，而观测到的特征在整体上仍然可以是相关的。另一个有意思的限制是假设所有聚类群组的$\sum_s$是相等的（Banfield & Raftery，1993；Vermunt & Migidson，2000）。

概率聚类的估计一般是基于EM算法（Dempster et al.，1977；Tanner，1993）。EM算法是对不完整数据的一个通用算法，采取的是最大似然法。在概率聚类中，顾客i的完整数据为$y_i=(\boldsymbol{x}_i,\boldsymbol{z}_i)$。向量$\boldsymbol{z}_i=(z_{i1},\cdots,z_{is})$代表缺失数据，其中如果顾客$i$属于群组$s$，那么$z_{is}$等于1，否则等于0。因此，给定$\boldsymbol{z}_i$，那么顾客$i$的数据$\boldsymbol{x}_i$的概率密度函数为$\prod_{s=1}^{S} f_s(x_i \mid \theta_s)^{z_{is}}$。假设每个$\boldsymbol{z}_i$都是独立同分布，来自拥有$S$个分类且概率分别为$\pi_1,\cdots,\pi_s$的多项式分布。我们得到的完整数据的对数似然函数为

$$l(\theta_s,\pi_s,z_{is} \mid x_i)=\sum_{i=1}^{n}\sum_{s=1}^{S} z_{is}[\log\pi_s f_s(x_i \mid \theta_s)] \tag{16.4}$$

我们用迭代EM算法来最大化公式(16.4)的对数似然函数。在E步与M步之间进行迭代，E步中根据已知参数值的数据计算$\hat{z}_{is}=E(z_{is} \mid x_i,\theta_1,\cdots,\theta_S)$的值，M步中将$z_{is}$用条件期望$\hat{z}_{is}$代替，使完整数据的对数似然函数最大化的参数值。该算法由一个$\hat{z}_{is}$的初始猜测值开始。E步与M步会一直迭代，直到达到研究人员制定的收敛准则。

如前所述，概率聚类具有合并式聚类和K-均值聚类所没有的优点。但是由于其计算的复杂性，在数据库营销中应用得并不是很广泛。概率聚类的优化方法对内存和时间有一定的要求，这种需要会随着初始的增加而迅速增长，增长速度高于线性增长（Fraley & Raftery，1998）。因此，它不适合大量顾客的聚类。

商业软件中最常用的概率聚类包含在S-PLUS软件包的*mclust*功能中。研究人员对*mclust*功能进行了改进，编写代码与S-PLUS接口（见www.stat.washington.edu/fraley/mclust/soft/shtml）。其他可以进行概率聚类的软件有Statistical Innovation的Latent Gold。它通过假设一个正态分布、多项分布和其他分布的混合体来实现概率分布。它也估计了潜类别回归模型。

4. 自组织映射图(SOM)

有一种神经网络模型叫作自组织映射图(SOM)，也可以用来进行聚类分析。由Tuevo Kohonen在1982年提出的SOM，最初是用在图像和声音领域，最近才被人们用在聚类分析中。和其他神经网络模型一样，SOM有输入层和输出层（见18章）。输出层的每个单元（或聚类群）与输入层的每个单元（或属性）相连，联系的强度由权重来衡量。但是，SOM与其他神经网络模型有本质的不同，它的目的是识别出输出层未事先确定的"因变量"。SOM寻找的是数据中的未知模式，使用机器学习的术语来说，SOM是为了非监督的学习而开发的方法。因此，并不像其他聚类算法那样有可供训练或事先分好类的例子。

图16.4显示了SOM的结构。输入层有五个单元，说明每个顾客有五个属性。输出

层有九个单元或聚类群，构成一个 3×3 的二维网。① SOM 的输出层一般是按二维网或格子的形式排列，如图 16.4 所示。每一个输出单元就是一名顾客群组的原型，该群组中有同质的输入数据向量。输出层的单元相互之间并没有直接相连，但是，这样的网格结构使得输出单元能够互相联系。网格中两个相邻的单元代表两个相似的聚类群。在两个单元（或聚类群）之间存在的节点越多，说明两个单元越不相似。

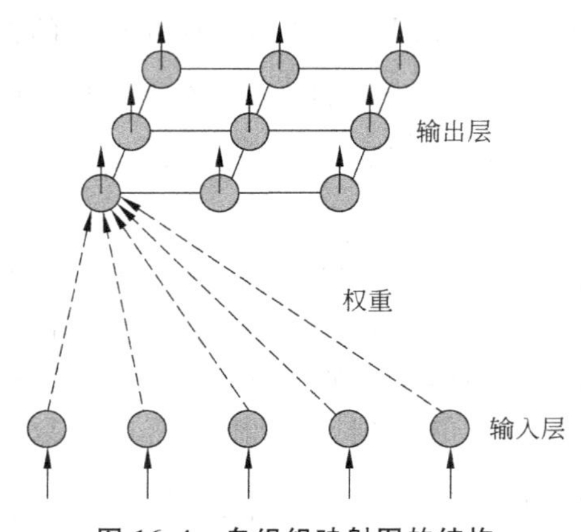

图 16.4 自组织映射图的结构

虽然我们没有在图 16.4 中画出所有的线，但是输出层的每个单元与输入层的所有单元都是相连的。所以，SOM 可以理解为是一个从输入空间映射到输出单元二维网的拓扑保留映射(Vesanto & Alhoniemi，2000)。用于训练 SOM 的数据向量的数量与顾客的数量是对应的。在图 16.4 中，每个顾客都在五个属性上进行评估。每个连线都有一个对应的权重，由五条线刻画，每条都有自己的权重，它们将每个输出单元与输入变量联系起来。

SOM 根据学习规则计算权重。输出层的单元（经过权重调整）通过训练可以学习输入数据值的规律。在训练过程中输出单元（或聚类群）之间会进行竞争以承担对于一个观测到的特定输入数据向量的"责任"。只有获胜的输出单元（以及它的邻居）才能够通过对给定的输入数据向量调整它的权重进行学习。输出单元是否能成为获胜者取决于当前的权重向量 w 和数据向量 x 的相似性。更确切地说，令输出单元 k 的权重向量是 $\boldsymbol{w}_k=[w_{k1},\cdots,w_{kJ}]$，这里 J 为输入层中属性的数量。在每一次训练迭代中，顾客 i 的数据向量 $\boldsymbol{x}_i$ 是从输入数据中随机选择的，输出单元 k 的权重向量和数据向量的相似性由它们的欧氏距离进行测量。

$$\|\boldsymbol{x}_i-\boldsymbol{w}_k\|=\left[\sum_{j=1}^{J}(x_{ij}-w_{kj})^2\right]^{\frac{1}{2}} \tag{16.5}$$

数据向量 $\boldsymbol{x}_i$ 和输出层每个单元之间的距离都被计算出来。具有最小距离的输出层单元就是给定数据向量 $\boldsymbol{x}_i$ 的最佳匹配或获胜单元。

在选择数据向量之前，权重向量需要进行初始化。在每次迭代中，从输入数据中随机选择一个训练数据向量($\boldsymbol{x}_i$)，通过计算数据向量和输出层每个单元($\boldsymbol{W}_i$)的权重之间的距离来决定最佳匹配单元。获胜单元和它的近邻单元的权重向量会被朝着数据向量更近的方向更新。结果就是，每个输入数据向量随着权重的不断更新逐渐地归到一个输出单元中。更确切地说，输出单元 i 的权重向量根据如下规则进行更新：

$$w_{kj}(t+1)=\begin{cases}w_{kj}(t)+\lambda[x_{ij}-w_{kj}(t)] & k\in N(k')\\ w_{kj}(t) & \text{其他情况}\end{cases} \tag{16.6}$$

① SOM 的输出层通常是以二维形式排列的，初始输出层单位的数量限制在特定的数字(如 3×3，5×4)。但是，SOM 识别出的聚类群比输出层要少，没有点击的单元或点击非常少的单元会被遗弃，因此，最终的聚类群数量可以是任何数。

其中：t 为迭代的次数；λ 为学习常数，且 $0<\lambda<1$；$N(k')$ 为输出单元的组合，包括获胜单元 k' 和它的近邻（Kohonen，1994）。式（16.6）说明只有获胜单元和它的近邻的权重能够被调整。结果就是，相似的输出单元互相之间离得较近，相似数据向量比不相似的占据更近的位置。尽管确定更新准则有很多不同的方法，但式（16.6）是最简单的。更复杂的更新准则，可参见 Kohonen（1995）或 Vesanto 和 Alhoniemi（2000）。

16.2.4 聚类的群组数量

确定合适的聚类群组数是聚类分析中最为困难的问题之一。虽然管理层的判断比较主观，但是这些判断有些时候在决定聚类数量时还是比较重要的。例如，聚类群的相对大小应该足够大这样在管理上才是有意义的。仅有几个顾客的聚类群有可能会被当作异常值而忽略。再如，营销经理常常会因为执行成本可能超出他们的预算，或者细微调整的细分策略并不可行而限制聚类群组的数量。

现在我们来关注一些比较正规的用以决定聚类数目的方法。决定聚类数目的方法主要依赖于使用的聚类算法，除此之外，还有一些决定聚类数目的标准。Milligan 和 Cooper（1985）研究发现 Calinski 和 Harabasz（1974）提出的程序在 30 个不同的标准中表现最好。Calinski 和 Harabasz 建议用下面的标准决定聚类的数目：

$$G(k)=\frac{(n-k)(T-W)}{(k-1)W} \tag{16.7}$$

其中，k 为聚类的数目；n 为顾客数；W 为顾客与所在群的聚类中心之间距离的平方和；T 为每个顾客与平均顾客（即所有数据的中心）之间差异的平方和。可以选择使 $G(k)$ 最大化的 k 值作为最佳聚类数，因为在这种情况下，W（顾客与聚类中心的距离）比 T（顾客与整个数据的中心的距离）相对要小。

对于概率聚类，我们有一个比较正规的方法来决定最佳聚类数目。在不同的聚类数目中，我们选择能够使 BIC（Bayesian Information Criterion）的值最小的数目，BIC 由 Schwarz（1978）提出。当有 s 个聚类群组时，概率聚类的 BIC 可以写为

$$BIC_s=-2\log l_s+m_s\log n \tag{16.8}$$

其中，m_s 为具有 s 个聚类群组的模型的待估参数的数量；$\log l_s$ 为相应的对数似然函数。随着聚类数目的增加，对数似然值也会增大。但是，m_s 的惩罚作用也会同时随之变大。我们选择能够使 BIC 最小化的 s 作为聚类数目。

16.3 聚类分析的应用

16.3.1 解释结果

我们通过计算对每个聚类群的聚类变量的均值，以及其他未在聚类过程中出现的变量即“判别变量”的均值来对聚类分析的结果进行解释。例如，我们可能基于寻求的利益来进行聚类分析，但是也会将其他的一些变量，如人口统计信息用于结果的解释。

表 16.3 是基于个人家庭电脑市场中的 500 名顾客的市场调查结果而进行的聚类分析的案例。该聚类主要基于顾客寻求的利益，所有变量都用 7 点量表进行测量。此外，还

有一些人口统计变量和心理变量，并未用作聚类分析，而是作为判别变量。

表 16.3 家庭电脑市场的虚拟聚类分析结果

	聚类变量的均值		
	聚类群组 1（初学者）	聚类群组 2（家庭）	聚类群组 3（重度使用者）
速度	2.4	3.4	5.4
容量	2.7	3.3	6.1
易用性	5.3	5.1	2.1
美观	1.2	5.7	2.3
可靠性	4.3	3.3	5.5
技术支持	6.6	3.3	4.0
样本比例/%	30	15	55
	不同变量的均值		
年龄/岁	45.4	47.3	35.1
目前孩子的数目/%	10	48	29
收入/千美元	45.2	50.1	35.2
用于工作/%	20	10.1	45.6
目前拥有电脑/%	22	56.1	75.2
目前的 MAC 用户/%	10	11	10

解释聚类分析的结果是一项比较主观但是很有意思的事情，经常会增加我们对市场本质的洞察。在本例中，聚类群组 1 中的顾客更关心“易用性”和“技术支持”，拥有家庭电脑的可能性不是很大。这个聚类群可以被称为“新手”。新手是一个比较具有吸引力的细分市场，他们虽然没有电脑，但是与使用电脑的顾客的年龄和收入相符合（如与聚类群组 2 相比较）。但是，为新手服务需要很高的成本，因为他们关心易用性和技术支持，这会给公司的顾客服务中心带来许多麻烦。

聚类群组 2 中的顾客关心易用性和外观，由拥有孩子的家庭主导。我们可以把它称为“家庭”细分市场。也许是由于孩子的存在导致了该组顾客更注重易用性，我们也注意到该组顾客年龄稍长，所以他们的孩子可能是青少年，因此电脑的外观就变得很重要。家庭这个细分市场可能对像苹果这种注重外观和设计的公司比较有吸引力。

聚类群组 3 中的顾客更关心速度、容量和可靠性，他们把电脑既作为个人使用也作为工作使用。我们把这个细分市场称为“重度使用者”。该类人群对在技术上（加速度）出众并且能够以较低的成本提供较好的容量和可靠性的电脑公司比较有吸引力。此外，聚类分析把 55%的顾客归为该类，所以它是最大的一个细分市场。并且，重度使用者可能会经常更换他们的电脑，以保证他们的家用电脑是最新、最快的。

值得注意的是，对聚类分析结果的解释比较主观并且既使用了聚类变量也使用了判别变量。这些结果给我们的管理启示是：公司可以根据自己的特定优势，选择其中一个聚类群作为目标市场，但不可能选择所有的聚类群（至少对同一种产品来说应该这样）。

16.3.2 选择目标群组

这个例子中的聚类分析是基于对500名顾客所做的调查。我们假设公司决定选择家庭这个细分市场作为目标。那么数据库营销的下一个任务就是弄清楚如何接触这部分顾客。寻求的利益只是在本次调查中进行了测量。我们可能没有包含同样数据大量顾客的名单，但是，却有包含判别变量数据的顾客名单，因为判别变量大部分都是人口统计信息和使用行为。例如，要选择家庭细分市场作为目标市场，我们需要编辑一个包含最大部分（如果不能包含全部）判别变量的顾客名单。我们可能需要购买不同的名单然后将它们合并，或者雇用一个公司（如 Vente，http://lists.venteinc.com/market ）来编辑名单。接下来可以有两种方式来选择目标市场，一个是从顾客名单中选择那些与家庭细分市场的判别变量相符的顾客。这个可以凭直觉进行（如从名单中选出拥有家庭电脑和孩子的家庭）。

另一个方法就是基于聚类分析的500个样本估计一个预测模型，然后将它应用到判别变量已知的更大的名单中（见第10章）。例如，我们可以对500个样本进行 Logistic 回归以确定顾客是否在家庭这个细分组里，或者使用多项 Logit 回归预测顾客在三个细分组中的哪个。因变量可以是所属的群组。自变量是判别变量。注意该模型应该在500名顾客的基础上进行估计，因为我们知道这些顾客所属的群组。但是，一旦我们估计出多项 Logit 模型，就可以利用它对整体名单上的顾客进行"评估"，因为在名单中有判别变量。通过这种方式，我们就可以确定5 000 000名顾客所属的利益寻求细分市场。

上面的例子向我们展示了从小样本中获得丰富的测量数据如何用于在较大样本中识别和选择目标顾客。这种方法能够成功的一个关键要素是较大的顾客样本中包含判别变量的数据。小样本中有聚类变量和判别变量，而编辑的清单中只有判别变量。数据库营销人员可以根据预测模型或直觉式选择程序推断出编辑清单中的顾客所属的群组。

上述方法虽然很有价值，但是在一个大的清单中，也可能包含聚类变量，那么上述过程可能就不是很有必要。例如，假设一个公司想要实施一项顾客分级计划，那么它可能会利用各种顾客价值的测量数据（LTV、市场反应、生存周期、RFM变量等）进行聚类分析。对5 000 000名顾客进行聚类分析显然是不实际的。所以分析人员可能只对2 000名顾客进行聚类分析。剩下的顾客通过直接计算他们与每个聚类群的相似性就可以将其划分到相应的群组中。这显然是我们能遇到的最好的情况。因为前文提到的小样本——预测模型—编辑名单—对名单打分的方法显然需要更多步骤，并且依赖于是否能够构建一个好的预测模型，以及是否能够编辑出一个包含判别变量数据的大量顾客名单。然而，我们可以获得的顾客名单有很多，有一些公司专门做这种名单编辑，所以这种方法对获取潜在顾客尤其有意义。

上述的例子说明了如何利用聚类分析来进行市场细分、确定目标市场，以及如何运用数据库营销来接触目标市场中的潜在顾客。我们可以看出，聚类分析在这个过程中有非常重要的贡献。它提供了大量有关市场如何被细分的方法，并且通过判别变量还能了解如何接触这些细分市场。然而正如本章中我们讨论的，很多不同的方法都可以用来进行聚类分析，它们的真正价值在于聚类群组在管理中的意义，以及通过创建名单和预测建模而实现的目标市场的可接触性和最终的盈利性。

第 17 章 决策树

摘要

决策树是一种非常直观，并且易于实施的预测建模技术。直观上理解，它可以描述成一个树形结构，这个树形结构是由一系列对顾客的某种属性(如回应率)进行分类的标准组成的序列。树形结构的图示使得决策树方法非常易于理解和应用。本章将对如何创建决策树的分支，如何决定分支的数量以及其他构建决策树的具体方法进行讨论。

17.1 概　述

决策树方法受到学者和业界的广泛关注。例如，Murthy(1998)在一篇对于决策树的调查研究中引用了 300 多篇来自统计、工程和决策科学等多个不同领域的文献。在业界，决策树也成为企业管理者最常用的数据挖掘方法，因为它生成的分类规则可以非常直观地用图形和简单的语言描述出来。因变量是定量变量的决策树也被称为回归树(regression tree)，而因变量是定性变量的决策树则被称为分类树(classification tree)。

决策树方法最早源于 Morgan and Sonquist(1963)开发的一种树状模型，这种模型被称为 AID(automatic interaction detection，自动交互作用检测)。正如它的名称所示，AID 模型最初被用来识别自变量之间的交互作用。在预测模型中，当自变量(或预测变量)对因变量(顾客的反应、顾客价值等)的作用依赖于其他自变量的水平时，自变量之间就存在交互作用。而当交互作用存在时，每个自变量对因变量的作用将不再具备简单的叠加特征。例如，在教育水平较低时，顾客的盈利能力可能随着收入的增加而增加。然而，在教育水平较高时，顾客的盈利能力反而随着收入的增加而减少。从统计学的角度，当自变量的数量不断增加时，在模型中纳入自变量之间的所有交互作用将变得非常困难。因为你需要考虑所有的二阶交互作用，三阶交互作用，四阶甚至更高阶的交互作用。例如，一个包含 100 个预测变量的数据集，可能存在 $C_{100}^2=(100)\times(99)/2=4\ 950$ 个二阶交互作用和 $C_{100}^3=(100)\times(99)\times(98)/6=161\ 700$ 个三阶交互作用！AID 就是用来解决这个复杂交互问题的一个探索式方法。

Hartigan(1975)后来改进了 AID 方法，用一种统计上更为有效的方法将数据切分成较小的子集。他的模型被称为 CHAID (Chi-Square Automatic Interaction Detection，卡方自动交互作用检测)，因为他用卡方显著性检验来切分数据。Breiman 等人(1984)开发了一种名为 CART (Classification and Regression Trees，分类回归树)的决策树算法，从此决策树方法开始被统计学家广泛应用。不同于 CHAID，CART 首先会有意生成一些巨大的决策树，然后用一种 built-in 交叉验证过程来去掉多余的分支来降低过度拟合的可能性。最后，机器学习领域的研究者也开始使用决策树方法，如 Quinlan (1986)构建的被称为 C4.5 的树状模型。

17.2 决策树原理

一个决策树起始于一个完整的顾客数据集，然后这个数据集被逐步划分为一些相互独立的子集，这样数据集中的每一名顾客都会被分配到一个子集中。完整的数据集被称为根节点(root node)，没有分支进入根节点。首先，根节点会被分成两个或两个以上子节点(children nodes)。其次，这些子节点又会被继续划分，直到运算停止，决策树生成。最后，被划分出来的子节点叫作末端节点或叶节点(terminal or leaf nodes)，它们决定了决策树的末端。除了根节点和末端节点的其他所有的子节点都被称为中间节点(internal nodes)。

所有的决策树算法都具有某些共同的特征。它们的目的就是根据某些属性或自变量的值来构建决策树以帮助我们对因变量进行预测，或者用技术性的语言说，就是构建一棵分类树来为每个观测分配一个类别。从根节点开始，决策树模型将属性空间递归地划分为不同的子集或子节点(例如，若 X_1 为自变量，可以把上一级节点划分为 $X_1 \geqslant a$ 和 $X_1 < a$ 两个子集)，这样随着子集的不断划分，因变量在每一个子集中的同质性越来越强。每一次划分都会形成两个或两个以上新的中间节点。不同的决策树算法就是试图用不同的规则函数去找到能够把这些中间节点进一步划分为子节点的最优途径。如果划分某个中间节点的价值小于事先设定的停止阈值，那么这个中间节点将不再被划分，从而变成末端节点。当决策树中所有的中间节点都不值得再被划分，那么决策树的生长就会停止。每个末端节点都对应着一个相对独立的属性空间，而数据集中的每个观测都会被分配到其中一个末端节点上。

让我们来看一个简单的例子，在这个例子中决策树被用来预测顾客的品牌偏好。我们通过调查收集了 100 个顾客的数据，包括他们的品牌满意度(用 5 点量表测量，作为因变量 y)以及两个自变量(预测变量)收入 (x_1) 和性别 (x_2)。收入是一个连续变量而性别是分类变量(1 代表男性，0 代表女性)。决策树的目的就是通过顾客收入和性别分类来预测顾客的品牌偏好。分类的过程用图 17.1 中的树状结构来表示。

根节点一共包含 100 个顾客，他们的平均满意度为 3.2。如果我们要用收入作为划分根节点的第一个变量，那么第一步就是决定如何对收入进行划分。相反，如果用性别作为第一个划分变量，则需要对性别进行划分。由于性别为分类变量，且只有两类，那么我们就只有一个选择——分为男性和女性。

然而，找到一个收入分界值从而对收入进行划分却不那么容易。因为收入是一个连续变量，所以存在很多可能的分界值来划分收入。[①] 我们先选 20 000 美元作为分界值，这个就把 100 个顾客分为两类：收入高于 20 000 美元的和收入低于 20 000 美元的。或者，

① 对有两个以上类别的分类变量来说，情况也是这样。但是对于性别这样的两个分变量，情况要简单很多，因为只有一种途径进行分类。

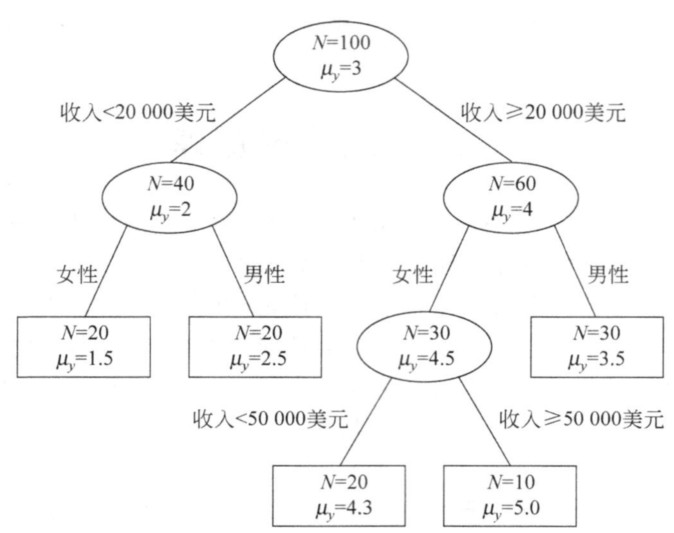

图 17.1 品牌偏好决策树

注：N 代表样本量；u_y 代表品牌满意度的均值。

我们也可以将 30 000 美元作为分界值，从而把 100 个顾客分为收入高于 30 000 美元（含 30 000 美元）和低于 30 000 美元的两组。而决策树算法选择分界值的依据是，分组之后使得因变量 y 的组内差异最小而组间差异最大（具体方法参见 17.3 节）。换句话说，我们根据 100 个顾客的收入水平将他们分为两类，必须保证组内顾客的品牌满意度尽可能一致，而与另外一组顾客的品牌满意度尽可能有差异。

现在我们知道了根据收入或性别划分根节点的最优途径，下一步就是分析哪个自变量能够更好的预测因变量——顾客满意度。与前面相类似，这一步也需要我们计算哪个自变量能够更好地将 y 的组内差异最大化，且组间差异最小化（详见图 17.3）。因为计算显示，收入比性别的预测效果更好，因此我们构建决策树的第一步是根据收入将根节点划分为两个子节点，收入低于 20 000 美元和收入高于 20 000 美元。

现在我们需要沿着两个中间节点继续构建决策树分支。遵循相同的划分规则，我们发现性别对两个中间节点来说都是一个较好的划分变量，因此两个中间节点又进一步被分为四个中间节点。在这一阶段，四个中间节点中的三个都在停止阈值之内，因此成为末端节点。最后，剩下那个节点又被按照收入分开，变成两个新的末端节点。最终的决策树一共包含 5 个末端节点。

我们最终生成的决策树如图 17.1 所示。5 个末端节点分别对应属性空间上的不同区域。第 1 个末端节点代表收入低于 20 000 美元的女性；第 2 个代表收入低于 20 000 美元的男性。其他节点的解释也相类似。这些末端节点代表着根节点的 5 个既相互独立又完全穷尽的分类，这样每一名顾客都能够被分到且只能分到 5 个末端节点之中的 1 个上。从根节点到末端节点可以帮助我们预测出顾客的满意度水平。如果顾客是一位收入低于 20 000 美元的女性，那么她会被分到第一个末端节点上，她的满意度水平的预测值为 1.5。相反地，收入高于 50 000 美元的女性的满意度水平被预测为 5.0。

从图 17.1 所示的决策树中，我们可以看出收入和性别两个变量之间存在交互作用。在收入低于 20 000 美元的顾客中，男性的品牌偏好高于女性。然而，在收入高于 20 000 美元的顾客中，女性的偏好却高于男性。也就是说，一个女性顾客的品牌偏好高于还是低于男性，取决于她的收入水平。

17.3 选择最优划分规则

在决策树领域最重要的，也是被广泛研究的问题就是开发最优"划分规则"，也就是决定预测变量分界值的方法。要想构建决策树，需要给每个中间节点都设置一个检测指标来把它们划分成两个子节点。[①] 研究者们已经开发出很多不同的划分指标。以下我们就来了解一些比较常用的划分规则。

17.3.1 多样性基尼(Gini)系数

基尼系数曾被用于 CART(Breiman et al.,1984)和 SLIQ(Mehta et al.,1996)方法。一般来说，一个好的划分规则应该能够把一个中间节点分开，且使得每个子节点数据在因变量 y 的分布上更加"纯净"或同质。Breiman 等人(1984)提出了一个定义每个中间节点 t 的不纯净函数 $i(t)$。假设一个划分规则 S 可以把中间节点 t 划分成两个子节点 t_1 和 t_2，在这个中间节点的样本总量为 n，其中 n_1 个样本被分到节点 t_1，n_2 个样本被分到节点 t_2，那么划分规则 S 的优度就被定义为不纯净度的降低值：

$$\Delta i(S,t) = i(t) - (n_1/n)i(t_1) - (n_2/n)i(t_2) \tag{17.1}$$

我们可以在所有可能的划分规则中选择一个使 $\Delta i(S,t)$ 最大化的规则，[②]或者选择一个使 $(n_1/n)i(t_1)+(n_2/n)i(t_2)$ 最小化的规则。Breiman 等人(1984)提出将多样性基尼系数作为度量不纯净度的函数。

$$i(t) = 1 - \sum_j P(j \mid t)^2 \tag{17.2}$$

表 17.1 对于直复营销活动的反应

顾客 ID	是否反应	性别	收入/美元
1	是	男	≥50 000
2	是	男	<50 000
3	是	女	≥50 000
4	是	女	≥50 000
5	是	女	≥50 000

① 这里我们只关注二分的决策树。然而，实际上决策树不仅限于二分，因为任何有序的决策树都可以被唯一地转化为一个对等的二分决策树(Rounds,1980)。

② 对于连续性变量的一系列取值，所有可能划分的最大值应为$(n-1)$，其中 n 为样本量。与之类似，对分类变量来说，所有可能的划分数量为(2^m-1)，其中 m 为分类变量不同取值的数量。

续表

顾客 ID	是否反应	性别	收入/美元
6	否	男	<50 000
7	否	男	<50 000
8	否	女	<50 000
9	否	女	≥50 000
10	否	男	<50 000

其中 $p(j|t)$是处于节点 t 的顾客属于“类别”j(即因变量等于某个特定的值)的可能性(或者相对频率)。当所有的顾客都属于一个类别时，基尼系数等于其最小值 0；当所有顾客平均分布在 c 个类别中时，基尼系数等于其最大值$(1-1/c)$。换句话说，当处于给定节点 t 的所有顾客因变量的值都相等时，顾客具有最大的同质性，并且不存在不纯净度。然而，如果因变量只有两类或者只有两个值，即 $p(j|t)=0.5$，那么意味着处于节点 t 的顾客的同质性并不比随机分配的同质性更好，并且不纯净度达到最大值。

我们用表 17.1 所示的虚拟数据来举例说明。假定我们要构建一个决策树来预测顾客对直邮广告的反应概率，有两个自变量可供选择，性别(男性或女性)和收入(≥50 000 美元或者<50 000 美元)。

在根节点上，顾客对于直邮的反应为“是”或者“否”的相对频率都是 0.5(5/10)。因此，在根节点处，不纯净度的基尼系数为 $i(t)=1-0.5^2-0.5^2=0.5$。要从根节点上继续生成决策树的分支，我们就必须知道哪个变量会使数据在划分之后的子节点上的同质性更高。首先，我们要计算根据性别划分的不纯净度。10 个$(n=10)$样本观测中，有 5 个$(n_1=5)$男性和 5 个$(n_2=5)$女性。因此，在子节点上的不纯净度基尼系数分别为

$$\text{男性：} i(t_1)=1-0.4^2-0.6^2=0.48$$

$$\text{女性：} i(t_2)=1-0.6^2-0.4^2=0.48$$

因此，如果我们选择性别作为划分变量，那么不纯净度的降低值为

$$\begin{aligned}\Delta i(\text{sex}, t) &= i(t)-(n_1/n)i(t_1)-(n_2/n)i(t_2)\\ &= 0.5-(5/10)(0.48)-(5/10)(0.48)\\ &= 0.02\end{aligned}$$

同样地，我们也可以计算用收入来划分时的不纯净度。10 个样本观测中$(n=10)$有 5 个$(n_1=5)$高收入的顾客和 5 个$(n_2=5)$低收入的顾客。这样，在子节点上相应的不纯净度分别是：

$$\geqslant 50\,000\text{ 美元：} i(t_1)=1-0.8^2-0.2^2=0.32$$

$$< 50\,000\text{ 美元：} i(t_2)=1-0.2^2-0.8^2=0.32$$

因此，如果我们选择收入作为划分变量，那么不纯净度的降低值为

$$\Delta i(\text{income}, t)=0.5-(5/10)(0.32)-(5/10)(0.32)=0.18$$

由于 $\Delta i(\text{income},t)=0.18$ 大于 $\Delta i(\text{sex},t)=0.02$，所以我们最终选择收入作为划分变量。

17.3.2 熵(Entropy)与基于信息论的度量

在根节点处,一个给定的顾客可能被划分到任何一个类别(因变量的不同取值)中,所以根节点处划分的不确定性最大。随着我们从根节点处沿着中间节点向末端节点的移动过程中,划分的不确定性将不断降低,因为我们越来越确信这个顾客到底应该属于哪个类别。因此,我们还可以把构建决策树的目标函数设定为从每个节点层次到下一层次时,最小化不确定性或最大化熵的降低值。

Shannon 提出的度量熵的公式由于较强的可加总性,所以在各种不同的熵度量中经常被用到。在节点 t 处,它被定义为

$$\text{Entropy}(t)=-\sum_j p(j\mid t)\log p(j\mid t) \tag{17.3}$$

其中,$p(j|t)$是处于节点 t 的顾客属于"类别"j 的可能性或者相对频率(即处于节点 t 的顾客的因变量取值为 j 的概率)。当所有样本观测都属于同一类别时,式(17.3)中的熵具有最小值 0;反之,当样本观测点平均分布在所有的 c 个类别中时,其具有最大值 $\log c$,即包含最少的信息。[①]

与基尼系数的例子相似,假设一种可能的划分 S 把中间节点 t 分成了两个子节点 t_1 和 t_2。处于中间节点 t 上的样本观测总数为 n,其中 n_1 个观测分到了节点 t_1 上,n_2 个观测分到了节点 t_2 上,那么,通过划分节点 t 所获得的信息增益(information gain)可以定义为

$$\text{Gain}(t)=\text{Entropy}(t)-(n_1/n)\text{Entropy}(t_1)-(n_2/n)\text{Entropy}(t_2) \tag{17.4}$$

式(17.4)度量的是通过划分节点 t 而获得的信息增益或熵的降低。在某个中间节点 t,我们要从所有可能的划分规则 S 中选择一个最大化式(17.4)的规则。

我们仍然用表 17.1 所示的虚拟数据,来说明如何通过计算信息增益来选择最优划分规则。如前文所说,在根节点上,顾客对于直邮的反应为"是"或者"否"的相对频率[$p(j|t)$]都是 0.5(5/10)。因此,Shannon 熵在根节点处的值为 $\text{Entropy}(t)=-[(0.5)\log(0.5)+(0.5)\log(0.5)]=0.3010$。与基尼系数的计算相类似,我们有性别和收入两个备选变量可以用来向下生成决策树。首先,来计算将性别作为划分变量所产生的熵。10 个($n=10$)样本观测中,有 5 个($n_1=5$)男性和 5 个($n_2=5$)女性。所以,在子节点上的熵分别为

$$\text{男性：Entropy}(t_1)=-[(0.4)\log(0.4)+(0.6)\log(0.6)]=0.2922$$

$$\text{女性：Entropy}(t_2)=-[(0.6)\log(0.6)+(0.4)\log(0.4)]=0.2922$$

因此,如果我们选择性别作为划分变量,将会获得的信息增益为

$$\text{Gain}(t)=0.3010-(5/10)(0.2922)-(5/10)(0.2922)=0.0088$$

相反地,如果我们将收入作为划分变量,那么在子节点上相应的熵分别是

$$\geqslant 50\,000\text{ 美元：Entropy}(t_1)=-[(0.8)\log(0.8)+(0.2)\log(0.2)]=0.0930$$

$$<50\,000\text{ 美元：Entropy}(t_2)=-[(0.2)\log(0.2)+(0.8)\log(0.8)]=0.0930$$

---

① 熵的概念类似纯净度系数。如果某个划分具有 100%的预测能力,那么意味着这个划分中至少有一个分类,其 $p(j|t)=1$,即 $\log p(j|t)=0$,而其他所有的分类 $p(j|t)$都为 0。这时式(17.3)的求和也为 0。如果某个划分的预测能力是随机的,那么对于所有的分类 j,其 $p(j|t)$都等于 $1/c$,所以式(17.3)的求和为 $\log c$。

因此，按照收入来划分所获得的信息增益为

$$\text{Gain}(t)=0.3010-(5/10)(0.0930)-(5/10)(0.0930)=0.2080$$

由于根据收入来划分的信息增益(0.208 0)大于根据性别来划分的信息增益(0.093 0)，所以我们选择将收入作为划分变量。

此信息性度量方法曾经被用在ID3和C4.5中(Quinlan，1986)。它倾向于选择那些能够产生很多分类的粗大的决策树。Quinlan(1993)通过对分类数量进行惩罚而解决了这种方法的过度拟合问题。

17.3.3 卡方(Chi-Square)检验

卡方统计量可能是目前仍被CHAID使用的最老的划分规则之一(Hartigan，1975；Kass，1983)。它被用来检验列联表中两个变量之间的关联在统计上是否显著。我们用上面的例子来说明，假设一个可能的划分规则 S 将中间节点 t 分为两个子节点。令 N_{jk} 为子节点 k 处属于类别 j 的顾客的数量，圆点(·)下标表示分在某个子节点的顾客总和或者属于某个类别的顾客总和。那么，处在中间节点 t 的样本观测总数为 $N_{..}$，其中包含 $N_{1.}$ 个属于类别1的观测，$N_{2.}$ 个属于类别2的观测，最后有 $N_{c.}$ 个属于类别 c 的观测，所以 $\sum_{j=1}^{c} N_{j.}=N_{..}$。现在，在第1个子节点处有 $N_{.1}$ 个观测，其中每个类别 j 都有 N_{j1} 个观测。类似的，在第2个子节点处的 $N_{.2}$ 个观测，也是由每个类别 j 的 N_{j2} 个观测所组成。这样，卡方统计量可以被定义为

$$\chi^2=\sum_{j=1}^{c}\frac{(N_{j1}-N_{j.}N_{.1}/N_{..})^2}{N_{j.}N_{.1}/N_{..}}+\sum_{j=1}^{c}\frac{(N_{j2}-N_{j.}N_{.2}/N_{..})^2}{N_{j.}N_{.2}/N_{..}} \tag{17.5}$$

其中，$N_{..}(N_{j.}/N_{..})(N_{.1}/N_{..})=N_{j.}N_{.1}/N_{..}$ 以及 $N_{..}(N_{j.}/N_{..})(N_{.2}/N_{.})=N_{j.}N_{.2}/N_{..}$ 分别表示的是，如果处于母节点的样本观测被随机分配到两个子节点，那么在子节点1和子节点2中属于类别 j 的样本观测数量的预测值。由此可见，一个较好的划分方案可以显著降低卡方值。

式(17.5)符合自由度为$(c-1)$的卡方分布。我们要在所有可能的划分规则 S 中选择卡方值最大(或者 p 值最小)的划分规则，并且当划分规则的卡方值在统计上不显著时，我们就不再对中间节点进行划分。最后，由于卡方检验被从根节点到末端节点顺序使用，所以我们也经常用经过Bonferroni乘数修正之后修正的 p 值来进行显著性检验。

我们仍然用表17.1所示的虚拟数据，来说明如何计算每个自变量的卡方统计量来选择最优划分规则。对于性别变量，可以算出

$$\chi^2=\frac{(2-2.5)^2}{2.5}+\frac{(3-2.5)^2}{2.5}+\frac{(3-2.5)^2}{2.5}+\frac{(2-2.5)^2}{2.5}=0.4$$

对于收入变量，可以算出

$$\chi^2=\frac{(4-2.5)^2}{2.5}+\frac{(1-2.5)^2}{2.5}+\frac{(1-2.5)^2}{2.5}+\frac{(4-2.5)^2}{2.5}=3.6$$

由此可见，用收入来划分的卡方值远远大于用性别划分所得出的卡方值。因此，我们选择收入作为划分变量。

从上面的例子中我们可以看出，无论我们用不纯净系数、熵还是卡方值来分析，得到

的结论都是相同的——按照收入来划分节点。然而,我们不能保证结果总是这样。因为这些指标都比较合理,所以没有理由能判断哪一个比其他的更好。最好的办法就是使用多个判断标准,看它们是否能够得到相同的决策树。这样做,在一定程度上可以使我们更加确信最后生成的决策树能够刻画数据的真实规律。

17.3.4 其他划分规则

学者们还提出了许多其他的划分规则,例如,贝叶斯分类规则(Buntine,1992)以及基于活动的指标(Moret et al.,1980)。Ben-Bassat (1987)总结了一个有用的分类系统,而Murthy(1998)则给我们提供了一个关于各种分类规则的参考文献列表。到目前为止,还没有哪个划分规则显著优于其他规则。每个划分规则的优劣主要取决于各种外部因素,例如决策树应用在什么领域中。然而,Breiman 等人(1984)也提出了不同的看法,他们认为,决策树的设计对于选择什么样的划分规则其实不太敏感,反而是停止规则更为关键。

17.4 确定决策树的大小

在决策树研究领域另一个比较重要,也被广泛研究的问题是:决策树的生长何时停止,也就是何时停止增加新的分支。Breslow 和 Aha(1996)曾经对决策树的简化问题做了调查,Murthy (1998)也对如何确定决策树的大小做了说明。以下我们介绍一些比较常用的决策树停止规则。

17.4.1 决策树的剪枝方法

Breiman 等人(1984)提出利用剪枝的方法来确定决策树的大小。这种方法已经成为最常用的决策树停止方法。对于给定的数据,这种方法首先运用贪婪算法生成一个最大可能的决策树,即没有进一步的划分能够显著增加决策树的拟合度。对训练数据集或校准数据集来说,这个最大的决策树的误分类率接近 0。然而,根据测试数据或验证数据算出真正的误分类率,却可能高得多。由于训练数据集中某些特殊观测的影响,也可能使生成的决策树过大。所以,剪枝的目的就是产生一个使真正的误分类率最小化的较简单的决策树。也就是说,决策树剪枝可以产生一个不存在过度拟合问题的决策树。

在确定决策树的大小方面,学者们常常认为剪枝法比停止阈值法更为有效,因为它能够部分解决贪婪决策树算法存在的次优性问题(Murthy,1998)。例如,如果在一个不太好的节点 t_1 之下几层上,存在一个较好的节点 t_2,那么停止阈值方法会在节点 t_1 停止继续生成决策树。而剪枝法却会产生一个最大可能的树,然后将它修剪到节点 t_2。

决策树的剪枝分为两个步骤。首先,生成一些备选子树,然后根据它们的分类误差从中选择一个。为了确定备选子树集合,Breiman 等人(1984)提出了复杂性成本的概念,这个概念本质上是将误分类率根据决策树的复杂程度进行修正。所以,他们提出的剪枝方法也被称为复杂性成本剪枝法。修正的误分类率被定义为

$$Adj-e(S)=e(S)+\alpha\lambda(S) \tag{17.6}$$

其中,$e(S)$为备选树 S 的(原始)误分类率,α 为施加于决策树复杂性或大小上的惩罚

参数($\alpha \geqslant 0$),$\lambda(S)$为备选树 S 中末端节点(或“叶”)的数量。α 的值越大,说明施加于决策树大小的惩罚越重。如果 α 等于 0,则最大可能的决策树具有最小的修正误分类率。现在,我们将 α 的值逐渐增大。给定 α_1,我们可以计算出所有子树的修正误分类率。如果一个子树的修正误分类率小于最大可能的树,那么这个子树就成为一个备选子树 α_1,而不属于这个子树的所有分支都会被修剪掉。接着,给定 $\alpha_2 > \alpha_1$,那么决策树 α_1 的所有子树的修正误分类率也可以计算出来,这样备选子树 α_2 又被确定。这个过程不断进行,直到最后一个子树是根节点。随着 α 的增大,我们可以生成一个备选子树 α_1,α_2 等的集合。

我们用图 17.2 所示的虚拟数据来举例说明。如果决策树末端节点的顾客都属于同一类别,那么末端节点应该会被划分到这个类别中。然而,当末端节点所包含顾客来自几个不同的类别时,处于末端节点的顾客将会被分析,而末端节点可能被划分到最有可能的类别中。图 17.2 中的决策树包含 4 个末端节点:节点 2、节点 5、节点 6 和节点 4。节点 2 有 26 个顾客,其中有 8 个顾客属于类别 1,8 个顾客属于类别 2,10 个顾客属于类别 3。因此,我们预测节点 2 属于类别 3。这样 26 个顾客中就有 16 个被错误分类。类似的,节点 5 被预测为属于类别 1,节点 6 属于类别 2,节点 4 属于类别 1。这样节点 5 的 50 个顾客中有 10 个分类错误,节点 4 的 14 个顾客中有 2 个分类错误。而节点 6 的顾客没有分类错误的。因此,整个决策树(树Ⅰ)的误分类率[或 $e(S)$]是 28/100=0.28,末端节点数为 4。接下来,考虑节点 5 和节点 6 被剪枝的决策树(树Ⅱ)。这个决策树有 3 个末端节点:节点 2、节点 3 和节点 4,所以,$\lambda(S)$为 3。节点 2 被预测为属于类别 3,节点 3 属于类别 1,节点 4 属于类别 1。因此,它的误分类率为 38/100=0.38。最后,我们看被全部剪枝到只剩一个节点的决策树(树Ⅲ)。其 $\lambda(S)$为 1,并且节点 1 被预测为属于类别 1,误分类率为 40/100=0.40。

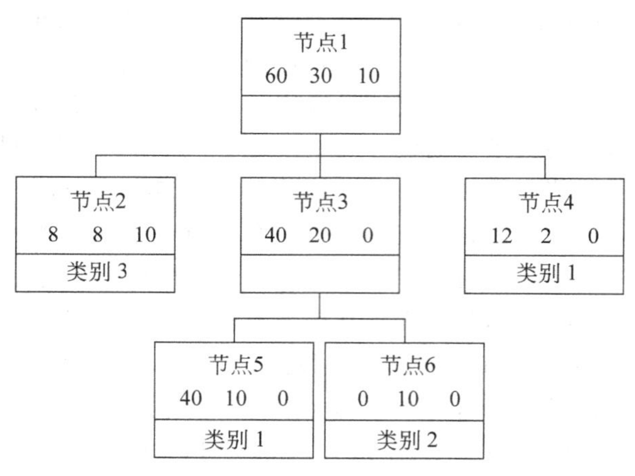

图 17.2 修剪决策树

当 $0 \leqslant \alpha < 0.04$ 时,树Ⅰ的 $Adj-e(S)$是最小的。当 $0.04 \leqslant \alpha$ 时,树Ⅲ的 $Adj-e(S)$是最小的。因此,备选子树的集合包含树Ⅰ和树Ⅲ。

备选(剪枝的)子树集合一旦确定,我们就可以从中选出误分类率最小的子树,然后将它应用到保留样本上。数据的保留样本通常是指从整体数据中分出的一部分,不作为构建决策树的数据。一般来说,误分类率最初会随着末端节点的数量的 $\lambda(S)$(即树的复杂程度)的增加而降低。而超过了某个特定的值之后,误分类率会随着树的复杂程度的增加而升高。也就是说,最优的子树通常是在中间出现的,既不是最简单的树也不是最复杂的那个。

剪枝法对于保留样本的预测结果非常好。然而,Breiman 等人(1984)建议,如果样本量太小,那么可以使用交叉验证方法,而不必分出一部分训练样本用来修剪决策树。考虑到交叉验证方法存在的问题,研究者们也提出一些利用样本的替代方法,包括自助法(Crawford,1989)和一种高效的决策树迭代生长和剪枝法(Gelfand et al.,1991)。

17.4.2 确定决策树大小的其他方法

尽管剪枝法是最常用确定决策树大小的方法,但学者们也提出了一些其他的替代方法。最早的方法可能就是限制节点大小的最小值。如果一个节点包含的顾客数量少于 k 个,那么该节点将不再被划分,其中 k 是决策树归纳算法的一个参数。尽管这种方法被认为不那么稳健(Friedman,1977),但是在管理实践中却可以用它来确定细分市场的最小容量。

另一个确定决策树大小的方法是为划分标准设定一个停止阈值。如果在中间节点 t 的划分标准大于(或小于)设定的阈值,则此中间节点将变为末端节点。例如,如果我们用卡方统计量作为划分标准,那么可以设定继续划分的标准为卡方检验的 p 值小于 0.1,如果每个末端节点的 p 值都大于 0.1,那么就停止划分。然而,这个方法的问题在于无法避免过度拟合,这也是为什么剪枝法会如此流行。如果研究人员不想采用正规的剪枝法,那么通过停止阈值规则生成的决策树,最起码应该利用保留样本进行验证,以检验其对保留样本的预测能力是否会显著降低。

我们可以设定局部(即单个节点)优度阈值,也可以设定整体(即整个树)优度阈值。局部阈值存在的问题是大部分划分标准的值都会随着校准样本数量的不同而变化。所以,要想找到一个单一阈值对决策树的所有节点都有意义非常困难,甚至是不可能的(Murthy,1998)。

最后,Mehta 等人(1996)提出的 SLIQ(Supervised Learning In Quest)算法采用了一种被称为 MDL (minimum description length,最小描述长度)的替代剪枝法。这种方法本质上是式(17.6)所描述的 Breiman 方法的一般形式。MDL 的原理认为,能够对数据进行编码的最优模型,应该使模型描述数据的成本以及模型自身被描述的成本之和最小。他们把这种描述的总成本定义为

$$\text{Cost}(\text{Model},\ \text{Data}) = \text{Cost}(\text{Data} \mid \text{Model}) + \text{Cost}(\text{Model}) \tag{17.7}$$

也就是说,描述的总成本等于描述模型的成本和给定模型的条件下描述数据的成本之和。最优模型应该具有最低的描述成本。对决策树来说,备选模型可以是那些通过剪枝得到的子树集合,而数据则是最初生成最大可能树的所有样本观测的集合(Apte & Weiss,1997)。对于一个给定的决策树,SLIQ 算法将分类误差作为描述数据的成本。而描述模型(或树)的成本则被表示为创建一个节点和划分这个节点的成本的递归组合。于是,在一个最大可能的树中,每个节点的总成本就被用来将决策树修剪至一个叶子,或

修剪其左侧树，或右侧树，或者不进行剪枝。

17.5 决策树方法的其他问题

接下来，我们简要介绍一下除了选择最优划分规则和确定决策树的大小之外，决策树方法涉及的其他问题。

17.5.1 多元变量划分

到目前为止，我们讨论的所有决策树都是基于单一的属性来将中间节点划分为子节点。例如，假设 $\boldsymbol{X}$ 是预测变量或预测特征的向量，$\boldsymbol{X}=(x_1, x_2, \cdots, x_p)'$。对于定性预测变量，划分规则是基于划分界值 s 的，根据某个单一预测变量 $\{x_i>s\}$ 或 $\{x_i\leqslant s\}$，来把样本观测分到左边的子节点或右边的子节点。[①] 现在，我们把划分规则扩展到多元情况下。当 $\{h(\boldsymbol{X})>s\}$ 时，样本观测被分到左边的子节点；当 $\{h(\boldsymbol{X})\leqslant s\}$ 时，样本观测被分到右边的子节点。

前人大部分关于多元变量划分规则的研究，都将 $h(\boldsymbol{X})$ 看作（倾斜）线性的。由于线性组合的可选空间更大，所以选择最优线性划分标准比选择单一变量的划分标准要困难得多。实际上，在某些情况下，选择最优的线性划分标准非常困难，所以要求我们用一些探索性的方法来找到一些较好的，甚至是次优的线性划分（Murthy，1998）。[②] 选择最优线性组合标准的方法包括线性判别分析（linear discriminant analysis）、爬山式搜索（hill climbing search）、线性规划（linear programming）等。

17.5.2 成本问题

决策树在实际应用中，误分类的成本在不同的类别中是不同的，而收集或测量属性的成本也随着属性的不同而有所差异。因此，将这种不对称的误分类成本纳入决策树的一个简单的做法是利用先验概率或成本指标（Breiman et al.，1984）。也就是说，根据每个误分类成本对误分类率进行简单加权。另外，研究者们提出也可以将成本因素纳入属性评价标准中，从而将属性测量成本考虑进来。

17.5.3 确定最优树

确定最优树的困难本质上是由于可供选择的树太多。本章讨论的决策树算法都采用了贪婪算法。这些算法都是通过最大化某个拟合指标，采用某个划分规则来顺序创建节点，然后通过剪枝来避免过度拟合。这种方法将生成一个决策树序列，其中每个决策树都是上一个的扩展。一些学者指出了这种贪婪算法的不足，因为它可能产生一些次优结果。

---

① 多元变量划分不应与单一变量的高阶划分（例如，将收入划分为＜30 000 美元，30 000～100 000 美元，以及＞100 000 美元）混淆。多元变量划分是基于两个以上变量的划分规则（例如，性别＝女性以及收入＞30 000 美元）。

② 寻找最优线性划分的问题不应与判别分析中寻找最优线性权重组合的问题混淆。

于是，学者们提出了一些方法来改进贪婪算法。例如，利用对属性的部分或全部预处理来改进贪婪决策树归纳法(Chou,1991;Buntine,1992)。然而，并没有充足的证据表明预处理的方法能够改进贪婪决策树归纳法的效果。

17.6 直邮广告的应用

决策树被广泛地应用在数据库营销领域。以下我们以 Haughton 和 Oulabi(1997)提供的案例来说明决策树在实践中的应用。这个案例的目的是找到那些不太可能对直邮广告有所回应的顾客，以便把他们的名字从下一次的邮寄名单中剔除。全部数据包含 316 068 个顾客：3 319 个回应者和 312 749 个非回应者。分析中使用的自变量包括年龄、性别、收到的邮件总数、过去 6 个月收到的邮件数、连续收到的邮件数等。为了进行比较，分析人员分别用了两类决策树(CHAID 和 CART)来对同一个数据集进行分析。

图 17.3 显示的是估计得到的 CART 树，图 17.4 描绘的则是基于同样数据得到的 CHAID 树。在决策树中，GEO1(西班牙裔的百分比)、GEO2(亚裔的百分比)和 SGEO(家庭收入的中位数)表示三个美国人口普查中使用的地理人口变量。变量

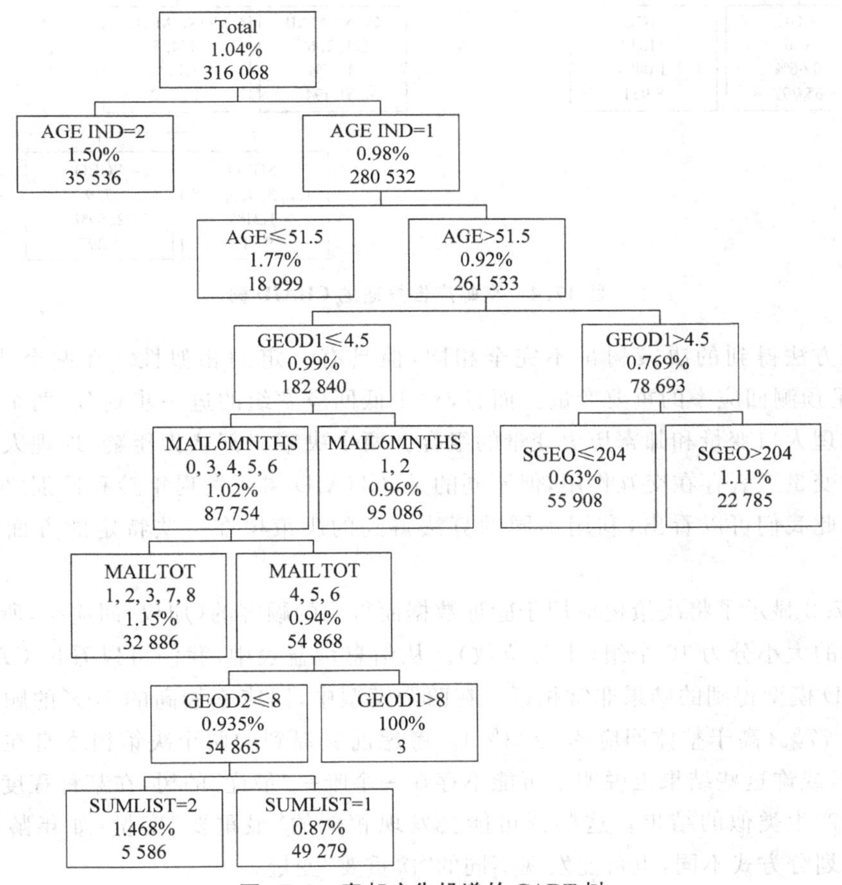

图 17.3 直邮广告投递的 CART 树

MAIL6MNTHS(过去6个月收到的邮件数)、MAILTOT(收到的邮件总数)和CONS MAIL(连续收到的邮件数)与邮寄历史相关。变量SUMLIST是指一名顾客所在邮寄名单的数量。AGE IND代表年龄数据的可得性，如果数据中记录了顾客的实际年龄，则该变量为1；若年龄数据为推断数据，则该变量为2；如果年龄数据缺失，则该变量为3。

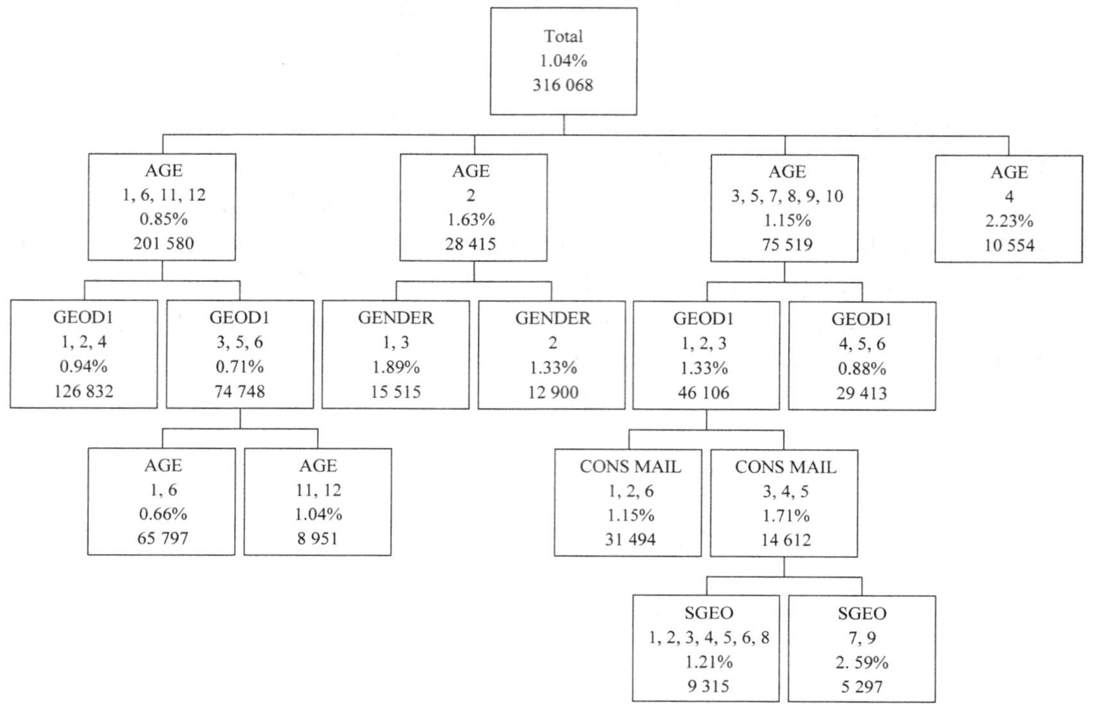

图17.4 直邮广告投递的CHAID树

不同方法得到的决策树虽不完全相同，但具有一定的相似性。在两个决策树中，AGE都是预测回应率的重要变量。而且，对于低回应率组的进一步划分，两个决策树都使用了地理人口变量和邮寄历史变量的组合。两个决策树都认为年龄、地理人口变量和邮寄历史变量三者存在交互作用，但不同的是，CHAID树还发现年龄和性别之间的交互作用。由此我们可以看出，利用不同的算法得到的决策树在一些特定的方面是存在差异的。

表17.2显示了将决策树应用于验证数据而得到的顾客的(加权)回应率，所有顾客按照回应率的大小分为10个组(十分位数)。从信息增益表中，我们可以看出CART模型和CHAID模型得到的结果非常相近。在两个模型中，回应率最高的10%的顾客的回应率都是1.77%(高于整体回应率1.08%)。考虑前文提到的两个决策树本身在某些方面存在差异，或许这些结果也说明了可能不存在一个唯一"最优"的树，在某种程度上不同的树可能会产生类似的结果。这些树可能会发现相似的"最重要"变量(如年龄和邮寄历史)，但是划分方式不同，也可能发现不同的"次重要"变量。

表 17.2 直邮广告的信息增益表[a]

十分位数组	CART	CHAID	十分位数组	CART	CHAID
1	1.77	1.77	6	0.97	1.02
2	1.33	1.33	7	0.97	1.02
3	1.24	1.22	8	0.90	0.93
4	1.11	1.03	9	0.79	0.78
5	1.02	1.02	10	0.76	0.78

a 表中数据代表在每个十分位数组中对直邮广告有所回应的顾客的比例。

17.7 决策树方法的优势与劣势

决策树已经被成功应用到很多现实问题上。学者们将决策树方法的有效性与其他数据分析技术进行了广泛比较，这些技术包括神经网络、判别分析、分步逻辑回归以及机器学习[Brown et al.,1993;更多的参考文献请参照 Murthy(1998)]。他们的研究表明，从预测精度来看，没有哪个分析技术明显优于其他技术。①

学者们指出了决策树的很多优势(Berry & Linoff,1997;Murthy,1998)，包括：

(1) 决策树产生的划分规则可以非常直观地用图形和简单的语言描述出来，而且决策树本身简单易懂。这一点对于获得高层管理者青睐非常重要，而且在基于年龄、性别、种族等变量的判别分析中也非常重要，在选择目标顾客时这些变量的作用必须是透明的。因为决策树非常简洁透明，所以它们成为管理者最喜欢的数据挖掘工具之一。

(2) 决策树方法并不需要对模型和数据进行很多假设。预测变量的单调变换和异常值都不会改变决策树的结果。它可以很容易地处理自变量之间的交互作用。决策树本质上是一种非参数方法，可以被应用于很多不同的数据分布中。而且，它还可以用与单模式数据相似的方式处理多模式数据。

(3) 决策树很易于实施。构建决策树并不需要有很强的统计背景。

然而，在应用决策树方法时我们仍然需要非常谨慎。决策树本质上是一种探索性的数据挖掘工具。很多与之相关的技术仍然比较直观。决策树领域的研究人员经常对前人使用的方法的不同变体进行试验，直到找到一种较为有效的方法。决策树可能被看作建模过程的起点。后续会使用更为正规的统计模型。而且，如果顾客并不是同质的而我们却将他们归为一类(例如，所有收入>50 000 美元的人会被归在一起)，可能导致信息的丢失。因为，事实上，收入和因变量之间可能存在线性关系。

① 近年来开发新技术(如支持向量机、填装和推进，以及径向基函数网络)的研究人员经常将他们的方法与传统的方法如决策树进行比较，结果表明他们的方法在预测上有较好表现。然而，我们还需要在不同的情境中进行更多的比较来研究哪种方法更好。

第18章 人工神经网络

摘要

神经网络模型之所以引人关注，是因为它的基本原理是通过对人脑中神经元的结构进行模仿来分析数据。对数据库营销人员来说，更为重要的是神经网络在处理非线性数据和变量之间的交互作用时，具有较大的灵活性，而非线性和交互作用在预测性模型中非常常见。本章将依次介绍神经网模型、它的估计方法以及各种高级形式的神经网络。

18.1 概　　述

人工神经网络(artificial neural networks,ANN)是数据挖掘的重要工具之一。基于一个模拟人脑结构的模型，人工神经网络可以对外部输入数据进行学习和总结。通过对"训练样本"的学习，神经网络可以发现数据中的规律和关系。这种方法与传统计算机解决问题的方式存在本质的差异。传统上，计算机解决问题的方式是自上而下地执行人们发出来的一系列指令，而人工神经网络却是自下而上地通过学习样本来寻找规律，从而推断重要的相关关系。

18.1.1 发展历史

人工神经网络历史悠久。它最早起源于McCulloch和Pitts(1943)开发的一个用来解释神经元工作机理的生物模型。McCulloch是一个神经学家，而Pitts是一个数学家。他们将神经生理学和数理逻辑结合起来，试图研究人脑的工作机理以及神经网络的逻辑运算(Berry和Linoff,1997; Haykin,1999)。McCulloch和Pitts被认为是神经网络和人工智能的创始人，他们的研究证明一个具有足够多神经元细胞和突触连接的网络能够处理任何可计算的函数。因此，计算机能够处理的所有事情都可以被神经网络处理。尽管McCulloch和Pitts最初的研究目的是了解人脑如何工作，但他们的模型却给人们提供了一种解决各种决策问题的新方法。

20世纪80年代之前，人们对神经网络的应用并不多，一部分原因是计算能力的限制以及最初的神经网络模型中存在的理论缺陷(Minsky&Papert,1969)。近年来，有关神经网络的应用不断增加，主要归功于Hopfield(1982)发表的论文以及Rumelhart和McClelland主编的书籍。借鉴了统计物理学的观点，Hopfield将McCulloch和Pitt的模型做了改进，克服了模型的理论不足。接着，Rumelhart和McClelland编辑的那本著名的《并行分布处理》(*Parallel Distributed Processing*)，使得反向传播算法(back-propagation algorithm)开始流行，从而推动了神经网络在实践中的应用。

18.1.2 人工神经网络在数据库营销中的应用

人工神经网络是一个跨学科的领域。很多来自神经生物学、统计学、数学、计算机科学以及工程学的学者都对这一领域的基本概念和方法论的发展做出了重要贡献。相应地，神经网络也被应用到许多不同的领域，如模式识别、信号处理与控制、语音识别、欺诈检测、需求预测等。到 20 世纪 90 年代，神经网络在解决商务领域中的应用就超过上百种(Sharda，1994；Wong et al，1995)。

由于人工神经网络方法中包含了很多通用工具，所以学者们也发表了很多应用于营销领域的文章。例如，在对市场总需求的预测上，将人工神经网络与传统的计量经济模型的有效性进行比较(Hruschka，1993；Gruca et al.，1999)。在市场营销领域，人工神经网络也被用于市场细分(Fish et al.，1995；Balakrishnan et al.，1996；Hruschka&Natter，1999)、定向直邮(Zahavi &Levin，1997)以及其他市场营销问题(Yao et al.，1998；Knott et al.，2002；Kim et al.，2005)。

人工神经网络可以被用于分类问题、预测问题以及聚类问题，这些都是数据库营销建模人员经常面临的问题。例如，Balakrishnan 等人(1996)将神经网络用于市场细分。他们在研究中使用的数据记录了 207 个家庭在 18 个不同的咖啡品牌中的品牌转换率。他们利用神经网络将 207 个家庭根据其在 18 个咖啡品牌中的转换率进行了聚类。与之类似，Hruschka 和 Natter (1999)利用神经网络将 831 个家庭主妇进行了聚类。聚类的依据是每个家庭主妇使用的家庭清洁用品的品牌、人口统计特征(年龄、家庭规模、子女数、该主妇的受教育程度等)及其态度变量(如对"打扫房间是麻烦的事情"的同意程度)。

人工神经网络也被用于确定目标顾客。Zahavi 和 Levin(1997)考察了利用神经网络在家庭名录中为邮件促销活动选择目标受众的可行性。Knott 等人(2002)利用神经网络，在给定顾客已经购买的产品基础上，对他们下一次最有可能购买的产品进行了预测。Knott 等人将这一方法用于一家零售银行，帮助其找到那些最愿意接受某种特定贷款的顾客。他们通过现场实验发现，利用神经网络方法来寻找顾客，相比这家银行目前使用的探索性方法，能够带来更多的利润。除此之外，Kim 等人(2005)还提出了一个利用神经网络遗传算法来确定营销活动的目标家庭的方法。他们将这种方法用于吸引 9 822 个欧洲家庭为大型旅行车购买保险。结果表明，他们的模型在确定目标家庭(对购买保险感兴趣)方面，效果好于传统的逻辑回归模型(结合主成分分析)。

18.1.3 优势与劣势

过去 20 年间，人工神经网络得以广泛应用主要归功于几个推动因素。计算速度的明显提高使类似人工神经网络这样的复杂模型能够在一个较为合理的时间内被计算出来。而且，现成的神经网络软件的存在使没有很强统计知识背景的业界人士也可以进行人工神经网络分析。[①] 更重要的是，神经网络已经不再被看作一个无法认知的黑箱。统计学

---

① 神经网络分析的很多基本工作(如多层感知器和径向基函数)SAS 软件的 Enterprise Miner 都可以完成。SPSS 软件中的 Neural Connection 也提供了很多神经网络建模的工具，包括预测、分类以及时间序列分析。高级软件应用公司(Advanced Software Applications，ASA)开发的软件"ModelMax"就被应用于数据库营销的预测分析。

家们发现人工神经网络只不过是一些高度非线性的回归模型，而且很多传统的统计模型，如线性回归模型和逻辑回归模型都是人工神经网络的特例(White,1989, 1992)。因此，人们可以轻松地使用人工神经网络，因为它们与传统的统计模型非常接近。

一些商业软件供应商经常过分夸大软件的自动化功能，而误导了软件使用者。事实上，像很多正规的统计技术一样，人工神经网络的成功应用也需要对神经网络的理论以及它们的应用范围有很深的理解。无论是确定网络的基本架构还是选择训练参数都需要使用者来进行主观判断。由于人工神经网络倾向于对训练样本过度拟合，所以我们应该利用验证样本仔细考察它的预测精度(详见第 11 章)。

学者们将人工神经网络与一些成熟的统计技术进行了比较，包括聚类分析、逻辑回归、判别分析、时间序列分析、决策树等。研究发现，人工神经网络具有一定的优越性。例如，Fish 等人(1995)比较了神经网络与判别分析以及逻辑回归在对工业市场进行细分时的优劣。他们发现，相比其他统计方法，神经网络对保留样本具有更高的命中率。Hruschka 和 Natter(1999)对人工神经网络和 K-均值聚类方法进行了比较，结果表明人工神经网络的聚类效果更好。① 另外，有学者比较了利用神经网络得到的时间序列预测结果和利用 6 个统计学时间序列模型得到的结果(Hill et al. ,1996)。无论是月度时间序列还是季度时间序列，神经网络的预测结果都显著好于传统的时间序列方法，而且人工神经网络方法对于连续型时间序列数据尤其有效。

然而，另外一些学者却没有发现人工神经网络优于传统统计方法的地方。例如，Zahavi 和 Levin (1997)比较了神经网络和逻辑回归两种方法在确定促销邮件的目标顾客时的效果。他们的研究表明，两种方法得到的模型的拟合度基本相同，但逻辑回归的结果更容易解释。Brown 等人(1993)将反向传播算法的神经网络与决策树方法运用到三个多模态问题上的分析结果进行了比较。他们发现，这两种方法的分析结果没有太大差异。Atlas 等人(1990)对人工神经网络(如多层感知器)和决策树(CART)的比较也发现两种方法的精度没有太大差异。Balakrishnan 等人(1996)比较了神经网络与 K-均值算法，发现两种方法没有差异。然而，如果把两种方法结合起来，将神经网络的结果作为 K-均值方法的种子输入，结果会得到更合理的细分框架。更新的研究来自 Linder 等人(2004)，他们利用模拟的直复营销数据比较了神经网络与决策树以及逻辑回归。当样本量较小时，人工神经网络的表现好于其他两种方法，但是当样本量较大时，决策树和逻辑回归得到的结果更好，而总的来看，逻辑回归要好于决策树。这些结果非常出人意料，因为在其他研究中，当训练样本较少或者数据噪声较大时，简单的模型往往要好于复杂的模型(Hastie et al. ,2001)。

总之，基于以上分析，我们可以看出人工神经网络与传统统计方法相比，其优劣取决于数据的类型以及应用的情境。人工神经网络的最大优势在于它们在考察高度非线性关系和交互作用时，不需要太多的先验假设。因此，如果变量之间存在高度的非线性关系以及/或者自变量之间存在显著的交互作用，那么人工神经网络得到的结果要好于传统统计

① 他们采用的神经网络模型不是我们在聚类分析的章节中所介绍的自组织图。他们构建了一个前馈人工神经网络，专门用于解决基于聚类的市场细分研究。

方法(Rumelhart 和 McClelland,1986；Hill et al. ,1996)。如果变量之间的真实关系是线性的(或逻辑回归型的),那么线性(或逻辑)回归方法将好于复杂的神经网络,因为其线性(或逻辑)假设提供了额外的先验信息。另一方面,如果变量之间的真实关系是复杂的,那么人工神经网络将好于线性(或逻辑)回归,因为线性(或逻辑)回归中的错误假设会使分析结果产生偏差。由此可见,我们需要更多的研究来找出人工神经网络对市场营销领域的哪些问题具有较强的适用性。从实践的角度看,神经网络是数据库营销人员可以利用的备选分析方法,它尤其适用于前文所提到的情境。考虑到所有统计技术的适用性不同,我们建议对于同一个数据,研究人员可以用神经网络和其他方法分别进行分析,然后考察哪种方法对保留样本的预测效果更好。

18.2 神经元模型

在本节中,我们介绍一种人工神经网络的基本模型。在 18.3 节中,我们将关注一个最常用的神经网络的特殊形式——多层感知器(multilayer perceptron)。接着,在 18.4 节中,我们将描述另一个特殊形式——径向基函数网络(radial-basis function network),它虽然不像多层感知器那样流行,但也具有较为广泛的应用前景。

人工神经网络由用以模拟生物神经元行为的基本单元组成。它与生物体的神经系统相类似：足够强的外部刺激或“输入”,能够引发神经元发送信号,从而导致生物体发生反应。用统计语言来描述,外部刺激或输入为自变量,反应则是输出或因变量。神经网络既可以处理分类变量也可以处理连续变量,且无论其为自变量还是因变量都没有问题。[①]输出变量可以是一个或一个以上(例如,顾客是否会对产品目录做出反应,如果反应,那么这个顾客会花费多少钱)。如图 18.1 所示,一个神经元就是一个信息处理单元,它会把输入信号转化为输出结果。任何神经网络模型都包含三个基本元素：突触权重(synaptic weights)、加总函数(summation function)及激活函数(activation function)。

输入 x_j 与神经元 k 通过突触权重 w_{kj} 连接起来。每个输入都被赋予了不同的权重,权重代表了每个输入对于产生输出的重要性和强度的不同。输入值和它们的权重通过加总或组合函数 $\sum$ 组合在一起。最常用的函数是线性组合函数,其基本形式如下：

$$v_k = \sum_{j=0}^{m} w_{kj} x_j = w_{k0} x_0 + u_k \tag{18.1}$$

其中 x_0 设为 1。也就是说,这个线性组合函数是所有输入值的加权求和,每个权重就是突触权重。需要注意的是,上面的线性组合函数包含一项 $x_0 w_{k0}$,其中 $x_0=1$,而其权重 w_{k0} 则可以看成施加于 u_k 的一种仿射变换(Haykin,1999)。如果 w_{k0} 为正,则会增加激活函数的净输入值;如果 w_{k0} 为负,则减少激活函数的净输入值。换句话说,它的作用类似

---

① 分类变量可以采用两种方式处理。第一种是将每个分类变量的取值看作离散的、有序数值。例如,我们将三个品牌的品牌选择变量赋予三个数值,选择品牌 A 为 0.0,选择品牌 B 为 0.5,选择品牌 C 则为 1.0。这种方法存在一定的问题,因为神经网络会把不同的类别看作有序数值(即认为品牌 A 和品牌 B 离得较远)。第二种处理分类变量的方式更为常见,它把不同的类别用哑变量来表示。例如,我们为品牌 A、B、C 分别设置三个品牌选择哑变量。如果某个品牌被选择,则该品牌的哑变量取值为 1,否则为 0。为了便于识别,在估计之前我们通常会去掉其中一个哑变量。

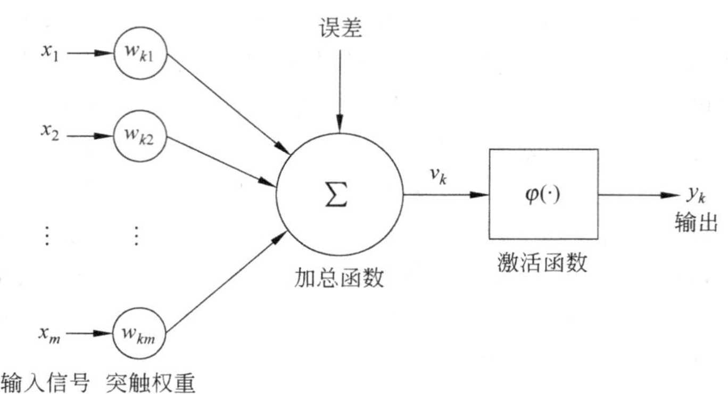

图 18.1 神经元模型

资料来源：Haykin，Simon. Neural Networks：A Comprehensive Foundation[M]. 2nd Edition. Reprinted by permission of Pearson Education，Inc.，Upper Saddle River，NJ，1999：11.

于线性回归中的截距项。

神经元模型的另一个重要元素是激活函数，它可以将组合函数的值转化为输出结果。也就是说，$y_k=\varphi(v_k)$，其中 y_k是神经元 k 的输出结果，$\varphi(\cdot)$为激活函数，它的主要作用是限制神经元输出结果的波动幅度。在通常情况下，一个神经元的标准化输出值波动范围可以写成单位闭区间[0，1]或[－1，1]。激活函数的类型有很多：线形函数、阈值函数、分段线性函数、逻辑函数和双曲正切函数等(Berry &Linoff，1997；Haykin，1999)。图 18.2 显示了这五种激活函数的形状。

对于阈值激活函数，如果 v_k是非负的，则其输出值为 1；如果 v_k为负，则输出值为 0[见图 18.2(a)]。公式如下：

$$\varphi(v_k)=\begin{cases}1 & 若\ v_k\geqslant 0\\ 0 & 若\ v_k<0\end{cases} \tag{18.2}$$

McCulloch 和 Pitts(1943)的模型就采用了阈值函数。阈值函数通常也被称为单位阶跃函数(Heaviside function)(Haykin，1999)。

图 18.2(b)显示了分段线性函数的形状，其代数表达式可以写为

$$\varphi(v_k)=\begin{cases}1 & 若 v_k\geqslant 0.5\\ v_k & 若 -0.5<v_k<0.5\\ 0 & 若\ v_k\geqslant -0.5\end{cases} \tag{18.3}$$

分段线性函数可以近似看成非线性的逻辑函数的一个线性形式。研究人员可自行设置其线性区域的上限和下限的取值[例如，图 18.2(b)中的－0.5 和 0.5]。分段线性函数是阈值函数和线性激活函数的综合体。如果我们设定的上限值和下限值非常接近，那么线性区域就不存在了。相反，如果我们不设定上限和下限，那么它就变成了图 18.2(d)所示的线性函数。

$$\varphi(v_k)=\frac{1}{1+\exp(-a\,v_k)} \tag{18.4}$$

其中，α 是逻辑函数的斜率参数。如果 v_k的绝对值很小，那么逻辑函数就会表现出线

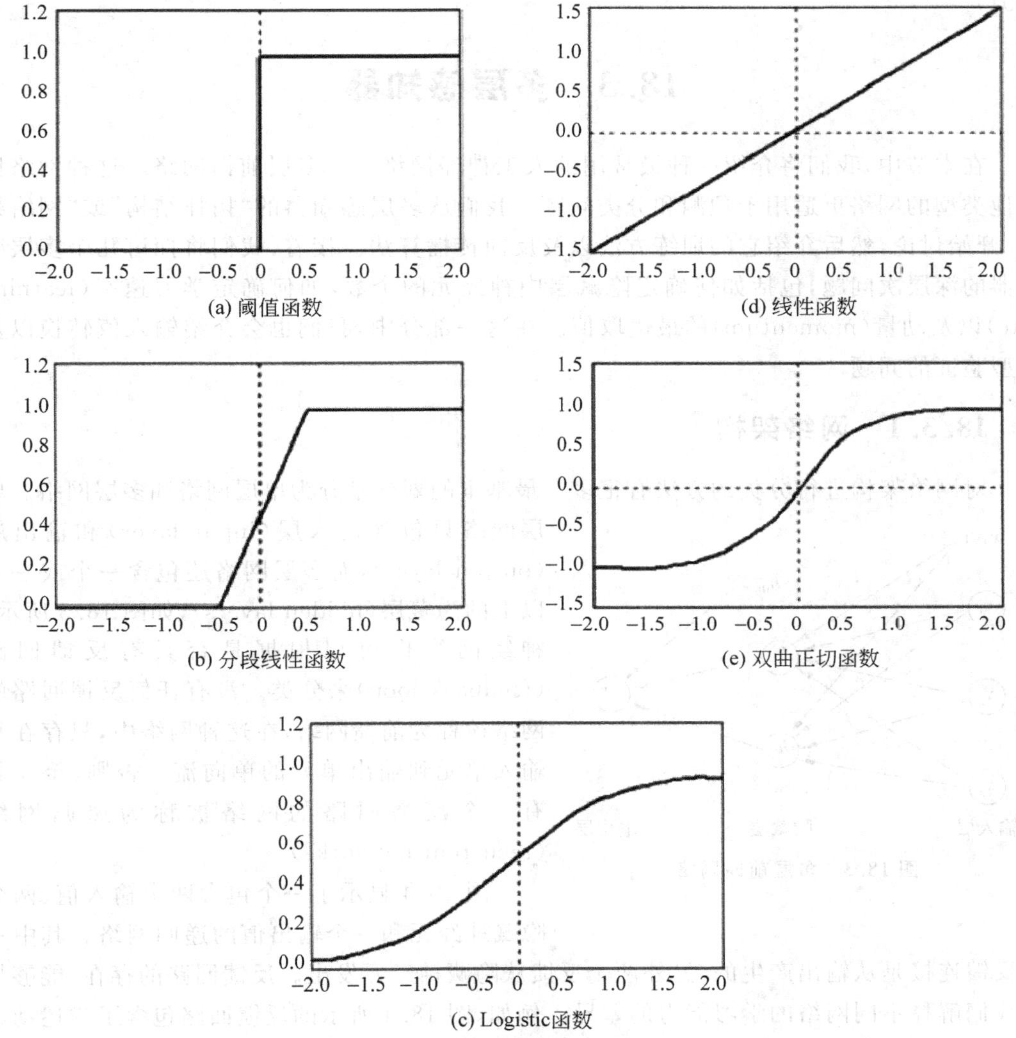

图 18.2 五种类型的激活函数

性特征。然而，随着 v_k 绝对值的增大，逻辑函数会逐渐趋近 0 或者 1。这种逐渐趋于饱和的特征在很多社会（或自然）现象的建模过程中都很常见。而且，不同于分段线性函数，逻辑函数还有另一个很好的数学特征——可微性。

最后，双曲正切函数与逻辑函数不同，其激活函数的范围是 −1～1，而不是 0～1。如图 18.2(e)所示，双曲正切函数与逻辑函数相类似，都是“S”形的，但是其下限是 −1 而不是 0。双曲正切函数被定义为

$$\varphi(v_k) = a\tanh(b v_k) \tag{18.5}$$

其中，a 和 b 为控制双曲正切函数形状的参数。如果 a 和 b 取值合适（如 $a=1.715\,9$，$b=2/3$），则激活函数会变成反对称函数，即 $\varphi(-v_k)=-\varphi(v_k)$，而逻辑函数却没有这个特性。如果激活函数是反对称的，那么人工神经网络的学习速度会加快（LeGun et al.，

1991)。

18.3 多层感知器

在本节中,我们将介绍一种最常用的人工神经网络——多层前馈网络。这种网络比其他类型的网络更适用于预测和分类问题。我们从多层感知器的"拓扑结构"或"网络架构"开始讨论,然后介绍它的训练方法以及反向传播算法。接着,我们将探讨几个多层感知器的深层次问题,包括如何确定隐藏层中神经元的个数,如何确定学习速率(learning rate)以及动量(momentum)的最优取值。在这一部分中,我们也会介绍输入值转换以及模型验证的问题。

18.3.1 网络架构

对网络架构进行分类的方法有很多。最基本的划分是分为单层网络和多层网络。单层网络只包含输入层(input layer)和输出层(output layer),而多层网络还包含一个或一个以上的隐藏层(hidden layers),如图 18.3 所示。神经网络也可以根据是否具有反馈回路(feedback loop)来分类。没有任何反馈回路的网络被称为前馈网络,在这种网络中,只存在从输入单元到输出单元的单向流。否则,至少具有一个反馈回路的网络被称为递归网络(recurrent networks)。

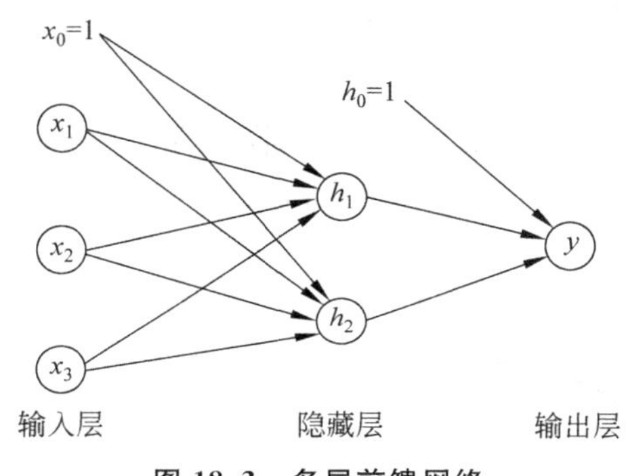

图 18.3 多层前馈网络

图 18.4 显示了一个包含两个输入值、两个隐藏神经元和一个输出值的递归网络。其中一个反馈连接是从输出产生的,另外两个反馈从隐藏神经元发出。反馈回路的存在,能够帮助我们解释不同网络的学习能力的差异。例如,图 18.4 所示的反馈回路包含了描述动态学习行为的单位延迟项 Z^{-1}。递归网络经常被用于(动态)时间序列模型中,如沟通渠道的自适应均衡、语音处理、装置控制及汽车发动机诊断(Haykin,1999)。目前,递归网络还没有被用来分析数据库营销问题,这可能是由于数据库营销领域很少用到动态模型。然而,在诸如多渠道营销活动管理等领域,递归网络还是有一定应用前景的(详见第 28 章)。

现在让我们回头来看看更为常用的前馈多层神经网络,它也被称为多层感应器,图 18.3 展示了其典型结构。它包含一个输入层,一个或多个隐藏层和一个输出层。图 18.3 所示的多层感应器有三个输入值(即传统回归模型中的自变量),一个隐藏层和一个输出值(或因变量)。隐藏层中有两个神经元。因此,图 18.3 中的多层感应器也叫作 3-2-1 网络。最后,我们说这个网络是完全连接的,因为网络中每个层次中的每一个节点都与其下一层或上一层的所有节点相连。

位于输入层和输出层之间的隐藏层,可以把自变量转化成因变量的一个预测值。对人工神经网络来说,如果想要对输入变量之间复杂的交互作用或者其他的非线性关系进

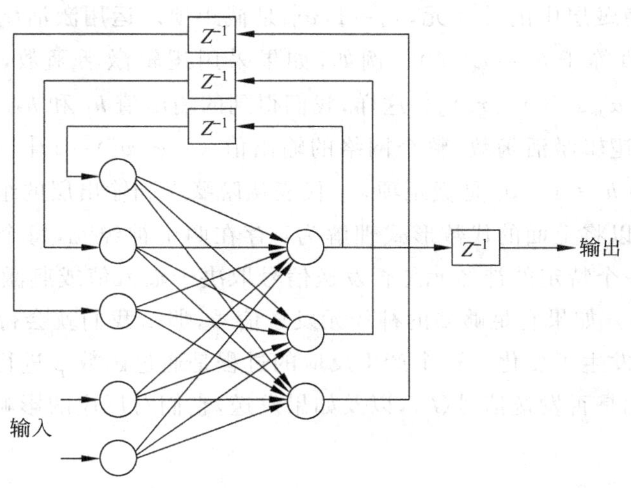

图 18.4 递归网络(Haykin,1999)

行建模,那么隐藏层是必不可少的(Haykin,1999)。而如上文所说,一个单层感应器没有隐藏层,它的输入层和输出层是直接连在一起的。

理论上,一个网络可以有任意数量的隐藏层。尽管一个拥有很多隐藏层的网络能够刻画输入和输出之间的复杂关系,但是一个隐藏层的网络还是最常用的。原因主要有两个:首先,很多隐藏层的网络有可能过度拟合数据,从而捕捉过多数据中的随机噪声。因此,我们会将模型构建得尽可能简单来避免过度拟合的问题。更重要的是,"万能逼近定理"的存在也使学者们倾向于使用具有一个隐藏层的网络。此定理认为,单一隐藏层对于近似描述多层感知器的输入和输出之间的任何连续关系已经足够了(Barron,1993;Haykin,1999)。①

现在我们来了解一下神经网络的代数形式,以便在下一节中对反向传播算法进行讨论。简单起见,我们将讨论限定于图 18.3 所描绘的多层感知器。三个输入信号进入输入层,经过网络向前传递,最后产生输出信号。我们用(x_1, x_2, x_3, d)来表示样本量为 N 的训练样本,其中输入向量 x_1、x_2 和 x_3 代表输入层,输出(反映)向量 d 代表输出层。

隐藏层中的神经元具有两个功能:组合和激活。隐藏层中的每个神经元在从输入层接收了输入信号(x_1,x_2,x_3)之后,通过加权求和以及激活函数的运算,最后将结果(h_1, h_2)发送给输出层。具体来说,隐藏层中的神经元 1 从输入层接收信号(x_1, x_2, x_3),其权重分别为(w_{11}, w_{12}, w_{13})。相应地,隐藏层中的神经元 2 从输入层接收信号(x_1, x_2, x_3),其权重分别为(w_{21}, w_{22}, w_{23})。然后,通过组合函数计算出输入值的加权求和。这个加权求和得出的中介值 v_j($j=1$, 2)可以写为

$$v_j = \sum_{i=0}^{3} w_{ji} x_i \tag{18.6}$$

① 然而,定理并不认为具有单一隐藏层的多层感知器是最好的。较多的隐藏层往往更易实施并且学习时间也更短。

其中 j 表示隐藏层中的神经元，$x_0=1$，w_{j0} 是截距项。运用激活函数，我们可以得出神经元 j 的输出值等于 $h_j=\varphi(v_j)$。例如，如果采用逻辑激活函数，那么 $h_j=1/[1+\exp(w_{j0}+w_{j1}x_1+w_{j2}x_2+w_{j3}x_3)]$。这样，我们得到的输出值 h_1 和 h_2 又成为输出层的输入值。所以，给定逻辑激活函数，整个网络的输出值 $y=\varphi(v_3)=1/[1+\exp(w_{30}h_0+w_{31}h_1+w_{32}h_2)]$，其中 $h_0=1$，w_{30} 是截距项，v_3 代表从隐藏层到输出层的组合函数。

从直观上，可以将上面的代数形式理解为：存在两个神经元，每个神经元以 h_j 的可能性发射信号。一个特定的神经元是否发送信号取决于输入值或刺激大小(x)以及它们的相对影响力(w)。如果有足够多的神经元发送信号，那么我们就会得到一个反应，即输出，也就是因变量发生了变化。这个产生反应的过程是通过函数 φ 进行的，而它又取决于隐藏层中的神经元是否发送信号(h)，以及如果发送，它们对反应的影响力有多大(也用 w 表示)。

18.3.2 反向传播算法(back propagation)

神经网络的训练就是给来自前一层的输入值确定最优权重[即 w_{ji}，其中 j 代表一个节点(一个隐藏层的神经元或者一个输出)，i 代表进入节点的输入]的过程。训练神经网络的过程与估计非线性回归参数的过程相类似。确定神经网络的最优权重是为了使输出层的输出预测值尽可能地接近其实际值。

为多层感知器确定最优权重的最为人熟知的方法是反向传播法，它包含两个传递路径。我们从校准样本(也叫"训练集")开始。在向前的传递中，训练集中的每一个观测的输入变量值从输入层经由网络向前传递，通过隐藏层，最后得到输出预测值。在向前传递中，所有的权重都是固定的。也就是说，在每次迭代时，我们根据输入值和上一次迭代产生的突触权重来计算输出预测值，而在反向传递中，我们可以计算输出预测值与输出实际值之间的误差。误差又经由网络反向传递，从而调整权重使下一次迭代中的误差进一步减小。

以下我们用图 18.3 所示的多层感知器来进一步说明反向传播算法的代数形式。在第 t 次迭代中的第 n 个训练观测的输出误差 $e_n(t)(n=1,\cdots,N)$ 被定义为 $e_n(t)=d_n(t)-y_n$，其中 y_n 是从神经网络中得出的第 n 个训练观测的输出值，$d_n(t)$ 是第 n 个观测的输出(或反应)实际值。这样，我们将第 t 次迭代产生的总体误差定义为

$$E(t)=\frac{1}{2}\sum_{n=1}^{N}e_n(t)^2=\frac{1}{2}\sum_{n=1}^{N}[d_n(t)-y_n]^2 \tag{18.7}$$

其中，N 是训练样本总数。在式(18.7)中加入比例系数 1/2 是为了简化后续的分析(Haykin,1999)。这样，式(18.7)对 w 求微分时，就有 $\partial E(t)/\partial w=\sum e_n(t)[\partial e_n(t)/\partial w]$。而且，总体误差 E 是神经网络的所有自由参数(即突触权重)的函数。对于给定的训练集，E 代表测量学习绩效的成本函数。学习过程的目的就是通过调整网络自由参数来使误差 E 最小化。也就是说，我们要调整突触权重以使网络的实际反应向我们希望的反应靠近，这一点是根据平方误差来评判的。

Rumelhart 等人(1986)曾经利用广义 delta 规则来调整权重,这种方法类似统计上的非线性优化方法。因此,此算法的目的就是为给定的训练集找到能够最小化总体误差的最优权重。由于目标函数是高度非线性的,所以最优权重需要通过迭代的方式产生。广义 delta 规则将突触权重的调整以相关性的形式表现出来。第 t 次迭代的权重 $w_{ji}(t)$ 的相关性 $\Delta w_{ji}(t)$ 被定义为

$$\Delta w_{ji}(t)=\alpha\Delta w_{ji}(t-1)-\eta\frac{\partial E(t)}{\partial w_{ji}(t)} \tag{18.8}$$

其中,α 为动量(momentum)参数;η 为学习速率(learning-rate)参数;$\partial E(t)/\partial w_{ji}(t)$ 是总体误差[参见式(18.7)]对权重 $w_{ji}(t)$ 的偏导数。当动量参数 α 等于 0 时,广义 delta 规则就变为 delta 规则。

在式(18.8)中,偏微分 $\partial E(t)/\partial w_{ji}(t)=-\sum_{n=1}^{N}e_n(t)[\partial y_n/\partial w_{ji}(t)]$ 是一个敏感性因子,它决定了在突触权重 $w_{ji}(t)$ 的可能空间进行搜索的方向。η 前面的负号是为了保证新计算的权重与偏微分的方向相反。也就是说,如果偏微分是正的,那么意味着随着权重的增加,误差也会增加。因此,我们会希望将权重进行负向调整,而公式中的负号也就保证了这一点。学习速率参数 η 控制着权重从第 t 次迭代到 $t+1$ 次迭代的变化量。较小的 η 值可能导致迭代次数过多,但 η 的值如果太大,则会使得网络失去实际的最小值。动量参数 α 的作用是增加学习的速率,同时又避免可能产生的不稳定性问题(Haykin,1999)。动量参数在实践中通常限定在[0,1),它测量了上一次的权重变化在多大程度上会影响当前的权重变化。因此,较大的 α 值意味着该算法在计算中会保持权重变化的方向与上一次相同。也就是说,较大的动量意味着该算法对于改变权重变化方向的训练样本反应较慢(Berry and Linoff,1997)。换句话说,给动量参数设定一个较大的值,具有稳定参数变化方向的作用,从而避免了参数估计的波动性。

18.3.3 在信用评分中的应用

在本节中,我们将多层前馈网络应用于信用评分模型。所用数据由德国慕尼黑大学统计研究所的 Fahrmeir 教授提供,该数据集包含一家德国银行的 1 000 个顾客的信用行为记录。数据将被随机分成相等的两部分,其中 500 个顾客作为估计样本,另外 500 个顾客作为验证样本。因变量(DEFAULT)是每个顾客的信誉,信誉不好的顾客该变量为 1,信誉好的顾客该变量为 0。自变量有 8 个。其中两个变量,SEX(女性/男性)和 MARRIAGE(婚姻状况)刻画了顾客的人口统计特征。其他的自变量代表了顾客之前的行为以及信用特征:BAD(坏账),GOOD(好账),DURATION(信用期限),PAY(之前的还款行为),PRIVATE(工作账户/个人账户)以及 CREDIT(信用线)。对于变量的详细描述请参见 Kimand Shin (1998)。

我们用具有一个隐藏层的多层感知器来分析。隐藏层包含两个神经元。所以,我们的多层感知器是一个 8-2-1 网络。利用 SAS Enterprise Miner 软件的反向传播算法,我们估计出所需权重,其结果如表 18.1 所示。

表 18.1 多层感知器的估计结果(w'_{ji}s)

	第一个隐藏神经元(w_{1i})	第二个隐藏神经元(w_{2i})	输出(DEFAULT)(w_{3i})
误差	5.65	9.23	
SEX	0.44	−12.78	
MARRIAGE	0.06	−18.39	
BAD	0.39	13.43	
GOOD	−12.48	0.96	
DURATION	−4.03	−2.68	
PAY	−8.02	−19.27	
PRIVATE	0.13	−15.99	
CREDIT	5.28	−16.37	
Bias-h			0.33
h1			−0.99
h2			−1.27

隐藏层的神经元 1 接收了输入层的 8 个输入值(加上一个误差项或截距项),它们各自的权重估计值显示在表 18.1 的第 2 列。相应的,隐藏层的神经元 2 也接收了输入层相同的输入值,其相应的权重估计值显示在表 18.1 的第 3 列。将组合函数和(逻辑)激活函数用于输入值及其权重,我们就得到神经元 1 和神经元 2 的输出值(h_1 和 h_2)。计算出的输出值 h_1 和 h_2 又成为输出层的输入值。也就是说,输出层的输出神经元(DEFAULT)接收了隐藏层的两个输入值(再加上一个截距项),它们相应的权重估计值显示在表 18.1 的第 4 列。从表中我们可以看出,这些权重都很难被直接解释。例如,某些变量的权重在两个神经元上的符号是相反的。

18.3.4 隐藏层单元的最优个数、最优学习速率及最优动量参数

人工神经网络经常因为其确定网络架构和训练参数时的主观性而受到质疑(Tam & Kiang, 1992)。模型选择已经成为统计学中最难解决的问题。同样的,选择最优的网络结构也成为人工神经网络分析的关键问题。万能逼近定理认为,具有一个隐藏层的多层感知器就能满足我们的基本需要,但仍然需要确定隐藏层中神经元的个数。虽然,隐藏层的数量增多能够帮助我们解释输入和输出之间的复杂关系,但是,过多的隐藏层本质上会记忆训练观测,引起过度拟合问题。

学者们提出一些确定隐藏层神经元个数的探索性方法。为了避免过度拟合,隐藏层神经元的个数不能多于输入层输入变量个数的两倍(Berry &Linoff,1997)。还有学者将输入层输入变量个数的平方根作为隐藏层神经元的个数(Kim et al.,2005)。

更好地确定隐藏层最优单元数量的方法是实证方法。我们将数据分为估计样本和验证样本,然后利用估计样本来训练隐藏层具有不同神经元个数的网络,最后利用验证样本

来评估这些训练得到的网络。具有最小 SSE(或者分类结果具有最高命中率,参见第 11 章)的网络就是我们要找的具有最优隐藏层单元数的最好网络结构。

我们也可以通过网格搜索(grid search)来同时确定隐藏层神经元的最优个数、最优学习速率及最优动量参数。例如,我们可以尝试在 $\eta \in \{0.1, 0.4, 0.7, 0.9\}$,$\alpha \in \{0.0, 0.2, 0.6, 0.9\}$以及隐藏层神经元个数$\in \{1, 2, 3, 4, 5\}$的空间进行搜索。这样我们就需要训练出 80(=4×4×5)个不同的网络,来比较它们的预测绩效。

18.3.5 停止规则

与所有的非线性优化问题类似,在反向传播算法中也没有一个停止权重调整的清晰界限,但是我们却为停止界限能够找到一些合理的标准。首先,多层感知器的目标函数,式(18.7),在一阶偏导数$\partial E/\partial w_{ji}$对所有的 i 和 j 来说都为 0 时,存在局部或全局最小值。这样,我们就可以为权重的变化率向量设定一个停止规则(Haykin,1999)。也就是说,在变化率向量的欧几里德范数(Euclidean norm)达到一个分析人员设定的较小的变化率阈值时,就停止迭代。

由于需要计算变化率向量,因此停止规则的变化率方法存在运行时间较长的局限性。为了解决这一问题,我们也可以根据目标函数本身的变化率来设定停止规则,因为它的最小值比较稳定(Haykin,1999)。当目标函数的绝对变化率足够小时,我们就停止训练迭代。

以上提到的方法都需要主观确定停止阈值,而且合适的阈值取决于建模数据的类型。因此,研究者们应该尝试不同的取值,然后根据获得的经验来为自己的数据设定阈值"默认值"。

18.3.6 特征(输入变量)选择

选择合适的输入变量对于改进神经网络的绩效具有重要作用。我们的目标是用最少的输入变量产生最精确的预测结果。这个问题(也被称为特征子集选择问题)从概念上看类似传统回归模型的自变量选择问题(参见第 11 章)。由于企业存储的顾客信息不断增加,所以分析人员越来越关注特征选择问题。

确定神经网络最优特征子集的方法有两类。其中"过滤器"(filter)方法对特征的选择独立于神经网络的学习算法之外。而与之相反,"封装器"(wrapper)方法则是根据学习算法的绩效来确定最优特征子集。过滤器方法在计算效率上好于封装器方法。然而,很多学者都因为过滤器方法忽略了特征选择对于神经网络绩效的影响而对其提出质疑(Yang & Honavar,1998;Hsu et al.,2002)。封装器方法虽然克服了过滤器方法的这个问题,但它在估计神经网络的过程需要对每一个备选特征子集都进行评估,因此计算成本太高。

学者们提出了一些算法来提高封装器方法的计算速度。例如,Richeldi 和 Lanzi(1996)将所有的特征分成不同的组(因素),然后利用遗传算法对这些因素组成的特征空间进行分析,最后找到包含信息最多的特征集合。Setiono 和 Liu (1997)从另一个角度提出在神经网络的误差函数中加入一个惩罚项的方法,以便在网络训练过程结束时,从相关的网络连接中识别出那些权重较小的冗余连接。

以下我们简要介绍一下 Hsu 等人(2002)提出的包装方法。其特征选择模型被叫作"人工神经网络输入增益测量近似法"(artificial neural net input gain measurement approximation,ANNIGMA),它的表现优于两个基准的封装器模型。Hsu 等人将此模型成功地应用于两个真实的数据集,其中一个数据集包含 192 个特征,另一个包含 41 个特征。ANNIGMA 封装器选择最优特征子集的方法类似经典回归中的分步变量选择。它开始于一个完整的初始特征(或输入变量)集合,然后再在搜索过程中逐步从备选集合剔除不合适的特征。他们描述了该算法的三种形式:①贪婪向后剔除法(greedy backward elimination, BE);②具有回溯的向后剔除法(backward elimination with backtracking, BEB);③向后分步剔除法(backward stepwise elimination, BSE)。BE 方法首先估计出一个包含所有特征的神经网络,并且得到每个特征的 ANNIGMA 分数,用以测量每个特征对于神经网络模型绩效的贡献度(或重要性)。然后,依次去掉 ANNIGMA 分数最差的特征,直到神经网络的误差率开始增加为止。BEB 方法具有回溯作用,也就是说,如果误差率增加了,那么前一个被剔除的特征将被保留,并且剔除次差特征。这个过程会不断迭代直到剔除特征不再使网络绩效提高为止。最后,BSE 方法能够加快大样本数据的特征选择速度。它在前期的迭代过程中会剔除大量无关特征(即采用 BE 法),而在后续的迭代中则仔细对特征子集进行调整(即采用 BEB 法)。

18.3.7 评估输入变量的重要性

在 18.3.3 节中我们已经知道,从本质上说,直接用 $w's$ 的估计值来解释每个输入变量对输出变量的影响程度是不可能的。这是因为输入变量会对多个隐藏神经元产生影响,而且影响的方向可能相反。即便影响的方向是相同的,我们也很难根据多个 $w's$ 的预测值来比较不同的输入变量。例如,一个变量可能在一个神经元上有较高的权重 w,而在另一个神经元上的权重却较低。那么,这个变量是不是比另一个在每个神经元上的权重都相对适中的变量更重要呢?

对于这个问题没有简单的解决办法。一个评估变量重要性的常规做法是进行灵敏度分析(Berry & Linoff,1997)。例如,如果要评估输入变量 X_1 的重要性,我们可以令其他变量都取其均值,而让 X_1 在其取值范围里变动。然后,画出因变量的变化图,或者找到一个统计量来刻画因变量的变化大小。然而,此方法也存在一定的问题,因为非线性的神经网络常常会刻画输入变量之间的许多交互作用,即变量 X_1 在其他变量取均值时和取其他值时的作用可能差别很大。

我们也可以采取另一种方法,即简单地画出因变量和输入变量之间的函数关系,而不需要利用神经网络模型来进行计算。我们可以利用这种方法得到类似相关分析的结果,但是跟灵敏度分析一样,它也不能显示出神经网络中丰富的非线性关系及交互作用。不仅如此,如果从回归分析的角度看,这种方法也不能控制模型中其他变量的影响。

尽管存在很多问题,但我们仍然建议分析人员要对输入和输出之间的关系进行检验,要么进行灵敏度分析,要么简单画出自变量和因变量之间的关系图。这样,我们至少能够看出数据中的某些关系特征。

18.4 径向基函数网络

神经网络的理论应用范围非常广泛，它可以覆盖各种不同类型的模型。人工神经网络可以被分为有监督学习（也叫作有教师学习）模型和无监督学习（也叫作无教师学习）模型。最常用的有监督学习神经网络模型，包括多层感知器和径向基函数网络，而自组织图（self-organizing map，SOM）则是最有名的无监督神经网络模型。有关 SOM 的内容我们已经在第 16 章介绍过。

18.4.1 背景

在本节中，我们介绍另外一种有监督学习神经网络模型——径向基函数（radial-basis function，RBF）网络，近年来它逐渐引起学者们的关注（Poggio & Girosi，1990；Park & Sandberg，1991；Abdi，1994）。RBF 网络是继多层感知器之后最流行的有监督学习神经网络模型。不同于多层感知器，径向基函数网络从根本上将神经网络设计看作一个在多维空间上的曲线拟合逼近问题。其目的是找到那条最能解释训练数据中输入变量和输出变量之间非线性关系的多维曲线。可以说，径向基函数网络的构建具有更正规的数学基础。如其名字所显示的，径向基函数网络将径向基函数理论应用于隐藏层的构建中。最初用来解决多元插值问题的径向基函数已经成为数值分析（numerical analysis）学科的主要研究领域之一（Light，1992）。

径向基函数网络与多层感知器具有相似的设计架构。它包含一个输入层、一个隐藏层和一个输出层（见图 18.3）。输入层的函数与多层感知器的相同。然而，这两个网络在一些重要的方面确实存在差异（Haykin，1999）。首先，径向基函数网络中每个隐藏神经元的激活函数都会计算输入向量到该隐藏神经元中心的欧几里德距离。与之相反，多层感知器中每个隐藏神经元的激活函数计算的却是输入向量的内积以及该隐藏神经元的突触权重向量。其次，径向基函数网络只允许有一个隐藏层而多层感知器可以有一个或多个隐藏层。最后，径向基函数网络的隐藏层是非线性的，而输出层只能采取线性激活函数。稍后我们会解释，为什么径向基函数网络的隐藏层与输出层的作用如此不同。然而，在多层感知器中，隐藏层和输出层所承担的任务却差不多，而且它们通常都是非线性的。

正是由于这些差异的存在，使径向基函数网络能够避免得到的参数只代表局部极小值的缺陷。利用多层感知器进行分析，往往会得到一个局部极小值，而且它们的收敛速度有时也存在一定的问题。对径向基函数网络来说，在学习过程中需要调整的那些参数是从隐藏层到输出层的线性映射。由于激活函数是线性的，所以径向基函数网络的误差曲面是一个二次方程，因此只有一个极小值。

18.4.2 曲线拟合（逼近）问题

为了更好地解释径向基函数网络，让我们来看一个非线性回归问题。其中观测 $i(i=1,\cdots,N)$ 的因变量取值为 d_i，相应的自变量向量为 $\boldsymbol{x}_i$。由此，因变量和自变量向量之间的非线性关系可以写成

$$d_i = f(\boldsymbol{x}_i) + \varepsilon_i \tag{18.9}$$

其中，ε_i 为随机误差，$f(\boldsymbol{x}_i)$为一条光滑的曲线。

径向基函数网络用 $F(\boldsymbol{x})$来逼近式(18.9)中的高维曲线 $f(\boldsymbol{x}_i)$。

$$F(\boldsymbol{x}) = \sum_{j=1}^{m} \omega_j \varphi_j(\boldsymbol{x}) \tag{18.10}$$

其中，m 是隐藏层中的神经元数量；ω_j 代表从第 j 个隐藏层神经元到输出的权重。隐藏层中神经元的数量或基函数 φ 的数量一般少于数据的样本数，即 $m<N$。

很多研究都从数学上验证了式(18.10)中一个非线性变换跟着一个线性变换的合理性(Cover，1965；Poggio and Girosi，1990)。一般来说，我们假设所有的基函数$\{\varphi_j(\boldsymbol{x})$，$i=1,\cdots,m\}$是线性独立的，每一个$\varphi_j(\boldsymbol{x})$都被写成径向基函数的形式。即

$$\varphi_j(\boldsymbol{x}) = \varphi(\| x - t_j \|) \tag{18.11}$$

其中，$\|\cdot\|$ 为一种欧氏距离；t_j 为神经元 j 的径向基函数的中心。ϕ 函数最常用的形式是高斯(Gaussian)函数。

$$\varphi_j(\boldsymbol{x}) = \exp\left[\frac{1}{2\sigma_j^2} \| x - t_j \|^2\right] \tag{18.12}$$

其中，σ_j^2为高斯分布的方差。为了简化计算，我们经常假设对于所有的 j 都有$\sigma_j^2=\sigma^2$。根据径向基函数的中心(t_j)的不同形式，我们可以采用不同的学习策略(Haykin，1999)。最简单的方法是从训练数据集中随机选择中心的(固定)位置。另一个稍微复杂一些的方法是利用 K-均值聚类算法，也就是仅仅将径向基函数的中心放在那些显著数据出现的输入空间上。或者，也可以将径向基函数的中心(与其它参数一起)作为待估计的参数。

径向基函数网络中每个隐藏层的激活函数[$\varphi_j(\boldsymbol{x})$]的作用在某种程度上与它在多层感知器中的作用是不同的。径向基函数网络中的激活函数计算了从输入到每个中心的距离。隐藏层的每个单元代表一个中心。而另一方面，在多层感知器中每个隐藏单元的激活函数计算的是该单元的输入向量和突触权重向量的内部产品。

给定上述模型设定，径向基函数网络的估计问题就是找到能够最小化以下误差函数的权重集$\{w_j | j=1,\cdots,m\}$(Haykin，1999)。

$$E = \sum_{i=1}^{N} [d_i - F(\boldsymbol{x}_i)]^2 + \lambda \| \mathrm{D}F(\boldsymbol{x}) \|^2 \tag{18.13}$$

其中，D 为一个平稳器(stabilizer)；λ 为正规化参数。

如式(18.13)所示，径向基函数网络的误差目标函数与多层感知器(如反向传播算法)的不同。式(18.13)的推导是基于 Tikhonov (1963)提出的正规化理论(regularization theory)。为了解决不适应曲面的重建问题，Tikhonov 提出利用一个辅助的非负函数来平稳(或平滑)最优解，这个函数中包含有关最优解的先验知识。也就是说，被称为 Tikhonov 函数的式(18.13)由两部分组成，分别是标准误差项和正规化项。标准误差项 $\sum[d_i - F(\boldsymbol{x}_i)]^2$ 测量了实际反应 d_i 与估计反应$F(\boldsymbol{x}_i)$之间的误差(或距离)。正规化项 $\lambda \| \mathrm{D}F(\boldsymbol{x}) \|^2$ 代表一个模型的复杂性惩罚函数。正规化参数 λ 控制了训练样本和先验平滑约束之间的平衡。如果 λ 接近 0，那么最优解主要是由训练样本决定的(即，较少的平滑)。随着 λ 的增大，训练样本或多或少被认为是不可靠的。此外，平稳器 D 代表关于最

优解形式的先验知识。

18.4.3 应用举例

我们将径向基函数网络应用于同样的信用评分数据，这个数据我们在多层感知器的例子中也用过。我们假设隐藏层有两个神经元，径向基函数是式(18.12)所示的高斯函数。我们还假设 $\sigma_j^2=\sigma^2$。利用 SAS 中的 Enterprise Miner 模块，我们得到了径向基函数($\boldsymbol{t}_j$)的中心，估计结果如表 18.2 所示。

表 18.2 径向基函数网络估计结果

	第一个隐藏神经元	第二个隐藏神经元
SEX	0.16	−1.44
MARRIAGE	−1.61	−0.64
BAD	0.80	1.58
GOOD	0.70	0.48
DURATION	−0.16	−0.30
PAY	0.11	−0.28
PRIVATE	0.23	0.88
CREDIT	0.78	−0.06

表 18.2 第 2 列的数值是第一个隐藏神经元的高斯径向基函数的中心。同样，第 3 列的数值是第 2 个隐藏神经元的高斯径向基函数的中心。与多层感知器得到的结果类似，这个训练结果或者估计结果很难解释。

我们也将估计出的径向基函数网络(以及多层感知器和 Logit 模型)应用于包含 500 个顾客的验证样本。RBF 网络的命中率为 79.2%(396/500)，而多层感知器和 Logit 模型的命中率分别为 79.6% (398/500)和 76.4%(382/500)。由此，我们可以看出，神经网络模型的预测效果稍好于 Logit 模型。但是，RBF 网络与多层感知器却没有区别。有些研究人员直接对 RBF 网络和多层感知器进行了比较。例如，Park 等人(2002)发现，RBF 网络实施起来比多层感知器更简单，需要较小的计算内存，收敛得更快，并且得到了较好的预测结果以及全局最小收敛值。

第19章 机器学习

摘要

统计分析在传统上有两种范式：经典范式与贝叶斯范式。机器学习本质上属于第三种范式，其算法严重依赖于现代计算速度的提高，利用高速计算来找到"决策规则"从而预测顾客行为。在本章中，我们将讨论几种不同的机器学习技术，包括覆盖算法、基于实例的学习、遗传算法、贝叶斯网络、支持向量机及委员会机器如 bagging 和 boosting 算法。

19.1 概　述

机器学习包括了所有主要从计算机科学领域发展起来的数据挖掘技术。因此，它的目的与其他数据挖掘技术相同：都是从数据中发现有用的模式或信息。

历史上，机器学习研究者们更多地关注于对模式的理解，而不是预测。尽管他们的方法也能用于预测和分类，但是他们却注重理解数据的结构。他们关注明确地表达知识，这样决策者就能知道为什么模型是有用的。而且，机器学习领域的研究者对数据分析的探索性作用更为感兴趣。统计学关心验证假设而机器学习却更关心能否提出有意思的假设(Witten & Frank，2000)。然而，机器学习的很多技术也受到统计学概念的显著影响。有时，我们很难说清楚一个特定的方法是机器学习技术还是统计方法。

机器学习领域的学者开发出很多数据分析工具——他们更愿意用"一般性工具"这个词——用于预测、分类、聚类以及揭示关系。在本章中，我们将关注那些其他章节没有涉及的机器学习工具。例如，构建决策树是机器学习领域最重要的工具之一，但我们已经在第 17 章详细讨论过。类似地，用于发现关联规则的购物篮分析也是一种机器学习工具，它在第 13 章已经涉及。

我们首先讨论第三种机器学习的方法。这些方法可能对数据库营销学者来说比较陌生，它们是：1-规则(1-rule)，基于覆盖算法的规则归纳(rule-induction by covering algorithms)，以及基于实例的学习(instance-based learning)。1-规则是一种简单的规则归纳算法，它经常作为与其他机器学习算法相比较的基准模型(baseline model)。1-规则也能为我们理解其他规则归纳算法提供思路。在下一节中，我们将探究两个著名的用于规则归纳的覆盖算法，PRISM 和 INDUCT。PRISM 算法假设数据中没有"噪声"，所以构建出一个"完美"规则集合。INDUCT 算法通过引入概率的概念而克服了这个问题。在基于实例的学习中，我们将介绍近邻方法和 k 度近邻方法，以及它们的扩展形式。接着，我们将讨论一些近年开发的机器学习技术，包括遗传算法、贝叶斯网络、支持向量机以及委员会机器。

19.2 1-规则

1-规则或者 1-R 可能是从训练样本中生成一组分类规则的最简单的算法。[①] 它容易理解并且简单易行。这种算法在概念上与数据库营销者经常使用一元分析(univariate profiling)比较相似。每次只考虑一个属性(或自变量),从而得到相应的规则集合(即每个属性与因变量之间的关系)。具有最小分类误差的属性将被选出,而相应的规则集合就成为 1R 最后得到的规则集合。

1-规则最初是由 Holte(1993)提出的,它经常作为基准模型被用于与其他更为复杂的模型进行比较。这种简单性导致 1-规则存在一个致命的问题,那就是无法刻画多个属性对于反应的联合影响,因为它每次只会考虑一个属性。然而,它在很多不同的应用情境中,对于验证样本的分类效果却与高度复杂的机器学习算法差不多(Holte,1993)。

为了说明如何使用 1-规则算法,我们以表 19.1 中的促销反应数据为例。这是一项典型的分类任务,我们要为一项促销活动找到合适的目标顾客。数据包含一个表明顾客对促销的反应情况的因变量,以及三个刻画顾客特征的自变量。为了便于说明,这里的三个自变量都是分类变量。稍后,我们会将该算法扩展到数值型自变量。

表 19.1 促销反应数据

是否反应	性 别	年龄/岁	接触渠道
是	男	10～19	电子邮件
是	男	10～19	直邮
否	男	10～19	短信
是	男	20～29	电子邮件
否	男	20～29	直邮
否	男	20～29	短信
否	男	20～29	电子邮件
否	男	30 或以上	直邮
是	男	30 或以上	短信
否	男	30 或以上	电子邮件
是	女	10～19	直邮
否	女	10～19	短信
是	女	10～19	电子邮件
是	女	10～19	直邮

① 机器学习领域的研究者倾向于将传统统计学中的估计样本称为训练样本或训练实例。估计样本用于决定统计模型的参数值。同样地,我们可以从训练实例中推导出一系列规则(或模式)。

续表

是否反应	性　别	年龄/岁	接触渠道
否	女	20～29	短信
是	女	20～29	电子邮件
是	女	20～29	直邮
否	女	30 或以上	短信
是	女	30 或以上	电子邮件
否	女	30 或以上	直邮

我们依次研究每个属性，并开发出一个规则集合。例如，所有的观测中有 10 个男性，10 个女性。10 个男性顾客中，4 个有反应，6 个没有。因此，对男性来说，我们能够得到的最准确的规则是"如果是男性则不会反应"或者简化为"男→否"。这个规则将会准确预测出 10 个样本中的 6 个，导致 40%的错误率。同样，对于女性我们也可以得到一个规则，"女→是"，这个规则的错误率也是 40%。因此，如果我们使用从性别属性获得的规则，那么将错误预测 20 个观测中的 8 个。

我们对剩余两个属性进行相同的分析，得到的结果如表 19.2 所示。每个规则的错误预测数量以及每个属性的规则集合的总错误预测数量都显示在表中。我们最终选择规则集合的错误比率最小的那个属性。在这个例子中，被选出的属性是接触渠道，规则集合是：如果接触渠道是电子邮件或直邮，则顾客会有反应；如果接触渠道是短信，则顾客没有反应。

表 19.2　1-R 应用于促销反应数据

属　性	规　则	误　差	总误差
性别	男→否	4/10	8/20
	女→是	4/10	
年龄	10～19 岁→是	2/7	7/20
	20～29 岁→否	3/7	
	30 岁及以上→否	2/6	
接触渠道	电子邮件→是	2/7	6/20
	直邮→是	3/7	
	短信→否	1/6	

1-规则算法将数值型属性看作连续的，它用一种比较直接的方法将整个取值范围划分为几个不相交的区间。这个方法类似决策树中的划分技术（见第 17 章）。假设表 19.1 中的年龄是以数值的形式，而不是三个分类的形式表示出来。我们将所有的观测按照年龄的升序重新排列。

16	17	17	18	18	19	19	21	23	24	24	25	27	29	32	34	38	40	41	44
Y	Y	Y	Y	Y	N	N	Y	N	N	N	N	Y	Y	Y	N	N	N	N	Y

要在每个反应出现变化的地方将这个序列分开，我们一共需要 6 个节点。也就是说，利用 18.5，20，22，26，33 和 42.5 这 6 个节点，我们就可以对训练样本进行 100%的准确预测。对应的规则分别是“年龄＜18.5→是”“18.5≤年龄＜20→否”“20≤年龄＜22→是”“22≤年龄＜26→否”“26≤年龄＜33→是”“33≤年龄＜42.5→否”“42.5≤年龄→是”。

在对连续取值的属性进行规则推导时，会存在过度拟合的风险。从年龄的例子中我们可以看出，运用 1-R 方法往往会得到很多节点，这些节点中有很多可能只是偶然出现的。为了避免这个问题，1-R 方法要求每个划分区间(最右边的区间除外)中多数反应的数量必须满足最低要求。假设这个最低要求设为 3 个。那么上述年龄的例子中的第 2 个、第 3 个和第 4 个区间应该被合并，结果如下所示：

年龄	16	17	17	18	18	19	19	21	23	24	24	25	27	29	32	34	38	40	41	44
实际值	Y	Y	Y	Y	Y	N	N	Y	N	N	N	N	Y	Y	Y	N	N	N	N	Y
预测值	Y	Y	Y	Y	Y	N	N	N	N	N	N	N	Y	Y	Y	N	N	N	N	Y

因此，对应的规则集合是“年龄＜18.5→是”“18.5≤年龄＜26→否”“26≤年龄＜33→是”“33≤年龄＜42.5→否”以及“年龄≤42.5→是”。对于训练样本的预测错误率是 1/20。

19.3 利用覆盖算法的规则归纳

规则是机器学习技术最常用的表示知识的方式。有很多直观的方法可以用来从训练样本中构建规则。本节我们将探讨一系列被称为覆盖算法的规则生成算法，这些算法的有效性在很多应用中都得到了验证(Witten & Frank，2000)。

19.3.1 覆盖算法与决策树

决策树与规则在表达知识方面具有一些共同的特征。我们可以直接从决策树中得到一组规则(但是反过来却行不通)。然而，它们有一个重要的区别，就在于决策树一般是通过“分而治之”的方式构建的。决策树算法是自上而下的递归算法。在每个阶段，决策树算法会选择能够将样本分成已知类别的最佳属性。随着分支过程的不断重复，分类结果也得到不断改进。

另外，覆盖算法每次只考虑一个类别，目的是构建一组能够覆盖每个类别中所有样本(实例)的规则。也就是说，我们要选择的规则是，能够尽可能地将给定类别的实例包括进来，并且尽可能地将其他类别的实例排除在外(Witten & Frank，2000)。覆盖算法通过进一步地限制样本的个数而不断改进所选规则。这个过程会不断重复，直到提前设定的分类准确性条件被满足。

图 19.1 向我们展示了覆盖算法的例子。这个例子中有 26 个训练实例。每个实例都由两个属性或维度来刻画，根据这两个属性它们被分为三个组 A、B 和 C。首先，我们为类别 A 构建一个规则。水平线 $Y=1$ 将 A 与其他两组区分开来。因此，类别 A 的规则应该是："如果 $Y>1$，则类别$=A$。"由于，类别 A 中的所有实例都能够被这个规则所覆盖，所以我们要为类别 B 构建一组规则。将属性间限制在 $Y\leqslant 1$，就可以覆盖类别 B 和 C 中的所有实例而排除类别 A 中的所有观测。把 $X\leqslant 1$ 加到前因 $Y\leqslant 1$ 中，我们可以对其进行改进，使它能够覆盖类别 B 的所有实例，却排除类别 C 的实例。因此，类别 B 的规则应该是："如果 $X\leqslant 1$ 且 $Y\leqslant 1$，则类别$=B$。"同样，类别 C 的规则是"如果 $X>1$ 且 $Y\leqslant 1$，则类别$=C$"。

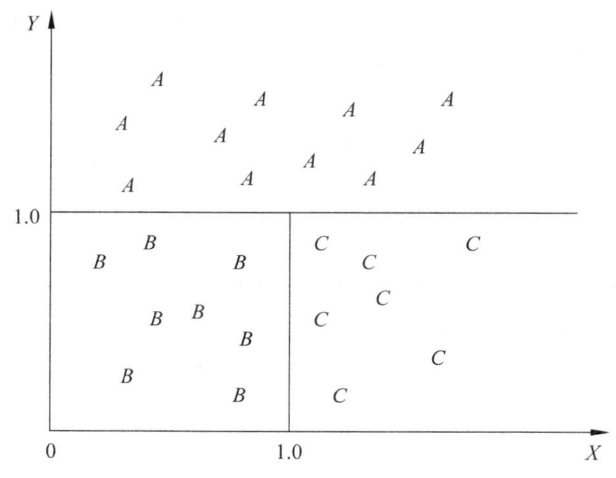

图 19.1 覆盖算法的概念

我们也可以将决策树算法应用于图 19.1 的例子中。决策树将在 $Y=1$ 处进行第一次划分，在 $X=1$ 处进行第二次划分。它的结果与覆盖算法类似。然而，决策树算法在分析时会将所有的类别考虑在内，而覆盖算法每次只关注(反应的)一个类别。正是由于在构建规则时存在的差异性，使得在某些情况下覆盖算法比决策树算法在表达知识上更加有效。

Witten 和 Frank(2000)提供了这样一个案例，其中有四个属性 w、x、y 和 z，每个属性都可以取值为 1,2 或 3。假设如果 $x=1$ 且 $y=1$(无论 w 和 z 是多少)那么反应为"是"，或者 $w=1$ 且 $z=1$(无论 x 和 y 是多少)那么反应也为"是"；否则，反应为"否"。利用覆盖算法得到的规则非常简单："如果 $x=1$ 且 $y=1$，则反应＝是""如果 $w=1$ 且 $z=1$，则反应＝是"；否则，反应＝否。另外，图 19.2 显示了利用相同的训练样本得到的决策树。[1] 决策树提供的结果要比覆盖算法得到的规则复杂得多。这称为复制子树问题。覆盖算法得到的规则更为简单的原因在于每个规则(例如，如果 $x=1$ 且 $y=1$，则反应＝是)代表一个独立的知识。因此，不需要改变先前的规则集合，我们就可以在现有的规则上再添加一个新的规则(例如，如果 $w=1$ 且 $z=1$，则反应＝是)。然而，如果我们想要在现有的决策树

① 需要注意的是，为了简化起见，图 19.2 中右上部分的一些子树没有被画出来。

的结构上添加新的规则就必须重新构建整个决策树。

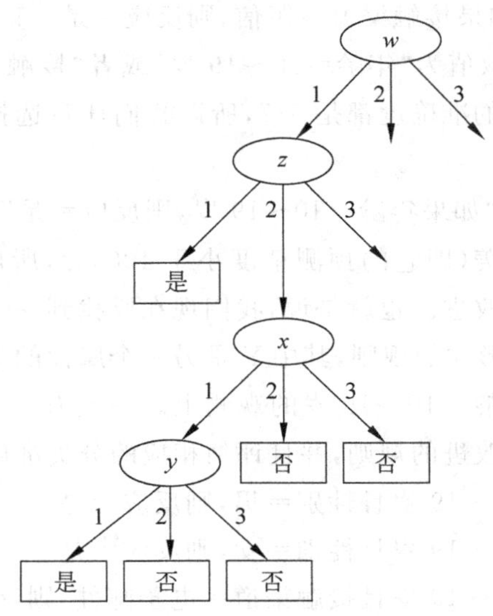

图 19.2 决策树的复制子树问题(改编自 Witten & Frank, 2000)

19.3.2 PRISM

一种被称为 PRISM 的简单覆盖算法由 Cendrowska(1987)提出。[①] 它简单易行且容易理解。然而,由于这种方法假设数据中没有噪声,所以它被认为会过度拟合训练样本。

为了说明 PRISM 算法,我们继续以上文表 19.1 中促销反应的数据为例。促销反应有两种:"是"或"否"。将 PRISM 算法轮流用于每个反应类别,我们会分别得到两个类别的规则集合。

让我们首先寻找一组规则,来识别出反应"是"。也就是说,我们需要找到一个类似"如果 X 则反应=是"这种形式的规则,其中 X 一个属性的某种特征。例如,考虑"如果性别=男,则反应=是"这个规则。在训练样本中共有 10 个男性,其中 4 个的反应为"是"。因此,我们可以说这个规则的分类准确度为 40%。现在我们考虑表 19.1 中 X 的所有可能的值,找出它们的潜在规则,并且评估每个规则的分类准确度。如下所示:

如果性别=男,则反应=是	4/10
如果性别=女,则反应=是	6/10
如果年龄=10~19 岁,则反应=是	5/7
如果年龄=20~29 岁,则反应=是	3/7
如果年龄=30 岁或以上,则反应=是	2/6
如果接触渠道=电子邮件,则反应=是	5/7

① 注:不要将 PRISM 算法与我们在第 16 章讨论的利用聚类分析所进行的 PRISM 市场细分方案混淆。

如果接触渠道=直邮,则反应=是 4/7

如果接触渠道=短信,则反应=是 1/6

在上述列表中,当 X 取值为"年龄=10～19 岁"或者"接触渠道=电子邮件"时,得到的规则最准确。因为它们的准确度都是 5/7,所以我们任意选择"年龄=10～19 岁"来创建一个临时规则:

"如果年龄=10～19 岁,则反应=是"

由于这个规则并不完美(即它的预测精度小于 100%),所以我们要通过在前因中添加更多的条件来对其进行改进。也就是说,我们现在要找到一个类似"如果年龄=10～19 岁且 Y,则反应=是"这种形式的规则,其中 Y 是另一个属性的某种特征。需要注意的是,我们将搜索空间限制在年龄=10～19 岁的观测上。一共有 7 个这样的观测。我们考虑 Y 的所有可能的值来生成改进的规则,并且评估相应的分类准确度。如下所示:

如果年龄=10～19 岁且性别=男,则反应=是 2/3

如果年龄=10～19 岁且性别=女,则反应=是 3/4

如果年龄=10～19 岁且接触渠道=电子邮件,则反应=是 2/2

如果年龄=10～19 岁且接触渠道=直邮,则反应=是 3/3

如果年龄=10～19 岁且接触渠道=短信,则反应=是 0/2

上述第三个和第四个规则都有完美的预测精度。要从中选择一个,我们以覆盖程度为标准选择那个能够覆盖较多实例的规则。我们选择了第四个规则,因为第三个规则只覆盖了两个实例而第四个覆盖了三个。现在我们得到最终的规则:

"如果年龄=10～19 岁且接触渠道=直邮,则反应=是"

这个规则只覆盖了数据中 3 个"是"的实例。还有另外 7 个"是"的实例需要被覆盖。我们继续进行 PRISM 算法,将已经被覆盖的 3 个实例删掉。剩下的数据如表 19.3 所示,共包含 17 个观测。相同的过程被应用于表 19.3 中的数据。也就是,考虑一个类似"如果 X 则反应=是"这种形式的规则。将 X 的所有可能取值的潜在规则及其相应的分类准确度都列举出来,如下所示:

如果性别=男,则反应=是 3/9

如果性别=女,则反应=是 4/8

如果年龄=10～19 岁,则反应=是 2/4

如果年龄=20～29 岁,则反应=是 3/7

如果年龄=30 岁或以上,则反应=是 2/6

如果接触渠道=电子邮件,则反应=是 5/7

如果接触渠道=直邮,则反应=是 1/4

如果接触渠道=短信,则反应=是 1/6

最准确的规则是第 6 个,即 X 是"接触渠道=电子邮件"的规则。于是,我们得到了一个临时规则:

"如果接触渠道=电子邮件,则反应=是"

表 19.3　PRISM 算法第一次迭代后的促销反应数据

是否反应	性别	年龄/岁	接触渠道
是	男	10～19	电子邮件
否	男	10～19	短信
是	男	20～29	电子邮件
否	男	20～29	直邮
否	男	20～29	短信
否	男	20～29	电子邮件
否	男	30 或以上	直邮
是	男	30 或以上	短信
否	男	30 或以上	电子邮件
否	女	10～19	短信
是	女	10～19	电子邮件
否	女	20～29	短信
是	女	20～29	电子邮件
是	女	20～29	直邮
否	女	30 或以上	短信
是	女	30 或以上	电子邮件
否	女	30 或以上	直邮

因为这个规则不是完美的，所以我们仍然需要对它进行改进。我们考虑一个“如果接触渠道＝电子邮件且 Y，则反应＝是”形式的规则，其中 Y 是一个属性的某个特征。将 Y 的所有可能取值的潜在规则及其相应的分类准确度都列举出来，如下所示：

如果接触渠道＝电子邮件且性别＝男，则反应＝是　　2/4

如果接触渠道＝电子邮件且性别＝女，则反应＝是　　3/3

如果接触渠道＝电子邮件且年龄＝10～19 岁，则反应＝是　　2/2

如果接触渠道＝电子邮件且年龄＝20～29 岁，则反应＝是　　2/3

如果接触渠道＝电子邮件且年龄＝30 岁或以上，则反应＝是　　1/2

我们找到两个完美的规则：第二个和第三个。根据最大覆盖原则，我们选择了第二个覆盖 3 个实例的规则，由此又得到一个最终规则：

“如果接触渠道＝电子邮件且性别＝女，则反应＝是”

现在我们覆盖了数据中 10 个“是”的实例中的 6 个。我们用相同的程序继续进行 PRISM 算法以覆盖所有 10 个“是”的实例。将所有识别“是”的最终规则总结如下：

“如果年龄 ＝ 10 ～ 19 岁且接触渠道 ＝ 直邮，则反应 ＝ 是”

“如果接触渠道 ＝ 电子邮件且性别 ＝ 女，则反应 ＝ 是”

"如果接触渠道 = 电子邮件且年龄 = 10 ～ 19 岁,则反应 = 是"

"如果年龄 = 20 ～ 29 岁,性别 = 女且接触渠道 = 直邮,则反应 = 是"

"如果性别 = 男,年龄 = 30 岁或以上且接触渠道 = 短信,则反应 = 是"

如上所示,前两个规则每个覆盖了 3 个"是"的实例。剩下的 3 个规则每个覆盖了一个"是"的实例。也就是说,上述 5 个规则覆盖了 10 个"是"的实例中的 9 个——我们不能覆盖所有的 10 个"是"。让我们来看看不能被覆盖的实例,它是表 19.1 中的第 4 个观测。有意思的是它与第 7 个观测具有相同的属性,但却有不同的反应。因此,我们用表 19.1 中的三个属性并不能覆盖这两个观测。

所有识别反应为"是"的最终规则都产生后,我们就开始将 PRISM 算法应用于反应"否"中。经过相同的过程,我们可以为反应"否"构建一组最终规则。

19.3.3 评价规则的概率指标及 INDUCT 算法

在 PRISM 规则生成算法中,准确比率是构建一组完美规则的重要衡量指标。它被定义为比率 c/n,其中 n 是能够被一个规则覆盖的所有实例的个数,而 c 是被这个规则正确分类(或预测)的实例的个数。例如,在上一节中,识别反应"是"的 5 个最终规则中的第 1 个规则,"如果年龄＝10～19 岁且接触渠道＝直邮,则反应＝是"覆盖了表 19.1 中的 3 个实例,且 3 个都被正确分类。所以,这个规则的准确比率是完美的。

然而,也正是由于 PRISM 算法利用准确比率来选择最优规则,所以它经常过度拟合训练样本。Gaines 和 Compton(1995)提出了规则质量的概念,来解决这个问题。他们的算法被称为 INDUCT,它借鉴了基于二项分布的统计显著性思想。

一个给定规则的质量可以通过计算基准规则的分类精度等于或好于给定规则的概率来衡量。设 N 为被基准规则覆盖的所有实例的数量,C 为被这个规则正确分类的实例的数量。一个给定类别的基准规则通常是在不知道任何属性信息的情况下所构建的规则。对表 19.1 中的促销反应数据来说,反应类别"是"(或"否")的基准规则是无论实例具有什么样的特征,我们都预测它的反应为"是"(或"否")。这个基准规则覆盖了 20 个实例(N＝20),其中 10 个实例(C＝10)的分类是正确的。因此,一个给定规则的准确比率至少应该大于 0.5(＝10/20),我们才能说它是有价值的。

给定基准规则的 N 和 C,假设一个规则覆盖了 n 个实例,其中 c 个被正确分类。例如,反应"是"的一个最优规则"如果年龄＝20～29 岁,性别＝女且接触渠道＝直邮,则反应＝是"是一个 n＝c＝1 的完美规则。那么当基准规则被用于 n 个实例时,它能够正确分类其中 c 个实例的概率有多大呢?这个概率应该服从一个超几何分布。这类似概率论中著名的无放回抽样实验。也就是说,假设一个盒子里装着 N 个球,其中 C 个球上写着"是",剩下 $N-C$ 个球上写着"否"。这个实验就是从盒子里无放回地随机取出 n 个球。那么,这 n 个球的样本中恰好包含 c 个写着"是"的球的概率服从超几何分布:

$$P(c \mid N,C,n) = \frac{\binom{C}{c}\binom{N-C}{n-c}}{\binom{N}{n}} \tag{19.1}$$

我们用基准规则的分类精度等于或好于一个给定规则的概率来衡量这个给定规则的质量。因此，用上文无放回抽样的例子来说，就是取出的 n 个球中包含 c 个或更多写着"是"的球的概率。一个给定规则的质量 $q(R)$ 可以写为

$$q(R) = \sum_{i=c}^{n} P(i \mid N, C, n) \tag{19.2}$$

其中，$P(i|N,C,n)$ 是式(19.1)中的超几何分布的密度函数。$q(R)$ 的值较大，意味着给定的规则并不比基准规则好，因为基准规则的分类精度至少等于给定规则的可能性较大。例如，让我们来测量一下反应"是"的一个规则："如果年龄＝20～29 岁，性别＝女且接触渠道＝直邮，则反应＝是"的质量。首先，由于 $n=c=1$，所以这是一个完美的规则。其对应的基准规则有 $N=20$，$C=10$。其次，利用式(19.2)，我们计算出这个规则的质量 $q(R)$ 是 0.5。也就是说，一种基准的随机预测有 50％的可能性至少与这个给定的规则一样好。现在，让我们来看看另外一个规则。PRISM 算法得出"如果接触渠道＝电子邮件且性别＝女，则反应＝是"。它是反应"是"的规则集合中的第一个，是一个 $n=c=3$ 完美规则，其对应的基准规则也有 $N=20$，$C=10$。我们计算出它的质量为 0.11。因此，这个规则比前面提到的规则要好，因为基准规则的预测精度不太可能与这个新规则的一样或更好。

以下我们来介绍 INDUCT 覆盖算法(Gaines & Compton, 1995)。首先，我们用 PRISM 算法为每个类别构建一组最优的完美规则。促销反应的例子中，反应"是"和"否"的完美规则分别是：

"如果年龄 ＝ 10 ～ 19 岁且接触渠道 ＝ 直邮，则反应 ＝ 是"

"如果接触渠道 ＝ 电子邮件且性别 ＝ 女，则反应 ＝ 是"

"如果接触渠道 ＝ 电子邮件且年龄 ＝ 10 ～ 19 岁，则反应 ＝ 是"

"如果年龄 ＝ 20 ～ 29 岁，性别 ＝ 女且接触渠道 ＝ 直邮，则反应 ＝ 是"

"如果性别 ＝ 男，年龄 ＝ 30 岁或以上且接触渠道 ＝ 短信，则反应 ＝ 是"

"如果接触渠道 ＝ 短信且性别 ＝ 女，则反应 ＝ 否"

"如果接触渠道 ＝ 短信且年龄 10 ～ 19 岁，则反应 ＝ 否"

"如果年龄 ＝ 30 岁或以上且接触渠道 ＝ 直邮，则反应 ＝ 否"

"如果性别 ＝ 男，年龄 ＝ 20 ～ 29 岁且接触渠道 ＝ 短信，则反应 ＝ 否"

"如果性别 ＝ 男，年龄 ＝ 20 ～ 29 岁且接触渠道 ＝ 直邮，则反应 ＝ 否"

"如果性别 ＝ 男，年龄 ＝ 30 岁或以上且接触渠道 ＝ 电子邮件，则反应 ＝ 否"

其次，我们利用 $q(R)$ 来决定是否应该把某个给定的规则"修剪掉"。具体来说，在加入进一步的限制之前，我们需要将前一步中生成的每个规则与其对应的基准规则进行比较。以上面的一个完美规则"如果接触渠道＝短信且性别＝女，则反应＝否"为例。利用这个规则，我们可以得到 3 个完美的分类($n=c=3$)，其对应的基准规则有 $N=20$，$C=10$。因此，可以算出它的价值[$q(R)$]是 0.11。为了衡量是否应该对其进行修剪，我们需要考虑加入条件"性别＝女"之前的那个规则"如果接触渠道＝短信，则反应＝否"。虽然该规则并不完美，但是它的 $n=6$ 且 $c=5$。所以其价值为 0.07，小于完美规则的价值 0.11。这意味着，去掉最后一项(性别＝女)会使准确比率从 3/3 降到 5/6，但是改善了规

则的质量(从 0.11 变到 0.07)。我们通过移除最后一项来重复这个修剪过程,直到质量指标不再变好。上述 11 个完美规则经过修剪之后的结果如表 19.4 所示。

表 19.4 PRISM 规则的修剪结果

后果	前　　因	$q(R)$	状态
是	年龄=10～19 岁且接触渠道=直邮	0.11	最终
	年龄=10～19 岁	0.21	
	接触渠道=电子邮件且性别=女	0.11	最终
	接触渠道=电子邮件	0.21	
	接触渠道=电子邮件且年龄=10～19 岁	0.50	修剪
	接触渠道=电子邮件	0.21	最终
	年龄=20～29 岁且性别=女且接触渠道=直邮	0.5	修剪
	年龄=20～29 岁且性别=女	0.5	最终
	年龄=20～29 岁	0.77	
	性别=男且年龄=30 岁或以上且接触渠道=短信	0.5	最终
	性别=男且年龄=30 岁或以上	0.89	
否	接触渠道=短信且性别=女	0.11	修剪
	接触渠道=短信	0.07	最终
	接触渠道=短信且年龄=10～19 岁	0.50	修剪
	接触渠道=短信	0.07	最终
	年龄=30 岁或以上且接触渠道=直邮	0.24	最终
	年龄=30 岁或以上	0.34	
	性别=男且年龄=20～29 岁且接触渠道=短信	0.50	修剪
	性别=男且年龄=20～29 岁	0.29	最终
	性别=男	0.38	
	性别=男且年龄=20～29 岁且接触渠道=直邮	0.50	修剪
	性别=男且年龄=20 岁	0.29	最终
	性别=男	0.38	
	性别=男且年龄=30 岁或以上且接触渠道=电子邮件	0.50	修剪
	性别=男且年龄=30 岁或以上	0.50	修剪
	性别=男	0.38	最终

再次,我们在所有修剪后的规则中选出 $q(R)$ 最小的规则。在表 19.4 中共有 11 个修剪后的规则,其中"如果接触渠道=短信"具有最小的 $q(R)$ 值 0.07。

最后,我们将具有最小 $q(R)$ 值的规则所覆盖的实例从训练样本中删除,然后对剩下的实例重复步骤 1 至步骤 3 中的规则生成和修剪过程,直到训练样本全部删除为止。

INDUCT 覆盖算法利用一个测量规则质量的概率指标很好地避免了过度拟合的问

题。然而，INDUCT 在某种程度上无法保证找到的规则是最优的，因为它只对 PRISM 算法产生的临时规则进行质量评价（Witten & Frank，2000）。最理想的方法是评价所有可能的规则（例如，属性的所有可能的组合），然后从中选出最好的一个。但是，这样做计算量太大。近年来，学者们提出了一种搜寻最优规则的替代算法，这种算法在计算上不用花费太多的时间（Cohen，1995；Frank & Witten，1998）。

19.4 基于实例的学习

最简单的一种学习方法可能就是用历史案例的方式来表达知识。人们有意或无意中会记住一些训练实例。当一个新的实例出现时，人们就会搜索那些记忆中的实例，并且找到与新的实例最接近的一个。例如，当我们第一次看到一个人时，会在记忆中搜寻与之外表最相似的人，然后根据记忆中的人的性格特征来判断这个新认识的人的性格。

本节将讨论另一种机器学习算法，我们称为基于实例的学习或基于记忆的推理。在第 14 章讨论的基于记忆的协同过滤方法就是采用基于实例的学习算法来预测目标用户的偏好。这里我们在一个更为一般的情境中讨论基于实例的学习。它的思想最初来源于一些利用近邻算法进行预测和分类的统计学者（Fix & Hodges，1951；Johns，1961）。Aha（1992）提出一些在基于实例的学习算法中用以处理噪声数据的方法，并且使这些方法在机器学习研究人员中逐渐流行起来。

19.4.1 优势与劣势

基于实例的学习技术已经被成功应用于各种分类和预测问题，并且在很多不同的领域应用广泛。基于实例的学习简单易行，而且它的结果也很容易理解。更重要的是，它对输入数据形式的要求不是很高，非常灵活（Berry & Linoff，1997）。这种算法只需基本的计算实例之间形似性的指标。因此，它能够容易地应用于多种数据形式，包括图像和文本数据。

然而，基于实例的学习对于计算速度和存储空间要求很高。因为，我们需要处理所有的历史实例才能找到最相似的那个，从而对新的实例进行分类。其他的数据挖掘技术如神经网络在分析训练样本和建模时需要花费很多时间。一旦模型被构建起来，对新的实例的分类就变得快速简单了。基于实例的学习与之正好相反。由于不需要构建模型或规则，所以它在分析训练样本时非常快，只是将训练样本储存起来供将来使用。基于实例的学习使计算过程延后，而且它在对新的实例进行分类时，需要大量的计算机内存用来存取训练样本。

基于实例的学习结果对距离函数、属性权重、训练样本子集的选择以及异常值的出现都比较敏感。即便最好的算法并不存在，学者们仍然开发了一些技术以使得这个算法更加稳健，以下我们对这些技术进行讨论。

19.4.2 基于实例的学习算法的简要介绍

假设我们有 N 个训练实例，我们观测到每个实例所属的类别以及它们的属性值。设实例 i 所属的类别为 y_i，其对应的属性向量为 $\mathbf{x}_i=(x_{i1},\cdots,x_{im})$，其中 m 代表属性的个数。

我们的目标是对一个具有属性 $\mathbf{z}=(z_1,\cdots,z_m)$ 的新实例进行分类。近邻方法会搜索所有的训练实例，从而找到与新实例最相似的实例。有很多方法可以用来测量两个实例之间的相似性或距离。由于我们已经在协同过滤的章节中深入讨论过相似性的问题，因此，这里只用欧氏距离来说明。也就是说，新的观测与训练样本中的实例 i 之间的距离为

$$d(\mathbf{z},\mathbf{x}_i)=\sqrt{(z_1-x_{i1})^2+\cdots+(z_m-x_{im})^2} \tag{19.3}$$

所有的属性都经过变换，使其取值范围在 0～1，这样每个属性对距离的贡献就是相同的。一旦所有的训练样本与新实例之间的距离被计算出来，我们就可以找出具有最小距离的训练实例。这样最小距离的训练实例所属的类别 y 就是新实例所属的类别。

近邻方法对少量的噪声样本比较敏感。为了消除噪声样本对分析结果的影响，我们采用 k 个近邻方法，即选择 k 个离新实例最近的训练样本，用它们一起来预测新实例的类别。一种方法是从 k 个邻近训练实例中选择多数实例所属的类别作为新实例的预测类别。另一种方法是，在预测新实例的类别时将 k 个邻近的训练实例赋予不同的权重(Berry & Linoff,1997)。与新实例越相似，赋予的权重就越大。我们可以把 k 个邻近的训练实例与新实例之间的距离的倒数作为它们的权重。[①]

我们用实证的方法来决定 k 的值。也就是说，在使用 k 个近邻方法时，比较不同 k 值在验证样本上的表现。一般来说，随着数据中噪声的增加，最优 k 值也会增大。

19.4.3 范例的选择

在实例的学习中，要预测新实例的类别就必须对所有的训练样本都进行扫描，因此会使这种方法的计算量大量增加。所以，我们希望用于分类的训练样本的数量尽可能少一些。在选择训练样本时，不要纳入冗余的样本，也不要排除有意义的样本。Witten and Frank(2000)用“范例”(exemplars)这个词来特指已经被用于分类的实例。我们首先从校准样本中随机选择一个范例，然后根据这个范例对校准样本中的每个新实例进行分类。如果新实例被错误分类，则将其加到范例数据集中。而正确分类的新实例(如冗余实例)将被忽略。理想的状态是范例数据集中的每个范例都代表实例空间中的一个重要的区域。然而，如果数据中存在很多噪声，那么只保留错误分类实例的做法并不是很好。一方面，噪声样本不能被模型所解释，所以不应该纳入范例数据集中。另一方面，噪声样本因为很容易被错误分类，所以又会被存入范例数据集中，因此就导致了较低的预测精度。我们的目标是找到那些有意义的规律(如范例)而忽略那些冗余的规律。因此，我们不希望将一些统计噪声解释为有意义的规律。

Aha(1992)提出了另外一种基于实例的学习算法来解决上述噪声实例的问题，而且能够最小化范例数据集的大小。它利用一种精度过滤方式来监测每个实例的预测表现，然后只保留那些分类精度较高的实例。也就是说，它会跟踪每个训练实例的分类结果(如正确分类的个数占总分类个数的比率)。然后，根据一种基于比率置信区间的测试结果来判断实例是可以接受的，还是存在噪声，还是不能确定。这么做的目的就是判断实例预测的效果是否好于随机预测。因此，实例的(累积)分类表现及其所属类别的观测频率的置

---

① 为了避免对距离 0 求倒数，我们通常在求倒数之前先加 1。

信区间都被计算出来。如果实例的分类表现的置信区间下限高于其所属类别的观测频率的置信区间上限，那么这个实例就可以用来进行分类预测，所以就可以保留在范例集中。与之相反，如果实例的分类表现的置信区间上限低于其所属类别的观测频率的置信区间下限，那么就必须将这个实例从范例集中剔除。如果实例的表现介于可接受和不可接受之间，那么它会进入考虑集中。考虑集中的实例不会用于预测，但是它们的预测表现会被持续更新，最终可能进入范例集或从考虑集中永久删除。

例如，假设一个范例在分类中被使用了 n_1 次，其中预测正确的次数是 x_1。我们可以估计出这个范例的真实成功率的置信区间。[①] 现在，假设该范例所属的类别在 n_2 个训练实例中出现了 x_2 次，那么我们可以计算出默认（随机）成功率（x_2/n_2）的置信区间。随机成功率是指在不依赖范例信息的情况下成功预测属于这个类别的实例的概率。如下表所示：

方　法	预　　测	95％置信区间	比　较
利用范例	$x_1=250$；$n_1=500$	0.500 ± 0.0440	下限＝0.456
随机预测	$x_2=400$；$n_2=1000$	0.400 ± 0.030	上限＝0.430

由于利用范例进行预测时，其预测精度的 95％置信区间的下限高于随机预测时预测精度的置信区间上限，因此该范例是可以接受的，应该加到范例集中。

Aha (1992)在考虑是否接受范例时，使用了较低的置信水平(5％)，而在考虑拒绝一个范例时，使用了较高的置信水平(12.5％)。这样就使得一个实例从统计上来说更容易被剔除而不是被接受，从而减少了范例的个数。

19.4.4　属性权重

基于实例的学习准确度对所用距离函数的类型很敏感。式(19.3)中的欧氏距离效果较好。然而，在计算两个实例之间的距离或相似性时，假设所有的属性都同等重要似乎不太合理。所以，我们将欧氏距离推广到具有不同权重的属性上：

$$d(z,x_i)=\sqrt{w_1(z_1-x_{i1})^2+\cdots+w_m(z_m-x_{im})^2} \tag{19.4}$$

在式(19.4)中，如果所有的权重都相等，那么它就是欧氏距离。Aha (1992)提出一种可以自动更新属性权重的算法。在我们找到与新的训练实例最相似的范例之后，所有的权重都会被更新。给定新的训练实例 $\mathbf{z}$ 以及最相似的范例 $\boldsymbol{x}_i$，我们计算出每个属性 k 的 $|z_k-x_{ik}|$ 值。它测量了属性 k 对分类决策的贡献度。属性权重 w_k 就是根据 $|z_k-x_{ik}|$ 的大小以及分类是否正确来进行更新的；如果新实例分类正确，则权重会增加；如果不正确，权重会减少。$|z_k-x_{ik}|$ 的差异决定了增加或减少的幅度。

---

① 这可以通过比例的置信区间，$p\pm z_{\alpha/2}\sqrt{\frac{p(1-p)}{n}}$ 计算出来，其中 $p=x_1/n_1$，$z_{\alpha/2}$ 是在 $1-\alpha$ 置信水平下，标准正态分布的正态离差。

19.5 遗传算法

遗传算法是一种基于自然生物适应概念的稳健和有效的搜索技术。进化和适者生存的理论告诉我们最适应环境的物种(或个体)能够生存几百万年,它们的基因或染色体会代代相传。在遗传算法中,我们根据一个个体(或备选解)与其他个体相比,其适应度(预测能力)如何来决定是否将其挑选出来进行复制。在传统上,我们用二元的 0/1 字符串来代表不同的个体。进化过程起始于随机生成的个体(解)。在每一代中,我们计算出每个个体的适应度,适应度低的个体不能生存下去,适应度高的个体基因会被遗传到下一代中。

自从 John Holland 在 20 世纪 70 年代早期,为遗传算法奠定了坚实的理论基础之后,它们就开始广为流行。遗传算法被应用于不同领域的复杂问题上。在营销领域,Hurley 等人(1995)总结出应用遗传算法的 11 个方面。Gatarski(2002)采用遗传算法自动设计网页上的旗帜广告(banner advertising)。这个系统产生的创新旗帜设计比推荐的旗帜效果要好,它们在没有广告主的人工干预的情况下,能够将标准大小的旗帜的点击率从 0.68%提高到 3.1%。Kim 等人(2005)利用遗传算法构建的人工神经网络来识别并刻画最有可能对某个特定产品或服务感兴趣的顾客。在他们的模型中,遗传算法对选择人工神经网络的输入属性起到关键作用。

Berry 和 Linoff (1997)提供了一个简单的例子,可以帮助我们理解遗传算法的基本概念。假设我们要找到一个能够最大化 $f(p)=31p-p^2$ 的整数 p,其中 p 的取值在 0～31。首先我们将一个解(如从 0～31 的 p 的参数值)表示为一个比特数组。一共需要 5 个比特才能代表所有的解(如 0～31)。例如,$p=1$ 可以表示为{00001}。建立在遗传表达基础上的适应度函数测量了解的质量。在这个例子中,适应度函数是 $f(p)$。一旦我们有了遗传表达并且在此基础上定义了适应度函数,遗传算法就会随机产生一个初始的解集,然后通过不断重复地选择、杂交和突变来改进初始解集。假设我们随机生成如下初始解集,它们的平均适用性为 117.75。

解	p	适应度
10110	22	176
00011	3	87
00010	2	58
11001	25	150

现在我们利用 3 个“运算符”(operators)来提高初始解的适应度。第一个运算符用来为下一代找到高适应度的解。也就是说,一个解能够生存到下一代的概率与它的适应度成正比。具体来说,上述 4 个解的适应度总和是 471。每个解的适应度与适应度总和的比率分别是 0.37, 0.19, 0.12 及 0.32。现在我们要转动轮盘 4 次,在这个轮盘上每个解都根据其适应度比例占有相应的区域。每一次转动我们都选择出一个解(用有放回抽样)

生存到下一代。下表显示的就是我们通过转动轮盘选出来的解集。

解	P	适应度
10110	22	176
11001	25	150
00010	2	58
10110	22	176

需要注意的是,选择过程会产生较多高适应度的解的复本,较少低适应度解的复本。初始解中一个适应度较低的解{00011}没有生存下来,而适应度最高的解{10110}出现了两个复本。结果,平均适应度从117.25提高到140。

第二个运算符是杂交(crossover)。从现有的解中选择两个(母解),从每个解中,各拿出一部分合在一起,形成两个新解(子解)。例如,假设我们从选择过程的结果中选出两个解{10110}和{00010},随机选择的杂交位置位于第2位和第3位之间。于是,第一个解的前两个数字(10)被第二个解的前两个数字(00)替换。形成两个子解{00110}和{10010},它们分别继承了两个母解的一部分。我们通常把杂交概率设为0.5。也就是说,在选出两个解之后,我们通过扔硬币的方式来决定是否对它们进行杂交处理。

最后一个运算符是突变(mutation)。它的作用是避免在随后的几代中忽略掉一些有价值的组合。由选择和杂交过程得到的解依赖于初始解集的确定。突变提供的输入不是来源于初始解集。因此,突变过程能够避免过早地收敛于局部最优解。突变的概率往往非常小。突变发生时,一个比特会从0变为1,或者从1变为0。例如,如果解{10010}发生突变,我们随机决定突变的位置。假设突变的位置是第三位,即0变为1。那么这个解就变为{10110}。突变产生的变化往往使适应度降低。但是这样的突变解不会生存太久。

遗传算法在基因代代相传的过程中通过选择、杂交和突变等方式不断提高总体的适应度。这种代际遗传会持续进行直到某个终止条件(如达到固定数量的代)被满足。遗传算法无法保证准确找到最优解,但是它们却能够很快接近最优解。在第27章中我们将详细讨论Gatarski(2002)用遗传算法开发旗帜广告的例子。

19.6 贝叶斯网络

自从Pearl(1988)出版了第一本有关贝叶斯网络的著作之后,贝叶斯网络已经在很多领域做出了巨大贡献,如软件工程、宇宙导航及医疗诊断等(Haddawy,1999)。不同于传统的统计模型(如Logistic回归),贝叶斯网络不对数据的类型及它们的分布(如正态分布)做任何严格的假设。而且,贝叶斯网络能够有效地处理非线性关系以及任何类型的结构(Heckerman,1997;Cui et al.,2006)。

营销研究人员已经开始将贝叶斯网络作为结构方程模型的一种替代方法。Cooper(2000)利用贝叶斯网络来制订全新产品的战略营销方案。从一个深入的形势分析中识别出来的关键因素被编制在新产品周围的经济网上。这些网络被描绘为贝叶斯网络的形式，这种网络在营销活动实施后会被更新，并且可以模拟网络隐含假设的变化对新产品期望所产生的影响。Blodgett 和 Anderson (2000)将贝叶斯网络应用于消费者抱怨过程，结果得到几个有意思的发现。例如，一个不抱怨的人或者一个不满意的抱怨者完全退出的可能性非常低。而另一方面，一个满意的抱怨者重新光顾这个零售商并且传递其正面口碑的可能性却很高。最后，Cui 等人(2006)利用贝叶斯网络来刻画消费者对直复营销活动的反应。他们将贝叶斯网络与神经网络、决策树(如 CART)以及潜类别回归进行了比较，结果发现贝叶斯网络在预测精度①、过程的透明度、结果的可解释性以及产生说明性的启示上都存在优势。

贝叶斯网络的关键特征是提供了一种可以将复杂的联合分布分解为一系列简单的局部分布的方法。贝叶斯网络通过一种有向无环图来实现这种简化。图中的节点代表(随机)变量，弧线代表两个变量之间可能存在的关系。假设我们想要寻找一组变量 $\boldsymbol{X}=\{X_1,\cdots,X_n\}$之间的关系。贝叶斯网络是一种可以有效刻画(或“编码”)$\boldsymbol{X}$ 的联合分布的图形模型。它包括：①一个刻画一系列针对 $\boldsymbol{X}$ 中的所有变量的条件独立性假设的网络结构 S，②每个变量的局部概率分布的集合 P(Herkerman，1997)。结构 S 是一个有向无环图，其节点代表变量 X_i。如果从 X_i 到 X_j 存在一条弧线，那么变量 X_j 直接依赖于变量 X_i，X_i 被称为 X_j 的母变量。我们用 $parents(X_i)$表示在结构 S 中变量 X_i 的母变量以及母变量自身所对应的变量。给定结构 S，则 $\boldsymbol{X}$ 的联合概率分布为

$$p(\boldsymbol{X})=\prod_{i=1}^{n}p[X_i \mid parents(X_i)] \tag{19.5}$$

局部概率分布 P 就是分布 $p[X_i \mid parents(X_i)]$。因此，(S,P)就表示联合分布 $p(\boldsymbol{X})$。

贝叶斯网络的一个优势就在于与联合分布比起来，直接的依赖关系以及局部分布从直观上更容易理解。例如，图 19.3 显示的是 Cui 等人(2006)用于分析顾客抱怨的贝叶斯网络模型。共有 5 个二元变量：普通顾客(regular customer，rc)、不合意事件(unhappy incident，ui)、服务补救(service recovery，sr)、重复购买(repeat business，rb)及满意顾客(happy customer，hc)。因此，联合概率分布表(如果没有贝叶斯网络结构的话)会有 $2^5-1=31$ 个分布。然而，图 19.3 所示的贝叶斯网络模型只有 10 个概率值。

贝叶斯网络是否有效主要取决于网络结构 S 是什么样的，这个网络结构表示了 X 中的变量的一系列条件独立性假设。在图 19.3 的顾客抱怨模型中，我们有如下条件独立性假设：

$$P(rc \mid ui)=P(rc)$$
$$P(rb \mid rc,ui)=P(rb \mid rc)$$
$$P(sr \mid rc,ui,rb)=P(sr \mid rc,ui)$$
$$P(hc \mid sr,rc,ui,rb)=P(hc \mid sr,rc,ui)$$

例如，第一个公式表示是否是一个普通顾客与是否发生不合意事件无关。给定上述四个条件独立性假设，我们可以得到如图 19.3 所示的顾客抱怨模型的模型结构。

---

① 他们对十折交叉验证的结果进行了比较，结果发现：在最高的十分位数组，贝叶斯网络的平均增益最高，然后是潜类别回归、神经网络和 CART。然而在第二个十分位数组里，神经网络具有最高的累积增益，然后是贝叶斯网络、CART 以及潜类别回归。

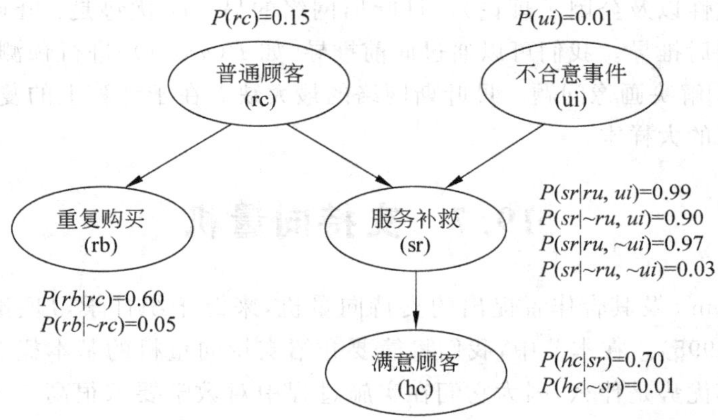

图 19.3　顾客抱怨的贝叶斯网络模型

授权资料来源：Cui G，Wong M L and Lui H K. Machine Learning for Direct Marketing Response Models：Bayesian Networks with Evolutionary Programming[J]. Management Science，Volume 52，Number 4（April 2006）. The Institute for Operations Research and the Management Sciences（INFORMS），7240 Parkway Drive，Suite 310，Hanover，MD 21076 USA.

尽管贝叶斯网络的结构被定义为关于变量的条件独立性假设，但它经常以因果关系的形式被构建出来(Heckerman，1997)。具体来说，我们只需简单画出从原因变量到结果变量之间的弧线。例如，给定**普通顾客**是**重复购买**和**服务补救**直接原因，**不合意事件**是**服务补救**的直接原因，**服务补救**是**满意顾客**的直接原因，我们得到如图 19.3 所示的网络结构。

一旦估计出贝叶斯网络模型，我们就可以直接利用局部概率 $p[X_i \mid parents(X_i)]$ 进行概率推导。[①] 这种推导主要基于模型设定所显示的直接因果关系，而不需要对局部概率的分布进行任何假设。例如，在图 19.3 中**服务补救**(sr)导致**满意顾客**(hc)。于是我们有

$$\begin{aligned}P(sr) &= P(sr \mid rc, ui)P(rc)P(ui) + P(sr \mid \sim rc, ui)P(\sim rc)P(ui) + \\ &\quad P(sr \mid rc, \sim ui)P(rc)P(\sim ui) + P(sr \mid \sim rc, \sim ui)P(\sim rc)P(\sim ui) \\ &= (0.99)(0.15)(0.01) + (0.90)(0.85)(0.01) + (0.97)(0.15)(0.99) + \\ &\quad (0.03)(0.85)(0.99) \\ &= 0.1784\end{aligned}$$

$$\begin{aligned}P(hc) &= P(hc \mid sr)P(sr) + P(hc \mid \sim sr)P(\sim sr) \\ &= (0.7)(0.1784) + (0.01)(0.8216) = 0.1331\end{aligned}$$

如果被选中的顾客是一个**满意顾客**，我们也可以计算出**服务补救**的后验概率：

$$P(sr \mid hc) = P(hc \mid sr)P(sr)/P(hc) = (0.7)(0.1784)/(0.1331) = 0.9383$$

Blodgett 和 Anderson (2000)讨论了相比于诸如结构方程模型这样的传统因果关系模型，贝叶斯网络的优势。如前文所述，贝叶斯网络是非参数化的，所以在进行推导时不需要对函数形式或分布形式做任何假设。相反地，结构方程模型的分布和函数都是参数

---

① 贝叶斯网络的估计方法超出了本书的范围。有关估计方法的进一步讨论参见 Heckerman(1997)以及 Cui 等人(2006)，相关的商业软件包见 Haddawy(1999)。

化的(如正态、线性以及公因子理论)。贝叶斯网络的另一个优势是:既可以进行向前推导也可以进行向后推导。我们可以通过向前推导[如 $P(hc|sr)$]进行预测,而通过向后推导[如 $P(rc|hc)$]解决画像问题。贝叶斯网络的最大缺点在于计算上的复杂性,以及估计时需要一个相对的大样本。

19.7 支持向量机

最早由 Vapnik 及其合作者提出的支持向量机,来源于统计学习理论(Boser et al.,1992; Vapnik,1995)。在本节中,我们将简要介绍支持向量机的基本概念以及与传统的统计方法相比其优势是什么,因为它们在实施过程中对数学要求很高。支持向量机的技术细节请参考 Burges(1998),其在营销领域的应用请参考 Cui 和 Curry (2005)。

在第 15 章中,我们介绍了如何利用判别分析来进行分类。它的核心观点是将类别表示为自变量(或属性)的一个线性组合。例如,考虑一个样本量为 N 的训练样本,$\{\mathbf{x}_i, y_i\}$ 中的 $\mathbf{x}_i$ 是观测 i $(i=1,\cdots,N)$ 的自变量向量,y_i 是对应的反应。简单起见,我们假设子集 $d_i=1$ 所代表的类别与子集 $d_i=-1$ 代表的类别是线性区分的。这个线性区分两个类别的超平面的函数形式为 $\beta'x=\beta_0x_0+\beta_1x_1+\cdots+\beta_kx_k=0$。也就是说,当 $\beta'x>0$ 时,$d_i=1$,当 $\beta'x<0$ 时,$d_i=-1$。支持向量机的目标就是找到一个特定的超平面(叫作最优超平面)使其能最大程度地区分两个类别(Witten & Frank,2000;Flach,2001)。图 19.4 显示的是能够区分 30 个训练样本的最优超平面,这些样本具有两个自变量。

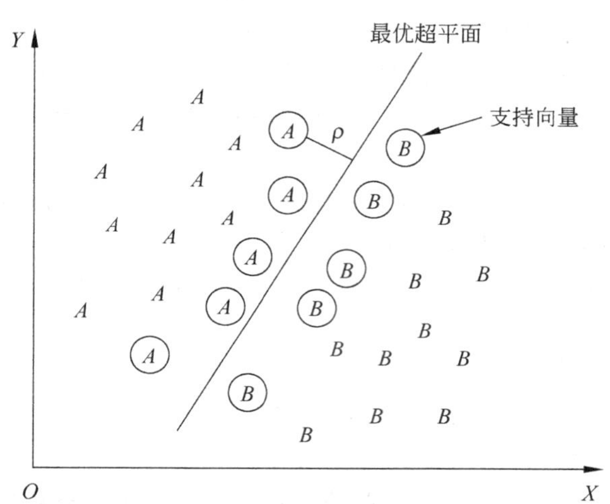

图 19.4 属性空间中的最优超平面和支持向量机

我们用权重向量 β_0 来定义最优超平面,即将其从代数上定义为 $\beta_0'\mathbf{x}=0$。与最优超平面距离最近的观测被称为支持向量 $\boldsymbol{x}_s$。[①] 这些向量在支持向量机中起着关键的作用。

---

① 我们可以通过求解一个二次优化问题推导出最优权重向量。一旦最优权重向量决定了之后,支持向量就可以被推导出来。有关这个问题的进一步讨论请参见 Cui 和 Curry (2005)或 Haykin (1999)。

因为支持向量距离决策平面最近，因此它们最难被分类。支持向量的存在减少了对一个新实例进行预测或分类时所需的实例(或观测)数量。图19.4显示的是具有两个属性的30个训练实例的散点图。在最优超平面以上的所有实例属于类别A，以下的所有实例属于类别B。在对新实例进行分类时，只需要那些围绕最优超平面的实例(也称为支持实例)。其余的实例对于预测新实例的类别不起作用。因此，预测所需的实例数量就从30降到10。支持向量集合唯一地定义了最优超平面。

线性超平面的一个最大的劣势在于它只能表示两个类别之间的线性分界线(Witten & Frank,2000)。解决这种局限性的一种方式是利用非线性映射将实例空间转化为一个新的"特征"空间。特征空间中的直线在初始的实例空间中并不是直的。也就是说，在特征空间中构建的线性模型可以代表初始实例空间中的一个非线性分界线。例如，给定两个自变量，线形模型是$Y=\beta_1 x_1+\beta_2 x_2$。如果我们允许所有项都是二次的，那么有$Y=\alpha_1 x_1^2+\alpha_2 x_1 x_2+\alpha_3 x_2^2$。初始观测(或实例)$x$被映射到一个$z$(如$z_1=x_1^2$，$z_2=x_1x_2$以及$z_3=x_2^2$)的特征空间上。

模型在初始空间中是非线性的，而在特征空间是线性的。我们还可以通过设定更高阶(而不是二阶)的多项式来增加模型的灵活性。

支持向量机主要建立在以下两种数学运算的基础上：①将初始实例空间非线性地映射到一个高维特征空间上；②找到一个最优超平面来区分两个类别。换句话说，我们需要找到一个被定义为向量的线性函数的最优超平面，这些向量是来自特征空间而不是初始实例空间(Haykin,1999)。我们将根据结构风险最小化的原则来构建这个超平面(Vapnik,1995)。

设x表示来自维度为K的输入空间的自变量向量，$\varphi_m(x)$表示从输入空间到维度为M的特征空间的一组非线性变换。定义特征向量为$\varphi(x)=[\varphi_0(x),\varphi_1(x),\cdots,\varphi_M(x)]'$，对所有的$x$都有$\varphi_0(x)=1$。与线性超平面类似，给定一个特征集合，我们可以将超平面定义为

$$\beta'\varphi(x)=0 \tag{19.6}$$

现在我们就能得到定义特征空间中的超平面的权重向量β_0，这个超平面能够将不同类别区分得最好[详细过程参见Haykin(1999)]。β_0的表达式如下：

$$\beta_0=\sum_{i=1}^{I}\alpha_i d_i\varphi(\mathbf{x}_i) \tag{19.7}$$

其中，I为支持向量的个数；$\varphi(\mathbf{x}_i)$代表第i个支持向量中的输入模式$\mathbf{x}_i$所对应的特征向量；d_i是反应(或类别)指示器(1或者-1)；α_i是拉格朗日乘数(Lagrange multiplier)。将式(19.7)代入式(19.6)中，我们就得到了最优超平面：

$$\sum_{i=1}^{I}\alpha_i d_i\varphi'(\mathbf{x}_i)\varphi(x)=\sum_{i=1}^{I}\alpha_i d_i K(\mathbf{x}_i,x)=0 \tag{19.8}$$

式(19.8)中的$K(\mathbf{x}_i,x)=\varphi'(\mathbf{x}_i)\varphi(x)=\sum_{m=0}^{M}\varphi_m(x)\varphi_m(\mathbf{x}_i)$被称为内积和(inner-product kernel)。需要注意的是M是特征的数量加截距项。它代表了特征空间中的两个向量的内积，这两个向量是由输入向量$\mathbf{x}$和附属于第i个支持向量的输入模式$\mathbf{x}_i$生成的。在

计算内积核的时候可以利用的函数很多。最常用的可能是多项式核函数，即 $K(\mathbf{x}_i, x) = (x'x_i + 1)^p$，其中 p 的大小是由分析人员提前设定的。决定 p 值的一个较好的方法是从 1 开始(如线性模型)，然后不断增加 p 的大小直到误差不再减小为止(Witten & Frank, 2000)。另一种核函数是径向基函数核，即 $K(\mathbf{x}_i, x) = \exp[-\|x - x_i\|^2/(2\sigma^2)]$，其中 σ^2 需要分析人员提前设定。具有径向基函数核的支持向量机实际就是一个径向基函数网络——一种特定类型的神经网络(参见第 18 章)。最后，具有 Logistic 核的支持向量机就是一个没有隐藏层的多层感知器——另一种类型的神经网络。因此，支持向量机经常被看作神经网络的一种扩展(Flach, 2001)。然而，支持向量机却通过内积核的方式提供了一种更为复杂的机制来将主导知识纳入分析。

支持向量机是一种可以用于预测和分类的非常好的半参数技术。Cui 和 Curry (2005)将支持向量机引入营销领域，并且通过模拟测试发现它比多项 Logit 模型具有更好的预测表现。对数据库营销人员来说，它的主要缺点可能就是，其实施从数学角度看比较复杂，而且没有现成的软件可以利用。然而，我们预计在不远的将来，数据库营销人员将开始使用支持向量机，尤其是在自变量和因变量之间的关系非常复杂的时候。

19.8 多种方法的结合：委员会机器

当人们需要做出关键决策时，通常会考虑多个专家的意见。在机器学习中，每一个从给定的数据集中估计出来的模型可以看作一个专家。如果将多个不同模型的输出结果集成起来也许可以改进我们的决策(或预测)。专家意见的集成被称为组成一个"委员会机器"(Haykin, 1999)。有关委员会机器的最初的想法可以追溯到 Nilsson(1965)，但是真正流行起来时是从 Breiman(1996)开始的。集成多个模型的方法有很多，它们基本上都要优于单一的模型。然而，它们的结果又都不太容易解读。我们很难弄清楚究竟是什么因素导致预测效果的改善(Witten & Frank, 2000)。

委员会机器已经被应用在很多不同的领域中[参见 Haykin(1999)，以及 Lemmens and Croux(2006)]。在营销领域，Lemmens 和 Croux (2006)利用二元 logit 模型的袋装(bagging)和提升(boosting)算法预测了无线通信公司的顾客流失情况。他们发现相对于二元 logit 模型来说，袋装和提升算法能够显著提高预测精度。

19.8.1 Bagging

将多个方法的预测结果集成为一个预测结果的一个比较简单做法是对分类问题进行(加权)投票，对数值预测问题进行(加权)平均。Bagging 算法就采用了这种简单的方式。我们用 $\mathbf{Z} = \{(x_1, y_1), \cdots, (x_N, y_N)\}$ 表示估计(或校准)样本，其中 N 是样本观测的总数，x_i 代表第 i 个观测的 k 个预测值[$x_i = (x_{i1}, \cdots, x_iK)$]，$y_i$ 代表第 i 个观测的因变量的值。从初始的估计样本中，我们得到 B 个样本量为 N 的引导样本，$\mathbf{Z}_1, \mathbf{Z}_2, \cdots, \mathbf{Z}_B$。"Bagging"这个词实际上代表的是"bootstrap aggregating(自举聚合)"(Breiman, 1996)。正如我们在第 11 章所描述的，每个自举样本中的观测都是从初始估计样本中有放回地随机抽取的。通过这样的抽样程序，每个自举样本都是从初始样本中删除一些观测并复制另一些观测而形成的。一旦我们得到了 B 个自举样本，那么就可以对每个自举样本应用相应的模型（如 Logistic 回归或者决策树）。那么最后的预测结果就是每个估计模型的分类结果的众数或者数值预测结果的均值。

从统计上，我们可以通过对于误差一方差的分解看出 Bagging 算法的作用（Witten & Frank，2000）。令 x 代表一组之前没有看到的自变量，y 代表相应的因变量。也就是说，x 和 y 是随机向量 X 和随机变量 Y 的实际值。令 $F(x)$ 表示模型估计出的 y。$F(x)$ 相对于 $E[Y|X=x]$ 的期望均方误差（mean squared error，MSE）可以被分解为误差和方差两部分，即

$$\begin{aligned}E[MSE] &= E[\text{预测值} - \text{实际值}] \\ &= E[(F(x) - E[Y \mid X = x])^2] \\ &= (E[F(x)] - E[Y \mid X = x])^2 + E[(F(x) - E[F(x)])^2] \\ &= B[F(x)] + V[F(x)]\end{aligned} \tag{19.9}$$

其中 $B[F(x)]$ 是误差的平方，$V[F(x)]$ 是 $F(x)$ 的方差。模型的误差是系统性误差，即便利用无穷多的观测进行预测，它也无法被消除。然而，方差项则来源于我们使用的特定的估计样本，由于估计样本是从真实的总体中随机选择的，所以它的代表性并不是完美的。Bagging 算法通过减小模型的方差而降低了均方误差（Haykin，1999）。也就是说，Bagging 算法首先构建了多个引导样本，然后通过平均方法消除了模型应用于特定估计样本的不稳定性。

19.8.2 Boosting

当利用不同的引导样本估计出的模型参数变化非常大时，Bagging 算法非常有效。也就是说，Bagging 算法解决的是模型的不稳定性问题。因此，它对于稳健模型（如线性模型）不起作用，稳健模型的预测结果在不同的引导样本中变化很小。直观上，只有将那些预测结果显著不同的模型集成在一起才是合理的（Witten & Frank，2000）。也就是说，当模型之间互补时，集成不同的方法才会起作用。而 boosting 算法就是用来寻找互补模型的。

Boosting 算法在集成不同模型的预测结果（投票或数值）方面与 Bagging 算法相似。然而，boosting 算法与 Bagging 算法最主要的区别在于抽样方案上。boosting 算法依次对每个重新赋权的样本进行模型估计。具体来说，boosting 算法首先将校准样本中的所有观测都赋予相同的权重。然后，在模型估计出来之后，再根据模型的输出结果重新给每个观测赋权。减小被正确分类的观测的权重，增加被错误分类的观测的权重（Witten & Frank，2000）。在这样的赋权方案下，我们关注的是如何对那些很难被分类（或者被错误分类）的具有较大权重的观测进行正确分类。由于我们更加关注如何将这样的观测正确分类，因此它们变得更为重要。通过为每个观测赋予不同的权重，boosting 算法提供了一种很好的方法来生成一系列互补的专家。在下一次迭代中，模型被应用于重新赋权的校准样本。可用的赋权方案有很多，但是这里我们只介绍一种比较常用的被称为 AdaBoost. M1 方法（Freund & Schapire，1996）。在这种方法的每一次迭代中，我们利用以下公式对所有的观测权重进行更新：

$$w_{i,t+1} = w_{i,t}\{(1 - D_{i,t}) + D_{i,t}\, e_t/(1 - e_t)\} \tag{19.10}$$

其中，$w_{i,t}$为第 i 个观测在第 t 次迭代时的权重；$D_{i,t}$为这个观测是否被正确分类(如果正确分类则为 1，错误分类则为 0)；e_t为模型对第 t 次重新赋权的校准样本的预测误差(错误分类的比例)。

由于每个后续的样本都会对难以分类的观测赋予更高的权重，因此 e_t 会随着 t 的增加而增加。当分类困难到 e_t 比随机预测还要差，即大于等于 0.5 时，迭代就停止了。所以，假设 $e_t \leqslant 0.5$，运用式(19.10)我们可以得出错误分类的观测的权重不变，而正确分类的观测的权重会减小。当所有的权重都被更新以后，我们就对它们进行再次标准化以使它们在 $t+1$ 次迭代时的总和与第 t 次迭代时权重的总和相等。例如，第 t 次迭代时第 i 个观测的再标准化权重为 $w^*_{i,t+1} = w_{i,t+1}\left(\sum_i w_{i,t} / \sum_i w_{i,t+1}\right)$。结果，错误分类的观测进行再标准化之后的权重增加了，而正确分类的观测的权重再标准化之后却减少了。

19.8.3 其他委员会机器

尽管 Bagging 和 Boosting 算法非常流行，但仍然有很多其他的方法可以用来对多个模型的输出结果进行集成。例如，Breiman(2001)提出了一种新的被称为随机森林(random forest)的分类器，它将 Breiman(1996)的 Bagging 算法和 Ho(1998)的随机子空间方法(random subspace method)结合在一起。与 Bagging 算法类似，随机森林通过生成多个引导样本并且对分类问题进行加权投票的方式，将多个(决策树)模型得到的预测结果集成为一个预测结果。然而，在决策树的每个节点上，我们会随机选择 m 个输入变量(从 M 个输入变量中，$M>m$)作为这个节点上的决策变量。也就是说，随机森林包含两种类型的随机化：一个是训练样本的随机化；另一个是输入变量的随机化。

此外，Wolpert(1992)提出了另外一种委员会机器，它被称为堆栈泛化算法(stacked generalization，也叫作“堆栈”)。堆栈与 Bagging 和 boosting 的最主要区别在于它能够集成多个不同类型的模型。堆栈通过引入“元学习器”(meta learner)来实现不同模型(例如，logistic 回归与决策树)的集成。基准模型(被称为 0 层模型)的预测结果被作为元模型(也叫作 1 层模型)的输入。元模型的目的就是找出哪个基准模型是可靠的，以及如何将这些基准模型的预测结果集成在一起。堆栈不像 Bagging 和 boosting 那么常用，部分原因可能是由于它分析起来比较麻烦。更多有关堆栈的论述可以参见 Witten 和 Frank(2000)，以及 Ting 和 Witten(1997)。其他集成多个模型的技术包括误差修正输出编码(Dietterich & Bakiri，1995)以及专家混合法(Haykin，1999)。

第 5 部分

PART 5

顾 客 管 理

第 20 章

获取顾客

摘要

所有的厂商都需要通过获取顾客来建立它们的顾客基础。本章着眼于获取顾客的战略与策略。我们从整合顾客获取、顾客保留和顾客发展的顾客资产框架入手。顾客资产框架的关键是"获取曲线",因为它联系起了顾客获取的支出与获取顾客的数量。我们将讨论由获取曲线得出的提高获取率的策略,然后提出并详细说明一个用于发展顾客获取计划的框架。

20.1 概 述

数据库营销的一个重要功能是提高厂商获取顾客的能力。Blattberg 等人(2001)认为某一顾客对公司的总贡献,即顾客"资产",是指顾客价值与获取该顾客的成本相比较的结果。正如网络公司教导市场与数据库营销人员的那样,顾客获取成本能够拖垮一个企业。例如,Pet.com 获取每位顾客的平均成本是 400 美元,那么获取一位宠物食品顾客的潜在收入与利润是多少呢?假设消费者每次购物平均花费 100 美元,利润只有 20 美元,因为相对于利润率较高的宠物用品,顾客购买宠物食品的比重可能更大。因此,假定不存在与保留顾客相关的成本,顾客需要进行 20 次购买,厂商才能收回成本。如果每次购买有 75%的概率留住顾客,那么究竟 Pet.com 的商业模式可以盈利吗?答案显而易见,不能。假定没有折扣,收入流的价值是 80 美元,而获取顾客的成本是 400 美元。现在 Pet.com 还存在吗?已经破产了。

既然商业模式这么差,这些网络公司为何还会想要上市?这是因为它们相信顾客获取成本将会显著降低,而且它们可以从留下的顾客中获利。但这种想法是错误的。几乎没有一家网络公司能将其获取成本压低到使它们盈利的水平。

本章讨论了顾客获取的理论与方法。多数市场营销的文献都未将顾客获取营销与保留营销或附带销售方法区分开来。虽然在关于新产品的文献中可以找到特例,但这些使用了创新扩散与 Bass 模型的文献大多数是关于不会被重复购买的耐用品的。有一篇关于全新非耐用品营销的简短文献(如 Blattberg & Golanty,1978)将试用(顾客获取)与反复使用(顾客保留)区别开来,但近年来此类文献并不多见。因此,本章的参考文献相对较少。不过这并不代表本章的主题不重要。虽然学界很少对获取营销与一般营销予以区分,但这的确是两个不同的问题。"期望"在获取顾客中起到了重要作用,特别是与产品质量相关时。定价与促销是获取营销的生命线。把获取顾客作为目标比把保留顾客作为目标更为困难。对于学界,这是个广阔的研究领域,是个机遇。

我们从描述分析获取顾客决策的总体框架开始，然后讨论顾客获取的驱动因素。接着我们讨论顾客获取的营销策略组合，包括确定顾客获取目标的方法。最后，简单讨论一下相关的研究问题。

20.2 顾客资产的基本方程

贯穿本章，我们将使用 Blattberg 等人(2001)的研究中所描述的顾客资产的基本方程。

$$CE(t)=N_t\alpha_t(AS_t-c_t)-N_tB_{a,t}+\sum_{k=1}^{\infty}N_t\alpha_t\left(\prod_{j=1}^{k}\rho_{j,t+k}\right)\times (RS_{t+k}-c_{t+k}-B_{r,t+k}-B_{AO,t+k})\left(\frac{1}{1+d}\right)^k \tag{20.1}$$

其中，N_t 为在 t 时刻可获得的潜在顾客的数量；α_t 为在 t 时刻的获取概率；AS_t 为在 t 时刻的获取销售额；c_t 为在 t 时刻的商品销售的成本；$B_{a,t}$ 为在 t 时刻的获取营销投入；$\rho_{j,t+k}$ 为在 j 时刻获取的顾客在 $t+k$ 时刻的保留率；RS_t 为在 t 时刻来自保留顾客的销售额(包括附加销售)；$B_{r,t}$ 为在 t 时刻对保留顾客的投入；$B_{AO,t}$ 为在 t 时刻的向保留顾客销售额外的产品的投入；d 为贴现率。

这个公式描述了顾客资产的三个组成部分。公式的第一部分显示了获取成本与初始收益；第二部分代表顾客保留；最后一部分描述了向顾客销售的数量与获取的边际利润。我们将重点研究顾客获取。式(20.2a)表明影响顾客获取对顾客资产的贡献度的关键因素有：①N，市场的规模；②α，顾客获取率或获取的概率；③B，接触每位顾客的成本；④$S-c$，来自已获取顾客的销售额的边际利润。以下我们将描述与每个因素相关的策略。

$$\text{获取}(t)=N_t\alpha_t(AS_t-c_t)-N_tB_{\alpha,t} \tag{20.2a}$$

$$\text{保留}(t)=\sum_{k=1}^{\infty}N_t\alpha_t\left(\prod_{j=1}^{k}\rho_{j,t+k}\right) \tag{20.2b}$$

$$\text{保留利润}(t)=\sum_{k=1}^{\infty}N_t\alpha_t\left(\prod_{j=1}^{k}\rho_{j,t+k}\right)\times (RS_{t+k}-c_{t+k}-B_{r,t+k}-B_{AO,t+k})\left(\frac{1}{1+d}\right)^k \tag{20.2c}$$

20.3 获 取 成 本

获取顾客的成本是获取顾客营销的核心问题。经验丰富的数据库营销公司会计算获取一位顾客的成本并将其与该顾客的终身价值做比较。我们将用下面的例子来说明大多数公司是如何计算获取顾客的成本的。然后，我们将讨论需要的数据类型。

试想一位目录营销商正在分析获取新顾客的成本。假设企业采用一种两步获取过程。在此过程中，企业先在目标出版物上打广告以吸引潜在顾客，然后向有回应的顾客邮寄目录。该过程使厂商能够识别出潜在顾客的姓名，然后获取(或“转换”)他们。

表 20.1　获取一位顾客的成本

项目	数值
广告费/美元	50 000
广告回应者的数量/个	100 000
邮寄个人目录的成本/美元	2.00
目录邮寄的成本/美元	200 000
对目录邮寄的回应率/%	5
获取顾客的数量/个	5 000
在销售给获取顾客之前的获取成本/美元	250 000
在初始销售之前的每位顾客的获取成本/美元	50.00
初始购买/美元	75.00
初始边际利润/%	20
来自于购买的利润/美元	15.00
在包含初始销售之后的每位顾客的获取成本/美元	35.00

表 20.1 显示了相关数据。公司获取一位顾客要花费 50 美元，如果将初始销售包含在内则花费 35 美元。测量顾客获取的关键指标是：对初始邮件或传播(如网络广告)的回应率、与获取顾客相关的成本、获取的顾客数量、从初始销售得到的利润和这些顾客的未来价值。

令人惊讶的是，很多公司不知道它们获取一位新顾客所付出的成本。这一方面是因为很多厂商没有追踪它；另一方面是因为一些成本是难以分配的。例如，对于像汰渍洗衣粉这样的大众消费品，很难将媒体广告费用在获取与保留顾客营销之间进行分配。然而，尽管不容易，厂商仍可以从不同类型的广告对于顾客获取有怎样的重要性入手开始分析。同样，厂商还可以尝试基于顾客获取与顾客保留来决定广告的投放。然而这依然很困难，这也是使用大众媒体的厂商不将营销成本在顾客获取与顾客保留之中分配的原因。

我们必须认识到，大多数顾客都要付出一定成本来获取，并且只有当这些顾客的长期贡献足够大时，厂商才会有所回报。为了提高工作效率和效果，接下来，厂商应试着确定其单位顾客获取成本的最上限。如无此度量标准，厂商可能在顾客获取上投入过多，也更有可能会投入太少。

因为厂商获取顾客要付出成本，所以当经济不景气时，厂商经常降低顾客获取力度。此时厂商会“榨取”它的现有顾客而不是努力获取新顾客。这种行为虽然会增加短期的盈利能力，但会牺牲长期的盈利增长。Blattberg 等人(2001，第 8 章)推荐使用顾客资产会计报表来解决这个问题，这样厂商将可能避免在顾客获取上投入过少以及榨取短期利润(同时参见《顾客管理营销预算》，第 26 章，26.4.1 部分)。下一章节我们将讨论提高顾客获取率的因素，正如在分析顾客获取成本时所明确指出的，这些因素是降低获取顾客成本的关键参数。

20.4 增加获取顾客数量的策略

20.4.1 扩大市场规模

产品或服务在市场中的潜在顾客数量是获取新顾客的重要驱动因素。显然,潜在顾客数量越大,市场潜力就越大。但这其中也存在平衡。营销人员知道扩大目标市场的规模有可能是不利的,因为这会让产品或服务的定位变得模糊,从而不能抓住市场的任何部分。因此,厂商可以尝试增加潜在顾客的数量(N),但这样做就存在回应率(α)降低的风险。

有哪些策略可以扩大某种商品或服务的潜在目标市场呢?首先也是最显而易见的是建立与开发新的使用场合。这样的例子不胜枚举,比如 Arm & Hammer 牌的小苏打不仅是一种烘焙原料,也被用作除臭剂;猫砂因为吸收能力强,也被用来清理车库地板;美国运通的各种礼品卡也可作为向在海外或在度假中的顾客提供现金的一种途径。然而,虽然我们可以给出很多例子,厂商们却通常难以为其产品或服务找出新的使用场合。

一般来讲,选择新的目标顾客细分市场会更为容易。对厂商来说,这是一种常见的顾客获取策略。例如,宝马引入 1 系;Johnny Walker 为旗下的苏格兰威士忌品牌引入金色和蓝色的版本;Costco 开始关注小型企业,并向支付年费的个人开放仓储会员店;Whole Foods 从销售天然有机商品的杂货店起家,而现在已发展为从更高品质的产品销售和有机产品销售中获利的"美食家";而 USAA 保险公司不仅面向家庭成员,也对军官开放其保险业务。

试图扩大潜在顾客的数量规模的主要风险是失去在品牌定位上的聚焦。有时它可像上述例子那样获得成功,但有时候却事与愿违。顾客会因此对品牌的定位产生混淆。正如宝马向低端产品市场拓展品牌范围时(如在欧洲的 1 系),就存在缺乏排他性与损害其品牌形象的风险一样。梅赛德斯也面临同样的问题。汽车界最极端的例子是凯迪拉克,它在 20 世纪 70 年代末开发出了西马仑。西马仑是"穷人"版的雪佛兰骑士。顾客因此不再认为凯迪拉克是豪华车的代表,凯迪拉克的品牌形象受到了损害。由此可见,虽然拓展新的细分市场明显有利可图,但风险也是巨大的。每个成功的故事,都对应一个失败的案例。厂商在怎样使用这种策略上应谨慎小心。

一般而言,无论何时厂商试图拓展市场范围,它都可能处于降低顾客获取率(α)的危险境地。市场越宽广,顾客获取率就越低。而顾客获取率越低,获取顾客的成本就会增加。虽然这不一定是问题(比如顾客可以产生足够多的即时与长期利润),但它可能导致投入资本回报率大幅降低,如果厂商不够小心,利润甚至可能为负。

20.4.2 增加获取营销支出

要增加获取的顾客数量,一种显而易见的途径是提高在顾客获取营销上的支出。真正的问题是支出。但是在讨论支出之前,理解标准的行业惯例非常重要,这也是该策略重要性提高的原因所在。多年以前,一家为接济穷人而设立的食品银行——大芝加哥地区食品存储中心,决定发动一次直复营销活动,要通过个人捐献的方式来募集资金。这次活动非常成功,但若深入分析,仍有遗憾之处。事实上,这是一次自行募集资金活动:获取支出由初始捐献者承担。因为超出分配预算,食品存储中心不想增加获取支出,这是一个不明智的决定,否则活动应可以募集到更多资金。这同时也是很多组织的通病。

厂商通常会在初始顾客获取上赔钱。他们一般通过未来购买来弥补该损失(网络公司是一个例外)。顾客获取期间的成本会被记录下来,并因此扭曲利润图,使顾客获取期间的利润看起来更差。受顾客获取造成的短期损失影响,很多厂商在顾客获取上投入不足。这种会计上的"扭曲"导致厂商无法抓住未来顾客利润流的全部潜力。在一些行业中,允许厂商在顾客的整个"生命"过程中来摊销获取顾客的成本。相对于那些使用传统会计方法的厂商,这些厂商可以增加他们在顾客获取上的投入,因而从中受益。

另一种顾客获取投资是使用大众媒体广告(不包括直复营销)来提高产品或服务的知晓度。通过提高知晓度,那些新近知晓的潜在顾客可能去搜寻该产品或服务。这种情况在网上更为普遍。厂商可以通过提高知晓度,引导顾客对于网站的访问与最终的购买。顾客单击的横幅广告就是一个例子。参见 Manchanda 等人(2006)关于横幅广告对于经济与销售影响的研究。

提高知晓度的一个重要(而且表面上免费)来源是口碑。积极的口碑不仅可以提高知晓度,还可以影响顾客的购买意向。影响口碑的因素包括产品/服务的质量、产品/服务的价值和产品/服务的定位。有些厂商完全依靠口碑营销,如 USAA。很多小企业依赖口碑营销作为它们获取新顾客的首选资源。餐厅、电影和其他娱乐服务都是利用口碑营销作为顾客获取的主要来源。一些经验丰富的公司会使用策略来影响意见领袖,让他们来传播积极的口碑。例如,一家主流消费品公司确定了青少年意见领袖后,通过直接营销先来接触并且影响他们,然后通过他们传播口碑来影响其他青少年。参见 Zhang(2006)的研究,他描述了口碑如何影响消费者的学习行为,这是另一个影响顾客获取营销开支效率的重要因素。

20.4.3 改变获取曲线的形状

顾客获取曲线是顾客被获取的概率与总获取支出的函数。顾客获取曲线的形状对获取营销来说至关重要。我们在图 20.1 中描绘了两种典型的获取曲线。曲线的斜率越陡峭,意味着对额外的支出的回应的"弹性"越大,获取支出的效率也越高。曲线接近渐近线的原因是:在某些支出水平下几乎不可能再获取新的顾客。更重要的问题是:厂商该如何改变顾客获取曲线的形状?

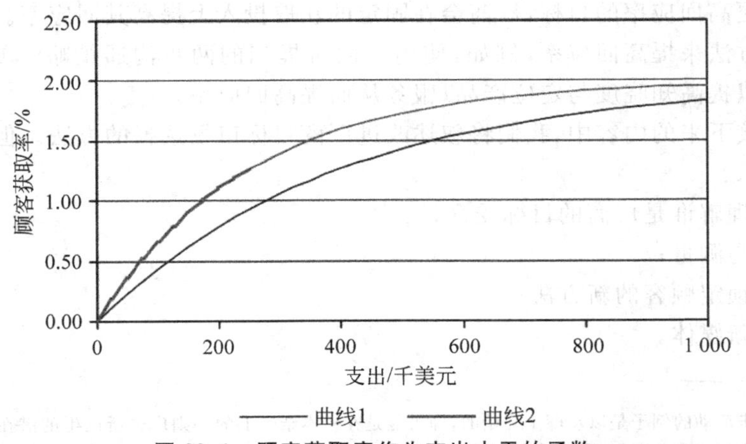

图 20.1 顾客获取率作为支出水平的函数

表 20.2 典型的邮寄回应率

名单编号	被检验的名字的数量	回应率/%	名字库的大小(000)
A	5 000	2.70	250
B	10 000	2.50	400
C	5 000	1.80	750
D	10 000	1.60	800
E	10 000	1.40	1 300
F	5 000	1.10	1 700
G	5 000	1.00	230
H	10 000	0.90	900
I	5 000	0.85	600
J	15 000	0.60	3 500
盈亏平衡界限		1.5	

获取—支出曲线由细分市场对获取营销做出回应的差异所决定。随着厂商在给定时期内(如 1 年)在获取顾客上投入的增加,这个厂商需要更为深入挖掘它所针对的潜在细分市场库。我们用个简单的例子来强调这个问题。

表 20.2 展示了典型的一组测试邮件营销的回应图表。表 20.2 显示了随着支出的增加回应率的递增变化,而图 20.1 显示的是已获取顾客的累积数量。图 20.1 回报递减。我们按照最高到最低的回应、对于每个列表的潜在邮寄的数量,以及邮寄列表所需要的支出来排列数据。该表显示了总体回应率。随着厂商增加其获取顾客的邮寄与支出,它的总体回应率降低。原因很简单:厂商首先瞄准它们最好的获取来源,然后随着支出的增加,厂商被迫按照越来越低的要求来接触潜在的顾客名单库。

那么一家厂商该如何改变它的获取—支出曲线的形状呢?有两个答案。首先,厂商可以改进它的目标市场选择策略。这也是数据库营销的关键。通过发现更好的名单来源或识别出有更高回应率的目标,厂商会在固定的获取投入上提高其回应率。其次,厂商可以使用多种方法来提高回应率,例如,使用前面所提到的两步沟通策略①,或在大众媒体广告上投资以提高知晓度与定位产品/服务从而提高回应率。

在本章接下来的内容中,我们将叙述改进厂商目标市场选择的方法。但是,改进目标市场选择要求:

- 清晰理解谁是厂商的目标受众;
- 检验与测量;
- 创造锁定顾客的新方法;
- 使用新媒体。

---

① 一个两步活动的例子是以步骤 1 开始的,即可能是在一本杂志上的一则广告所产生的潜在客户,并在步骤 2 中使用直复营销来将其转换为新客户。

使用不同的营销与沟通工具以提高获取回应率需要检验与测量。出人意料的是，因为检验与测量要求一定的训练，除了数据库营销人员之外，很少有厂商擅长它。一些厂商虽然经过了训练，但通过中间商而非直接的销售方式使它们难以追踪顾客获取的情况。

提高顾客获取回应率的很多方法是通过"增强顾客获取工具"来实现的。厂商们必须追踪与测量这些工具的影响。例如，一家厂商使用大众广告来提高知晓度与创造品牌的总体定位。那么它们的大众媒体广告应该提高对于直复营销沟通的回应率，或者应该产生一定数量的想搜寻该厂商的商品/服务的顾客。没有追踪就不可能判断大众媒体广告是否产生了预期结果。这又使测量广告活动的经济支出变得十分困难。

20.4.4　使用先导产品

另一种获取策略是确认出先导产品来获取顾客。一旦厂商获得了顾客，顾客就会购买该厂商的其他商品/服务。从前从事直复营销的保险公司使用一种叫作意外死亡与截肢保险的产品。这种保险很便宜，因为大多数人很少会被截肢并且意外死亡（与自然死亡相比）也是相对不太可能的。一旦通过这种产品获取了顾客，保险公司就会专注于销售其他保险产品。汽车公司通过销售"低价"产品来让顾客接触一系列产品，然后经过一段时间的接触来向他们销售更贵的产品。杂货零售商会用可口可乐或百事可乐将顾客招揽到店中，其目标是以此销售相关产品来装满顾客的购买金额。

先导产品有一定的特性：

- 相对于厂商产品线上的其他产品/服务有更广泛的吸引力；
- 入门级的价格；
- 与厂商的形象/定位保持一致。

我们应该注意到高边际利润并不是其特性之一。一些厂商试图使用昂贵的、高边际利润率的产品来产生初次试用，但这可能会降低而不是提高顾客获取率。使用主导产品的目标是：一旦顾客做出了初次购买，厂商就可以向顾客销售更为昂贵的产品/服务。美国运通公司通过它的绿卡来获取顾客，希望能在日后向他们销售白金卡。宝马在欧洲销售 1 系汽车，希望在顾客下次购买时向他们销售 3 系、5 系和 7 系汽车。

显然使用主导产品的方法并不适用于每个企业。宝洁公司是如何使用主导产品的呢？他们用样品或试用装来创造初次试用，希望在顾客评价产品后向他们销售更多的产品。只有那些拥有广泛的产品线，能够对顾客进行交叉销售的厂商拥有使用主导产品来获取顾客的能力。

20.4.5　获取定价与促销

影响顾客获取率的一种方法是通过定价与促销。当价格下降时，顾客获取率基本上总会上升。促销也是如此，它能够提高顾客获取率。需要说明的是，使用定价与促销来获取顾客可能会影响未来的购买。部分原因在于获取定价与促销性折扣能影响顾客的总体参考价格和厂商的形象。如果厂商提供了大幅折扣来获取顾客，那么当顾客想要再次购买该产品/服务，或者想要购买该厂商的其他产品/服务时，他或她就会期待又一次的折扣与低价。顾客会对厂商的定价产生预期，并使用这种预期来估计未来的价格。推广价格越低或推广促销力度越大，再次购买率就会越低，除非厂商再次提供大幅度的折扣。

获取定价与促销同样会影响获取顾客的细分。获取定价越低或促销力度越大，吸引到的就越可能是那些对价格敏感的顾客。获取顾客的定价与促销策略决定了可以进行交叉销售和(或)再次购买的顾客群。顾客保留与交叉销售潜在地取决于所使用的顾客获取策略。

我们可以通过模型来建立获取与保留定价之间的联系。Thomas 等人(2004a)在报纸续订的案例下间接地考虑了这个问题。他们的论文关注的是续订的定价，而不是获取定价，但显然两者是相关的。Thomas(2001)展示了如何使用Ⅱ型 Tobit 模型将获取与保留定价联合建模。可行的是，如果获取定价被包含在选择(获取)方程中并且保留定价被包含在回归(保留)方程中，那么这两种价格都可以是最优的。Reinartz 等人(2005)对该模型的扩展也可以被用于最优化定价(参见第 26 章对这些模型的进一步讨论)。

第 29 章更详细地论及了关于获取定价的简单模型，表明获取定价取决于顾客的长期价值。顾客的长期价值越高，厂商制定的获取价格就应该越低。原因是显而易见的。厂商的“后端”利润越高——顾客获取后的利润——厂商就越有动力在获取顾客上投入更多。相似的论证也适用于促销性打折。同样，厂商的“后端”利润越高，厂商就可以提供更大幅度的折扣来获取顾客。

有两个关键假设与上面的论证相关。第一个关键假设是，顾客获取的底线价格与保留底线价格之间没有关系。但一些关于参考价格的文献(参见 Briesch et al.，1997)使这个假设显得有些牵强。一个能说明获取价格是怎样影响保留价格的敏感度系数而构建的模型是 $\ln(\beta_r)=\beta_0+\delta_{apt-1}$，其中，$\beta_r$ 是保留价格系数；apt 是在 t 时间点的顾客获取价格；β_0 是一个影响总体价格敏感度的常数。用语言来描述这个方程：最后使用的获取顾客的价格影响保留价格敏感度。如果 δ 的符号是负的，则更高的获取价格将导致更高的保留价格敏感度。

第二个关键假设是顾客在价格敏感度上是同质性的。该假设显然是违背现实的。直复营销人员一直相信随着厂商降低获取价格或使用更大幅度的折扣来获取顾客，对价格敏感的顾客就会被获取。如果保留价格显著地高于包括提供的促销性折扣在内的获取价格，那么获取到的对价格敏感的顾客将不会再次购买。因为厂商在获取顾客上亏损，获取价格敏感型顾客的代价是非常高昂的，原因是这些顾客在他们的一生中可能仅仅购买一次，这将导致厂商的净亏损。

以上问题将在关注定价的第 29 章中有更详细的论及。但是，在设计一种获取策略时，厂商必须认真地考虑获取定价策略的影响。

20.5 开发顾客获取项目规划

20.5.1 框架

为了理解顾客获取，我们提出一个类似在消费者行为研究中所使用的图解式框架。它强调了很多在顾客获取策略设计中的问题。我们将简要描述该模型及其含义。这个模型同时引用了市场营销的文献与 Blattberg 等人(2001,第 3 章)之前所开发的一个描述性模型。

图 20.2 显示了该框架。这个模型的关键因素是：①消费者产生预期,这种预期部分受厂商的影响,并且随后通过顾客的购买体验以及产品/服务的客观质量得到更新；②消费者是异质性的,厂商必须选择目标消费者；③获取定价与促销影响价格期望和质量期望,这决定了重复购买率；④知晓度对于该过程非常重要,厂商可以使用传统媒体广告来提高知晓度。

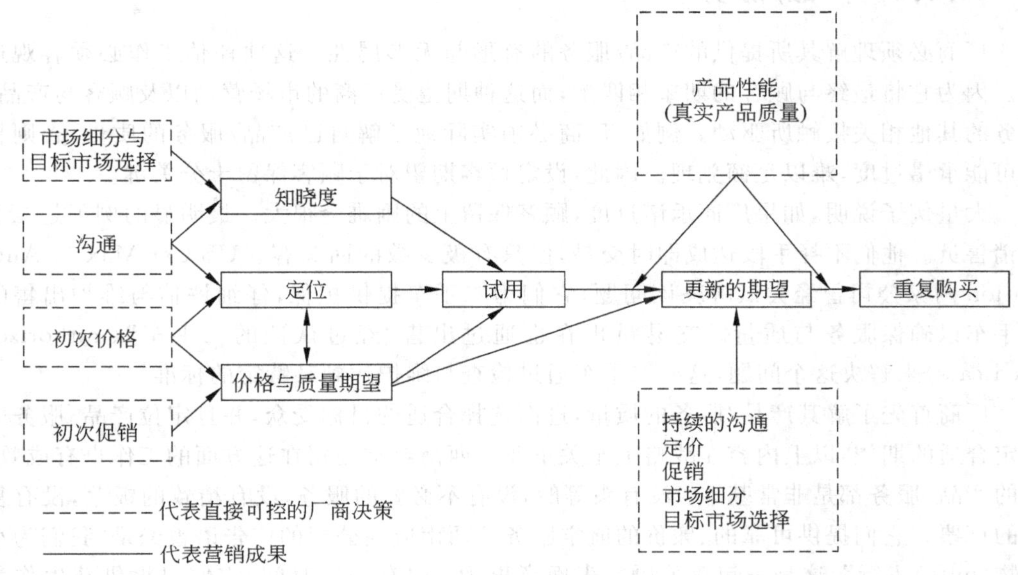

图 20.2 顾客获取过程模型

厂商直接控制：①产品/服务的真实质量；②提高知晓度与实现定位的营销沟通；③对于潜在消费者的细分与目标选择；④定价与促销。

因为之前已经讨论过定价与促销,我们将集中讨论：①市场细分、目标市场选择和定位；②产品/服务供应；③目标市场选择的方法与媒体选择。

20.5.2 市场细分、目标市场选择和定位(STP)

之前用到的一些例子中都提到关于识别可获取的潜在细分市场的内容。市场细分有许多不同的方法,很多都包含在基础的市场营销教材中(Kotler & Keller,2006：37,310),这里我们就不再讨论了。重要的是我们要认识到细分市场定义得越精细,厂商选择目标市场就会越精确。如果厂商只能使用宽泛定义的细分市场(如 18～49 岁的女性),那么大众市场对厂商来说可能是更好的选择。

目标市场选择是选择相关的细分市场,厂商投入其市场营销资源来获取这些细分市场中的顾客。挑选合适目标市场的能力极其重要。厂商选择目标市场的能力越强,其获取回应率就越高。更好的目标市场选择意味着厂商应该深度挖掘获取顾客信息,因为有些顾客可能短期无法带来利润,但在长期却可以让厂商获利。

定位也是关键。厂商对于特定产品/服务的定位要与定位陈述中提及的质量与利益相匹配,否则顾客期望就无法与产品、服务体验相匹配。不相匹配最可能产生的结果是顾客会降低重复购买率。在设计一种积极的获取定位陈述来提高获取回应率的同时,又保持高的重复购买率的确很难平衡。当厂商在获取营销中对于其提供的产品/服务的优点承诺过度时,会降低厂商的顾客保留率。显然,虽然关于顾客保留率的降低多大程度归因于厂商在顾客获取中的过度承诺的研究数量很少,但这是一个极为重要的平衡问题。

20.5.3 产品/服务

厂商必须理解其所提供的产品/服务的有形与无形属性。这项评估工作必须客观进行。因为它将最终与顾客的期望相匹配,而这种期望受厂商的市场营销以及顾客与产品/服务的其他相关接触所驱动。例如,厂商必须实际地了解自己产品/服务的质量,否则将很可能承诺过度,难以足额兑现。因此,设定顾客期望对于顾客保留十分关键。

大量例子说明,如果厂商承诺过度,顾客保留上的困难会很大。最明显的例子是二手车销售员。他们不择手段达成即时交易,但只有极少数的回头客。US Car Max 与 Auto Nation 两家公司曾经尝试解决该问题,它们为二手车提供担保,仔细评估与维护出售的二手车以确保服务与质量。交易员现在也通过出售"经过认证的二手车"(authorized used cars)来解决这个问题,这些二手车通过检查与维护达到某特定的标准。

厂商首先了解其产品/服务的质量,进而选择合适的目标受众,并且定位产品/服务以设定合适的期望,以上内容在战略上至关重要。西南航空公司在这方面的工作卓有成效。它的产品/服务都是非常基本:没有头等舱,没有不必要的服务,没有精致的饭菜,没有复杂的订票。它们提供可靠的、廉价的航空服务。西南航空公司的广告语曾经是"我们为小人物(nuts)飞行",这是一句双关语。表面意思为:曾有一段时间,它们只提供花生作为其航班上的食物,也同样意味着只需要低廉的票价就能飞行。因此,西南航空兑现了它的品牌承诺。期望匹配了真实的顾客体验。通过合理地管理期望,西南航空便有能力提供不虚华的服务。

塔吉特百货使用的营销策略正如其品牌承诺——"期待更多,花费更少"。它是仅有的几家对沃尔玛构成竞争的连锁店。通过保持相对低的利润,塔吉特可以向女性提供消费得起的时尚。不像其他百货商店试图做的那样过度承诺时尚漂亮,塔吉特百货只为它的利基市场提供可负担得起的时尚。

20.5.4 顾客获取的目标市场选择

获取顾客的目标市场选择与媒体策略在顾客获取研究中是最好的。大量的书籍涉及如何选择目标市场(参见 Hughes,2000;Sheppard,1999;Jackson & Wang,1994)。在顾客获取目标市场选择中需要强调的问题是:相比于大众营销,厂商能通过各种数据与统计方法来更有效地到达目标细分市场吗?一般认为厂商是可以做到的。厂商使用的方法包括找到相关的目标细分市场的数据库并检验、分析和预测性建模。

我们要理解的是:有些时候,要获取顾客,使用低成本的大众媒体要比通过选择目标市场来得好。最好的例子之一是发放优惠券。假设制造与分发每千张优惠券的成本是

10 美元，又假设厂商分发 50 000 000 张广告插页优惠券来获取顾客，再假设顾客回应率是 3%左右，那么将会有 1 500 000 张优惠券被兑取。在这 1 500 000 张被兑取的优惠券中，5%对该品牌来说是新顾客。因此，该厂商获取了 75 000 位新顾客。优惠券投递的成本是每千张 10 美元，并且优惠券的面值是 0.5 美元。这便转换成了 500 000 美元的投递成本以及 750 000 美元的优惠券兑取成本。获取每一位新顾客的成本是 16.67 美元。表 20.3 提供了计算过程。

表 20.3　获取成本比较：大众市场优惠券 vs. 针对性的优惠券

大众市场优惠券	
当前家庭渗透	
分发的优惠券的数量/张	50 000 000
分发每一张优惠券的成本/美元	0.01
回应率/%	3
每一张优惠券的兑取成本/美元	0.50
顾客的增量数/%	5
新顾客的数量/位	75 000
优惠券投递的成本/美元	1 250 000
获取每一位顾客的成本/美元	16.67
针对性的优惠券	
分发的优惠券的数量/张	3 000 000
分发每一张优惠券的成本/美元	0.50
回应率/%	6
每一优惠券的兑取成本/美元	0.50
顾客的增量数/%	30
新顾客的数量/位	54 000
优惠券投递的成本/美元	1 590 000
获取每一位顾客的成本/美元	29.44

另一种选择是使用目标营销的方法来获取顾客。厂商通过零售商惯用的购物卡，可以发送 3 000 000 张优惠券，成本为一张 0.5 美元，或每千张 500 美元。这种方式的成本是使用广告插页优惠券的 50 倍[①]。然而，厂商用这种方法有 6%的顾客回应率(比上面的 3%高)，并且在这 180 000 张被兑取的优惠券中，有 30%为该品牌的新顾客。新顾客的数量是 54 000 位。直复营销活动的总成本是 1 590 000 美元。获得每一位新顾客的成本是

① 在 20 世纪 90 年代，有许多厂商试图出售具有高度针对性的优惠券。但由于到达客户的成本高昂，没有厂商获得过成功。

29.44 美元。

这个例子说明了有时厂商使用非针对性的工具来获取顾客或许会更好。如何选择取决于这两种方式的财务结构。因为目标市场选择的成本在某些行业里特别高(如大众消费品),所以使用大众工具来获取顾客,再使用目标市场选择来保留顾客可能会更加有效。或者,厂商可以使用两步法:第一步是使用大众媒体来识别潜在顾客;第二步是使用直复营销将潜在顾客转变为新顾客。

因为目标获取的方法并不一定保证会成功,所以营销者必须遵从一系列精心安排的步骤。第一步是识别有潜在顾客名单的来源。我们可以用不同的方法来识别潜在的名单来源,这将在下一章节讨论。一旦目标细分市场被决定了,厂商就必须找到一种工具来到达它们。名单经纪人可以在每个目标细分市场中提供可以访问的名单,然后厂商便可以检验这些名单了。

一种获取顾客的替代方式已经出现,它结合了目标市场选择与大众市场获取的元素——这就是互联网。例如,当搜索者使用搜索引擎(如谷歌)时,厂商可以基于特定词语来投放横幅广告。这种类型的目标市场选择法允许潜在顾客通过使用特定关键词搜索信息来进行自我选择。当个体搜索某特定词语的时候,他们就表明了自己对于产品或服务的偏好。厂商接着便可以插入有针对性的广告,以求带来合格的潜在顾客。说这种方法是大众营销,某种意义上是因为广告投放在相当于杂志或电视节目的媒介上。但同时,广告投放又是有针对性地基于顾客不经意显露出的偏好。这种寻找潜在顾客方法成功与否又一次依赖于经济收益。例如,Verhoef 和 Donkers(2005)发现,顾客的长期价值(用顾客保留与交叉销售机遇来测量),对于用互联网获取到的顾客与用其他工具(如外拨电话、电视/广播和邮寄)获取到的顾客大致上是相等的(参见第 25 章对于作为获取工具的其他渠道的价值的进一步讨论)。

20.5.5 顾客获取的目标市场选择方法

有很多常用的目标市场选择方法:特性分析、使用人口统计资料或顾客特征的预测模型、对潜在顾客数据库的随机检验和两步获取法。每一种都有其优点。

基本的规律是:很难制定精准的目标市场选择方法来获取顾客。与锁定并管理现有的顾客不同,顾客获取的可用数据非常有限。虽然可以买到人口统计资料或顾客特征数据(如 Experian or Axciom),但是这些数据对谁将会真的购买不具备很强的预测性。然而,这些数据可以被用于做检验,随后一个预测性模型用来预测名单内哪些顾客最有可能做出回应(参见 20.5.5 节第 2 部分)。

1. 特性分析

一些直销人员普遍提倡的一种方法(Hughes,2000)是剖析厂商的现有顾客基础,接着基于现有顾客的特性来选择目标顾客。典型的步骤如下。

(1) 在现有顾客中选取一个样本。

(2) 获取关于这些顾客的相关人口统计资料或顾客特征信息并将其添加到顾客记录中。

(3) 使用交叉表或人口统计资料的聚类方法来根据这些特征描述或“剖析”现有

顾客。

(4) 选择那些与现有顾客具有相同或相似的特征的顾客作为目标。

在特性分析中存在两个主要的问题。第一，我们如何设定描述特性的变量的优先级？例如，现有顾客的特性可能是老年男性。那么哪种人将是更有可能的顾客呢——年轻男性还是老年女性？第二，厂商只选择那些与其现有顾客相似的顾客为目标，但这些顾客由先前目标市场选择方法与广告工具所获取，所以他们的特性是由获取他们的过程所创造的。所以，特性分析可能会错过其他细分市场中的顾客，如果给予这些顾客机会，他们也将会购买。

对于第一个问题的解决方法是使用诸如判别分析、逻辑回归或决策树这些技术。为了做到这些，厂商必须有一份包含非顾客的大名单。逻辑回归或判别分析会提供一个方程，这个方程可被用来为那些在特性分析中使用的变量添加权重，并且能导出非顾客归属于顾客群的概率(参见第 15 章的离散因变量模型)。或者，如可用 CHAID 这样的决策树法来导出一个树状结构，这个结构展示了区分顾客与非顾客的重要变量(参见第 17 章)。树状图的终端节点代表某特定顾客的特性，并且算出了拥有这种特性的顾客是现有顾客的概率。

第二个问题——因仅仅选择与现有顾客相似的个体作为目标而造成的“自我实现预言”——很难解决。通过选择有相似特性的潜在顾客作为目标，厂商永远不会知道它是否能吸引其他类型的顾客。为解决这个问题，厂商应该从名单中随机抽样，来观察那些做出了回应的潜在顾客是否与现有顾客拥有相似的特性。如果没有，就有了进入新的细分市场的可能性。然而，这种方法要比在通常应用于该问题时更为精准。营销者必须非常小心，因为随机回应在统计上是不可靠的，这将导致厂商选择那些事实上并不很有利的新细分市场作为目标。

2. 回归与逻辑回归建模

一些厂商经常通过名单经纪人来寻找顾客名单，然后对这些名单的随机样本发送包括报价在内的营销信息。这些名单上附有诸如人口统计资料这样的顾客特征信息。然后为了识别回应者，厂商会运行回归分析或逻辑回归模型(更为合适)，其中因变量是买或不买。自变量来自数据库中的顾客特征信息。回归与逻辑回归模型可被表述为

$$y_i = X_i\beta + \varepsilon_i \tag{20.3a}$$

$$p_i = \frac{1}{1+e^{-X_i\beta}} \tag{20.3b}$$

其中，如果一位给定的潜在顾客 i 进行了购买则 y_i 为 1，否则等于 0；X_i 为用于描述潜在顾客的特征的解释性变量；p_i 为潜在顾客 i 进行购买的概率；ε_i 为误差项；β 为解释性变量的系数权重。

虽然理论上这种类型的方法听起来很不错，但它的成功却与这些模型的预测力或所提供的“增益”密切相关(参见第 10 章)。虽然这种方法可以用于实践，但其成功并不能得到保证。基本问题是：可用的解释变量通常都是人口统计特征。之前收集到的行为特征通常提供最强的预测力，但是因为我们是在吸引新顾客，所以没有关于新顾客以前的行为的数据，至少对于获取顾客的厂商来说是这样的。

3. 检验多份名单

一种非常常见的获取顾客的方法是取得一组名单，然后随机向每份名单中的个体子集寄邮件。接着基于回应率为每份名单打分。那些得分在某一特定界限以上的名单会被邮寄更多的邮件。这种方法和直复营销行业一样古老。但问题是这种方法有缺陷。最主要的缺陷是除非样本容量相当大，否则这种检验可能没有统计功效来识别出真正有利可图的名单。

为了说明这个问题，我们创建了 20 份名单，每份的可能回应率都在 2%左右。向每份样本量为 5 000 的名单邮寄材料并计算出回应率。厂商使用 2.3%的界限作为其收支平衡点。表 20.4 显示了该结果。它表明有 3 份名单在该临界值以上。

表 20.4 使用样本量为 5 000 的 20 份名单的邮寄的说明性结果，每份名单有 2%的真实回应率

名单编号	回应率/%	名单编号	回应率/%
8	2.48	4	1.96
1	2.36	5	1.96
9	2.30	20	1.96
15	2.28	10	1.90
16	2.18	11	1.82
6	2.16	12	1.82
7	2.16	18	1.82
14	2.12	3	1.74
2	2.10	13	1.68
17	2.02	回应率界限	2.30
19	2.00		

使用关于 $n=5\ 000$ 与 $p=0.02$ 的二项分布的正态近似值，至少有两个名单在界限以上的概率是 13.7%，至少一个名单在界限之上的概率是 37.6%，尽管在事实上界限是 2.3%，问题在于 5 000 份的样本量在估计回应率以有效地区分 2%与 2.3%的回应率时，并不能提供足够的精度。在检验好几份名单时，该问题就会被放大：随着更多数量的名单被检验，13.7%与 37.6%的概率将会变得更高。虽然 13.7%与 37.6%的概率可以被很容易地计算出来，但是大多数厂商还是会选择那些高于界限的名单去邮寄。可能的结果是：如果厂商进行了名单检验，那么很有可能某些名单会被高估并被假定为更好的目标市场选择工具。

因此，需要一些方法或统计模型来提高厂商检验名单的能力，那就是基于随机抽样时一些名单有可能高于界限值，并且被检验的名单越多就越有可能对发生的事实进行调整。使用经典的统计方法而不根据多份名单检验结果进行调整，将合理地导致那些首次检验时高于界限的名单在重新检验或推出时会减低到所有名单的平均值。做出调整的一种方法是：在得出某特定名单是有利可图的结论之前，要求高水平的统计置信度。这可以与使用多重比较法检验的名单的数量相关联[参见诸如 Lapin(1990)的经典统计教材]。

Pfeifer(1998)提出了一种贝叶斯方法来导出用于检验邮寄的最佳样本量。这种方法既考虑到了管理人员对于回应率"先验"的期望,同时又考虑到了每次回应的预期利润。第 9 章详细讨论了这种方法。

4. 两步获取法

两步这个术语的意思是利用潜在顾客的"自我选择",意思是这些顾客会对一个初始的、非购买的传播信息做出回应,然后会接收到关于购买邀请的第二个传播信息。之所以使用这种方法,是因为使用本章之前讨论的一些方法来识别潜在的购买者缺乏精确度。

具体地讲,我们经常会看到《华尔街日报》或其他出版物(如《经济学家》)上提供持续性的教育系列讲座的广告。私人课程被作为先导产品(见 20.4.4 节),但是当某个人对讲座的广告做出回应,他或她也就会被放入邮寄名单中。然后,未来的讲座也会通过目录的方式通过邮寄提供给这个回应者。寄送目录给第一步中的回应者得到的回应率,将比向普通大众寄送得到的回应率高得多。

因为邮寄目录的成本很高,所以目录公司经常使用这种方法。他们在诸如《房屋和花园》之类的相关杂志上做广告,以选择那些有特定类型的人口统计特征或生活方式的细分市场群体(如对园艺感兴趣的女人)作为目标,并接着向那些做出了回应的人邮寄目录。同样重要的是,他们保存着邮寄名单,这样即使有些人并没有回应第一份目录,这些人依然能被作为未来的潜在顾客而考虑继续邮寄。

两步获取法取决于:①研究特定的受众的成本结构;②选择的目标市场的性质。例如,虽然厂商认为重要,但以生活方式为基准来选择目标市场非常困难,因为名单很少包含真实的生活方式的数据。所以,使用针对某一特定生活方式的出版物(称为"专门杂志")可能会更为有效。即使当某本出版物出售其订阅名单时,使用两步获取法也可能会更为划算,因为使用大众广告来识别潜在顾客的成本比较低。

20.6 获取营销的研究问题

总而言之,关于顾客获取营销的研究非常少。传统的市场营销文献并没有将获取顾客与保留顾客区分开来。定位、市场细分和目标市场选择是一类概念。关于广告研究讨论的是传播的一般影响,但并没有将新近获取的顾客与保留的顾客区分开来。因此,有必要对顾客获取理论进行更多的研究。当然也可以调整一些已有研究来重新解释获取顾客的问题。

影响管理实践的一些重要研究问题包括:①对产品或服务的初始期望如何影响顾客保留率?②什么理论可以用于预测期望对顾客保留率的影响?③推广价格会怎样影响顾客对未来购买的参考价格?④什么变量决定了获取回应曲线的形状与陡峭程度?⑤传统的广告如何影响顾客获取率?⑥媒体广告如何在顾客获取与顾客保留上分配其影响力?⑦顾客如何对一个他们从未购买过的产品/服务生成初始期望?⑧在目标获取中的自我选择如何影响顾客保留率?⑨广告的频度如何影响顾客获取率?⑩能用顾客获取营销技

术来创造某种品牌形象吗？⑪能通过顾客获取的基本原理(或理论)的发展来帮助实践者设计顾客获取规划吗?

毫无疑问还有很多其他问题可以添加到我们的列表中。但是,与顾客获取同样重要的是,研究者需要发展理论、原则和实证性结论以帮助实践者开发出更好的顾客获取战略与策略。

第 21 章

交叉销售与升级销售

摘要

交叉销售与升级销售是提升顾客价值的最基本的数据库营销活动。提升顾客价值是指增加顾客购买企业产品或服务的金额。交叉销售是指销售那些企业生产线中存在的但顾客目前尚未拥有的产品。升级销售是指销售"更多"(数量更大、级别更高)顾客已经从企业购买过的产品。本章关注交叉销售与升级销售的数据库营销模型,包括可以预测顾客下次会购买什么产品的下一件购买产品模型,以及能够预测顾客什么时候会购买的风险模型。本章还涵盖了升级销售的数据包络方法与随机前沿模型。最后,我们总结出一个用来管理持续的交叉销售工作的框架。

21.1 策略

交叉销售与升级销售是企业从现有顾客处获得更多收益的重要策略。交叉销售是指企业向其顾客销售不同的产品。例如,顾客使用 Intuit 公司的 TurboTax 软件,而公司又尝试向顾客销售 Quicken 软件。升级销售是指企业向顾客销售更多的同种产品。例如,一名顾客有 300 000 美元的定期人寿保险,而公司又试图让顾客购买一份 500 000 美元的人寿保险(Kim & Kim,2001)。

交叉销售或升级销售有三种潜在收益,我们用终身价值的简单保留模型来说明:

$$\mathrm{LTV}=\sum_{t=1}^{\infty}\frac{m_t r^{t-1}}{(1+\delta)^{t-1}} \tag{21.1}$$

其中,m_t 为顾客在 t 时期的利润贡献;r 为保留率;δ 为折现率。第一,交叉销售在当期可以产生更高的销售额(m_1 的增加是因为顾客在本月除了交正常费用,还购买了一部新手机)。第二,交叉销售可以增加未来收益(当 $t>1$ 时有更高的 m_t)。例如,一家手机公司可以交叉销售一种新功能,如来电显示,这种功能因为需要额外的花费所以在以后各期都会产生收益。第三,虽然不太明显,但交叉销售可能会提高保留率(r)。

图 21.1 说明了交叉销售为什么能够提高保留率。首先,交叉销售导致顾客拥有更多公司的产品。一位顾客拥有的产品越多,该顾客就越能被更好地服务。这就提高了顾客满意度进而提高了保留率。另外,提高的顾客满意度会鼓励顾客从企业那里购买更多的产品,从而进一步强化该循环。其次,顾客拥有的产品越多,他的转换成本就越高,从而提高了保留率。例如,一位在某家银行有支票账户、个人退休账户、存单和抵押贷款业务的顾客与仅有支票账户的顾客相比,即使仅仅转换部分业务到一家新的银行也会产生大量的成本。

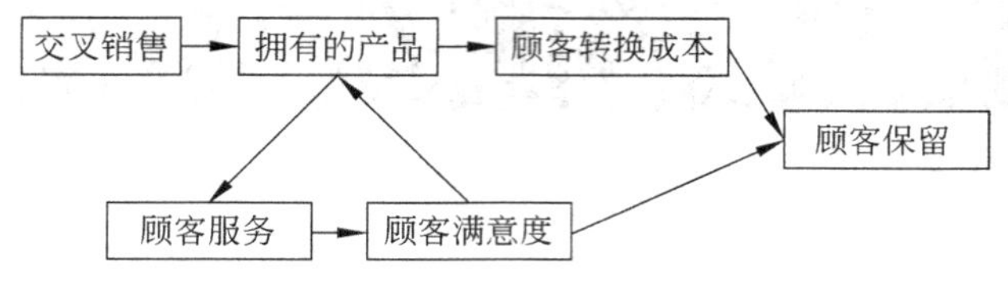

图 21.1 交叉销售如何提高顾客保留率

Kamakura 等人(2003)发现顾客拥有的产品数量和顾客与企业关系的存续时间之间存在正向关系。当然这种因果关系可能是相互的,但两者之间的关系却与预测的一样。Kamakura 等人(2003)也证明了在金融服务中服务—满意度—保留率之间的联系。最近的研究则对于拥有的产品数量是否能提高顾客保留率这个问题得出了不同的结论。Balachander 和 Ghosh(2006)以及 Van den Poel 和 Larivière(2004)发现交叉购买(拥有更多的产品)与更低的顾客流失相关。Reinartz 等人(2005)发现交叉购买与更长的顾客关系存续时间相关。然而,Reinartz 等人(2006)使用格兰杰因果检验推断出交叉购买是由顾客忠诚度引起的,而不是反过来。

21.2 交叉销售模型

问题的关键是企业应在何时向哪些顾客交叉销售什么产品。学者们已经开发出用于解决该问题的三类预测模型:①聚焦于顾客下次可能购买什么产品的模型("下一件购买产品"模型);②同时考虑产品何时可能被购买的模型;③同时考虑顾客有多大可能对交叉销售促销做出回应的模型。前两类模型推断出顾客需要什么样的产品。第三类模型聚焦于顾客是否会对交叉销售营销活动做出回应(Bodapati,2008)。例如,一位当前的 iPod 拥有者可能"需要"一个车载充电器。然而,该顾客可能并不会对此交叉销售邀约做出回应。

21.2.1 下一件购买产品模型

下一件购买产品模型(next-product-to-buy models)背后的策略是预测顾客下一次最有可能会购买的产品,然后交叉销售该产品。然而,如果我们预测出了顾客接下来会买这件产品,那么为什么还要对它进行交叉销售呢?销售会自然而然地发生!下一件购买产品模型实际上把这当成了一个数据问题。理想的情况是调查顾客 A 并询问他或她需要什么产品。但我们没有那样的数据,我们只能观察有着相似特征(目前拥有的产品、个人特征)的顾客接下来已购买了什么产品,并且假设那就是顾客 A 所需要的[参见 Knott 等人(2002)中的深入讨论]。

1. 购物篮分析与协同过滤模型

购物篮分析与协同过滤在第 13 章与第 14 章中已经讨论论过。这些是最基础的交叉销售方法。最简单形式的购物篮分析是:在所有的"购物篮"中计算 Prob(购买产品 A|已购产品 B)。这会产生一个大型矩阵,在其中的第 A、B 条目是 Prob(购买产品 B|已购产品 A)。P(B|A) 被称为"置信度"。为了将其应用到交叉销售中,需要将所有最后购买过产

品 A 的顾客分离出来，然后寻找使 P(B|A) 值最高的产品 B，并向那些顾客交叉销售该产品。

使用购物篮分析进行交叉销售存在一些问题。第一个问题是置信度 P(B|A)是正确的评价标准吗？考虑这样一种情况 P(iPod 车载充电器|iPod)＝0.2，以及 P(视频游戏|iPod)＝0.4。基于置信度，我们应向 iPod 购买者交叉销售一种视频游戏。然而，情况可能是购买 iPod 车载充电器的情况相对少见，而购买视频游戏却是相当普遍的。就是说，无条件概率是 P(iPod 车载充电器)＝0.1，而 P(购买视频游戏)＝0.8。这就意味着 iPod 车载充电器的“增益”比视频游戏要高(0.2/0.1＝2∶1，vs. 0.4/0.8＝0.5∶1)。也就是说，如果顾客购买过 iPod，他们购买 iPod 车载充电器的可能性是一般顾客的两倍。虽然视频游戏是顾客接下来最有可能购买的产品，但支持车载充电器的论点认为，如果我们想要销售 iPod 充电器，就应该向 iPod 的拥有者交叉销售它，因为他们是会购买充电器的唯一人群。

第二个问题是构建 P(B|A) 矩阵的时期问题。也就是说，我们在哪段时期计算 P(B|A)。通常 P(B|A) 是基于某一次购买行为的数据计算出来的。然而，如果交叉销售工作将在这次购买行为发生后进行，那么这样计算可能并不正确。给定顾客购买了产品 A，那么他或她在同一次购买中可能会买的另一种产品，与这位顾客下一次可能会买的产品并不相同。计算 P(B|A) 的时期应该在逻辑上与交叉销售工作的时期相匹配。

第三个问题是交叉销售时应考虑多少产品。企业可能有成千上万的 SKU(单品)，如果为每一种单品计算 P(B|A) 可能会导致非常低的样本量(低“支持”，参见第 13 章)。企业可能不得不在单品之间进行汇总。例如，一种 iPod 的配件如 iPod 保护套可能有 25 个品种。企业可以将“iPod 保护套”视为一类产品。然而，这么做无法解决另一个问题，即在以可能需要保护套的顾客为目标的宣传邮件上，到底应该展示哪一款保护套。显然，当不是每一个单品都可被包括进 P(B|A) 矩阵时，我们必须做出判断。

协同过滤是在购物篮分析上“更进一步”，因为它以一种系统的方式考虑了多种前期产品[①]。正如在第 14 章中所讨论的那样，有两种类型的协同过滤“引擎”：基于用户的与基于商品的。基于用户的系统将有着相似“品位”的顾客作为目标顾客，并且观察这些顾客是否喜欢目标产品。如果是，那么该产品就被会推荐给目标顾客。基于商品的系统从目标顾客已经购买的一组产品开始，接着以所有顾客为基础，将这些产品与目标产品进行关联。最后这些关联被汇总起来。与顾客已经购买的那组产品关联度最高的产品就会被推荐给该顾客。

协同过滤已经成为很多研究的主题(参见 Adomavicius，2005；Ansari et al.，2000)。这类研究强调的是预测偏好。我们并没有看到用现场试验中顾客是否购买了推荐产品来对这些模型进行评价的研究。而且，很多关于协同过滤的文献都用产品评分来评价模型[参见 Mild & Reutterer(2003)作为一个特例]。如果我们可以获得产品的购买数据，也有些问题不知该如何处理。比如，购买数据可以编码为 0～1 变量，而且产品之间的关联也可以被计算出来，但问题是如何解释“0”：“0”可以表示顾客曾考虑过这件产品但并不

① 购物篮分析可计算 P(A|BC)，但是数据稀疏问题将限制可被计算出来的概率的数量。

想要它，也可以表示顾客从未考虑过该产品。我们稍后讨论的 Bodapati(2008)提出的方法可以用来解决这个问题。

2. 结构化的下一件购买产品模型

数个下一件购买产品模型使用了一种结构化的方法来预测顾客下次将会购买哪件产品。结构化意味着我们为消费者假定了一种潜在的效用结构，并且消费者试图最大化这种效用。这些模型聚焦于先前拥有的产品对下一件购买的产品的影响。

拥有产品的潜在属性模型：Kamakura 等人(1991)用与顾客的财务目标和人口统计资料相关的金融"成熟度"来定义每一位顾客。产品沿着该金融成熟度维度被"定位"；如果一种产品在金融成熟度中被定位得较高，那么它就不大可能被拥有。这些观点体现在潜在属性模型中(也参见 Bawa & Srinivasan，1997)：

$$P_{ij} = \frac{1}{\{1 + e^{[a_i(b_i - O_j)]}\}} \tag{21.2}$$

其中，P_{ij} 为顾客 j 拥有产品 i 的概率；O_j 为顾客 j 的金融成熟度；b_i 为产品 i 在金融成熟度维度上的定位；a_i 为产品 i 的斜率参数。

拥有产品的概率是顾客的金融成熟度的函数。然而，对于那些定位 b_i 等于顾客的成熟度 O_j 的产品，拥有的概率变化得最快。斜率参数 a_i 控制了这种变化有多强。

Kamakura 等人建议向顾客交叉销售那种顾客有很高机会拥有但目前尚未拥有的产品。例如，支票账户有一个较小的 b_i 参数。如果某位顾客有相当高的成熟度，那么 $O_j > b_i$，这位顾客将有很高的概率拥有一个支票账户。如果他或她没有拥有它，它就应该被交叉销售。

Kamakura 等人在 3 034 个家庭中，对 18 种金融服务产品估计了它们的模型。表 21.1 显示了依据金融成熟度得出的产品与类别的排序和相应的 b_i 的估计值。两者的对应基本一致。这表明存在一种逻辑序列，通过这种序列顾客会随着他们的金融成熟度增长而购买产品，因为只有拥有高金融成熟度的顾客趋向于拥有高 b_i 的产品。

表 21.1 模型预测的 vs. 假定的对于金融产品的获取顺序(改编自 Kamakura et al.，1991)

产　　品	假定的顺序	估计的参数(b_i)	给定 b_i，预测的顺序
基本服务			
支票/储蓄/活期	1	−1.84	1
银行信用卡	2	−1.52	2
房屋抵押贷款	3	−1.30	3
其他贷款	4	−0.87	4
风险管理/准备金			
人寿保险	5	−0.48	5
养老金计划	6	−0.24	6
个人退休金账户	7	−0.23	7
货币市场	8	0.11	8

续表

产　　品	假定的顺序	估计的参数(b_i)	给定 b_i,预测的顺序
抵消通货膨胀的增长	9	0.31	9
公司股票	9	0.31	9
现金管理账户	10	0.79	10
共同基金	11	1.13	11
风险、税收保护资产			
旅游/娱乐卡	12	1.24	14
避税手段	13	1.18	12
公司/政府债券	14	1.19	13
除房屋外的不动产	15	2.81	18
当前收入/退休后			
存单/国库券	16	1.44	15
定期存款	17	1.87	16
年金	18	2.70	17

Kamakura 等人将他们的方法应用到一家银行中,这家银行最近在其产品组合中加入了一些新产品。应用该方法的目的是找出这些产品的目标顾客。Kamakura 等人首先通过人口统计资料与顾客目前拥有的产品预测出他们的金融成熟度。接着,使用 a_i 与 b_i 的估计值,加上预测出的 O_j,计算出每位顾客拥有不同产品的概率。下面是部分结果[参见 Kamakura 等人(1991)的研究中的表 21.4]。

顾　　客	1	2	3	4
当前拥有的产品(x⇒顾客当前拥有该产品)				
储蓄	x	x	x	x
支票	x	x	x	x
银行信用卡	x	x	—	—
抵押贷款	x	x	—	—
贷款	—	—	x	—
其他	—	—	—	—
→预测的 O_j	0.7	0.9	−1.4	0.2

续表

拥有新产品的概率				
保险	0.73	0.75	0.31	0.63
股票	0.72	0.74	0.23	0.59
共同基金	0.38	0.42	0.03	0.21
避税手段	0.34	0.38	0.02	0.19

举例说明，顾客 1 和顾客 2 可能成为保险与股票的最佳潜在顾客，因为他们具备与拥有此产品相符合的金融成熟度。

Kamakura 等人首次提出了这种观点，即存在一种顾客购买产品的逻辑序列，如果我们可以对此序列建模的话，就能够合理地确定目标。然而，正如作者所指出的，这个模型只有金融成熟度这一个维度。对那些拥有很多产品的顾客来说，估计出的金融成熟度必然较高。因此该模型自然地就把新产品对准那些拥有很多产品的顾客。其次，虽然购买序列的概念具有时间性，但模型是根据横截面数据被估计出来的。以下将讨论预测下一件购买的产品的时间序列模型。

1）产品购买的简单时间序列模型

Knott 等人(2002)讨论了用于预测下一件购买的产品的简单模型。他们使用的数据包括了在 t 时刻购买产品的所有顾客[①]。这些顾客购买的产品为因变量，截至 $t-1$ 时刻拥有的产品以及家庭变量为预测变量。模型的形式如下：

$$\text{PROB}_{ijt} = f_j(\text{OWNERSHIP}_{ij,t-1}, \text{HHCHAR}_i) + \varepsilon_{ijt} \tag{21.3}$$

其中，PROB_{ijt} 为在 t 时刻顾客 i 购买产品 j 的概率；$\text{OWNERSHIP}_{ij,t-1}$ 为截至 $t-1$ 时刻顾客 i 是否拥有产品 j 的 0—1 指标；HHCHAR_i 为顾客 i 的人口统计资料或 RFM 指标；ε_{ijt} 为导致顾客 i 在 t 时刻购买产品 j 的未观测到的因素（“误差项”）；f_j 为将拥有的产品和家庭特征映射到 t 时刻特定产品的购买概率的函数。

该模型可以使用神经网络、判别分析、多项 logit 模型或逻辑回归估计出来。逻辑回归模型是其中最简单的，如下：

$$\text{PROB}_{ijt} = \frac{1}{1 + e^{-\left(\beta_{0j} + \sum_{k=1}^{K} a_{kj}\,\text{OWNERSHIP}_{ik,t-1} + \sum_{m=1}^{M} \beta_{mj}\,\text{HHCHAR}_{im}\right)}} \tag{21.4}$$

其中，K 为产品的数量；M 为家庭特征变量的个数。需要注意的是，对于每件产品 j 都有一个单独的逻辑回归，每个回归都产生一组不同的参数 $\{\beta_{0j}, a_{1j}, \cdots, a_{Kj}, \beta_{1j}, \cdots, \beta_{Mj}\}$。该程序极易实施。对于每位顾客，我们知道他们在 t 时刻购买的产品是否是产品 j——这就定义了产品 j 的逻辑回归的因变量。我们拥有截至 $t-1$ 时刻顾客拥有的产品以及家庭特征数据。这些数据成为自变量。时间通常以月为周期进行测量，所以 t 可能是 2002 年 10 月，而 $t-1$ 则是 2002 年 9 月。

产品相似度，a_{kj}，说明了购买的顺序。计算可能性比率是深刻理解购买顺序的最佳

① 作者在他们模型的基本情况下没有考虑购买时机，他们随后附上了一个风险时机模型，在 21.2.2 节中讨论。

方法：

$$\text{ODDSRATIO}_{jk} = e^{\alpha_{kj}} \tag{21.5}$$

例如，可能性比率为1.5意味着拥有产品k将下次购买产品j的可能性提高了50%。可能性比率为0.75意味着拥有产品k将下次购买产品j的可能性降低了25%。表21.2表明了五种金融产品的可能性比率。这张表显示，大多数产品都是"自我加强"的。也就是说，拥有是对顾客是否会再次购买该产品的最有力的预测因子。这种效应对存单来说尤为强大。

表21.2　下一件购买产品的可能性比率(Odds-ratios)(改编自Knott et al.,2002)

	产品j				
产品k	基础支票	不收费的支票	基础储蓄	不收费的储蓄	存单
基础支票	2.16[a]	0.66[b]	2.29	0.73	0.36
不收费的支票	0.68	2.66	1.55	1.48	0.69
基础储蓄	1.67	1.09	0.83	0.96	1.36
不收费的储蓄	1.47	0.12	0.30	2.54	1.66
存单	0.63	0.45	0.44	0.51	4.94

a：拥有基础支票使下次购买另一种基础支票账户的可能性提高116%。

b：拥有基础支票使下次购买不收费的支票的可能性降低34%(1%～66%)。

Knott等人调查了不同因素对于此模型准确度的影响，这里准确度是由下次实际购买的产品是模型所预测的最有可能或第二可能购买的产品的次数占总预测次数的比例来测量的。所有不同操纵下的平均准确度是49.9%。他们比较了统计学方法，以及在模型中加入不同类型的自变量。他们还考虑了估计样本应该与已购产品的真实比例一致(随机样本)，还是确保要被购买的产品有相对更多的观测值(分层样本；参见第10章对基于选择的抽样的讨论)。

表21.3显示了这些影响因素对预测准确度做回归分析的结果。表21.3中最让人意外的发现是数据的可得性与统计学方法同等重要，特别是"拥有的产品"这个变量。在模型中包含拥有的产品变量会将预测准确度提高5.76个百分点，而神经网络比判别分析(最差的统计方法)的预测准确度高了1.07个百分点。这验证了先前的观点，即历史信息是未来行为的最佳预测指标(Rossi et al.,1996)，同时也说明"拥有的产品"数据可以为企业带来比较优势。同样有趣的是随机抽样比分层抽样的表现更好。这可能是因为分层抽样得到的基础购买率是错误的，因此不能预测出顾客下一次最有可能购买的产品。

Knott等人与一家希望提高其贷款产品销售额的零售银行合作，对他们提出的方法进行了现场试验。这家银行的管理人员过去曾使用一种基于顾客财富的启发式方法来确定目标顾客，但很愿意测试NPTB模型。他们基于7 200位顾客的数据使用神经网络方法对该模型进行估计。一共考虑了9种产品，包括贷款产品。预测变量包括当前拥有的产品以及顾客特征，如储蓄总额、贷款额、年龄、居住时长、收入和房屋所有权。实验组分为：

表 21.3 可用数据、抽样方法和统计技术对 NPTB 模型预测准确度的影响(改编自 Knott et al.,2002)

分类	变量	回归系数
可得数据	拥有的产品	5.76*
	拥有产品的 0~1 编码	0.51
	人口统计资料	0.83*
	账户容量	1.83*
抽样方法	随机抽样	5.98*
统计技术	神经网络	1.07*
	逻辑回归	0.41
	多项 logit 模型	0.51

* 显著性水平为 0.05。

有关可用数据的结果可以解释为：相比于不包括“拥有的产品”变量，包括该变量将预测准确度提高了 5.76 个百分点。有关抽样方法的结果可以解释为：相比于分层抽样，使用随机抽样将预测准确度提高了 5.98 个百分点。统计技术的结果是相对于判别分析而言的。例如，与使用判别分析方法相比，使用神经网络将预测准确度提高了 1.07 个百分点。

- NPTB 邮寄组：使用 NPTB 模型选择的顾客。如果模型预测贷款将成为顾客下次最有可能或第二有可能购买的产品，该顾客就会被选入该组。由此产生了 23 877 位顾客，这些顾客被寄送了一份贷款促销邮件(n=23 877)。
- NPTB 控制组：用上面描述的模型来选择的顾客，但没有向他们邮寄促销邮件(n=1 209)。
- 启发法邮寄组：使用基于顾客财富的管理判断选择的顾客，向他们寄送贷款促销邮件(n=23 639)。
- 启发法控制组：使用管理判断选择的顾客，但没有向他们邮寄贷款促销邮件(n=1 186)。
- 潜在顾客邮寄组：还没有成为该银行顾客的潜在顾客，向他们寄送贷款促销邮件(n=49 905)。
- 潜在顾客控制组：从名单经纪人处获得的潜在顾客，但没有向他们邮寄贷款促销邮件(n=2 500)。

将 NPTB 邮寄组与其控制组对比可以看出邮件促销是否会增加销售额。我们并不确定这个促进作用是否存在，因为即便顾客没有收到邮件，他们依然可以直接从银行获取贷款。相同的分析也可以在启发法邮寄组与其控制组之间进行。于是，通过比较 NPTB 与启发法分别产生的额外销售额就可以看出哪种邮寄方法更胜一筹。然后这两种方法可以与潜在顾客组相比较。其结果在表 21.4 中显示[①]，从中可以看出：

① 请注意数量的绝对水平是调整过的，但比率是一致的。

表 21.4　NPTB 模型的现场试验——回应与收益(改编自 Knott et al.,2002)

实 验 组	顾客数量/位	购买率/%	收益/美元	收益/购买者/美元	收益/顾客/美元
NPTB 邮寄组	23 877	1.13	2 227 146	8 249	93.28
NPTB 控制组	1 209	0.50	44 850	7 475	37.10
启发法邮寄组	23 639	0.44	700 449	6 735	29.63
启发法控制组	1 186	0.42	26 346	5 269	22.21
潜在顾客邮寄组	49 905	0.10	365 204	7 453	7.32
潜在顾客控制组	2 500	0.00	NA	NA	NA

- NPTB 邮寄组 vs. 其控制组：邮件使购买率提高了 0.63%(1.13%～0.50%),并使每位购买者带来的收益增长了 774(8 249－7 475)美元。因此,每位目标顾客带来的总收益为 56.18 美元。与没有选择目标顾客相比,基于 NPTB 模型选择目标顾客并对他们进行邮寄促销产生了额外的销售额。
- 启发法邮寄组 vs. 其控制组：邮件使购买率提高了 0.02%(0.44%～0.42%),并使每位购买者带来的收益增长了 1 466(6 735－5 269)美元。由此,每位目标顾客为银行带来 7.42 美元的总收益。向用启发法选择的顾客邮寄促销邮件也产生了额外收益,但是这种额外收益大多来源于购买者增加的收益,而不是更高的购买率。
- NPTB 邮寄组 vs. 启发法邮寄组：在每位目标顾客带来的额外收益上,NPTB 模型比启发法模型更胜一筹(56.18 美元 vs. 7.42 美元)。NPTB 模型的表现更好是因为增加的回应率(0.63% vs. 启发法的 0.02%)而不是每位购买者的收益(获利 774 美元 vs. 启发法的 1 466 美元)。
- 潜在顾客邮寄组：与预期的一样,在潜在顾客邮寄组对应的控制组中没有人获得贷款。潜在顾客邮寄组的购买率是 0.10%,每位回应者的收益是 7 453 美元。这些都是额外销售额,因为这一组人在没收到邮件的情况下不会有任何购买行为。对潜在顾客邮寄带来了每位目标顾客 7.32 美元的额外销售额。
- NPTB 邮寄组 vs. 潜在顾客邮寄组：NPTB 比潜在顾客更胜一筹,因为 NPTB 在每位目标顾客身上产生 56.18 美元的额外收益,而潜在顾客邮寄在每位目标顾客身上产生 7.32 美元的额外收益。
- 启发法邮寄组 vs. 潜在顾客邮寄组：启发法与潜在顾客的表现基本相同,前者在每位目标顾客身上产生 7.42 美元的额外销售额,而后者在每位目标顾客身上产生 7.32 美元的额外销售额。

表 21.5 显示了不同方法的利润与投资回报率(ROI)[①]。第 1 列显示了与控制组相比由各种方法带来的额外收益。第 2 列计算了毛利贡献,假设每单位额外收益产生 272 个基点(0.027 2)的利润贡献。第 3 列显示了邮寄成本/邮费。对 NPTB 与启发法来说,这

---

① 数量的绝对水平是调整过的,但比率是保留的。

仅是邮寄与印刷的成本。对潜在顾客法来说，还包括名单租金。总邮寄成本便通过将每封信的邮费乘以表 21.4 中邮寄的总数计算得出。将总邮寄成本从毛利贡献中去除，便得到总利润。ROI 是通过用总利润除以总邮寄成本得到的。

表 21.5 NPTB 模型的现场试验——利润[a]（改编自 Knott et al.，2002）

方法	额外收益/美元	毛利贡献/美元	邮寄成本/邮费/美元	总邮寄成本/美元	总利润/美元	投资回报率/%
NPTB	1 341 362[a]	36 485[b]	0.242 5	5 790[c]	30 695[d]	530.1
启发法	175 342	4 769	0.242 5	5 732	−963	−16.8
潜在顾客	365 204	9 934	0.285 0	14 223	−4 289	−30.2

a=2 227 146−23 877×0.50%×7 475(美元)(23 877×0.50%×7 475(美元)是我们预计会得到的收益，如果控制组与邮寄组均包括 23 877 位顾客；参见表 21.4)；

b=1 341 362×0.027 2(美元)(利润贡献%)；

c=23 877×0.242 5(美元)(潜在顾客的营销成本，包括另外的 0.042 5 美元的名单租用)；

d=36 485−5 790(美元)；

e=36 485/5 790(美元)。

表 21.5 显示出只有 NPRB 模型能产生盈利，其 ROI 为 530.1%。其他两种方法都会赔钱。支持潜在顾客法的观点认为，这些顾客可以在未来会产生额外的收益。然而，依据终身价值，NPTB 与启发法也可能会有一些长远利益(如更高的顾客保留率)。

Knott 等人的方法简单易行，但是模型有待改进。模型聚焦于顾客将会购买的条件下，下次会购买哪件产品。然而，很多顾客在接下来的一两个月可能不会购买任何东西。我们希望把那些下个月更有可能想要购买金融产品的顾客作为目标。一个理想的模型应包含购买时机。另外，独立的 logistic 模型忽略了方程之间的相关性，而且各个方程的概率相加并不等于 1。最后，这种方法在它的各个参数中没有考虑顾客异质性。

2) 分层贝叶斯下一件购买产品模型

Li 等人(2005)在 Kamakura 等人(1991)和 Knott 等人(2002)研究的基础上，对金融成熟度(他们称为"需求成熟度")和已经拥有的产品进行建模。Li 等人将他们的模型应用到金融服务，特别是一家零售银行中。该模型是

$$U_{ijt}=\beta_i\mid O_j-DM_{i,t-1}\mid+\gamma_{1ij}\mathrm{COMPET}_{ij}+\gamma_{2ij}\mathrm{OVERSAT}_i+\gamma_{3ij}\mathrm{SWIT}_{it}+\varepsilon_{ijt} \tag{21.6}$$

其中，U_{ijt} 为在 t 时刻产品 j 对于顾客 i 的效用；O_j 为产品 j 在需求成熟度维度上的定位；$DM_{i,t-1}$ 为顾客 i 在 $t-1$ 时刻的需求成熟度；COMPET_{ij} 为在过去 6 个月内，如果顾客 i 已经在其他银行的产品 j 分类下开设了一个账户，那么该值=1；$\mathrm{OVERSAT}_i$ 为通过顾客满意度调查测量的顾客 i 对银行的总体满意度；SWIT_{it} 为在 t 时刻顾客 i 的"转换成本"，如果该顾客是白领人士，家庭中至少有 1 个孩子，并且该家庭拥有比平均值更高的银行账户数量，那么该值=1；ε_{ijt} 为在 t 时刻未观测到的影响产品 j 的效用的因素。

该模型是一个多元 Probit 模型。顾客在每个时期都可以从 j 个产品中选择任何一个、全部或不选择。由于顾客在某给定的时期中可能存在不选择任何产品的情况，所以模型其实包含了购买时机。模型的参数在顾客之间是异质性的，并且对 COMPET，

OVERSAT 和 SWIT 来说，不同的产品也是不同的。异质性被作为顾客人口统计资料的函数而建模。不同方程的误差项之间存在关联。这样的误差项刻画了"巧合性"(Manchanda et al.,1999)，$|O_j - DM_{i,t-1}|$ 项刻画了顾客的金融成熟度与产品在需求成熟度上的定位之间的差距。O_j 是一个需要被估计的与特定产品相关的常数。需求成熟度的模型如下：

$$DM_{i,t-1} = \sum_{j=1}^{J} [O_j D_{ij,t-1}(\lambda_1 \text{ACCTNBR}_{ij,t-1} + \lambda_2 \text{BAL}_{ij,t-1} + \lambda_3 \text{HOLDING}_{ij,t-1})] \tag{21.7}$$

其中，$D_{ij,t-1}$ 为 1，如果顾客 i 在 $t-1$ 时刻购买了产品 j；$\text{ACCTNBR}_{ij,t-1}$ 为截至 $t-1$ 时刻顾客 i 购买产品 j 账户的累计数量；$\text{BAL}_{ij,t-1}$ 为截至 $t-1$ 时刻顾客 i 在产品 j 账户上的平均每月结余；$\text{HOLDING}_{ij,t-1}$ 为顾客 i 从开设第一个 j 类型的账户后到 $t-1$ 时刻所经过的时间。

假设 λ 都是正的，从式(21.7)可以推断出，那些已经购买了很多在需求成熟度上定位很高的产品的顾客，有更高的需求成熟度。模型的估计结果显示：

- 金融成熟度的参数(β_i)的平均值是负的，这意味着产品离顾客的金融成熟度越远，他或她购买该产品的可能性越小。
- 金融成熟度测量(O_j)将金融产品按成熟度从低到高排序如下：支票、储蓄、借记卡、信用卡、分期贷款、存单、货币市场账户、经纪账户。这个排序具有表面效度并且与 Kamakura 等人(1991)的观点一致。
- 最近在一家竞争银行(COMPET＝1)购买过类似的产品，会降低在目标银行购买该产品的可能性。
- 顾客的满意度(OVERSAT)越高，则越有可能从银行购买额外的产品。
- 转换成本(用 SWIT 变量进行测量)越高，则从银行购买额外的产品的可能性就越高。

Li 等人(2005)证明了他们的模型比简单的独立 probit 模型有更强的预测能力。这在下一件购买产品的结构化模型中是一个明显的进步。

3) 结合调查与内部记录数据的因子分析模型

Li 等人的研究结果表明，拥有竞争银行的产品降低了顾客从目标银行购买它们的可能性。但是，顾客是否拥有竞争对手的产品，我们通常无法知道。企业可以在随机选取的顾客中开展调查来获取信息，但还是需要一种方法来推断没被调查的顾客在竞争银行拥有产品的可能性。

Kamakura 等人(2003)为此提出了一个因子分析模型，如下：

$$E[Y_n \mid X_n] = h(\lambda' + X_n \Lambda') \tag{21.8}$$

其中，Y_n 为顾客 n 是否拥有每个产品的向量。总共有 J 件产品。对一部分顾客来说，拥有的产品变量是可以通过内部记录或调查被观测到的。对大多数顾客来说，只有能够通过内部记录得到的变量才能被观测到。X_n 为顾客 n 的 P 个因子得分的向量。P 比 J 小，类似对数据进行降维。Λ'为 $J \times P$ 因子载荷矩阵，每个元素代表了因子 P 与是否拥有产品 J 之间的相关性。λ'为 $J \times 1$ 常数项的向量。$h(\cdot)$为将因子得分与是否拥有每一个产品相关联的函数。

估计过程得出的关键结果是因子载荷 Λ'，它可以被绘成图像来进行解释。而且，该模型也可以被用于生成每位顾客的因子得分 X_n，并由此生成拥有产品变量 Y_n 的概率分布，不管这些变量是否能被观察到。

作者利用他们的模型对一家位于巴西的商业银行进行了分析。他们一共有 5 500 位顾客的内部数据与调查数据。内部数据包括在目标银行拥有的产品、交易量和人口统计资料。调查数据包括在竞争银行拥有的产品。他们用 1 387 位顾客的数据估计了模型，并用它来预测剩余的 4 163 位顾客拥有竞争银行产品的情况。因为他们知道关于这些顾客的真实的竞争性数据，所以可以用这些顾客的数据来评估他们的模型。

图 21.2 显示了因子载荷的平面图。图像并不是作者的确切结果，但能说明问题。首先看一下目标银行载荷，汽车保险与人寿保险均在维度 1 上较低而在维度 2 上较高。因为它们具有相似的载荷，这就意味着两种保险的购买是由相似的过程所驱动的。顾客如果拥有这些产品之中的一件，就应该拥有另一件。如果顾客没有这样做，例如，如果一位顾客拥有银行的汽车保险，但没有人寿保险，那么他或她就会是一位很好的交叉销售的候选人。有趣的是，在竞争银行的信用卡拥有与在目标银行的信用卡拥有具有相似的载荷。这意味着顾客的信用卡拥有情况在各个银行之间是相互关联的。然而，在目标银行的保险拥有相比于在竞争银行的保险拥有有着不同的载荷。这意味着如果顾客没有在目标银行拥有汽车保险，他或她就有可能在竞争银行拥有它，这样他或她就不是一位很好地进行交叉销售的潜在顾客。

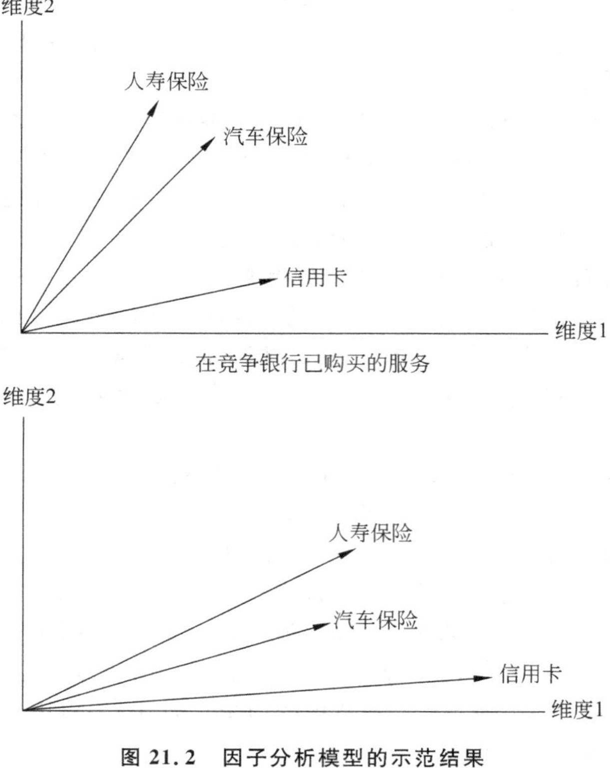

图 21.2 因子分析模型的示范结果

（改编自 Kamakura et al.，2003）

作者使用他们的模型对 4 163 位固定的顾客预测了竞争性产品的拥有情况。预测的结果相当不错。模型预测出来的前 10 名占所有在竞争银行拥有产品的顾客的中位数为 35%。因此该模型的拟合效果很好。

21.2.2 考虑购买时机的下一件购买产品模型

1. 风险模型

风险模型预测了下一次(或第一次)某事件将会发生在某顾客身上的时间。为了将其应用到交叉销售上,风险模型可被用来计算每位顾客有可能购买每件产品所需要的时间。接着我们可能交叉销售对每位顾客来说预计将是最快被购买的下一件产品。

风险模型有很多形式。可能最常见的是 Cox 比例风险模型(参见 Cox,1972 和第 15 章)。基本模型是

$$H(t) = H_0(t)e^{\beta X} \tag{21.9}$$

其中,$H(t)$为在 t 时间点顾客将会购买的瞬时概率,给定自从上一次购买以来已经历了 t 时间;$H_0(t)$为"基线"风险,$H(t)$ 的一部分纯粹是由于自从上次购买后时间的流逝;X 为顾客预测因子("协方差")的向量,包括所有权与家庭变量。

风险模型与基线风险(如指数型)所使用的函数形式不同,所采用的顾客相关的协变量也不同。给定风险函数,就可以计算出"幸存者"函数 $S(t)$,它是到时间点 t 顾客依然没有购买的概率。

Harrison 和 Ansell(2002)使用一个风险模型去预测什么时候顾客有可能去买另一件保险产品。他们基于 9 000 位随机挑选的顾客来估计他们的模型。"因变量"是先前购买的任何保险产品与随后购买任何保险产品之间的时间。协变量包括婚姻状况、年龄、性别和来自 ACORN 金融群组(第 8 章)的类别:精通理财的、热心理财的、适度理财的或消极理财的。结果是已婚的与分居的顾客比单身的、离婚的或者寡居的顾客有更高的风险。年迈的男性也有较高的风险。正如预期的那样,精通理财的顾客拥有最高的风险,其后依次是热心理财的、适度理财的和消极理财的顾客。

应用该结果的一种方式是以风险率为指标为顾客们打分,并且向那些有最高风险率的顾客进行交叉销售。然而,这种方法可能依赖于风险率的顾客异质性(参见 Jain & Vilcassim,1991)。考虑图 21.3。顾客 A 可能更早进行购买,所以可能是一个不错的目标。顾客 B 的风险率在第 17～23 周最高。但是假如交叉销售活动被安排在第 17～23 周情况会怎样呢? 我们应该把顾客 B 作为目标吗? 图 21.3 将建议"是",但不幸的是实际情况更为复杂一点。顾客 A 可能会在第 3～7 周购买并且接着在第 17～23 周返回市场。风险率仅描述了下次购买何时将会发生的可能性。而问题是顾客 A 是否会在第 17～23 周期间出现在市场中。这就要求以给定顾客的购买数量与购买时机为条件进行更为详细的计算。如何做到这些是未来研究的重要领域。

Knott 等人(2002)整合了风险时机模型与他们的下一件购买的产品模型。他们定义了如下事件:

A=顾客在接下来的 3 个月中购买一些银行产品;

B=顾客在他或她的下次购买中会购买目标产品。

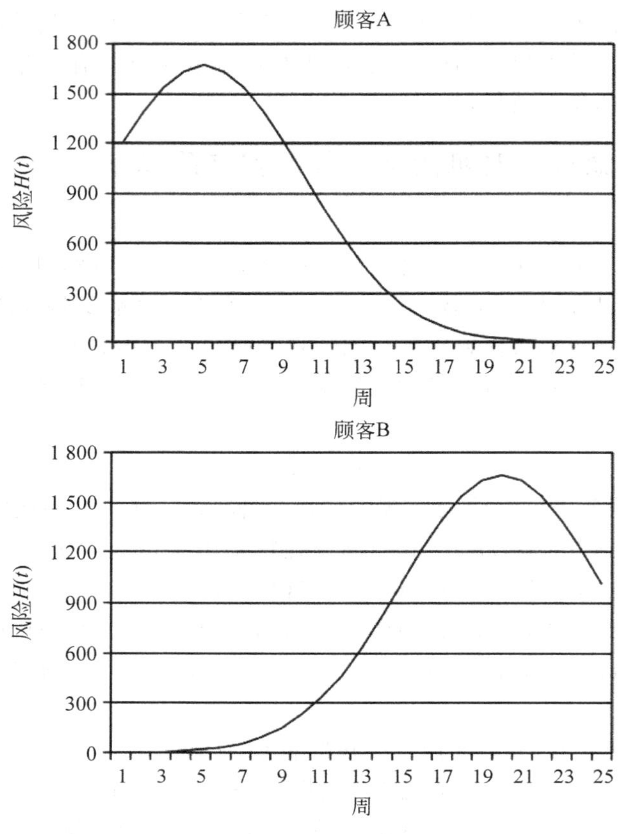

图 21.3 比较对于两个消费者的风险方程 *

* 风险方程

顾客 A：$H(t)=e^{[7.1+0.2(t-1)-0.04(t^2-1)/2]}$

顾客 B：$H(t)=e^{[0.2+0.8(t-1)-0.04(t^2-1)/2]}$

他们接着计算了：

$$\text{Prob(A and B)} = \text{Prob(A)Prob(B} \mid \text{A)} \qquad (21.10)$$

作者的初始方法是通过式(21.4)来估计 Prob(B|A)并且以那些拥有最高 Prob(B|A)的顾客为目标。但是如果顾客出现在市场中的概率[Prob(A)]很小的话，这可能是个糟糕的主意。因此，作者应该以那些有可能出现在市场中的并且有可能购买目标产品的顾客为目标。

Knott 等人以 271 000 位顾客为基础估计了一个风险模型(参见 Chintagunta & Prasad，1993；Halder & Rao，1998；Helsen & Schmittlein，1993)。大样本是很重要的，因为购买的频率非常低。一旦模型被估计，依据式(21.10)、风险模型提供的 Prob(A)和 NPTB 模型提供的 Prob(B|A)，顾客可以被评分。图 21.4(a)表明 NPTB+风险模型某种程度上提供了比单独的 NPTB 模型更好的提升。图 21.4(b)表明 NPTB+风险模型可以产生显著的额外利润。收益不是一定的，但确实是常见的。这些结果表明购买发生模型[Prob(A)]对交叉销售来说是一个重要工具。

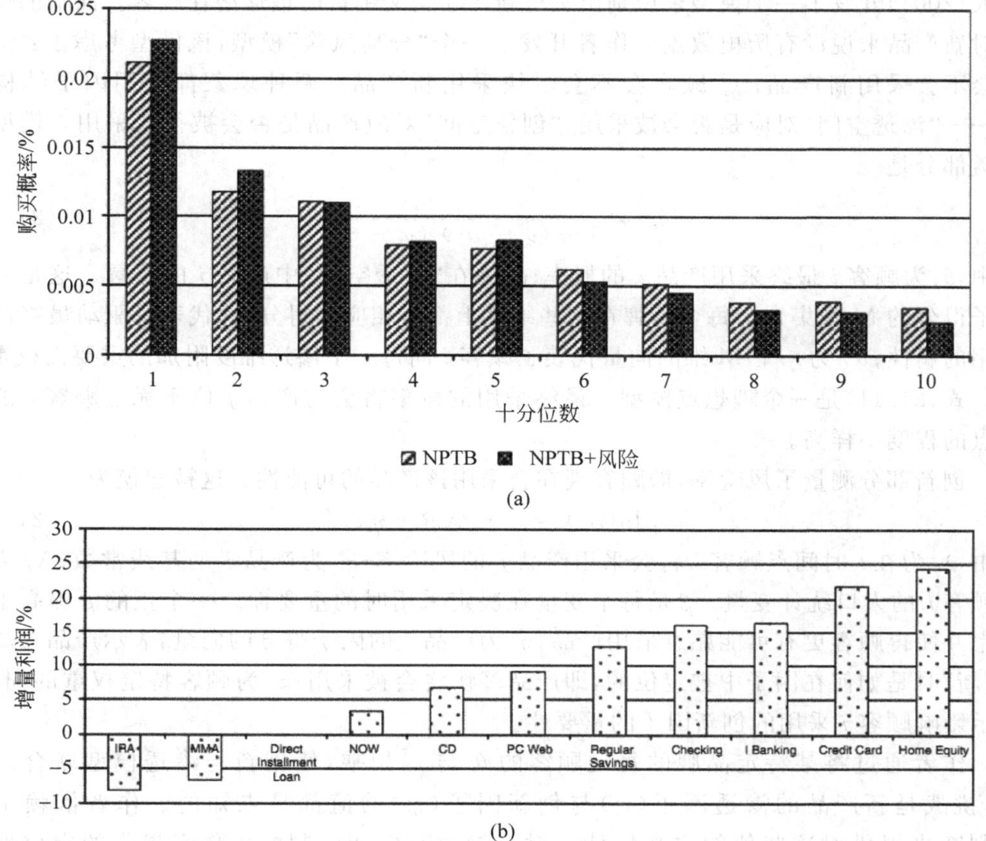

图 21.4 NPTB 逻辑回归 vs. NPTB 逻辑回归加上风险时机模型

(a) 对比提升图；(b) 把前两个十分位组作为目标顾客的利润：NPTB＋风险减去单独的 NPTB
(改编自 Knott et al.,2002)

总而言之,有三种将风险模型用于交叉销售的方法：

- 预测顾客将在多久后购买任何产品,并且向这些有可能很快购买的顾客进行交叉销售(Harrisaon & Ansell,2002)。
- 在给定顾客会购买的条件下,预测顾客将在多久后购买任何产品,并且与哪个产品会被购买的预测相结合。以顾客最有可能很快就会购买的产品为目标(Knott et al.,2002)。
- 为每件产品估计一个风险模型,并且以某特定顾客有可能在购买其他产品之前去购买的产品为目标。

此外,还有一个问题,要不要以那些被预测很快就会购买,或者在指定未来时期会购买的顾客为目标。如果是后一种,那么计算就是重要的,因为一位给定的顾客有可能在指定时期之前购买过不止一次。

2. 新产品交叉销售的风险模型

到目前为止,我们讨论的模型已识别出了哪种现有产品应针对哪些顾客。Kamakura

等人(2004)开发了一个模型来识别出进行新产品交叉销售的最佳潜在顾客。面临的挑战是对新产品来说没有历史数据。作者开发了一个"分离风险"模型,该模型考虑了:①顾客会不会采用新产品;②顾客会不会尽快采用新产品。两种现象都使用因子结构建模——"渗透空间"对应是否会被采用,"创新空间"对应产品是否会被很快采用。模型的渗透部分是

$$\theta_{ij} = \frac{1}{1+(\nu_j - w_i)'(\nu_j - w_i)} \tag{21.11}$$

其中,θ_{ij} 为顾客 i 最终采用产品 j 的概率;ν_j 为在"渗透空间"中产品 j 的位置。这是一个因子得分的 M 维集合。每个品牌在这些维度上都有相应的得分,这代表了驱动最终产品采用的属性;w_i 为一个 M 维的向量代表了顾客 i 向每一个渗透维度附加的重要性权重。

式(21.11)是一个理想点模型。最终采用的概率将会与产品 j 位于靠近顾客 i 的理想点的程度一样高。

创新部分测量了风险率,即顾客现在会采用该产品的可能性。这被建模为

$$\ln(\lambda_{ij}) = \alpha_j + X_i\beta + \eta_j z_i \tag{21.12}$$

其中,λ_{ij} 为在 t 时间点顾客 i 将会采用产品 j 的风险率;α_j 为产品 j 的基线常数;X_i 为描述顾客 i 的人口统计变量。β 是每个变量在决定采用时的重要性。一个正的 β 提高了风险率并使得顾客更有可能愿意采用产品;η_j 为产品 j 的因子得分的向量,表示产品在决定"创新"时是如何在因子中被定位的,即产品多快将会被采用;z_i 为顾客特定权重的向量,表示影响顾客 i 采用的创新因子的重要性。

作者通过将某特定品牌的每位顾客的 θ_{ij} 与 λ_{ij} 相乘,使创新与渗透模型联合。然而,挑战是新产品的渗透因子(ν_j)与创新因子(η_j)的值都是未知的。作者依赖于专家判断来提供对这些值的主观估计。对于渗透与创新的判断由作者提供的定位地图辅助完成,它定位了每一件现有产品。这便提供了必需的 ν_j 与 η_j 来计算顾客特定的 $\theta_{ij}\times\lambda_{ij}$ 指数。然后根据该指数对顾客进行排名,排名靠前的顾客会成为新产品的目标。

作者在制药业中应用了他们的模型。制药公司需要决定某特定的医生是否应该被当作交叉销售一种新药的目标。作者估计了他们的模型,使用 5 位专家来提供对渗透与创新定位的独立判断,并且计算累计提升图表来评估该模型对医生采用新药的预测的准确性。他们将这个模型与一个不是很初级的模型作对比,后者是依据医生多快会采用数据库中的现有药物来对医生排名。这个模型拟合度很好。对于 5 种药物中的 4 种,它取得了 2.5 到 1 的上五分位数提升;对于剩下的一种药物,它取得了由 4 到 1 的上五分位数提升。这个模型显然比初级的模型预测得更好,并且所有的专家都做得不错且他们相互之间的判断相似。

21.2.3 包含时机与回应的下一件购买产品模型

到目前为止,我们所回顾的模型的策略都是去决定顾客将会做什么(他们下一次将会买什么产品、他们将在什么时候购买),并且使用这些信息以在正确的时间将正确的产品卖给正确的顾客。Knott 等人(2002)的现场试验证明这是有效的。然而,我们真正需要

知道的是顾客将如何对一个交叉销售邀约做出回应，即交叉销售一件产品与不交叉销售它相比，将产生怎样的增量销售额。这就是 Bodapati(2008)开发的模型。

Bodapati 假设顾客在决定购买一件产品时会经历两个阶段。首先，他们必须知道这件产品。其次，在他们知道这件产品的前提下，他们必须决定他们是否对这件产品有偏好(或用 Bodapati 的术语称为"满意")。如果他们知道这件产品并且对其满意，他们就会购买这件产品。Bodapati 的模型假设如果企业推荐这件产品，就会激发知晓度。这便是推荐带来的增量价值。该模型为

$$\begin{aligned} P(Y_{ui}=1) &= P(A_{ui}, S_{ui}) \\ &= P(A_{ui})P(S_{ui} \mid A_{ui})(\text{未交叉销售}) \end{aligned} \tag{21.13a}$$

$$\begin{aligned} P(Y_{ui}=1) &= P(A_{ui}, S_{ui}) \\ &= P(S_{ui} \mid A_{ui})(\text{交叉销售}) \end{aligned} \tag{21.13b}$$

其中，Y_{ui} 为 1，如果顾客 u 主动地购买了产品 i，而没有受到任何特定的交叉销售工作的影响；否则为 0；V_{ui} 为 1，如果顾客 u 是由于交叉销售推荐才购买了产品 i；否则为 0；A_{ui} 为顾客 u 知道产品 i 的事件；S_{ui} 为顾客 u 偏好或满意产品 i，并因此购买产品 i 的事件。

式(21.13a)表明如果顾客没有被交叉销售这款产品，那么他或她就不得不主动建立产品认知。然而，如果这款产品被交叉销售了[式(21.13b)]，知晓度就自然而然地产生[$P(A_{ui})=1$]，因此购买仅仅取决于顾客是否喜欢这件产品。交叉销售的增量影响是式(21.13b)减去式(21.13a)。

Bodapati 将知晓度与满意度作为一个未观测到的 d 属性集、用 x_i 向量来表示的、对于产品 i 的逻辑函数来建模。即

$$P(A_{ui}) = \frac{1}{1+e^{\alpha_u' x_i}} \tag{21.14a}$$

$$P(S_{ui} \mid A_{ui}) = \frac{1}{1+e^{\beta_u' x_i}} \tag{21.14b}$$

其中，α_u 为顾客特定向量，反映 d 属性对建立知晓度的重要性；β_u 为顾客特定向量，反映在给定知晓度时，d 属性对满意度的重要性。

Bodapati 创造了对于购买时机的一个简单调整。如果产品被推荐，那么知晓度就自动被开始建立；如果顾客感到满意，那么购买会立即发生。如果产品没有被推荐，那么知晓度就会被假设靠其自身自然而然地提高。Bodapati 接着就能够展示：

$$\begin{aligned} &P(Y_{ui}=1 \text{ during forecast period } f) \\ &\quad = \frac{T_f}{T_c} P(Y_{ui}=1 \text{ during calibration period } c) \end{aligned} \tag{21.15}$$

其中，T_f 为计划时期的持续时间(用 Bodapati 的术语称为"预测"时期)，T_c 为模型被估计的时期的持续时间。因此在预测时期 f 中，推荐 Δi 的增量影响为

$$\Delta i = P(S_{ui} \mid A_{ui}) - \frac{T_f}{T_c} P(S_{ui} \mid A_{ui}) P(A_{ui}) \tag{21.16}$$

第一项是顾客 u 由于推荐而会购买产品 i 的可能性。第二项是如果产品没有被推荐，顾客 u 主动地购买的概率。式(21.16)强调了计划周期的重要性。如果计划周期很长，那么更有可能出现顾客无论如何都会购买的情况，而推荐则不太可能会产生增量销售额[①]。

Bodapati 对于一家网络零售商估计它的模型。数据中包含 932 位顾客与 1 681 种产品。Bodapati 基于保留数据进行了一项预测试来对标两个基准模型：二项 logit 与协同过滤模型。这两个模型都没有区分推荐与非推荐的产品。总共有 156 669 个固定观测值。一个观测值表示的是顾客是否在固定时期内购买过一款特定的产品；这其中有 149 269 个观测值是产品并没有被推荐的情况，即不存在交叉销售；7 400 个观测值是产品被推荐的情况，即存在交叉销售。对于每个观测值，Bodapati 计算出购买概率，并且接下来观察产品是否真会被购买。总提升图如图 21.5 所示。图形显示新提出的模型达到了明显更好的提升效果，在产品被推荐与没被推荐的情况下都是如此。

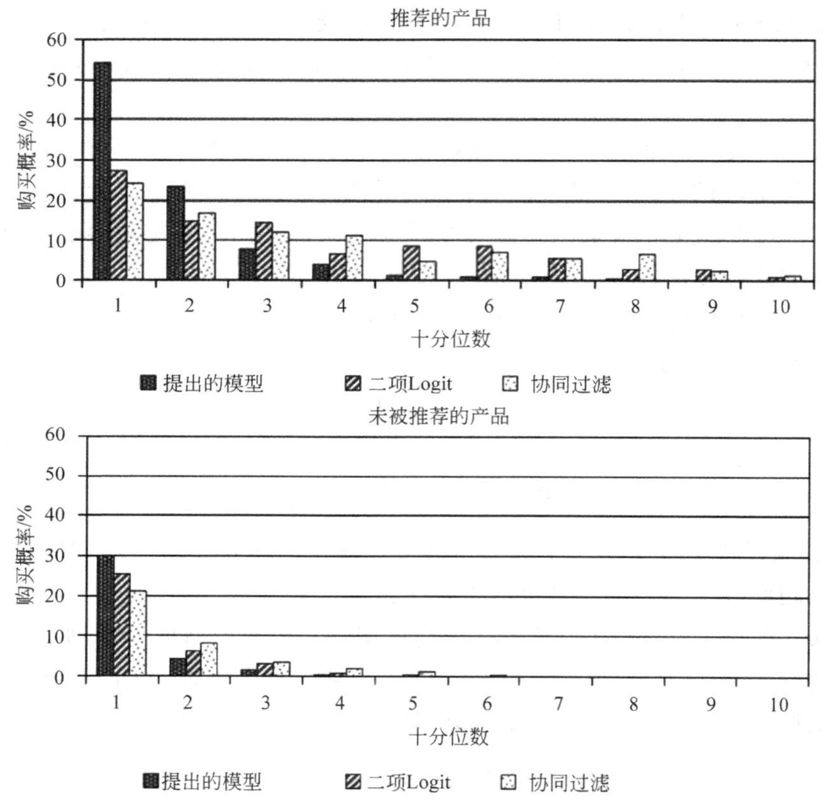

图 21.5 关于推荐的 vs. 未被推荐的产品的对比性提升图(来自 Bodapati，2008)

---

① 注意存在一个隐含的假设 $T_f < T_c$，即计划周期比校正周期短。这通常是合理的，因为一年的数据对于估计模型可能是有用的，但是对交叉销售活动来说计划周期可能就是一个月。

能对交叉销售推荐做出怎样回应。该模型做了一些关键假设,比如,在给定的知晓度下,推荐有100%的可能性引起顾客知晓,但不会影响购买可能性。此外,模型并没有考虑之前是否拥有产品的问题,而这正是前文回顾的下一件产品购买模型的特点。该模型的关键是整合了对于先前推荐的回应,目前为止没有其他模型这样做过。

可能有更简便的方法整合先前关于推荐的数据,例如,因变量为产品是否会被购买,自变量为先前的产品拥有情况与产品是否被推荐/交叉销售的二项 logit 模型。关于对推荐的回应的系数在顾客之间是异质性的,并且这种异质性在计算对于每位顾客推荐产品时的增量收益时很重要。Bodapati 的显著贡献在于:他表明了整合先前的推荐活动是重要的,并且这可以用一个富有洞察力的模型来完成。

21.3 升级销售

在升级销售中,要做的决策为:是否尝试向顾客销售更多的人寿保险、更大的电脑、第二部手机或软件升级(Pfeifer,1996)。那么自然产生的问题是升级销售潜力有多大,即我们能期望向一位给定顾客多销售多少。

达成该目标的一种方法是测量钱包份额。假设一位顾客每周从一家网站购买价值30美元的杂货。如果30美元代表了100%的顾客每周在杂货上的总消费,那么便没有什么升级销售潜力了。如果30美元代表了40%的每周总消费,那么显然还有升级销售潜力。然而,钱包的份额可能无法发现升级销售的全部潜力。考虑一位在公司A有一份价值300 000美元的人寿保险的顾客。即便这是该顾客拥有的唯一人寿保险单,假如这位顾客有基金投资的话,也仍然可能存在升级销售潜力,等等。

21.3.1 一个数据包络分析模型

评估升级销售潜力的一种方法是数据包络分析(DEA),它被定义为最大潜在销售额与实际销售额之间的差异。Kamakura 等人(2002)用这种方法评估了一家大型的巴西银行的162家分行的升级销售潜力。这里显示的DEA的用途是找出那些表现不佳的分行,但其还可应用到顾客。

该方法如下所示:在使用一部分投入的情况下,找到一个能与被评估的分行产生相同或带来更大产出的现有分行的线性组合。如果该部分小于1,那么这个分行就是低效的,因为一个其他分行的线性组合可以使用更少的资源带来更多的产出。如果该部分大于1,那么这个分行就是高效的。该模型用公式表示如下:

$$\min_{\tau_0,\alpha_{i0},\beta_{j0},\delta_{k0},\lambda_n} \left\{\tau_0 + \sum_i \varepsilon\alpha_{i0} + \sum_j \varepsilon\beta_{j0} + \sum_k \varepsilon\delta_{k0}\right\} \tag{21.17a}$$

这样:

$$x_{i0}\tau_0 = \alpha_{i0} + \sum_n \lambda_n x_{in} \tag{21.17b}$$

$$z_{k0} = \delta_{k0} + \sum_n \lambda_n z_{in} \tag{21.17c}$$

$$y_{j0} = -\beta_{j0} + \sum_{n} \lambda_n y_{jn} \tag{21.17d}$$

其中，x_{in} 为分行 n 使用的可控投入 i 的数量；z_{kn} 为分行 n 使用的不可控投入 k 的数量；y_{jn} 为分行 n 产生的产出 j 的数量；τ_0 为被评估的分行的效率。

表 21.6 关于顾客满意度与保留的分行＃154 的效率（来自 Kamakura et al.，2002）

（a）顾客满意度（来自 Kamakura et al.，2002）；（b）顾客保留（来自 Kamakura et al.，2002）

（a）效率＝0.495

	投入				产出		
	出纳员	ATM 机	管理人员	员工	交易	顾客	推荐意向
假设的分行	35.7	8.8	6.0	106.3	1 189.3	19 639.5	43.6
分行＃154	72.0	19.5	19.5	214.5	1 189.3	19 639.5	22.1
松弛变量	0.0	10.7	3.6	0.0	0.0	0.0	21.5

（b）效率＝0.783

	投入	产出		
	推荐意图	钱包份额	在分行的年数	账户水平
假设的分行	17.3	58.5	25.8	12 229.6
分行＃154	22.1	49.3	25.8	12 229.6
松弛变量	0.0	9.2	0.0	0.0

λ_n＝为创造最有效率的分行而使用的权重，其特征是使用尽可能少的投入产生至少同样多的产出。

α_i，β_j，δ_k＝可控投入 i、产出 j 和不可控投入 k 的松弛变量，其约束是＞0。这些代表了与银行的最佳线性组合相比，被评估的银行在多大程度上是过多使用投入而过少产生出产出 j 的。

ε＝“非阿基米德无穷小”，引入的一个非常小的数（$\approx 10^{-6}$）以确保结果不在一个极点（如 0）。[参见 Chang & Guh (1991)]

该线性规划发现了一个用于创造假设的分行的 λ，该假设分行使用不超过 τ_0 部分的可控投入（方程 21.17b），不再使用不可控投入（方程 21.17c）并且产生至少与被评估的分行同样多的产出（方程 21.17d）。

Kamakura 等人估计了两个 DEA 模型。第一个模型将出纳员、管理人员和员工的数量作为可控投入，并且将多种顾客满意度的测量值作为产出。第二个模型将顾客满意度的一种测量作为可控投入，并且将顾客保留作为产出。

作者分析了 162 家分行并且创建了如表 21.6 所示的报告。例子“a”表示分行＃154 在创造顾客满意度上是以 49.5％的效率（τ＝0.495）运营。一家由四家分行线性组合而成的假设的分行可以使用不多于49.5%的分行#154所使用的资源，而产生至少相同的产出。该分行仅仅使用分行#154所使用的ATM机的45%与员工的30.8%。

例子"b"表明分行#154在将顾客满意度转化为顾客保留上以78.3%的效率运营。一家由三家分行线性组合而成的假设的分行只需要78.3%的满意度，但可以产生至少与分行#154一样多的顾客保留。事实上，该假设的分行将产生比分行#154高出18.7%的钱包份额。

为了将这种方法应用到顾客身上，投入将是市场营销工作；产出将是购买量。尚未购买过的潜在顾客可能会成为升级销售工作的目标。虽然这样做并不能保证升级销售潜力，但基本思想是有可取之处的并且需要现场试验。

有两个方法论的问题值得关注。第一个问题是假定的线性生产函数。这显然会让事情变得简单，但是在应用到交叉销售时，需要考虑到营销投入的收益递减。第二个问题是这个模型是确定性的——它并没有考虑不确定性问题。

21.3.2 随机前沿模型

Kim和Kim(2001)构建了一个"随机前沿"模型来估计效率低下的营销投入会在多大程度上阻止顾客意识到他或她的真实购买潜力。模型如下所示：

$$\text{Sales}_i = \beta_0 + \sum_{k=1}^{K} \beta_k X_{ik} + \nu_i - u_i \tag{21.18}$$

其中，Sales_i 为顾客 i 的当前销售/收入水平；X_{ik} 为在自变量/预测变量 k 上的顾客 i 的价值；ν_i 为与营销投入无关的，但影响对顾客 i 的销售水平的未观测到的因素。假设 ν_i 在整个顾客群中服从均值为0的正态分布；u_i 为与营销投入相关的，可以影响对顾客 i 的销售水平的未观测到的因素。假设 u_i 服从截尾正态分布，从下面开始在0点处截断，所以 $u_i \geqslant 0$。

因为 $u_i \geqslant 0$，所以对顾客 i 来说最高的销售水平为 $\text{Sales}_i = \beta_0 + \sum_{k=1}^{K} \beta_k X_{ik} + \nu_i$。目标是为每位顾客估计 u_i。Kim和Kim(2001)表明了如何用随机前沿回归实现这个目标。这种技术同样产生了对 β 以及 ν_i 的估计，这就可以接着被用来计算估计的最大销售水平：

$$\text{MaxSales}_i = \hat{\beta}_0 + \sum_{k=1}^{K} \hat{\beta}_k X_{ik} + \hat{\nu}_i \tag{21.19}$$

接下来便可以用 $\hat{u}_i/\text{MaxSales}_i$ 来计算营销低效率的百分比。按照这一标准就可以将顾客进行排名，其中较高的数值表明有更大的升级销售潜力，企业可以据此有针对性地进行升级销售工作。

Kim和Kim(2001)使用来自一家人寿保险公司的数据来估计他们的模型。预测变量包括性别、年龄、职业和多种顾客行为变量，如被保险的人是否为保单持有者、已成为顾客的时长、付款方式和购买保单的位置。这些变量中的大多数已被证明在预测销售水平时是显著的。

接下来依据升级销售潜力($\hat{u}_i/\text{MaxSales}_i$)对顾客进行排序。结果表明潜力的分布是向右偏斜的，这说明数量相对较少的顾客有显著的升级销售潜力，对这些顾客应该有针对性地投入更多营销工作。

随机前沿法在识别升级销售的机会方面有很大潜力。它相对容易执行与理解，并且不是确定性的。它将简单的随机因素与能显著影响销售水平的系统因素进行了区分。然而，该技术需要现场试验来说明估计的 $\hat{u}_i$ 是由于营销低效率所造成的，而并不是其他超出企业控制的因素。

21.4 开发持续的交叉销售活动

21.4.1 流程概述

图 21.6 描述了企业持续性交叉销售的流程。步骤包括制定战略、收集数据、营销分析、实施和评价。

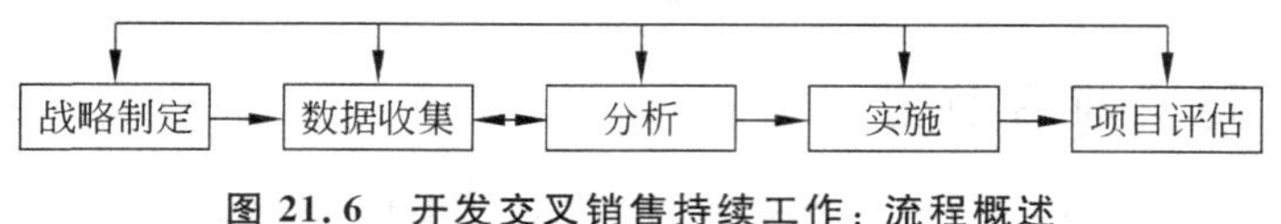

图 21.6 开发交叉销售持续工作：流程概述

21.4.2 战略

制定交叉销售战略的第一个问题是设定优先目标：销售的即刻增加、顾客贡献度的长期增加或顾客保留率的增加。我们在 21.1 节中讨论过这些问题。

制定交叉销售战略的第二个问题是选择交叉销售为主还是升级销售为主。如果是有限的产品线，公司可能要依靠升级销售。如果目标是增加长期销售，升级销售也同样值得强调。例如，将一位有线电视用户的普通服务包升级到高级服务包，不仅增加了本期的销售，还增加了未来各期的销售[m_t 在式(21.1)中持久地增长]。如果强调的是长期顾客保留，可能更适合的是强调交叉销售，因为顾客拥有不同产品的数量可能会增加转换成本并提高长期顾客保留率。

制定交叉销售战略的第三个问题是以产品为中心还是以顾客为中心。表 21.7 是源自 21.2 节中的一个模型，它们代表了如果向顾客交叉销售某件特定的产品，顾客将会购买该产品的概率。有两种达成交叉销售工作的方法：在以产品为中心的方法中，企业以顾客购买产品的可能性为衡量标准，找出前 40%的顾客并以他们为目标；在以顾客为中心的方法中，银行逐个检查列表中的顾客，从而找到顾客下一次最可能购买的产品。这些并不一定产生相同的目标市场计划。表 21.7 表明使用产品中心方法，产品 D 是针对第 1 002 号顾客。使用顾客中心方法，产品 B 是针对第 1 002 号顾客。

表 21.7 使用 NPTB 模型的以产品中心 vs. 以顾客中心的营销战略

顾客	产品 A	产品 B	产品 C	产品 D
1 000	0.1	0.1	0.6	0.2
1 001	0.2	0.1	0.6	0.1

续表

顾客	产品 A	产品 B	产品 C	产品 D
1 002	0.1	0.5	0.1	0.3
1 003	0.2	0.2	0.1	0.3
1 004	0.1	0.3	0.2	0.4
1 005	0.3	0.3	0.2	0.2
1 006	0.5	0.1	0.1	0.3
1 007	0.1	0.6	0.1	0.2
1 008	0.5	0.2	0.2	0.1
1 009	0.7	0.1	0.1	0.1

注：数值是顾客下一次会购买特定列中的产品的预测概率。

支持以产品为中心的方法的观点有：①它使公司以盈利性产品为目标；②它避免了提供企业虽然能够交付但并不具备最高质量，从而使顾客失望的产品；③它有助于确保所有产品的规模经济。支持以顾客为中心的方法的观点有：①顾客会更加满意，因为针对他们的是他们真正想要的；②总体方案会最大化销售，因为它不局限于必须促销低销量的产品；③避免过多的促销使顾客的负担过重。

这个问题最好的解决方案也许取决于组织结构是以顾客为中心还是以产品为中心（第3章）。一个有强势的顾客经理的公司会鼓励使用以顾客为中心来进行交叉销售与升级销售。注意以顾客为中心 vs. 以产品为中心选择并不是一个预测性建模问题。21.2 节中的模型可以支持任一种战略。同样，使模型服从以产品为中心或以顾客为中心的约束条件，都能够建立起最优化模型以最大化利润。例如，以产品为中心的约束条件会是对每件产品的预期销售数量，而以顾客为中心的约束条件将包括对一位顾客可收到的交叉销售促销的数量的限制（为了避免负担过重）。

另一个战略性问题是竞争。如果目标是市场份额或钱包份额，那么就要考虑竞争因素。这将需要能够推断出顾客对于竞争性产品的所有权的模型（Kamakura et al., 2003）。图 21.7 概括了考虑竞争的一些问题。它根据顾客当前是否拥有资产，如拥有产品，产品来自目标企业还是竞争企业，如果是交叉销售顾客是否会买来区分不同的营销任务。可能最糟糕的情形是顾客拥有这件产品，却是在另一家企业。这样，目标企业要么试图增加钱包份额，要么强制进行品牌转换。不管用哪种方法，交叉销售工作都会产生更低的回应率与潜在的竞争性报复。

再一个问题是，交叉/升级销售工作将被实时执行还是通过活动执行（或两者的某种组合）。一个实时的交叉/升级销售工作的例子是网络推荐系统。通过活动，是指使用电子邮件、邮寄或电话销售这些可以提前一个月或更长时间来计划的活动。这与企业的渠道策略相关。如果企业正试图加强其网络存在，它可能要强调网络上的实时交叉销售。这对于需要收集什么样的数据与选择什么样的模型是可行的都具有重要意义。

<table>
<tr><td colspan="2" rowspan="3"></td><td colspan="3">目标银行</td></tr>
<tr><td rowspan="2">拥有产品</td><td colspan="2">没拥有产品</td></tr>
<tr><td>高需求</td><td>低需求</td></tr>
<tr><td rowspan="2">竞争性银行</td><td>高可能性的所有权</td><td>增加钱包份额</td><td>有风险的品牌转换</td><td>不行</td></tr>
<tr><td>低可能性的所有权</td><td>升级销售潜力</td><td>极具潜力的交叉销售</td><td>不行</td></tr>
</table>

图 21.7 基于需求与当前产品所有权的有针对性的交叉销售：整合竞争

21.4.3 收集数据

交叉销售，尤其是以顾客为中心，可能需要对于顾客的二维的 360 度的视角。第一个维度是企业要知道顾客当前拥有什么产品。第二个维度是企业要知道顾客使用的是什么渠道。一个理想的数据库应包括顾客已经购买的所有产品、采用的渠道和针对于他或她的市场营销工作。这些数据可能会难以获取（参见第 25 章）。

另一个问题是公司是否会收集竞争性数据，即顾客是否拥有另一家企业的产品。如果该战略强调竞争性目标，那么该企业将不得不在收集竞争性数据上投资，或者使用一个模型来推断竞争性所有权（Kamakura et al.，2003）。

战略是否需要实时或基于活动的交叉/升级销售同样会影响数据要求。如果强调的是实时，数据要求可能会较少，只因为实时引入所有先前的活动与行为是很困难的。如果强调的是活动，那么收集更多的数据——关于顾客的完整的二维的 360 度的视角——可能是值得的。

21.4.4 分析

在这个阶段，公司必须决定它将使用什么预测模型。我们已在本章中回顾了一些模型，按一些标准总结于表 21.8。我们将某种方法归类为“高”预测准确度，如果它在测试中被证明优于其他模型。一点也不奇怪，三个在预测准确度上评分较高的模型也在可行性上被评价为“难”。至今唯一整合了什么产品、何时购买和如何回应的研究是 Bodapati(2008)。该模型运行良好并且提供了有趣的诊断，但必须进行大量估计。观察简单形式的模型是否可以在不牺牲太多准确度的情况下捕捉到什么产品、何时购买和如何回应将是很有趣的。

分析的另一个方面是应用最优化模型。该模型可应用于两个领域：①在以产品为中心与以顾客为中心的战略之间平衡两者的交叉销售工作；②在顾客层面随着时间的推移最优化交叉销售工作。这是第 28 章提到的最优接触模型的研究领域。这些模型关注的是随着时间推移的目录邮寄，而非交叉销售工作。类似的问题在交叉销售的环境下也会发生，但是预测模型应包含更多的动态因素，如顾客负担过重。

21.4.5 实施

实施需要组织协调、人员培训和自动化。组织协调也许是最艰难的挑战。协调需要在高级营销管理（设定战略）、信息技术（提供数据）、市场分析（估计将会驱动推荐的模型）、服务机构（寄送邀约），以及产品、顾客和渠道管理人员（解决哪些产品与顾客应得到优先权和促销应通过什么渠道寄送)之间展开。一个工作假设认为整合良好的组织在交叉/升级销售上将更成功,因为它需要如此多的协调。

表 21.8　使用于交叉/升级销售的预测模型的比较

	购物篮分析	协同过滤	潜在特质分析(Kamakura et al,1991)	下一件购买的产品的简单时间序列(Knott et al.,2002)	下一件购买的产品的分层贝叶斯(Li et al.,2003)	产品所有权的因子分析模型(Kamakura et al.,2003)	风险模型	新产品风险模型(Kamakura et al.,2003)	知晓度与偏好模型(Bodapati,2008)	随机前沿分析(Kim KimM,1999)	数据包络分析(Kamakura et al.,2002)
时间序列法	√[a]	—	—	√	√	—	√	√	√	—	—
横截面法	√	√	√	—	—	√	—	—	—	√	√
使用调查数据	—	—	—	—	—	√	—	—	—	—	—
对未观测到的异质性建模	—	—	—	—	√	—	—	√	√	—	—
实施容易性	中	中	中	中	难	难	中	难	难	中	中
对购买什么建模	√	√	√	√[b]	√	√	√[c]	√	√	√[d]	√[e]
对何时购买建模	—	—	—	—	√	—	√	√	√	—	—
对回应建模	—	—	—	—	—	—	—	—	√	—	—
预测准确度	中	中	中	中	高	中	中	高	高	中	中

人员培训同样重要。例如,下一件购买的产品模型可以被用来产生一系列的如果/那么规则,这些规则是关于进行交叉销售时,目录电话销售代表确定应该提出什么样的建议(Lau et al.,2004)。然而,这些销售代表应该懂得如何快速地处理这些规则。店内人员可能需要被训练以明白应向哪种顾客交叉销售什么产品。

另一个实施问题是如何生成并创作出有吸引力的营销方案。我们在第 27 章中将讨论各种各样的方法。问题在于交叉与升级销售可以受数据驱动。而且使人很容易忘记的是,如果促销令人费解或不能抓住顾客的眼球的话,活动就不会成功。

实施的最后一个问题是自动化。理想上,交叉销售系统可以是全自动的。例如,在网络设置下购物篮分析可以被用于自动向顾客建议额外的产品。然而,将“常识”程序化是很困难的。例如,一个一旦被意识到就很容易被自动化的重要问题是,不要向顾客推荐其已经拥有了的产品。例如,在顾客正在租借电影 A 的条件下,购物篮分析可能告诉电影租赁网站向顾客推荐电影 B,但这位顾客可能已经租借过了电影 B。

21.4.6　评估

评估需要与该流程一开始规定的目标紧密相关。如果目标仅仅是增加短期销售,那么简单的控制组实验[如：在 Knott 等人(2002)中所提到的；表 21.4 与表 21.5]就能够并且应该被设计。然而，如果目标是长期的购买量或保留率的提高，实验就需要运行更长的时期(如 6 个月或更长)。为了替代长期实验，企业可能调查消费者，并且将购买意向与对于交叉销售工作的满意度的测量相关联。

这些评价可能对先前流程中的任何一个步骤做出反馈。一个不成功的活动可能是由于各种各样的问题。例如，如果预测模型认为在未接触的顾客中的购买率是 2%，而实际购买率却是 5%，那么这个预测模型可能是错误的。因为这些控制组中的顾客不属于交叉销售活动的一部分。

21.5 研究需要

在学术界，交叉销售与升级销售已经得到了大量的关注。有很多方法用于预测未来顾客产品需求，并把这些预测转化为交叉销售计划。在升级销售潜力方面也有初步的研究。以下是一些值得额外关注的研究领域。

交叉销售方法。未来研究有两个机遇：①将先前的营销工作纳入进交叉销售模型；②比较一组广泛的模型，既包括固定数据库也包括现场试验。

升级销售方法。随机前沿法在评估升级销售潜力方面是一个很有前途的工具。DEA 同样是有前途的，但尚未被应用于升级销售。我们需要基于估计未实现的潜力，比较随机前沿界、DEA 和其他潜在的方法的表现。

现场试验。虽然在 21.2 节中描述的现场试验对至少一个交叉销售模型来说是一个可信的、有价值的方法，但我们需要更多这样的现场试验，这样我们就可以开始比较各种方法并且了解交叉销售在什么情况下起作用与不起作用。

交叉销售与升级销售的价值。需要做更多的工作来辨别交叉销售对于即时销售、长期贡献或顾客保留的相对影响力。

协调交叉销售与升级销售。我们需要能够在顾客之间协调交叉销售与升级销售活动的方法。我们需要能决定何时顾客应被交叉销售而不是升级销售，以及决定在整个组织中如何平衡交叉销售与升级销售活动。

第 22 章 累积奖励计划

摘要

累积奖励计划(frequency reward programs)属于本书中的顾客价值提升计划。"购买×××,之后得到一定的回报","×××"通常指必需的购买量,而奖励可以是免费产品、现金折扣,甚至是企业的另一奖励计划的积分。本章讨论了奖励计划提高销售量的两种途径——积分压力和奖励行为,并介绍了每种途径的实证证据。之后本章回顾了大量的经济学文献,它们试图解决以下问题:"在竞争环境中,奖励计划是否会提高企业利润?"同时本章讨论了奖励计划设计方面的几个问题,如奖励结构等。本章最后介绍了 Harrah's 娱乐公司和希尔顿酒店等企业设计的奖励计划,以作为总结。

22.1 定义和动机

累积奖励计划试图通过奖励顾客来提升顾客价值,这些奖励与顾客的累积购买量、收入或盈利能力成比例。奖励计划被应用于多种行业,如酒店、汽车租赁、超市、信用卡、办公用品、电信和赌博赌场等。实际上,航空业的飞行常客奖励计划在顾客积累的飞行里程数上创造了一种新的货币。根据顾客生命周期价值的简单保留模型:

$$\mathrm{LTV} = \sum_{t=1}^{\infty} \frac{m_t r^{t-1}}{(1+\delta)^{t-1}} \tag{22.1}$$

累积奖励计划力图同时提高保留率(r,顾客留在该企业的时间更长)和购买量(m_t,顾客购买更多的产品来积累足够的"积分",以便获取奖励)。

累积奖励计划与顾客分级计划(customer tier programs)(第 23 章)不同。顾客分级计划将顾客划分为不同的部分或层级,并向每个层级的顾客提供不同的利益。而累积奖励计划是一种较为狭窄的促销导向活动,企业关注向顾客提供单一奖励,如一次免费飞行、一次升级和一张优惠券等,而这些奖励是基于消费积分的。

累积奖励计划和顾客分级计划常被称为"忠诚度计划",在此我们不使用这个概念,因为顾客忠诚度很可能是这些计划的目标,且这些计划提高了购买频率。但是这些计划是否能提高"忠诚度",即"对某一品牌的赞同态度,能产生长时间内持续购买该品牌的结果"(Assael,1995: 131),则另当别论。

22.2 累积奖励计划如何影响顾客行为

22.2.1 增加销售的作用机制

累积奖励计划通过三种作用机制来提升顾客价值:积分压力、奖励行为和个性化营销。如图 22.1 所示。

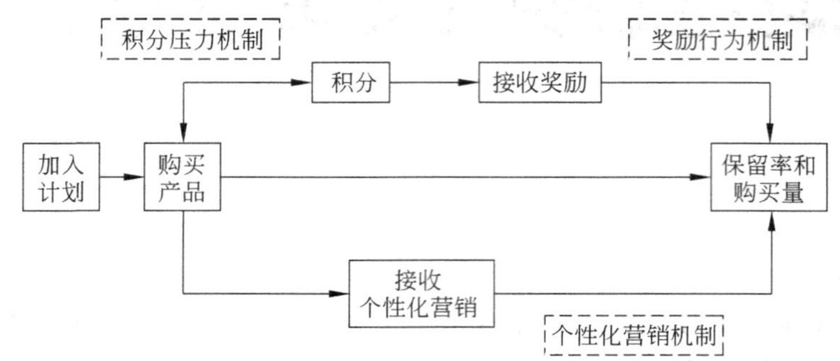

图 22.1 顾客对累积奖励计划的反应：奖励计划如何影响保留率和购买量

积分压力机制表示顾客为了获得奖励而增加消费额，奖励的吸引力明显提高了积分压力。同时，奖励计划可以产生顾客的转换成本，在该转换成本中，决定转换到其他地方购买产品的顾客放弃了积累积分得到奖励的机会（Taylor & Neslin，2005）。

随着顾客接近获得奖励所必需的购买量，积分压力的影响会增强。首先，当积分接近要求额度时，奖励意味着更低的折扣。其次，Kivetz 等人（2006）提出了积分压力的两个心理因素：①目标趋近假设——这是最初由 Hull（1932）提出的行为主义主张，即随着生物体接近某一目标，他们会加速其努力。②目标距离模型——基于心理物理学的概念，人类做出的判断与比较基准有关。在有奖励计划的情况下，比较基准是为了达到目标（获得奖励）而付出的努力量（如购买量）。通过计算已经完成的购买量占据获得奖励所必需的购买量的百分比，顾客可以评价他们的进展，而该模型假设使购买量达到奖励水平的动机是该百分比的递增函数。

奖励行为机制，是指在收到奖励之后，顾客何时会增加他们的购买率。行为学习论假定"奖励行为更有可能持续"（Blattberg & Neslin，1990：22）。Taylor 和 Neslin（2005）指出奖励可以增强顾客对企业的情感，之后可以转化为更高的购买率。了解奖励行为的影响是基于行为学习还是情感增强是很重要的，因为它能够区分奖励是真正提高了顾客忠诚度还是仅仅增强了购买惯性（Engel et al.，1995：158）。

通过向累积奖励计划的成员提供个性化营销，可以提高保留率和购买量，这是第三种作用机制。这种个性化营销包括个别针对性促销（对于零售商店）、交叉销售（对于游戏赌场）或个性化顾客服务（对于航空公司）。这些措施本身并不是奖励，而是企业利用了通过顾客参与计划所掌握的顾客偏好信息。

图 22.2 说明了积分压力、奖励行为和个性化营销机制对顾客购买率的影响（Taylor & Neslin，2005）。图 22.2a 显示了购买量的增加，是由于对奖励的预期——积分压力机制。图 22.2b 显示购买量增加并超出了原来的基准，这是因为奖励行为或个性化营销。

22.2.2 顾客对累积奖励计划的反馈

1. 实验室试验和实证研究

Lal 和 Bell（2003）调查了"Y 星期内花费 X 美元并获得奖励"类型的计划。比如在一

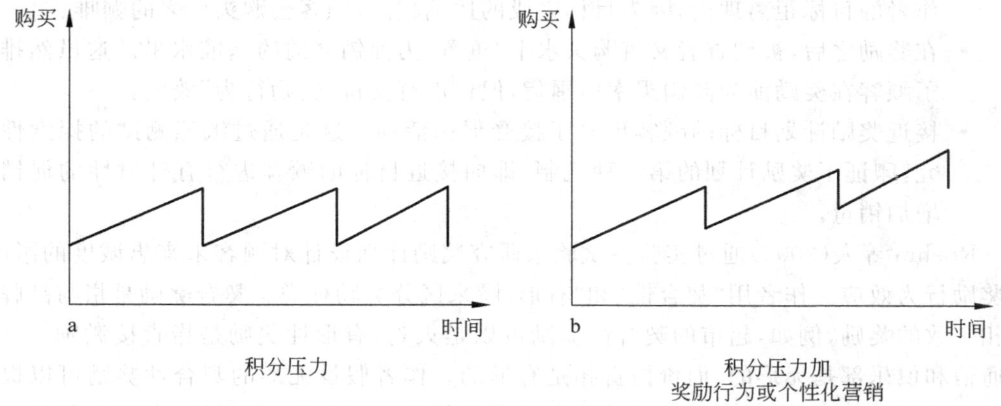

图 22.2　累积奖励计划对购买率的潜在影响

项计划中，如果顾客在 6 星期内花费了 475 美元，则奖励顾客一个免费火腿。Lal 和 Bell 根据基准销售水平（“最差”“较好”“最好”）将顾客分组，其重要发现如下所示。

- 在接近奖励的时期奖励计划增加了销售量。这说明了积分压力效应。
- 积分压力效应对于最差的顾客是最强的，对于最好的顾客是最弱的。
- 计划通常是有利可图的，这主要归功于在最差的顾客中的销售量的增加。
- 存在积极的兑换奖励后的影响，在最差的顾客群中表现最强烈。作者曾假设由于顾客囤货的作用，兑换奖励后的影响是消极的，却惊讶地发现该影响是积极的。我们的解释是这是由于奖励行为的作用。

Taylor 和 Neslin(2005)也调查了与 Lal 和 Bell (2003)一样类型的奖励计划。顾客如果在临近感恩节的 8 星期内购买 500 美元的产品，会被奖励一只免费火鸡。在计划进行的两年中，Taylor 和 Neslin 发现每年都会有积分压力效应。在第 1 年，顾客基准销售水平为 37.91 美元，每位顾客的购买量每星期增加了 2.44 美元，增长了 6.2%；在第 2 年中，基准销售水平为 41.02 美元，每位顾客的购买量每星期增加了 2.61 美元，增长了 6.4%。作者计算了基于这种积分压力效应的收益，发现该计划是有利可图的。

Taylor 和 Neslin(2005)对奖励行为效应也进行了测量。他们使用了转换回归进行分析，其中第一阶段预测了顾客是否会兑换奖励，第二阶段预测了兑换者与非兑换者在兑换期后的销售额对比。结果显示，兑换后的销售额平均每周增加 14 美元，基准为 80 美元，表示增加幅度为 17.5%。同时，Taylor 和 Neslin 发现奖励行为效应在低基准顾客中影响最强，这与 Lal 和 Bell(2003)的结果类似。

Kivetz 等人(2006)通过一系列的现场实验调查了积分压力的动态表现。其中一项是咖啡店的实验，在该店中，顾客必须购买 10 杯咖啡后才可以获得一杯免费咖啡。另外一项是关于音乐评级网站的实验，在该网站上，访问者必须评价 51 首歌才可以获得一张礼券。作者发现以上两种奖励计划都诱发了积分压力，这种作用是渐进的而不是一种阶梯函数，这与该作者的目标趋近和目标距离理论相一致。除此之外，作者还发现以下三项有趣的结果：

- 当咖啡店在计划一开始先提供两个积分时，顾客会更快地达到奖励目标。这支持作者的目标距离理论，因为目标完成的比例越高，顾客会购买更多的咖啡。

- 在奖励之后，被调查者又将购买水平“重置”为促销之前的基准水平。这虽然排除了顾客在奖励前为高购买率而囤货，但也没有支持“奖励行为”效应。
- 接近奖励计划目标的顾客更易于接受促销活动。这是通过纸笔测试的探索性研究，印证了奖励计划的第三种机制，即向接近目标的顾客进行有针对性的促销来增加销量。

Roehm 等人(2002)通过实验室试验来研究奖励计划设计对顾客未来忠诚度的影响，即奖励行为效应。作者用“契合性”和“有形性”来区分奖励种类。契合奖励是指与品牌定位相一致的奖励，例如，超市的契合性奖励可以是火鸡；有形性奖励是指直接激励——新闻通信和俱乐部是无形的，而价格折扣是有形的。作者假设无形的契合性奖励可以提高顾客忠诚度，因为顾客受到了鼓励并且会思考品牌的真正意义；相对地，有形的非契合性奖励会损害品牌忠诚，因为它会促使顾客仅仅思考奖励本身而不是品牌本身。

Roehm 等人针对 Slice 软饮料创造了一项实验性奖励计划和选择模拟：契合的、无形的奖励是进入网站做游戏并答题的许可，以寻求“全新的改变”(p. 205)；契合的、有形的奖励是一个泡沫饮料；线索不契合的、无形的奖励是进入网站做游戏并答题的许可，但内容是关于健康的；线索不契合的、有形的奖励是健身房毛巾。结果显示所有四种奖励在品牌选择方面具有相等的吸引力，但是对顾客忠诚度的影响各不相同，如下所示：

奖　　励	对低知识水平被试的影响	对高知识水平被试的影响
线索契合的、无形的	增强	不变
线索契合的、有形的	不变	降低
线索不契合的、无形的	不变	不变
线索不契合的、有形的	不变	降低

这些结果表示，只有当奖励是契合的且有形性程度不高时，才会有奖励行为效应，并且这种影响只作用于对品牌不熟悉的顾客。高有形性的奖励会降低高度熟悉该产品的顾客的忠诚度，即使这种奖励与定位相兼容。

Roehm 等人(2002)的结果与 Lal 和 Bell(2003)以及 Taylor 和 Neslin(2005)的研究部分一致。在后两者的研究中，奖励行为效应对产品的轻度使用者影响最强。然而这些奖励是有形的，这违反了前面所说的奖励行为效应的发生情况。因此需要更多的工作来整合这些研究结果。

Bolton 等人(2000)调查了一家欧洲信用卡公司的奖励计划的影响。作者收集了 405 位顾客的数据，他们发现参与奖励计划并不能直接影响顾客保留或购买量，但是参与奖励计划可以降低由差劲的服务接触所引起的消极认知。这可能是因为在顾客评价差劲的服务遭遇时，奖励起了分散注意力的作用。

许多奖励计划需要顾客决定是否参与。仅仅对参与者与不参与者的销售量进行简单对比会有所偏颇，因为现有的忠诚顾客可能会率先参与计划。Leenheer 等人(2007)在分析奖励计划对荷兰杂货店的钱包份额(SOW)的影响时在这方面进行了控制。在他们的模型中，SOW 受是否参加计划的影响；而是否参与计划又受商店和家庭特征的影响。第一种关系使用两阶段最小二乘法进行估算，因为计划参与是内生的，而第二种关系使用一种选择模型进行测量。作者发现：①参与计划使 SOW 平均增长 4.1 个百分点；②以上增长使净收入（扣除奖励计划成本）每年增加 163 欧元。以上分析并没有判定 SOW 的增长是因为积分压力还是奖励行为，但是通过控制顾客是否参与计划的决定，切实地证明了奖励计划参与对企业收益的影响。

2. 动态结构模型

累积奖励计划“试图改变顾客的选择过程，使他们从在现货市场进行操作转变为在多周期、合同关系市场进行操作”(Dowling & Uncles, 1997)。顾客意识到现在购买产品能对未来收益产生影响，因此在做决策时既要考虑购买的当前收益，也要考虑其未来收益。动态结构模型是用来研究当顾客同时考虑当前和未来效用时，特别是当未来效用取决于顾客现在的决策时，顾客如何进行决策。

1) 与奖励计划相关的动态结构模型的特征

我们首先来讨论动态结构模型的一般结构，在建立每个模型时不需要再进行重复。顾客的任务是在一段时期$\{t,\cdots,T\}$内选择一系列决策，使他们的效用的净现值最大化：

$$\underset{D_{ik\tau},k\in C_{i\tau}}{\mathrm{Max}}\sum_{\tau=t}^{T}\delta^{\tau-1}\sum_{k\in C_{i\tau}}u_{i\tau}(k)D_{ik\tau} \tag{22.2}$$

其中，$D_{ik\tau}$ 为 1，当顾客 i 在 t 时期选择决策 k 时；$C_{i\tau}$ 为顾客 i 在 t 时期的可选方案集合，这个集合可能包括是否购买某个特定企业的产品、是否将积分兑换成奖励等；δ 为贴现系数；顾客对未来效用的重视程度。δ 越高说明顾客越关心未来效用；$u_{i\tau}(k)$为顾客 i 在 t 时期选择方案 k 所得到的效用。

该决策问题也可以用最优原则来解释，t 时期的最优决策是使当前效用与由在 t 时期所做的决策所决定的未来效用的期望值之和最大化的决策。这个最大化的效用被称为“价值函数”，用 V 表示。特别地：

$$V_{it}[S(T)]=\underset{D_{ikt},k\in C_{it}}{\mathrm{Max}}\{U_{it}(k)D_{ikt}+E(V_{i,t+1}[S(t+1)]\mid S(t),D_{ikt})\} \tag{22.3}$$

其中，$S(t)$是 t 时期的“状态变量”，由于随机过程或 t 时期的决策的原因，状态变量影响了效用并随着时间而改变。累积奖励计划模型的一个关键状态变量是顾客已经积累的积分数目。价格等状态变量的未来价值是不确定的，因此顾客可能会对这些变量产生期望(Erdem et al., 2003; Sun et al., 2003)。

2) 检查竞争均衡的简单模型

Kopalle 和 Neslin (2003)研究了奖励计划的竞争均衡。他们的模型相对简单，顾客在每个时期决定选择两家航空公司中的一家，或是二者都不选。则选择集为

$$C_{it}=\begin{cases}0 & \text{如果顾客 } i \text{ 在 } t \text{ 时期没有乘坐两家公司的航班}\\ 1 & \text{如果顾客 } i \text{ 在 } t \text{ 时期乘坐了 ABC 公司的航班}\\ 2 & \text{如果顾客 } i \text{ 在 } t \text{ 时期乘坐了 XYZ 公司的航班}\end{cases} \tag{22.4}$$

顾客的每种选择的效用函数如下所示：

$$U_{it}(k)=\begin{cases}U_0 & \text{如果 } k=0\\ r_{i1t}-(1-\mathrm{INV}_{i1t})P_{1t} & \text{如果 } k=1\\ r_{i2t}-(1-\mathrm{INV}_{i2t})P_{2t} & \text{如果 } k=2\end{cases} \tag{22.5}$$

其中，U_0 为不乘坐飞机时的效用，即"外部品类"(如乘坐汽车)；r_{ijt} 为顾客 i 在 t 时期对 j 航空公司的偏好，遵循一个有参数 a_j 的 logistic 分布；INV_{ijt} 为顾客 i 在 t 时期可用于航空公司 j 的积分数目。

$$\mathrm{INV}_{ijt}=\begin{cases}0 \text{ 如果 } D_{ikt}=1, & \text{如果 } k\neq j\\ 1-\mathrm{INV}_{ij,t-1} & \text{如果 } D_{ijt}=1\end{cases}$$

P_{jt} = 航空公司 j 在 t 时期的价格。

INV 定义为一个 0～1 变量。如果顾客在航空公司 j 没有积分，但是选择了航空公司 j，则 INV 等于 1；如果顾客在航空公司 j 有一个积分且选择了 j，则这次航班是免费的[式(22.5)]；如果顾客选择了其他航空公司或没有乘坐飞机，在不考虑顾客到 $t-1$ 为止是否积累了积分的情况下，在时间点 t 时 INV 等于 0。因此，顾客通过选择一家特定航空公司建立了一种"信用"，他们可以将这种信用兑现成一次免费航班。如果他们没有兑现，则会浪费该信用，即积分过期不予兑换，这是一些奖励计划的特征之一，凭此顾客会失去他们没有兑现的积分。

公式中的状态变量是 INV_{ijt} 和 r_{ijt}。假设顾客知道 r_{ijt} 的当前价值和 r_{ijt} 在未来时期的概率分布。这意味着顾客知道自己对每家航空公司的现有偏好，但对未来偏好不确定，因为未来飞行的需求和日程是不明确的。

Kopalle 和 Neslin 从他们的模型得出以下结论：①奖励(免费航班)的价值随着贴现系数 δ 的增加而不断增加，因此如果贴现系数很大，顾客更有可能重复选择同一航班。这是有意义的——如果顾客更关注未来，积分或信用会更有力地促进当前购买。②奖励的价值随着航班价格的升高而增加。这是因为奖励是免费航班，昂贵的机票意味着奖励有更高的价值。这是升级变得如此流行的原因之一，也是我们经常见到希尔顿与万豪酒店等高端品牌实施累积奖励计划的原因。③如果 U_0 很大，奖励计划将促进本品类业务的增长。如果外部品类不具有吸引力，则无论是否施行奖励计划航空公司 ABC 和 XYZ 的市场都会很大。然而如果外部品类具有吸引力，当前的销售额会较低，但是奖励计划可以使业务产生增长。

3) 一个网络零售商的累积奖励计划模型

Lewis(2004)对一个网络零售商的累积奖励计划进行了研究。如果顾客在一年内积累了达到临界值水平的支出，他会得到一项奖励(在顾客的飞行常客奖励计划中增加 500 英里的航空积分里程)。这个奖励并不是免费商品，而是可以应用于另一商品的间接奖励。我们将在 22.4.5 节中讨论选择直接奖励还是间接奖励的问题。Lewis 的模型的选择集如下所示：

$$C_{it}=\begin{cases}0 & \text{如果顾客 } i \text{ 在 } t \text{ 时期没有购买}\\ 1 & \text{如果顾客 } i \text{ 在 } t \text{ 时期的购买金额较少}(<\$50)\\ 2 & \text{如果顾客 } i \text{ 在 } t \text{ 时期的购买金额中等水平}(\geqslant\$50 \text{ 并且 } \leqslant\$75)\\ 3 & \text{如果顾客 } i \text{ 在 } t \text{ 时期的购买金额较多}(>\$75)\end{cases} \tag{22.6}$$

离散购买量使得该模型更容易估算。这不是一个竞争模型，而是指存在一个外部商品，即顾客可以决定根本不在该网站购买商品。则效用函数为

$$U_{it}(k)=\begin{cases}\beta_{i0}+\varepsilon_{i0t} & 假设\ k=0\\ \beta_{ik}+\beta_{ipk}P_t+\beta_{ick}C_{it}+ & \\ \sum_{h=1}^{4}\beta_{ihk}SH_{iht}+\sum_{g=1}^{G}\beta_{ig}Rcn_{igt}+ & \\ \sum_{f=1}^{2}\beta_{ifk}FM_{ift}+\beta_{iL}L_{it}+\varepsilon_{ikt} & 假设\ k=1,2,3\end{cases} \tag{22.7}$$

其中，P_t 为在时间点 t 网络零售商的价格指数；C_{it} 为顾客 i 在时间点 t 是否收到优惠券的指示变量；SH_{iht} 为运费时间表 h 在时间点 t 是否适用于顾客 i 的指示变量；该网络公司使用了 4 个不同的运费时间表，它们随着时间的变化而改变；Rcn_{igt} 为顾客 i 在时间点 t 是否属于购买间隔群 g 的指示变量；购买间隔是指上一次购买距今的时间；FM_{ift} 为顾客 i 在时间点 t 是否属于购买累积群 f 的指示变量；较高的累积购买量意味着顾客学会喜欢该零售商，则此时该变量前面的 β 是正数；L_{it} 为顾客 i 在时间 t 时得到的奖励的价值。该变量的值为 0（没有得到奖励）、1（积累支出达到 1 000 美元或 1 500 美元时得到 500 英里航空积分里程）或 2（积累支出达到 2 000 美元时得到 1 000 英里航空积分里程）。

最受关注的参数是 β_{iL}，即奖励的效用。Lewis 使用潜结构方程来获取顾客在效用参数上的异质性，由此产生了细分市场。Lewis 的方程中包含了与 Kopalle 和 Neslin 使用的用来记录开支的存货积累模型相类似的等式。如果一次给定的购买可以使顾客超过奖励的临界值，则在这一时期的变量 L_{it} 等于 1。假设 β_{iL} 为正值，则表示为顾客购买产品提供了正向的激励。

ε_{ikt} 表示了该模型中的不确定性因素——在时期 t 之前顾客不确定决策 k 能够带来多少效用。假设价格也是不确定的，则 Lewis 假设顾客会对这些价格形成期望。状态变量包括支出的积累水平（即存货折算积分）、购买间隔、频率、价格、优惠券和运输。Lewis 对模型进行了估算并发现了两个细分市场，如表 22.1 所示。

从表 22.1 中可以看出，样本中的大部分顾客会从奖励中获得额外效用，这与他们普遍高水平的开支相一致，并且事实上他们中的 15%得到了奖励。这与细分市场 2 形成了对比，在细分市场 2 中顾客不能从奖励中获得额外效用，并且只有 1%获得了奖励。

表 22.1　累积奖励顾客细分（Lewis，2004）

	细分市场 1	细分市场 2
样本百分比/%	71	29
年平均订单数	8.7	14
平均订单规模/美元	77	42
平均开支/美元	672	586
得到奖励的百分比/%	15	1
β_{iL}	0.75($p<0.01$)	未说明

奖励的正系数产生了积分压力效应。如图 22.3 所示（基于 Lewis 的论文中的图 2，

p. 290)，如果顾客有 900 美元的消费积累，则越接近年末，他越可能购买产品。有趣的是，如果顾客只有 500 美元的消费积累，则会有反向的积分压力效应，即随着时间到期，顾客会不愿意购买产品，这是一个令人关注的发现。顾客是通过动态计划进行决策的。在这一年开始时，顾客的消费额很有可能达到 1 000 美元并且能够刺激销售。然而到这一年的结尾时，如果顾客只有 500 美元的消费积累，则达到 1 000 美元的可能性会很低，且预期未来效用[式(22.3)中的 V_{t+1}]较低。这就建议企业必须注意不要将奖励临界值设得太高，高的奖励临界值可能会在初期刺激销售，但是如果很多顾客不能达到这个临界值，他们便会气馁，从而导致销售量下降。

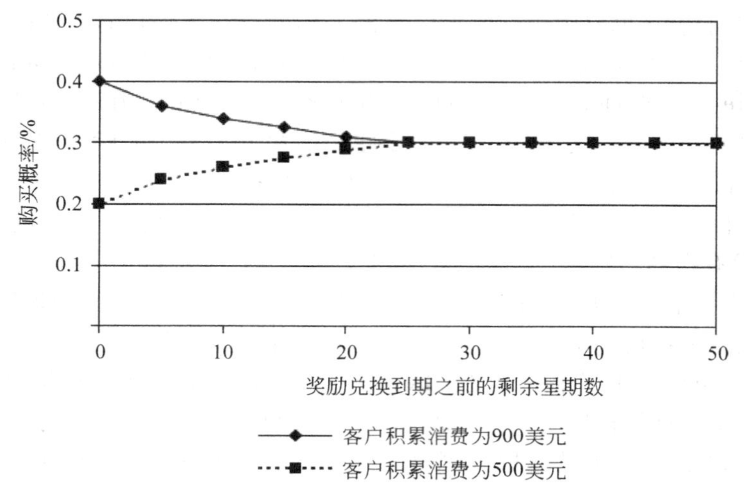

图 22.3 兑换奖励之前的剩余时间减少对购买概率的影响(改编自 Lewis,2004)

Lewis 进行了模拟实验，并且断定与不实施奖励计划相比，在实施奖励计划时购买量和平均顾客利润都会增加，尽管利润的增加仅有 2%。也许奖励(500 英里航空积分里程)并没有很高的价值，事实上在样本中有 21%的奖励一点也不足为过。另外，企业设置的奖励临界值水平(第一次奖励需要的消费额为 1 000 美元)可能过高。

4) 累积奖励和顾客分级计划的建模

Kopalle 等人(2006)建立了一个航空公司飞行常客奖励计划的模型。该模型的独特之处在于以下几方面：①是否将航空里程兑换成奖励的决策；②奖励行为效应；③累积奖励计划和顾客分级计划的综合。则选择集被定义为

$$C_{it}=\begin{cases}0 & \text{如果顾客 } i \text{ 在 } t \text{ 时期没有乘坐这个航空公司的航班}\\1 & \text{如果顾客 } i \text{ 在 } t \text{ 时期乘坐了航空公司的航班但是没有兑换奖励}\\2 & \text{如果顾客 } i \text{ 在 } t \text{ 时期乘坐了航空公司的航班并且兑换了第一等级的奖励}\\3 & \text{如果顾客 } i \text{ 在 } t \text{ 时期乘坐了航空公司的航班并且兑换了第二等级的奖励}\end{cases} \tag{22.8}$$

则效用函数为

$$U_{it}(k)=\begin{cases}\varepsilon_{i0t} & \text{若 } k=0\\ \alpha_{ik}+\sum_{s=1}^{S}\lambda_{is}E_{ist}+\beta_{i1}\sum_{l=2}^{3}D_{ilt-1} & \\ +\beta_{i2}\sum_{l=1}^{3}D_{ilt-1}+\varepsilon_{ikt} & \text{若 } k=1,2,3\end{cases} \tag{22.9}$$

E_{ist} 其中是一个指示变量，表示顾客 i 是否积累了足够的航空里程以取得航空公司顾客分级计划中的等级 s 的资格。如果顾客取得了资格，则他自动成为这一等级的会员，直到他积累了更多的航空里程且达到了更高一等级的条件，或者一年时间过去但是顾客没有达到维持顾客等级所需要的航空里程水平。

注意 α_{i2} 和 α_{i3} 分别反映了第一等级奖励（升级）和第二等级奖励（免费航班）的直接效用。当顾客在前一期（表示为 l）的选择为 1，2 或 3 时 D_{ilt-1} 等于 1，否则等于 0。β_{i1} 则表示奖励行为效应，因为只有当顾客在前一期兑换了升级奖励或免费航班奖励时它才被加入效用函数。β_{i2} 表示状态依赖性，因为只有当顾客在最后一期选择了该航空公司时它才被加入效用函数，无论这次乘坐是否是定期飞行、升级或免费航班。

状态变量是积累的航空积分里程数和滞后决策变量。不确定性的来源有两个：第一，在本节复习的其他模型中，每项决策的全部效用是不确定的（ε），在当前时期的不确定性能够解决，但未来时期是未知的；第二，当顾客在未来时期 $t+x$ 乘坐飞机时，顾客受到奖励的航空里程数是不确定的。Kopalle 等人假设顾客在选择该航空公司时知道他们的平均航空里程数，并且当考虑未来效用时会将其作为重要因素。

作者对 200 名顾客进行了模型估计，发现了两个细分市场。每个细分市场的参数如下所示：

参　　数	细分市场 1	细分市场 2
样本百分比/%	6.3	93.7
飞行的基本效用（α_{i1}）	0.62	0.75
升级的效用（α_{i2}）	1.56	−5.49
免费航班的效用（α_{i3}）	1.77	−9.89
第一顾客等级的效用（λ_{i1}）	0.32	0.06
第二顾客等级的效用（λ_{i2}）	0.54	0.14
第三顾客等级的效用（λ_{i3}）	0.75	0.22
奖励行为效应（β_{i1}）	0.45	0.60
状态依赖性（β_{i2}）	0.42	0.38

细分市场 1 是明显的少数，在升级和免费航班方面的效用为正，而细分市场 2 在这方面的效用为负。由于升级和免费航班这一参数是代表奖励短期收益减去短期成本的简化形式，这意味着许多顾客发现兑换一次升级或一次免费航班的效益不值得他们为此奔波。这与许多顾客未能将积分兑现的行为一致（Abu-Shalback Zid，2004a）。而细分市场 2 也

会有积分兑现的行为。首先,积分兑现后会有积极的效果,因此顾客意识到在兑现之后,他们会产生满足心理。其次,ε 中的随机变化使积分兑现成为效用最大化的决策。例如,顾客所在的旅行社可能会注意到顾客有许多积分里程,之后安排进行积分兑换。这便是为什么在实际样本中,细分市场 1 平均每年有 1.5 次积分兑现,而细分市场 2 平均每年有 1.1 次积分兑换。

在两个细分市场中奖励行为效应都是正的,顾客分级计划为两个细分市场提供了显著效用。结果对细分市场做出了以下解释:细分市场 1 是"忠诚计划爱好者",他们既喜欢积分兑换升级或免费航班的短期"交易效用"(Thaler,1985),也喜欢获得更长期的顾客分级奖励;比较而言,细分市场 2 则更是"顾客分级关注者",他们喜欢特殊待遇,但是不需要升级和免费航班[①]。显然,累积奖励计划和顾客分级计划在航空业中都占有重要地位。

3. 总结:累积奖励计划如何影响销售额

实验室试验、调查、描述性实证分析和估计动态理性模型的结果显示:

- 累积奖励计划确实能够增加销售。销售增长的水平显示奖励计划是有效益的。
- 积分压力效应得到有力证实(Lal &Bell,2003;Neslin & Taylor,2005;Lewis,2004;Kopalle et al.,2006),甚至证实了在积分压力的影响下销售是向着目标逐渐增加的,而不是阶梯形增长(Kivetz et al.,2006;Lewis,2004;Kopalle et al.,2006)。
- 大部分证据支持了奖励行为效应(Lal & Bell,2003;Neslin & Taylor,2005;Kopalle et al.,2006;Bolten et al,2000)。[②] 然而,这些证据是不一致的[如 Kivetz 等人(2006)的发现],且这些证据可能取决于奖励的性质和目标群体(Roehm et al.,2002)。
- 不同的细分市场对奖励计划的反应不同。积分压力和奖励行为效应在轻度消费者中的表现都比较强(Lal & Bell,2003;Taylor & Neslin,2005;Roehm et al.,2002)。动态结构模型揭示了两个细分市场:其中之一非常倾向于即时奖励,而另一个细分市场对此不感兴趣(Lewis,2004;Kopalle et al.,2006)。

22.3 在竞争环境中的累积奖励计划是否会增加利润

备受经济学家关注的一个领域是在竞争环境中奖励计划是否会产生更高的利润。答案取决于消费者反应的各种特性和奖励的类型。我们将在本节中回顾关于这个问题的几项研究。

Klemperer(1987a,b)提出了影响累积奖励计划盈利性的两个作用力:①它们创造了

① 注意我们不能解释两个细分市场中的参数大小的差异。然而显然,参数的特征可以进行解释和比较,表中的所有参数与 0 明显不同。

② 另参见 Leenheer 等人(2007),他们发现了超市累积奖励计划和钱包份额之间的因果关系。

长期的垄断力量,因此可以提高利润;②短期竞争能够降低利润。垄断力量来源于积分压力机制,即存储了积分的顾客希望再次购买产品。而短期竞争产生的原因是,企业为了吸引顾客初次购买以便开始积累积分而更加激烈地竞争。Klemperer (1987a)发现两个作用力的最终结果取决于需求函数的函数形式。

Beggs 和 Klemperer(1992)对以上研究做了进一步展开,他们探讨了顾客进入和退出市场时奖励计划的影响。他们发现当存在奖励计划引发的转换成本时价格和利润的增长具有一致性。Klemperer(1995)认为,企业面临如下问题:是通过提高价格来榨取已有积分的早期顾客的忠诚,还是通过降低价格来争夺新顾客以使他们在将来能够被榨取?Klemperer 主张榨取当前时期的老顾客应占主导地位,因为:①获得新顾客的未来收益会被小于 1 的贴现系数贴现;②新顾客在当前时期的价格敏感性较低,因为他们意识到企业在未来时期会提高价格。

该研究的局限之一是对企业来说奖励计划是否存在外生变量,而不是决策变量。Caminal 和 Matutes(1990)认为奖励计划属于战略决策。作者发现奖励计划的盈利性取决于以下方面:奖励是否是一种"优惠券"的形式,许诺了一种价格折扣,但是没有说明未来价格;或者奖励是一种承诺的未来价格,例如买一赠一。作者发现,优惠券奖励计划增加了利润,而承诺未来价格降低了利润,原因是优惠券计划给企业提供了未来价格增长的空间。而如果预先承诺未来价格,企业会失去提高价格的机会,并且加剧了价格竞争。除此之外,当企业在优惠券奖励和预先承诺价格奖励计划中进行选择时,结果是所承诺的价格是平衡点,这也意味着奖励计划会降低利润。

Kim 等人(2001)探讨了在重度消费者和轻度消费者中奖励计划的基本原理。奖励计划是否存在、它的形式(高效的和低效的)、产品价格属于决策变量。与它们对顾客的价值相比,高效奖励的成本较低。例如,一张免费的机票花费企业很低的成本,但是对顾客来说它的价值等于机票的价格。然而现金是低效的,因为对顾客和企业来说它的价值是相同的。作者发现,轻度消费者细分市场是奖励计划盈利的基础,轻度消费者会支付较高的价格且不会获得奖励。实际上,轻度消费者资助了重度消费者。该均衡具有盈利性,除非轻度消费者对价格敏感,此时企业会为了获取这部分市场而激烈地竞争,压低价格直到奖励计划无利可图。

Kim 等人(2004)展示了累积奖励计划用于管理产能过剩时如何能够盈利。许多企业面临着季节性需求(如酒店),企业可以在旺季时使顾客赚取奖励积分,而在淡季时兑换奖励。这是一个重要的问题,因为对许多企业来说产能过剩是持续存在的问题。该战略取决于奖励计划的有效性,也就是顾客必须乐意在旺季时赚取积分而在淡季时兑换积分。这可能揭示了奖励计划在酒店等行业中如何起作用,特别是只能在淡季用奖励来兑换房间。

Kopalle 和 Neslin(2003)研究了市场可扩展性和顾客对未来收益的评价对奖励计划盈利性的影响。他们假设顾客遵循式(22.4)和式(22.5)总结的决策程序,并且由企业决定是否实行奖励计划。作者发现如果市场是不可扩展的,奖励计划便没有收益,原因是奖励计划是用于从竞争对手那里夺取市场份额,而竞争对手会反应激烈。奖励计划的竞争影响要强于标准促销的竞争影响，因为奖励计划不止一个在时期锁定了顾客，这创造了一个较高风险的囚徒困境。当奖励计划能够扩大市场时，它便达到了有力促销的效益，而不用采取激烈的竞争措施，结果会获得更高的利润。

作者指出航空业的飞行常客奖励计划出现于1981年，伴随低价的竞争者的迅速进入。作者认为主要的航空公司实施奖励计划的目的是用来扩大它们的市场，他们也认为超市使用奖励计划的原因是将其作为保护市场份额的一种方式，用以对抗沃尔玛等巨型商家的竞争(Patton,2002)。在以上的两种案例中，外部竞争者不能够或不愿意对奖励计划做出反应。那些低价航空公司没有支持奖励计划的信息系统，而沃尔玛虽然有信息系统，但是它发现奖励计划与其"天天低价"和简洁风格的市场定位不一致。

Lal 和 Bell(2003)提出由于顾客择优挑选的行为，奖励计划消除了零售商之间的竞争。他们假设了一个 Hotelling 模型，两个商店关于产品的定价不同，对于某种商品，有一家定价较高，另一家则定价较低。择优选择者大致处于霍特林线的中间，他们购买每家商店的最便宜的物品，这就为择优选择者创造了一个转换成本，因为他们并不总是在最近的超市购物。如果一个商店实施了一项奖励计划，产品价格通常提高到能使奖励计划盈利同时又不失去择优选择顾客的程度。然而如果两家商店都实施奖励计划，它们会竞争并失去以上利润。另外，如果存在高成本和低成本购物者，且两家商店都实施累积奖励计划，利润就会降低，降低的幅度取决于每个商店对其较低价格商品的折扣程度。总而言之，研究更为全面地看待了累积奖励计划。如果一家商店实施了累积奖励计划，并且购物者没有根据购物成本划分为不同的细分市场，奖励计划可以增加利润；但是如果两家商店都实施了奖励计划，且顾客根据其购物成本划分为不同的细分市场，利润便会降低。

总之，以上观点的理论依据是：如果奖励计划扩大了市场、榨取了对于价格不敏感的轻度消费群体，使企业能够预先承诺价格折扣而不是一个特定的价格，管理产能过剩或消除了择优选择者，则奖励计划就可以增加利润。当然存在这些条件能够实现的案例，航空业也许就是其中之一。累积奖励计划可能开发了一个轻度消费者的很大的细分市场，并且可能扩大了市场。尽管新航空公司的大规模涌入已经放缓，飞行常客奖励计划今天仍然存在，甚至较低等级的航空公司都能够而且已经实施了奖励计划(如 Goetzl,2000)。然而，在今天的竞争环境中飞行常客奖励计划可能没有扩展市场，并且在当前市场中低频率的旅客可能对价格非常敏感，在这种情况下奖励计划可能会降低行业利润。

实证证据已经证明奖励计划可以增加企业利润(Lal & Bell,2003;Taylor & Neslin,2005;Leenheer et al.,2007)，同时需要实证研究来探索在竞争性行业中奖励计划是否增加了利润。确实，竞争对手是否实施奖励计划已经成为企业决定是否采用奖励计划的最重要的决定因素之一(Leenheer & Bijmolt,2003)。

22.4 累积奖励计划的设计

22.4.1 决策设计

图 22.4 描述了累积奖励计划的决策设计。基础设施包括信息系统,用来收集数据和给予奖励;注册程序、奖励计划和奖励属于确定奖励计划的基本决策;伙伴关系也是一个重要因素,个性化营销和伙伴关系属于潜在附加条件;最后,必须对奖励计划实施监控和评价。

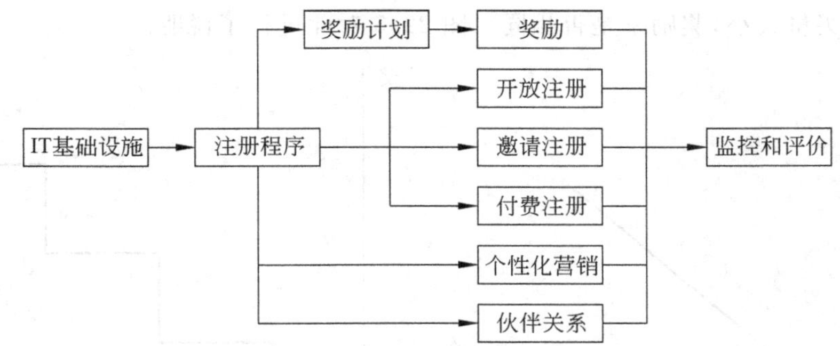

图 22.4 累积奖励计划设计要素

22.4.2 基础设施

奖励计划的实施需要一定的基础设施来收集顾客数据、记录每位顾客应获得的奖励种类和奖励的发放。在一个小商店中,这些工作可以手动完成——经营者制作顾客列表,并在顾客购买商品时更新他们的购物总量。然而当顾客数量达到成千上万时,就需要对计算机信息系统进行投资。

这些投资很重要。尽管航空公司已经具有庞大的信息系统,它们仍然需要这些投资,以保证不会出现如将头等乘客安排到中等座位的事故(Feldman,2002)。航空公司的信息系统升级需要 500 万～1 000 万美元的投资(Feldman,2002)。另一家需要强大的信息技术的公司是美国运通,该公司花费了更高的成本来实施顾客忠诚计划,却成为阻碍收益的成本因素(Lee,2002)。

22.4.3 注册程序

可选的注册方式有三种:①开放注册;②付费注册;③邀请注册。大部分累积奖励计划是开放注册,企业渴望顾客参加累积奖励计划,由此它们可以获取销售增长等方面的利益。付费注册的明显好处是,它能将最好的顾客与最差的顾客区分开,使企业能够奖励其最好的顾客。而付费注册的成本是,它给顾客传达了一种混合信息:“我们希望奖励我们最好的顾客,所以请支付 25 美元,这样我们就会给您奖励!”

将最好的顾客与最差的顾客区分开的另一种方法是仅通过邀请注册来实施奖励计划。例如，维京办公产品从不揭示参加奖励计划的条件，也从不推销他们的计划(Miller，2001)。这种方法的好处是：企业可以限制奖励计划的范围(或花费)，并且使用复杂的条件(前期销售、未来潜力等)来挑选奖励计划的成员。而其负面影响是限制了奖励计划吸引新顾客的机会。

22.4.4 奖励计划

奖励计划指导了顾客购买，以获得奖励。奖励计划有两个维度：连续性和线性。连续性是指顾客在每次购物后都会获得奖励还是只有达到一个界限时才会获得奖励。线性是指无论购买量大小，奖励率是否相同。图 22.5 对此进行了说明。

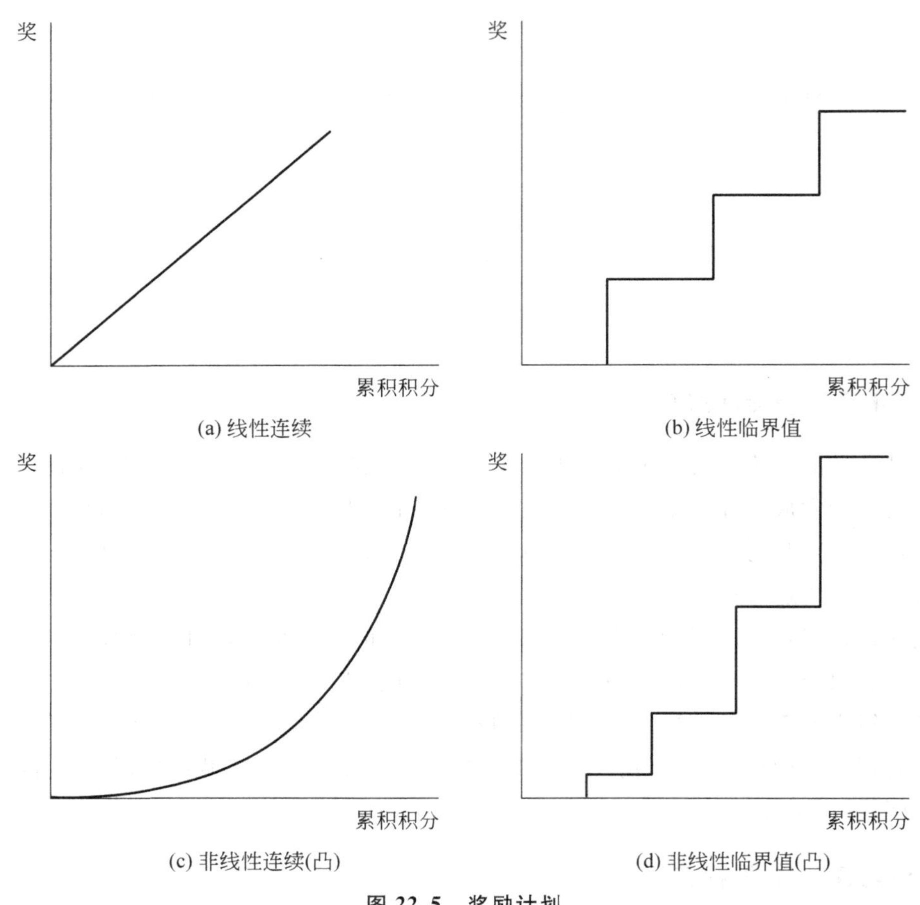

图 22.5 奖励计划

线性连续的奖励计划非常普遍。许多信用卡的顾客每消费 1 美元，就会得到 1 英里航空积分里程的奖励。这个奖励计划的优点是非常简单，它不需要顾客“跨越界限”来得到奖励，并且今天的顾客不喜欢等待(Abu-Shalback Zid，2004b)。另一个优点是它连续地奖励购买行为，而行为学习理论显示连续强化是最有效的(Rothschild & Gaidis，

1981)。然而线性连续奖励不能产生积分压力。在信用卡计划中对每1美元的消费都奖励1英里航空里程,而如果竞争对手实施了相同的奖励计划,那么顾客在信用卡之间转换就不会有任何损失,这使积分压力变为无效。针对这种情况,企业可以采用连续但是凸性的奖励计划。

Yi 和 Jeon(2003)指出,线性连续的奖励计划对低介入度的服务来说可能更好。这很容易理解,因为在面对非线性或有临界值的奖励计划时,顾客如能通过动态理性模型(22.2.2节第2点)来做决策,必然需要高的涉入度。除此之外,Keh 和 Lee(2006)发现不满意的顾客更喜欢连续奖励,而满意的顾客更喜欢延迟奖励。总之,尽管这些奖励计划都有缺点,对低介入度服务或不满意的顾客来说,线性连续奖励计划可能是最有效的。

临界值奖励结构设立了积分要求,在要求的积分之上顾客才会获得奖励。例如,达到25 000英里的航空里程才会有一次免费升级,超市可能会给在2个月时间内至少消费500美元的顾客奖励一只免费火鸡。临界值的最大好处是它创造了积分压力。在ABC航空公司有24 000英里积分的顾客如果转换至XYZ航空公司就会延迟升级。而临界值的缺点是消费行为的奖励频率减少,顾客可能更关注奖励而不是品牌本身。此外,精确的奖励阶梯结构的设计也是一个挑战。积分要求水平应该足够高以激励更多的频繁购买,但是也不能太严格,否则顾客会认为奖励没有实现的可能性。

表 22.2 凸的(计划 A)与线性的(计划 B)累积奖励结构

积分要求	计划 A 的奖励/美元	计划 B 的奖励/美元
25 000	100	100
50 000	200	200
75 000	400	300

临界值可以是线性的、凹的或凸的。例如,表22.2中的奖励计划A和奖励计划B都有临界值,但是A是凸的而B是线性的。哪个计划更好取决于顾客的反应,而顾客反应可以用动态理性模型来测量。然而它也取决于竞争状况,因此竞争分析应该包括企业应用线性的和凸的临界值奖励计划时对动态理性顾客的争夺情况。

相关问题是积分是否应该有到期时间。积分到期创造了更高的积分压力(Kopalle & Neslin,2003),并且可以应用于针对轻度消费者的差别定价(不经常乘飞机的旅客可能最后积累了足够兑换免费航班的里程积分,但是当他准备再次乘飞机时,奖励已经过期了)。然而,到期时间对顾客来说处理难度高,也会使顾客产生相当大的挫折感并失去兴趣。

奖励计划的另一方面是向顾客说明的清晰程度。企业希望将奖励计划向顾客说清楚。例如,Cunningham(2002)认为:"积分计划的复杂性会使顾客失去兴趣,许多持有会员卡的人没有充分利用这些信息,因为他们没有时间或是不愿意去弄清楚他们的会员权益。"复杂性会降低积分压力,因为顾客不明白获得奖励所需的积分水平。然而复杂性也有以下两个潜在的优势。首先,奖励被用作一种歧视策略,能够识别出真正关心奖励的顾客(并且他们愿意对奖励计划做一些计算工作)。其次,复杂性可以增强奖励行为效应:

①获得奖励需要更多的努力,这就创造了一种有利于品牌的认知失调——也就是顾客会问:“为什么我要经历这么多麻烦来获得奖励?”并且会做出如下回答:“我肯定是真的喜欢这个品牌”(Dodson et al.,1978)。②如果顾客对奖励结构不明确,那么奖励就可能成为一个惊喜,超出了顾客的预期,从而使顾客高兴(Rust & Oliver,2000)。

22.4.5 奖励

企业需要考虑奖励的多个属性。

及时性。它是指赢得奖励和交付奖励之间的时间长度。例如,智能卡能使顾客及时知道他们已经积累的积分数目,并且积分可以立即兑换(Kuchinskas,2000;Lucas,2002;Pepe,2002)。即时性的好处是使奖励与正确行为相联系可以产生有力的强化作用(Rothschild & Gaidis,1981),增强了奖励行为效应。然而,企业可能会决定延期奖励,即使他们有能力立即交付奖励(Kuchinskas,2000)。将奖励从行为中分离能激励顾客关注品牌体验而不是奖励本身。

直接 vs. 间接。直接奖励是企业的产品或相似产品,间接奖励是不同的产品或现金。Yi 和 Jeon(2003)发现对高介入度服务(在他们的案例中是一家美发店)来说,直接奖励比间接奖励更有效,然而对低介入度服务(在他们的案例中是一家炸鸡店)来说,直接奖励不比间接奖励更有效。间接奖励的一个重要形式是现金,现金奖励的优点是它给顾客提供了灵活性——现金可以用于任何方面。Kim 等人(2001)提倡现金奖励,因为它促使企业制定高价格。然而,现金奖励对企业来说成本很高。一家移动电话公司可以奖励顾客一部价值 200 美元的新手机,该价格是顾客在零售时必须支付的价格,但是企业也许只花费了 50 美元,这显然比奖励 200 美元现金的成本要低。除此之外,非现金间接奖励提供了自豪或威望等形式的效用。例如,赢得一件有标记的独特运动夹克的售货员可能会自豪地穿上这件夹克,并享受回答同事们关于自己如何得到该夹克的问题的过程(Renk,2002)。

价格折扣 vs. 预先承诺价格。像之前提过的,Caminal 和 Matutes(1990)总结说价格折扣奖励是有效益的,而预先承诺价格束缚了企业的手脚并增强了竞争。在他们的分析中,如果企业可以在以上二者中选择,则预先承诺的价格是平衡点,这说明价格折扣奖励应该不如预先承诺价格流行。的确,常见的“买 X 赠一”的许多计划的性质是预先承诺价格奖励的主要例子,然而许多零售奖励计划也会提供折扣优惠券。关键问题是将奖励与产品价格区分开。赠品像优惠券一样能够满足这一点,这也是普遍的奖励方式。

货币价值。一个重要的决策是给予顾客的奖励的货币价值。例如,信用卡对每一美元的消费提供一个积分,5 000 积分会赢得价值 50 美元的礼物证书(Polaniecki,2001),这相当于对每一美元的消费提供一美分的奖励,即 1%的折扣。西南航空公司会在顾客进行 8 次往返飞行后奖励一次免费航班(Goetzl,2000),这相当于每次航班有 12.5%的折扣。一项高货币价值的奖励与不容易达成的奖励计划相结合(如 8 次飞行兑换一次免费航班)能够创造大量积分压力。价值较高的奖励增强了奖励行为机制,因为更猛烈的奖励会对企业产生更多的影响。然而,如果奖励价格太高,它会成为“首要强化”(Rothschild & Gaidis,1981;Rothschild,1987),并加强了对奖励计划的使用而不是对产品的使用。

奖励吸引力。这与奖励的货币价值问题相似，但是适用于没有明显货币价值的赠品和其他奖励。与货币奖励相同的问题是奖励的高强度会把顾客的注意力从品牌上转移开来，顾客不得不认真地提前估算奖励的吸引力。宝洁公司会对频繁购买尿布的顾客奖励费雪玩具，然而宝洁低估了顾客对该计划的反应，在计划结束几个月后，它仍然无法提供足够的玩具(Estell,2002a)。实验室预测试能够避免这个问题，比如 Roehm 等人(2002)、Kivetz 和 Simonson(2002)所做的研究。

多样化奖励 vs. 单一奖励。提供一个奖励可选菜单能够使顾客选择他们最喜欢的奖励，从而提高顾客的效用(Lucas,2002)。多样化奖励的主要缺点是高成本和复杂性。例如存在以下问题：平均来说各种奖励是否应该对企业来说等价，或对顾客来说等价，或者两者都满足。一家航空公司可能会奖励一个免费座位(如果可以的话对企业来说成本为0)或者一件旅行袋(有一定的成本)，如果太多顾客选择了旅行袋，奖励计划就可能是无利可图的。

奢华 vs. 实用奖励。Kivetz 和 Simonson(2002)发现当奖励计划的要求更严格时，顾客更喜欢奢华的奖励(面部按摩、酒和珠宝首饰等)。严格的计划会缓解顾客得到奢华奖励时可能产生的内疚感，这意味着如果企业采用凸的、有临界值的奖励结构，对更高的临界值应该使用奢华物品奖励，而实用奖励可以用于较低的临界值。复杂的是顾客的异质性。顾客 A 可能觉得 8 次飞行很难完成，值得一件奢华的奖励，而顾客 B 平均每个月乘 8 次飞机，需要很少的努力。该结果意味着如果奖励计划以低销售顾客为目标但设置了很大障碍，它最好采用奢华奖励，因为为了得到奖励这些顾客必须付出很多努力。

与品牌定位的联系。Roehm 等人(2002)认为奖励应该强化产品定位，并且最好的方法是进行无形的奖励而不是有形的奖励。使用赠品能够强化定位，但是优惠券更有形化，相对而言，使用能够强化品牌定位的有游戏和竞赛活动的网站能够更好地增强顾客忠诚度。无形奖励的问题是它也许不能产生足够的积分压力——网站的进入许可也许不是一个能够产生积分压力的足够猛烈的奖励(虽然在 Roehm 等人的试验中，所有的奖励都能够创造相同数量的购买)，这意味着奖励计划中顾客保留所带来的收益完全来自奖励行为效应。有许多能够将奖励计划与产品密切相连的案例，例如，AT&T 宽带——一家电视电缆公司，使用如迪士尼手表等赠品(Beeler,2000)；Nantucket Nectars——一家饮料公司，利用了它们写有经典语录的瓶盖，用瓶盖作为奖励计划的积分。

22.4.6 个性化营销

使用奖励计划来促进个性化营销是奖励计划应用的一个重要机会，特别是交叉销售。当企业有顾客购买的历史数据时交叉销售会实施得最好(Knott et al.,2002)，而这些数据是通过奖励计划收集的。如前所述，Kivetz 等人(2006)发现，当顾客距离获得奖励越来越近时，他们更善于接受特定的产品。这个发现值得探究，但是这也为整合累积奖励计划和个性化营销提供了建议。

在奖励计划中个性化营销没有被充分利用。许多超市通过购物积分计划来收集购买数据，但是很少有超市使用这些数据来进行个性化营销活动，原因至少有三个：第一，个性化营销需要数据分析，而超市还不能从事这项工作(Leenheer & Bijmolt,2003)；第二，存在隐私问题，许多购物者不希望超市搜索他们的购物记录来探索“有趣的”购物模式(Weir，1999)，事实上已经有法律提议允许购物者禁止超市收集他们购物习惯的相关数据(Weir，1999)。第三，超市可能担心顾客会由于定制营销活动而产生不满，这是因为个性化营销可能会表现为定向价格折扣的形式，如果顾客B得到了一名顾客A想买的产品的优惠券，顾客A会产生嫉妒心理。

22.4.7 伙伴关系

奖励计划设计的一个重要趋势是伙伴关系。伙伴关系有两种形式：“赚取”伙伴和“花费”伙伴。如果企业A的奖励计划的会员能够通过在企业B购买产品而获得积分，那么企业B是企业A的赚取伙伴；如果企业A的顾客通过在企业B得到打折或免费商品来花费积分，那么企业B是企业A的花费伙伴。显然，企业B可以同时是企业A的赚取伙伴和花费伙伴。

伙伴关系的优点是它使奖励计划对顾客更有吸引力。当企业A有许多赚取伙伴时，顾客更容易积累他们的积分总量；当企业A有花费伙伴时，奖励更具有吸引力。无论如何企业必须认真对待。Sharp和Sharp(1997)在澳大利亚实施了一项奖励计划项目，在该项目中有几家零售商店互为彼此的赚取和花费伙伴，他们发现，在大部分零售店中重复购买并没有增长——有太多商店属于伙伴关系，以至于顾客没有必要改变他们的购物习惯来赚取更多的积分。

另一个值得注意的关于伙伴关系的争论是美国在线常旅客奖励计划(直接营销，2000)。在该伙伴关系中，美国在线和美国航空公司是彼此的赚取和花费伙伴(Regan，2000)，美国在线允许它的顾客在美国在线的购物子公司购物时赚取航空里程积分，同样在乘坐美国航空公司的航班时也能赚取积分，这些航空里程积分可以兑换商品或免费航班。该计划在2000年启动并做了大量宣传，但是在2002年1月，该计划取消了允许顾客在美国在线的子公司购物时赚取航空里程积分这一重要特色。用航空里程积分兑换美国在线子公司的商品这一计划的消费特色被保持下来，但是赚取航空里程积分这一特色被放弃了。除此之外，用航空里程积分兑换商品的财物价值也被提出质疑，有报告称，50 000个美国在线的常旅客计划积分可以在购买图书时兑换为187美元，但是相同的航空里程积分可以兑换一次价值500美元的航班(Drucker，2002)。

尽管收益并不确定，但伙伴关系已经成为许多奖励计划的普遍特征。许多信用卡的奖励计划有多重花费伙伴，如航空公司、零售商和旅行社(Polaniecki，2001)。

22.4.8 监控和评价

任何市场营销计划，对奖励计划的监控和评价都很重要。这可能很困难，因为奖励计划要求达到的是长期效果。统计方法(如22.2.2节中第2点；Leenheer et al.，2007)可以用来测量积分压力和奖励行为机制，同时能够测量整体影响。评价奖励计划的另一种方法是通过调查(Bolton et al.，2000)，特别是当奖励计划事前与事后都能进行调查时。

22.5 累积奖励计划案例

22.5.1 Harrah's 娱乐公司[①]

Harrah's 娱乐公司有一项非常成功的奖励计划，包括累积奖励计划和个性化营销策略。Harrah's 在美国经营了 21 家赌场，每年服务于 1 900 万位顾客，因此 Harrah's 需要一个庞大的数据库来储存顾客信息。它的顾客数据储存在 Patron 数据库(PDB)和营销工作台(MWB)。PDB 存储了"原始"数据，可以用于简单的查找，MWB 包含了可以用于为个性化营销工作进行分析的数据形式。数据库的总容量是 300GB，每天都会进行更新。数据是在顾客水平上的，包括住宿酒店、人口统计资料、顾客偏好、事件出席情况、参加的游戏和收到与反馈的营销定价。这些数据综合体现了所有 Harrah's 分店的每位顾客的信息，这是真正的"顾客的单一视图"(第 25 章)。

顾客通过使用 Harrah's 的设施来积累积分，这些积分可以兑换为商品、客房、食品和现金，这是通过 PDB 数据库来实施的。哈拉斯也用 MWB 数据库来设计各种个性化营销活动，这些活动由促销与免费通行证等构成。这些活动可以预测模型为基础且以个人为目标。例如，Harrah's 基于顾客的住处和赌博速率(即他们玩老虎机的速度有多快)来鉴别顾客是否具有较高的增加光顾次数的潜力，之后会向这些顾客邮寄现金和食品的邀约，然后他们的光顾频率从每月 1.1 次上升至每月 1.4 次。

Harrah's 的奖励计划与 Harrah's 的顾客分级计划整合在一起。不同等级的会员是以积累积分的临界值为基础的，并且每一等级有特定的特权，如优先预定权、特定座位和签到。

总体上来说，Harrah's 在通信技术上的投资内部收益率估计达到 72%，他们报道在光顾频率、利润和跨市场设施使用方面有巨大的提高。Harrah's 的奖励计划的实施是一个能够被广泛宣传的"成功故事"(Swift，2001；Davis，2001；Koller，2001；Rosen，2000；Heun，2000)。这个计划有两个方面值得注意：首先，顾客数据非常完整且对每位顾客都进行了细致描述。其次，该计划采用了积分奖励和个性化营销策略，顾客利润的增长无疑来自图 22.1 中的三个机制：积分压力、奖励行为和个性化营销。

22.5.2 英国超市行业：Nectar 计划与 Clubcard 计划

英国的超市行业见证了在奖励计划上针锋相对的激烈竞争。乐购(Tesco)在 1995 年拉开了竞争的序幕(Gofton，1998)，它在那时落后于 Sainsbury's 超市屈居第二，于是希望保留顾客并增加销售业绩。它的"Clubcard"每消费一英镑会奖励一个积分，在乐购一个积分价值一便士的优惠，相当于 1%的折扣。而利润率为 5%～7%，因此这个折扣意味着乐购的利润会大幅降低(Croft，1995)。问题是这样做是否值得。乐购在 1995 年表示已经超越 Sainsbury's 超市，并且 Clubcard 是最主要的原因(Croft，1995)。

---

① 本部分的许多材料是以 Watson 和 Volonino(2001)的文献为基础的，另请参阅 Watson 和 Eckerson(2000)。

此时此刻乐购面临两个问题：第一个是Sainsbury's超市对此会如何反应。确实Sainsbury's超市用"Saver Card"来应对乐购。Saver Card是一种具有阶梯式奖励的累积奖励计划，一张卡最多可以积累5 000积分，代表着消费了2 000英镑，可以抵扣50英镑的优惠，也就是节约了2.5%。然而到1998年他们也发放了持续的Reward Card来与乐购的ClubCard竞争(Marketing Week，1998)。第二个问题是乐购能否利用所收集的数据库来发展个性化营销计划，以此获得额外利润。这是关键的一步，乐购在6%的利润基础上牺牲了1%的利润，因此为了收支平衡乐购必须获得20%的额外利润。①

事实上，乐购的确开始利用从持卡会员处收集到的购买数据来制作优惠券或其他折扣送给购物者。每个季度乐购都会向会员邮寄一封信，其中包括积分总数、乐购积分兑换的代金券和有针对性的优惠券。据报道说，根据对购买数据的分析，乐购创造了100 000种个性化版本的有针对性的优惠券(Gofton，1998)。1998年，据报道，乐购的忠实顾客群增加了1/3，优惠券的偿还率也超过了30%(Gofton，1998)。一切迹象表明，ClubCard在个性化营销方面取得了巨大的成功，甚至在与沃尔玛的竞争中也是如此(Rohwedder，2006)。

随着时间的推移，乐购也将它的ClubCard进行了扩展，引进了更多获取和花费积分的合作伙伴。到2002年，积分获取合作商包括Allders零售店、Beefeater饭店、H. Samuel珠宝和几家汽车与轮胎中心。积分花费合作商包括一系列几乎令人眼花缭乱的娱乐和旅行企业，它们都被列在乐购的网站上(www. tesco. co. uk)。近期还有一个合作商家是Air Miles——一项航空旅行奖励计划。

在这一时期，Sainsbury's超市保留了它自己的奖励计划，但是该计划显然比不上乐购计划的综合性。直到2002年后期Nectar计划启动，这一状况才发生了改变。Nectar是四个企业联营的一项奖励计划——Sainsbury's超市、英国石油、Debenhans零售店和Barclaycard信用卡(Kleinman，2002)，顾客在这四家公司消费都可以获得积分奖励。而积分花费合作商家则包括Sainsbury's超市、麦当劳、Blockbuster和其他公司。2002年，Nectar声称已有1 200万名会员，而乐购只有1 000万名会员(Rogers，2002)。

两个重要的问题随之出现：首先，下一步这些计划将如何发展？一种有趣的可能性是它们将成为品牌产品，每个包含了一系列的积分获取和花费合作商家以及各种各样的积分方案。目前，在英国市场上主角是Nectar、Air Miles(一项飞行常客奖励计划，乐购是其积分伙伴)、乐购的ClubCard和Boots Advantage。将来仍存在其他问题，例如，奖励是否会超过收入的1%？当前1%已经多少成为行业标准？

其次，也是最重要的问题是，对会员企业来说这些计划能否提高利润？在利润上的牺牲需要收入上的大幅增长或是个性化营销带来的利润增长。如果乐购提高产品价格收入就会增长，Klemperer和其他人建议这是获取利润的一种方式，另外，重度消费者也积累了更多的积分，并且因此有机会在有最低积分要求的航空公司和其他合作伙伴那里使用

① 令R为基础收入；m为基础利润率(6%)，δ为增量收入，因此基准利润为Rm，在奖励计划下利润变为$R(m-0.01)+R\delta(m-0.01)$。则为了收支平衡，我们必须使$R(m-0.01)+R\delta(m-0.01)>Rm$，则$\delta>[m/(m-0.01)]-1=0.20$，或20%。

积分。因此我们有了 Kim 等人(2001)提到的条件,重度使用者比轻度使用者从计划中获得了更多的好处。只要轻度消费者对价格不敏感[参见 Kim& Rossi(1994)中重度消费者的价格敏感度高于轻度消费者的案例],结果就是盈利的。问题是轻度消费者可能对价格敏感。首先,他们可能是低收入个体;其次,他们可能是商店转换者。重点是 Klemperer 和其同事的理论适用于思考和评估这些奖励计划的盈利性。

除此之外,至少乐购的奖励是以减少现金的形式进行的(即优惠券),而不是承诺价格。因此 Caminal 和 Matutes(1990)的建议也适用,然而 Kopalle 和 Neslin(2003)的市场增长条件似乎不适用。英国的超市行业已经比较成熟,另一种盈利的方法是个性化营销,乐购的报告显示个性化营销对他们非常有帮助。无论如何,英国超市行业为我们提供了奖励计划竞争状况的发展以及奖励计划"行业"的出现的惊鸿一瞥。

22.5.3 Cingular 公司的通话时长延期使用计划

无线电话行业会关注顾客流失。Cingular 公司创造了一种奖励计划能够让顾客将上个月没有用完的通话时长延期至当月使用(Thomaselli,2002)。这是与基于较低使用率积累积分的标准奖励计划的区别所在。

Compete 公司的报告称,这项计划对减少顾客流失有很强的短期影响(Business Wire,2002),但是这种影响很快就消失了。Compete 通过观察网站访问行为来收集数据,它使用一家企业中关注竞品的现有顾客的比例来衡量潜在流失。Compete 发现,当 Cingular 启动该计划时,其竞争对手的潜在流失增加了 9%～27%,Cingular 却保持了原有水平。但是大约一个月后,当其竞争对手有所改进时,Cingular 的潜在流失增加了 11%。Compete 没能获取真实的流失数据,而是将顾客搜索行为作为一项指标。它显示 Cingular 的计划在保持企业现有顾客的同时引起了其竞争对手顾客的关注。但是在最初的广告活动过后,水平就差不多了。

当然,延期使用计划还是有可能会有所回报的。在任何情况下,它是可用于各种为使用时间付费服务的一项有趣的奖励结构。但是,或许延期时间"仅仅"是有短期积极作用的促销方式,而其长期影响不大。这一问题的部分原因可能是缺少真实的积分压力影响。激励顾客现在不使用服务而使他们在将来更多地使用服务这一想法似乎是弄巧成拙的。积分压力的影响会鼓励更多的当前使用因此他们会在将来得到奖励。

22.5.4 希尔顿酒店

酒店行业是拥有长期顾客忠诚度的重复性购买行业,这使它为使用奖励计划做好了准备。希尔顿为顾客提供了希尔顿荣誉会员卡,任何人都可以免费加入(Deighton,2000; Bell et al.,2002)。会员不仅可以通过在希尔顿酒店住宿获得积分,还可以通过在它的合作伙伴处消费获得,这些合作伙伴包括各种航空公司、FTD Florists 和 Mrs. Field's Cookies 公司。这些积分可以用作升级和在希尔顿酒店住宿,或者在合作伙伴处消费,或者转换为可以兑换成免费航班的航空里程积分。

积分的换算比率是每 1 美元兑换 10 个积分。积分的货币价值由酒店和房间的入住率来决定。例如,5 000 积分可以换得 Alburquerque 希尔顿酒店价值 128 美元房间的

50%折扣，相当于500美元投入获得13%的折扣。相比之下，25 000积分可以在希尔顿的波士顿后湾酒店价值239美元的房间免费住一晚，相当于2 500的投入获得了9%的折扣。

该项计划和希尔顿顾客等级计划(蓝、银、金和钻石)相结合。会员等级是根据近年酒店住宿次数来确定的。不同等级顾客所获得的利益有两个方面不同：一是每1美元消费获得的积分不同；二是升级奖励有所差异。有意思的是，钻石等级顾客的奖励却没什么特别的。据Deighton(2000)报道，这一策略是为了降低钻石会员的期望，然后再给予他们“超值服务”[这样就能“取悦顾客”(Rust & Oliver，2000)]。

希尔顿也通过希尔顿荣誉会员卡传递个性化服务(Orr，2000)。例如，在任一指定的月份，公司需要从80～130条信息或促销活动中挑出合适的信息写进顾客邮件中。他们会依据顾客先前的住宿情况、信用卡的使用情况和人口统计资料等变量来为每一位顾客挑选出大约14条信息。

希尔顿启动荣誉会员卡计划的目的有四个。一是收益管理。希尔顿经常会有一些空房间，荣誉会员卡计划所提供的数据可以帮助希尔顿制定个性化营销方案来降低空房率。二是通过合作伙伴来扩充提供给顾客的奖励。三是用来鼓励酒店经营者加盟希尔顿集团——这样，那些想在加盟酒店消费积分的奖励计划会员，会给这些加盟酒店带来额外的收益。四是奖励计划的传统目标——与顾客建立良好的关系。例如，当顾客入住时，他们可以通过事先了解到的顾客偏好来交叉销售旅游产品，或者提供更好的服务等。

相关研究表明，每五个入住的荣誉会员中就有一个是由于奖励计划会员身份而入住的。这些增加的入住会有一个很大的折扣，但是旅客在居住期间除了房间之外往往还会有其他花费。另外，奖励行为和个性化营销可能还会带来潜在的好处，如增加入住频率。话虽如此，但公司也承认荣誉钻石会员的年流失率为40%(Higley，2002)。我们不是要说明，如果没有奖励计划流失率将会是多少，而是这么高的流失率说明酒店行业竞争非常激烈，奖励计划并不能完全留住顾客。

22.6 研究需要

奖励计划是顾客管理的常用方式。有大量有关奖励计划的研究，但是还有很多工作需要去做。主要是以下三个基本领域：①对于奖励计划，顾客如何响应？②奖励计划是否可盈利？③设计奖励计划的最好方式是什么？

关于顾客响应，我们有充足的证据说明积分压力是一种真实现象(22.2.2节)，但是，有关奖励行为现象的存在与效果以及在何种情况下它会流行还有更多精细的工作要做。简而言之，我们需要知道累积奖励计划，有时也叫忠诚计划，是否真的会产生忠诚度(参见Shugan，2005)。

我们有很好的理论来表明在什么情况下奖励计划会在竞争均衡中获利。但是，这些理论考虑了积分压力机制(顾客购买更多来获得奖励)，而没有细致地考虑奖励行为和个性化营销机制。此外，我们需要实证研究来判定奖励计划对利润的影响。之前论述的英国超市行业将是完美的研究场所。

最后，计划设计的许多方面有待调查。其整体需求是确定在什么条件下哪种类型的设计会运行得最好。企业在什么时候应该运用连续奖励和临界值奖励，或者凸的、凹的和线性的？奖励如何被及时递送？获取和消费积分的规则如何透明化？怎样选择赚取和花费伙伴，以及赚取和花费伙伴之间的财务安排应该怎样？包含多种赚取和花费伙伴的企业运行的计划是否是最好的组织计划，或者企业品牌联营与奖励计划的结合是否是由外部机构所管理的？航空里程积分或许已经是信用卡，甚至超市计划里使用最普遍的奖励方式（见前文乐购/Sainsbury's超市的例子）。到底什么让这一奖励计划如此具有吸引力是需要通过研究来弄清楚的。最后的问题是奖励计划品牌——例如，乐购似乎已将其会员卡计划品牌化。这样做的方式以及好处需要被更好地理解。

第23章 顾客分级计划

摘要

在当今竞争激烈的环境中，许多公司已经做出了战略决策来保护和发展最有价值的顾客。这一战略通过顾客分级计划得以实施，借此使顾客被分配到不同等级——如金、银、铜——并根据他们所分配的等级给予其不同水平的营销和服务。我们讨论定义顾客等级的各种方法和公司在某一等级内提升顾客价值所必须制定的基本分配决策，可能更重要的是他们如何能够进入更高的等级。我们通过 Bank One、加拿大国家银行和维京办公产品等公司所使用的真实计划的回顾作为结束。

23.1 定义和动机

顾客分级计划是指通过顾客的实际或潜在的盈利能力对顾客进行细分(Zeithaml et al.,2001)，并根据他们已分配的等级提供不同的服务或产品。例如，公司可能将其顾客分为"白金""金""银"和"铜"几个层级或等级，并以不同的方式对待不同等级的顾客。这里面的基本假设是，不同层级的细分顾客群需求不同，对各种营销活动的反应也不同。

顾客分级计划与常客奖励计划相关(第 22 章)，"忠诚计划"这个短语经常用于描述两者。的确，顾客可以基于其累计购买"赚得"特定等级的权利。然而，顾客分级计划和常客奖励计划的不同在于：常客奖励计划狭窄一些，聚焦于一次特定的奖励，通常是一次性的奖励，如免费赠品。与之对比，顾客等级基于顾客的盈利能力，为不同的他们提供长期差异的服务或产品。

使用简单的顾客终生价值计算公式，顾客分级计划可以概括如下：

$$\mathrm{LTV}_s = \sum_{t=1}^{\infty} \frac{m_{st} r_s^{t-1}}{(1+\delta)^{t-1}} \tag{23.1}$$

其中，s 为顾客细分市场(层级)数；m_{st} 为 s 层级在 t 时期的利润贡献；r_s 为 s 层级的保留率。顾客分级计划试图基于细分市场来管理利润和顾客保留，因此顾客分级计划也就是基于顾客管理计划。但是，企业也可以获取那些符合特定层级资格的顾客。因此，从最广泛的意义来说，顾客分级计划包括获取、保留和开发顾客。

企业采取顾客分级计划的几个动机如下。

- **可辨识性**。有了更完整的信息系统(如 Rasmusson,1999)，许多公司现在能够计算出每位顾客的盈利能力。这使它们能够将顾客分配至不同盈利水平的等级。

- **公司最佳顾客的重要性**。正如 Peppers 和 Rogers 在他们的开拓性著作中所陈述的，“有些顾客就是比其他人更有价值”(Peppers & Rogers，1997：37)。一旦公司开始计算不同顾客的盈利性，他们一次又一次地证实了格言，“前 20%的顾客群贡献了 80%的利润”。并非精确的 20%～80%，但原理是相同的。Hartfeil(1996)报告，前 20%的顾客占 Bank One 的利润为 100%。Raider(1999)报道，健怡可乐“其销售额的80%来自其前 13%的顾客”，而对于 Taster's Choice 咖啡，前 4%的顾客占销售额的 87%。Storbacka(1994)报道，一些银行的利润分配更接近 25%～225%，这意味着其 25%的顶级顾客占利润的 225%(他们在其最无利可图的顾客身上是亏损的)。
- **有限的资源**。公司面临的压力与日俱增，营销投入在缩水，又要产生更高的投资回报率(ROI)。由于识别其最重要的少数顾客是相对容易的，因此将这些有限的资源聚焦于这些顾客来最大化投资回报率是合乎逻辑的。
- **从获取到保留的重新聚焦**。在以获取新顾客为目标的时期结束后，越来越多的公司正转向于顾客保留。虽然大多数顾客分级计划不完全是一种顾客保留策略，但顾客分级计划的关注点是发展和留住现有顾客。
- **在需求与响应性上不同的顾客盈利性等级**。为了让顾客分级计划有意义，不同等级或层级之间必须在需求与响应性上有所不同。研究发现实际情况确实如此。例如，Zeithaml 等人(2001)发现，美国一家主要银行的盈利能力层级依据下列因素不同：顾客的年龄与收入；他们对于服务质量的感受，是什么驱动他们更多地使用银行服务，以及产品质量变化对利润的影响。
- **竞争**。A 公司的现有顾客是 B 公司的潜在顾客。因此，A 公司面临的压力是如何使自己的顾客不被 B 染指。可用的策略是授予这些顾客白金地位，并为他们提供能够提高他们的忠诚度和竞争对手难以复制的服务。
- **使顾客“愉悦”的愿望**。Rust 和 Oliver(2000)将顾客愉悦定义为：由于超出顾客的期望所引起的非常强烈的顾客情感(同时参见 Hatch，2002)。Oliver 等人(1997)证明，顾客高兴能够导致更高的购买意向与顾客满意度。顾客分级计划将它们最好的顾客放置于高等级并提供超出他们期望的产品，进而从顾客的愉悦中赢利。当然，负面影响在于那些位于较低等级的顾客可能会体验到相反的效应——他们对于基本服务的期望可能都无法满足。然而，由于最好的顾客贡献了绝大多数的利润和市场竞争如此之激烈，取悦最好的顾客可能是一种明智的策略。

23.2 设计顾客分级计划

23.2.1 概述

图 23.1 表明了制订顾客分级计划所需的步骤。首先是审查目标。其次是为建立细分市场来编制必要的数据库。然后开始以迭代方法定义顾客等级，评估获取与发展每一

潜在等级市场的可能性、为每一等级分配获取与发展顾客的资金，以及为每一层的顾客开发具体的服务与营销工作。最后的步骤是实施与评估计划。

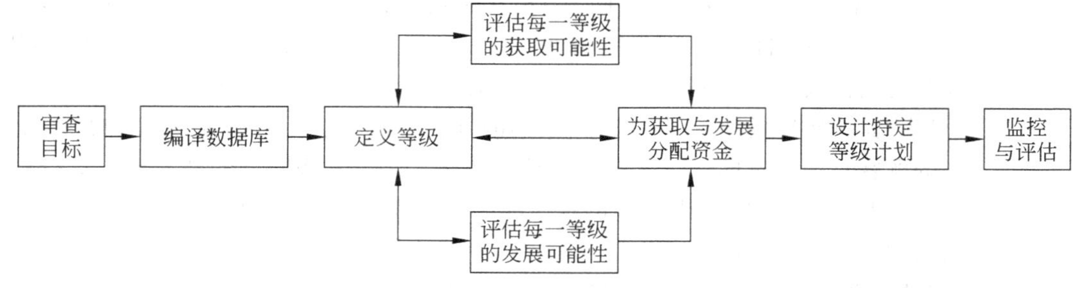

图 23.1 发展顾客层级计划的步骤

23.2.2 审查目标

审查目标是至关重要的一步，因为它引导等级的定义与资金的分配。审查的一些关键问题包括：

- **利润 vs. 收入**。公司关注于利润与收入吗？由于固定资本投资而面临巨额债务的企业（如电信）可能会真正关注产生直接收入而不是利润。
- **增长 vs. 稳定**。公司试图发展其顾客群吗？顾客分级计划可以用来防止公司的核心竞争力受到竞争的入侵，或作为一种顾客获取工具。
- **顾客中心 vs. 产品中心**。顾客分级计划主要是以顾客为中心。其思路是：确定每一层的成员有什么样的想法与需求，并加以满足。如果公司是以产品为中心，那么基于产品所有权或心理统计特征而不是盈利能力来细分顾客可能会更好。

23.2.3 创建顾客数据库

创建顾客数据库，可能会成为投资的“黑洞”。试图去捕捉每一位消费者的每一种可能的信息片段是非常诱人的。这是目标审查如此重要的原因。如果目标强调收入，那么所需要的关键数据是产品使用、结算与支付、RFM 模型和与花费相关的人口统计特征。如果强调于利润，那么数据库需要包括成本。最容易收集的是与产品交付相关的成本、商品销售成本或邮寄成本。这甚至可以要求多种产品公司的几个数据库的整合。营销成本（直接邮寄促销、调用服务中心）和付款违约的风险是更难以编制的。

23.2.4 定义等级

任务是指确定有多少等级和使在每一等级的每一位顾客具备什么水平的盈利能力资格。等级的数量和盈利能力资格可能取决于可用预算。例如，公司可能仅仅定义了两个等级，“VIP”和“其他所有”，并决定它可以承担起为 10%的顾客提供 VIP 待遇。这时公司可能需要按照盈利能力为其顾客排序，并邀请前 10%成为它们 VIP 计划的成员。

一种更为自下而上的方法是根据盈利能力为顾客排序，将他们分成不同等级并决定公司的“关键”顾客的百分比。这样做的一种简单方法是十分位数或五分位数方法

(Peppers & Rogers，1997：39)。图 23.2 显示了一张假设的五分位数图。该图表明，前 20％的顾客贡献 87％的利润，而且公司在后 40％的顾客身上是亏损的。这表明，前五分之一(20％)的顾客或许应该包括在 VIP 计划之内。

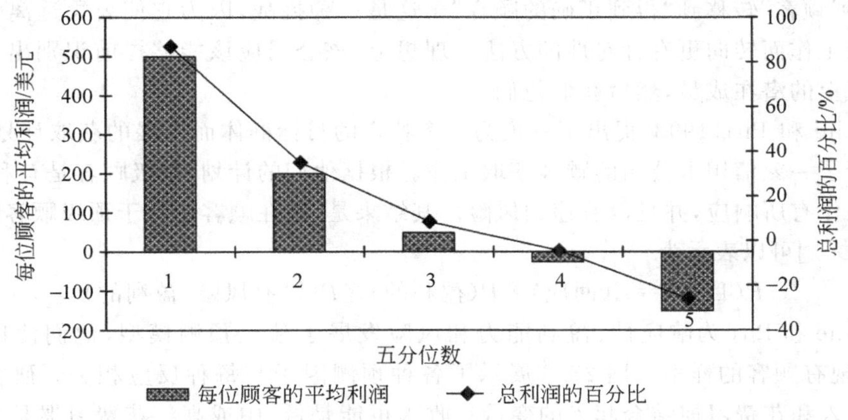

图 23.2　假设的顾客盈利能力五分位数(Peppers & Rogers，1997)

有两个因素使这种情况更加复杂。首先是实际的利润与潜在的利润之间的差异。顾客可以根据实际的或潜在的利润被分配到不同等级(注意在图 23.1 中的在“定义等级”和“评估可能性”两者之间的箭头是双向的)。实际利润比潜在利润要容易计算得多，这就需要评估营销活动的响应性(见 23.2.6 节)。然而，可能有人认为潜在利润有意义得多。使用实际利润，公司可能能够识别出产生高利润的层级，将特殊服务聚焦于这些顾客，却对他们的行为没有产生任何影响！一种更好的办法可能是先评估潜在利润，然后再定义等级。

潜在利润是难以评估的，而评估实际利润也可能是一种重大挑战。第一，盈利能力横跨哪些时期的问题(Rasmusson，1999)——过去 5 年、1 年或预计的顾客的剩余寿命？第二，是否可以计算利润或将依赖于指标。例如，对于将要获取的潜在顾客，其实际利润无法计算。这就是顾客等级可以用如下方式来定义的原因，如终身价值、生活事件(如最近的退休人员)、人口统计资料、顾客周期的阶段(新获取、成长、成熟、衰退)(Peppers & Rogers，1993：190-193)、产品使用(Zeithaml，2000)或忠诚度(Reichheld，1993)。

其次是不同行业划分顾客等级的依据不同。某家大型房地产公司，它是基于如下项目来细分顾客，如消费者决定一个新家所花费的时间、营销成本、顾客的动机/迁居的紧迫性、价格敏感度、未来购买可能性和转介潜力(Zeithaml et al.，2001)。一家市场研究公司基于顾客数据总量、提前计划研究项目的意愿、尝试新服务与方式的意愿、运用方法的多样性、销售成本、转介潜力和忠诚度来定义顾客等级(Zeithaml et al.，2001)。一家制药公司基于处方量、处方的美元价值、销售与简单成本和处方的毛利率来定义医师等级(Zeithaml et al.，2001)。

共同的思路是：定义顾客等级可能需要计算与整合现有的顾客价值与未来潜力的各种方法。

23.2.5 确定每一等级的获取可能性

顾客分级计划主要是指顾客开发工作。然而，顾客等级策略使顾客获取业务的侧重点从“得到顾客”转移到“得到正确的顾客”。这是一种挑战，因为它使公司远离大规模的市场获取工作而转向更有针对性的方法。理想上，该公司应该能够提前识别出其每一名顾客等级上的潜在成员，然后获取他们。

Ainslie 和 Pitt(1998)提出了一项为一个特定的目标群体而发展的获取计划，他们也同时分析了一家信用卡公司的顾客获取工作。根据他们的计划，顶级顾客是有利可图的，对营销工作有所响应，并且没有违约风险。其结果是，潜在顾客适合于顶级顾客层级的概率[P(目标)]可以表示为

$$P(\text{目标}) = P(\text{回应}) \times P(\text{盈利的}) \times P(\text{没有风险} \mid \text{盈利的}) \tag{23.2}$$

Ainslie 和 Pitt 为响应性、盈利能力和风险发展了独立预测模型，他们使用的是约 3 000 位现有顾客的样本。图 23.3 展示了各种预测因子与每种反应相关。研究人员创造了将收入和花费习惯结合起来的变量。收入可能是低、中或高。花费习惯是“挥霍者”或“节省者”。图 23.3 表明低收入挥霍者更有可能是回应者，平均来说也更可能是有利可图的。但是，他们更有可能是有风险的。这表明了盈利能力与违约风险之间的一种权衡，这也是为什么将风险考虑为盈利能力的另一种维度是至关重要的。根据中等收入挥霍者的回应性，他们与平均值没有差异，虽然有风险性，但是他们更有可能是有利可图的。高收入挥霍者更有可能响应也更可能有利可图，但并不可能比平均值更具有风险性。毫无疑问这是因为如果他们在财务上过分扩张，他们就有足够的财务资源来避免违约。根据人口统计资料，年轻家庭的回应性与盈利性都较低，但在违约风险上与平均值没有差异。城市高端顾客的回应性低得多，其盈利性也较低，但是就违约风险而言与平均值没有差异。

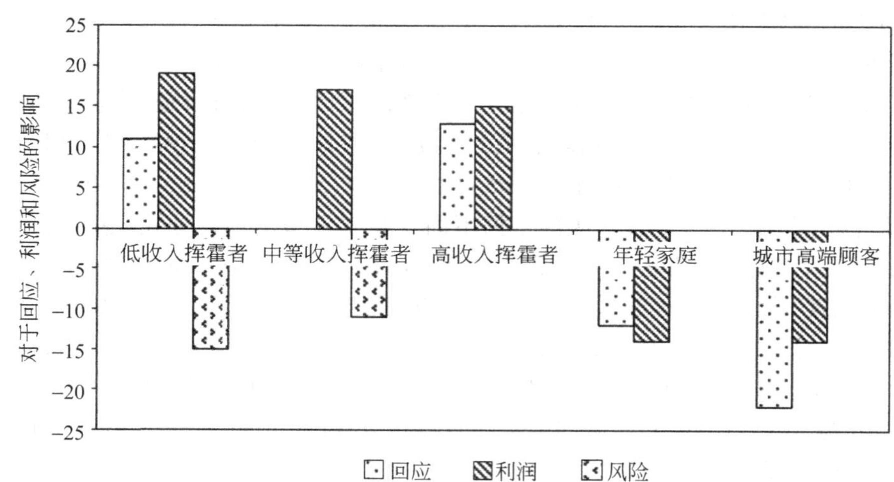

图 23.3 对于回应性、利润和风险的顾客影响因素(资料来源：Ainslie & Pitt,1998)

Ainslie 和 Pitt 应用他们的模型去识别潜在的新顾客。该模型是评估公司自己的顾

客(因为这些顾客身上的数据是可得的),该模型也同时被用来从一个国家列表中为潜在顾客打分。第一,作者根据潜在顾客的响应性来为他们打分。第二,他们从列表中选出高预计的回应者并根据盈利性为他们打分。第三,他们找出有利可图的响应者并根据风险为他们打分。这样的结果是产生了一组预计会有利可图的同时违约风险也较低的潜在顾客,即顶级顾客的成员。

23.2.6 每一等级的发展可能性

这是开发一项顾客分级计划最难的部分,但确实是最重要的。目标是评估特定等级的顾客对于提供给该等级的服务和营销工作的回应性。因此,它在资金分配和计划设计上扮演着重要角色。

有两种方法来确定相关的回应函数,不同之处在于图 23.1 中的箭头是从"定义层级"指向"评估可能性",还是从"评估可能性"指向"定义层级"。

简单的一种方法是先定义层级。在这种情况下,我们基于顾客的当前利润对其进行细分,然后对在每一层级中的顾客的响应性进行测量。这些回应函数会管理花费和用于每一等级的特定营销工作与服务。顾客回应的利益性在于保留率和利润,因为这些决定终身价值[式(23.1)]。服务和营销工作可能包括特定的呼叫中心电话号码、免运费、易登记、免费更新、追加销售和交叉销售。

第二种方法可能更为复杂却可能更受偏爱,那就是在顾客等级上测量回应函数,然后按照顾客的回应函数来分配他们的等级。例如,被分配到顶级的理想顾客应该具备高"基线"水平的盈利能力和对于营销工作的高响应性。另一个需要考虑的因素是顾客从一个层级"转移"到另一个层级的可能性——即我们基于营销工作将"银"顾客转变为"金"顾客的可能性有多大?

有关所需要的回应函数的类型例子可以在服务质量的文献中找到(见 Zeithaml,2000)。这项研究将服务属性与感知服务质量(Bolton & Drew,1991a,b;Rust et al.,1995)、顾客满意度与增加的顾客保留(Bolton,1998)与使用(Bolton & Lemon,1999)联系起来。保留与使用(收入)和顾客盈利能力是明显相联系的(Rust et al.,1995)。Rust 等人(2000)采取一种不同的方法,表明服务的改善是如何提高三种类型的资产的(价值、品牌和保留),这可以直接结算为财务绩效。

该研究采用了判断法或顾客调查法。我们不知道这些方法的现场试验。该研究已研究了服务属性,这被定义为顾客分级计划的一部分,但是他们并没有研究交叉销售、直销或广告的影响。但是,他们提供了关于所需要的用来表明顾客分级计划的元素如何转化成顾客保留和收入的响应函数的类型。

Wansink(2003)开展了一项挑衅性的研究,对比了管理感知的顾客潜力与实际潜力。他定义了三种营销计划:"低""适中"和"高"。它们可以应用于大众消费品。该计划的定义如下所示:

- **低**。季度单页简报,0.25 美元的优惠券包括在简报中;接受 20 张购买凭证和 5.00 美元邮费的产品线商品(如咖啡杯)和手续费。
- **适中**。季度全彩小册子;0.50 美元的优惠券包括在小册子中;接受 20 张购买凭证的产品线商品。

- **高**。月度全彩小册子；1.00 美元的优惠券包括在小册子中；接受 10 张购买凭证的产品线商品。

Wansink 接着调查了 132 位大众消费品的品牌管理人员，并询问他们哪种计划对于下面哪个层级是最有效的：现有的非用户、轻度用户和重度用户。管理人员清楚地回应道：①一般而言，高水平的计划会产生最多的增量销售和最大的成本效益；②每一种计划可能都是在重度用户中最有效（增量销售和成本效益），其次是轻度用户，接着是非用户。例如，没有一位品牌管理人员认为在轻度用户中"低"计划会是有效的，并且他们对在重度用户中"高"计划会非常有效达成了高度一致。

Wansink 之后对消费者检验了这些计划。他调查了 643 位消费者并且将他们随机分配到一种奖励计划——低、适中或高——正如前面所定义的。他对于每一位消费者检验了三条产品线（Kellogg's、Betty Crocker and Land O'Lakes）。对于每一位消费者，他询问：①他们的当前的消费水平；②在他们已被分配的奖励计划下，在接下来的 12 个月内，他们的预期购买水平。他用这个来计算在每一层级中的每一种计划的盈利能力。结果如图 23.4 所示。

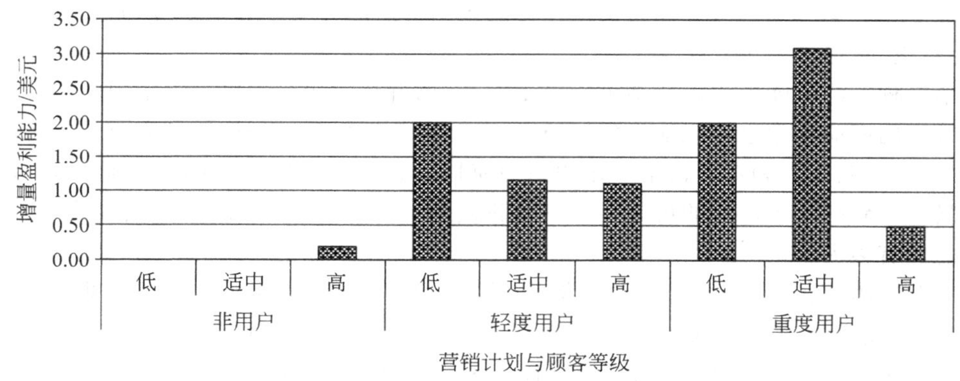

图 23.4 针对不同的顾客等级（层级）的低、适中和高营销计划的可能性（自 Wansink，2003）

图 23.4 显示出两种令人吃惊的结果。首先，"高"计划一般不是最赚钱的。其次，对重度用户来说，"适中"计划是最赚钱的，但是，考虑到该计划的成本，获利情况发生了巨大的变化。比如，Wansink 计算出，在"高"计划下，重度用户平均会多支出 2.4 单位的购买花费，由此带来 7.20 美元的额外收入。然而，这些顾客也会兑换价值 6.70 美元的优惠券，因此净收益为 0.50 美元。在"适中"计划下，重度用户平均会多支出 2.0 单位的购买花费，并带来 6.00 美元的额外收入，但优惠券的价值可能仅仅为 2.90 美元（对于"高"计划是 0.50 美元 vs. 1.00 美元的优惠券），因此净收益为 3.10 美元。把更好的待遇（1.00 美元的优惠券）用在重度用户身上确实产生更多的增量单位，但是不足以弥补成本的损失。

这项研究挑战了传统的观点，即定义顾客分级计划来供应最有利可图的顾客（即重度用户），并带来最大的收益（即"高"计划）。当然，该研究本身可能受到质疑。利润的计算是使用消费者自我报告的未来购买。此外，这项研究的对象是产品，而不是服务与行业，因此奖励为产品和价格导向。然而，有一点是很好的，盈利可能性是设计顾客分级计划的关键，并且重度用户虽然可能有贡献最多的增量销售潜力，但这也不一定转化成最高的利润。因此在当前忠诚的用户身上浪费大量的刺激可能是无利可图的。

Kopalle 等人(2006)开发出一个动态的结构模型来检验顾客对于频率奖励计划与顾客分级计划的回应。他们使用航空公司估计了他们的模型，该公司同时提供飞行常旅客计划和包括三个等级的顾客分级计划。如果顾客在一年之内达到了特定数量的英里数，他们就会被自动置于某一等级。我们在第 22 章中更为详细地描述了该模型及其结果。作者发现，顾客分级计划确实增加了顾客效用，更高等级的收益提供更大的效用。可能最为重要的是，作者发现了两个层级——"忠诚计划狂热者"和"顾客等级聚焦"。忠诚计划狂热层级较小(约 6%的样本)，他们关心频率奖励和顾客分级计划的收益。顾客等级聚焦层级要大得多(约 94%的样本)，他们实际上并不喜欢频率奖励计划。然而，他们从顾客分级计划中获得了效用。

23.2.7 顾客等级资金分配

一旦我们将顾客分配到等级，理解了市场营销工作与顾客获取之间的关系，并且理解了在每一个等级中的顾客如何对于营销活动进行回应，我们就能够为各个等级分配营销资金。我们使用两个计划模型来阐述该过程。第一个是简单的与非动态的。第二个包括了更多的复杂性，如在等级之间的转换和时期之间的分析。这两个模型都是出于 Blattberg 、Deighton(1996)和 Rust 等人(1995)的研究，他们都考虑到了在单个等级内的顾客特权的获取和保留的权衡。

1. 一个简单的对于顾客等级的资金分配模型

该模型在每一名顾客等级内为顾客发展和顾客获取分配资金，这是受预算约束的。该模型是相对简单与可以优化的。以下是决策变量：

X_{ia}＝对于等级 i，用于获取顾客所分配的资金；

X_{id}＝在等级 i 中，用于保留和发展顾客所分配的资金。

关键的回应变量如下所示：

A_i＝在等级 i 中获取的顾客数量；

LTV_i＝在等级 i 中的顾客的终身价值。

然后，我们假设如下的响应函数：

$$A_i = X_{ia}^{\delta_i} \tag{23.3}$$

$$LTV_i = \alpha_i + X_{id}^{\beta_i} \tag{23.4}$$

式(23.3)是获取函数。我们预计 δ 的值在 0 到 1 之间——随着函数中获取花费的增加，获取顾客的数量会增加，但增长率会降低——而且等级与等级之间会有所不同。此外，式(23.3)假设公司一开始在每一等级中没有任何顾客。在式(23.3)中加入一个常数项，获取方程可以得到扩展，这表明了在每一等级中顾客的初始数量。

式(23.4)总结了在每一名顾客等级中的投资是如何依据顾客终身价值取得回报的。α 项所反映的是基准 LTV，或者是如果我们对某一等级没有进行特殊的营销工作，该等级顾客的终身价值。参数 β 表示营销工作能在多大程度上提高 LTV。我们再次预计 β

的值在 0 到 1 之间，反映的是规模收益递减。如果我们接着定义：

B=营销预算；

Π=利润总额。

优化问题是

$$\begin{aligned}\underset{X_{ia},X_{id}}{\text{Max}}\prod &= \sum_i \{A_i \text{LTV}_i - X_{ia} - X_{id}\} \\ &= \sum_i \{X_{ia}^{\delta_i}(\alpha_i + X_{id}^{\beta_i}) - X_{ia} - X_{id}\}\end{aligned} \tag{23.5}$$

$$\text{s.t.} \quad \sum_i (X_{ia} + X_{id}) = B \tag{23.6}$$

这是使用 $T\times 2$ 决策变量的非线性规划，其中 T 是等级数量，对于每一等级的获取和发展花费是决策变量。预算本身不是一个决策变量。当然，这种假设可以放宽一些。

表 23.1 阐述了利用该模型的一个例子。顶级的基线 LTV(α)是 2 000 美元，而较低等级的基线 LTV 为 300 美元。获取较低等级的顾客更有效率一些(δ=0.4 vs. 0.3)，而更高等级的顾客对于营销工作的响应更强烈一些(β=0.7 vs. 0.6)。目前的预算向较低等级的顾客分配了大量资金，但是公司正在这些顾客身上亏损。较高等级的顾客是有利可图的，但是他们的数量不够，因此就存在发展的可能性。方案不像许多公司那样在它们的早期阶段专注于扩大它们的顾客群。如果在审查目标之后，目标是顾客数，那么这就是适当的。然而，如果目标是利润，表 23.1 表明，最优配置是将资金从低等级的顾客转移到高等级的顾客，即使这意味着总顾客数量的减少。该例子可能是顾客等级细分的典型动机——专注于更有价值的顾客。

表 23.1 使用简单分配模型对于两个顾客等级进行最优的获取与发展资金分配的例子 [式(23.3)～式(23.6)]

参数值		
参 数	描 述	值
δ_1	获取响应层级 1	0.30
δ_2	获取响应层级 2	0.40
α_1	基线终身价值层级 1	2 000 美元
α_2	基线终身价值层级 2	300 美元
β_1	终身价值响应层级 1	0.70
β_2	终身价值响应层级 2	0.60
B	预算	50 000 美元

	层级(等级)	获取/美元	发展/美元	获取的顾客的数量	利润/美元
当前分配	1	2 000	5 000	9.78	16.357
	2	28 000	15 000	60.10	−5 717
最优的分配	1	21 720	14 932	20.00	20.059
	2	8 819	4 529	37.86	3 922

上述模型说明了相对于仅仅了解当前的盈利能力(由 α 表示),了解响应函数(β 和 δ)的重要性。通过对现有的和潜在的盈利能力完整的表示,公司能够整理出资金应如何分配到各个顾客等级。

2. 马尔可夫分配模型

我们描述一个马尔可夫模型(Libai et al.,2002;Pfeifer & Carraway,2000),该模型允许顾客在三种状态间转换——较高等级、较低等级和非顾客——取决于营销支出。该模型不是最优的,但可用于在赞成正式的基础上来评估替代支出分配。图 23.5 描绘了该模型。有很多较高等级和较低等级的顾客可以被获取。与以前一样,决策变量是:

X_{ia}=在等级 i 中,花费在获取上的金额;

X_{id}=在等级 i 中,花费在顾客发展上的金额。

我们也有下列数量:

N_i=在等级 i 中,可用的顾客的数量;

A_i=在等级 i 中,获取的顾客的数量;

R_i=等级 i 的收入;

P_{ij}=从等级 i 移动到等级 j 层的概率。i 可以等于 1 或 2,j 可以等于 0,1 或 2,其中 0 代表非顾客,1 代表较高等级,2 代表较低等级。因此 P_{21} 为顾客从较低等级移动到较高等级的概率。

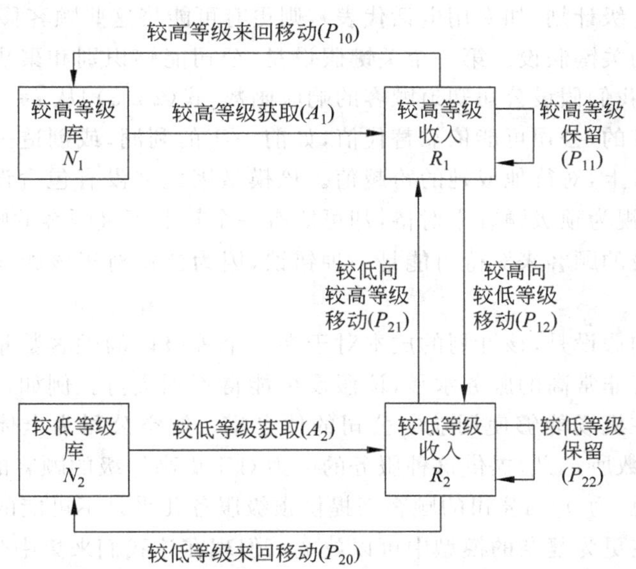

图 23.5 允许等级之间的移动的等级细分计划模型

上述所有变量都用时间下标编入索引,这些我们对于简单一些的阐述都不会包括。以下是响应函数:

$$A_i = N_i(1 - e^{-\lambda_i X_{ia}}) \tag{23.7}$$

$$R_i = \alpha_i + X_{id}^{\beta_i} \tag{23.8}$$

$$P_{ij} = \frac{\phi_{ij} + X_{id}^{\gamma_{ij}}}{\sum_{k=0}^{2}(\phi_{ik} + X_{id}^{\gamma_{ij}})} \tag{23.9}$$

式(23.7)是获取响应函数。它展现的是规模收益递减,并假设公司一开始在每一等级中没有任何顾客。$(1-e^{-\lambda_i X_{ia}})$这一项可以解释为顾客从非顾客状态移动到更高($i=1$)或更低($i=2$)等级($P_{01}$或$P_{02}$)。式(23.8)与我们在式(23.4)中用于LTV的函数是相同的。α是基线收入;β是响应顾客发展支出的收入。

式(23.9)是吸引力模型,表明在等级之间转移的概率,即顾客从银级到金级的可能性,或从金级退回到银级的可能性。ϕ是一种基线参数,它代表顾客在每个时期是否会自然地从等级i($i=1$或2)移动到等级j层($j=0$,1或2)。γ是关键参数。例如,γ_{11}代表的是营销支出对于位于顶级顾客的影响。γ_{21}是营销支出对将低等级的顾客转变为高等级顾客的影响。我们预计对于顶级的保留参数γ_{11},它是正的并且比γ_{12}和γ_{10}要大。就较低等级而言,发展资金最有可能用于将顾客保持在较低级等级(而不是来回移动),但一个关键参数可能是γ_{21},具有把较低等级顾客转变为较高等级顾客的发展支出能力。所以,我们希望$\gamma_{22}>\gamma_{21}>\gamma_{20}$,但是$\gamma_{21}$越大越好。

γ可能取决于该计划的设计。例如,如果针对较低等级的顾客等级计划是高度价格导向的(提供优惠券、免费赠品等),就不太可能将这些顾客移动到顶级。但是,能够提供更好服务的较低等级计划(如专用电话代表),则更有可能将这些顾客移动到较高的等级。

有两个另外的关键假设。第一个关键假设是,公司能够识别和聚焦于每一等级中的顾客。在形式上,我们假设公司知道顾客的响应函数[式(23.8)]从$i=1$到$i=2$的变化。当然这可能是困难的,公司可能依靠替代值,如前一年的利润,或创造一个如果顾客在一个较高水平的等级上,对待他或她的跨越值。该模型因此并没有包含误分类的风险。例如,顾客可能会被视为顶级顾客来对待,却可能有一个较低等级顾客的响应函数。把这种顾客视为较高等级的顾客来对待可能是一种错误,因为公司对于该顾客假定了错误的响应函数。

第二个关键的假设是,该计划的成本对于在一个等级内的顾客数量是线性的。如果在更高的等级内有非常高的服务水平,该假设可能得不到支持。例如,对航空公司来说,更高的等级可能在机场能够使用航空公司的休息室。航空公司为全体更高等级的顾客(由他们的响应函数所定义)提供这种服务的能力对于更高等级的顾客的数量可能是凸性的函数。也就是说,为90%公司的顾客来提供顶级服务几乎是不可能的。

这两个假设在更为复杂的模型中可以放宽。但现在让我们来集中分析目前的模型。

图23.6显示了使用上述模型的计算,分别对于获取和保留假设固定的预算(2 000美元)。参数表明,顶层是很难获取的,但具有高得多的基准收入。顶层对于发展资金的响应也更好,在于这些投资对于留住顾客与防止他们(负数)离开公司或倒退到较低等级更为有效。发展资金能够帮助较低等级的顾客移动到较高等级($\gamma=0.05$),但是该效应不是很强。

图23.6a表明,假设对于获取资金的平等分配(对于较高等级和较低等级都是1 000美元),分配更多的保留预算给较高等级(约85%分配能够实现利润最大化)带来的报酬

较多。这是毋庸置疑的，因为较高的等级有较高的基准收入，并且对于有营销资金有相同的响应。这对于聚焦于最好的顾客可能是一个经典结果。图 23.6b 表明，假设保留资金的平等分配（对于较高等级和较低等级都是 1 000 美元），获取预算应完全分配给较低等级。这也是一个有趣的例证。鉴于获取较低等级的花费更少（$\lambda_1<\lambda_2$），并考虑到公司是花费资金（1 000 美元）来发展较低等级的顾客，那么获取较低等级的顾客并将他们转换为较高等级比直接获取较高等级的顾客更为有效。

参　数	描　　述	值
N_1	可得的较高等级的顾客数量	3 000 000
N_2	可得的较低等级的顾客数量	3 000 000
λ_1	较高等级的获取回应	0.5×10^{-9}
λ_2	较低等级的获取回应	1.0×10^{-8}
α_1	基线收入——较高等级	500 美元
α_2	基线收入——较低等级	50 美元
β_1	收入回应——较高等级	0.4
β_2	收入回应——较低等级	0.4
γ_{21}	上移回应——较低等级	0.05
γ_{22}	保留回应——较低等级	0.2
γ_{20}	来回移动回应——较低等级	−0.05
γ_{11}	保留回应——较高等级	0.30
γ_{12}	下移回应——较高等级	−0.01
γ_{10}	来回移动回应——较高等级	−0.05
ϕ_{21}	基线上移——较低等级	0.1
ϕ_{22}	基线保留——较低等级	0.5
ϕ_{20}	基线来回移动——较低等级	0.4
ϕ_{11}	基线保留——较高等级	0.5
ϕ_{12}	基线下移——较高等级	0.1
ϕ_{10}	基线来回移动——较高等级	0.4
δ	贴现因子	10%
B_A	获取预算	2 000 美元
B_R	保留预算	2 000 美元

这些例子仅仅只是为了说明问题。不同的参数值可能很容易地向其他方向倾斜。例如，如果对更高的等级来说保留资金是相对无效的，把顾客从较低等级移动到较高等级却有强烈影响，因此将大部分保留资金分配给较低等级是值得的，但对于将这些顾客从较低

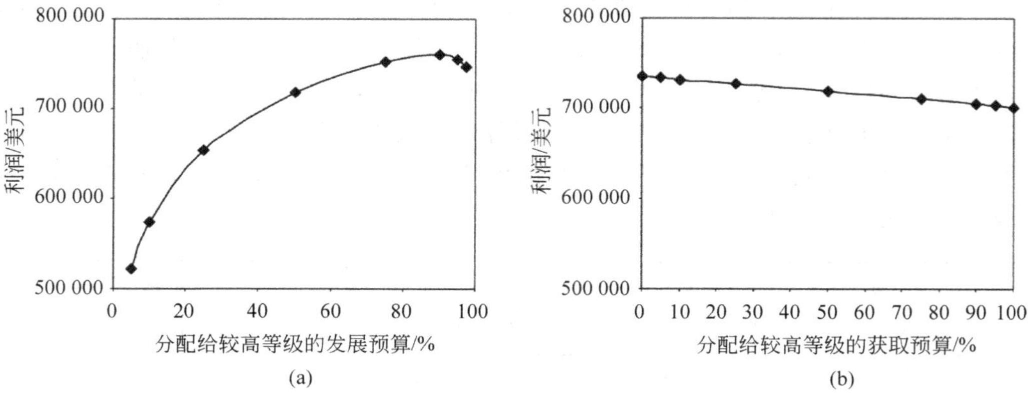

图 23.6 基于流动分配模型[式(23.7)～式(23.9)]的利润作为获取与发展的分配额的函数

(a) 最优化发展[a]；(b) 最优化获取[b]

[a]：假设 2 000 美元的获取预算在较高与较低等级之间平等分配；

[b]：假设 2 000 美元的保留预算在较高与较低等级之间平等分配。

等级转换成为较高等级可能没那么有效。

23.2.8 设计特定等级计划

一旦等级被定义和资金已经被分配，就必须为每一等级设计特定的服务和营销计划。这往往涉及提高服务水平——特别呼叫热线、对于交付的特殊关注等。更广泛的是，可能基于较高等级的顾客的需求，包含了发展的特殊产品。

一个关键的设计问题是如何开发计划来将较低等级的顾客转换为较高等级①。Zeithaml 等人(2001)描述了 Home Depot 公司在这方面进行的工作。Home Depot 注意到很多较低等级的顾客得不到周到的服务，因为 Home Depot 只向顾客出售重新装修房屋的材料，但并没有帮助他们管理装修的全过程。因此 Home Depot 开了很多家展示店，其目标是让那些有支付能力的较低等级的顾客可以购买重新装修房子的全程管理服务。虽然这是一个很好的例子，它设计了计划来使顾客向"金字塔"顶端移动，但它并不是一个具有高度针对性的产品——这些商店是对大众开放的。毫无疑问存在一些参观 Home Depot 展示店但实际上不适合它的顾客(见 http://www.consumeraffairs.com/homeowners/homedepotexpo.htm)。

另一个设计顾客分级计划的有趣方面是缩减较低等级的规模。这样做的方法之一是削减用于该等级的获取资金。然而，如果收购资金不能针对较高等级的顾客(vs. 较低等级的顾客)，那么较低等级的顾客可能又会在无意中被重新获取。该项工作就变成了鼓励这些顾客离开(Zeithaml et al.,2001)。这样做的最常见方式是高价格和低水平的服务。然而，这可能造成了一种反弹(因为很多这种顾客可能已经通过原本打算吸引顶级顾客的特殊处理被重新获取)，并产生负面口碑。

---

① 这当然假设企业想创造更多的较高等级的顾客。由于成本原因，企业可能不能为足够多的顾客提供较高等级的成员能享有的特殊服务。

关于顾客分级计划设计的另一个有趣的问题是对于扩展到顶级顾客的公众认识的程度(Shugan,2005)。例如,航空公司经常做出如下公告:“XYZ 航空公司的白金级顾客可以登机了。”这种公众认识可能会通过增强顶级顾客作为 XYZ 航空公司的顾客的认同感,来提高他们的忠诚度。但是,公众认识可能也会使较低等级的顾客发问:“我不是特别的吗?”其结果是,他们对公司的积极感受消失殆尽。

事实上,一个主要的设计考虑是:顾客是否真正应该知道他或她所在的等级。除了识别因子,顾客知道的好处是可以提供一种购买更多的激励,即争取成为白金级顾客的权利(Kopalle et al. ,2006)。如果公司采用的是一种透明的方法(如上一年度的购买量)来将顾客分配到各个等级,顾客知道的好处尤为明显。但在某些情况下,公司最好仅仅在内部记录各个等级的成员资格。例如,一个目录公司仍然为其高 RFM 顾客提供特殊的目录和服务,但是并不给予他们“白金”的称谓。顾客不知道自己的等级的好处点是:购买量或营销响应可能随着时间的推移而发生改变,该公司可能会决定要改变顾客的地位,但是不能疏远他们。公众认识、顾客对自身等级的知晓度对顾客等级设计而言是一个关键问题,并且需要仔细地研究。

最后需要说明的是,从营销的角度来看,我们认为顾客等级发展计划能够提高顾客价值,有时这些计划是以降低成本目标为导向。降低成本可能对于收入和保留有负面影响。例如,相比于使用公司人员来回答询问,使用自动的呼叫中心来服务较低等级可能会省钱,但是因为较低的服务水平,收入和保留可能降低,进而难以支付这些呼叫中心。

23.2.9 实施与评估

一项重要但容易被忽视的实施问题是关于组织的。该公司是否需要调整其组织结构以实施顾客等级方法? Peppers 和 Rogers(1993: 173-206)认为,有效的顾客管理需要的是顾客经理而不是产品管理人员(第 3 章)。对许多公司来说,这意味着一种做生意的完全不同的方式。顾客管理系统的价值问题是持续的顾客中心 vs. 产品中心争论的一部分。

一个关键问题是对顾客在层与层之间的转换的管理。如果公司使用盈利性优先的方法来创建等级,那么在各等级中将顾客分类是一件简单的事。管理人员会等到年底,计算由顾客产生的利润,然后把顾客分配到一个适当的新的等级。例如,一个产生了高于平均利润的较低等级的顾客可能会被分配到顶级。这将采取向顾客发出正式邀请的形式。这种管理方式的一种危险在于该顾客的回应函数可能是典型的顶级顾客的回应函数,这就造成资金的错误分配(见 23.2.7 节第 1 部分)。另一种危险是顶级可能会变得过于庞大(如航空公司的休息室变得过于拥挤),所以白金待遇“不像以前那样了”,这对白金会员顾客发展的影响就会减弱。

如果该公司使用的是回应函数优先的方法来创建等级,个体的回应函数就将在每年年底被估计。根据顾客目前的回应函数,如果有必要,他或她将被重新分配。在实践中,该公司可能对目前较低等级的顾客进行测试,测试旨在测量这些顾客对为更高等级所提供的一些“特殊待遇”的反应。另外,该公司可能调查较低与较高等级的顾客的样本,要求他们自我报告其对各种更高等级的“特殊待遇”的回应性(例如,“如果你有一个专门的顾客服务号码来保证少于 5 分钟的等待服务时间，你是否会从我们这里购买更多？”）。这样做的目的是，确定顾客是否会像目前他所在的等级一样做出响应，还是像其他等级那样做出回应。

在一般情况下，监控与评估计划的最佳方法是设立控制组。另外，我们可以编译统计数据，如“在我们启动计划后，较高等级群体的收入增长了 40%”。但是，我们不知道，如果没有计划，增长将是怎样的，或如果花费同样的资金到较低等级群体，它们会有怎样的增长。

23.3 顾客分级计划案例

23.3.1 Bank One（Hartfeil，1996）

Hartfeil（1996）报告了 Bank One 的致力于实施顾客等级细分策略的工作。Bank One 开始的理念是，银行的 20%的顾客贡献了超过 100%的利润。面对有限的资源，该公司集中其营销工作于顶级顾客。例如，办事处的销售人员被强制重新分配他们用于顶级顾客的时间。

Hartfeil 描述了实施顾客分级计划的重要细节。首先是盈利能力的计算。Bank One 基于顾客收入、风险和成本来定义盈利能力，并解决诸如利润的时机这样的棘手问题。例如，一名顾客有一笔分期贷款，并处于偿还该贷款的最后阶段，那么相对于刚刚取得贷款的人，他或她就不会产生同样多的利润。一个解决办法是简单地计算出贷款所产生的总利润。这会把所有的顾客描述成具有同样的盈利性。但目前，新顾客才是利润的源泉。Bank One 通过计算分期付款贷款利润的两种测度来解决该问题——本质上是当前利润和总利润——并将两者整合来定义它们的顶级顾客。有趣的是，Bank One 会回避使用正式的终身价值进行计算，这是因为：①他们没有足够的历史信息；②基于个体应用投射到顾客将是困难的；③短期利润是非常相关的并且可以更容易地计算。

23.3.2 加拿大皇家银行（Rasmusson，1999）

Rasmusson（1999）介绍了在加拿大皇家银行的顾客分级计划。该计划的动机是提高顾客保留。他们基于盈利能力将顾客细分为 A 等级、B 等级和 C 等级。等级 A 的顾客被分派给账户管理人员，并且每年经历两次以上的交叉销售邀约。Rasmusson 报告，每一位等级 A 的顾客的利润超过两年水平线的 268%，而且等级 A 的顾客的数量增长了 292%。除了营销成本的增加，对于用来计算盈利能力和进行等级细分的数据仓库的投资也非常巨大。

23.3.3 Thomas Cook 旅行（Rasmusson，1999）

Rasmusson（1999）还介绍了 Thomas Cook 旅行的顾客分级计划。该公司基于年度收入将顾客分成 A 等级、B 等级和 C 等级。该计划的关键特征在于为每一等级提供的服务水平。该计划的最具挑战性的方面是，对于某些顾客（等级 C 的顾客），旅行社不得不降低对他们的服务水平，而该公司的传统理念一向是为所有顾客提供优质的服务。Thomas Cook 为代理提供识别 A 等级、B 等级或 C 等级的顾客所需的信息，代理收到关于等级 A 的顾客的详细记录，这样他们就可以为这些顾客的特殊品位与需求量体裁衣。

23.3.4 加拿大杂货店连锁(Grant & Schlesinger,1995)

Grant 和 Schlesinger(1995)讨论了在加拿大杂货连锁进行顾客等级细分的可能性。他们强调了三方面的顾客价值：公司有多少顾客、他们的行为是什么和他们留在公司多久。这些要素是公司的顾客的总终身价值。连锁店基于“钱包份额”，在一家典型的商店中将顾客群分为三个等级：主要消费者(>80%)、二等消费者(10%～50%)和非消费者。他们接着计算这些群体的行为改变对利润率的影响。由于有着高固定成本和低经营利润的商业性质，在这些顾客等级中，相对较小的变化能产生盈利能力的大量增长。例如，将主要消费者等级扩大 2%，盈利能力将提高 45%。将二等消费者转换为主要消费者的消费将会使利润增长 20%以上。将顾客流失率从 20%降低到 10%将会使顾客生命周期翻倍(因此带来约两倍的终身价值)。

这个例子指出了关注所有的顾客等级作为利润来源的必要性，以及将较低等级的顾客视为较高等级的顾客的来源(而不是“抛弃”他们)的价值。

23.3.5 Major US 银行(Rust et al.,2000)

Rust 等人(2000：195-202)描述了一个顾客等级的例子，该例子是基于结合使用内部盈利能力信息和调查数据的美国主要银行。盈利能力信息用于形成等级，而调查数据用于了解每一个等级的需要和它们对各种营销计划将会做出怎样的回应。Rust 等基于盈利能力将顾客分为两个库：前 20%(金级)和后 80%(铁级)。

各个等级之间的盈利能力差异显著——金等级的平均账户余额是铁等级的成员的 5 倍以上，平均利润是其 18 倍以上。等级之间在人口统计特征上也有差异(金等级年龄更大、年收入更高)。最有趣的是，每一等级的顾客在定义质量和盈利能力驱动因素上有非常不同的观点。金等级依据个人尊重、可靠性和速度来定义质量。铁等级不认为可靠性是质量的一部分。这很容易理解，因为作为银行的较少光顾频率的顾客，可靠性对于他们可能不那么重要。作者分析了每一等级采用银行提供的新产品的倾向(“发生率”)，以及新业务量(“容量”)。他们发现，金等级的发生率是以速度来驱动的，而对铁等级来说，发生率是由个人关注所驱动的。因此区分市场营销计划的影响是显著的。此外，作者还发现，相比于铁等级，金等级对于服务提高的改变的响应更强[本质上，依据式(23.4)或式(23.8)，$\beta_{Gold} > \beta_{Iron}$]。

这一分析的含义在于，公司应该将其保留预算聚焦于提高金级顾客群体的服务质量。速度驱动着该群体的发生率与容量，并且相对于铁级顾客群体，金级顾客群体对服务的改变的反应更为强烈。当然，这些影响可以使用前面所描述的计划模型进行更广泛的分析。

这个例子指出了结合使用内部和调查数据的好处。内部数据对于定义等级是必要的，因为这些数据对于每一位顾客都是可得的，并且包括了盈利能力计算所需的细节。调查数据可以在每一等级的样本中收集。这些数据提供了关于等级差异性的信息，这些信息能够指导如何为每一等级设计营销计划。此外，通过诸如容量＝f（速度，个人尊重，可靠性）这样的回归，能够得到关于各项改善措施在哪里能够得到回报的指导。所需要的仍然是从支出转换到属性的变化。例如，速度＝f（支出）等。这将提供制定预算决策所需要的响应参数。参见 Rust 等人(1995，图 23.6)来了解这些函数是如何推导出来的。

23.3.6 维京办公产品(Miller，2001)

维京办公产品，是一家办公产品目录公司，其顾客分级计划有三个等级——白金(由500位最好的顾客组成)、金和银。这些等级的成员是基于当前和未来的潜在花费。将收益排序说明了服务针对各个等级量体裁衣的程度。这些好处，在等级之间是不同的，包括下订单的专用电话线、免费送货、终身质保、特殊定价、免费的小样与礼品、个性化订单，以及获得最好的、最有经验的电话代表的权利。

23.3.7 瑞典银行(Storbacka & Luukinen，1994；Storbacka，1993)

Sparbanken Sverige AB(瑞典银行)是由斯堪的纳维亚半岛的12个地区性银行合并而成的。瑞典银行没有为不同的等级设计不同的营销计划。相反，瑞典银行在全行范围内实施的政策改变对不同等级的影响是不同的。

在接近合并完成时，瑞典银行决定将采取双管齐下的策略：①专注于现有的顾客；②创建效率，如制定与使用相称的价格。第一步是分析来自32家分行的214 000位顾客。瑞典银行发现，容量(存款的美元价值等)和盈利能力并非高度相关。事实上，较高的容量往往伴随更分散的盈利能力。瑞典银行还发现，超过50%的顾客是无利可图的，利润高度集中在最好的顾客中间：前3%的顾客贡献了54%的利润，前6%贡献了98%的利润，前32%贡献了205%的利润。瑞典银行发现，即使在控制了容量之后，利润的关键差异性依赖于支票(与银行卡相对照)和出纳员(与 ATM 相对照)。对于支票的依赖尤为无利可图。

瑞典银行后来开始改变，其中最引人注目的改变可能是对支票收费，虽然对那些有盈利性行为的顾客(如使用 ATM)的收费降低了。对高容量的投资开发新的高息账户，并使银行卡更易于使用。此外，瑞典银行开展营销传播活动来解释这些变化，并强调支票的浪费性。这些变化被传播给员工(他们自己往往就是无利可图的顾客)，员工接触最好的顾客来亲自解释这些变化。

结果是支票的使用减少了84%，这并不奇怪。更引人注目的是在无利可图的顾客间的倒戈的数量是不成比例的。例如，在相继发生的倒戈中，少于1%的是来自最有利可图的顾客，而80%是来自低容量的、无利可图的顾客。该例子表明顾客等级细分可在对每个等级没有明显差异的政策的情况下，用于指导在不同程度上影响各个等级的决策。

23.4 实施顾客分级计划的风险

顾客分级计划在很多关注为顾客而竞争的公司中已经得到普及，但与此同时又受到营销资金的压力。该概念是强有力的——将你有限的资金聚焦于你最好的顾客。虽然这一观念逻辑很强，但是顾客分级计划有一定的风险，具体如下。

- **对于较低等级的服务不周**。虽然假设如下情况是可能的，即顾客等级的方案应分配更多的资金给较低的等级，但在实际的应用于管理人员的理念里确实应该将资金聚焦于更高等级。其结果可能是较低等级的利润损失必须由较高等级的收益所弥补。这当然是一个把资金从一种资产转移到另一种的自然结果。然而，有许多因素可能使较低等级的损失比预期更为逊色(Scherreik，2002；Mazur，1999)。第一，有一些证据表明，相比于人工服务，自动化的服务系统会导致较低的忠诚度(Selnes & Hansen，2001；Ariely et al.，2002)。Ariely 等人在一次实验室实验中发现与电脑顾问进行交互的群体对于市场崩溃的弹性较低，与人类顾问进行交互的顾客恢复到了崩溃前的水平，而与计算机顾问进行交互的群体遭受了在使用上永久的下降。Selnes 和 Hansen(2001)发现与银行有过人际交互的顾客更容易形成与银行的社会纽带关系，而这又会导致更高的忠诚度。此外，如果个人—服务交互同样较高，则自我—服务交互会提高纽带关系。这些研究表明，将较低等级的顾客指定到自动化的服务而不是人工服务也许会使他们变得更加无利可图。第二，Feinberg 等人(2002)证明了“背叛效应”，如果某顾客喜爱的公司向其他顾客提供特别的待遇，则该顾客将减少其对于该公司的喜好。在这里情况稍微有点不同——问题在于：如果公司提供给其顶级顾客特殊的待遇，它的低级顾客是否会感到被背叛。但是，对顾客分级计划来说，检验顾客的背叛效应是很重要的。这可能取决于顾客等级如何被定义的微妙方式。例如，虽然我不经常旅行，但我可能完全地忠于航空公司 A。根据航空公司 A 的顾客分级计划，我可能并不出于“金”等级，并因此得到较差的服务，但是我觉得我应该得到更好的服务。
- **过度服务较高等级**。资金应按额外的分配所产生的边际效益来进行相应比例的分配。回顾上述计划模型、收入或 $LTV=\alpha+X^{\beta}$。决定发展资金分配的关键因子是 β——资金的边际生产力。其结果是，仅仅基于当前的盈利能力(基本上是 α)来定义等级，并且分配最多的营销资金给 α 值较高的等级，这么做可能是在浪费资金。
- **混淆当前的利润水平与回应性**。过度服务较高等级是混淆当前的利润水平与回应性这种普遍问题的一部分。问题是，对 α 的测量要比 β 更容易获得。α 可以用当前的盈利能力估计，而 β 需要统计模型、调查或对市场资金的生产力的较为困难的判断(Rust et al.，1995)。事实上，顾客等级真的应该根据图 23.7 来定义。图 23.7 基于当前的利润水平(α)和回应性(β)描绘了 4 个群组。高利润水平/高回应性组被称为“发展”组，因为这个组值得大量的投入。高利润水平/低回应性组被称为“现金牛”组，因为这组只需要很少的投入。低利润水平/高回应性组被称为“上升”组，因为这组使用适当的投资可能移动到顶级。低水平/低回应性组被称为“解雇”组，因为这些顾客是没有价值的和不能改变的。

问题在于，公司基于利润水平来定义消费者层级，然后认为所有的高利润水平的消费者都是可发展的，而所有低利润水平的消费者都是该放弃的。他们可能在现金牛组上浪费大量的资金，而错过了上升组的重要发展机会。当然这里的问题是关于测量的问题之

		当前利润水平	
		低	高
回应性	低	解雇	现金牛
	高	上移	发展

图 23.7 结合当前利润水平和回应性来发展顾客等级管理策略

一——很难获得等级—利润水平的 β。然而，管理人员应该意识到这些问题，而研究者需要开发出可以估计等级—利润水平的 β 的有效方法。这就是 Rust 等人(2000)的研究显得异常重要的原因。

- **将消费者错误分级**。在任何的分层计划中，公司们都可能将消费者分到错误的层级。当用于等级划分的测量方法是多样的，且从所有顾客得来的所要求的数据不全时，这对获取来说尤其是一个问题(提前预测顾客是否将成为顶级顾客)。获取是一个关键的问题，因为公司不想完全放弃获取工作。但获取错误的消费者实际上会导致较低的利润。Ainslie 和 Pitt 对于联合银行所使用的方法在这里是一个重大的研究贡献。其思路是：创建一个预测模型，该模型能够通过将预测分数作为获取名单中可得的预测因子的函数，来识别出顶级顾客。很明显这些列表中的很多数据是不可得的。但 Ainslie 和 Pitt 发现人口统计特征与信用数据是有价值的预测因子。使用多种测量方法的问题在于：一些顾客可能被置入高等级群，因为就像 5 种测量方法中的 3 种所说的那样，他们与顶级顾客相似。但是其他两种测量方法认为他们不像顶级顾客，而使他们不能被顾客分级计划所容纳。一位顾客的收入水平可能符合，但年龄却不符合，因此他不能被置于企业的顶级。其结果是该顾客将不会被为较高收入、年纪较大的人所设计的计划所吸引。缺失数据问题也十分关键。一个明显的例子是有关响应性的缺失数据，如上面所讨论的。另一个例子是关于钱包份额的缺失数据。有着低钱包份额的高利润水平顾客明显应该与有着高钱包份额的低利润水平顾客相区别对待。

23.5 未来的研究需要

对于消费者等级计划的各个方面，研究是有必要的，并且可以根据图 23.1 所示的关于这些计划的设计来组织这些步骤。

- **审查目标**。消费者等级计划最适合于哪种类型的目标？不同的目标(如强调顾客数量与收入 vs. 强调基于稳定的顾客群的盈利增长)如何影响计划的设计？
- **创建数据库**。信息技术的成本与从顾客分级计划中得到的盈利相比如何？
- **建立等级**。用于定义顾客层级的最好的变量是什么？我们怎样整合水平与回应的测量方法？
- **确定每个等级的获取可能性**。我们怎样建立等级获取函数？在获取之前，我们怎样识别各个等级的成员？
- **确定每个等级的发展可能性**。我们怎样建立使顾客分级计划运转的核心——关于收入与保留的回应函数？有很多研究表明顾客会对等级计划回应（Wansink，2003；Kopalle et al.，2006），但在该领域仍有很多工作需要进行。

- **为等级分配资金**。我们需要加强在 23.2.7 章节提出的计划模型，并证明它们可以用来提高消费者等级策略的表现。管理判断是否可以用来指导这些模型（参见 Blattberg & Deighton，1996；Rust et al.，1995）。
- **设计方案**。发展高等级的最好计划类型是什么？什么样的计划可以促进顾客往上移动？在多大程度上消费者应当知晓他们的等级地位？如果让他们知晓，应当在多大范围内让公众知晓？
- **实施与评估**。产品中心的组织架构能够成功地实施顾客分级计划吗？在包含信息技术和营销成本的情况下，顾客分级计划的合理投资回报率（ROI）是多少？

另外，在顾客分级计划的竞争影响方面需要更多研究。如果消费者层级计划意味着高等级顾客享有较低的价格，那么利润的增长从何而来？利润可能来自向这些消费者出售额外的产品。但是如果市场规模是有限的，就没有同样数量的公司以更低的价格与可能更高的成本将市场简单地划分。例如，航空业浪费了大量的服务在顶级顾客身上——这样颇为破费。放弃该计划的利润影响是什么？成本会增长吗？为什么？难道消费者层级计划仅仅是一种公司花费额外的资金并提供更低的价格来留住它们的最好的顾客的囚徒困境吗？或可能整个活动其实并不是一种营销策略，不像成本管理策略那样。

最重要的是，我们需要令人信服的可控的现场试验来证明顾客分级计划确实有用。上面引用的例子报告了销售和利润的增长，但它们没有报告如果没有计划，会有什么发生的基线。据我们所知，还没有例子进行如下系统的调研，即在可控的环境下，对待更高等级的顾客要比以前对待他们好得多时的盈利，以及对待较低等级的顾客要比以前对待他们差得多时的损失。

第24章 顾客流失管理

摘要

诸如交叉销售、升级销售、累积奖励和顾客分级计划这些数据库营销活动都专注于发展顾客,而企业经常担心的是,在这些工作中,顾客会决定离开该企业,即“顾客流失”。我们将讨论能够用于控制顾客流失的措施,关注积极的顾客流失管理,即在预料到顾客将要流失之前接触顾客,并为他们提供旨在防止其流失的服务或激励。我们将回顾关于顾客流失的预测模型,并且提出一个关于开发主动的顾客流失管理计划的框架。

24.1 问 题

用一个简单的顾客保留模型,顾客的终身价值可表述为

$$\text{LTV} = \sum_{t=1}^{\infty} \frac{m_t r^{t-1}}{(1+\delta)^{t-1}} \tag{24.1}$$

顾客流失管理机制主要关注保留变量 r。从顾客的层面上来说,顾客流失是指在某固定时间段内顾客与企业解除合作关系的可能性。而从企业的层面上看,顾客流失是指在某固定时间段内解约顾客的所占比例。因此,顾客流失率就等于1减去顾客保留率:

$$\text{Churn} = c = 1 - \text{Retention Rate} = 1 - r \tag{24.2}$$

对简单的顾客保留终身价值模型可应用的任何行业来说,高顾客流失都是值得关注的,即那些一旦顾客与企业解约,如果企业不付出巨大努力来挽留顾客,顾客是不会自觉回来的行业。这些行业包括很多服务业,如杂志与新闻出版、投资业、保险业、电力业、医疗保健业、信用卡提供商、银行业、互联网提供商、电话服务商、在线服务供应商和有线服务提供商。

目前主要有两种类型的顾客流失:主动流失和被动流失。被动流失是指企业决定与顾客解除合作关系,这主要是顾客一直以较低的价格与企业合作,企业无法继续接受这种低价;而主动流失是顾客决定与企业终止合作。Hadden 等人(2006)又将主动流失分为有意的主动流失和无意的主动流失。前者是指因为顾客对企业不满或者被其他同类企业以低价挖走;后者是指因为顾客不再需要该企业的服务与产品,或者搬到企业的服务范围之外的地方。

表24.1显示了不同企业与行业的顾客流失率的情况。该表显示,一年内顾客流失率在20%~50%是很正常的[①]。通过此表可以得出两个结论:一是美国无线电信行业的顾

---

① 注意,我们可以从年度的流失率推算出月份的流失率,公式为 $1-(1-c)^{12}$。这个公式是基于连续12个月每月的流失率是保持不变的假设。

客流失率正在降低①，这不仅因为服务水平的提高，而且也与行业合并有关；二是新生行业的顾客流失率较高，例如数字服务行业，这也许是因为竞争激烈、服务差和使用大规模促销来吸引顾客所造成的。

表 24.1 中的一些运算可以说明不同程度的顾客流失率的影响。首先，考虑对顾客预期生命周期的影响，也就是顾客与企业合作的时间。这可以通过顾客流失率的倒数而得出(附录 24.1)，即

$$预期的顾客寿命 = 1/c \tag{24.3}$$

图 24.1 将顾客流失率作为计算顾客预期生命周期的一个函数。式(24.3)表明，若每年顾客流失率为 50%，则顾客生命周期为 2 年；若顾客流失率为 40%，则顾客生命周期为 2.5 年；若顾客流失率为 30%，则顾客生命周期为 3.3 年；若顾客流失率为 20%，则顾客生命周期为 5 年。综合分析数据显示，相比于高顾客流失率的企业的，低顾客流失率的企业的顾客生命周期平均要多 2.5 年。此外，这个函数是一个凸函数。若某企业的顾客流失率为 20%，它的顾客的生命周期为 5 年，那么它可以通过降低顾客流失率来延长顾客的生命周期。若能降到 15%，则顾客生命周期为 6.6 年；若能降为 10%，那么顾客生命周期就可以翻一番了，达到 10 年。

表 24.1　贸易出版社所报道的流失率

行　业	年　份	企业/行业	年度流失(%)	参考文献
网络服务	2001	America Online	21	Kolko(2002)
网络服务	2001	Earthlink	34	Kolko(2002)
网络服务	2001	AT&T WorldNet	36	Kolko(2002)
网络服务	2001	NetZero/Juno	46	Kolko(2002)
网络服务	2001	MSN	57	Kolko(2002)
网络服务	2001	行业范围	38.7～63.2[a]	Pierce(2001)
网络服务	2000	Earthlink	47	Pierce(2001)
网络服务	2002	行业范围	31～39[a]	Yang(2002)
无线电话	2000	行业平均	26.2[a]	Davidor(2000)
无线电话	1999 年第 4 季度	行业中位数	23.4[a]	Young(2000)
无线电话	2001	行业范围	23.4～28.7[a]	Pierce(2001)
无线电话	2001 年第 3 季度	Verizon	31[a]	Fitchard(2002)
无线电话	2001 年第 3 季度	Cingular	34[a]	Fitchard(2002)
无线电话	2001 年第 3 季度	AT&T	37[a]	Fitchard(2002)

① 最新的数据是针对“后付费”顾客，这类顾客的流失率通常要比“先付费”的顾客低。但后付费顾客是目前的主要顾客类型。此外，Prudential Equity Group(2006)指出，自 2002 年起，四大无线运营商的平均流失率(后付费顾客)保持着相对稳定的下降。

续表

行　业	年　份	企业/行业	年度流失(%)	参考文献
无线电话	2001年第3季度	Sprint PCS	31[a]	Fitchard(2002)
无线电话	2001年第3季度	VoiceStream	46[a]	Fitchard(2002)
无线电话	2001年第3季度	Nextel	28[a]	Fitchard(2002)
无线电话	2006年第1季度	Verizon	10[a,b]	Prudential Equity Group, LLC(2006)
无线电话	2006年第1季度	Cingular/ATT	18[a,b]	Prudential Equity Group, LLC(2006)
无线电话	2006年第1季度	Sprint/Nextel	22[a,b]	Prudential Equity Group, LLC(2006)
无线电话	2006年第1季度	T-Mobile	22[a,b]	Prudential Equity Group, LLC(2006)
卫星电视	1999	Pegasus Com.	17	Henderson(1999)
卫星广播	2002	XM Satellite	20[a]	Wachovia Capital Markets, LLC(2006)
	2003	XM Satellite	19[a]	Wachovia Capital Markets, LLC(2006)
	2004	XM Satellite	29[a]	Wachovia Capital Markets, LLC(2006)
	2005	XM Satellite	28[a]	Wachovia Capital Markets, LLC(2006)
金融服务	1996	英国行业平均	6	Supply Management(1998)
金融服务	1997	英国行业平均	9	Supply Management(1998)
金融服务	2001	英国行业平均	20～30	Fisher(2001)
数字化服务	2005	Audible, Inc.	46[a]	Kaufman Bros(2005)
数字化服务	2005	Netflix	39[a]	Needham & Company, LLC (2006)
数字化服务	2005	HouseValues, Inc.	52[a]	Thomas Weisel Partners(2005)

[a]：数据是基于月份提供的，年度流失率的计算为 $1-(1-c)^{12}$(见本章456页脚注1)；

[b]：与"先付款"的顾客相对比的"后付款"的顾客流失率。

其次，顾客流失率对顾客终身价值也有一定影响，让我们重新看一下式(24.1)。这次是从顾客流失率的角度来计算固定利润，而不是从顾客保留的角度来计算。同时我们假设固定利润贡献，得出：

$$\text{LTV}=\sum_{t=1}^{\infty}\frac{m(1-c)^{t-1}}{(1+\delta)^{t-1}}=\frac{m(1+\delta)}{(\delta+c)} \tag{24.4}$$

其中，m 为每位顾客的年度利润贡献；c 为年度流失率；δ 为年度贴现率。

图24.2显示的是终身价值作为流失率的函数，假设 m 为每年500美元，δ 为14%，顾

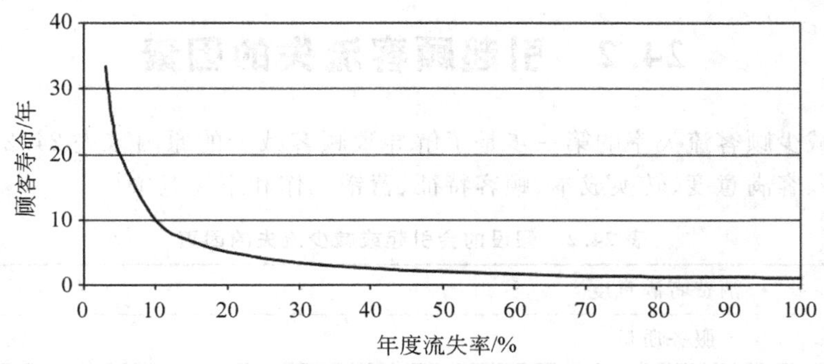

图 24.1　作为流失率函数的预计顾客寿命[式(24.3)]

客流失率为 50%的公司每位顾客的终身价值(LTV)就是 891 美元。顾客流失率为 40%的公司每位顾客的终身价值是1 056 美元;顾客流失率为 30%的公司,每位顾客的终身价值是 1 295 美元;顾客流失率为 20%的公司每位顾客的终身价值为 1 676 美元。假设在无线电话或网络服务供应业中每位顾客的获取成本大约为 300～400 美元(Fitchard,2002;Pierce,2001),企业就会盈利,但 20%流失率的企业的投资回报率(ROI)=(1 676－400)/400=319%,而 50%流失率的 ROI=(891－400)/400=123%,可以看出差距十分巨大。

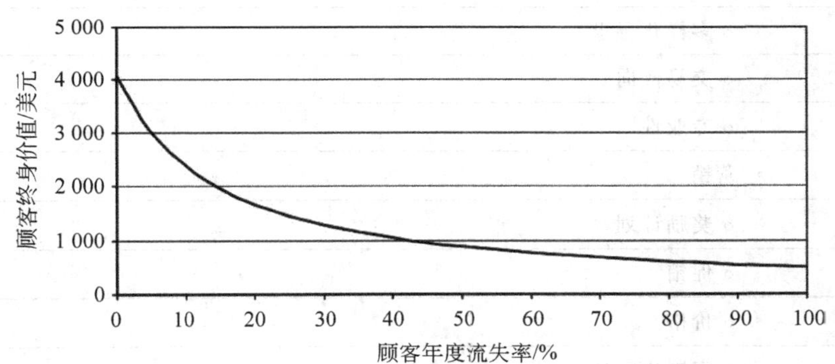

图 24.2　作为顾客流失率的函数的顾客终身价值[式(24.4)]*

*:假设 $\delta=0.14$,$m=500$ 美元。

从图 24.2 可以看出,顾客流失率与终身价值的函数关系是凸的。企业在努力减少顾客流失率的同时会获得更多的利润。一家电信公司每年流失 20%的顾客,那么顾客终身价值就是 1 676 美元,但是如果将顾客流失率降低到 15%,顾客终身价值则会上升到 1 966 美元。那么该企业将会从 500 万用户身上额外收入 14.5 亿美元。

当然,减少流失率是十分困难的,成本也很高,但是我们可以看出,如果能够有效地控制顾客流失,那么企业获利的机会将是巨大的。另外,如果流失率持续提高,对企业的生存将造成很大的风险。

24.2 引起顾客流失的因素

预测和减少顾客流失率的第一步是了解导致顾客减少的原因。表 24.2 中列出了相关原因。如顾客满意度、转换成本、顾客特征、营销工作和市场竞争。

表 24.2 假设的会引起或减少流失的因素

• 消费者满意度
○ 服务质量
○ 满足需求
○ 满足期望
○ 价格
• 转化成本
○ 物理的
○ 心理的
• 顾客特征
○ 风险规避
○ 多样化寻求
○ 交易倾向
○ 专业性
• 营销
○ 奖励计划
○ 促销
○ 价格
○ 定制化产品
• 竞争
○ 种类之内
○ 种类之间

对企业满意度高的顾客流失的可能性会小一些，比方说合作时间较长的(Anderson & Sullivan，1993；Hallowell，1996；Bolton，1998)。实际上，Anderson 和 Sullivan(1993)发现在考虑质量时，那些满意度水平较高的企业享有较低的质量—保留弹性，也就是说，这些企业不会受短期质量负向波动所带来的不利影响。有证据表明，对顾客总体满意度的整体测量并不能完全预测顾客流失率(Kon，2004)。因此，满意度只能针对产品的特定方面进行测量。如感知服务质量，产品是否满足期望，是否能满足需求和产品的价格等。当然，在服务市场竞争中，产品的质量和期望是最基本的要素(Anderson & Sullivan，

1993)。

满足顾客的需求是顾客满意度的另一个重要因素。比如，当企业使用强有力的促销激励顾客时，其顾客量的确会增加，但这些往往都是不适当的顾客。也就是说，这些顾客并不是它们的最佳选择。关于满足需求的另一点问题是，企业在服务市场中往往使用一成不变的方法，这常常导致不合适、较低的满意度和顾客流失。网上零售企业，互联网接入服务、卫星电视、通信、新闻与信息行业、银行业和航运业都在努力地改善自己的产品或服务，以减少这种服务与需求不搭的问题，从而提高顾客满意度(Verton，2001；Kreitter，2000；Kleinman，2000；Bitner et al.，2000)。

Keaveney 和 Parthasarathy(2001)证明顾客在选择一项特定服务时所使用的信息来源会影响流失率。这与 Verhoef 和 Donkers(2005)提出的顾客保留率及信息获取渠道相关的理论相吻合。Keaveney 和 Parthasarathy 将他们的研究结果归因于信息源对顾客期望与感知需求满足的影响。他们发现，如果顾客根据外部信息或根据由经验总结出来的信息来做选择时，顾客就不会轻易地流失。顾客根据这些信息会对企业做出更准确的预期、更明智的选择，并且可能形成一种潜在的偏差，即不会轻易改变自己先前的偏好。然而，从同伴处获得的信息往往会导致更多的流失，因为这些提供的信息是间接的，说服力比较弱。

不幸的是，数据库营销人员几乎没有直接的测量工具去测量顾客满意度。因此，顾客之前购买和使用的行为，作为可观测的变量，往往被当作测量顾客满意度的代替变量。Reinartz 和 Kumar(2003)发现，销售量和交叉购买与顾客流失率成负相关关系①。而退货和集中购买则与顾客流失率呈正相关关系。购买频率和顾客流失率呈现出"U"形的关系。极度的轻度使用者和极度的重度使用者的顾客流失率会更高。轻度使用者可能明确地表示对企业的产品或服务十分不满，而重度使用者则因为产品与自身关系过于密切而对产品提出更严厉的要求。这也导致了满意度的降低，以及经常注意寻找更好的替代品。另外，Li(1995)发现，交叉购买与顾客流失率成负相关关系，而销售量则与顾客流失率呈正相关关系。

企业有时会把以前顾客与客服的接触或对公司的投诉，还有对顾客质量的客观评价作为另外的顾客满意度的指标。Hadden 等人(2006)把这些变量包括进一个预测性流失模型中，关于这一点我们会在 24.3.1 节中讨论。Coussement 和 Van den Pcel(2007b)发现顾客与企业的邮件中所显现的情绪是可以测量的，并且可以提高顾客流失的预测性。

顾客转换成本或者说缺乏转换成本是顾客流失的另一个原因。转换成本通过心理和物理两种形式体现，但是这两种形式拥有相同的主题，那就是如果顾客可以很轻易地转到竞争企业去而不需要付出很高的代价，那顾客就很可能会流失。心理转换成本包括转换的心理障碍，如惯性、品牌拉力、熟悉度和顾客对与现在合作企业的关系的感知这几个方面。物理转换成本包括由于真实转换所造成的不便。以互联网门户网站为例子来说明，顾客在选定的互联网门户网站里根据不同的需求付出了大量努力制出了个人主页(如AOL)，如果顾客选择改变合作企业，那么顾客就需要重新付出努力(Kolko，2002)。

在无线电通话行业中，有一个关于物理转换成本的有趣的自然实验，是关于号码转

① 注意到，交叉购买同样可能引起转换成本，这会使消费者的流失率降低。

移。在2003年秋季之前顾客若是改变电信服务供应商就得改变电话号码。而到了2003年秋季，顾客可以在改变电信服务供应商后也保留以前的电话号码。无线电话行业准备接受顾客流失率的大幅增长(La Monica，2003)。无线电话行业顾客流失率的大幅增长得到Forrester Research(Golvin，2002)的证实，在Forrester Research中发现有22%的手机用户在可以保留现有号码的情况下会改变电信服务供应商，然而仅有9%的手机用户在无法保留现有号码的情况下会流失。有趣的是，这一研究发现电话业务繁忙者在号码可以保留的情况下最有可能改变电信服务供应商。这些顾客花费会更多，会不断寻找更划算的服务。如果不能带号转网，这些顾客将会花更多的精力和成本去让其他人知道他们的新号码。

图24.3显示了在号码转移这项业务开通的这一阶段(November，2003)，六家主要的电信服务供应商的顾客流失情况。令人惊讶的是，数据结果显示，顾客流失量并没有普遍增长。除了ATT(或许这并不让人感到意外，因为ATT很快就收购了Cingular)，其他的几家电信服务供应商的顾客流失量实际上完全没有增长。

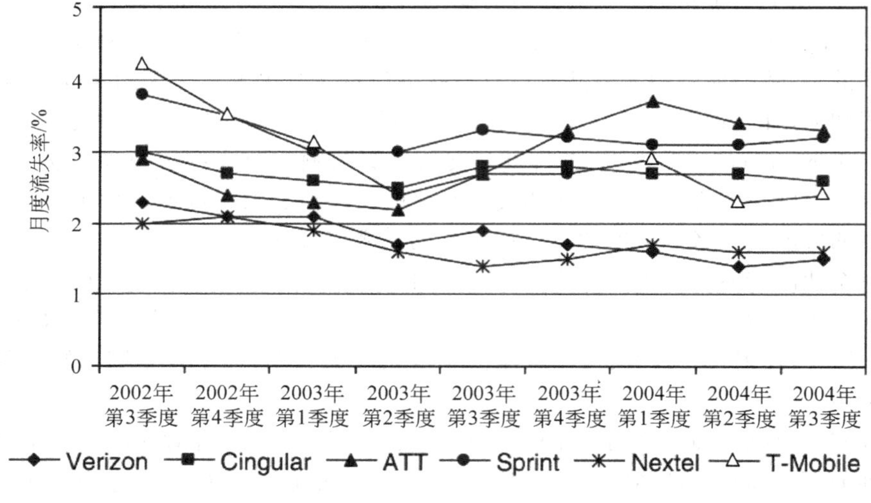

图24.3 号码转移业务的实施前后的无线电话行业的顾客流失率(November，2003)

(资料来源：Jefferies Equity Research，2004)

在号码转移这项业务开通后，顾客流失的现象并没有发生，其可能原因如下。第一，转换成本还是存在的。因为顾客需要购买新手机并把以前的号码输入新手机里。第二，如上所述，在2003年11月之前，顾客对他们原来的电信服务提供商的服务是满意的，尽管他们打算转换[动机并不总是能转化为行动(Morwitz，1997)]。第三，企业在这一过程中增强了对他们的营销(如参见*The Economist*，2007)。

顾客特征在顾客流失方面也是一个很重要的原因。冒险者、多样化寻求者、创新者、购物专家还有追求划算的顾客更有可能造成企业的顾客流失。Keaveney和Parthasrathy(2001)发现，冒险性和顾客流失是成正比的，顾客流失率在低消费人群和低教育水平人群里更高。Reinartz和Kumar(2003)发现，在乡村和高收入的顾客之中就很少有顾客流失。Li(1995)发现，在已婚和高收入顾客中很少有顾客流失，Hallowell

(1996)发现,在汽车拥有者和频繁搬家的人当中更可能发生顾客流失。高收入顾客拥有更高的忠诚度,或许是因为这些人对价格的敏感性较低。

理论上讲,企业的营销工作应该是对顾客流失有影响的。这些影响包括特殊服务、顾客忠诚计划与价格。Reinartz 和 Kumar(2003)发现,市场营销工作和顾客忠诚计划与较低的顾客流失相关,尽管 Reinartz 和 Kumar(2000)发现与总销售额有关的目录邮寄成本,在长期与短期的顾客之间并没有什么不同。Li(1995)发现顾客折扣计划和较少的顾客流失也有联系。一个常见的假设就是为顾客制订合适的价格方案(如对电信业)将会产生较少的顾客流失。然而,Lambrecht 和 Skiera(2006)发现,尽管顾客选择按需付费方案会省钱,但顾客更偏向统一费率方案而不是按需付费方案。此外,他们发现使用统一费率方案(按花费的美元这属于不合适的计划)并未导致更高的顾客流失,作者把这一点归因于一种顾客渴望的保险作用。这些结果提醒企业要注意,通过鼓励顾客采用新定价计划来减少流失的做法是有风险的。

竞争是顾客流失的第五种主要原因。竞争可以来自行业内,也可以来自行业外。例如,拨号网络服务供应商(ISP)既需要担心其他拨号服务供应商,也需要担心宽带服务供应商(Kolko,2002)。在线银行家们则需要担心常规的银行业务(Ensor,2002)。传统的观点认为,竞争性产品和机会是导致顾客流失的主要原因(Elstrom,2002;Whiting,2001),但这一观点很少有实证研究支持,这也可能是由于一个企业很少能够获得其竞争对手产品的直接信息。

在任何情况下,上述五个因素都可能对顾客流失产生影响。例如,互联网服务市场。在这个行业中,许多公司依靠无处不在的促销手段和优惠来与用户签约。顾客满意度和需求匹配度并不总是很高,但是较高的转换成本会妨碍流失的行为。许多首次上网的用户选择使用拨号上网的方式,但其速度及便捷性并不能满足他们的需求。所以,如果另一种比较有竞争力的服务类型(宽带)出现后,它们能为顾客提供更好的服务,就会导致可怕的顾客流失问题(Yang,2002)。Forrester 研究公司推测出"最精明"的用户(市场行家)是最有可能流失的(Kolko,2001)。该流失问题一直在延续,尽管企业做出了巨大的营销努力来防止该问题的出现。

24.3 预测顾客流失

预防顾客流失管理的一个关键步骤是识别有可能流失的顾客。而预测模型能够实现这个目的,而此模型的准确度受限于缺少直接测量流失原因的方法。因此,企业使用顾客行为测量如最近一次购买间隔、购买频率和购买金额作为替代。它们当然也有顾客抱怨、以前收到的优惠、近期支付价格、之前顾客保留工作或获取来源的记录。它们也许能很好地测量物理的转换成本,如顾客使用产品的数量。显然他们无法获得诸如风险偏好这样的物理心理统计特征的数据,但它们通常能测量与心理特征紧密相关的人口统计的变量(如 Ailawadi et al.,2001)。最后,它们也没有关于竞争性活动的数据。

顾客流失预测模型有两种:"单一的未来时期"与"时间序列"。在单一的未来时期模型中,观测者可以用"流失期"前的一个或几个时期为依据进行预测。例如,可以测量 2 月与 3 月的预测变量的值来预测消费者是否会在 4 月流失。通常预测期与流失期以月为单位交替，因为分析者需要一个月的时间识别出可能的流失者，然后给予这些可能的流失者一些好处以避免其在接下来的月份流失。

时间序列模型是以我们同时观测每个时期的流失预测变量和流失的数据为基础的。所以每个顾客会在若干的时期里被观测，不论顾客是否流失，收集每个时期所有的潜在预测变量。显然，仍然必须使用从时期 $t-1$，$t-2$，…得到的数据来预测时期 t 或之后的情况。但是其主要的不同是：流失是通过跨期进行观察的，而不是局限在一个单一的未来时期。

24.3.1 单一的未来时期模型

成功运用单一的未来时期模型的一个例子来自信用卡行业，此案例由 Advanced Software Applications 公司为展示他们的 ModelMAX① 软件而提供。这个软件运用一个探索式的/逐步的程序去挑选预测变量，然后评估出一个神经网络来预测出因变量。当观测到流失发生时，流失月份前 6 个月的预测变量值会被收集。预测变量包括人口统计资料（年龄、职业、信用等级）、目前产品持有（银行提供的各种各样其他的服务）和产品使用变量（RFM 测量，如购买次数、信用卡余额和购买量等），还须计算流失月份前 6 个月每个月的使用变量。例如，对于"第 6 月信用卡余额"，就是顾客在流失月份前的那个月的信用卡余额。该模型从一共 105 个潜在预测变量中选取了其中 6 个。

- **第 6 个月的信用卡余额**。低余额的使用者更容易流失。对那些有高余额的使用者来说，将这些余额转移到一个新卡也许不是那么容易的（转换成本）。
- **第 3 个月所收取的利息**。那些所得利息低，但不是零利息的顾客更容易流失。这也许是因为这些顾客觉得索取这一点点利息是一件麻烦事。
- **第 6 个月的购买水平**。那些购买水平低的顾客更容易流失。这意味着这些顾客可能对于该卡不满意，或者其已经使用一张新卡而逐步停用这张旧卡了。
- **家庭年龄**。年轻的顾客更容易流失。这也许要归因于信用卡市场中的年轻人爱冒险的本性，因为信用卡对他们是相对新颖的。他们没有一定之规，所以更容易被竞争者挖走。
- **年初至第 2 个月的付款**。这个变量是对于货币价值的全面测量。其显示处于中间层次的顾客更容易流失。也许货币价值较高的顾客对信用卡是满意的，因此他们才会如此经常使用它。而对货币价值较低的顾客来说转换是不值得的，因为风险很小（例如，低利息率不能给他们节省多少钱，因为本来他们的消费水平就低）。
- **第 4 个月的预付现金**。不使用这项业务的顾客更容易流失。使用这项业务的消费者可能对他们的信用卡更加满意，或者这些消费者的转换成本更高，因为他们不得不学习怎么使用新卡的该项业务。

图 24.4 显示了这个模型的增益图。在根据 40 000 位消费者的校验数据统计结果中，5.3 到 1 十分位数流失率的增益非常明显。在对 10 000 位消费者验证检测数据的预

---

① 作者对 Advanced Software Applications 公司允许在本书中使用这个例子表示感谢。

测中没有可评估到的下降。此预测要比在 Neslin 等人(2006a)发表的针对无线电话流失模型好得多,我们会在后面讨论。这有许多理由,其中一个理由是信用卡种类的相对完备性,所以消费者的行为稳定且容易预测。显然,流失模型的准确度因产品种类不同而不同,其根本原因是未来研究的一个重要课题。

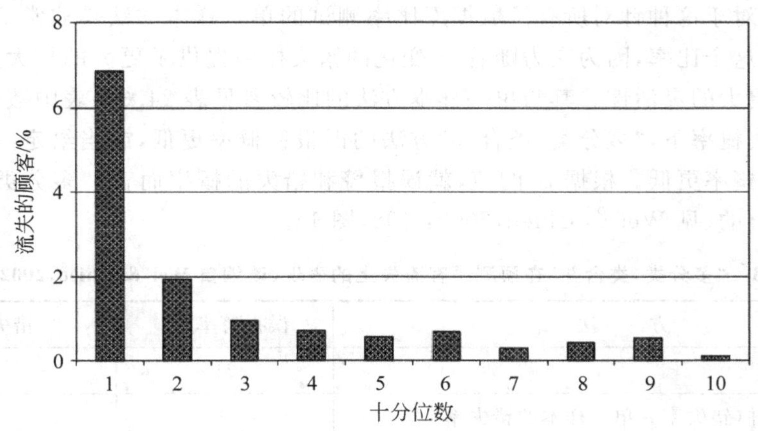

图 24.4　神经网络流失模型的校验数据增益图——信用卡企业*

*:该例子由 Advanced Software Applications 公司提供,使用 ModelMax 软件来预估模型。

Lemmens 和 Croux(2006)研究了 boosting 与 bagging(第 19 章)在预测流失中的应用。他们使用了与“Teradata 流失预测比赛”相同的数据,这些在本节接下来的部分会进行阐述(Neslin et al.,2006a)。作者的研究显示,一个决策树模型的 boosting 与 bagging 都比逻辑回归的预测效果好得多。因为这些数据中的实际流失率为大约 2%(即流失是一个完全事件,参见第 10 章;Donkers et al.,2003),作者使用基于选择抽样创造一个平衡的校正数据集。作者研究了当校验数据模型用于保留数据时的调整的方式,为了反映真正流失的比例(2%)。他们发现一个简单的截距修正效果最好。作者发现消费者持有其手机的时间长短是最重要的流失预测变量。这个发现是非常有意义的。鉴于手机技术与性能的快速变化,长时间拥有相同手机的顾客的转换时机已经成熟,竞争对手可以针对性地为其提供新手机。

Wei 和 Chiu(2002)也强调了在顾客流失建模中的稀少事件这一问题。在他们的预测结果中,每月的平均流失率为 1.5%～2%。作者创建了一种“多分类,类合并”的方式来解决这个问题。用 1∶X 表示样品中的流失率,即当流失率为 2%时,1∶X=1∶50。研究者希望有一个 1∶Y 的比例,Y=1 表示的是流失者与未流失者为五五对开。随后研究者创建了一个 X/Y 的数据库。每个数据库包含着所有可能的流失者与 N/(X/Y)的未流失者。相同的流失适用于每个子数据库,而未流失者被均分到不同的子数据库中。一个模型为每个子数据库进行评估。假设 n_{c_1} 模型预测顾客会流失,n_{c_2} 模型预测顾客不会流失的。如果 $wn_{c_1}>(1-w)n_{c_2}$,w 为权重,$w\in[0,1]$,我们顾客是会流失的。如果 $w=0.5$,根据主要规则,顾客会被归类为流失者。如果 $w>0.5$,流失预测值占很大的比重,我们通常预测该顾客为一位流失者。

对于从 0 到 1 以 0.01 为增量的 w,作者测量了大量子数据库的比率(1∶2、1∶4、1∶8

和 1∶16)，并比较单一样本中的伪事件的概率以及被忽略的真事件的概率。作者发现，随着 w 增大，这种“多分类，类合并”的方法误报警的概率下降[Prob(未流失/流失预测值)减少]，而错失的概率却大大升高[Prob(流失/未流失预测值)增大]。这是因为较高的权重 w 使预测方法出现偏差，从而高估了未流失者。但最重要的是，这种“多分类，类合并”的方法对于这种针对所有子数据库比率测试的单一样本方法是非常适合的。作者更推崇 1∶2 这个比率，因为它为随着 w 变化的错失概率提供了更大的扩大，给分析者在何处截止以更大的灵活性。其与单一样本方法的比较参见表 24.3。表中数据显示，在一个给定的错失概率下，“多分类，类合并”方法的误报警概率更低，或当给定一个误报警概率时，错失的概率更低。根据 w 的值，就误报警和错失的概率而言，“多分类，类合并”方法是非常适合的(见 Wei & Chieu，2002：108，图 1)。

表 24.3 “多分类，类合并”在预测顾客流失上的表现(改编自 Wei & Chieu，2002：108)

方　　法	误报警率/%	错失率/%
单一样本	21	48
多分类，类合并(错失率＝单一样本的错失率)	15	48
多分类，类合并(误报警率＝单一样本的误报警率)	21	40

Hadden 等人(2006)证实，在不是直接测量满意度的情况下，这种预测值很好替代。特别是，该作者使用 24 个变量代表“抱怨”(类型、数量等)、“补救”(问题类型、花多长时间补救等)和“规定”(补救前的约定的破坏，问题解决距离做出承诺的天数等)。作者没有指明其行业，但称该企业为“在其领域里全球最大的企业之一”(p. 105)，以用于解释为何该企业拥有如此详尽的数据。

作者将贝叶斯结构的神经网络(Li & Wen，2005；Yu & Dayan，2005)与前馈反向传播的神经网络、决策树以及线性回归进行比较。神经网络使用了全部 24 个变量(神经网络方法的“输入值”)以及两个隐含层(参见第 18 章)。使用的决策树方法是 CART 分类回归树(参见第 17 章)，虽然全部 24 个变量均为可用的，最终的决策树也只利用了 7 个变量。为了给回归模型挑选变量，作者分别计算了 24 个变量的标准误差率(误差总数除以分类总数)，然后决定保留 14 个。

作者发现这些模型的正确性是不同的。在他们的校验数据中，30%的顾客是流失者，70%的顾客是非流失者。他们对每个模型的预测值划定界限以对顾客进行分类，结果如表 24.4 所示。

NN-贝叶斯模型获得的增益为 70/30＝2.33(其预测的流失顾客比平均预测值的 2 倍还要多)。然而，NN-贝叶斯方法在预测顾客不会流失方面却与平均值相差无几，该增益为 75/70＝1.07。回归与决策树看起来在这两种错误之间取得了最好的平衡。

然而显然地，抱怨、补救和规定的数据在预测流失时被丢弃了，与我们之前观测相似，在被视为最重要的变量方面各模型之间几乎没有交叉。例如，在神经网络中，“解决时间”是 7 个最重要的变量中的一个；而其他的模型都没有把它列在最重要的 7 个之列。这也许是因为这些预测变量之间是高度关联的，在这样的情况下，我们不希望 24 个变量中的最重要的前 7 个有太多的重复。

表 24.4　预测流失的备选方法的表现(资料来源：Hadden et al.,2006)

方　法	P(流失|预测流失)/%	P(非流失|预测非流失)/%	总准确度/%
NN-贝叶斯	70	75	74
NN-标准	55	79	72
决策树	66	88	82
回归	51	94	81

Hadden 等人的研究非常有意义,由于其显示的数据非常接近于顾客满意度——抱怨、补救以及补救规定可测性较强。与此结果一致,Coussement 和 Van den Poel(2007b)发现,在顾客发送给企业的电子邮件中对顾客情绪进行测量为报纸订阅流失的预测提供了额外的预测能力。更多的工作需要进行,以显示这些数据相比于使用历史变量的增量贡献,同时也作为顾客满意度的典型替代指标。

Coussement 和 Van den Poel (2008) 比较了支持向量机(SVM)、随机森林 (Breiman 2001;一种获取顾客的形式,参见第 19 章),以及逻辑回归在为一份比利时报纸预测流失时的正确性。其预测变量包括对顾客与企业相互关系的测量,如抱怨行为;续期变量,如是否在过期前进行续期订购;消费者特征,以及以前购买和使用的行为变量,如最近一次订阅的时间。作者使用两种方法来评估 SVM,它们在网格搜索中使用的标准各不相同:一个是基于用阈值正确分类的百分比(PCC);另一个是基于 ROC(接收者操作特征曲线)下的领域(参见第 11 章),称为 AUC。作者发现随机森林方法是最好的,这个差异不会出现明显不同(逻辑回归的最高增益为 4.48,随机森林为 4.75,SUM_{PCC} 为 4.21,SVM_{AUC} 为 4.49)。然而,正如接下来我们在 24.4.2 部分将看到的,增益中哪怕十分之一的差异也对流失管理计划的盈利性有着重要的影响。

Neslin 等人(2006a)举办了一个“流失模型联赛”以研究预测流失的最好方式。每个有兴趣参加比赛的人都可以从举办方得到一个无线电讯服务提供商的数据。这些数据报告包含了 100 000 个消费者的数据集,其中包含 171 个预测变量,如消费者特性、之前电话使用情况、之前联系(向客服拨打的电话等)。这些数据类似典型的未来单一周期模型的结构——预测变量数值分布时间区间超过 3 个月,而且中间需要间隔一个月,然后预测第五个月的流失情况。有两个保留数据集:一个在测试数据集时同时编制(当前校验数据);另一个为粗略编制的 3 个月后的数据(未来校验数据)。

比赛吸引了来自 33 个队伍的 44 名参赛者。大约一半为学者,一半为实践者。两个校验数据集的最高增益结果如下所示:

校验数据	平均值	标准差	最小值	最大值
现在	2.14	0.53	1.07	2.90
未来	2.13	0.53	1.19	3.01

从以上的结果可以得出两个非常重要的结论:①达到的增益(大致从 1~3)之间有巨大的差异,这意味着方法至关重要,不是每种方式都能达到相同的增益效果。我们将在

24.4.2节中讲解在经济学上怎样计算增益的重要性。②在现在和未来的校验数据库运行结果之间很少有减少，这表示顾客流失预测模型的保存期至少有三个月。

或许最重要的是作者对用于做预测的方法的分析。如第10章讨论的那样，他们利用要素分析法来发现五种建立顾客流失模型的一般方法。

(1) 逻辑回归法。这些参赛者用逻辑回归作为统计模型，进行探索性数据分析(EDA)，对变量选择进行逐步回归，分配相对较少的时间去准备最后的预测资料。实践者更倾向于使用这种方法。

(2) 决策树法。这些参赛者严重依靠决策树统计模型，他们不太可能去使用EDA和逐步回归分析程序，却安排很多的时间进行评估。这与决策树方法一致，决策树方法要求仔细进行挑选等工作。这种方法的使用者一般会花更多的时间在案例上和将校验数据细分为估计与保留样本。

(3) 实践法。这些参赛者不赞成任何特定的统计模型，他们在选择变量时主要依靠常识，他们分配比平均水平更多的时间来下载数据，分配比较少的时间在整个任务上。他们不像决策树派的学者一样细分数据，这种方法的使用者大多是实践者。

(4) 判别式法。这些参赛者用判别分析作为他们的统计技术，他们主张用较少的时间清理数据，用较多的时间来估计，他们还倾向于在最终模型中用很多的变量。

(5) 解释法。这些参赛者不赞成用任何特定的数据模型而倾向于通过几种统计技术来探索，他们自称他们依靠理论、因子分析、聚类分析选择变量，他们趋向在最终模型用较少的变量。尽管他们依靠理论、因子分析、聚类分析等方法是主观的，就好像这些参赛者试图想出一个简化的关于顾客流失的解释并试图预测它。

作者发现逻辑回归法和决策树法预测结果最准，而实践法和解释法次之，判别式法则更落后。但是它们透露的主要信息是顾客流失的预测和一般的预测模型一样不是只有简单的统计技术，它必须包括时间的分配、选择变量的方法和其他的一些细节，比如细分评估中的校验数据和保留样本。对研究者来说，这是非常重要的，因为它能表明如变量选择和保留样本这些问题的重要性，而且它表明整体地研究预测模型而不是只当作一个统计模型来研究的必要性。对实践者来说，它们说明以逻辑回归法和决策树法为基础的方法都很有效，但两种方法所要求的管理方式不一样。决策树法需要在估计上花费更多的时间，因此管理人员要保证其分析师有足够的甚至绰绰有余的计算力量。逻辑回归法更有可能包括逐步回归，所以管理者需要询问分析师哪些变量被省略和省略这些变量会对最后的结果产生怎样的影响。

将这些方法比较是希望运用这些方法的时候能找出预测顾客流失的最好方法，而且是从学术和实践两方面来比较，但是，这些研究所揭示的重要局限也给未来的研究带来了启发。第一，缺乏对足够的机械学习技术的例子。比较的结果显示决策树的机械学习版本较优，但没有像决策树的这么多方法，也没有支持向量机和遗传算法。第二，这些变量有很高的相关性，以至于作者无法梳理出每个变量对统计模型和时间分配等的独立影响。这些变量趋向于集合在一起以组成一种方法，这是很有益的。当然如果知道每个变量的单独影响会很好。第三，未能深入地探讨其他一些问题如怎么处理缺失数据等细节。

综上所述，Neslin 等人(2006a)表达的信息是顾客流失模型需要一种方法，而不仅仅是一种统计技术，虽然不同的方法都可能成功，但并不是所有的方法都能成功。

24.3.2 时间序列模型

风险模型通过运用时间序列数据为预测顾客流失提供了一种特别有吸引力的方法(详情见第 15 章)。Lu(2001)使用 SAS① 的 LIFEREG 程序来创建了风险模型。该模型不允许随时间变化的协变量，但是用户可以假设一个基础风险参数允许一种存活率的封闭表达形式，在本例中即顾客在原始数据的基础上在一段时间内不流失的概率。在这个程序中，Lu 假设了一个对数正态分布作为基础风险函数。

Lu 面向自 2000 年 8 月起就很活跃的 41 374 个顾客收集数据，通过长时间的观测来检测这些顾客是否流失。预测数据包括人口统计资料、公司内部消费者数据(RFM 数据、产品类型、顾客细分代码、公司其他产品的拥有情况、计费纠纷和滞纳金等)、顾客接触数据(打入公司呼叫中心的电话和与顾客发的邮件)。这些 212 个变量通过第一次的筛选，删除那些和顾客流失不显著相关的变量，剩下 29 个进行逐步回归阶段。

计算出存活率以编制如图 24.5 所示的增益图。图表显示对于预测的顾客在给定的未来的 1 月、3 月或 6 月中流失率的增益。在 Lu 的增益图中有两个有趣的发现：第一，最高的十分位数增益是 1 月，接下来是 3 月，6 月明显很低，这有可能是因为研究者没有使用随时间变化的协变量(协变量的时间被定义为起始时间而且不会改变)，所以 6 月的顾客流失内在地比 1 月或 3 月更难预测②；第二，3 月中最大的十分位数增益是从 3.5 到 1，这比前一部分描述的 Teradata 顾客流失预测比赛中的大部分参赛者要好得多(Neslin et al.，2006)，比赛是要求预测 2 月份的。这种良好表现肯定应该归功于研究者使用了不同的数据，也有可能是因为风险模型利用了数据的时间序列属性。③

Yan 等人(2001)提出了一种使用时间序列数据的有趣方法：①该方法联合几种连贯的数据窗口；②尽管一些观察值的因变量不可用，但该方法仍然可以使用。我们将更详细地讨论第一种特性，因为它和大多数顾客流失模型更为相关。

假设公司有 $T+1$ 个“窗口”，例如，对 1 月到 3 月的预测因子与 4 月观察顾客流失就是一个窗口，对 2 月到 4 月的预测因子与 5 月观察顾客流失可能是下一个窗口等。这实际上是把观察结果的一个时间序列，分成 $T+1$ 份数据。用每一个窗口都可以估计预测模型，如同单一未来时期的方法。预测原理如下：

$$P[c \mid x_i] = \sum_{t=0}^{-T} w(t) P_t[c \mid x_i] \tag{24.5}$$

其中，x_i 为预测期内适合顾客 i 的属性矢量；$P[c|x_i]$为根据给定的 x_i，预测期内顾客 i 流

---

① 同时参见 Van den Poel 和 Larivière(2004)应用风险模型为一家金融服务公司进行顾客流失预测。

② 注意到第 2、第 3 和其他的十分位数都比 6 月预测结果好，但那是因为极少数的流失顾客集中在第 1 个十分位数，所以他们更有可能在其他十分位数上。

③ 甚至在这个例子中，研究者也没有使用随时间变化的预测因子，他的风险模型因为是对数正态分布的风险函数，因此具有内在的动态性。

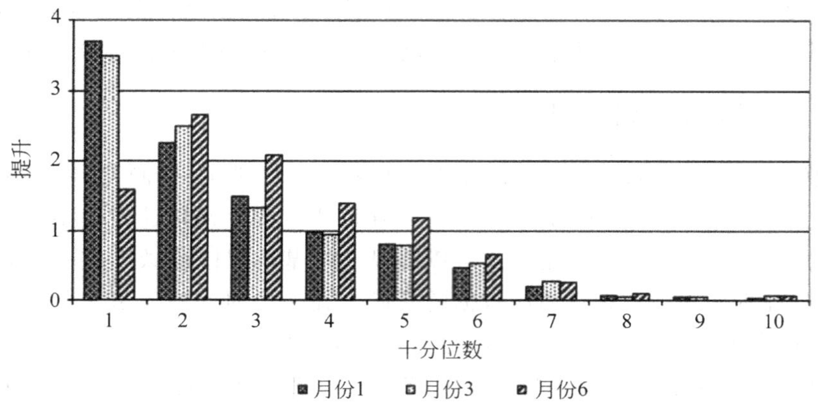

图 24.5 关于风险流失模型的增益图取决于预测的时间范围。基础流失概率不可用，但十分位数的增益可以由图表提供的积累收益计算而得(自：Lu，2001)

失的预计可能性；$P_t[c \mid x_i]$为第 t 窗口中，使用模型预计得到的顾客 i 的流失可能性，$t=0,\cdots,-T$，$t=0$ 表示最近的时间窗口，t 为 $-T$ 表示最旧的模型；$w(t)$为权重组。

$$w(t)=\frac{\mathrm{e}^{-\sigma_{t-1}}}{Z} \tag{24.6}$$

其中，σ_{t-1}为使用 $t-1$ 模型来预测模型 0 的数据集模型得到的均方误差；Z 为归一化常数以使 w 的和为 1。

对于近期顾客是否流失的预测是从先前的数据窗口预计得出的预测模型的加权平均数，其中的权重与模型预测最近数据窗口的能力成正比。随着时间后退，我们预计权重将减小，但是从经验上看，权重应该由 σ 所决定。注意，这与前面 Wei 和 Chiu(2002)讨论的“多分类，类合并”方法是相似的。窗口是子样本，式(24.5)和式(24.6)描述了不同的预测因子是怎样组合的。

作者比较了三种模型：①第一个所提到的“组合”模型依据的是三个时间窗口；②第二个模型使用了预测时期之前的四个时期的所有数据；③第三个模型所依据的是预测时期之前的一个时期。由于顾客在每个时期都有可能流失，因此第二个模型便与时间序列模型很相似。若是只在一个时期内顾客可能流失，则第三个模型与单一的未来时期模型相似。这些模型是建立在每个时间窗口中的 67 278～72 431 名顾客的基础上，71 个潜在的预测因子(顾客信用分级、地域、多种服务的使用、每月服务费、各种服务的每月使用率、每月漏接的电话数量和每月顾客服务电话的数量等)被推导出以预测 2 个月内的顾客流失率，约为 6%。所有这些预测模型相当于神经网络，由 71 项投入、1 个隐藏层和 10 个隐藏节点组成。

结果表明，组合模型和模型 2 预测得相差无几，且均优于模型 3。作者主张组合模型要优于模型 2，是因为组合模型对每个模型的数据要求较少，使其更容易评估和利用，这当然取决于模型 2 的使用。没有明显的证据表明，对于每个模型使用神经网络的联合模型比风险模型更简单或更优秀。无论如何，Yan 等人的方法非常有趣，而且向我们展示了联合模型在单独预测时的潜力，这是贯穿机械学习文献的主题所在(第 19 章)。

Bonfrer 等人(2007)提出一个布朗运动模型来预测顾客流失,并把它运用到一家电信公司。这个模型假设顾客每周的使用率 i(xit) 符合一般马尔可夫过程,将来的使用率可以由以下数据来预测:①以前的使用率;②一个和过程的平均值相关的漂移参数 μ_i;③一个和过程标准偏差相关的易变参数 δ_i。顾客如果消费为零则被假设成已流失顾客。如果每周的使用率符合正态分布,而且 $x_{it} > 0$,那么直到顾客流失的时间符合反高斯分布和累积分布,或者顾客在当前时间 t 里的时间 τ 内流失的可能性可以表示为

$$F(\tau \mid x_{it}, \mu_i, \sigma_i) = 1 - \Phi\left(\frac{\mu_i t + x_{it}}{\sigma_i \sqrt{t}}\right) + \exp\left(\frac{-2x_{it}\mu_i}{\sigma_i^2}\right)\Phi\left(\frac{\mu_i t - x_{it}}{\sigma_i \sqrt{t}}\right) \tag{24.7}$$

其中,Φ 符合累计标准正态分布,顾客流失的可能在漂移参数(μ)上递增,在最近消费(x)上减少。有负向漂移和最近消费较低的顾客是流失顾客的候选人,较频繁的变化对正向漂移的顾客而言一般都意味着麻烦,但如果漂移为负向的,实际上能减少顾客流失的机会。这些结果是很有意义的。

因为该模型只有两个参数——漂移参数和易变参数,它可以在单个消费者水平上来估计,这使该模型能很容易实施和避免异质性假设。研究者测试他们的模型时,发现它在保留数据中大致达到 2 到 1 个最高十分位增益,和在 24.3.1 节中讨论的顾客流失模型比较时发现的结果相似。总之,布朗运动模型的简单易行和解释性使它有在将来得到运用和发展的潜力。

24.4 减少流失的管理方法

24.4.1 概述

减少顾客流失的方法可以分为有针对性的和非针对性的两类。非针对性的方法通过改进产品、广告或者采取忠诚计划来增加顾客的满意度和转换成本。相反地,有针对性的方法是指识别最有可能流失的顾客并试图去"挽留那个顾客"。有针对性和非针对性方法的关键区别在于:有针对性的方法识别潜在的流失顾客并且采取行动,而非针对性的方法并不单独区分出潜在流失顾客。

有针对性的方法有两种:被动的和主动的。被动的方法等待顾客主动识别他/她自己为一个可能的流失顾客,通常是当消费者要求取消服务的时候。主动的方法,提前识别最有可能流失的消费者,判断潜在流失的原因,并且选择一种合适的行动或激励来诱导顾客留下。

被动的流失管理计划拥有完美或者接近完美的预测的优点。当顾客打来电话要取消服务,然后再采取正确的行动。因为有完美的预测,公司可以提供重要的激励来留住顾客。但是,在这个时刻,强烈的激励是必要的,公司其实是在贿赂顾客让其留下。这样可能短期内花费不菲而且可能使顾客只要遇到有吸引力和有竞争力的服务时,就会要求公司提供同样的或者更好的服务。

主动的流失管理计划采取预测模型来找出可能的流失者,所以有并不完美的预测准确度——准确度依赖于流失模型的质量。即使是 5∶1 的增益比例,如果总共的流失比是

2%，高流失部门只有10%的顾客是真的流失者，那么公司就不能像被动计划一样在每一位潜在流失者身上花费钱，因为其中一部分是浪费的。另外，公司可能也不需要花费那么多，因为事情还没有发展到顾客正要走出大门那样糟糕。

主动流失管理计划的另一个潜在的问题是它可能会促使一些非潜在流失者考虑离开。也许这个顾客本来没有想离开，却被预测模型识别为潜在流失顾客。但是，主动的接触和伴随着的邀约可能会促使"需求确认"(Engel et al.，1995，第5章)，并且使消费者考虑是否要离开。可以用另一种方式看待这个问题，顾客拥有一种能够被预测模型发现的流失"潜在需求"，但是只有主动接触才会使顾客发现这个需求。这个理论是被Berson等人(2000：282-295)率先提出的。其中描述了一个英国电信公司的案例。实际上，主动计划显著的结果是降低了那些已回应流失特别激励的顾客的流失率，却增加了那些没有回应的顾客的流失率。[①]

24.4.2 主动的顾客流失管理框架

上述的讨论为我们识别出在主动的顾客流失管理计划中的内在的几个权衡因素，如流失预测模型的准确度、激励的有效性和为一些本来不会流失的顾客所提供的激励的潜在损失。这些因素，我们能够通过图24.6所描述的模型来进行量化，以下是一些主要的量化指标：

N=顾客总数。

α=在顾客流失计划中，顾客被接触的概率，比方说，如果计划中要求我们去接触流失预测模型识别出来的前10%的最可能流失的顾客，那么$\alpha=0.1$。

β=当一位顾客被联系以后，其流失的概率，比方说，如果我们已经接触了前10%最有可能流失的顾客以后，这些顾客还有15%流失，那么$\beta=0.15$。

γ=当一名顾客是流失者时，能够成功挽留该顾客的概率，比方说，如果一个流失的顾客有50%的可能性会因为我们的激励而选择留下，那么$\gamma=0.5$。

ψ=一个非流失者接受了激励的概率。那就是说，一位本来不会流失的顾客可能也会接收到我们提供的激励，比方说，如果激励是减价或者免费礼品，那么ψ值会非常大，甚至达到100%。

Δ=非流失顾客接受激励后的顾客终身价值增长百分比。尽管非流失顾客不会流失，但是在接受激励之后，他们可能会提高对企业的忠诚度或花更多的钱购买企业的服务。这种现象我们称之为"取悦消费者"效应(Rust & Oliver，2000；Hatch，2002)。企业提供的免费激励是一种意想不到的惊喜，这能够提高顾客对企业的满意度。

c=接触成本。在顾客流失管理计划中，要接触顾客而产生的成本。比方说，如果接触方式是通过邮寄的话，那么每个顾客的成本就是0.50美元。

δ=激励成本。比方说，如果激励是一台免费的手机，δ的值就相当于这台手机所花费的现金支出。

LTV=顾客终身价值。该值取决于不同类型的顾客。

---

① 笔者对北卡罗来纳大学的Charlotte Mason教授引进的这个案例深表感激。

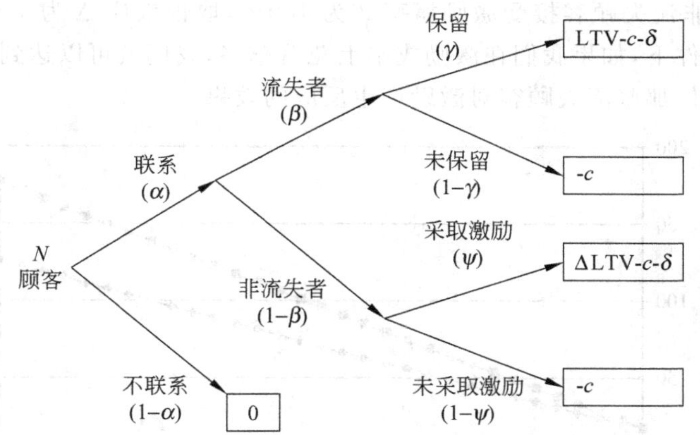

图 24.6 主动的有针对性的顾客流失管理计划的盈利性框架

通过以上的符号定义，我们可以计算出采用主动的顾客流失管理计划的总利润，将合理的概率值乘以支付的金额，然后加总(见图 24.6)。结果是：

$$\prod = N\{\alpha\beta\gamma(\text{LVC} - c - \delta) + \alpha\beta(1-\gamma)(-c) + \alpha(1-\beta)\psi(\Delta LVC - c - \delta) + \alpha(1-\beta)(1-\psi)(-c)\}$$
$$= N\alpha\{[\beta\gamma + (1-\beta)\psi\Delta]LVC - \delta[\beta\gamma + (1-\beta)\psi] - c\} \tag{24.8}$$

对式(24.8)进行简单的解释。大括号里面的项 $\beta\gamma$ 和 $(1-\beta)\psi\Delta$ 代表计划所带来的利润增长。项 $\beta\gamma$ 是由于挽留流失的顾客所带来的，而项 $(1-\beta)\psi\Delta$ 则是由于取悦了非流失的顾客所带来的增长。项 $\delta[\beta\gamma+(1-\beta)\psi]$ 和项 c 代表计划所造成的额外成本。项 $\delta[\beta\gamma+(1-\beta)\psi]$ 代表了提供激励的成本，一开始是提供给流失的顾客，然后是给非流失顾客；项 c 则代表了接触成本，包括接触所有的 α 数量的顾客所产生的成本①。

式(24.8)显示了顾客流失管理计划中的关键影响因素是如何共同影响企业的最终利润的。注意例如，如果顾客的终身价值比较小，式(24.8)很容易就会算出一个负的结果。同样地，如果成功挽留流失顾客的概率(γ)较小并且取悦效应(Δ)假设为 0 时，这个计划是不值得去实行的。

在计划中，总投入为 $\alpha\{\delta[\beta\gamma+(1-\beta)\psi]-c\}$，见式(24.8)中的第三项和第四项。式(24.8)将投入与投资回报率(ROI)区分开，因此能够算出这个计划的投资回报率。我们可以事先确定一个投资回收率，比方说 ρ，假定 ROI$>\rho$，我们可以得出需要投入的激励成本 δ。这样我们就可以得出一个企业所能承担的最大限度激励成本，即

$$\delta < \frac{[\beta\gamma + (1-\beta)\psi\Delta]\text{LTV} - c(1+\rho)}{(1+\rho)[\beta\gamma + \psi(1-\beta)]} \tag{24.9}$$

图 24.7 显示了企业可承受的最大激励成本(δ)作为对于两种不同值的激励有效性(γ)的预测准确度(β)的函数，假设 $c=0.50$ 美元，LTV＝2 000 美元，要求的投资回报率

① 注意，这里我们假设如果是对于没有接受激励的非流失顾客，我们花费的成本仅仅是接触成本。如果像 Berson 等人(2000)所描述的英国电信的案例，这类顾客的流失率实际上是会提高的，成本将会比接触成本高。最重要的是，在图 24.6 中，提供了一个带有扩展性的框架，它可以用来分析这种可能性的影响力。

ROI=ρ=15%，非流失顾客接受激励概率 ψ 为 100%，取悦效应 Δ 为 1%。该图表明了，在给定参数的条件下，如果我们在激励成本上花费越多，我们就可以达到提高顾客流失模型的准确度以及使那些流失顾客对激励产生反应的效果。

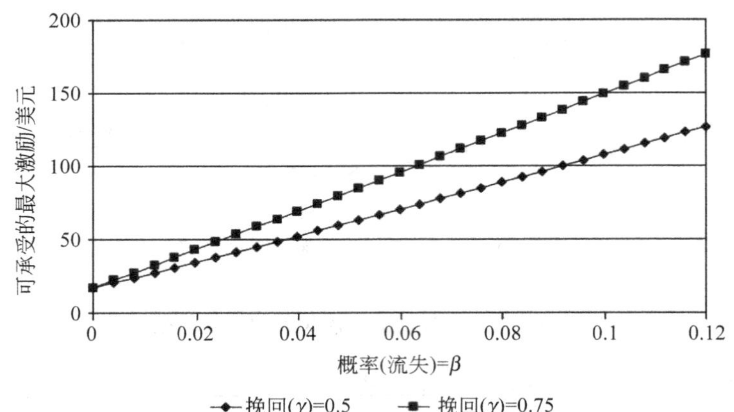

图 24.7 作为流失模型准确度(β)与保留(挽留)有效性(γ)的函数的最大可能的激励

计算是基于式(24.9)，c=0.50 美元，LTV=2 000 美元，ρ=0.15，Δ=0.01，ψ=100%。

举个例子，如果目标顾客的流失率为 5%(β=0.05)美元，能够挽留的概率为 50%(γ=0.50)，企业在顾客流失管理计划中能够为每位顾客支付 61.03 美元的成本。尽管一位顾客的终身价值为 2 000 美元，企业只能为其支付远少于 2 000 美元的费用，这恰恰是因为流失模型的预测准确度低以及只有一半的顾客会因为激励而产生动摇。当然，挽留参数(γ)真的是 δ 的一个函数，也应该将此明确地整合起来。

有趣的是，图 24.7 显示的流失概率预测准确度与利润的正相关关系在一般情况下并不成立。举个例子，如果观察式(24.8)中新生成的关于流失概率预测准确度 β 的项，可以得出当 $(\gamma-\psi\Delta)>0$ 时，流失概率预测准确度的提高才会对利润产生提高的影响。如果大量的非流失顾客接受了激励，并且这样做使得他们感到喜悦，我们应该以非流失顾客为目标，提供激励，即流失概率预测准确度较低。这强调了取悦现象的重要性，以及在顾客流失管理的环境下理解其大小的必要性。

Neslin 等人(2006a)的研究表明，该框架也能够让我们计算出预测准确度的财务价值。遵循简易和保守的原则，他们假设 ψ=1(即所有接触了的顾客接受了激励)，Δ=0(不存在取悦效应)。然后他们将预测准确度 β 表示为增益(第 10 章)的函数，具体做法如下：让 β_0 作为数据中基础的流失率，λ 作为经过顾客流失管理计划并已经接触的顾客的增益，那么 $\beta=\lambda\beta_0$。将这个值代入式(24.8)，然后合并同类项，他们得到：

$$\prod = N\alpha\{[\gamma\text{LTV}+\delta(1-\gamma)]\beta_0\lambda-\delta-c\} \tag{24.10}$$

在增益参数 λ 前面的项就是利润相对于预测准确度的斜率，即

$$\text{GAIN} = N\alpha\{[\gamma\text{LTV}+\delta(1-\gamma)]\beta_0\} \tag{24.11}$$

上式表示每单位的增益对利润的影响。比方说，有一个计划，采用了如下的参数：

N=5 000 000 位顾客；

α=0.10(10%的顾客将会被接触)；

LTV=500 美元(每一位挽留的顾客的终身价值)；

γ=0.10(10%的被接触了的潜在流失顾客会被挽留下来)；

δ=50 美元(激励成本)；

β_0=0.018(基础月度流失率)。

于是，在一次单独的顾客流失管理活动中，每增加 0.5 单位的增益(比方说，从 2.5 到 3.0；注意：0.5 是 Neslin 等人的流失建模比赛中的参赛者的表现的标准差)，我们能够获得的利润是 5 000 000×0.10×[0.10×500+50×(1−0.10)]×0.018=427 500(美元)。由此我们可以得知，该公式阐述了更好的流失率预测准确度对利润的影响，在这个例子中我们看到，这种影响是巨大的。

这个公式解释了一些关键的概念，包括流失率预测准确度、激励的有效性、消费者取悦效应、顾客终身价值以及作为积极的顾客流失管理计划所需要支付的成本。这个模型提供了判断一个企业所能够支付的最大限度的激励成本，并且随着以下变量的增加而增多：

- 流失率预测准确度(β)的提高[($\gamma-\psi\Delta$)>0 的条件下，具体见式(24.11)]。
- 激励有效性(γ)的提高。
- 顾客终身价值(LTV)的提高。
- 激励对于流失者的影响的增强(取悦因子 Δ)。
- 接触成本(c)的降低。
- 计划要求的投资回报率的降低。

与此同时，上述公式还可以计算出流失率预测准确度所带来的效益。这对那些需要在增加顾客流失分析部门的投资与购买附加数据二者之间选择的企业来说，尤为重要。

关于上述公式的一个重要的局限性在于这只是一次单独的计划活动模型。它并没有明确地回答到底企业需要在多短的时间内与一个潜在流失的顾客进行接触，或者需要接触这位顾客多少次。

24.4.3 实施主动的顾客流失管理计划

实施积极的顾客流失管理计划包括以下四个步骤：①识别潜在流失顾客；②了解导致流失的原因；③为流失顾客设计一种合适的接触/优惠策略；④监测与评估结果。

最开始的两个步骤可以通过预测模型来实现。预测模型能够识别最有可能流失的顾客，并且能够诊断出他们流失的原因。第三个步骤需要企业发挥创造性，去考虑不同形式的激励。这肯定会导致费用的增加，但是图 24.6 中的框架可以帮助我们得出一个企业所能支付的激励的最高额度是多少。从式(24.9)我们可以看到，某些企业会倾向于为终身价值高的顾客花费更多的成本进行维护。另外，还有一个值得考虑是，对那些不接受激励的顾客来说，应当不会激起“需求识别”(Berson et al.,2000)。

另外一个重要的值得思考的地方是，到底应该选择多大规模的顾客群来进行接触，换句话说，α 的值应该取多少？这可以通过两条途径来确定。第一条途径就是通过企业的预算来得出结果。如果 X 美元是企业分配给部门的预算经费，我们可以对顾客挽留概率(γ)、流失预测准确度(β)、接触成本(c)和非潜在流失顾客接收激励的概率(ψ)进行预期赋值，总费用为 $N\alpha\{[\beta\delta+(1-\beta)\psi]+c\}$。企业可以通过调整 α 值以使总费用不超过预算。第二条途径则是对 α 与 β 之间的关系进行量化来确定。β 是已经接触以后，顾客依然流失的概率，这会随着总接触顾客数的增加而降低，它们之间构成了一种函数关系(因为我们在使用预测模型来识别流失顾客以及对他们流失的可能性进行了排序)。企业就可以通过组合不同的 α 与 β 值来计算出利润，然后选取收益最大的组合。

要对顾客流失管理计划进行评估，完成的最好办法就是现场试验。比方说，要估计挽留率 γ 是相当有挑战性的，因为成功保留的顾客并不能够百分百地被识别。接下来，我们来看看，为达到这个目的如何在图 24.6 框架的基础上进行现场试验。我们让：

A=接收到激励邀约的小组(试验组)；

B=没有接收到激励邀约的小组(控制组)；

N=每小组被分配的人数(假定两组人数相等)；

R_g=流失管理活动中小组 g 的流失率(A 或者 B)；

O=在试验组中接受邀约的人数；

LTV_g=小组 g 内每位顾客的平均终身价值(算出活动结束后的一段合理的时间)。

计划的效果将通过 $N(\mathrm{LTV}_A-\mathrm{LTV}_B)$ 进行估计。为了估计挽留顾客的成功率，我们对每一小组的流失率进行赋值：

$$R_A=\beta(1-\gamma) \tag{24.12a}$$

$$R_B=\beta \tag{24.12b}$$

通过使用控制组中的 β，我们可以求出式(24.12a)的挽留成功率 γ。同时，在试验组中接受了激励的人数总和等于接受了激励的潜在流失顾客数量与接受了激励的非潜在流失顾客数量的总和。我们可以得出：

$$O=N\{\beta\gamma+(1-\beta)\psi\} \tag{24.12c}$$

既然我们已经知道了 N、β、γ，我们可以求出 ψ。

上面的例子阐述了现场试验是如何提供关于顾客流失管理活动的总体评价的。此外，该试验还为某些关键的参数进行了估计，比如说挽留成功率，这可以为以后的计划所服务。提供总体评价是至关重要的；一家企业不能想当然地认为顾客流失管理计划一定有效。正如我们之前讨论的英国电信的案例(Berson et al.,2000)，$N(\mathrm{LTV}_A-\mathrm{LTV}_B)$ 的值甚至可能为负！

另外一个须考虑的实施主动的顾客流失管理计划的重要问题是：企业该提前多长时间来开展①。这需要对模型的准确度(β)以及挽留有效性(γ)进行权衡分析。越早实施活动，越能够挽留更多的潜在流失顾客(更高的 γ 值)，但是预测的准确度会相应地降低(见 Lu,2001，在 24.3.2 节中的讨论)。越晚实施活动，企业越可以获得较高的预测准确度，但是挽留激励的有效性可能会降低，或者需要花费更多的成本来保证理想的挽留水平(γ)。所以，问题不单在于顾客流失计划的激励该是些什么，还在于它什么时候递送给

① 作者从 Wagner Kamakura 和 Carl Mela(两位都来自杜克大学)对该问题的讨论中受益。

顾客。

最后一个问题是，单次活动与多次接触方法的对比。比方说，假设一位顾客 3 月份收到了一份激励，然后没有流失，却出现在 5 月份的流失风险前 10%的名单中。那么，该顾客是否应该在五月份获得第二次的激励呢？企业的顾客名单里，有一群顾客，他们一直属于流失风险最高的群体，如果在这样的情况下，他们很可能每隔几个月就会收到一次激励。这会降低他们的盈利性，或者至少是他们的忠诚度，因为这样做，企业就会使他们养成经常期望收到企业的激励与优惠的坏习惯。有一种方法可以针对这个问题进行调查。该方法需要包括之前的预测性流失模型中的流失挽留激励。这样可以使管理人员知道，之前的激励对长期的忠诚度是起促进作用还是抑制作用。另外一条途径，是通过制定与执行一种最优的接触模型(第 28 章)。在这个模型中，当前阶段的对潜在流失顾客提供激励的决定将考虑到激励的未来影响。

24.5 未来的研究

在前文中，我们已经讨论过顾客流失的问题及其原因，如何通过预测模型来识别流失顾客和诊断出顾客流失的原因，以及企业应当如何管理流失。目前，已经发展出强调该主题的激动人心的研究发现与方法，不过关于流失的问题，未来仍需要很多方面的研究，如下所示：

- **预测顾客流失率**。什么是最主要的变量？哪种模型预测效果最好？多高的增益是可行的？它又是如何根据产品种类的不同而改变的？
- **顾客流失计划**。我们需要现场试验来证明顾客流失管理计划的可行性。
- **盈利性框架**。我们需要对图 24.6 的框架中的参数进行估计，这样我们才能理解流失计划盈利性的影响因素，以及它们是怎样根据计划及产品种类的不同而产生变化的。
- **动态最优化**。我们需要一个最佳的接触模型，在持续的基础上，确定在什么时候、哪些顾客需要被接触，从而使流失率最小化。这需要考虑目前的激励对将来顾客的响应程度、终身价值以及流失的可能性的影响。这将在理论上以及实践上对顾客流失的有效管理产生巨大的贡献。

第25章 多渠道顾客管理

摘要

数据库营销的潜力和面临的挑战在多渠道顾客管理的"新天地"里体现得尤其突出。在过去,许多企业通过单一渠道——包括实体零售店、银行分支机构、企业销售目录及金融顾问等——与顾客进行交互,而现在,几乎所有的企业都转向了多渠道。这种转变产生了许多重要的启示和管理的问题。例如:"多渠道顾客就是好的顾客吗?""如果是,为什么?""是否应该鼓励我们的顾客转变为多渠道顾客?"我们刚刚才开始理解这些问题,这一章将回顾我们已知和未知的知识,并讨论影响顾客渠道选择的因素、购物研究所发现的现象以及引入多渠道对企业收入的影响。我们将展示一个发展多渠道顾客战略的框架,并在章末介绍一些运用了多渠道顾客管理的行业案例,以帮助读者更好地理解本章的内容。

多渠道顾客的管理是数据库营销最具前景的用途之一,多渠道包括网络、电话客服中心、销售人员、销售目录、零售店以及不久的将来将投入使用的交互式电视。Neslin 等人(2006b: 96)将多渠道顾客管理界定为一种对渠道的设计、部署和评价,它通过有效的顾客获取、顾客保留和顾客发展增加顾客价值。正如 Neslin 等人所述,营销人员通常会将渠道管理视为基本的营销工作(Stern & El-Ansary,1972; Webster,1991)。但是传统的渠道管理主要从公司视角出发(Rangaswamy & Van Bruggen, 2005),而多渠道顾客管理则以顾客为中心,将顾客价值视为提升企业价值的手段(Payne & Frow,2005; Boulding,等,2005)。

25.1 多渠道顾客管理的出现

25.1.1 多渠道管理的驱动力

企业采用多渠道顾客战略是由企业自身、顾客及竞争压力共同驱动的。企业已经发展出强大的技术能力,尤其是在数据库管理与互联网方面。互联网创造了一条与其他渠道自然联系的全新渠道。例如,顾客可以在网上搜索产品,然后去实体店购买。

顾客已将他们的渠道经验急剧扩张到了传统的商店或销售电话之外,他们乐于使用目录、网络、ATM 机、电话客服中心并期待企业的服务能涵盖所有的渠道。

最后是竞争的影响。由于企业自身和顾客的因素,A 公司率先采用了多渠道战略,那么 B 公司只好跟随。这种情况是否会促成囚徒困境将是一个重要的研究问题(参阅 25.3.3 节第 1 部分)。

25.1.2 多渠道管理的拉力

企业也经常被拉向多渠道管理，这种拉力包括潜在的忠诚度的提高、销售的增长及营销效率。忠诚度通常受益于提升的顾客满意度和更高的转换成本。销售的增长可能仅仅因为某品牌的产品更易获得。请阅读25.2.2节中第2部分关于“销售增长”，以及25.2.7节关于“忠诚度”的内容。

互联网与电话客服中心共同决定了对营销效率提升的预期（参阅章节25.2.7）。每种渠道都是高度自动化的，且似乎在加强顾客关系上是相互对立的。但是顾客的选择可能不是在人工接触或是自动化接触，而是在自动化接触与没有接触之间。顾客与企业接触的需求以戏剧性的速度高速增长。想一想当今一部手机所具有的众多功能，这些功能驱使顾客去与公司接触，去咨询某种功能或者确认为什么该功能无法发挥作用。我们面临的挑战恰恰就是要发展高效而低成本的渠道来处理猛增的服务需求。

25.2 多渠道顾客

25.2.1 顾客渠道选择决策的学习框架

图25.1显示了一名顾客渠道选择决策的学习框架，该框架将顾客决策过程（Engel et al.，1995；Peterson et al.，1997）与营销活动（也请看 Neslin et al.，2006b）相结合，顾客意识到需求，搜索产品信息并确定需求，购买产品，寻找售后支持。沿着这样的路径，顾客在不同的公司运用不同的渠道，这一过程取决于顾客对不同渠道的态度、公司的营销活动及整个过程各阶段的结果。最终，顾客评价自己的经历并更新态度。

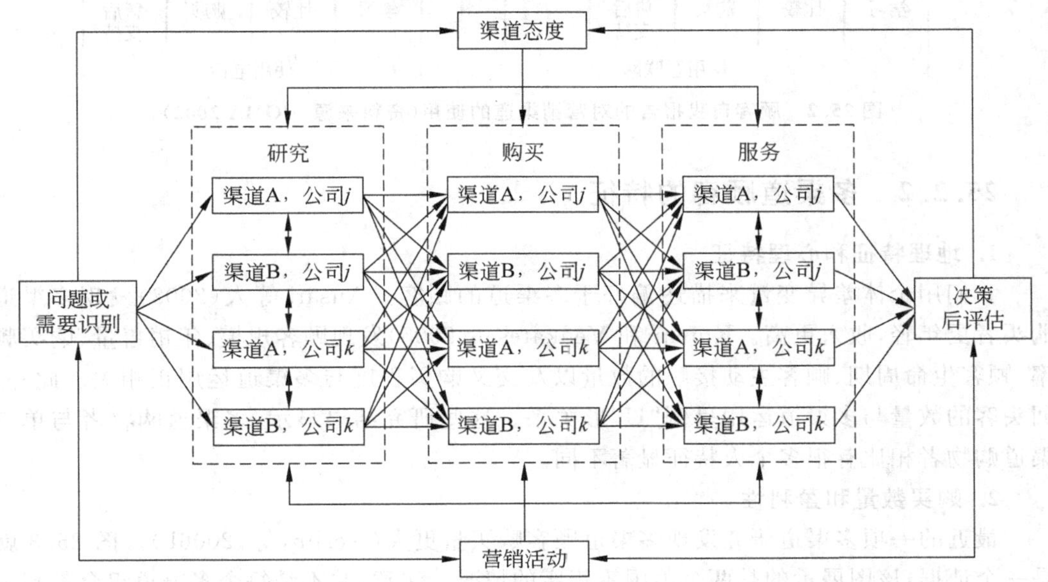

图25.1 顾客渠道选择的通用模型

举例来看，一名顾客被索尼的广告刺激后，意识到他可能需要一台高清电视，该顾客需要信息，于是登录 Circuit City 或 Best Buy 的网站。现在该顾客可以与专家进行技术性的对话。顾客决定去实体店获取更多信息，并选择了 Best Buy，因为它距离最近。之后顾客知道了他想要什么型号的高清电视。由于顾客最近看到过沃尔玛关于名牌高清电视降价的宣传，于是决定去沃尔玛购买。购买产品后，顾客对产品的安装产生困惑并回到沃尔玛寻求帮助。最终，这台高清电视安装成功，同时顾客会评价该过程。我们能够从这个例子中看到整个过程的复杂性，在渠道与公司之间的选择，以及“寻找信息⇒购买⇒售后”的整个机制。

图 25.2 比较了 B2B 顾客在不同的购买阶段对互联网和电话的偏好（IOMA，2002）。寻找信息阶段被划分为“学习”和“比较”两个部分。“学习”是收集产品属性信息的过程；“比较”是逐步锁定所需产品和确定价格的过程。互联网在学习和售后阶段占优势；而电话在比较和实际购买阶段占优势。该图清楚地显示出顾客在不同的决策阶段偏好不同的渠道（Verhoef，et al，2007）。

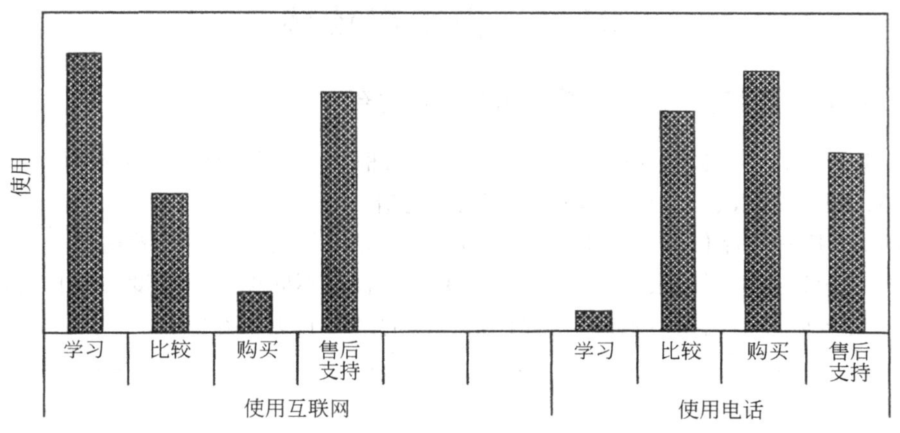

图 25.2 顾客自我报告的对营销渠道的使用（资料来源：IOMA 2002）

25.2.2 多渠道顾客的特征

1. 地理特征和心理特征

我们用个体差异变量来描述偏好于多渠道的顾客。Ansari 等人（2008）发现多渠道购买者更年轻，收入更高。Kumar 和 Venkatesan（2005）发现顾客规模、年销售量、购买频率、顾客生命周期、顾客主动接触的数量以及交叉购买程度与多渠道运用正相关。此外，回头客的数量与多渠道运用呈倒“U”形关系。这些研究结果显示，多渠道购物者与单一渠道购物者相比有很多个人特征显著不同。

2. 购买数量和盈利性

最近的一项多渠道研究发现多渠道顾客购买量更大（Neslin，等，2006b）。图 25.3 就是一个证据，该图展示的是两个美国零售店的情况。注意，并不是每个多渠道组合都超过单一渠道，但是同时从渠道 A 和渠道 B 购买的顾客比仅从渠道 A 或 B 购买的顾客购买量更大。更多的多渠道购买与购买量之间关系的证据可以从这些人的研究中找到：Kumar 和 Venkatesan (2005)，Myers 等人(2004：1)，Kushwaha 和 Shankar(2005)，以及 Ansari 等人(2008)。Campbell 和 Frei (2006)的研究是该理论的一个有趣的例外。他们发现采用线上银行和高交易量相关，但是也带来了银行收益的净减少。研究人员推测这是由于顾客更有效地管理了账户并避开向银行缴纳多种费用。

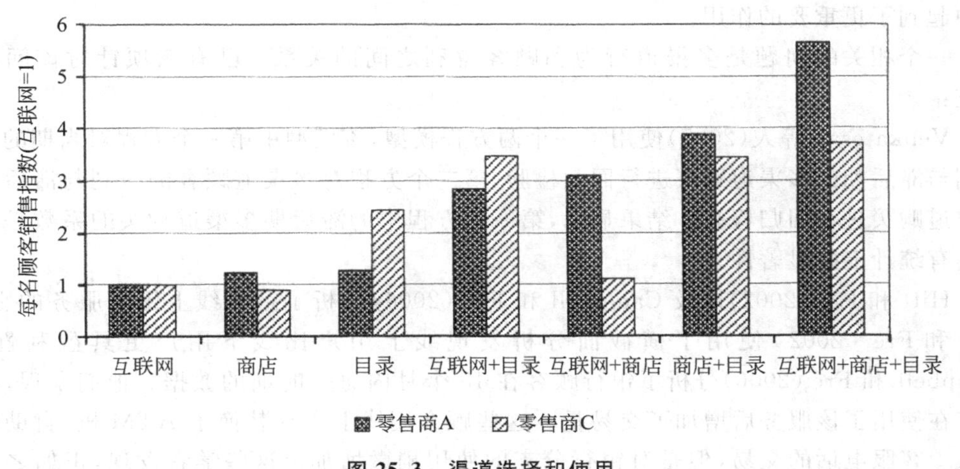

图 25.3　渠道选择和使用

(资料来源：零售商 A，Double Click 2004a；零售商 C，Thomas and Sullivan，2005a)

有三个原因解释多渠道顾客会买得更多：①顾客忠诚；②自主选择；③营销因素。区分哪一个因素更适用是非常重要的，因为它们决定了公司是否应该鼓励顾客成为多渠道顾客。

顾客忠诚说的一个解释是：从多渠道购买会增加顾客服务和顾客满意，导致更高的顾客忠诚，进而导致销售的增加。另一个可能的解释是：多渠道顾客从企业购买了更多产品从而提高了转换成本。如果高顾客忠诚度是多渠道使用的自然结果，那么企业一定会鼓励顾客变成多渠道顾客。

自主选择说的解释是：购买量大的顾客有更复杂的需求和更多的购买机会，因此自然地运用更多渠道。该理论认为，多渠道并不能促进销售，而仅仅是允许大购买量顾客能有更多方便的购买选择。自主选择渠道的购买在降低顾客成本的同时仍能提升公司利润，因为顾客在购物网站上花的时间更多了。

营销因素在三个方面起作用：第一，多渠道顾客可能会接受更多的营销刺激，因为他们要购买更多，所以被更多的营销活动锁定。如果事实如此，多渠道是否被鼓励就取决于顾客对营销刺激的响应。第二，多渠道顾客可能会更频繁地面对营销刺激，因为他们会使用多个渠道。仅在零售实体店购买的顾客只会接触商店内的商品，而同时在商店和使用目录购买的顾客还会接触目录上的广告。第三，多渠道增加了产品的分布，使公司的产品更易获得。如果增加的销售是多渠道购买或多渠道可获得性的结果，那么多渠道购买就应被鼓励。

Ansari 等人(2008)支持营销因素说。他们发现，多渠道顾客接受更多营销刺激并更具响应性，互联网的使用在长期来看与更低的而非更高的购买频率相关。他们还在数据中发现，最终成为多渠道购买者的顾客在购买总量上与单一渠道购买者相当。这些结果倾向于驳斥顾客忠诚说和自主选择说。但是，Hitt 和 Frei(2002)支持自主选择说。他们发现，使用线上银行的顾客(被默认为是多渠道顾客)更快地接受了新产品，而该差异在线上用户与线下用户的全部差异中仅占到 10%。他们推测自主选择在线上、线下用户的差异中起到了更重要的作用。

一个相关的问题是多渠道行为和顾客盈利之间的关系。已有三项针对该问题的研究：

Venkatesan 等人(2007)使用了一个两方程模型，该模型中第一个方程对当期的顾客盈利与滞后期的多渠道购买进行回归检验，第二个方程对多渠道顾客的盈利与滞后期的多渠道购买进行回归检验。结果显示，第一个方程中的滞后期多渠道购买的系数是正值且具有统计上的显著性。

Hitt 和 Frei(2002)以及 Campbell 和 Frei(2006)分析了运用线上银行服务的影响。Hitt 和 Frei(2002)使用了横截面分析发现线上用户比线下用户更具盈利性质。Campbell 和 Frei(2006)分析了银行顾客在 18 个月内每一时期的数据。他们发现，线上顾客在使用了该服务后增加了交易量。这些顾客用线上交易替换了 ATM 机、自助电话及人工客服电话的交易，但是对银行分支的使用稍微增加。这些学者发现，正如之前所示，收益实际上下降了，最终结果是利润的下降。但是他们也发现，线上服务的使用带来了更高的顾客保持率，因此最终结果可能是更高的顾客终身价值。

很显然，我们还需要更多的研究来弄清为什么多渠道顾客购买量更大以及更根本的——运用新的渠道是否能获取更具盈利的顾客。这里有一些具有挑战性的方法问题(25.2.4 节第 3 部分)，我们需要收集更多证据来总结和归纳本节提到的现象。

25.2.3 多渠道选择的决定因素

1. 概述

关于渠道选择的决定因素已有大量研究成果。图 25.4 由 Neslin 等人(2006b)设计展示了 6 种主要的决定因素：①市场营销；②渠道属性；③社会影响；④渠道整合；⑤情境因素；⑥个体差异。接下来我们将回顾这些决定因素的细节。

2. 个体差异

正如 Neslin 等人(2006b)提出的，有几项个体差异变量与渠道选择有关，包括年龄、性别、受教育程度、收入水平、家庭人数以及地理区域(Ansari et al.,2008; Gupta et al.,2004b;Inman et al.,2004;Kushwaha & Shankar,2005; Verhoef et al.,2007)。有趣的是，Thomas 和 Sullivan(2005b)发现，顾客的不同生活阶段也能够决定渠道选择。

另一个重要的个体差异变量是渠道经历。Montoya 和 Weiss 等人(2003)、Inman 等人(2004)及 Ansari 等人(2008)发现，使用某种特殊渠道的经历会增加顾客在未来再次使用这种渠道的可能性。而这种现象是取决于无意识的惯性还是认知性学习，尚未有更深入的探索。

Ward(2001)提供了一种关于渠道经历的角色的理论。他认为，顾客投入了人力资本

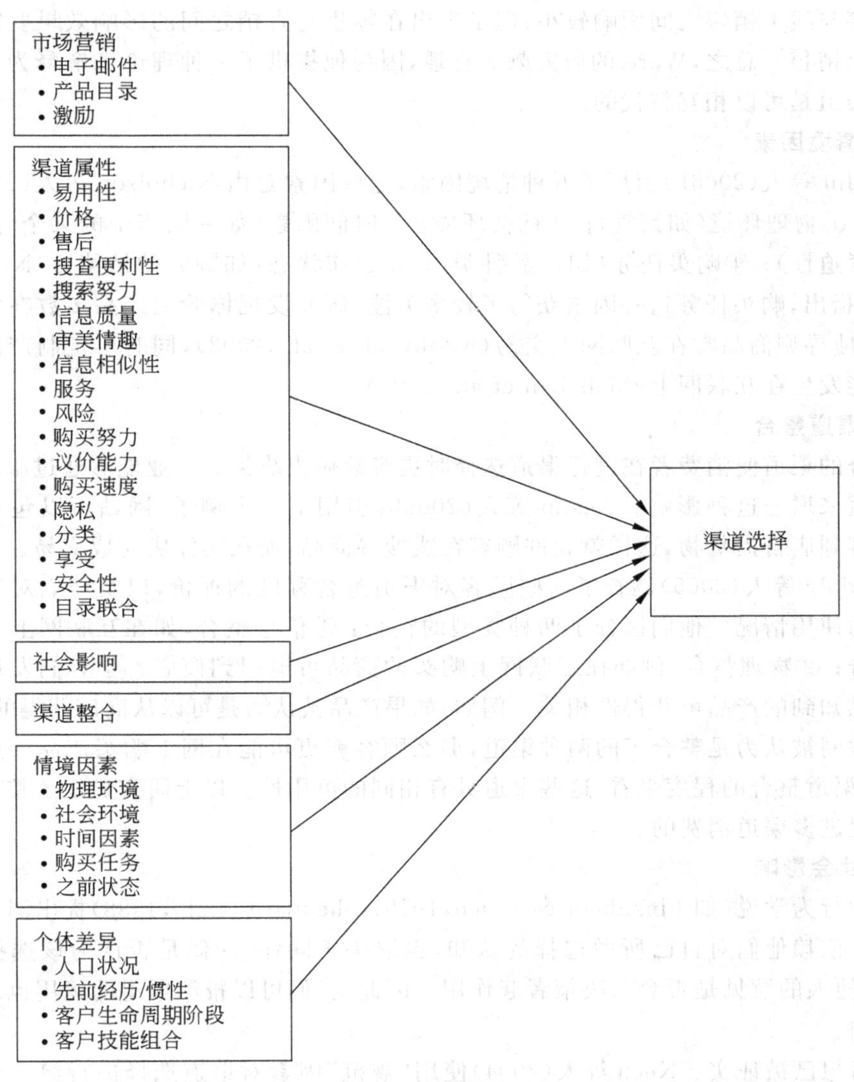

图 25.4　顾客渠道选择的决定因素

资料来源：Neslin，2006b，et al.

来学习如何运用某种特定的渠道，如果这种投入精力才学会的技巧向其他渠道“溢出”，那么该顾客就会成为多渠道顾客。例如，进行购买的技巧就是一种能力，这种能力能够使顾客在不接触产品实物的情况下做出购买决策。这种技巧向互联网的使用溢出时，结果就是目录和互联网成为可相互替代的渠道选择。

为了测度该溢出，Ward 收集了一些消费者的购买数据，这些购买者选择几种商品目录作为渠道。Ward 将顾客在每种渠道购买一类商品的倾向归纳为一个方程，作为模拟特定渠道和特定偏好的函数，回归方程残差的影响能够解释我们对顾客运用特定渠道的预期偏差。

测量结果显示，溢出效应的最大影响产生在线上销售和直销之间，而在零售与直销，或者零售与线上销售之间影响较小；但是溢出在零售与直销之间的影响效果要略大于零售与线上销售。总之，Ward的研究颇为有趣，因为他提供了一种理论来解释为什么有些特定的渠道是可以相互替代的。

3. 情境因素

Neslin等人(2006b)引用了五种情境因素，这些因素是由Nicholson等人(2002)归纳得到的：①物理环境(如天气)；②社会环境；③时间因素(如一天当中的某个时间点，或购买的紧迫性)；④购买任务(如产品种类)；⑤之前状态(如顾客的情绪)。Neslin等人(2006b)指出，购买任务这一因素获得了较多关注，研究发现体验型产品多数在实体店中售出，而搜寻型商品常在互联网上交易(Mathwick et al.，2002)，同时可定制产品的交易也更可能发生在互联网上(Mahahan et al.，2002)。

4. 渠道整合

整合的渠道使消费者在进行渠道选择时更容易做出决策。企业能够通过激励措施和设计渠道来增强这种影响。Neslin等人(2006b)引用了一个例子，网站可以包含店址并允许顾客到店自提货物，这样就允许顾客在线搜寻商品，而在实体店完成交易。

Bendoly等人(2005)调查了一些顾客对渠道整合程度的评价，以及他们对互联网和零售店的使用情况。他们区分了两种类型的整合：①信息整合，如在互联网上为当地商店做广告；②物理整合，例如在互联网上购买的商品可退回到商店。学者们发现这两种维度与感知到的产品可获得性相关。例如，如果产品被认为是可以从商店获得的，并且商店与互联网被认为是整合了的两种渠道，那么顾客就更可能在网上购买产品。这些结果说明，就渠道整合的程度来看，这些渠道具有相同的可用性。以上研究显示了整合的渠道是如何促进多渠道消费的。

5. 社会影响

理性行为学说(如Finshbein & Azjen，1975；Sheppard et al.，1988)提出消费者做决策时不仅依赖他们对自己所做选择的认知，也取决于同伴、配偶是否认为该选择是合理的，以及他人的意见是否会对决策者起作用。因此，我们可以推测渠道的运用也取决于他人的影响。

该猜想已被证实。Keen等人(2004)使用"规范"因素对渠道选择进行组合分析。规范被界定在两个水平上("对你很重要的人中有85%都做出了类似的网上购买决策"；以及"……5%……")。他们发现，尽管渠道形式和产品价格最为重要，规范也是影响渠道选择的一个关键因素。Verhoef等人(2007)将顾客的渠道偏好归纳为一个包含若干属性的函数，包括"老主顾影响"，即认为顾客的熟人使用了某一渠道。此外，Verhoef等人还发现，老主顾因素对网络购物有特别显著的影响。这是有道理的，因为网络是一种全新的渠道，我们可以预期缺乏购买经验的顾客的消费行为会受他人购买情况的影响。这种现象也可以和互联网背后的"社区"概念联系起来。Nicholson等人(2002)在一项人类学研究中发现，母亲决定在商店为孩子购买礼物而不是网购，因为使用商店付出的努力与母亲对孩子的投入相一致。

6. 渠道属性

如图25.5所示，感知渠道属性也对渠道选择起到重要作用。这是理性行为学说的延续。Neslin 等人(2006)引用了若干论文来探索这些属性,包括 Keen 等人(2004),Nicholson 等人(2002),Burke (2002),Montoya 和 Weiss 等人(2003),Kacen 等人(2003),Teerling 和 Huzingh(2005),Jing 和 Rosenbloom(2005),Thomas 和 Sullivan(2005b),Ancarani 和 Shankar (2004),Tang 和 Xing (2001),Morton 等人(2001),Pan 等人(2002a),Gupta 等人(2004b),Inman 等人(2004),Kushwaha 和 Shankar (2005)和 Verhoef 等人(2007)[也可参阅 Teerling(2007)]。如图 25.4 所示,渠道属性的列表很长且多种多样。

图 25.5 来自 Verhoef 等人(2007)的研究,该图显示顾客从 15 种属性认知的角度认知互联网、商店及目录的特点。商店在低风险、服务、品种、售后支持及私密性方面更有优势;互联网在搜索便利性、信息对比方面有优势,但在服务、私密性及售后支持和风险方面

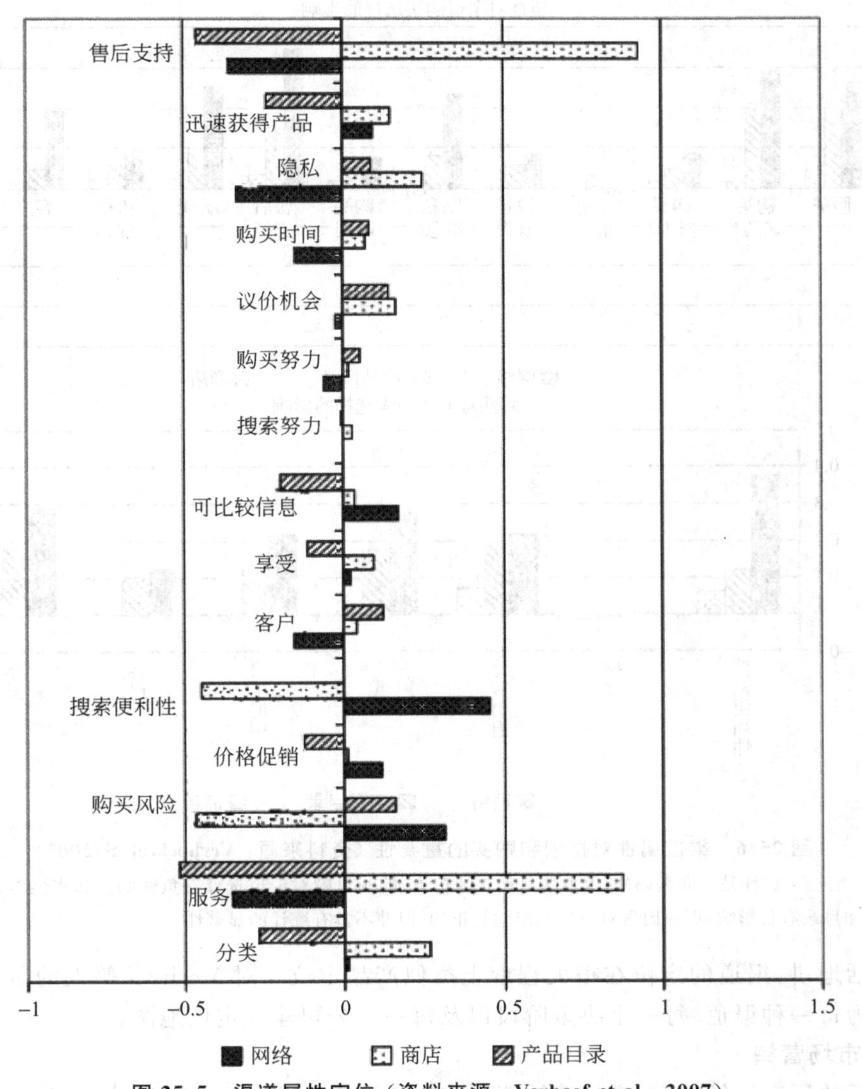

图 25.5 渠道属性定位(资料来源:Verhoef et al.,2007)

表现不足。目录与互联网相似,虽然不如互联网便利但也不存在私密性问题。与私密性密切相关的结果很有趣:目录并不是匿名的,尤其是当用于购买产品时,但这种"私密性的缺乏"是透明的,因为顾客知道寄送目录的公司清楚自己的身份,但是在网上,顾客不清楚是谁在监视自己的购买活动。

图 25.6 展示了 Verhoef 等人推测出属性的重要性,该结果用回归方程形式表示,方程包含了全部的属性,以及相对应的对各属性的认知。属性的重要性有着显著的不同,重要性也根据渠道不同而不同。购买风险、售后支持、产品种类及乐趣对网购的态度有重要的决定因素。私密性也是一个决定网购与否的重要属性,但是对目录来说则不那么重要,而商店则完全不必担心私密性。在 Verhoef 等人的样本中,顾客对商店具有一致的良好态度,这可能源于"晕轮效应"。

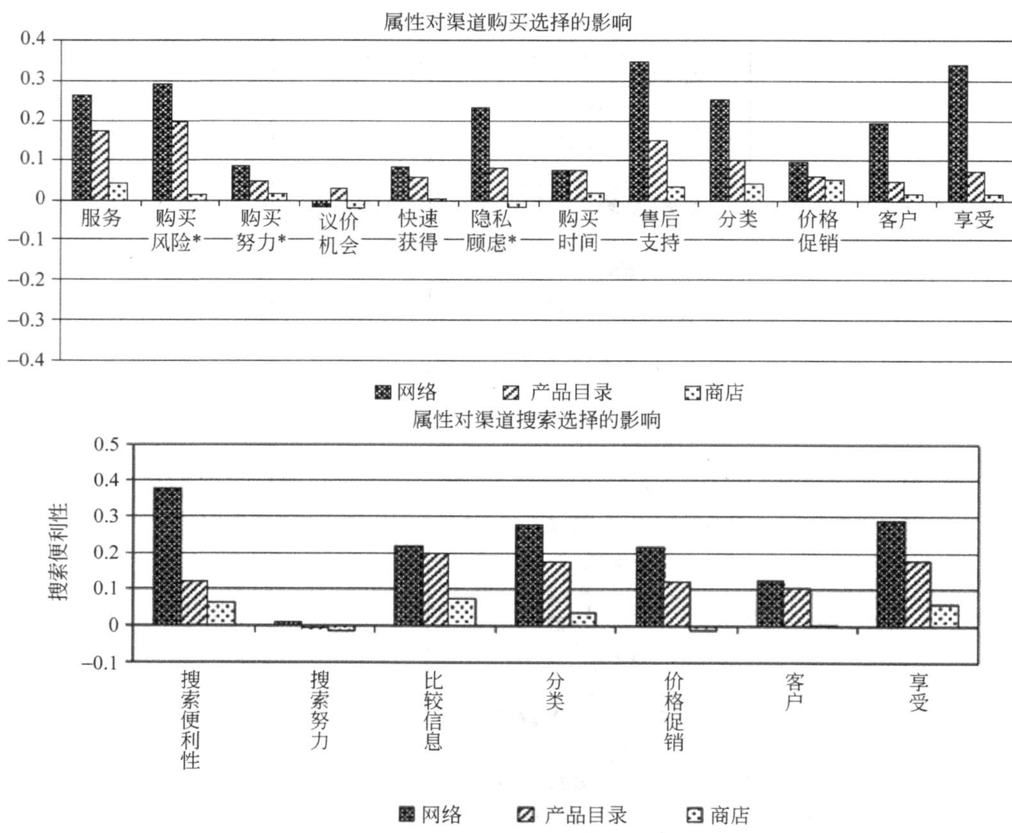

图 25.6 渠道属性对搜索和购买的重要性(资料来源:Verhoef,et al,2007)

*注意:属性是反向编码的,例如购买耗费的精力、购买风险对渠道选择有负影响。私密性考虑对互联网和目录有负影响;而该因素对商店的影响是正的,但并不具有统计的显著性。

概括地讲,渠道的定位在很大程度上类似产品定位。对 Verhoef 等人的研究还可以拓展到为每一种渠道、每一个决策阶段以及每一个公司建立定位地图。

7. 市场营销

最近的研究已经证实,市场营销能影响渠道选择。Thomas 和 Sullivan(2005a)发现,直销影响顾客对商店、目录及互联网的选择。他们考虑了两种情况：在第一种情况下，直销的支出使顾客转移到互联网，商店为此付出代价；在第二种情况下，直销支出使顾客转移到商店而不是互联网。研究结果是，销售方式决定了转移，即使情况相反，在不同情况下的回应也不同。

Venkatesan 等人(2007)研究了顾客接受一种新渠道所需要的时间，假设他们之前使用过其他渠道，发现营销沟通(邮寄或电子邮件)与新渠道的接收时间之间呈倒"U"形关系。根据这一发现，增加营销沟通可以缩短接受新渠道的时间，但在超过临界值后，继续增加的交流会延长接受时间。

Ansari 等人(2008)发现，电子邮件与网络渠道的选择有密切关系。这也是可以理解的：电子邮件与互联网具有技术同根性，而邮件中所附的可直接点击的域名也促使消费者进入相关购物页面。Knox(2005)支持这一观点，他发现新获取的顾客会向线上顾客、线下顾客和多渠道顾客三个方向发展，而其中线上顾客对电子邮件有较高的响应率，这也引导他们更多地使用网购。

综上，销售努力影响渠道选择，而该影响在顾客中并不均匀。Ansari 等人(2008)以及 Knox(2005)也已经发现，销售方式会影响购买行为。最终，营销因素也会影响销量，正如渠道会带来更多销量。以后的研究方向包括：①是否存在"渠道/营销 的一致性"，即销售方式与渠道在相同的技术支持下是否可以良好地相联系(如电子邮件与网购)；②直接刺激对渠道选择有多大影响(如免运费对促使顾客选择网购有多大效果)；③对顾客差异性的研究还较为匮乏，对这方面的研究需求量较大。哪种类型的顾客会通过选择一种渠道而非其他渠道来回应特定的销售方式?

25.2.4 顾客渠道转移模型

研究者开始建立顾客渠道"转移"过程的模型。转移可以简单地被认为是渠道选择，但是它同时也传递了顾客长期选择的信息。这对那些想要引导顾客到不同渠道，或者想要学会增加多渠道顾客的管理人员来说，是尤其重要的。

1. 整合渠道选择与购买频率及订货量

为分析顾客扫描数据而开发的模型可以被用来研究顾客转移。类似品牌选择/购买频率/购买数量(例如，Bell，et al，1999)，我们现在使用渠道选择/购买频率/订货量这些变量。因为数据来自同一家公司，因此不能使用这些数据为品牌选择建模。赅买频率限定于对给定公司产品的购买。订货量是指在给定发生率下购买该公司产品的数量。

研究购买频率/订货量/渠道选择主要存在两个方面的好处：首先，我们不只知道了决定顾客转移的因素，还知道了顾客转移与销售量之间的确切联系。其次，一些研究者(Keane，1997；Sun et al.，2003)认为，独立的选择模型会错误估计选择影响：基于独立选择模型既可以分析营销变量对顾客选择的影响，也可以分析营销变量对购买率的影响。

Ansari 等人(2008)使用如图 25.7 所示的研究框架。营销沟通决定了顾客行为，顾客行为用渠道选择、购买频率和购买量来表示。这些行为是同时相关的并且随着时间的推移由于"体验效应"而得到加强。作者使用基于购买频率和购买量的Ⅱ型 Tobit 模型，并且将它与二分概率模型(选项为使用商品目录和使用互联网)相整合。模型如下：

$$b_{it} = \begin{cases} \text{购买} & \text{若 } b_{it}^{*} > 0 \\ \text{没有购买} & \text{否则} \end{cases} \tag{25.1a}$$

$$q_{it} = \begin{cases} e^{q_{it}^{*}} & \text{如果 } b_{it}^{*} > 0 \\ 0 & \text{否则} \end{cases} \tag{25.1b}$$

$$w_{it} = \begin{cases} \text{使用目录} & \text{如果 } w_{it}^{*} > 0 \text{ 与 } b_{it}^{*} > 0 \\ \text{使用互联网} & \text{如果 } w_{it}^{*} \leqslant 0 \text{ 与 } b_{it}^{*} > 0 \end{cases} \tag{25.1c}$$

没有标“*”的变量(b,q,w)是时间 t 内顾客是否从该公司购买产品(b_{it}),如果确实购买,花销多少(q_{it}),选择的哪种渠道(w_{it})这三个变量的观测值。标“*”的变量(b^{*},q^{*},w^{*})是产生这些观测值的顾客的潜效用。这就是由顾客特征、过去行为或经验、营销变量和季节性趋势组成的线性函数。

$$\begin{aligned} b_{it}^{*} &= \text{顾客特征}_{bi} + \text{经验}_{bit} + \text{营销变量}_{bit} + \text{时间影响}_{bt} + e_{bit} \\ q_{it}^{*} &= \text{顾客特征}_{qi} + \text{经验}_{qit} + \text{营销变量}_{qit} + \text{时间影响}_{qt} + e_{qit} \\ w_{it}^{*} &= \text{顾客特征}_{wi} + \text{经验}_{wit} + \text{营销变量}_{wit} + \text{时间影响}_{wt} + e_{wit} \end{aligned} \tag{25.2}$$

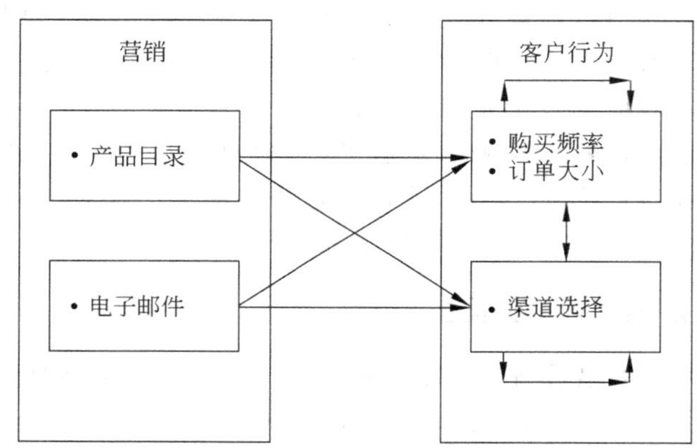

图 25.7　市场对渠道转移影响(资料来源:Ansari et al.,2008)

顾客特征包括常用的人口统计资料等。经验影响包括前一阶段的消费额、渠道选择等这样的变量。作者还加入了累计网络使用,因为那时互联网还是新兴事物,他们想据此调查可能存在的长效学习。营销变量包括产品目录和电子邮件,用存量变量和交互变量构建的模型将在第 28 章中详细阐述。时间影响包括季节性和趋势性影响。

误差项假设服从多元正态分布,并且在方程间是相关的。在模型估计过程中误差项的相关性也被考虑在内,也就是说,由未观测变量驱动的选择效果会影响两个甚至超过三个因变量。

作者发现产品目录选择呈现出明显的惯性,举例来讲,上个月如果花了大量资金在产品目录上,那么这个月在发生购买行为时,继续选择产品目录的可能性会增加。尽管电子邮件的回信率在持续下降,选择电子邮件和选择互联网仍表现出相关关系。产品目录在低水平下不会影响目录选择,而在高水平下会产生影响。作者在购买频率模型中发现了几个重要的影响,但是在购买量方程中发现出现显著结果的参数很少。假设购买频率是可变的，而购买量是固定的，这将产生相当有意思的结果。也许最重要的是，作者发现互联网的累计使用会降低购买率，暗示网络购物有可能会对顾客保留产生不利影响。

Knox(2005)用了一个类似的模型去描述购买频率、购买量和选择的关系。他用了嵌套逻辑模型来研究购买率和渠道选择。Knox 根据顾客的渠道选择行为把顾客分为三种：网络导向、线下导向和多渠道导向。我们将在 25.2.4 节中第 2 部分讨论。

如果考虑模型中的变量可能也会影响购买频率，估计独立选择模型可能会有问题，但是如果我们要否定独立选择模型，还需要更多的研究和复制性的实证检验。一个例子就是由 Thomas 和 Sullivan(2005)提出来的非常有趣的渠道选择独立模型，之前也已讨论过。作者以实体商店、产品目录、互联网中的选择来建模。把所有这些独立变量的具体渠道营销努力都放进模型中，并发现营销变量对于渠道 A 和渠道 B 的选择与对于渠道 A 和渠道 C 选择的影响是不同的。这是个重要的发现——市场能够对于不同渠道的转移行为产生不同的影响。

2. 渠道采纳模型

一个重要的问题是顾客会变得忠诚于特定的渠道，或者选择去采纳特定的渠道。Knox 将渠道采纳模型设计成一个隐马尔可夫过程。假设顾客在某一时点下的状态是采用某种渠道不可观测。可能的渠道包含最初的渠道或者“学习”渠道，也包含最终的渠道，如线上、线下和多渠道。假设支配顾客在各渠道间迁移的转移矩阵如表 25.1 所示。Knox 假设线下、线上和多渠道处于吸收状态——一旦顾客进入这一阶段，他们就将继续停留在这个渠道。这虽然是有争议的，但是对于研究结构演化是有用的。从学习渠道发生转移的可能性(P)取决于营销因素(m)。使用各种营销工具组合的(收到的产品目录，收到的电子邮件，前面两者都有或者都没有)Dirichlet 分布来建模。顾客渠道转移的可能性取决于顾客是否接收到营销沟通信息。Knox 发现顾客向这三种渠道转移，营销因素会影响转移的可能性，并且多渠道占了最大的销售比例。

表 25.1　支配顾客在各渠道间迁移的转移矩阵(来自 Knox，2005)

		$t+1$ 时点的状态(渠道)			
		学习	线下	线上	多渠道
t 时点的状态(渠道)	学习	$P_{11}(m)$	$P_{12}(m)$	$P_{13}(m)$	$P_{14}(m)$
	线下	0	1	0	0
	线上	0	0	1	0
	多渠道	0	0	0	1

Venkatesan 等人(2007)假设顾客原先使用一种渠道，将顾客使用第二个渠道的时间模型化，直到他开始选用第三种渠道，假设顾客正在使用两条渠道。作者假定一个零售商使用全价商店、打折商店和互联网三种渠道。他定义 t_{ij}，j 等于 2 或 3，作为采纳第二种或第三种渠道的时间。作者给出如下含有 t_{ij} 的公式：

$$h(t_{ij}, X_{ij}^{*}) = h_0(t_{ij}) \cdot \psi(X_{ij}^{*}, \beta) \cdot w_i \tag{25.3}$$

其中，X_{ij}^{*} = 顾客 i 从采纳第 $j-1$ 个渠道到采纳第 j 个渠道的过程中所发生的一系列变量，包含顾客特征、顾客行为和营销变量；

$h(t_{ij},X_{ij}^{*})$＝顾客 i 在采纳了第 $j-1$ 个渠道后在时间点 t_{ij} 采纳第 j 个渠道的“风险”概率($j=2,3$)；

$h_0(t_{ij})$＝基本风险率，也就是风险概率中只受时间影响的部分。作者用了一个 Weibul 分布来描述这种影响；

$\psi(X_{ij}^{*},\beta)$＝ X 变量对风险概率的影响；

w_i＝对于顾客 i，“共同弱点”对风险概率的影响。它刻画了不同顾客在决定何时采取下一个渠道上的一些无法观测到的异质性。

作者发现营销因素能够促进更快的渠道采纳，尽管可能降低利润，还发现交叉购买和购买频率会缩短渠道采购的时间，大概是因为这些顾客需要更多的渠道。需要注意的是，这个发现支持了前面的自主选择假设(参见 25.2.2 节第 2 部分)，即采购量大的购物者寻求更多的渠道。作者发现利润的数量会延长采纳第三种渠道的时间。一旦顾客正在使用两种渠道，他们必须至少在一种商店购物，所以他们的收益需求可以满足。另一个发现涉及基本风险——在其他都同等的情况下，顾客采纳第二种渠道会没有采纳第三种时那样快。这说明一旦顾客学会采纳另一个渠道，他们就有了更换渠道的技能(参见 Ward, 2001)。

3. 顾客渠道转移模型中的挑战

顾客渠道转移模型面临很多挑战。考虑到接受的营销水平和渠道使用的不同，选择性偏差(见 15 章)可能会增加。在市场营销方面，Ansari(2008)在渠道选择方程中将电子邮件作为一个独立的变量。然而，可能会有一个未被观察的变量，比如“互联网导向”，它既能影响电子邮件的接收行为，也同样会影响渠道选择。结果会使电子邮件对渠道选择的估计系数产生偏差。这里我们以 Ansari 的研究为例，但这个问题也会在其他任何顾客转移模型中出现。

关于渠道使用，顾客可能会因为未观察的原因来选择渠道——例如，顾客看了产品目录，这个因素可能驱使了渠道使用行为和整体的收入或利润。渠道使用和利润之间观测出的关系可能是不真实的，并不是因为渠道使用而是因为这些未观测的因素。

有两种方式来定义选择性。第一种是包含了所有产生营销接触或渠道使用的变量。例如，公司运用 RFM 变量来定位产品目录，如果这些变量包含进了模型，将有助于以这种营销信息接受的形式来界定选择性。Ansari 的研究包含了几个能衡量 RFM 的“体验”变量。另一个方法就是运用统计。可以具体化一个选择模型(第 15 章；Wooldridge，2002；Maddala，1983)或者用工具变量或两阶段最小二乘法来简化内生的渠道选择行为或市场变量。

Ansari(2008)和 Knox(2005)通过允许购买行为和购买量存在误差项来控制渠道使用行为的选择性，并且渠道选择方程在估计中进行合并。包括一个未观测的异质性截距也未做选择误差控制，因为该变量仍然无法观测并且与它的营销收入相关，而除非信息能在估计下(Chamberlain，1980)合并，否则结果就是有偏差的。

Gönül 等人(2000)强调营销因素引起的选择偏差，Campbell 和 Frei(2006)运用工具变量来界定渠道使用行为的选择性。他们发现，在两种情况下技术的使用并不会改变结果。然而，这只有两个例子而未来需要更多的研究去证实这个结论。

其他渠道转移模型的挑战包括：①使用没有包含购买率的独立选择模型(参见25.2.3节第1部分)；②确定营销变量的细节[假设公司寄出很多种产品目录,"产品目录邮寄"只能算是一种比较粗放的变量测量(Ansari et al.,2008)]；③最后一个挑战在于对"调研⇒购买⇒服务"过程的建模。Verhoef(2007)调查过这个过程,但是他们的模型是基于横截面数据的。由于这个过程是随时间而变化的,因而我们需要进一步的动态模型。

25.2.5 研究购物

研究购物是指顾客在一个渠道收集信息但在另一个渠道购买的偏好。Kelley(2002)粗略估计一半的网上购物者会在线上搜寻线下购买。这在消费电子产品、电脑、硬件、玩具、书籍和汽车的过程中尤为常见。图25.8是Double Click(2004b)所记录的各种研究购物的类型。研究表明网络⇒商店是最常见的方式(参见Ward & Morganosky,2002; Farag,et al,2005)。

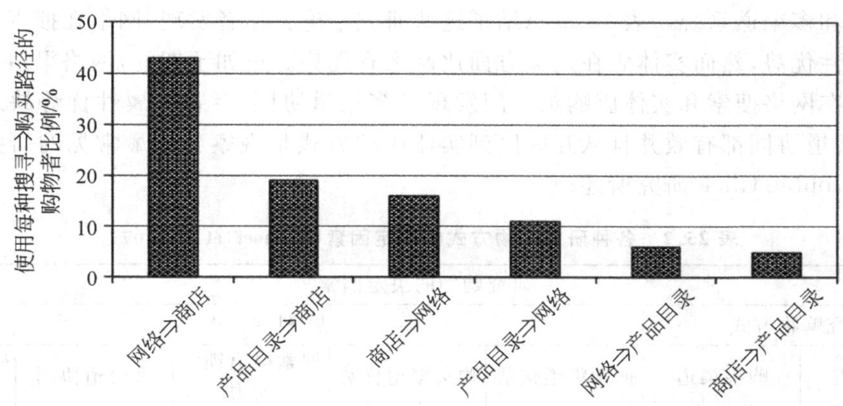

图25.8 各种类型的研究购买的频率(来自Double Click,2004b)

研究购物这种行为模式对企业来说具有战略意义,因为顾客可能会在竞争对手渠道上研究但是从A公司购买。这种从A公司购买的可能性为

$$\begin{aligned} Prob(Buy\,A) = {} & Prob(Buy\,A \mid Search\ A\ only) \cdot Prob(Search\ A\ only) + \\ & Prob(Buy\ A \mid Search\ competitors\ only) \cdot Prob(Search\ competitors\ only) + \\ & Prob(Buy\ A \mid Search\ A\ and\ competitors) \cdot Prob(Search\ A\ and\ competitors) \end{aligned} \tag{25.4}$$

第一项代表忠诚的顾客,顾客从A公司的渠道研究并且在A公司购买①。后两项代表从A公司买但是从其他公司收集信息。Kelley(2002)证明不同类型的这些顾客数量在不同零售商处有很大不同。例如,沃尔玛在吸引顾客方面做得很好,特别是在消费电子、电脑软硬件和小电器方面。在书籍方面,Barnes & Noble书店做得最好,而Best Buy在CD销售上做得最好。在Insidt 1 to 1 (2003)的报告中,Coach、Neiman Marcus和

① 为了简化问题,我们在式(25.4)中没有将渠道具体化。然而,正如图25.1所显示的,整个方程包含了像是BA1和SA2这样的一些项,其中前者意味着从渠道1向零售商A的购买,而后者意指从渠道2在零售商A的搜寻。

J. Crew 是在式(25.4)的第一项中最成功的，他们在引导网络研究顾客去他们商店购买方面尤为成功。

Verhoef 等人(2007)提出三条能使研究购物发生的机制：属性优势、渠道锁定和多渠道协同。属性优势是从搜寻和购买角度来看一种渠道相对于另一种的感知优势。例如，在"搜寻便利性"方面，互联网比实体店有优势，但是在"服务"方面不占优势。这说明的是从互联网到实体店的研究购物。渠道锁定是指渠道留住顾客的内在能力。商店有较高的渠道锁定能力，因为在一个销售场地中，顾客离开这家商店去另一家将付出高的转换成本。互联网锁定能力较低，因为很难防止"清空购物车"。低锁定能力能够促进研究购物。多渠道协同充分利用了在 A 公司搜索而在 B 公司购买的这种行为。产品目录可能是一个好的搜索渠道因为它能在 90%程度上帮助顾客决定买什么产品。这使顾客能与商店里的人员更好地交流。多渠道协同鼓励了研究购物行为。

Verhoef 等人使用基于顾客搜寻渠道和购买渠道的交叉顾客模型来测量属性优势、渠道锁定和多渠道系统。表 25.2 总结了这些研究结论。作者发现，网络在搜索方面比实体店有属性优势，然而实体店在购买方面比网络有优势。正如预期的，网络渠道锁定能力低。作者在网络搜索和实体店购买之间发现了多渠道协同。结果，属性优势缺乏锁定能力，而多渠道协同都有效并且从互联网到实体店的方式是观察到的最常见的研究购买形式，正如 Double Click 研究所述。

表 25.2 各种研究购物方式的决定因素(Verhoef，et al，2007)

研究购物的决定因素						
研究购物方式		属性差异				
搜索渠道	购买渠道	搜索渠道优势	购买渠道优势	搜索渠道锁定能力	多渠道协同	观察的研究购物/%
网络	商店	√	√+	低	正	50
产品目录	商店	无	√+	高	无	34
产品目录	网络	无	无	高	正	7
商店	网络	√	无	高	无	6
商店	产品目录	√	无	高	反	2
网络	产品目录	√	无	低	无	1

以上结论表明研究购买是一种可以管理的现象，怎样实施管理还需要更多的研究。这种现象在公司渠道层面比单纯的渠道层面更需要研究，这样式(25.4)的内容就可以量化。最后，研究购物的竞争分支需要进一步观测(参照 Balasubramanian，1998)。

25.2.6 渠道使用和顾客忠诚

在 25.2.2 节第 2 部分中，我们注意到对于多渠道顾客购买量较大的现象，一个可能的解释是多渠道购物产生高忠诚度。Neslin 等人(2006)对此现象展示了多种证据但总体上倾向于正面的解释。Wright(2002：90)在提到银行业的时候认为新技术导致"银行与顾客之间关系松懈"。然而，Shankar 等人(2003)发现网络使用和高忠诚度相关，Httt 和

Frei(2002)的研究还有 Campbell 和 Frei(2006)的研究也提出这样的观点。Danaher 等人(2003)发现网络使用增强了高份额品牌享有的忠诚度。Wallace 等人(2004)发现多渠道使用会增强顾客对产品的态度。然而,如前所述,Ansari 等人(2008)发现网络的重复使用与低购买率有关。

大多数问题来自互联网带来的影响。网络潜在的问题有:①转换成本低—中度满意的顾客能很容易地转到另一个网站;②互联网是交易导向而少有人际接触的。Ariely 等人(2002)在一个实验中发现,那些使用网络但是认为他们在和另一边的人沟通的顾客比那些认为他们只是在和电脑驱动的推荐系统交互的顾客能够培养起更高的忠诚度。

管理人员可以逐步解决这两个问题。他们可以依靠储存重要信息提高转换成本(如信用卡号),这样顾客在转换到另一网站的时候就处于劣势。管理人员也可以使用拟人化的"导购员"——用"即时信息"与网上购物者交互沟通的销售代表,甚至在网站上用人的照片来令网站感觉更人性化。在将来的研究中如何提高网站的人性化是一个重要的研究领域,因为网络使用能提高忠诚度。相应地,以上提出的很多增强网站的方法也会带来成本的增加,但是对一些公司来说,网络的吸引力是低成本的。

25.2.7 获取渠道对顾客行为的影响

使用不同渠道来获取顾客的关键问题在于每位顾客的获取成本和所获顾客的质量。不同渠道的获取成本显然是不同的,而所获顾客的质量差异是不明显的。我们将在这个问题上进一步研究。

Villanueva 等人(2003)使用一个向量自回归模型(VAR)来对比顾客获取的各种渠道的投资回报。

他们把获取渠道类型描绘成图 25.9(a)所示的矩阵。两个维度分别是接触水平(个人和整个市场)和干扰性水平(高和低)。作者使用网站代管的公司数据,公司要求被获取的顾客报告他们被获取的渠道。这样就形成了每条渠道的获取顾客时间序列。公司还继续追踪随后的顾客贡献度,用随后的网站登录次数来衡量。这个方法很适合,因为登录次数与公司可以控制的广告收入相关。

		接触水平	
		个人	广播
干扰性水平	高	直销	广告
		产品目录 电子邮件 电话营销	电视 广播 纸质 网上
	低	口头宣传	公共关系
		朋友间 搜寻 驱动	纸质文章 网上文章

(a)

图 25.9 获取渠道类型和每个渠道投资收益(来自 Villanueva,et al,2003)

(a) 类型 (b)投资收益

<table>
<tr><td colspan="3" rowspan="2"></td><td colspan="2">接触水平</td></tr>
<tr><td>个人</td><td>广播</td></tr>
<tr><td rowspan="4">干扰性水平</td><td rowspan="2">高</td><td></td><td>直销</td><td>广告</td></tr>
<tr><td>增加的登录
投资收益(美元)/
顾客+登录/(美元)</td><td>9.22
$27
0.34</td><td>30.51
$323
0.09</td></tr>
<tr><td rowspan="2">低</td><td></td><td>口头宣传</td><td>公共关系</td></tr>
<tr><td>增加的登录
投资收益(美元)/
顾客+登录/(美元)</td><td>14.03
*
*</td><td>16.58
82
0.20</td></tr>
<tr><td colspan="3">数据来自第三方，参见Villanueva，等(2003)，表4</td><td colspan="2">*——不能直接计算。盈亏平衡成本对广告来说是149美元，直复营销是41美元，而公共关系是69美元</td></tr>
</table>

(b)

图 25.9 （续）

结果表明，每种获取顾客的渠道贡献有较大的差异。如图 25.9(b)反映了贡献度(短期和长期)，获取成本和每次登录的投资收益(ROI)。广播广告(AD)能得到最有价值的顾客，但是获取成本很高并且投资回报最低。相反的，直销(DM)吸引价值最低的顾客，但是获取成本低并且投资回报相当高。Villanueva 等人(2003)在这个结果上扩展研究并发现从市场活动获取的顾客相对于口头宣传的顾客会增加更多的短期价值，但是口头宣传获取的顾客能增加更多的长期价值。

Verhoef 和 Donkers(2005)研究了保险行业获取渠道对顾客质量的影响。他们将顾客保留和交叉购买设计为获取渠道的函数并且引入了几个控制变量(如顾客特征)。图 25.10 显示了相对于所有渠道的平均系数而言的每个渠道的 Logit 系数。在对照了顾客特征后发现顾客保留和交叉购买因不同的获取渠道而不同。直邮和电视、广播在保留和交叉购买上作用甚微，电话营销倒是对其有较好效果。共同保险(顾客通过雇主得到保险)对于顾客保留非常有利，但是对交叉购买就没这么大作用。平均来讲，互联网对顾客保留影响略好，对交叉销售影响略差。

25.2.8 渠道引入对公司绩效的影响

随着多渠道的竞争日益激烈，一个根本的问题是，增加渠道对于公司收入和绩效有何影响？

Biyalogorsky 和 Naik(2003)用 Tower Records 的数据估计了一个时间序列模型，该模型引入了网络渠道。作者发现，现在的网络购买对未来的网络购买有激励作用。他们还发现，网络渠道对店铺销售的替代效应(cannibalization)的点估计只有 0.89 美元而且显著系数刚刚处于显著边缘($t=1.2$)。然而，店铺销售是自回归的——滞后店铺销售额的系数是 0.95。举例来讲，如果我们认为渠道替代效应的点估计为“真”，网络渠道的整体影响将是 0.89/(1－0.95)＝17.80(美元)，假设网络购买的均值是 32.06 美元，近乎占

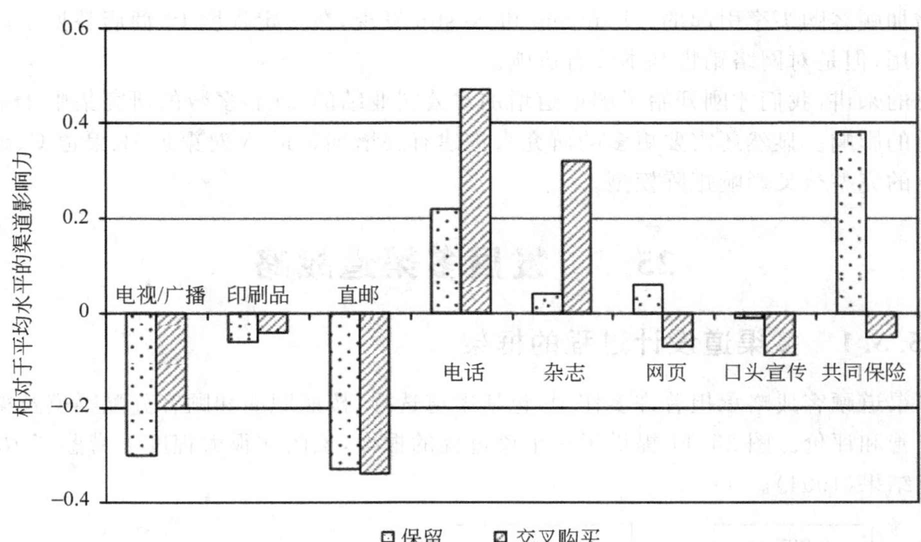

图 25.10　获取来源、顾客保留和交叉购买率之间关系(来自 Verhoef 和 Donkers,2005)

据了现在和未来店铺销售的一半。再次,由于渠道替代效应的显著性刚刚处于显著边缘,所以这只能是一个探索性的计算,但是从中也能看出短期和长期渠道替代效应的重要性。

Deleersnyder 等人(2002)使用时间序列分析了在推出报纸网络版之后英国和荷兰的报纸表现。他们从两个维度——发行量和广告收入分析了报纸绩效的水平和趋势。他们发现,网络的引入对 35 种报纸的发行量几乎没有负面影响,但是结果只在 5 种报纸上是统计显著的。作者在 32 种报纸中发现对发行量有微弱正面影响,其中 10 种报纸是统计显著的。广告的结果类似。总的来说,主要的效果是:网络的引入不会影响报纸的发行量和广告,尽管在极少数例子中效果是可好可坏的。

Pauwels 和 Dans(2001)检验了常规纸质报纸对网络版报纸访问量的影响。纸质读者多的报纸阅读量网络版访问量明显较高,而以网络读者为受众的网络版报纸访问量也很大。这加强了读者特征对网络使用的影响。

在一项基于 1992—2000 年的有关 106 家公司的时间序列分析中,Lee 和 Grewal(2004)发现,尽早采用网络作为营销沟通渠道可以改善公司在股票市场的表现(以托宾 q 值来衡量),但是若网络作为销售渠道则无影响。这可能是因为市场能通过营销沟通感知协同效应,但是作为销售渠道的话就会产生渠道替代效应(至少在互联网,刚出现的时候)。与之相一致的,Geyskens 等人(2002)在对报纸行业的事件分析中发现,平均来讲互联网对股票市场有积极作用,特别是对那些目前没有强势的直销渠道的公司来说。

Coelho 等人(2003)观测了 62 家英国的金融服务公司。他们发现,多渠道公司有更高水平的顾客获取、市场份额和销售增长,但是顾客保有率、利润、服务和成本控制方面水平较弱。该结果与 Ansari 等人(2008)的研究是一致的。

最近,Pauwels 和 Neslin(2007)研究了引入零售店渠道对公司整体收入和公司产品目录、网页收入所带来的影响。他们发现,商店渠道增加了公司总收入,这很大程度上是通过增加顾客购买率引起的。Pauwels 和 Neslin 发现，在一定程度上，商店替换了产品目录的作用，但是对网络销售基本没有影响。

总的来讲，我们才刚开始了解渠道增加对公司业绩的影响，多数的研究集中于增加网络渠道的影响。显然还需要更多的研究来构建有关增加渠道 A 对渠道 B、渠道 C、渠道 D 等影响的完整交叉影响矩阵模型。

25.3 发展多渠道战略

25.3.1 多渠道设计过程的框架

多渠道顾客战略承担着许多作用，包括渠道选择、按照职能和顾客分配渠道及渠道战略的完善和评价。图 25.11 提供了一个该过程的框架，该图在很大程度上借鉴了 Rangan 的研究结果(1994)。

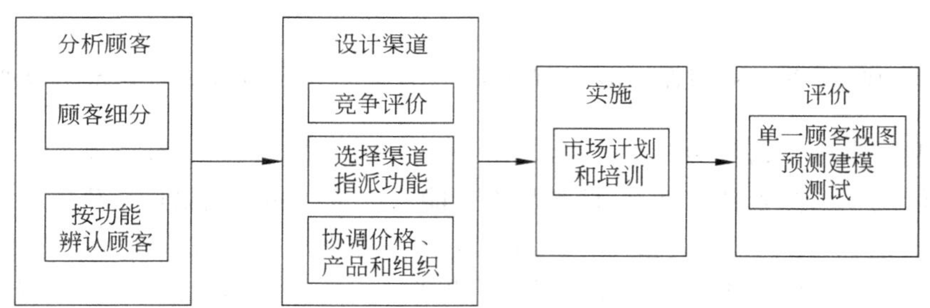

图 25.11 多渠道流程设计(Rangan，1994)

25.3.2 分析顾客

1. 顾客细分

我们的目标是，为不同的细分群体提供不同的渠道。细分的依据包括顾客盈利性以及顾客渠道偏好。高盈利性顾客可能会被提供个性化服务的渠道，或者进入更为复杂的客服中心。

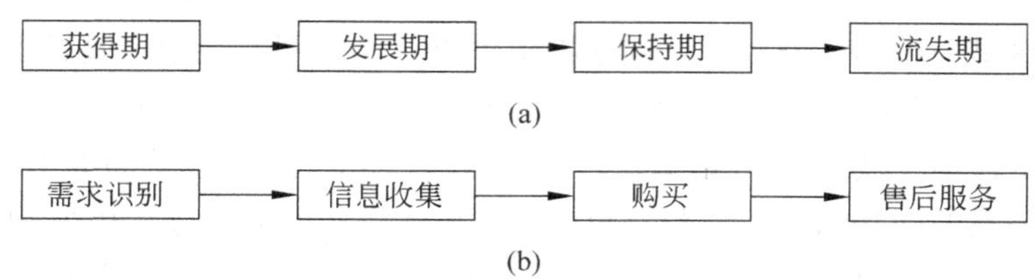

图 25.12 可选择的顾客功能管理的定义

(a) 顾客生命周期理论；(b) 购买决定过程

公司可以利用调查的方法去建立预测模型，然后把顾客“指派”到不同渠道中。Keen 等人在 2004 年使用联合分析和聚类分析时，得出四个细分群体：“全面顾客”，他们关心所有问题；“守旧型顾客”，他们有一个特定的渠道偏好；“价格敏感型顾客”，他们关心价格然后用最低的价格发现渠道;"体验型顾客",他们根据生活习惯和最近的经历选择渠道。Knous 等人在 2007 年的研究中得出三个细分群体:热衷于多渠道的顾客、非热衷型多渠道顾客和店铺购物者。以渠道偏好为基础进行顾客细分是可行的,但是 Noux(2005)也提出这些参数项应该与时俱进。

应该注意的关键问题不在于当前的利润水平或渠道的偏好,而在于顾客会如何使用一个特定的渠道——它是否会增强顾客的价值?购物频率/购买量/渠道选择模型对于这个顾客细分问题是非常有用的(参见 25.2.4 节)。

2. 识别顾客的功能需求

这个阶段要求识别渠道应该承担的功能能够满足的顾客需求。图 25.12 用两个模型来识别渠道功能(也可参见 Urban, 2004: 119-120)。图 25.12(a)是基于顾客生命周期:获得期、发展期、保持期和流失期对顾客细分。图 25.13(b)是基于顾客的决策过程:需求识别、信息搜索、购买和售后服务。

顾客生命周期和顾客决策是可以联合在一起进行分析的。例如,可以把渠道功能定义为获取、发展、维护和赢回,然后在每个功能上进一步进行功能分解,如搜索、购买和售后服务。在发展阶段的顾客可能会被鼓励使用某一渠道来进行搜索、购买和售后服务,同时在衰退期的顾客可能会被鼓励使用一组不同的渠道。

25.3.3 渠道设计

1. 竞争评估

对多渠道设计来说,外部竞争的影响是非常显著的。由于竞争的存在,企业摆脱不了"我们必须有一个 Web 站点"的咒语。Neslin 等人(2006b)质疑竞争性多渠道战略可能只是"囚徒困境"的一种形式,如下:

公司 A \ 公司 B	单 渠 道	多 渠 道
单渠道	100 美元,100 美元	60 美元,120 美元
多渠道	120 美元,60 美元	80 美元,80 美元或 120 美元,120 美元

如果这两家公司维持其单渠道现状,他们每家都能赚 100 美元。如果公司 A 增加渠道而公司 B 坚持不变,公司挣 120 美元,而公司 B 减少到 60 美元。如果公司 B 追赶上 A 公司,结果是双方共盈亏。这里有两个关键的可能性:①竞争加剧了,因为这些公司同时在几条渠道上展开竞争。价格下降,而市场并没有增长,两家公司的利润都降低。②多渠道产生顾客忠诚,或市场增长(例如,很可能在购物中心开店帮助手机市场的增长)。在这种情况下,两家公司都受益。

这种竞争在现实世界中是一个至关重要的问题。Chu 等人(2007)研究了个人电脑市场,他们设计出一个 Logit 需求模型,且其中一个选项是"不购买"。这使市场的增长取决于价格以及可用的渠道。这个模型所产生的平衡价格,考虑了厂家之间的竞争以及非直接渠道,如零售商的下游定价。作者使用他们的模型来为各种渠道配置计算利润。他们通过策略模拟发现,例如,戴尔公司正确决定是在 1994 年退出零售渠道,也就是说,Dell

是为了获取更高的利润而退出零售渠道。

Chu 等人(2007)的工作是向前迈出的重要一步。他们的工作在几个方面做出了扩展。首先,他们将渠道决策整合到战略变量均衡中去。其次,他们考虑了市场细分的影响。最后,他们考虑了渠道功能,通过顾客生命周期或顾客的决策过程来划分渠道功能。对未来的研究来说,这是一个令人兴奋的领域。

多渠道(MC)和单渠道(PP 是指"单一业务公司")零售商之间的价格竞争已经受到了特别的关注。Tang 和 Xing(2001)发现 MC 的互联网定价要比 PP DVD 零售商的价格高,PP 零售商的价格分布都比较低。Pan 等人(2002a)发现顾客感觉到 MC 的网络定价高于 PP 的网络价格。他们设计出一个 Hotelling 模型,并发现如果线上商店比单纯网络零售商更有优势,传统实体企业应该推出在线业务并且制定一个高价。多渠道零售商可以使用互联网和实体商店的组合提供一种良好的顾客体验。

其后,Pan 等人(2002b)研究实际价格并发现,在 CD、DVD、台式机、笔记本的价格上 PP 的互联网定价比 MC 的互联网定价要低,然而它们在 PDA 和电子产品上的定价是一样的。有趣的是,在书籍和软件上,PP 的网络定价要高。

Ancarani 和 Shankar(2004)比较了 MC 互联网、PP 网络、PP 商店里的商品价格。他们发现,PP 商店价格最高,其次是 MC 的互联网定价和 PP 的互联网定价。然而,当运输和操作成本都计算在内的话,其价格顺序是 MC 互联网＞ PP 网络＞PP 商店。这和 Brynjolfsson 与 Smith (2000)的研究结论不同,后者发现互联网价格通常低于实体店。

总之,似乎 MC 的互联网价格大于 PP 的互联网价格。或许多渠道互联网零售商升级了他们的实体店进而创造出垄断优势。Ancarani 和 Shankar(2004)发现了两个实例——书籍和软件——其中 MC 的互联网定价＜ PP 的互联网定价。也许这些纯粹的网络零售商通过提高顾客忠诚度(如亚马逊) 建立了垄断权力。的确,在一个重要的综述性文献中,Pan 等人(2004)发现零售商之间存在价格差异,通常是网上定价比离线定价的价格分布更高。这表明互联网零售商已经建立起差异化的优势。

2. 选择渠道和分配功能

这个阶段是市场细分和分配渠道功能的综合过程。图 25.13 显示了三种战略。图 25.13(a)是一个"多接触策略",它并不强调细分市场或功能分配——向所有的顾客提供所有的渠道。企业该使用哪条渠道应该根据竞争、成本和收入等因素来决定。

图 25.13(b)显示了一个"功能细分策略",仍然没有考虑顾客细分,但是为各个渠道分配给了特定的功能。无线电话公司可能使用电话营销来提醒顾客注意产品的新功能。顾客可能会被导向该公司的网站,了解细节和"设计"他们所需的最优产品,购买可能是通过互联网或公司的商店。售后支持可以通过呼叫中心由公司的服务代表提供。

图 25.13(c)显示"顾客细分策略"。它涉及为不同的顾客分配不同的渠道,不同的渠道承担不同的功能。例如,细分市场 1 可能顾客价值较低,因此对他们服务的所有功能都由互联网渠道完成。通过电子邮件来刺激需求的识别和鼓励顾客点击网站、设计最佳的电话、购买,然后是售后支持。细分市场 3 可能是高价值的顾客。他们会接触公司的销售代表向他们仔细地解释这些新的服务。邀请顾客见面来寻求进一步的信息,设计他们的电话,并通过互联网购买,因为网络所提供的丰富形象可以方便顾客的选择。网站要为这

些顾客提供“即时”通信工具进行互动。购买之后，同一个销售代表将接触顾客进行售后服务支持。

需求识别	信息获取	购买	售后支持	
(a) 多接触策略				
×	×	×	×	网络
×	×	×	×	呼叫中心
×	×	×	×	目录
×	×	×	×	实体店
×	×	×	×	代表
(b) 功能细分策略				
—	×	×	—	网络
×	—	—	—	呼叫中心
—	—	—	—	目录
—	—	×	—	实体店
—	—	—	×	代表
(c) 顾客细分策略				
1	1,3	1,3	1	网络
—	—	—	2	呼叫中心
2	2	—	—	目录
—	—	2	—	实体店
3	—	—	3	代表

图 25.13　匹配功能与细分市场：三种普遍策略

注：上图中的 1、2、3 均代表细分的顾客市场

Zettelmeyer (2000)分析了当顾客在偏好(如不同细分市场)和可用于搜索或购买的在线与离线渠道方面有很大差异时企业在渠道功能和价格上的竞争均衡。他发现信息提供是公司可以进行差异化的一个方向。例如，如果有一定数量的顾客更喜欢互联网购买，那么企业应该进行信息提供和价格方面的差异化以满足顾客需求。这是一项很有前景的工作，它将支持细分市场战略进行多渠道设计。

功能细分/顾客细分决策实际上是对企业营销战略的一种优化。决策变量是应该为哪些顾客分配哪些渠道并承担哪些功能。顾客对这些分配决策的反应将是这些决策所需要得到的答案。Knox (2005)，Thomas 和 Sullivan (2005)，或 Ansari 等人(2008)的研究在这个方面非常有用。同时优化整个决策可能太过于雄心勃勃了，分阶段进行会是个不错的策略。Villanueva 等人(2003)设计出一个为不同渠道的顾客获取活动分配财政资源的模型，如下：

$$\underset{x_k}{\text{Max}} \prod = \sum_k m_k n_k(x_k) - B \tag{25.5a}$$

$$\text{s.t.} \quad \sum_k x_k \leqslant B \tag{25.5b}$$

其中，$\prod$ 为利润；x_k 为分配给 k 渠道用作顾客获取的营销支出；m_k 为通过 k 渠道所获取的顾客的平均利润贡献；n_k 为通过 k 渠道所获取的顾客数量，它是分配给 k 渠道用作顾客获取的营销支出的函数；B 为顾客获取预算。

利润贡献(m_k)在图 25.9 中所显示的结果中可以找到。作者为 n_k 设计了一个特殊的

方程，它可以通过测试或者回归模型进行估计。

3. 渠道协调

图 25.2 显示了顾客对互联网与电话的偏好。如果我们使用功能细分策略并把互联网当作顾客的搜索渠道，把电话当作购买和售后渠道，提供从互联网到电话的方便链接（比如，把 800 个电话号码在互联网中显著标示出来），这样我们就涵盖了顾客决策的各个过程以及两种渠道的协调。

然而，有很多其他的细节影响协调渠道，包括营销组合、研究购物和组织。还有一个关键问题：是否应协调渠道呢？Neslin 等人（2006 b）列出渠道协调的优点：①规模经济；②按照渠道的效率分配渠道功能，提高竞争力（Zettelmeyer，2000；Achabal，et al，2000；见本书 25.3.3 节第 2 部分）；③更好的顾客数据（Stone et al.，2002）；④避免渠道冲突；⑤改进公司的内部沟通；⑥通过更好的服务建立更强的顾客关系（Sousa & Voss，2004；Stone，et al，2002；Bendoly，et al，2005）；⑦进入障碍——企业必须同时进入多个渠道并且对这些渠道进行协调。缺点包括：①灵活性的损失——不能视情况使用特定渠道来解决问题，必须重新协调所有的渠道；②投资巨大（见 25.3.3 节第 1 部分；Sousa & Voss，2004）；③降低了外部中间商的动机，他们看不到从渠道协调中得到的好处；④增加了渠道经理的技术需求。

假设公司决定协调渠道，考虑协调各种各样的产品。问题是，如果渠道中间商都是外部组织，在不同渠道中销售相同的产品可能会造成渠道冲突。例如，金融服务代理（同时为几个公司销售产品）可能对公司的投入度会减少，因为相同的产品在网上随处可见。

Bergen 等人（1996）支持一个解决方案，这个方案是使用“品牌差异化”，即公司在不同渠道之间分配有细微差异的产品。这增加了用户的搜索成本，因为顾客需要相对更多的细节来决定买什么样的产品，并为每条渠道创造了更多的垄断权力。例如，一个消费电子产品公司可能通过 Best Buy 来销售 446 G 型产品，而通过沃尔玛销售 446 Gb 型产品。产品的差异很小，顾客很难比较它们。因此，顾客只在一个渠道购买该型号并且聚焦于能提供该型号的渠道。品牌差异化是避免渠道冲突的一个潜在方法。但是，如果不同的渠道都希望销售最好的产品型号，渠道冲突仍然会发生。例如，沃尔玛可能会要求销售增加了额外功能的 446 Gb 型号，而 Best Buy 也希望其销售的型号有一些额外功能。

当渠道是公司自己所拥有时，产品协调成为另一个问题。例如，Best Buy 可能知道互联网顾客对产品质量不敏感并对价格更加敏感，所以可能会在其网站上销售简化版产品。

另一个需要协调的地方是价格。Neslin 等人（2006b）注意到，根据价格歧视的原理可以在不同渠道提供不同的价格。Lynch 和 Ariely（2000）和 Shankar 等人（2001）表明，在线用户的价格敏感性较低。假设这是真的，在线价格应该高于离线价格。然而，在线购物者可以通过价格比较发现同样的产品实体店有更实惠的价格。这就带来了一些负面影响。第一，由于价格歧视导致利润丢失。第二，顾客感觉被骗了，对公司失去信任。第三，驱使顾客更多流向实体商店。第四，一个解决方案是品牌差异化，但这又增加了成本并且混淆了顾客的感知，顾客期望同一家公司的互联网定价和实体商店定价是同步的。

企业可以采用价格促销和渠道附加费用来制造价格差异。对一般产品来说在互联网和实体商店价格相同，但是商店可以进行短期价格促销。渠道附加费用是另一个提高价格的方式，特别是在互联网上。例如，产品的价格可能在网络和实体店中是相同的，但网络购买需要附加额外运费用于支付物流公司。这有效地增加了网上产品的价格（免运配送这个厉害的促销方式就诞生了）。

再一个渠道协调的领域是沟通。一个渠道协调的观点是，渠道协调强化了定位并创造出更稳固的顾客关系。然而，如果公司正在使用顾客细分策略[图 25.13(c)]，不同的渠道间的交流可能有很大差异。例如，如果目标群体是价格敏感型的，网站设计可以突出显示低价格，而零售商店的交流应强调产品质量和服务，其针对的是质量敏感型顾客。

影响交流的另一个因素是每条渠道的沟通成本。伯格等人(2006)开发了一个分析模型区别了三个案例：①“分离”，渠道管理作为单独的实体；②“局部整合”，一个渠道可能被认为是一种独立的实体，但该公司支付一些费用；③“完全整合”，公司管理所有的渠道以寻求利润最大化。作者发现在完全整合策略下沟通成本最优。这为公司渠道的整合管理提供了很好的理由。

一个重要的调和问题是管理研究购物者，防止顾客从 A 公司的网站搜寻信息而在 B 公司的商店购买。一个方法是改善网站的购买属性或增加网络渠道的锁定能力（Verhoef et al.,2007）。然而，顾客可能还想研究购物。关键是确保购物是在 A 公司的商店而不是在 B 公司。公司可以采取如下行动：①在互联网上提供商店定位；②提供购买网上商品的优惠券；③如果在网上订购产品，可以在实体店挑选。

最后一个渠道调和的问题是组织性。一个例子是当企业使用预测模型来确定保险公司的最佳潜在顾客，最有效率的方法是直邮给这些顾客。然而，这种方式绕过了金融代理商，他们总是在寻找潜在顾客。解决方案是把最有价值的潜在顾客分为两半：一半通过直邮进行营销接触；另一半提供给金融代理商作为对他们努力的回报。这样做短期利润可能会降低，但是有利于长期的发展，因为这样的话金融代理商对公司的忠诚度会增加。

另一个重要的组织问题是：是否需要将渠道作为一个独立的利润中心或一个实体。当互联网渠道出现了，很多公司建立独立的互联网业务，让互联网渠道管理人员“自负盈亏”。然而，这并不符合利润最大化原则（参见 Berger et al.,2006）。企业必须找到中间的平衡，以便渠道管理人员有可能找到其他渠道寻求不到的机会，而协调的结果是不同的渠道不去争取同一顾客。

25.3.4 实施方式

这里有几种多渠道策略的实施计划。一方面是物理渠道的设计——即网站设计、商店布局等，这些细节超出了我们的范围。然而，另一方面有两个问题——“正确的渠道”和员工管理——是值得我们关注的。

1. 正确的渠道

正确的渠道意味着确保正确的顾客利用正确的渠道。这对实现市场细分策略而言是至关重要的[图 25.13(c)]。正确的渠道可能是自然发生的,如果顾客群体自主选择他们喜欢的渠道。然而,这对公司来说可能不是最有利可图的方法。因此,公司可以使用各种激励措施(有针对性的促销活动等),成立专门的网站或公司代理等,以确保正确的顾客使用正确的渠道。

在确保正确的顾客利用正确的渠道方面,顾客呼叫中心管理是一个特别的挑战。在一个呼叫中心,公司可以提供不同的服务水平,使呼叫中心成为各个独立渠道的集合。问题是哪个顾客应该被转入哪个中心?这将对当期利润和未来的利润造成重要影响。

Sun 和 Li (2005)开发出一个动态优化模型,这可以决定一名顾客是否应该被接到“本地”或“离岸”呼叫中心。离岸呼叫中心成本较低,但本地呼叫中心能产生更高的满意度。此外,还有不同类型的电话区分——涉及支付、产品信息和产品服务等方面的交易问题;涉及服务、软件和安装的技术问题。

Sun 和 Li (2005)把电话时长和顾客保留加入模型中。电话时长是之前的电话时长、电话类型和呼叫中心类型的一个函数。顾客保留取决于之前的电话时长和其他顾客保留变量(如促销等)。对这些模型进行优化,以决定来自 i 顾客在 t 时点的 k 类电话应该接入哪个呼叫中心以获取最大化长期利润。通过模型优化发现:某个顾客更喜欢本地呼叫中心的服务,但该顾客往往需要很长时间来进行询价。这表明该顾客应当被分配到离岸的呼叫中心。然而,如果顾客厌恶离岸的呼叫中心,顾客可能流失,同时公司将失去该顾客每月的贡献额。此外,顾客层面的参数无法提前知道,所以必须通过多次的积累。该研究通过使用潜类别分析对描述性模型进行估计,在每次交易后对每个顾客进行重新分类。

作者发现两个顾客群体:在群体 1 的顾客对时间敏感并且不喜欢离岸呼叫中心;在群体 2 的顾客对时间不那么敏感也不那么讨厌离岸呼叫中心。优化模型因此倾向于把群体 2 的顾客分配到离岸呼叫中心。策略模拟表明,该优化改善了顾客保留和利润,并且改善的程度随着时间的延续而增加。

Sun 和 Li 的研究很重要,因为它表明可通过预测模型优化来为顾客选择合适的渠道。它验证了图 25.13(c)中提出的细分市场策略。而在这种情况下,顾客被分配到某个渠道,该模型可以扩展到应该鼓励顾客使用哪个渠道,如果这样的话就必须为鼓励顾客的“正确渠道选择”提供一个激励。

2. 员工培训和激励

员工是多渠道策略的关键参与者。零售商希望高价值顾客在该店铺购买并接受服务。销售人员需要经过训练能够识别出高价值的顾客,以及如何为他服务。目录营销商发现那些通过打电话而不是通过网络来寻求服务的顾客一般具有更高的效率意识。因此,电话服务人员必须被训练成销售代表,而不是下单工人。

员工激励措施可以鼓励正确的员工行为。例如,根据顾客是否在结账的时候提到店铺的销售人员来决定是否奖励店铺员工是一种新的方法。对本地呼叫中心的业务代表的奖励可以根据他能否满意地解决顾客咨询并且节省服务时间来进行。

25.3.5 革命

1. 顾客的单一视图

使用多个渠道使公司很难把顾客与企业的交互信息整合成为一个完整的数据库。该数据有三个维度：①渠道；②决策过程所处的阶段；③竞争信息。一个真正的单一顾客视图意味着公司了解其用户在顾客决策过程的各个阶段与企业和竞争公司交流的所有渠道。顾客与竞争公司之间的交流信息很难获取。在近来的研究中，Du 等人(2005)和 Kamakura 等人(2003)提出使用统计方法来推算竞争对手的活动。

因为很难获取竞争的数据，所以我们只关注了决策过程和渠道。对一个三渠道公司来说，其所有的可能渠道组合都显示于表 25.3。此表可以帮助我们为企业设计每种可能的渠道组合。右下角单元格表示顾客的单一视图下的所有渠道和所有决定过程的阶段。组织这些数据是非常困难的。目录信息更容易为购买和售后服务。这就是目录公司是第一批应用数据库营销的原因。购买记录数据也很容易从网上收集，因为顾客必须提供其名字和账单地址。因此很容易合并这些数据与目录信息，并创建一个目录“Web”集成的购买行为的数据库。然而，这在 Web 上收集售后使用情况并不容易，因为顾客可能只使用网站的信息而没有确认服务。搜索行为很难获取目录以及商店信息，但对网站来说相对容易一点，因为顾客可能注册了个人信息或留有 Cookie 在电脑上。

表 25.3 显示了形成顾客的单一视图所需要的大量信息。正是因为这一原因，公司努力获取各个渠道的购买信息以形成单一顾客视图。这是一个巨大的挑战，因为商店购买数据很难获得，除非顾客成为某个公司的顾客忠诚计划中的一员并且坚持使用他或她的忠诚卡。

表 25.3 某个多渠道公司的所有可能渠道组合

	决策过程						
渠道	调查	购买	售后	调查＋购买	调查＋售后	购买＋售后	调查＋购买＋售后
网络	正常	容易	正常	正常	正常	正常	正常
商店	困难	正常	困难	困难	困难	困难	困难
目录	困难	容易	容易	困难	困难	容易	困难
网络＋商店	困难	正常	困难	困难	困难	困难	困难
网络＋目录	困难	容易	正常	困难	困难	正常	困难
商店＋目录	困难	正常	困难	困难	困难	困难	困难
网络＋商店＋目录	困难	正常	困难	困难	困难	困难	困难

在形成单一顾客视图的过程中(Yates, 2001)，研究者发现，在受访的 50 个零售商中，大约有一半认为他们没有从多渠道购物者那里学到任何东西。Zornes(2004)的报告最近列举出这些挑战和可能的解决方案。例如，他发现许多公司使用“本土”顾客数据集成(CDI)解决方案，超过 68%的受访 IT 和业务人员计划评估商业 CDI 软件。

那么问题就变成了公司应该在形成单一顾客视图的任务中投入多少。Neslin 等人(2006b)提供了一个正式模型,模型中形成单一顾客视图的利益是形成单一视图的顾客占顾客总人数的比重的凹函数,并且成本是凸型。单一视图的利益是凹型,因为一旦公司对一群至关重要的顾客形成了单一视图,它就可以使用预测模型来评价面向其余顾客的交叉销售计划、生产管理、成本等营销活动。成本是凸型的,因为一旦每位顾客都是用会员卡交易,那么记录每位顾客每次的购物行为所形成的数据量是非常庞大的。其结果是,选择适当比例的顾客来形成单一视图是最优的选择。Ridgby 和 Leidingham(2005)在他们的银行业研究中强化了这种结论。

Zahay 和 Griffin(2004)进行了一项重要研究,认为 CDI 是有利可图的。作者调查了 209 名 B2B 高管并衡量了"CIS 发展"——提供给企业的信息的独特性和质量,以及如何轻松地在高管中分享数据。作者没有测量数据集成本身,而是通过自我报告调查公司发展高 CIS 的更可能形成其顾客的单一视图。重要的是,研究发现了 CIS 发展和企业绩效间的正面联系,企业绩效用顾客保留、顾客终身价值及顾客回报等来测量。反过来,这些测量指标和业务增长有着紧密的关联性。这是最有希望的迹象:我们迄今收集的数据的质量会导致更好的表现。显然,我们还需要更多的研究来探讨渠道间数据整合对企业绩效的影响。

2. 预测建模实施

Hansotia 和 Rukstales(2002)对在多渠道环境下预测建模的挑战讲述得非常清楚。如果企业通过直邮与顾客联系,并且提供 800 个电话号码供顾客与企业联系。顾客响应的测量就是通过这 800 个电话的单一渠道。但是基于这些数据的预测模型可能存在一定误差。首先,非响应者可能没有通过 800 个电话而是通过其他渠道来购买产品。其次,通过这 800 个电话的响应者可能在收到企业这个促销信息之前已经购买产品了。解决方案是:①对各个渠道的顾客购买数据进行整合;②把收到促销信息和没有收到促销信息的顾客都包含进模型中。只有这样形成的预测模型才能用来预测每个顾客的增量购买情况。

Hansotia 和 Rukstales(2002)提供了一个例子,一家公司向他的一组顾客(实验组)提供了促销信息,而另一组顾客(控制组)没有收到信息。假定公司已经形成了其顾客的单一视图。以下是一个假想的基于预测变量 X 的决策树分析,根据 A 的值来划分顾客。

	1 组	2 组
预测变量 X	≤A	≥A
实验组购买率	4%	3%
X 产生的购买率的未调整差异	1.0%	
控制组的购买率	1.5%	1%
对于每个组的增加购买率	2.5%	2%
X 产生的购买率的调整后差异增量	0.5%	

当 $X \leqslant A$，在给定的时间范围内，实验组 4% 的顾客通过各个渠道上从该公司发生了购买行为。相比之下，当 $X \geqslant A$ 时，只有 3% 的实验组顾客购买了产品。很明显，X 所产生的"调整"后的购买率增加了 1%。然而，实验组的一部分顾客在没有接受促销信息情况下已经购买了。考虑控制组不接受促销信息。对于 $X \leqslant A$，这一组中 1.5% 的顾客通过各个渠道购买了产品。这意味着，当 $X \leqslant A$ 时，只有 2.5%（4−1.5）的顾客由于促销信息的作用增加了购买。当 $X \geqslant A$ 时，增加的反应率是 2.0%（3−1）。总之，在 $X \leqslant A$ 和 $X \geqslant A$ 之间真正的增量差异率是调整之后的 0.5%，而不是调整的 1%。

Hansotia 和 Rukstales(2002)通过决策树方法来分析增量回应。该过程也可以通过回归模型实现：

$$\text{Response} = \beta_0 + \beta_1 X + \beta_2 D \tag{25.6a}$$

$$\beta_1 = \delta_0 + \delta_1 D \tag{25.6b}$$

$$\begin{aligned}\Rightarrow \text{Response} &= \beta_0 + (\delta_0 + \delta_1 D) X + \beta_2 D \\ &= \beta_0 + \delta_0 X + \delta_1 DX + \beta_2 D\end{aligned} \tag{25.6c}$$

其中，响应是指顾客通过所有渠道的购买行为，X 表示顾客是否收到促销信息；D 是一系列预测变量。变量 $\delta_0 + \delta_1 D$ 测量的是促销信息增加的顾客响应程度；变量 $\beta_0 + \beta_2 D$ 代表具有 D 特征的顾客的基本销售。如果 $\beta_0 = \beta_2 = 0$，基本销售等于零，也就是说，顾客不会买了，他们没有收到促销信息。此时我们可以对那些收到促销信息的顾客运行传统的预测模型。但是，如果 β_0 或 β_2 不等于 0，响应（在那些接受促销信息的顾客中）$= \beta_0 + \delta_0 + \delta_1 D + \beta_2 D = (\beta_0 + \delta_0) + (\delta_1 + \beta_2) D$。这个估计方程将用来对顾客进行评分，但由此产生的排名顺序将是不准确的，因为它会混淆增量响应（δ_0 和 δ_1）和基本响应（β_0 和 β_2）。

总之，在多渠道环境下，传统的预测模型不能预测增量响应。我们需要多渠道数据以及包含所有收到和没收到促销信息的顾客数据。即使在一个单渠道公司中，这个问题也会发生。目录营销商会通过不同的渠道来发送几个目录版本。典型的预测模型只能预测那些接受了目录 A 并且只对目录 A 发生响应的顾客。这样不能代表目录 A 所产生的增量销售，因为顾客可能并没有收到目录 A 但是他们从其他目录中购买产品。

25.4 行业案例

25.4.1 零售"最佳实践"(Crawford，2002)

Crawford (2002)援引 Sears 和 REI 作为多渠道零售商成功范例。Sears 强调 Sears 品牌在各个渠道——网络、目录或零售商店都表现同一种形象。Sears 通过允许顾客在网上下单、在商店挑选产品的方式实现了网站和店铺的整合。这样做是非常成功的，因为 Sears 有一个集成了网站和商店的数据库，所以当用户在网上下单，商店就看到了订单。这种联系得到回报，因为 21% 的顾客接着在商店购买了更多的产品。此外，Sears 还通过为在商店挑选产品的顾客（即使顾客的"购买"是通过商品目录或者网站进行）提供信用购物的方式来强化他们的实体店的中心地位。

REI 专营户外体育产品，它的形象定位是专业技术以及激情。和 Sears 相似，这种定位使商店集中精力于多渠道管理,目标是令顾客从商品目录或者网络渠道转向实体商店。REI 通过在网站上强调实体商店来达到上述目标。REI 的网站上有方便顾客使用的商店地址以及"店铺介绍和活动"栏目来介绍商店的各种促销活动。REI 起初以为网站将取代商品目录,但是他们发现习惯于商品目录的顾客拒绝改变他们的购物习惯,频繁地使用网站。对目录、网络和商店的整体协调都促进了数据的集成——REI 对各个渠道上的 80% 的个人顾客都形成了顾客的单一视图。它使用这些信息来令营销努力,诸如电子邮件更加精准化。

25.4.2 Waters 公司(《CRM ROI 评论》,2003)

《CRM ROI 评论》介绍了 Waters 公司的经验,这是一家从事液体色谱分析业务的大型化学公司。这家私人持股公司在传统上更强调顾客关系,当直销队伍是唯一的销售渠道时,业务代表可以发展人际关系并收集所需的所有数据监测这种关系。然而,当公司开始依赖于其他渠道时,Waters 公司在信息技术领域惊醒了巨大投资来实现他们所需的信息集成。他们购买了 mySAP 系统(见 Urban ,2004)来综合他们的顾客数据。此外,他们下一步准备把这些数据更有效率地应用于目标市场营销中去。

例如,该公司的化学产品事业部每年通过 15 次直邮活动针对 40 000 名顾客展开营销,而高效液相色谱法(HPLC)产品和质谱法(mass spectrometry)产品事业部每年分别都针对 28 000 名顾客展开 5~6 次营销活动。第一个平凡却至关重要的任务是理解这些营销活动间的可复制性。现在,化学产品事业部的邮寄对象包括 32 000 名顾客,而 HPLC 产品和 mass spectrometry 产品事业部的邮寄对象包括 25 000 名顾客,并且顾客响应率上升了 50%。为了节省营销预算,化学产品事业部每年实施了三个额外的营销活动,产生 120 000 美元的额外收入。

在顾客获取阶段,数据集成是特别重要的。现在业务人员跟进顾客的销量更加高了。无论前期业务人员怎么进入该系统,销售代表都有权访问数据,并可以及时跟进。服务效率已显著改善,因为服务人员在接听每个顾客的服务电话时拥有完整的数据。

《CRM ROI 评论》计算出该公司 510 万美元投资的内部收益率为 35%,包括 25 万美元的收益来自快速服务跟进,300 万美元的收益来自在线销售(渠道切换的净收入),75 万美元来自额外电话销售和更有针对性的营销活动所带来的响应率的提高。

25.4.3 制药行业(Boehm,2002)

制药行业传统上一直依赖医师、零售药店和保健管理组织出售其产品。它现在希望增加新的渠道,如互联网、邮购和呼叫中心。一个潜在的障碍是病人对于隐私的担忧。尽管许多病人都很关心隐私问题,但也有大量的患者支持精准营销的方式。Boehm(2002)发现,在某些治疗类别(心理健康、哮喘、肠胃问题),超过 70% 的患者可能更看重个人的疾病信息,超过 50% 的患者愿意与医药公司分享个人信息以学习更多治疗方法,超过 50% 的人不介意个性化的药品营销。

Boehm(2002)强调制药行业必须在病人决策过程的各个阶段协调好各个渠道的营销努力,包括知晓、考虑、接触医师、开处方、坚持和遵从(忠诚)。例如,广告可能是令病人知晓产品的最好渠道，而网络和呼叫中心可能更适合促进病人考虑产品。这些渠道需要把病人推向他们的医生，此时详细说明可以确保医生能够回答患者的问题，如果该药品适合病人，则开药。然后，网络或电子邮件可以用来强化病人的遵从和坚持。这是一个功能渠道策[（见图 25.13(b)]。

25.4.4 Circuit City 公司(Smith，2006；Wolf，2006)

Circuit City 公司是一家消费电子产品零售企业，该行业面临巨大的竞争压力。然而，它们最近通过升级它们的零售商店和互联网渠道，并协调两者之间的关系已大幅改善了经营绩效。用公司总裁 Phil Schoonover 的话说，“我们的多渠道营销努力改善了在所有渠道的业绩，我们看到从网站产生的实体店销售额开始增加”。事实上，在 2006 年第一季度不仅在线销售与前一年相比增加了 85%，而且超过半数的网上订单顾客都是在实体店取货。这当然使顾客更加方便地拿到产品，并允许店铺销售人员适当地交叉销售。事实上，多渠道策略的一个重要部分是增加店铺销售人员的培训。

25.4.5 总结

上述行业案例说明了渠道协调的重要性。Sears、REI 和 Waters 在多渠道间实现了数据集成。它将通过两种方式得到回报：第一种方式是通过更精准的营销活动(Waters)；第二种方式是通过提高服务质量(Sears 和 REI)，如在网上订购的物品可以在实体店提货。

此外，我们看到的 Circuit City 公司通过正确的渠道分配使企业留住了那些研究购物者。企业鼓励网上下单实体店提货的交易方式促进了对顾客正确的渠道分配。这个案例牵涉对自我选择的顾客群体的功能性渠道细分策略（例如，Circuit City 公司一半的网络订单并没有通过实体店提货）。制药行业有朝这个方向发展的趋势，而目前看来此方向是有前途和机会的，尽管在该行业还存在对隐私的担忧和高度传统的经营方式。

第 26 章 顾客获取与保留的管理

摘要

虽然顾客获取与顾客保留项目都需要按照他们各自的方式来进行，但是公司也同时需要从总体协调的角度来对它们进行管理。本章谈到公司应该如何在顾客获取和保留上分配营销努力。我们先讨论这项任务的相关模型，然后优化其中的几个模型来展示它们的价值，并且获取关于公司什么时候分配更多资源到顾客获取或顾客保留的深刻见解。我们举个例子，有句箴言："保留一名顾客比获取一名顾客更便宜，所以我们应该花更多的时间在顾客保留上"，这句箴言在用来指导顾客获取与保留的资源分配时还需要进一步的思考。最后，我们介绍了顾客管理营销预算，该工具可用于对顾客获取与保留的预算管理。

26.1 概　　述

顾客获取与保留是公司用来管理其顾客规模和增强其盈利能力的方法。本章介绍了该如何协调这两种营销努力。我们探讨了下列问题：

- 我们如何在发展顾客规模和盈利能力的同时平衡好顾客获取与保留的营销成本？
- 公司如何决定该支出多少资源在顾客获取或保留上？
- 在什么条件下我们可以确定顾客获取还是顾客保留更重要？
- 企业如何为顾客获取和顾客保留计划制定预算？
- 企业如何开发顾客获取和保留的全面战略？

看起来，顾客获取和保留由于其时代特点而交替成为企业关注的焦点。在 20 世纪 90 年代，随着新型顾客服务的出现，例如互联网和移动电话，以及一些行业管制的放松，如金融服务行业，此时企业关注的重点在于顾客获取。后来，随着这些产业成熟和一些理念如"顾客保留比获取支出更低"的盛行，顾客保留开始变得重要。AOL（美国在线）就是一个好例子。在 20 世纪 90 年代，该公司的努力几乎完全集中于顾客获取，在这个阶段，它们在美国各地发放了大量吸引顾客使用的计算机 CD 盘。然后，随着美国在线总顾客群从 2004 年 6 月的 2 340 万下降到 2005 年 6 月的 2 080 万（Cohen et al.，2005），并且面临一个日益成熟饱和的市场，它开始集中于顾客保留（Bold，2003）。另一个例子是，花旗银行决定"削减过高的顾客获取工作，重新集中于顾客保留"（Marketing，2003）。另一方面，在一项对企业的调查中，28.4%的管理人员表明顾客获取将成为他们 2005 年的主要目标；只有 7.7%选择了顾客保留（Maddox & Krol，2004）。

简而言之，公司正面临关于顾客获取与保留的困难决定，这也是本章讨论的焦点。我们把重点放在资源配置上——应该投资多少钱在顾客获取与保留上，而不是如何有效地获取顾客或保留顾客的策略。这些细节都包含在前几章对顾客获取、流失和多渠道管理中。

26.2 获取和保留模型

26.2.1 Blattberg 和 Deighton(1996)的模型

Blattberg 和 Deighton(1996)首次提出了顾客获取和保留的开创性方法：①提出了"顾客资产"的目标方程；②展示如何对顾客资产进行建模。通过顾客资产，Blattberg 和 Deighton 对公司通过努力获取和保留顾客所得的利润进行了计量。顾客的生命周期价值(LTV)是已获取顾客的利润，而顾客资产结合了顾客获取和随后的顾客生命周期价值(LTV)两个部分。Blattberg 和 Deighton 假设一家公司在某个时间点投资 A 美元来获取顾客，并考虑该投资的长期回报。他们的基本方程可以如下表示[①]：

$$\Pi = \alpha(M-R)\left(\frac{1+d}{1+d-r}\right)-A \tag{26.1}$$

其中，Π 为平均潜在顾客利润；a 为获取到的潜在顾客比例；M 为每年每个已获取顾客的利润贡献(假定为常数，不随时间变化而变化)；r 为每年现有顾客保留下来的比例；R 为每年用于每位顾客的平均保留支出；A 为用于每位潜在顾客的平均获取支出；d 为年度折现率。

上述公式假定一个简单的保留率不变的顾客保留 LTV 模型(第 5 章)，且顾客每年贡献 $M-R$。因此，它可以写成

$$\Pi = a\text{LTV}-A \tag{26.2}$$

式(26.1)和简化式(26.2)首次将顾客获取与保留进行了结合。公司获取的利润会高到公司能够以较低的成本(A)将高比例的潜在顾客(a)转化为高价值顾客(LTV)的程度。

获取和保留支出($A\&R$)是公司的决策变量，获取率、保留率和顾客的利润贡献(a、r、M)是关键的结果变量。Blattberg 和 Deighton 建模获取率如下：

$$a = c_a(1-\mathrm{e}^{-k_a A}) \tag{26.3}$$

其中，c_a 为获取上限，即在无限高的获取预算下能够被获取的潜在顾客的百分比；k_a 为获取效率，即当公司增加其获取支出时达到获取上限的速度有多快。

---

① 由于假定的顾客保留支出发生和生效的时间不同，这个方程不同于 Blattberg 和 Deighton(1996：142)。我们假设公司在某一年获得顾客，并且那一年在每个顾客上支出了 R 美元的顾客保留支出。一个已获取顾客的总贡献是 $(M-R)+(M-R)\times[r/(1+d)]+(M-R)\times[r/(1+d)]^2+\cdots=(M-R)\times(1+d)/(1+d-r)$。Blattberg 和 Deighton 假设在第一阶段获取的顾客，为保留他们所支出的费用在第二阶段才支出，所以把 R/r 放入公式来对顾客保留费用进行折现。即如果第一阶段获取了 1 000 个顾客并且保留率为 70%，那么在第二个阶段就有 700 个留下来。该公司第二阶段用于顾客保留的费用为支出 $R\times(700/r)$，所以 R/r 为第二阶段平均顾客保留费用。我们发现我们的公式更加简单，例如，一个公司在第 1 年获得 1 000 个顾客，那一年为每个顾客支出 R 美元(在服务、更新资料等方面)，以保留顾客到第 2 年。

图 26.1 表示不同参数值下的获取反应曲线。该模型假设顾客不会自发地前来该公司购买产品，而是需要通过口碑传播等被吸引过来。因此，我们看到，如果在顾客获取上没有花钱，那么就没有获取顾客。为式(26.3)增加一个常数项作为企业的自然获取率是非常容易的。然而 0—0 假设似乎对于大多数情况都比较符合实际。另一个重要的假设是边际收益递减——随着资金使用越来越多支出，新增支出的收益变得越来越小。

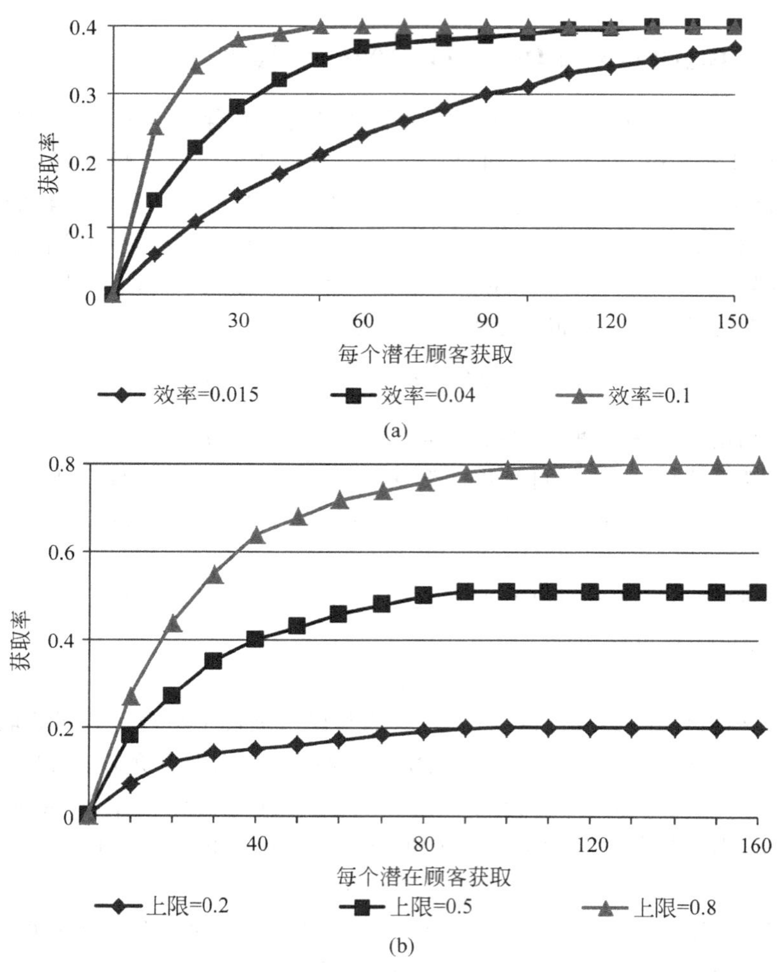

图 26.1 获取反应曲线：使用 Blattberg 和 Deighton(1996)模型获取顾客的比例是每个潜在顾客的支出函数

(a) 不同效率系数(k_a)假设 $c_a=0.4$；(b) 不同的上限系数(c_a)假设 $k_a=0.04$

Pfeifer(2005)关于平均获取成本和边际获取成本的模型提供了一些深刻见解。平均获取成本回答了以下问题：假设该公司花了 A 美元在顾客上并获取了 a%的潜在顾客，它已获取顾客的平均成本是多少？答案很简单，是 A/a。平均获取成本的计算很容易——没有任何模型——只是简单地用总获取支出除以已获取顾客的数量。另外，边际获取成本回答了以下问题：假设公司花了 A 美元在顾客上并获取了 $a\%$ 的潜在顾客，再获取额外一个潜在顾客的成本是多少？

平均获取成本和边际获取成本在它们传达的信息上是截然不同的。平均获取成本总结了目前获取顾客的成本。边际获取成本说的是吸引更多的顾客所支出的成本。我们利用 Pfeifer(2005)的成果来列出一个平均获取成本和边际获取成本的表达式。Pfeifer 把获取反应曲线支出(A)作为获取率(a)的一个函数。

$$获取顾客的数量 = A = -\frac{1}{k_a}\ln\left(\frac{(c_a - a)}{c_a}\right) \tag{26.4}$$

从它可得到如下：

$$平均获取成本 = \frac{A}{a} = -\frac{1}{ak_a}\ln\left(\frac{(c_a - a)}{c_a}\right) \tag{26.5}$$

$$边际获取成本 = \frac{\partial A}{\partial a} = -\frac{1}{k_a(c_a - a)} \tag{26.6}$$

上述公式意味着三件事。第一，如果顾客获取更有效率，那么两个成本都会明显地减少(更高的 k_a)。第二，如果上限更高(更高的 c_a)，两个成本就会下降。对于平均成本，是因为一个高的上限意味着在给定的支出时获取了更多的顾客。对于边际成本，图 26.1(b)显示在一个更高的上限时，给定支出曲线的斜率更小。

第三，更高的顾客获取支出意味着更高的平均支出以及更高的边际成本。这是由于收益减少的结果。图 26.2 展现了这种关系。在 x 轴上的是每个潜在顾客的平均支出。在 y 轴上是平均获取成本、边际获取成本及获取率。注意，高支出水平时边际成本增加得相当快。这是由于在高支出水平时，该获取率曲线几乎在其上限。额外的支出只会稍稍增加获取率，因此获取一个“边际”顾客的成本变得非常昂贵。

Blattberg 和 Deighton 模型包括了一个非常类似顾客获取函数的保留反应函数。由此，我们按照 Pfeifer 的逻辑推导出如下函数：

$$保留率 = r = c_r(1 - e^{-k_r R}) \tag{26.7}$$

$$平均保留成本 = \frac{R}{r} = -\frac{1}{rk_r}\ln\left(\frac{(c_r - r)}{c_r}\right) \tag{26.8}$$

$$边际保留成本 = \frac{\partial R}{\partial r} = \frac{1}{k_{r(c_r - r)}} \tag{26.9}$$

式(26.7)意味着如果我们在第一年花 R 美元在每个顾客上，我们在第二年保留了他们中的 $r\%$。因此，我们的第一年顾客的平均保留成本仅仅是 $R = -\frac{1}{k_r}\ln\left(\frac{(c_r - r)}{c_r}\right)$。平均顾客保留成本在式(26.8)中给出。

图 26.3 显示了保留反应函数，而图 26.4 显示了平均和边际成本曲线。需要注意的是，类似顾客获取的案例，模型假定如果在顾客保留上没有任何支出，保留率会是 0。这在实践中是不可能的，例如，一个有线电视供应商可能在顾客保留上支出几乎为 0，但是可能因为缺乏强烈的竞争而有很高的顾客保留率。

Blattberg 等人(2001)在 3 个方面扩展了 Blattberg 和 Deighton 的基本模型。第一，

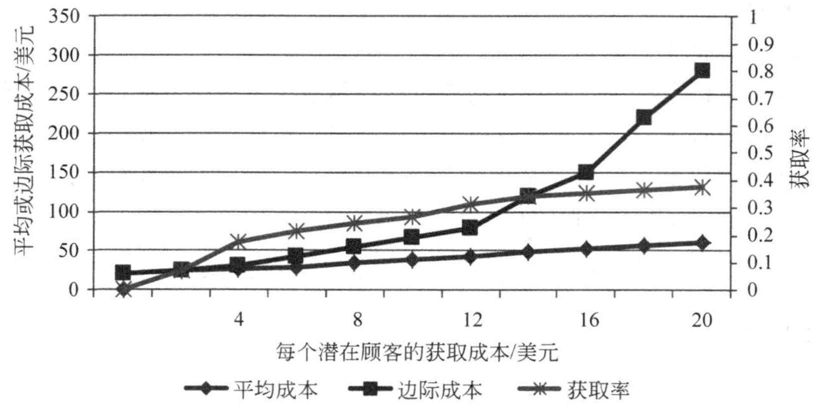

图 26.2 Blattberg 和 Deighton(1996)模型中的平均和边际获取成本

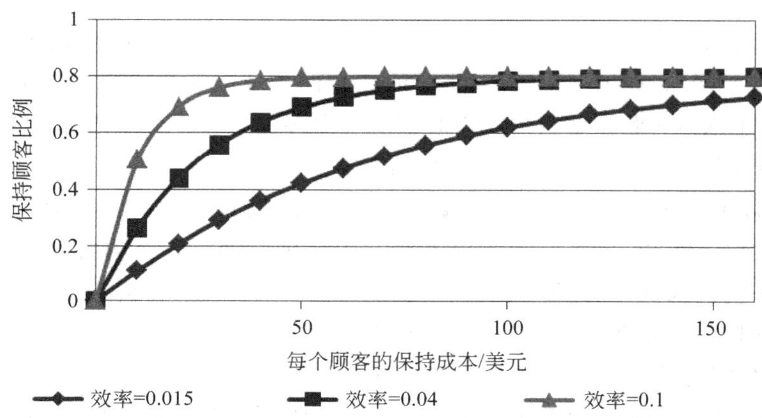

图 26.3 保留反应函数曲线：顾客保留的百分比依据 Blattberg 和 Deighton(1996)模型中作为每个顾客支出的函数

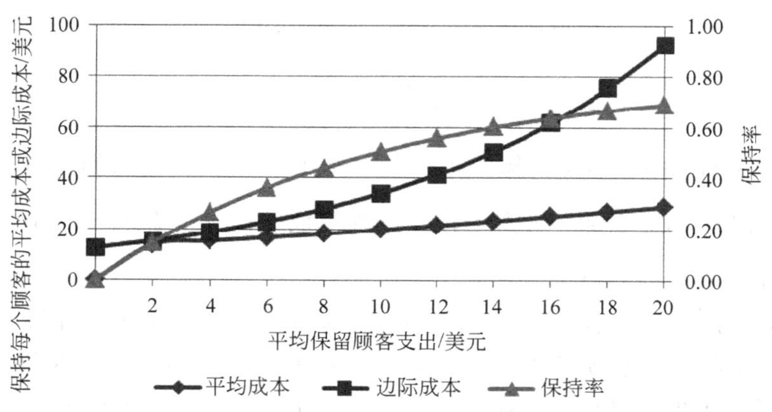

图 26.4 Blattberg 和 Deighton(1996)模型中的平均和边际保留成本

他们假定在不同的顾客群体中有不同的获取率、保留率和利润贡献。第二，他们并没有依赖式(26.1)中假设的简单保留模型。第三，他们区分了顾客保留支出和销售升级支出，其中包括向上销售和交叉销售，由此建立了在 t 时期顾客获取活动的长期盈利能力的方程：

$$\prod_t = \sum_{i=1}^{I}\left[N_{it}a_{it}(S_{it}-C_{it})-N_{it}A_{it}+\sum_{k=1}^{\infty}N_{it}a_{it}\left(\prod_{j=1}^{k}r_{i,t+j}\right)\times\right.$$
$$\left.(S_{i,t+k}-C_{i,t+k}-R_{i,t+k}-R^{ao}_{i,t+k})\left(\frac{1}{1+d}\right)^k\right] \tag{26.10}$$

其中，N_{it} 为顾客群体 i 的潜在顾客数量；a_{it} 为顾客群体 i 在 t 时期的潜在顾客获取率；S_{it} 为顾客群体 i 在 t 时期每个顾客的平均销售收入；C_{it} 为顾客群体 i 在 t 时期每个顾客的平均销售成本；A_{it} 为顾客群体 i 在 t 时期每个潜在顾客的平均获取成本；$r_{i,t+j}$ 为保留率，即在 $t+j-1$ 时期从顾客群体 i 中获取的顾客在 $t+j$ 时期仍保留下来的顾客比例；R^{ao}_{it} 为在 t 时期顾客群体 i 中顾客的平均保留成本；$R^{ao}_{i,t+k}$ 为在 t 时期顾客群体 i 中顾客的附加销售成本；d 为贴现率。

Blattberg 等人(2001)讨论了提高顾客获取、保留和附加销售效率的不同方法(即 Blattberg/Deighton 模型中的高上限和效率系数)。

26.2.2 队列模型

在任何一个时间点上，企业的顾客群都包括了在过去不同时间获取的顾客，即不同的队列。基于式(26.1)或式(26.10)可以构建这样一个队列模型，因为它们对在 t 时期企业获取的顾客队列进行了建模。Gupta 等人(2004a)开发了一个队列模型①

$$\mathrm{LTV}_k = \frac{n_k}{(1+\delta)^k}\sum_{t=k}^{\infty}m_{t-k}\frac{r^{t-k}}{(1+\delta)^{t-k}}-\frac{n_k c_k}{(1+\delta)^k} \tag{26.11}$$

其中，LTV_k 为未来在 k 时期将获取的顾客队列 k 的终身价值；k 的编号是从 0 到 ∞；n_k 为队列 k 中顾客的最初数目；m_{t-k} 为队列 k 在 t 时期的利润贡献，注意，对于给定的 k，t 取值从 k 到 ∞，所以 $t-k$ 从 0 到 ∞；r^{t-k} 为在 t 时期顾客队列 k 中保留下来的顾客比例，注意这个是基于前面简单的保留模型推导出来的；c_k 为队列 k 中平均每位顾客的获取成本；δ 为贴现率。

该模型不包括顾客保留支出变量。但是，这个问题很容易解决——把原来的利润贡献变量 m_{t-k} 表示为 $(m_{t-k}-R_{t-k})$。也许有人对顾客保留反应模型 $r=f(R)$ 感兴趣。我们将在 26.3.4 节建立一个类似的优化模型。

26.2.3 Ⅱ型 Tobit 模型

Thomas(2001)引进了Ⅱ型 Tobit 模型来对顾客获取和保留进行建模，它用一个“选择”方程来表示顾客是否被获取，用一个“回归”方程来表示顾客生命周期。它的顾客获取

---

① 请参阅第 7 章对这个模型在顾客群的估值中应用的讨论。

方程是

$$z_i^* = \alpha_s' v_i + \mu_{is} \tag{26.12a}$$

$$\begin{cases} z_i = 1 & \text{如果 } z_i^* > 0 \\ z_i = 0 & \text{如果 } z_i^* \leqslant 0 \end{cases} \tag{26.12b}$$

z_i 表示潜在顾客 i 是否会被获取。这取决于"隐藏"变量值 z_i^* 的值。式(26.12a)、(26.12b)定义了潜在顾客是否会被获取的概率模型。独立变量 v_i 包括潜在顾客的特点和公司的营销努力。Thomas 设定反应参数 α_s 在不同的顾客群中是不同的。

顾客的生命周期被模拟为

$$y_i^* = \beta_s' x_i + \varepsilon_{is} \tag{26.13a}$$

$$\begin{cases} y_i = c_i & \text{如果 } y_i^* \geqslant c_i \\ y_i = y_i^* & \text{如果 } y_i^* < c_i \end{cases} \tag{26.13b}$$

只有当顾客被获取后其生命周期 y_i 才被观察到。式(26.13b)负责数据检查，也就是说，有几个顾客在数据收集期结束后仍是企业的顾客(顾客被获取后 c_i 时期)。式(26.13a)中的 x_i 包括顾客特征和顾客获取后保留努力的支出。请注意，对于不同的细分市场 s，对这些变量的反应不同，所以 β_s 的下标是 s。最后一个是在式(26.12a)和式(26.13a)中的误差项。它们遵循二元正态分布：

$$\{\varepsilon_{is}, \mu_{is}\} \sim \text{BVN}\{\bar{0}, \textstyle\sum\} \tag{26.14a}$$

$$\sum = \begin{Bmatrix} \sigma_{\varepsilon s}^2 & \rho_s \\ \rho_s & 1 \end{Bmatrix} \tag{26.14b}$$

获取顾客和保留顾客的误差项的相关系数非 0，因而模型允许不可观测变量之间可以存在相关关系。例如，顾客偏好这个变量不能被测量，但是它同时对顾客获取和顾客保留产生影响。

因为误差项之间存在相关关系，因此有必要对模型进行联合估计(Wooldridge, 2002)。与此情况非常类似的是，如果误差项之间存在相关关系，在进行递归回归模型估计时也就需要模型的联合估计。总的来说，Thomas 模型考虑了以下关键现象：

- 顾客获取和保留的不同驱动因素(v_i 和 x_i)。
- 市场上存在不同的顾客群；每个群体对不同的驱动因素的反应不同。
- 顾客生命周期数据可以被正确地估计，因为在数据收集期间许多顾客自始至终都保留在企业的顾客群中。
- 顾客获取和顾客保留在两个方面上存在关联：第一，这两种过程有可能被相同的驱动因素所影响，但是影响的效果可能有所不同(在顾客获取和顾客保留这两个过程中，α_s 和 β_s 可能对于相同的变量取值不同)；第二，方程间的不可观测变量可能存在相关关系。

Thomas(2001)选择了 2 300 个顾客样本来验证其模型，这些顾客都是取自某个为飞行员服务企业的顾客群。顾客必须每年更新其成员资格，Thomas 使用顾客获取方程来描述顾客是否续订。Thomas 用几个变量来捕捉续订(获取)过程和生命周期过程

(顾客保留时间有多长)。这些变量包括顾客特征(飞行员的资质)和营销变量(购买由该组织提供的收费产品;免费使用的产品和服务,如信用卡;成员收到的免费保险和奖品)。

Thomas 发现了两个细分市场,在这两个细分市场中,不同的变量驱动了它们各自的顾客获取和保留过程。细分市场 1 会对信用卡、免费保险和法律意见这几种营销方式做出回应,而细分市场 2 只对免费保险这种方式有反应。顾客续订受到飞行员资质类型的影响,在细分市场 1 中商业执照的飞行员更有可能续订服务。随后 Thomas 使用模型估计了各种营销策略的财务影响,在式(26.12)和式(26.13)使用了营销变量 v 和 x。Thomas 发现,特殊服务和追加销售对利润产生了积极的影响,而奖励对财务绩效有负向的影响。

Thomas(2001)模型被 Reinartz 等人(2005)进行了扩展,增加了一个利润方程。他们的模型可以表示为

顾客获取:

$$z_i^* = \alpha_s' v_i + \mu_{is} \tag{26.15a}$$

$$\begin{cases} z_i = 1 & 如果\ z_i^* > 0 \\ z_i = 0 & 如果\ z_i^* \leqslant 0 \end{cases} \tag{26.15b}$$

顾客生命周期:

$$y_{Di} = \begin{cases} \beta_{Ds}' x_{Di} + \varepsilon_{Dis} & 如果\ z_i = 1 \\ 0 & 否则 \end{cases} \tag{26.16}$$

盈利能力:

$$y_{Li} = \begin{cases} \beta_{Ls}' x_{Li} + r_s' y_{Di} + \varepsilon_{Lis} & 如果\ z_i = 1 \\ 0 & 否则 \end{cases} \tag{26.17}$$

误差项:

$$\{\varepsilon_{Lis} \varepsilon_{Dis} \mu_{is}\} \sim \text{IID MVN}\left\{0, \sum\right\}$$

$$\sum = \begin{Bmatrix} \sigma_L^2 & \rho_{LD} & \rho_{LA} \\ \rho_{LD} & \sigma_D^2 & \rho_{DA} \\ \rho_{LA} & \rho_{DA} & 1 \end{Bmatrix} \tag{26.18}$$

在式(26.15)和式(26.16)中,顾客获取和顾客生命周期是标准的 Tobit Ⅱ型(Wooldridge,2002)。而式(26.17)非常关键,它代表了顾客的获利性。注意,顾客生命周期持续时间是顾客获利性的一个驱动因素。盈利能力方程与顾客获取方程和顾客生命周期方程一样,都有各自的驱动因素(x_L,v 和 x_D)。由于这个模型应用的情境是非契约性质的,因此无法真正了解顾客关系是否仍然是活跃的。然而,作者使用了一个由 Allenby 等人(1999)提出的方法,该方法可以计算出下次购买行为的预期时间。如果预期的时间超过了实际时间,那就认为顾客仍是活跃的。如果在预期时间内没有购买,则认为这种顾客关系自上一次购买后就终止了。

Reinartz 等人(2005)将模型应用到一个“大型、跨国、B2B 高科技制造商”。共有

12 024 位符合标准的顾客，研究者获取了其中的 2 908 位的资料。自变量包括通过面对面销售、电话营销、邮件和网络等各种方式发生的顾客接触的形式与次数。将这些变量用于顾客获取[式(26.15)]和顾客绩效[式(26.16)和(26.17)]。此外，作者还考虑了用于每个顾客的获取和保留上的支出。对于给定的接触方式，这些变量可以被计算出来，尽管相同的顾客获取和保留支出可能会对应不同的顾客接触方式。正是由于这一原因，两个变量都包含在同一模型方程中。作者也对顾客最初接触、交叉销售程度、交易频率和顾客钱包份额进行了测量。最后，作者考察了顾客所在公司的特征变量，如行业类型、年销售收入和公司规模。

作者对模型进行评估并得出了以下几条结论。

- 顾客获取支出和获取成功率同比增加[式(26.15)]但支出增加伴随着收益递减(一次方程时，符号为正；当二次方程时，符号为负)。这支持了 Blattberg 和 Deighton 的模型。
- 顾客保留支出和顾客保留时间同比增加[式(26.16)]但支出增加伴随着收益递减(当一次方程时，符号为正；当二次方程时，符号为负)。这也支持了 Blattberg 和 Deighton 的模型。
- 顾客获取和顾客保留支出增加了顾客的获利性[式(26.17)]，同样收益递减。注意这是刨除了它们对顾客获取和顾客生命周期的影响后的结果。这是一个非常有趣的结论，表明花更多的钱在获取和保留顾客上，对利润的影响超过纯粹由获取和保留顾客带来的影响。这通常意味着顾客更高的支出水平和更多的交叉购买。
- 所有的营销接触(面对面、电话、电子邮件、互联网)都对顾客获取、顾客保留和利润有积极的影响。这是在预料之中的。此外，这些营销接触方式间也存在良性的互动。例如，通过电子邮件和电话接触以及面对面接触这几种营销接触方式存在正向的协同效应。
- 交叉购买能提高顾客的持续时间。顾客从公司买越多的产品，则停留在公司的时间越长。这是交叉销售在延长顾客生命周期方面起作用的一个重要证明(见第 21 章、第 29 章)。

Reinartz 等人(2005)的模型是 Thomas(2001)的一个重要拓展，因为它将顾客获取、顾客保留(以顾客生命周期持续时间来表示)和利润联系在一起。它给出了一些内涵丰富的扩展建议。首先，是在非契约情境中的顾客保留处理方式。作者遵循 Allenby 等人(1999)的方法论进行研究，但是进一步的研究是非常有必要的。其次，由于顾客获取和顾客保留支出都是按照营销接触策略进行的，作者将顾客获取和顾客保留的支出与营销接触策略放到同一个公式中。在计量经济学中，这样做显然会导致多重共线性的出现，因为顾客获取或顾客保留的收入将是营销接触变量的线性组合。但显然这不是一个问题，也许是因为并不是所有的获取和保留的支出都被统计进来了。再次，作者测量了顾客保留时间对获利性的影响，但还有另外一种方法可供参考，就是分别对顾客保留时间和顾客支出进行建模然后将两者组合起来获取顾客终身价值。最后，这个模型并没有对顾客营销支出和顾客购买行为之间的多阶段动态关系进行跟踪，而这么做将有利于建立顾客获取和顾客保留的多阶段优化模型。

如下是一个可能解决最后两个问题的模型：

顾客获取：

$$z_i^* = \beta' x_{ai} + \mu_i \tag{26.19a}$$

$$z_i = \begin{cases} 1 & \text{如果 } z_i^* \geqslant 0 \\ 0 & \text{如果 } z_i^* < 0 \end{cases} \tag{26.19b}$$

购买时机：

$$w_{it}^* = \gamma' x_{pit} + \varepsilon_i + \eta_{it} \tag{26.20a}$$

$$w_{it} = \begin{cases} 1 & \text{如果 } w_{it}^* \geqslant 0 \text{ 和 } z_i^* \geqslant 0 \\ 0 & \text{否则} \end{cases} \tag{26.20b}$$

支出：

$$y_{it}^* = \delta' x_{eit} + w_i + k_{it} \tag{26.21a}$$

$$y_{it} = \begin{cases} y_{it}^* & \text{如果 } w_{it} = 1 \\ 0 & \text{否则} \end{cases} \tag{26.21b}$$

误差项：

$$\{\mu_i \varepsilon_i w_i\} \sim \text{IID MVN}\left\{0, \sum\right\}$$

$$\sum = \begin{Bmatrix} \sigma_a^2 & \rho_{ap} & \rho_{ae} \\ \rho_{ap} & \sigma_p^2 & \rho_{pe} \\ \rho_{ae} & \rho_{oe} & 1 \end{Bmatrix} \tag{26.22a}$$

$$\{\eta_{it} \kappa_{it}\} \sim \text{IID BVN}\left\{0, \sum\nolimits_T\right\}$$

$$\sum\nolimits_T = \begin{Bmatrix} \sigma_{T_P}^2 & \rho T_{pe} \\ \rho T_{pe} & \sigma_{Te}^2 \end{Bmatrix} \tag{26.22b}$$

顾客的生命周期将表示为

$$\text{LTV} = \sum_{t=1}^{\infty} \frac{w_{it} y_{it}}{(1+d)^{t-1}} \tag{26.23}$$

式(26.19)可被用于计算顾客是否被获取。这可以用于计算顾客资产 $a\text{LTV}-A$。最后，顾客保留成本可以被包括进去，LTV 或顾客资产会进行多阶段优化。这里只是简单大致地描绘了这种方法；很显然，研究者还需要进一步去开发和测试这个模型。该模型在以下方面有巨大潜力：①对顾客获取、保留和支出的驱动因素的估计；②顾客营销支出的多阶段优化平台。

26.2.4 竞争模型

迄今为止，本书综述了在没有考虑竞争情况下的所有顾客获取和保留模型。这是因为大多数公司并没有其竞争对手的顾客行为资料，它们也没有竞争对手的营销活动数据。Fruchter 和 Zhang(2004)开发了一个包括竞争的顾客获取和保留模型。他们的目的是发展出顾客获取和顾客保留支出的理论平衡水平。这个模型代表，一个公司的市场份额通过不断地获取顾客和保留顾客的方法实现增长。营销支出用于保留或获取顾客。这些支出可以被视为防守或进攻的手段①。市场占有率方程表示如下：

$$x_{k_r}(t) = k\text{ 公司由于顾客获取获得的市场份额} \quad (26.24a)$$

$$x_{k_a}(t) = k\text{ 公司由于顾客保留获得的市场份额} \quad (26.24b)$$

$$x_k(t) = x_{k_r}(t) + x_{k_a}(t) = k\text{ 公司的市场份额} \quad (26.24c)$$

k 表示公司，而 Fruchter 和 Zhang(2004)假定有 2 个公司($k=1,2$)。决定这些公司市场份额的营销要素如下：

$$\rho_k^r[\delta_k^r(t)x_{k_r}(t)]^{(1/2)} = k\text{ 公司顾客保留策略的有效性} = E_k^T(t) \quad (26.25a)$$

$$\rho_k^a[\delta_k^a(t)x_{k_a}(t)]^{(1/2)} = k\text{ 公司顾客获取策略的有效性} = E_k^a(t) \quad (26.25b)$$

$$f_{kj}^{ar}(t) = E_k^a(t) - E_j^r(t) = k\text{ 公司从 } j\text{ 公司获取顾客的营销活动的优势} \quad (26.25c)$$

$$f_{jk}^{ar}(t) = E_j^a(t) - E_k^r(t) = j\text{ 公司从 } k\text{ 公司获取顾客的营销活动的优势} \quad (26.25d)$$

其中，$\delta(t)$为在 t 时期，k 公司在每个顾客的顾客获取(a)或顾客保留(r)支出；$\delta(t)\times x(t)$为顾客获取或保留的总支出，作者假设收益递减(递减指数为 1/2)；ρ 为 k 公司的顾客获取或顾客保留支出的有效性。

k 公司从 j 公司获取顾客的优势(f_{kj}^{ar})取决于 k 公司用于获取顾客的支出(δx)，这种支出是更有效的(ρ)，而 j 公司在顾客保留上几乎没有支出，并且它在这方面的任何支出都是无效的。作者对随着时间变化的市场份额建模如下：

$$\dot{x}_{k_r}(t) = f_{jk}^{ar}(t)[x_k(t) - x_{k_r}(t)] - f_{jk}^{ar}(t)x_{k_r}(t) \quad (26.26a)$$

$$\dot{x}_{k_a}(t) = f_{jk}^{ar}(t)[x_j(t) - x_{k_a}(t)] - f_{jk}^{ar}(t)x_{k_a}(t) \quad (26.26b)$$

注意 $\dot{x}$ 代表了市场份额随着时间的变化。式(26.26a)描述了由于顾客保留努力而获取的市场份额；式(26.26b)展示了由于顾客获取努力而获取的市场份额。式(26.26a)分析如下：k 公司在现有保留顾客中的市场份额会随着新顾客转移为重复购买顾客(第一阶段)并且阻止现有顾客被 j 公司获取(第二阶段)而增长。式(26.26b)分析如下：如果它在竞争对手的顾客群体中获取顾客的营销努力是成功的(第一阶段)，并且能够成功阻止现有顾客被 j 公司获取(第二阶段)，那么 k 公司的市场份额会增加。式(26.26a)和式(26.26b)相加直接得出以下结果：

$$\dot{x}_k(t) = f_{kj}^{ar}(t)[1 - x_k(t)] - f_{jk}^{ar}[x_k(t)] \quad (26.27)$$

式(26.27)表示，k 公司的份额会持续增长到某种程度，直到它对它的竞争对手 j 公司而言有了一种获取顾客的营销优势，虽然 j 公司有更高的市场份额，但由于 j 公司所做

① 事实上，这是 Fruchter 和 Zhang(2004)的观点。我们将它们视为保留与获取支出，并用下脚标反映出来——用"a"代表获取(acquisition)，而不是"o"(offensive，进攻)；用"r"代表保留(retention)，而不是"d"(defensive，防守)。

的顾客获取努力较弱，因此它不能从 k 公司获取顾客。

Fruchter 和 Zhang(2004)假定顾客平均贡献率为 q_k 和每个公司通过优化其多期顾客获取和顾客保留的营销支出来达到利润最大化。作者为了解决最优控制的问题而由此产生了一个模型。他们的主要发现是：

- k 公司相对于 j 公司的顾客获取和顾客保留的营销支出的有效性由 δ 决定。
- 为了增加顾客价值而进行的顾客保留的支出，由 q_k 的增加所决定。
- 拥有较大市场份额的公司应在顾客保留上加大支出，而拥有较小市场份额的公司应在顾客的获取上加大支出。这是一个直观的结论，不过并非所有公司都应该有同样的顾客获取和保留策略，其中市场份额是决定企业顾客获取和保留策略的关键因素。

你可以在 Fruchter 和 Zhang 的分析中感受上述决策的显著改善。例如，顾客贡献率 q_k 可以是营销支出的一个函数。同时，在顾客保留方程中加入了一个"约束"常数项，可能会导致竞争较小，这是因为它增加了获取竞争对手现有顾客的难度。最后，这个模型假设市场上的顾客数量是有限的，但是在实践中，许多市场上的顾客基数会随着时间推移而不断增长。

Fruchter 和 Zhang(2004)以一个独特的视角提出了在顾客获取和保留支出方面的竞争性决定因素。他们的分析表明，市场份额是决定这些支出的关键因素，且在获取和保留支出的决策上应考虑预期的竞争支出。未来的研究需要通过拓展和估计该模型来学习这些因素如何在实践中发挥作用。

26.2.5 总结：如何建立顾客获取和顾客保留模型

我们介绍了四种顾客获取/保留模型：① Blattberg/Deighton 顾客资产模型；②Thomas 的 Type Ⅱ Tobit 模型；③队列模型；④竞争模型。同时介绍了建立顾客获取和保留模型时所包含的各种基本现象：

- 获取率和保留率是基本的。建模中关键的变量是公司获取新顾客的比例以及其保留现有顾客的比例。
- 获取率和保留率是市场营销的函数。营销支出影响获取率和保留率。有证据表明这些营销支出减少了企业的利润(Reinartz et al.，2005)。
- 顾客获取与顾客保留是密不可分的。它们的关系可以通过方程进行量化。顾客资产＝aLTV－ALTV，它取决于顾客保留率，保留率又是顾客保留营销支出的一个函数。从统计学上看，要想使这个现象集成一体，需要通过获取率与保留率的相关性(而这种相关性又来源于不可观测变量)。这说明 selectivity-type 模型对于实证估计顾客获取/保留模型很重要(例如：Thomas，2001；Reinartz et al.，2005)。
- 顾客保留由两个部分组成——顾客是否愿意待在公司和顾客愿意支出多少。顾客是否愿意保留方面已得到比顾客消费方面更多的关注，但它们两者仍都需要被建模。

- 顾客群体是存在的。这是 Thomas(2011)的Ⅱ型 Tobit 模型提出的。
- 顾客基数会随着时间而发展。这可以从顾客资产[式(26.10)]和队列模型[式(26.11)]中直观看到。顾客基数发展的原因有以下几点：第一，顾客数量会随着时间推移而改变；第二，顾客不可能 100%保留住，因此，公司会持续地流失顾客；第三，保留率会随时间的变化而改变，可能是由于保留支出的变化或者其他的原因。我们将看见保留率在接下来的部分是如何被优化的。
- 竞争在顾客获取和保留决策上起作用。经典顾客获取和保留的实证模型忽略了竞争。然而，在实践中我们观察到，公司的顾客获取和保留支出是企业间竞争的均衡结果。因此，忽略竞争可能会导致关于顾客获取和保留支出的内生性问题。

26.3 最佳的顾客获取和顾客保留支出

在这一部分，我们运用各种获取和保留模型去获取最佳的支出水平。我们首先考虑 Blattberg/Deighton 的模型。这将达成一个我们已经了解的共识——“与获取一名顾客的成本相比较，保留顾客的成本更少一些，因此应投入更多资金在顾客保留里”。因此，我们在 Blattberg/Deighton 模型的基础上研究一个多阶段的优化。最终，我们讨论 Reinartz 等人(2005)模型的优化。

26.3.1 在没有预算约束的条件下优化 Blattberg/Deighton 模型

为了优化 Blattberg/Deighton 模型，我们假定公司有明确的现有顾客和潜在顾客。因此，优化方式如下表示：

$$\underset{A,R}{\text{Max}} \prod = N_p\left[a(M-R)\left(\frac{1+d}{1+d-r}\right)-A\right]+N_c\left[(M-R)\left(\frac{1+d}{1+d-r}\right)\right] \tag{26.28a}$$

这样：

$$a = c_a(1-\mathrm{e}^{-k_a A}) \tag{26.28b}$$

$$r = c_r(1-\mathrm{e}^{-k_r R}) \tag{26.28c}$$

其中，N_p 为公司的潜在顾客数；N_c 为公司的现有顾客数。

其他条件如 26.2.1 定义。决策变量是指企业在顾客获取和保留上的营销支出($A\&R$)。这些支出决定了顾客获取率和保留率如式(26.28b)和式(26.28c)所示。

表 26.1 提供了直观的结果。这个示例假设了公司有 1 000 000 名潜在顾客和 10 000 名现有顾客。顾客获取和保留支出的效率大约是相同的($k_a=0.1$ 和 $k_r=0.08$)，但是获取上限远远低于保留上限($c_a=0.1$ 和 $c_r=0.7$)。每个顾客的利润贡献度和顾客保留总支出是 200 美元，贴现率是每年 10%。

表 26.1 最佳广告和保留支出：Blattberg 和 Deighton 模型[式(26.1)和式(26.28)]

参数	
潜在顾客数$=N_p=$	1 000 000
现有的顾客数量$=N_c=$	10 000
获取上限$=c_a=$	0.1
获取效率$=k_a=$	0.1
保留上限$=c_r=$	0.7
保留效率$=k_r=$	0.08
边际成本$=M=$	200 美元
贴现率$=d=$	0.1

最优选择	
获取每个潜在顾客的支出$=A^*=$	14.14 美元
保留每个现有顾客的支出$=R^*=$	38.01 美元
收购率$=0.1(1-e^{-0.1(14.14)})=$	7.6%
保留率$=0.7(1-e^{-0.08(38.01)})=$	66.7%
获取潜在顾客数量=1 000 000×7.6%=	75 674
顾客总人数=10 000+75 674=	85 674
获取每一顾客的平均成本=(14.14×1 000 000)/75 674=	186.81 美元
保留每一顾客的平均成本=	38.01 美元
客户获取总成本=14.14×1 000 000=	14 136 357.89 美元
客户保留总成本=38.01×85 674=	3 256 791.55 美元
客户获取的利润$=1/[k_a(c_a-a)]=1/[0.1(0.1-0.076)]=$	411.09 美元
客户保留的利润$=1/[k_r(c_r-r)]=1/[0.08(0.7-0.667)]=$	373.72 美元
$\text{LTV}=M\times\frac{1+d}{1+d-r}=200\times\frac{1+0.1}{1+0.1-0.667}=$	411.09 美元
总利润	21 083 762 美元

最佳方案[①]的收益是 21 083 762 美元，而获取每个潜在顾客的支出是 14.14 美元，保留每个现有顾客的支出是 38.01 美元。最优的结果是顾客获取率为 7.6%，而保留率为 66.7%。最优获取率是其上限的 76%(7.6/10.0)，而最优的保留率是其上限的 95%(66.7/70)。最佳方案规定获取率和保留率低于它们的上限，是因为过多的营销支出会导致利润减少。

虽然人均支出的预测是 14.14 美元，但平均获取每一顾客的成本是 186.81 美元。这是高于平均保留成本 38.01 美元的。通过式(26.6)和式(26.9)，可以计算获取或保留顾客在最优支出水平时的边际成本。获取的边际成本是 411.09 美元，而保留的边际成本是 373.72 美元。注意，在最优支出水平时，顾客生命周期的价值是 411.09 美元。当我们严格证明后会发现这绝非巧合，即在最优支出水平时，最优获取边际成本=LTV，而最优保留边际成本$=\text{LTV}/(1+d)$。

① 这是使用 Excel & Solver 加载项获得的非线性优化。

图 26.5 和图 26.6 显示最优获取和保留支出如何随反应方程的改变而变化。图 26.5 显示，当获取上限增加时，最优获取支出(A)的增加速度减小，最优保留支出(R)保持不变，利润增加。这些结果都是有意义的。首先，当上限增加时，对于一个给定的支出水平获取一名顾客的边际成本下降。因此，有更多的钱可以用于顾客获取，并且得到越来越多的顾客。其次，这对保留支出没有影响，这是由顾客最佳生命周期的价值决定的，因此，最优保留支出水平，是独立于顾客获取数的(注意，我们分析的是没有预算限制的情况)。

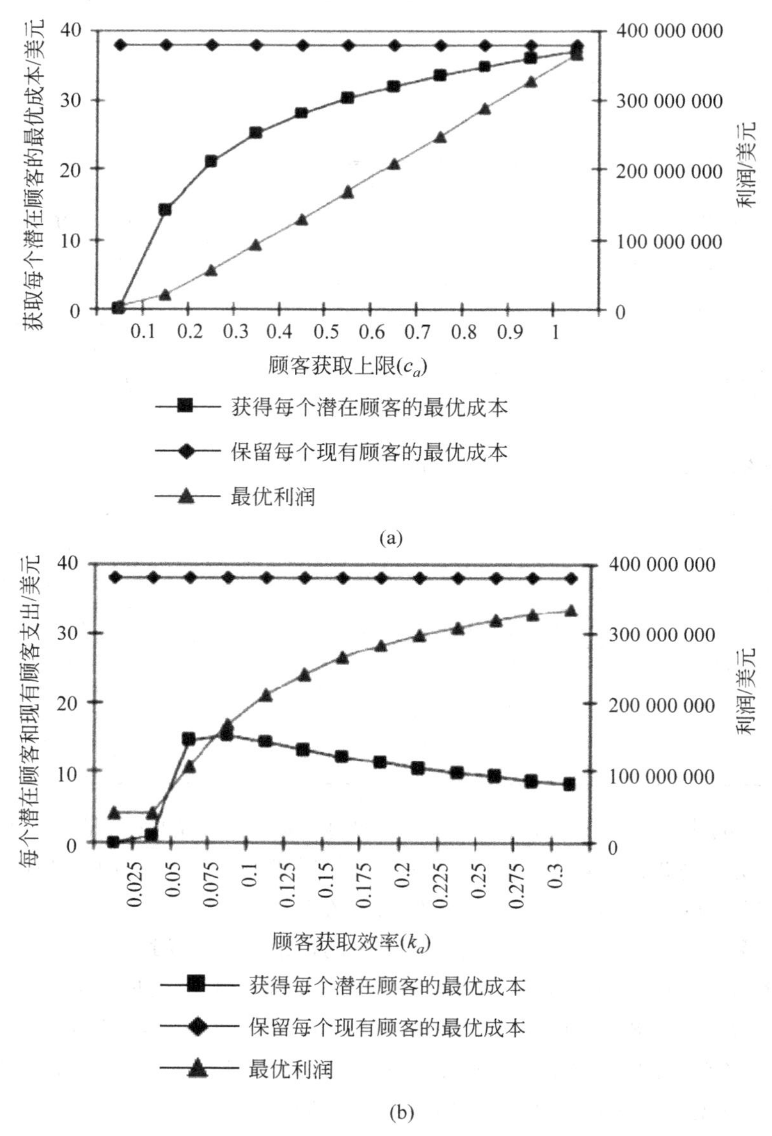

图 26.5 优化 Blattberg/Deighton 模型[式(26.28)]的敏感分析：顾客获取函数参数

(a) 顾客获取上限 c_a 的敏感性；(b) 顾客获取效率 k_a 的敏感性

图 26.5(b)表示随着顾客获取效率的提高，利润也会提高，并且顾客获取收入会上升

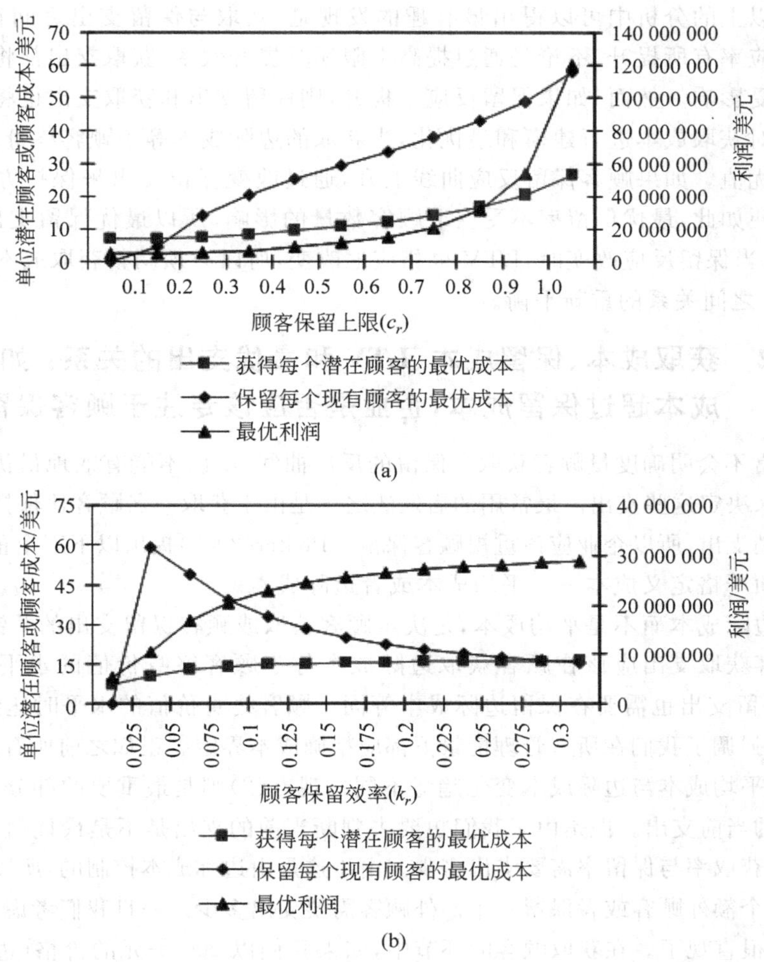

图 26.6 优化 Blattberg/Deighton 模型[式(26.28)]的敏感分析：顾客保留方程参数

(a) 顾客保留上限 c_r 的敏感性；(b) 顾客保留效率(k_r)的敏感性

到一个点后下降。大概是因为当顾客获取支出变得高效率的时候，当其达到获取上限，或非常趋近于上限时，将伴随越来越少的获取支出，以至于在一个高效率的情况下，可以使顾客在获取上支出更少，却仍有更高的获取率。

图 26.6(a)显示随着保留上限的增加，顾客保留和获取上的支出会更高。在顾客保留上支出更多是毋庸置疑的。但有趣的是，在顾客获取上也支出了更多。这是因为更高的保留上限将使得在保留上支出更多，LTV 也会增加。因此，它值得在顾客获取上投资更多。这是因为 LTV 越高将允许更高的顾客获取成本的支出。

通过图 26.6(b)的数字可以看出，随着保留效率的提升，保留成本先增加后减少。减少的原因和顾客获取例子中的原因相似——不断提高的效率使公司可以用较低的支出来实现高保留率。因此在保留上没有必要支出过多。而获取支出的升高是由于在较高的保留效率水平上，保留率较高，所以 LTV 更高，所以获取要支出较多。

也许从以上的分析中可以得出最有趣的发现是，获取与保留支出之间存在不对称。如果获取反应率有所提升，不论是通过提高上限还是提升效率，获取支出都将会变化而保留支出并不受影响。然而，如果保留反应率提升，则保留支出和获取支出也将变化。下一部分我们将对获取成本进行建模和最优化，当获取的边际成本等于顾客终身价值时，获取成本达到最优值。如果顾客保留反应曲线上升，通过改变保留支出来保持方程的平衡是值得的。即便如此，最优保留率不受获取顾客数量的影响，所以最优保留支出保持不变。相比较而言，当保留反应改变时，LTV 也相应地改变，所以必须调整获取成本以达到获取支出与 LTV 之间关系的重新平衡。

26.3.2 获取成本、保留成本、LTV 和最优支出的关系：如果获取成本超过保留成本，企业是否应该专注于顾客保留

公司通常不会明确度量顾客获取和保留的反应曲线，所以不能有效地最优化支出。它们按照经验来决定这些支出。最常用的启发法之一是由于获取一名顾客比保持一名顾客需要更多的营销支出，所以企业应该重视顾客保留。Pfeifer(2005)提出以下三个重要观点。

(1) 必须严格定义成本——平均成本或者边际成本。

(2) 是边际成本而不是平均成本，是决定顾客获取或顾客保留支出的关键因素。

(3) 顾客获取支出应该在顾客获取边际成本等于顾客终身价值的水平时达到最优值，而顾客保留支出也需要在保留边际成本等同于顾客终身价值的水平时达到最优值①。

观点(1)强调了我们在所有管理情景下都应精确成本界定。正如之前所看到的，当反应曲线变化时，平均成本与边际成本变化趋势不同。观点(2)则是最重要的部分，平均成本可以反映企业的当前支出。但是由于我们想要去判断当前的支出是不是最优值，因此最为重要的是，改变获取率与保留率需要支出多少。由于这是由边际成本控制的，所以最重要的问题是，获取一个额外顾客或者保留一个额外顾客需要支出多少。一旦我们考虑边际成本，观点(3)就变得很直观了。在获取顾客的环节中，如果我们以 200 美元的价格(边际成本等于 200 美元)获取一个额外顾客而 LTV 为 300 美元，我们应该支出 200 美元来实现。事实上，我们应该不断支出直到边际成本等于 LTV。相同的逻辑也适用于边际保留成本，在我们对顾客保留成本进行推导时，由于顾客保留的利益会在随后很长时间内持续体现，顾客保留支出的最优值与顾客获取支出的最优值会由于系数$(1+d)$的存在而有所差异。

我们通过表 26.2 来阐明上述规则，设定参数与表 26.1 中的相同。假设在当下，企业在每个潜在顾客上支出 8 美元而在每个现有顾客上支出 38.01 美元。这使获取一名顾客的平均获取成本为 145.28 美元而每一个现有顾客的保留成本仅为 38.01 美元。当平均获取成本超过平均保留成本时，建议企业支出更多保留成本在每个现有顾客身上。尽管如此，我们发现 LTV 为 411.09 美元，比获取一名额外顾客的边际成本高出许多。获取一名顾客我们需要支出 222.55 美元，可是他却可以给我们带来 411.09 美元的价值。我们也应该将钱花在获取上，正如最优值纵栏中所显示的一样，与表 26.1 的结果相同。我

---

① 请注意，我们的实际结果将有所不同，因为假定支出发生的时间不同(参见附注 1)，因此，我们将找到最优 $R=\mathrm{LTV}/(1+d)$ 而不是 $R=\mathrm{LTV}$[见式(26.30)和式(26.31)]。

们可以总结这些论据并证明如下：

表 26.2　顾客的平均保留成本较低时意味着应该花费更多在顾客保留上吗

		现　有	最　优
获取	# 潜在顾客	1 000 000	1 000 000
	潜在顾客/美元	8.00	14.14
	总获取/美元	8 000 000	14 136 358
	获取率/%	5.51	7.57
	#已获取	55 067	75 674
	平均获取/顾客/美元	145.28	186.81
保留	# 原始顾客	10 000	10 000
	# 获取的顾客	55 067	75 674
	总顾客	65 067	85 674
	平均保留/顾客/美元	38.01	38.01
	保留率/%	66.66	66.66
	全部保留/美元	2 473 200	3 256 791
利润	每个顾客的边际利润/美元	200	200
	全部利润/美元	18 748 270	21 083 262
边际	LTV/美元	411.09	411.09
	边际获取成本/顾客/美元	222.55	411.09
	边际保留成本/顾客/美元	373.72	373.72
	LTV 一阶段折扣/美元	373.72	373.72

命题：对一个没有预算限制的 Blattberg/Deighton 模型来说，最优获取支出是由边际获取成本等于 LTV 的点来决定的，而最优保留支出是由边际保留成本等于 LTV/$(1+d)$的点决定的。证明过程如下，目标方程为

$$\prod = N_p\left[a(M-R)\left(\frac{1+d}{1+d-r}\right)-A\right]+N_c\left[(M-R)\left(\frac{1+d}{1+d-r}\right)\right] \quad (26.29)$$

为了证明命题中关于顾客获取的部分，我们求利润对顾客获取支出 A 的偏导，并解出最优的 A。

由此得出：

$$\frac{\partial\prod}{\partial R}=N_p(M-R)\left(\frac{1+d}{1+d-r}\right)\frac{\partial a}{\partial A}-N_p$$

设

$$\frac{\partial\prod}{\partial A}=0,\Rightarrow(M-R)\left(\frac{1+d}{1+d-r}\right)\frac{\partial a}{\partial A}-1=0\Rightarrow \text{LTV}\frac{\partial a}{\partial A}-1=0$$
$$\Rightarrow\frac{\partial A}{\partial a}=\text{边际获得成本}=\text{LTV} \quad (26.30)$$

结果显示，在最优时获取一个额外顾客的边际成本等于顾客的终身价值。

为了证明命题中关于保留的部分，我们求利润对保留支出 R 的偏导，并解出最优的 R。由此得出：

$$\frac{\partial \prod}{\partial R}=N_p a\left(\frac{1+d}{1+d-r}\right)(-1)+N_p a(M-R)\left(\frac{(1+d)(-1)}{(1+d-r)^2}\right)(-1)\frac{\partial r}{\partial R}+ N_c\left(\frac{1+d}{1+d-r}\right)(-1)+N_c(M-R)\left(\frac{(1+d)(-1)}{(1+d-r)^2}\right)(-1)\frac{\partial r}{\partial R}$$

设

$$\frac{\partial \prod}{\partial R}=0,\quad 0\Rightarrow -N_p a(1+d)+N_p a(M-R)\left(\frac{1+d}{1+d-r}\right)\frac{\partial r}{\partial R}- N_c(1+d)+N_c(M-R)\left(\frac{1+d}{1+d-r}\right)\frac{\partial r}{\partial R}=0$$

$$\Rightarrow -(N_p a+N_c)(1+d)+(N_p a+N_c)(M-R)\left(\frac{1+d}{1+d-r}\right)\frac{\partial r}{\partial R}=0 \tag{26.31}$$

$$\Rightarrow -(1+d)+\text{LTV}\frac{\partial r}{\partial R}=0$$

$$\Rightarrow \frac{\partial R}{\partial r}=\text{边际保留成本}=\frac{\text{LTV}}{1+d}$$

在最优处，保留一名顾客的边际成本应该等于 LTV/(1+d)。(1+d)在分母中是因为在 Blattberg/Deighton 模型的公式中，保持一个额外顾客的好处实际上发生在下一期。举例来说，一个高保留支出的优势使我们更有可能在下一期保留住这个顾客。这解释了为什么在表 26.1 和表 26.2 中的最优解，边际保留成本＝373.72＝LTV/(1＋d)＝411.09/(1＋0.1)。

由以上可得出结论：

- 是边际成本而不是平均成本决定了最优获取支出和保留支出。平均成本只在特定环境下在一定程度上为获取和保留支出提供依据，在考虑一定的行为变动的前提下，平均成本可能等于边际成本。
- 在一个不受预算约束的静态环境中，边际获取成本应该等于 LTV，而边际保留成本应该等于 LTV/(1+d)。

注意，在此处可参考附带条件中我们不受预算约束的假设。同时我们也考虑到获取与保留成本间的潜在互动。在 26.3.3～26.3.5 节中我们提到了这些问题。这个命题在最优营销支出方面为我们提供了良好的研究基础。同时，研究者强烈建议将平均成本作为设定获取支出与保留支出的基础是不合理的。

在实践中，应用这个公式是受限的，公司经常不清楚它们的边际成本，因为想要确定边际成本是需要获取与保留曲线的。在缺少获取回应曲线的情况下，公司或许会假设对一名顾客获取渠道来说，平均成本＝边际成本。举例来讲，如果一个公司把 1 000 000 个 CD 发放给潜在顾客，成本为 100 000 美元，获取了 1 000 个顾客，它的平均获取成本是 100 美元，那么假设公司另外再发放 500 000 个 CD，它也以相同的比率获取顾客，即另外 500 个顾客。这次的成本将为 50 000 美元，所以边际获取成本是每个顾客 100 美元。尽管如此，仍须注意的是：假设我们还没有到达获取回应曲线上收益下降的部分。

虽然我们可能会认为用平均获取成本代替边际成本也不乏一些合理性，但是可以推断出这样得出的平均保留成本将远低于最优值。投入在同一名顾客身上的保留成本将更高，所以很可能会受收益下降的影响。在这个获取案例中，我们可以轻易地达到1 500 000个而不是1 000 000个潜在顾客。而在顾客保留的案例中，我们在10 000个现有顾客身上支出了更多。我们不能简单地以获取情况来进行推断，因为额外支出的主体是相同的顾客，企业需要估计保留回应曲线或进行市场调研估量额外保留支出。

26.3.3 优化预算限制的Blattberg/Deighton模型

公司通常在预算限制[①]下进行运作。形式上其公式如下：

$$\operatorname*{Max}_{A,R}\prod = N_p\left[a(M-R)\left(\frac{1+d}{1+d-r}\right)-A\right]+N_c\left[(M-R)\left(\frac{1+d}{1+d-r}\right)\right] \tag{26.32a}$$

例如：

$$a = c_a(1-\mathrm{e}^{-k_a A}) \tag{26.32b}$$

$$r = c_r(1-\mathrm{e}^{-k_r R}) \tag{26.32c}$$

$$A+R=B \tag{26.32d}$$

式(26.32d)是预算限制。表26.3的最优解使用了与表26.1相同的参数，唯一不同的是现在的预算限制为10 000 000美元之外，从表26.3中可以看出，顾客获取的最优支出是每个潜在顾客7.78美元。而保留成本是每个顾客34.63美元。这些数字比没有预算限制时的最优支出低。在不限制的情况下，A和R的总消费为14 136 358+3 256 792=17 393 150(美元)；而在限制的情况下，A和R的总消费为7 781 287+2 218 713=10 000 000(美元)。

表26.3 Blattberg和Deighton模型的最优获取和保留预算

参　数	
获取上限$=c_a=$	0.1
获取效率$=k_a=$	0.1
保留上限$=c_r=$	0.7
保留效率$=k_r=$	0.08
边际$=M=$	200
潜在顾客数量$=N_p=$	1 000 000
现有顾客数量$=N_c=$	10 000
预算/美元	10 000 000
折扣率$=d=$	0.1

① 详见Berger和Bechwati(2001)有关预算限制的Blattberg/Deighton模型。

续表

最优解决方案	
每个潜在顾客支出＝A^*＝	7.78 美元
每个现有顾客的保留支出＝R^*＝	34.63 美元
获取率＝$0.1(1-e^{-0.1(7.78)})$＝	0.054
保留率＝$0.7(1-e^{-0.08(34.63)})$＝	0.656
可选择利润	18 478 670 美元
总获取支出＝1 000 000×7.78＝	7 781 287 美元
总保留支出＝34.63×(10 000＋0.054×1 000 000)＝	2 218 713 美元
总支出＝7 781 287＋2 218 713＝	10 000 000 美元
$\text{LTV}=M\times\frac{1+d}{1+d-r}=200\times\frac{1+0.1}{1+0.1-0.656}=$	409.84 美元
边际获取成本＝$\frac{1}{k_a(c_a-a)}=\frac{1}{0.1(0.1-0.054)}=$	217.74 美元
边际保留成本＝$\frac{1}{k_r(c_r-r)}=\frac{1}{0.08(0.7-0.656)}=$	285.04 美元
平均获取＝$\frac{7\ 781\ 287}{1\ 000\ 000\times 0.054}=$	143.90 美元
平均保留＝$\frac{2\ 218\ 713}{1\ 000\ 000\times 0.054+10\ 000}=$	34.63 美元

利润从 21 083 762 美元减少到 18 478 670 美元，主要原因是如果现在我们加上了 10 000 000 美元的预算约束，而理论上的最高利润只能在不受限的最优解中找到。图 26.7 将预算限制用曲线图表示出来。我们可以看到花在顾客保留和获取增长上的支出随着预算的增大而增长，直到无限制情况下的最优支出 17 393 150 美元。所以由于预算的增加，企业将在获取和保留上支出更多，最高可达到无限制条件下的最优支出值。

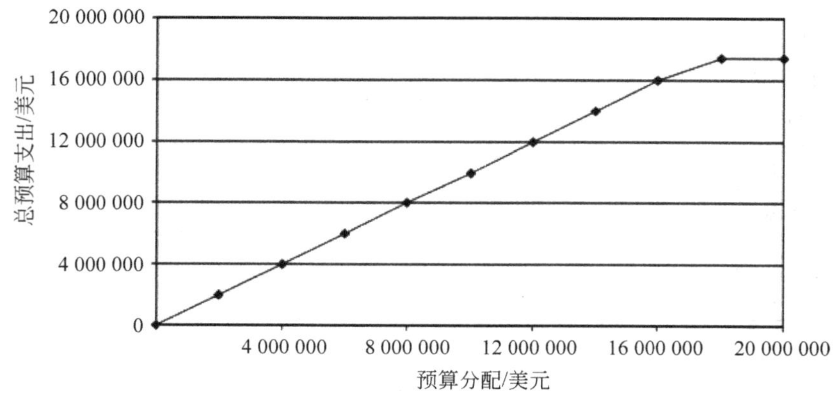

图 26.7　预算限制的 Blattberg 和 Deighton 模型：最优预算支出 VS 预算分配

图 26.8(a)呈现了预算增长时每个潜在顾客的最优获取支出和每个顾客的最优保留成本的变化。由于预算增加，这些成本也会增加，直到最优预算值 17 393 150 美元。图 26.8(b)展示了在最优支出点的边际成本作为预算约束的函数是如何变化的。在最优预算时，边际获取成本等同于顾客终身价值，而边际保留成本相对来说较低。在我们达到最优预算之前，边际获取成本和边际保留成本都以凸圆形线条增长，LTV 一旦到达 400 之后就很难再有增长了。看起来在这种情况下，保留优先。相关的保留支出用来提高保留率，在这种情况下 LTV 可以达到它的最优最大值。然而当预算增加时，为了获取更多的顾客，资源被不均衡地使用。这个结果可以用一个较高上限保留率的公式来表示。同时，这也鼓励公司在顾客保留上投入稀有的资源，因为它们可以使 LTV 快速地增长。接下来，只要企业进入陡然增长的边际保留成本，它在获取顾客上面才有所支出。

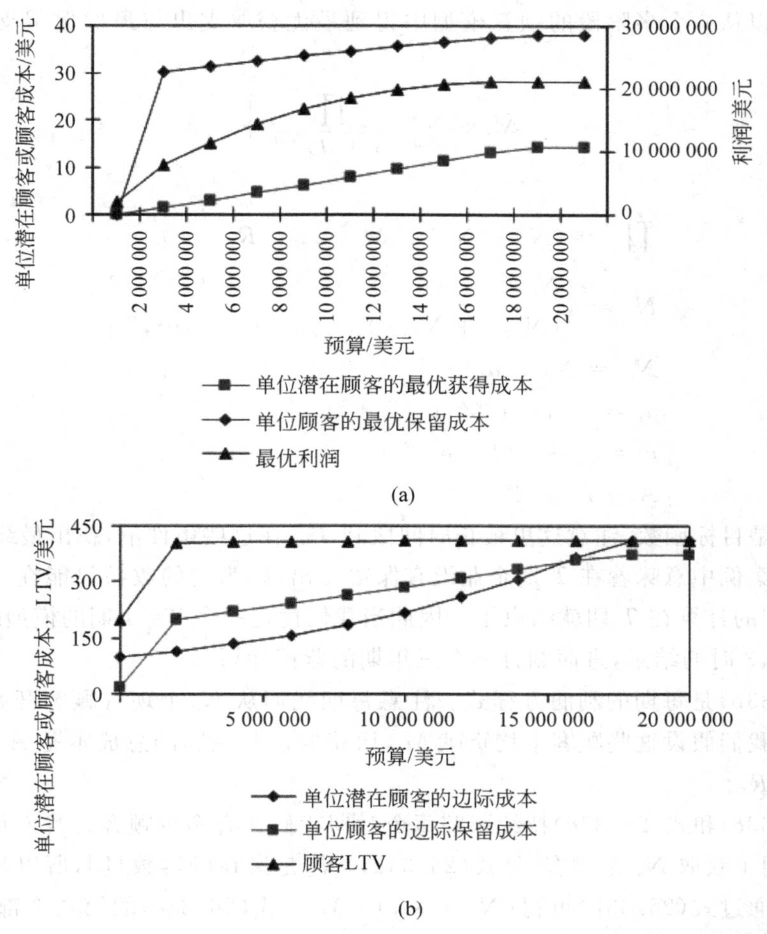

图 26.8　Blattberg/Deighton 预算约束模型[式(26.32)]的优化敏感性分析：预算的影响

(a) 最优获得成本和保留成本；(b) 边际成本和 LTV

概括来说，我们可以在一个有预算的情境中学习以下关于最优保留和获取支出的原则。

- 预算是一个次优化选择，因为它们限制了企业的支出，使企业不能达到最优成本/LTV 的平衡点。
- 即使预算的增加，企业也不会过度支出。企业将持续增加支出直到最优成本/LTV 的平衡点。
- 随着预算的增加，顾客获取和保留支出以不同的比率增加。最优的做法是，首先集中资源于顾客保留，一方面的原因可能在于顾客保留的支出上限比较高。未来我们需要在“随着预算的增加，顾客保留和顾客获取谁先到达最优值”方面进行更多的研究。

26.3.4 多阶段有预算约束的队列模型优化

我们可以从一个多阶段的预算模型中得到最优获取支出与最优保留支出。其模型如下：

$$\underset{A_t R_t}{\text{Max}}\left\{\sum_{t=1}^{T}\frac{\prod_t}{(1+d)^{(t-1)}}\right\} \tag{26.33a}$$

例如：

$$\prod_t = (N_{ct}+N_{at})\times M_t - A_t - R_t \tag{26.33b}$$

$$N_{ct} = \begin{cases} N_c & t=1 \\ (N_{c,t-1}+N_{a,t-1})\times r_{t-1} & t=2,\cdots,T \end{cases} \tag{26.33c}$$

$$N_{at} = N_{pt}\times a_t \tag{26.33d}$$

$$a_t = c_a(1-\mathrm{e}^{-k_a A_t}) \tag{26.33e}$$

$$r_t = c_f + c_r(1-\mathrm{e}^{-k_r R_t}) \tag{26.33f}$$

$$A_t + R_t = B \tag{26.33g}$$

式(26.33a)是目标函数，注意这里最长时间段到 T。在这些条件下，找出最终解是很容易的。在这个案例中意味着在 T 期企业没有保留支出，因为它的收益只能在 $T+1$ 期表现出来，但我们的计算在 T 期就结束了。因此当我们优化一个 $T=4$ 期的模型时，我们只需汇报 $t=1,2,3$ 时的结果，进而制订一个三年期的营销计划。

式(26.33b)是每期的利润方程式。注意每期我们从 N_{ct} 个现有顾客开始并获取 N_{at} 个新顾客。我们假设这些顾客平均贡献 M_t，而获取这些顾客的总成本是 A_t 且顾客保留的总支出是 R_t。

式(26.33c)和式(26.33d)持续跟踪每个时期我们拥有多少顾客。我们从 N_{c_1} 个顾客开始，在时期 1 获取 N_{a1} 个顾客[见式(26.33d)，N_{pt} 是潜在顾客数量]，所以我们在时期 1 的利润贡献通过式(26.33b)可得 $(N_{c1}+N_{a1})\times M_1$。式(26.33c)的第二个部分表示在下一个时期开始时我们保留了多少顾客。

式(26.33e)和式(26.33f)是我们熟悉的获取和保留反应公式。我们为保留反应添加了一个下限。即使公司在保留上支出 0 元，它仍然能在下一时期保留 c_f 比例的顾客。在最优解中，我们假设 $c_f=c_a=k_a=k_r=0.1$，而保留上限是 $c_r=0.8$。所以如果企业在保留支出上没有限制，它的保留率最大为 $0.1+0.8=0.9$。如果企业在保留上没有支出，它将仍然保有10%的顾客。我们假设边际贡献 M_t 是200美元，而贴现率是10%，则预算(B)为10 000 000美元。

表26.4展示了上述结果。公司从50 000(N_{c1})个顾客和1 000 000(N_{p1})个潜在顾客开始。在每个潜在顾客身上支出7.36美元，总的获取成本是7 356 458美元，在每个顾客身上花费保留成本25.9美元，则总保留成本为2 643 542美元。由此加总的预算收入为10 000 000美元。最佳的成本结果是85 744/102 080＝84%保留率和52 080/1 000 000＝5.2%获取率。

表26.4 队列模型的最优获取与保留支出[式(26.33)]

		第1年	第2年	第3年
顾客	最初顾客	50 000	85 744	111 791
	潜在顾客	1 000 000	1 000 000	1 000 000
	已获取顾客	52 080	48 908	47 814
	总顾客	102 080	134 652	159 605
	顾客流失	16 337	22 861	30 241
	顾客保留	85 744	111 791	129 364
预算	获取/潜在顾客	7.36	6.72	6.50
	保留/顾客	25.90	24.39	21.91
	总获取成本/美元	7 356 458	6 715 427	6 503 605
	总保留成本/美元	2 643 542	3 284 573	3 496 395
	总成本/美元	10 000 000	10 000 000	10 000 000
	边际获取成本/美元	209	196	192
	边际保留成本/美元	167	143	112
利润	人均贡献	400	400	400
	总贡献/美元	40 832 164	53 860 754	63 842 132
	总利润/美元	30 832 164	43 860 754	53 842 132
	折扣总利润/美元	30 832 164	39 873 412	44 497 630
	总折扣利润/美元	115 203 189		
	顾客终生价值/美元	1 692	1 631	1 520

注意在一段时间后，公司建立了顾客基础，第一年年初为50 000名顾客，第三年年初为111 791名顾客。进入第四年则会有129 364名顾客。然而有趣的是，在获取上的总成本逐年减少。一个原因是当公司在第一年获取顾客时，增加了保留顾客的数目，然后影响了第二年保留顾客的成本。这使更高的保留成本和更低的获取支出成为必然。这阐释了多时段获取成本和保留成本的交互作用。在第一个时段中获取上的支出增加了第二个时段的“保留负担”，需要在顾客保留上花费更多而减少顾客获取的支出。最优化找到了一

个“双赢中值”，在这里保留率仍然很高，企业仍有充分的资金以获取潜在顾客。保留率由第一年的84%变成第二年的83%再到第三年的81%，因而它们是被保持在非常高的水平了。

边际获取与保留成本远低于1 692美元的顾客终生价值。很显然，预算约束了可能更高的最佳支出水平。然而，另外的一个因素是有限的时间范围。给定较高的顾客保留率(80%+)，顾客的生命周期长度超出了优化的时间范围。对公司来说，制订一个3年期的营销计划可能是更现实的。这只能是次优化的选择因为有限的预算和有限的时间区间限制了更高的利润。此外，它不能采用太长的计划时间，因为公司不能保证从现在开始的4年之后它还存在！

图26.9展示了初期顾客增长对于第1年、第2年、第3年支出的影响。在一般情况下，初期顾客的数目越多，在顾客保留上所支出的成本就越多。这是对Fruchter和Zhang(2004)的结果的回顾。这结果使更高份额的公司应该在顾客保留上支出更多。但是在图26.9的例子中，专注于现有顾客的原因是，尽管顾客保留有更高的上限，获取与保留在效率上是大致相等的，如果在手头上有更多的顾客，就需要在顾客保留方面有更多的投入。注意，如果初期顾客数目很低，保留成本就会随着时间的推移而增长，如表26.4所呈现的。但是初期顾客的数目很大，公司在初期会在顾客保留方面投入很多，随后会减少。这可能是因为随着更多的顾客被获取，保留顾客的负担变得更重，投入更多的钱去保持一个高保留率就会更困难，公司在一定程度上减少了保留性支出，更多地进行获取性支出。

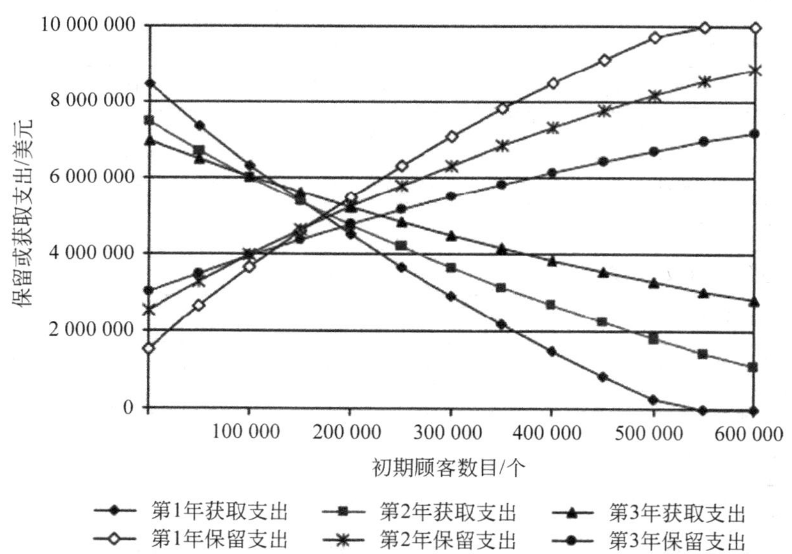

图26.9 队列模型[公式(26.33)]优化的敏感性分析：初期顾客数目对年度获取支出和保留支出的影响

综上，这个例子展现出：

- 多时段的获取和计划模型可以基于Blattberg/Deighton队列模型的框架而建立。这是一个可以用于现实的有限的市场计划工具。
- 顾客获取与保留在多阶段会相互作用。早期在顾客获取方面投入多会造成保留负担，迫使未来公司在保留上支出更多。相反也成立：早期的高顾客保留投入会使顾客获取变得困难，因为即便是顾客保留投入再高，顾客也会离开公司，因而顾客获取最终变得重要。

- 边际获取与保留成本并不像我们在长期无预算限制情境下推导的那样对应于顾客终身价值。原因是：①有限制的预算意味着这些边际成本低于顾客终身价值；②有限的范围意味着顾客的长期价值不会被完全考虑。

26.3.5 Reinartz 等人(2005)的 Tobit 模型优化

Reinartz 等人利用他们的模型以及数据推导出一个最优的支出策略。这与 26.3.1 节的 Blattery/Deighton 最优化类似。所不同的是模型差异(第Ⅱ种 Tobit 模型而不是 Blattery/Deighton 回应函数)，在各种具体媒体(电话、面对面、网络、电子邮件)上的支出差异以及总获取和保留支出的差异。作者利用具备优化加载项的 Excel 表格优化了模型，得到以下几个有趣的发现：

- 最佳的解决方式需要在顾客获取上投入 21.1%的营销支出并在顾客保留上投入 78.9%的营销支出。有趣的是，公司已经按这样的比例投入了。然而，投入的总水平远高于投入的最佳水平。这暗示了管理人员在市场上超额投入了，但是所分配的比例是正确的。超额投入的原因可能是管理人员厌恶风险，他们害怕失去顾客，或者他们希望自己的投入具有竞争性，这是 Reinartz 等人的 Tobit 模型(与其他的经验得出的模型是相似的)没有考虑到的。
- 电子邮件在企业营销努力中占据重要地位，尽管就每一封电子邮件来说它并不一定都有效果，但是因为它的成本相当低所以广受欢迎。一种计算电子邮件成本的方法是用二次方程来代表电子邮件的损耗过程(第 28 章)。但有趣的是，作者的研究结果同时还显示电话与面对面交流的正面的交互作用。
- 在顾客保留上的低投入和在顾客获取上的低投入都会令企业付出昂贵代价，但相比而言前者的代价要比后者更高。
- 在顾客保留上或者获取上的过度投入不会过多地损耗利润。这有可能解释了为什么管理人员总是过度投入。
- 尽管在最佳投入上的微小偏离不会在很大程度上影响利润(就百分比而言)，但是由于顾客数量庞大，总体失去的利润额可能会很大。例如，Reinartz 等人的 Tobit 模型(p.75)描述了当获取预算为最优化的 90%并且保留预算达到最优化时，顾客人均利润减少了 0.03%。然而，作者对于所有顾客进行计算，这可能意味着在长期利润中有 3 920 万美元的损失。

上述结果展示了 Reinartz 等人的 Tobit 模型的丰富内涵。它在顾客保留和顾客获取与具体的营销媒体相结合方面可以给企业很多启示。同时，正如在较早的 26.3.2 节中所述，它巧妙地将顾客保留与顾客获取决策结合起来。未来的研究扩展可能在于使用队列模型来优化多阶段的营销支出(见 26.3.4 节)。

26.3.6 总结：我们什么时候应该在获取与保留上投入更多

本节的优化模型讨论了公司在什么时候应该在顾客保留与获取上投入更多。这些仅仅是大体方针，因为只有一个例子让我们去证明其中的一个，并且这适用于单个时间段中不受限制预算的情况，对于以下结论我们还需要进行更多的研究工作：

- 顾客获取与保留的反应曲线是相对和绝对营销支出的关键驱动因素。这些曲线包含两个部分：①天花板效应，也就是保留率与获取率的上限；②效率，也就是我们增加投入致使保留率和获取率达到上限的速度。在某种程度上获取比保留更有反应性。(不论是高上限、高效率还是二者兼顾)，更多的金钱会被投入到获取上。但是这里有 4 个重要参数(保留与获取分别的效率与上限)，它们之间的关系很难预测，并且需要利用最优化模型进行分析。

  另外两点需要注意。首先，获取率与保留率需要被重视，但是顾客支出(贡献)同样是重要的。同样还需要考察营销支出的反应曲线。其次，反应曲线参数(效率与限度)会被营销政策影响。例如，一名顾客忠诚度的项目目标可能会是提升保留反应曲线，也就是让它变得更有效率或者有一个更高的上限。另外要考虑不同的市场有不同的反应曲线。因此，在多市场工具下公司怎样分配它的顾客获取与保留投入决定了它的累积保留反应曲线和累积获取反应曲线。累积反应曲线决定资源分配，但这些曲线也可能被其他的营销决策影响。
- 是边际成本而不是平均成本影响支出。这是因为平均成本只是简单地反映了我们通过投入在时间上获取了什么，然而我们是否应该投入更多或者更少的问题需要依靠单位顾客获取或保留支出的增减变化来解决。这是边际成本的定义。不幸的是，边际成本往往比平均成本更加难以衡量。平均成本可以从 $A\&R$ 预算中计算。边际成本需要反应模型或者测试边际投入来计算。
- 在单一时间段，不受预算约束的情况下，增加顾客获取支出直到边际获取成本等于顾客的终身价值。我们分析得出这个结论并且将其作为定理来描述。但是在一个多阶段且存在预算约束的情况下，最优营销支出水平可能低于顾客的 LTV。
- 在单一时间段，不受预算约束的情况下，增加顾客保留支出直到边际保留成本等于顾客的终身价值。这个逻辑与上面顾客获取的定理相同。如果保留一名顾客的边际成本少于该顾客在未来的贡献，我们需要在保留顾客方面增加支出。然而，在一个多阶段且存在预算约束的情况下该结论并不适用。
- 在单一时间段，不受预算约束的情况下，保留反应的提升会同时影响保留与获取的投入。这是因为更好地保留反应需要更高的保留率和更高的顾客终身价值。因为边际获取成本随着顾客获取投入的增加而增加，这又反过来增加了企业对于顾客获取的投入，由于企业现有顾客的终身价值较高因而企业可以承担更高的边际获取成本。
- 营销支出会随着预算的增加而增加，但是对于边际成本的关注则确保企业不会过度支出。在一般情况下，预算增加，公司可以在获取与保留上支出更多，其比例取决于反应曲线和各阶段顾客获取与保留的交互作用——如增加未来的保留上限。然而，随着营销支出回报率的降低，企业最终会有一个支出的上限。
- 预算约束会导致营销结果的"局部"次优化。相比于无预算的情形，有预算约束实际上降低了企业的盈利。然而，公司为什么还是要进行预算约束呢？它们是企业的管理控制机制，考虑的是整个公司的营销努力而不仅仅是模型中被优化的产品线。

- “保留负担”可能抑制在多阶段有预算限制情况下的顾客获取支出。在多阶段模型中，会有在 t 年和 $t+x$ 年中采取的营销行为的交互。其中之一是保留上限。如果在特定的一年中，在顾客获取上的投入很大，就会增加未来需要花费保留支出的顾客数量。如果初期获取顾客数量太多，并且我们有一个有限的预算，可能在接下来的时段中无法保证足够的保留投入。一个替代性的方式是当初期顾客获取投入较小时，则所获取顾客能够有效地被保留。
- 拥有大量顾客基础的公司应该在顾客保留上投入更多，尽管这些支出会随着时间推移减少。当前顾客可能拥有高的保留率，因而一开始公司愿意在这些顾客上进行保留支出。然而，随着时间推移，顾客最终会流失，企业的重心转移到顾客获取上来。

基于本章的分析，我们提出了以上的一些建议。这一部分最重要的主题是利用最优化来指导顾客获取与顾客保留支出，同时强调了公司需要学习反应函数的必要性。

26.4 顾客获取与保留的预算计划

在这一部分我们强调了作为计划工具的“顾客管理营销预算”(CMMB)，如表 26.5 所示。

26.4.1 顾客管理营销预算(CMMB)

表 26.5 描绘了一个 CMMB 的模板。这个多阶段计划中包含了 3 个部分：顾客、$A\&R$ 支出和利润。这个方法与典型的营销预算形成了对比，在典型营销预算中仅包含了支出和利润。CMMB 的重要贡献在于它能够追踪公司的顾客基础并且能指示营销支出的方向——获取和保留。

表 26.5 顾客管理市场预算的模板(CMMB)

	第 1 年	第 2 年	第 3 年	第 4 年
顾客				
现有	100 000	170 000	219 000	253 300
流失	30 000	51 000	65 700	75 990
保持	70 000	119 000	153 300	177 310
潜在顾客	1 000 000	1 000 000	1 000 000	1 000 000
获取	100 000	100 000	100 000	100 000
年末总数	170 000	219 000	253 300	277 310
保留率	0.7	0.7	0.7	0.7
获取率	0.1	0.1	0.1	0.1

续表

	第1年	第2年	第3年	第4年
A&R 支出				
平均/潜在顾客/美元	5	5	5	5
平均/现有顾客/美元	10	10	10	10
总获取/美元	5 000 000	5 000 000	5 000 000	5 000 000
总保留/美元	2 000 000	2 700 000	3 190 000	3 533 000
总 A&R 预算/美元	7 000 000	7 700 000	8 190 000	8 533 000
平均单位获取/美元	50	50	50	50
利润				
人均销量/美元	600	600	600	600
总销量/美元	102 000 000	131 400 000	151 980 000	166 386 000
COGS/美元	20 400 000	26 280 000	30 396 000	33 277 200
GS&A/美元	30 000 000	30 000 000	30 000 000	30 000 000
总利润/美元	51 600 000	75 120 000	91 584 000	103 108 800
顾客终身价值/美元	1 320	1 320	1 320	1 320
折扣利润/美元	273 047 333			

CMMB 的顾客部分计算了每一年失去、保持和获取的顾客数目及潜在顾客。它同时把保留率和获取率做成表格。这样可以使管理人员直观地了解公司的顾客数量的增长与下降及其形成原因。例如，顾客数量的减少可能是由于保留率的降低、获取率的降低或者潜在顾客的减少。CMMB 支出部分展示了顾客获取与保留的支出以及单位顾客的获取与保留的平均支出。在表 26.5 中，支出在 A&R 上的总金额减少了。这是因为顾客数量增加了，因而造成顾客保留上限的增加。但是公司还是保持了相同的潜在顾客与现有顾客的人均支出。在最后一个部分中，展示了人均销售额、总销售额、COGS、CS&A（除了 A&R）以及总利润。

CMMB 表格中的各种条目都可以与顾客获取和反应函数联系在一起，正如表 26.4 所示，它建立在式(26.33)的基础之上。然而，即便没有这些基础模型，简单明了的 CMMB 也为描绘企业的 CRM 优势提供了一种有价值的描述方法。

26.4.2 执行问题

对于执行 CMMB 的一个挑战是计算顾客获取与保留的成本。例如，是将大量广告投入获取还是保留？可能二者都需要，同时公司希望做一个分配方案，或者可以使用一种基于获得的和保留的顾客数量的特殊方法，或者可以使用顾客获取与保留反应曲线，该曲线显示了顾客获取和保留受大众广告的影响大小。营销活动的资源分配是很难的，除此之外其他的活动相对简单。例如，与潜在顾客的接触毫无疑问是获取成本；与现有顾客的接触是保留成本。

另一个问题是企业一般管理费用的分配。例如，营销员工的工资应该分配在预算的 $A\&R$ 部分中还是 GS&A 部分？这是一个有争议的部分，关系到第 6 章中固定成本与可变成本的争论。我们的立场是针对可变成本的，因而我们在 $A\&R$ 支出中只加入可变成本，或者至少将固定成本与可变成本分开。显然 $A\&R$ 可以制定得更加具体，列举出多种广告媒体，如电子邮件、直接邮寄，以及更多的成本项目如产品研发和各种工资支出。但是对于那些在未来可能保持稳定的或者与顾客数量无关的 GS&A 成本，我们却没法进行分配。第 5 章我们所讨论过的营销活动成本制定方法可能对这些相关成本的分配有所帮助。

26.5　获取与保留策略：一个整体框架

在本章结束时，我们回顾一下最优化以及建模的细节，并且建立一个获取与保留策略的整体框架，如图 26.10 所示。

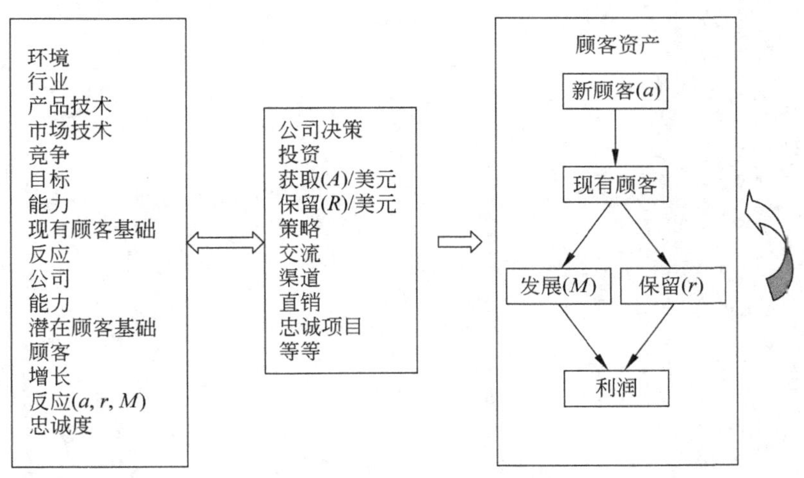

图 26.10　获得和保留策略框架

图 26.10 包含了 3 个组成部分：环境、公司决策及顾客资产。环境包含了行业、竞争、公司目标和能力，以及现有的与潜在的顾客。公司决策建立在顾客获取与保留的支出之上，同时建立在资金应该怎样分配的策略（与 Renaltz 等人和 Blattery 等人方法相似）之上。需要注意，环境决定了这些决策，但是决策同时决定了环境。例如，潜在顾客的增长可能导致公司在顾客获取上投入更多，但一段时间后潜在顾客数量降低，反过来使企业的营销重心向顾客保留转移。

公司决策对顾客资产有直接作用——基于顾客的企业长期盈利。这里有 3 个关键参数决定了顾客资产：获取率 a、保留率 r、贡献水平 M。公司的投资决策与营销决策至少会影响三者之一。通读本章，我们可以了解这三者与营销努力（公司决策）的关系怎样建模以及优化。我们同样了解了 $A\&R$ 预算是如何根据顾客变化、$A\&R$ 支出及利润变化来跟踪顾客资产的变化的。

总的来说，从战略层面上顾客获取与保留活动可能会受到一定质疑，因为模型只考虑了一段时间区间的累计支出。从策略层面的质疑来说，模型只是考虑了哪些营销工具可以被用于顾客获取、顾客保留或利润贡献，以及相应的成本支出。不管在上述哪种情况下，本主题都会遭遇挑战，对研究者来说挑战在于对这个过程尝试建模与优化，对管理人员来说挑战在于制定和实施顾客获取、保留决策。

第 6 部分

PART 6

管理营销组合

第27章 数据库营销沟通设计

摘要

当所有的LTV计算、预测模型以及顾客获取和保留计划设计完成之后，该公司最后必须与顾客进行沟通。在本章，我们就如何设计数据营销沟通展开讨论。我们将讨论设计营销沟通的计划过程，就文案开发和媒体选择进行重点讨论。我们将特别关注"个性化"，或者说将传达到每位顾客的信息进行个性化分类。

27.1 计划过程

图 27.1 给出了数据库营销沟通活动设计的计划过程。我们关注的焦点可能是单一活动或由多个活动构成的营销计划，其中的 4 个主要步骤是设立总体规划、开发文案、媒体的选择和安排及结果评价。在本章中我们会讨论总体规划、文案、媒介选择和结果评价，在第 28 章中我们将着重讨论在多活动营销计划中如何对这些媒体进行安排。

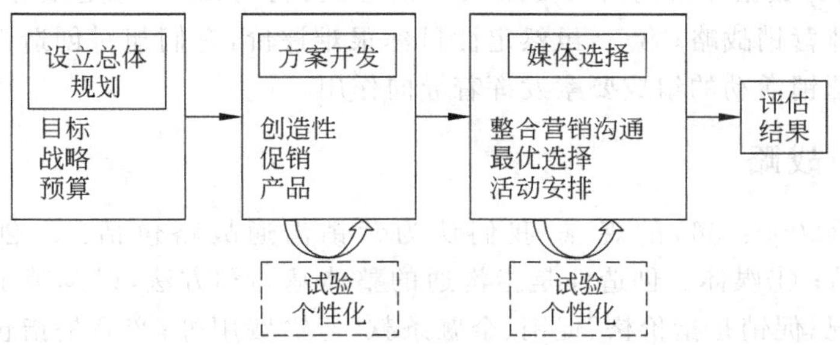

图 27.1 数据库营销的沟通规划过程

图 27.1 中的流程可以适用于大众营销以及数据库营销。然而，数据库营销活动与大众营销的不同在于，它们强调实地测试和个性化。每个文案和媒体步骤都可以在个体顾客水平上测试并且实现个体水平上的个性化，甚至连评价也可以用实地测试来进行。在本节中我们将看到测试和个性化的例证。

数据库营销沟通的个性化是一个更大主题的一部分：一对一营销。这个词最初是由 Peppers 和 Rogers (1993,1997)创造的，他们用这个词来表示为个体顾客创造特定产品。Hess 等人(2007)将一对一营销的定义广泛化，即"通过定制营销组合中的一个或多个元素，创造更适合每个顾客的产品"。Hess 等将两种类型的一对一营销区分开："个性化"和"定制"。个性化是指公司使用顾客数据将营销组合(产品、渠道、价格、沟通)中的一个或多个元素个性化到每个顾客；定制是指当顾客在某一领域尤其是产品方面占据领导者地位时，便为其设计他最喜爱的产品。关于定制的典型案例是戴尔的网站，它允许顾客定制产品。个性化的案例包括亚马逊网站的推荐系统或者特易购的个性化促销系统(第22章)。在本书中我们更强调个性化，因为它直接基于顾客数据库。在本章中，我们的重点是沟通的个性化设计①。

27.2 设立总体规划

27.2.1 目标

总体规划由目标、实现目标的战略及预算3部分组成。目标通常包括具体的目标，如"增加10%的销售额""获得20 000个顾客"或"减少5%的顾客流失"。活动目标通常是行动导向的，类似促销目标(Blattberg & Neslin，1990)。

对部分目标进行定性和定量考虑都是大有益处的。例如，对于一个电子设备制造商而言，一个直接营销活动的目标可能会是"当在质量和可靠性方面加强产品定位时，获得1%的顾客响应率"。高档零售商的顾客奖励计划的目标可能描述为"通过强调我们的质量和服务，吸引20%的现有顾客参加奖励活动"。

定性目标很重要的原因有三：第一，数据库营销活动经常扮演促销和广告的双重角色(例如Smith & Berger，1998)，促销活动与行为改变直接相关，而广告通常是与态度改变相关，过于专注于营销沟通的促销方面，会导致顾客更加关注于"优惠"而非产品本身的优点②；第二，因为数据库营销活动要服从于销售额、利润、ROI等定量方面的标准，因而很容易忽略整体营销战略；第三，虽然定性目标很难评价，它们却对创造性、促销(offer)、产品和文案等营销活动的组成要素发挥着导向作用。

27.2.2 战略

基于Nash(2000：36)的观点，我们认为营销沟通战略包括：①创造性；②促销(offer)；③产品；④媒体。创造性是指沟通的整体基调和方法，以及美工、字体、布局等方面的执行情况；促销是指价格、促销、金融条款、运输费用等；产品是指包含在报价中的特定产品(或服务)以及它是如何被描述(定位)的；媒体指媒体的选择，以及它们将如何被安排。活动中的这些方面可以在总体规划的一般条款中陈述，但细节是在规划过程的进行中制定的。我们将在本章后面的部分讨论这些细节。

27.2.3 预算

有3种编制预算的方法：①基于去年的预算；②根据目标和战略编制预算；③用最优化选择的方法。从纯科学的观点来看，预算应该是最优化选择的结果。然而，最优化模型只是为管理人员提供了一个很好的起点，并帮助他们"创造性"地思考，但是它们在制定预算时忽略了战略和组织因素的重要作用。Roberts和Berger(1999)讨论了在制定本年

---

① 参见Murthi和Sarkar(2003)对产品个性化的综述。

② 这被称之为交易效用与获取效用。参见Neslin(2002)的讨论。

预算时，去年预算所起的作用。如果去年的结果是可以接受的，那么基于去年预算的小幅度调整可能是合适的。同样，如果目标是为了边际增长或强调 ROI，而非绝对的销售和利润的增长，那么使用去年的预算作为基准可能是有帮助的。

基于目标和战略而产生的预算，需要决定使用现有战略达到预期目标的成本是多少。例如，我们的计划是通过使用直接邮件的方式来获得 200 000 个顾客。我们可以假定通过直邮方式获得的该 200 000 名新用户的成本为每人 20 美元，这意味着应该有 4 000 000 美元的预算。注意，我们使用的是每个人的边际成本，而非平均成本（第 26 章），这是个很重要的差别。相比去年平均每个顾客 20 美元的成本，今年要获得同样的 200 000 名新顾客的成本可能要远远高于去年。虽然根据目标制定预算是很吸引人的做法，但是在区分边际成本和平均成本时一定要十分仔细。

总之，作为制定预算的方法，无论是最优化方法、基于去年预算，还是计算达到目标所需的成本的做法，都有其优点和不足。建议应该使用这三个方法中的至少两个，并进行一致性检验。

27.2.4 总结

开发一个沟通计划的首要步骤是建立目标、战略和预算。在数据库营销的背景下，目标几乎总是定量化的，尽管也会包含很难测量的定性目标。一个战略由创造性、促销（offer）、产品和媒体计划构成。预算可能基于去年的预算产生，可能根据目标和策略而产生，还可能基于最优化选择方法产生。以下是一个消费电子产品公司获取顾客的营销案例：

目标

在不降价的情况下，获得 200 000 个顾客。

战略

创造性：强调信息化方法、专业的沟通格调。

促销：维持标准价格；或者可以提供免费送货或更方便的支付条款。

产品：包括由正在供应的产品线中的 3 个产品，在这些产品基础上使用预测模型来为每位顾客制定个性化产品。

媒体：直接邮寄。

预算

根据历史数据，直接邮寄的成本是每位顾客 20 美元，则总预算是 200 000×20＝4 000 000（美元）。然而，本年度资金紧张，我们希望通过个性化来降低成本。节约的成本将被用于多种产品的研发。

27.3 文案开发

27.3.1 创造性战略

正如前面所讨论的，创造性的战略代表了营销沟通各个部分的整个基调或方法，以及对美工、布局等的特定执行。各种创造性的方法包括：

- **信息化**。强调信息的提供。该方法适用于B2B产品或一些比较“严肃”的产品，比如制药。
- **幽默**。幽默可能适用于礼物型产品的目录。
- **推荐**。重视满意顾客的推荐。该方法适用于高风险产品，比如消费电子产品。
- **交易导向**。强调价格和划算。该方法适用于当目标群体对价格敏感或他们重点关注销售目录的某项产品时。
- **权威**。依赖于威权人物，如专家。例如一个旨在提高服药依从性的活动可以用一个医生作为代言人。
- **光滑**(Glossy)。强调一个贵重的外观。该方法适用于高端产品。
- **个性化**。面向个人的需求，该方法适用于交叉销售的情景。
- **比较**。将公司的产品同竞争对手的产品作比较。

除此之外还有几个其他的可能性。Nash(2000，第9章，p. 217)认为创造性战略由三个主要元素组成：产品(它所交付的是什么)、顾客(它如何让顾客去投入情感)和公司信誉(公司是否具有信誉来提供它声称要提供的)。Nash表明，一个销售高风险产品的小公司可能将其大部分的创造性努力集中于建立产品信誉上面，他们可以通过推荐、权威或比较等方法来完成。

Lewis(1999)将“浪漫”“稳重”和“浅显”的方法区分开，以设计直接营销部分的文案。“浪漫”方法强调理想主义的、梦幻的基调。一个关于厨房用具的案例是(Lewis，1999：57)：

“C’est Merveilleuse！来自法国的Bourgeat铜制厨具(Bourgeat Copper Cookware)！世界上最好的厨师使用世界上最好的厨具，现在你也可以使用了……这个大厨使用的坚固漂亮的铜制厨具烹饪出的食物跟它自己看起来一样漂亮。”

“稳重”方法强调的是产品的好处，但是以一种情报式、说明性的方式，例如(Lewis，1999：57)：

“All-Clad铜制厨具(All-Clad Copper Cookware)。没有其他材料能够比铜加热得更快更均匀，因此你总会在每一家有名的饭店中发现一套耀眼的铜壶。All-Clad在他们的铜制厨具外包裹了不锈钢，使厨具更容易清洗，不受刮擦的影响，并且与食物不发生反应。”

“浅显”方法仅仅展示了事实，案例如下所示(Lewis，1999：58)：

“五件套餐具，包裹了18/10的不锈钢，具有珍珠般光泽的树脂手柄。颜色有绿黄色、黄色、蓝色和透明可选。镀银接头。进口产品。”

浅显的方法仅仅强调了事实，它可能适用于B2B的沟通或者在顾客是专家且只需要知道事实来做出购买决策的情况。

Fiore和Yu(2001)对比了在设计服装目录时的“意象”和“描述”的方法(类同于浪漫和稳重)。他们进行了一项实验，在实验中一个目录只用描述性广告(用描述事实的方法传播产品的好处)，而另一个目录同时使用了描述性和意象方法(制作了在一个冒险之旅中穿着这些衣服的浪漫故事的广告)。作者发现消费者对两个目录的响应态度或购买意愿方面没有差别，这可能是因为：①目标群体的异质性，有些顾客对浪漫方式产生共鸣，而有些人不喜欢这种方式；②描述方法和意象方法的结合减弱了它们各自的效果。

创造性的方法应该与产品的定位一致。高档的目录营销商应该使用光滑(glossy)的方法，价格导向的目录应该采用交易导向的方法，本地银行的交叉销售应该使用个性化的方法[例如："我们努力向您提供个人银行服务来满足您的需求，我们认为您可能对我们的个人退休金账户(IRA)转账服务感兴趣"]。经验显示这些并不总是正确的。信用卡销售通常是交易导向的["当你注册 ABC 信用卡时你会得到 5%的年利率(APR)和航空里程奖励"]而不是信息化的["ABC 信用卡几乎可以在任何地方使用，并且每消费 1 美元都会奖励你航空里程——作为特定的促销，当你注册时你会得到 5%的年利率(APR)和航空里程奖励"]。参见 Schlosser 等人(1999)关于网络购物者对不同创造性方法的偏好的讨论。

在广告研究中比较性广告得到了许多关注。数据库营销在比较性广告方面具有独特优势，因为合适的比较信息可以传达给正确的顾客。比较性广告的一般好处是能增强注意力，更有效地沟通信息，然而也有竞争对手反应、顾客困惑，甚至顾客同情"受攻击"品牌等问题(Assael，1995：439-441；726-728)。虽然没有清晰的证据，但是似乎当信息的来源可信或者目标产品很新或市场份额较低时，比较性广告可以产生更高的销量(Assael，1995：439-441；726-728；Engel et al.，1995：569-570)。

Smith 和 Burger(1998)在对一种新的摄像机的直邮促销中进行了比较性广告。研究者进行了试验，发现比较性广告的有效性取决于所比较的内容(价格、产品属性或产品体验)以及目标顾客的产品知识(高知识水平、中等知识水平或低知识水平)。广告效果也取决于因变量是对单一产品的购买意愿，还是在两个备选产品之间进行选择。在购买意愿方面(对直复营销商比较重要)，对低知识水平和高知识水平的顾客来说价格会增强购买意愿。产品属性比较对低知识水平的顾客有效，而体验比较对高知识水平的顾客有效。当在多种产品中选择时(如在零售购物中)，体验比较对低知识水平的顾客有效。

这个研究发现比较性广告可能是一个有创造力的数据库营销工具，这种方法可以基于产品知识对顾客进行适当的比较分析。数据库营销人员可能从中发现进行各种比较性广告的潜在好处。然而，比较性广告的潜在风险(由于同情而购买竞争品牌，以及竞争性反击)很难通过测试的方法进行测量。在数据库营销的背景下需要更多的研究来测量这些影响。

以上讨论了数据库营销的整体吸引力，除此之外还有几项执行方面的细节需要解决，包括从字体、颜色、语句措辞(长度、动词使用等)到较大图片的布置(在底部还是目录页面的顶部)等各个方面。通常这些决策是以判断力为基础的，有时一些非常重要的特定要素可能需要单独进行测试。

Gatarski(2002)提供了一种可以最优化广告创造性的互联网横幅广告的设计方法。测量网络广告效果的一个重要指标是点击率(CTR)，点击率定义为点击数量除以展露量。Gatarski 使用遗传算法将网络广告文案设计成为各项广告属性的因子组合方程。当该遗传算法创造"新一代"的广告时，它会系统地剔除长期以来表现不好的广告。这种方法设计出的广告会产生更高的点击率，并且能够进行自我繁殖。然而，由于基因失效该广告的点击率降低时，它不再进行自我繁殖并且逐渐消失，之后由其他点击率较高的广告取代。

Gatarski 将该方法应用于一个光盘零售网站。作者选择了一个艺术家的作品，根据该算法设计出该艺术家 CD 的横幅广告并对广告的点击率进行测试。该广告被称为“基因广告”，是根据广告各属性的因子结合设计出来，每个基因广告由许多水平（在联合分析中）组成，称为“等位基因”。例如，一个基因“广告属性”是艺术家的照片，其中有 4 个等位基因（版本），其他基因包括产品的图片和动词短语的使用，比如“点击播放”。一些基因和它们特定的等位基因会构成一个特殊的广告，成为一个“染色体”。产生和发展染色体的算法如下所示。

（1）首先任意生成 20 个横幅广告。这是染色体的“第一代”。

（2）将这些横幅广告放在网站上（该算法没有最优化广告的布置，只是优化了广告文案）。

（3）观察对横幅广告的响应（点击率）。

（4）在一段时间之后，生成下一代的横幅广告。

a. 计算每个横幅广告（染色体）的点击率。

b. 计算每条染色体的“适合性”，使之与它的点击率成比例。适合性代表了每条染色体被选为下一代“父母”的可能性。

c. 选择两条任意染色体，但是应与适合性相称。

d. 任意选择“交叉点”基因。

e. 生产一个新的“孩子”，它具有交叉点左边的一位家长的基因，也具有交叉点右边的另一位家长的基因（每条染色体的基因被放在一个序列中，因此可以考虑交叉点基因左边或右边的基因）。

f. 通过任意基因中的几个来“变异”这个新产物。

g. 将双亲送回预期双亲“池”。

h. 再重复步骤 c～g19 次，一共产生 20 个“孩子”，这就是横幅广告的下一代。

i. 重复步骤（2）～（4），易产生令人满意的世代数目。

该算法保证了横幅广告在获得点击率方面越成功，它越有可能被选为下一代横幅广告的父母。每一代可以创造 20 个新广告，每个新广告是由两个任意选择的双亲产生的。作为双亲，横幅广告能够传递它的基因（任意产生的数量取决于交叉点）。变异步骤代表了发展中的关键的一步，据此有潜在价值的新的横幅广告特性成为横幅广告总体的一部分。如果这些变异是无效的，则该染色体较少可能被选为双亲，并且该变异会逐渐消失。总之，有宝贵基因的染色体得到繁殖，并且只要它们是有效的，它们的基因便会永存。

观察这些能得到不断繁殖的基因是非常有意思的一件事情。随着时间的推移使用点击率标志变得越来越普遍，艺术家的脸的特写也变得很流行，“点击播放”按钮也是这样。图 27.2 展示了连续世代所取得的平均点击率。点击率平均开始于大约 1%，到第 16 代时增长到 1.66%。其中有许多“失效”广告，可能是由无效变异或基因失效造成的。在实验过程中企业使用的标准横幅广告的平均点击率是 0.68%，当广告不允许随着时间而改变时，第一代横幅广告的点击率平均为 1.00%，经过基因工程处理过的横幅广告超过了这两个基准水平。

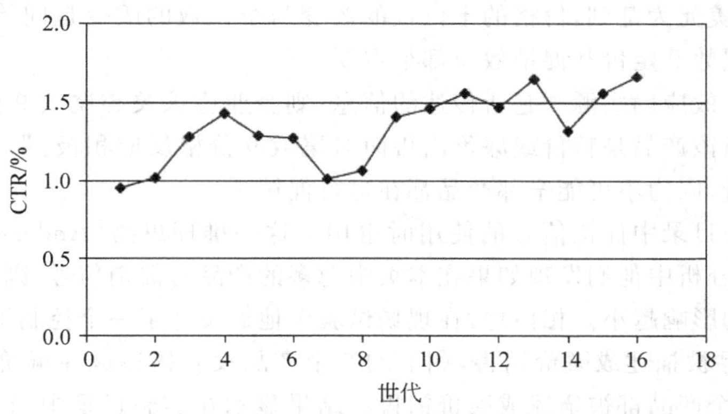

图 27.2 经历 16 个世代的最优横幅广告设计的点击率(Gatarski,2002)

这个案例有力地证明了广告文案的创造性细节可以随着时间进行最优创造和调整,调整是由顾客的点击率数据驱动的。广告必须根据属性因子的组合而能够量化,但这也不一定总是可行的。然而 Gatarski 的研究说明了该方法应用于横幅广告的实用性。

27.3.2 促销

价格通常是数据库营销促销的关键部分。相关调查研究了怎样在目录或直接邮寄促销中进行价格沟通,特别是以 9 结尾的尾数定价和促销信号管理的应用。

Simester 和 Anderson(2003)进行现场试验研究了以 9 结尾的尾数定价的使用。控制组包括 50 种产品,它们的价格都以 9 结尾。在两个实验组中,这些产品的价格提高或降低了 1 美元。这三个目录都分别邮寄给了 20 000 名顾客。作者发现控制特定产品的知名度,在加减 2 美元的操作范围内价格本身对销售有无关紧要的影响,然而尾数 9 定价的产品平均产生了 35%的销售增长。也就是说,如果 1 个商品被定价为 58 美元、59 美元或 60 美元,而 59 美元的定价产生的销售量比 58 美元和 60 美元的定价多 35%!他们实施了第二个测试,其中价格在更大的范围内变化,则由尾数 9 定价产生的销量增长大约是 15%。此外,作者发现尾数 9 定价对销量的影响对新产品来说尤为明显。

在另一个测试中,随同价格一起进行试验的是"促销"信号的使用。他们发现促销信号的使用降低了尾数 9 的影响。例如,一个尾数 9 价格会使新产品的销量增长 8.5%,但是如果已经包括了"促销"信号信息,销量增加仅为 3.9%。

作者对尾数 9 效应设想了两种解释。断层解释论(drop-off explanation)是指顾客处理数字的方式是向下舍入,从左到右处理,或者由于他们处理所有数字的认知成本较高因而只处理最左边的数字。如果他们向下舍入,那么 59 美元等同于 50 美元。相似地,如果他们从左到右处理,那么 55 美元看起来不同于 45 美元而是与 59 美元相同。信息解释论是指顾客认为尾数 9 定价是产品进行特价或廉价出售的一个线索,他们可能习惯了以前使用尾数 9 价格的促销定价。

在事后分析中,Simester 和 Anderson 发现研究结论更多支持了信息解释论,而不是断层解释论。他们对销售额进行回归分析,结果显示价格的十位和个位的数字同等重要。

也就是说，以1美元为基础，价格的十位数的改变与个位数的改变是同等重要的。此外，分析结果显示尾数9定价和促销效应都很重要。

如果尾数9效应确实源于它所传达的信息，则企业应该关心尾数9的过度使用。如果由于顾客推断该产品是特价或廉价出售而对尾数9价格反应积极，那么企业不能全部使用尾数9定价，因为不可能全部产品都在进行促销。

作者在研究目录中促销信号的使用时也用了这一推理思路(Anderson & Simester, 2001)。在回归分析中他们发现如果在本页中越多的产品有促销信号，则促销信号对特定目录产品销售的影响越小。相似地，在现场试验中他们设计了一个控制组和实验组，在控制组中，3个产品被描述成廉价销售，剩下的5个产品没有描述成在减价销售；而在实验组中，所有的8个产品都被描述成廉价销售。结果显示在实验目录中当其他5个产品也进行减价时，两个组中共有的3个减价产品的销售量降低了。

对以上结果有三种可能的解释：替代品、注意力、可信性。替代品是指因为在减价的产品会相互蚕食，促销信号会变得不太有效。注意力是指当更多的品牌有促销信号时顾客会对促销信号较少关注。可信性是指顾客关注了促销信号，但是没有相信促销信号，因为这么多产品同时降低价格似乎是不可信的。

通过记录促销信号对所有目录产品需求的影响，作者对替代效应和可信性/注意力效应进行了区分。替代品论预期无论目录有多少促销信号目录产品总需求保持不变。然而，可信性和注意力论认为目录销售量会先增长至某一点，然后当有太多促销信号出现时这些信号不是被忽略就是被不信任，销售量开始下降。在一项对包装商品的研究中，作者确实发现在促销信号数量和目录销售量之间有一个倒"U"形曲线关系，这支持了可信性和注意力论。

为了区分注意力和可信性解释论，作者实施了一项试验，在试验中他们改变了包含促销信号的目录页上产品的数目。他们发现当某一产品在减价且附加产品也在减价时，被试认为在下一期该产品很可能也会廉价销售，平均未来价格将会降低。这意味着被试关注了能影响他们对未来价格预期的促销信号。然而，被试不相信当前价格是"特价"，因为这个产品很可能在下一期也在促销。也就是说，当设置了一个被试经常使用的特价时，促销信号就失去了可信性。

作者认为上述随着促销信号越多销售效果越差的现象，可信性效应是最好的解释理论。未来研究的一个方向是研究目录销售环境中的替代效应而不是包装商品的替代效应。包装商品是在超市中销售的，由于大多数产品都被存储在仓库中，因而类别效应可能更占优势(Van Heerde, et al, 2004)。在购买目录产品时，购物者关注的则是购买哪一种电脑，或购买哪一件衣服，因此替代效应会更占优势。

总之，数据库营销文案设计的一个关键策略问题是怎样进行价格沟通。证据是：①尾数9价格增加了销售量；②尾数9效应对新产品的作用特别强；③促销信号降低了尾数9价格的影响；④促销信号增加了特定产品的销售量，直到太多产品有促销信号时，此时每个产品的促销信号有效性会降低。尾数9效应的原因可能是价格传达了产品正在特价销售的信息，促销信号饱和效应的原因可能是可信性的降低。目前还没有对尾数9价格可信性降低方面的研究，这是未来研究的一个重要方向。以上结论是以两个杰出的、认真的研究为基础，但遗憾的是只有这两个研究。这个结论需要重复检验和拓展。

以上研究意味着数据库营销人员在进行价格设计时应该慎重使用尾数9定价和促销信号，在使用目录的情况下，数据库营销人员应该确保自己没有过度使用尾数9定价或促销信号。然而，在设计一个单一的促销时，应该是采用或不采用，而不再是多少的问题。数据库营销人员个人可能觉得他没有过度使用这一策略，但是如果所有的数据库营销人员采用相同的方式，结果会是该效应的集体饱和——顾客厌烦了如此之多的尾数9价格和促销信号。进一步探究该问题是有价值的。

27.3.3 产品

1. 决定在营销沟通中以哪种产品为重点

在营销沟通中涉及的产品通常都是事先确定的。例如，一家B2B的发电机企业知道应该放进目录中的产品有哪些。然而仍然存在许多问题，比如对哪种产品进行促销。Lin和Hong(2008)使用购物篮分析(第13章)来选择电子目录中进行促销的多种商品。他们使用对不同产品组合的"支持度"[P(AB)，参见第13章]来产生促销产品组合，并且研究结果证实了这种方法能够增加目录销售额。

数据库营销为企业提供个性化产品提供了可能性，例如，Capital One信用卡业务的一条基本规则是是否通过直接邮寄促销信用卡是由邮件测试的结果决定的。通常金融服务营销者都会决定把哪种产品交叉销售给哪位顾客(Knott, et al, 2002)。

Ansari和Mela(2003)建立了一个模型来优化选择顾客定制电子邮件中应该包含哪些URL链接。研究的对象是一个新闻/信息网站，该网站向它的用户发送电子邮件来吸引他们进入网站。企业希望增加"读者人数"，由此增加它们的广告收入。该网站有12个内容分区(产品)，它必须决定电子邮件中强调的k个内容分区是哪些($k \leqslant 12$)，顺序是怎样的。这些邮件中的内容分区中会有一个URL链接到企业网站中包含该内容的页面。作者收集了早期电子邮件的响应数据，并估计出以下模型：

$$U_{ijk} = X'_{ijk}\mu + Z'_{jk}\lambda_i + W'_{ik}\theta_j + \gamma_k + e_{ijk} \tag{27.1}$$

其中，U_{ijk}为顾客i对电子邮件j中内容链接k的效用。X'_{ijk}为描述含有顾客i浏览过的内容链接k的电子邮件j的属性的矢量。这些包含了例如内容分区、内容链接的位置(列表位置中的第1、第2、第3、……)、电子邮件中标明的内容分区链接的数量、电子邮件是文本还是超文本标记语言(HTML)、从顾客i最后点击邮件到现在的等待时间。这些代表了"固定效应"，其中μ代表这些变量的平均响应率。Z'_{jk}为X变量的一个子集，根据内容分区或电子邮件的不同而变化，其中假设顾客与顾客之间的响应是不同的。顾客对内容链接、电子邮件中内容分区的数目，以及位置的响应被假设为不同的，用λ_i表示。W'_{ik}为X变量的一个子集，根据顾客或内容分区水平的不同而变化，这个效应在电子邮件中是不同的。它可以包括内容分区的位置以及虚拟变量。例如，两个含有相同内容分区的电子邮件可能在所引起的响应上有所不同(由于未被观测的因素，如季节等)。这些变量的影响在电子邮件之间变化的程度用θ_j表示。γ_k为内容分区k的未被观测的因素。e_{ijk}为

顾客 i 对邮件 j 中的内容分区 k 的未被观测的因素。

作者使用贝叶斯技术和用不同方法测量异质性的实验估计了式(27.1)。他们的结论包括：①很少有内容分区被所有顾客普遍喜欢；②顾客之间的内容偏好具有很强的异质性；③一个内容分区在电子邮件中的位置越低，它越不可能被点击；④邮件中标出的内容分区的数量对顾客平均没有影响，但是在顾客之间存在一些不同。

这个过程产生了对内容分区、某一特定内容分区在电子邮件中的位置、邮件中强调的内容分区数目的个体水平的响应系数。作者随后建立了一个最优化模型来设计每个顾客的电子邮件。他们设立了两个目标——最大化每个邮件的预期点击数，或最大化至少一个点击的可能性。我们在这儿展示了后一个目标的公式，因为在顾客点击了其中一个内容分区 URL 后，他们不太可能会返回电子邮件。

为了使最优化选择更容易，针对邮件中项目的固定数目(k)，作者使用了一个两阶段方法，他们发现了最应该选择哪些内容分区以及应该放在什么位置。他们将 k 定义为 1 到 12(因为有 12 个内容分区，$k \leqslant 12 \equiv n$)。对一个给定的顾客和给定的分区数目，最优化选择模型为

$$\underset{x_{ij}}{\text{Maximize}} \sum_{i=1}^{n} \sum_{j=1}^{k} \left[1 - \prod_{i=1}^{n} \prod_{j=1}^{k} (1 - p_{ijk})^{x_{ij}}\right]$$

$$\Rightarrow \underset{x_{ij}}{\text{Maximize}} \sum_{i=1}^{n} \sum_{j=1}^{k} \left[x_{ij} \log(1 - p_{ijk})\right] \tag{27.2}$$

其中，x_{ij} 为 1，如果内容分区 i 在电子邮件中且位置为 j。共有 $n=12$ 个内容分区和 k 个可能的位置，$k \leqslant n$。p_{ijk} = 当内容分区数目为 k，内容分区 i 在位置 j 时，顾客点击内容分区 i 的可能性。

对样本中的 100 个顾客最优化选择模型计算了 k 的所有 12 个值。作者之后测试了保留样本中顾客的预期，使用了三种方法：①以上所描述的最优化选择模型。②一种排序算法，取出保留样本中的每封电子邮件，根据模型推断出的顾客偏好对内容分区进行重新排序。顾客最喜欢的部分是放在最顶端还是最低端取决于位置变量的正负号(正号说明如果内容链接放在链接序列的底端顾客有较高的效用，也就是说，顾客自下而上处理信息，而负号说明顾客自上而下处理信息)。③一种通吃型算法，保持内容分区的数目相同，即 k，但是包含了每个顾客最喜欢的内容分区 k，然后在发给他们的电子邮件中根据偏好对分区排序，结果如图 27.3 所示。

所有三种算法所得的点击可能性都显著高于基线点击率(在保留数据中使用最初设计的电子邮件所得的点击率)。排序和通吃型算法都选取了所给邮件中的链接数目，它们的高效能可能是因为分区数变量变得不再重要——平均系数与 0 没有不同，尽管每个顾客在系数上有所不同，但这不足以产生影响。然而，排序和贪婪算法的成功体现了顾客个人水平的内容偏好和自上而下与自下而上的处理措施(由位置变量体现)是很重要的。

Ansari 和 Mela 的研究很重要，因为它展现了个性化营销沟通活动怎样使其所包含的产品与顾客的相关度最高。该模型也可以扩展至如何选择创造性方法和促销(事实上，

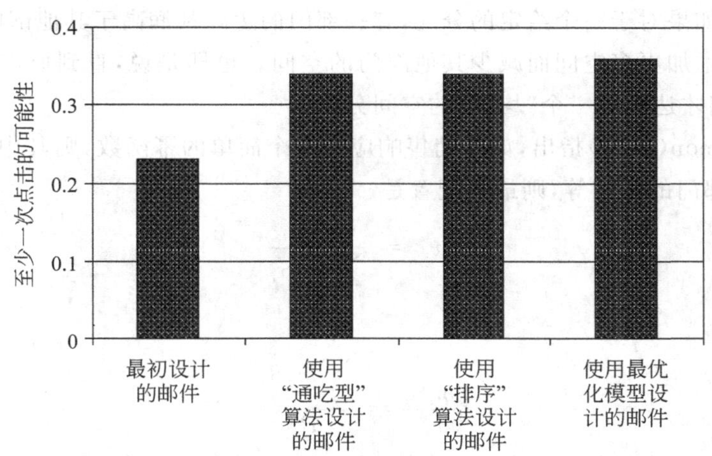

图 27.3　在个性化电子邮件中至少一次点击的可能性(Ansari & Mela,2003)

作者在他们的模型中纳入了一个创造性的细节——文本还是 HTML)。以该研究为基础的未来研究的两个方向是该模型在多活动时间安排中的应用——也就是在一段时间内发出多封电子邮件(见第 28 章),以及将异质性扩展到公司的完整名单方面的应用。有一个方法是使用潜在类别模型(latent class)来细分市场并使用贝叶斯定理来计算细分市场成员的事后概率。

2. 目录空间在不同部门的分配

1) 单一目录

一边是邮寄成本的制约,另一边是产品线的不断扩张,商品目录的规模是有限的,将目录空间分配给不同部门或不同产品线对目录营销商来说是一个富有挑战性的难题。这个问题有点类似实体零售商店的空间分配问题。然而,就像 Desmet(1993)指出的,目录的空间决策在一段持续时间内是固定的,而在实体商店内是灵活可变的。除此之外,目录空间分配能吸引顾客关注目录,而商店里的货架空间分配影响了正在购物的顾客的决策。数据库营销人员更看重的是目录可以根据个体顾客进行定做,而在实体商店中这是不能实现的。

从数据库营销的角度来看个性化是最终目标,因此首先调查单一大众市场的目录的情况是有用的。Rao 和 Simon(1983)首次进行了这类调查。他们使用了以下简单原则:在特定的假设下,空间的最优配置是指分配空间的每平方英寸的利润对所有部门来说是相等的。他们的决策问题表示如下:

$$\underset{x_i}{\text{Max}} Z = \sum_i m_i S_i(x_i) - \sum_i C_i(x_i) \tag{27.3}$$

$$\text{subject to:} \sum_i x_i = P \tag{27.4}$$

其中,m_i 为目录 i 的利润率;S_i 为部门 i 的销售额;x_i 为分配给部门 i 的空间;C_i 为部门 i 的成本函数;P 为目录的总页面空间限制。

这个公式可以用拉格朗日乘数解出。最重要的是空间分配应该使所有部门的边际利润贡献相等。如果对于一个给定的分配，有一部门的边际利润高于其他部门，那么我们应该给这一部门增加更多空间而减少其他部门的空间。也即是说，直到所有部门的边际利润相等时，我们才达到了一个“均衡”的空间分配。

Rao 和 Simon(1983)指出，如果销售响应是一个简单的幂函数，则其中所有的值小于1，[①]如果所有部门的都相等，则最优配置是

$$x_i^* = \frac{Pm_iS_i}{\sum_j m_jS_j} \tag{27.5}$$

或是

$$\frac{m_iS_i}{x_i^*} = \frac{\sum_j m_jS_j}{P} \tag{27.6}$$

式(27.6)表明在最优配置点，所有部门每平方英寸(或其他面积单位)分配空间将会产生相同的利润。这是一条非常有用的经验法则，因为每平方英寸的利润是很容易计算的。如果空间响应弹性不是全部相等，则式(27.5)与式(27.6)需要进行调整，使 $\beta_i m_i$ 代替 m_i，$\beta_j m_j$ 代替 m_j，则式(27.6)变为

$$\frac{m_iS_i}{x_i^*} = \frac{\sum_j \beta_j m_jS_j}{\beta_i P} \tag{27.7}$$

式(27.7)表示一个给定部门每平方英寸利润与它的弹性成反比。原因是随着弹性的增加，我们倾向于给该部门分配更多的空间，但利润增长是递减的(因为 $\beta_i<1$)，结果每平方英寸利润随着弹性的增加而降低了。

以上讨论的一个重要假设是没有跨部门效应。[②] 但是可能存在互补效应和替代效应，这会使空间分配更加复杂。此时目标仍然与式(27.3)相同，但是在这种情况下可能没有一个封闭形式的解决方案。Corstjens 和 Doyle(1981)或者 Bultez 和 Naert(1988)解决了零售商店环境下的相似问题。

以上分析的一个关键的经验主义问题是，空间响应的弹性(β)是什么？例如式(27.6)以弹性均小于 1 且部门之间彼此相等的假设为基础，式(27.7)放弃了相等性的假设，但仍然假设收益是凹的。

该证据只是在一定范围内有效，但弹性似乎是小于 1 的。Desmet(1995)发现在一个书籍目录中，新书的空间弹性是 0.43，旧书也是 0.43。Sokolick 和 Hartung(1969)得出的弹性是 0.56。Desmet(1993)发现服装的弹性是 1.18，但是他质疑这个数据有可能有点过时。Desmet(1993)发现弹性的管理判断在 0.55 到 0.77 的范围之间。这项研究是非常有借鉴意义的，但是为此研究者需要做更多的工作来测量自己和跨部门间的弹性。为了得到这些估计值，管理人员必须愿意通过现场实验系统地改变空间分配。参见

① 这个假设的意思是空间分配是收益递减的，或者收益是凹的。如果空间弹性>1，则最优配置将所有可能的空间都分配给弹性最大的部分。

② 参见 Hofacker 和 Murphy(2000)中关于互联网网页设计背景下横幅广告相互冲突的讨论。

Seaver 和 Simpson(1995)中研究目录设计的一项实验。

2) 个性化目录

对数据库营销人员来说,他们感兴趣的是如何为单个顾客制定个性化的目录,我们将提供一个如何进行个性化的案例。我们假设有 J 个细分市场,它们各自都有不同的响应函数,我们的目标是通过在 J 个目录中为 D 个部门中的每一个部门分配目录页数,而为每个细分市场量身设计一个目录。注意目录的数目与顾客细分市场数目相等,因此 J 既是细分市场总数也是个性化的目录总数。这一问题可以表示为

$$\underset{\vec{x}_j}{\mathrm{Max}} \sum_j m\delta_j S_j(\vec{x}_j) \tag{27.8}$$

其中:

$$\sum_i x_{ij} = P \quad \forall j \tag{27.8a}$$

$$CL_i \leqslant x_{ij} \leqslant CU_i \quad \forall i,\ j \tag{27.8b}$$

$$DL_i \leqslant \sum_j x_{ij} \leqslant DU_i \quad \forall ij \tag{27.8c}$$

$$x_{ij} \geqslant 0 \quad \forall i,\ j \tag{27.8d}$$

$$x_{ij}\ \text{为整数} \quad \forall i,\ j \tag{27.8e}$$

其中,$\vec{x}_j=\{x_{ij}\}$为$(\boldsymbol{x}_{1j},\boldsymbol{x}_{2j},\cdots,\boldsymbol{x}_{Dj})$,$x_{ij}$是目录 j 中部门 i 分配的页数;D 是部门的数量。S_j 为根据分配,每位顾客在目录 j 的销售量。每个目录的销售响应函数各不相同,因为每个目录代表一种不同的细分市场。δ_j 为细分市场 j 在顾客群体中的百分比$\left(\sum_j \delta_j = 1\right)$。$m$ 为利润率,假设部门间都相等。P 为每一个目录被分配的总页数。

约束(27.8a)确保每一个目录都有 P 页。约束(27.8b)和约束(27.8c)是部门展露需求,由于企业想要确保每一部门都能获得最低展露,而且不能过于集中。这反映了目录和库存管理方面的长期考虑。约束(27.8b)保证每一目录至少含有每个部门的最低页数,而不超过最高值。约束(27.8c)保证每个部门在所有目录中总的展露在最大值与最小值之间。约束(27.8d)和约束(27.8e)要求页数分配为整数且大于 0。因此,这是一个整数生成的规划的问题。

需要注意的是这是一个联合优化,不是每个细分市场单独利润的最大化。因此,目录之一,比如 j',在细分市场 j 产生的利润可能比专门为细分市场 j 设计的目录还要高。这是因为目录需要满足部门间的约束(27.8b)和约束(27.8c),因此细分市场 j 的目录可能包含部门 i 的大量页数,这并不是因为它能使来自细分市场 j 的销售量最大化,而是因为细分市场 j 对于部门 i 的响应最好,而我们需要在所有 J 个目录中至少给予部门 i 的最少的呈现页数。

表 27.1 总结了模型的一项说明性分析的参数。我们有三个细分市场,所以会有三个目录($J=3$),存在三个部门($D=3$),每个目录包含 50 页,并且包含的每个部门的页数必须在 10 到 40 之间(给定的总页数为 50 页,每个部门的最有效的上限为 30 页)。在所有目录中每个部门的页数总数必须在 30 到 120 之间。空间响应函数为

$$S_j = \alpha_j \prod_{i=1}^{D} x_{ij}^{\beta_{ij}} \tag{27.9}$$

这是一个乘法模型响应函数，保持弹性不变，弹性如表 27.1 所示。弹性和细分市场百分比表明细分市场 2 是最大的细分市场，对部门 C 空间的反应尤其强烈。细分市场 3 是最小的，它喜欢部门 B 和部门 C。细分市场 1 是中间规模，它喜欢部门 A 和部门 B。

表 27.1 定制目录的参数与最优方案

<table>
<tr><td rowspan="2"></td><td colspan="5">响应函数</td></tr>
<tr><td>常　数</td><td>部门 A
弹性</td><td>部门 B
弹性</td><td>部门 C
弹性</td><td>细分市场
比例/%</td></tr>
<tr><td>细分市场 1</td><td>0.01</td><td>0.4</td><td>0.5</td><td>0.2</td><td>30</td></tr>
<tr><td>细分市场 2</td><td>0.015</td><td>0.3</td><td>0.1</td><td>0.7</td><td>50</td></tr>
<tr><td>细分市场 3</td><td>0.032 5</td><td>0.3</td><td>0.7</td><td>0.8</td><td>20</td></tr>
<tr><td rowspan="2"></td><td colspan="5">目录页数限制</td></tr>
<tr><td>目录内最小值</td><td>最大值</td><td>跨目录最小值</td><td colspan="2">最大值</td></tr>
<tr><td>部门 A</td><td>10</td><td>40</td><td>30</td><td colspan="2">120</td></tr>
<tr><td>部门 B</td><td>10</td><td>40</td><td>30</td><td colspan="2">120</td></tr>
<tr><td>部门 C</td><td>10</td><td>40</td><td>30</td><td colspan="2">120</td></tr>
<tr><td colspan="6">其 他 参 数</td></tr>
<tr><td colspan="3">利润率</td><td colspan="3">30%</td></tr>
<tr><td colspan="3">顾客数量</td><td colspan="3">100 000</td></tr>
<tr><td colspan="3">每一目录的页数限制</td><td colspan="3">50</td></tr>
<tr><td rowspan="2"></td><td colspan="3">最佳页数分配</td><td colspan="2" rowspan="2">销售量/顾客/美元</td></tr>
<tr><td>部门 A</td><td>部门 B</td><td>部门 C</td></tr>
<tr><td>细分市场 1</td><td>18</td><td>22</td><td>10</td><td colspan="2">0.236</td></tr>
<tr><td>细分市场 2</td><td>12</td><td>10</td><td>28</td><td colspan="2">0.410</td></tr>
<tr><td>细分市场 3</td><td>10</td><td>19</td><td>21</td><td colspan="2">5.818</td></tr>
<tr><td></td><td></td><td></td><td>利润/顾客</td><td colspan="2">0.431</td></tr>
<tr><td></td><td></td><td></td><td>总利润</td><td colspan="2">43 186</td></tr>
</table>

表 27.1 的底部显示了页面的最优配置。分配是直观的，通常是根据细分市场的弹性来分配它们的页面。例如，细分市场 3 得到的页面主要来自部门 B 和部门 C，并且对部门 A 的需求为最低页数。细分市场 2 得到的部门 A 的页数比最低量多两页，尽管它的弹性与细分市场 3 相同。这是因为细分市场 2 对部门 B 有一个非常低的弹性。所有的跨目录部门呈现约束都是不具有约束性的，尽管目录内需求有时对最低值有限制。显然如果细

分市场 2 收到的产品目录中只有部门 B 的 10 页产品，这并不是最优选择，因为它的弹性只有 0.1。然而，长期考虑决定了最低需求。最后请注意细分市场 3，尽管它所占的顾客百分比最小，但是它有一个很高的常数项，所以在整体利润中贡献最多。

图 27.4 显示了随着弹性增加最优解的变化。特别是我们改变了细分市场 2 对部门 B 的弹性。结果是可预测的，随着弹性增加，分配给细分市场 2 中部门 B 的页面增加。由于我们有 50 页的限制，有些限制必须得给定。最优解从两个部门中都去掉了一些页面。在对部门 A 的分配达到最小值之后，部门 C 也去掉了更多的页面。弹性变得大于 1 后，利润成倍增加，这是因为我们有一个凸的需求函数。虽然图 27.4 中没有显示，但是分配给其他细分市场的页面基本保持不变。

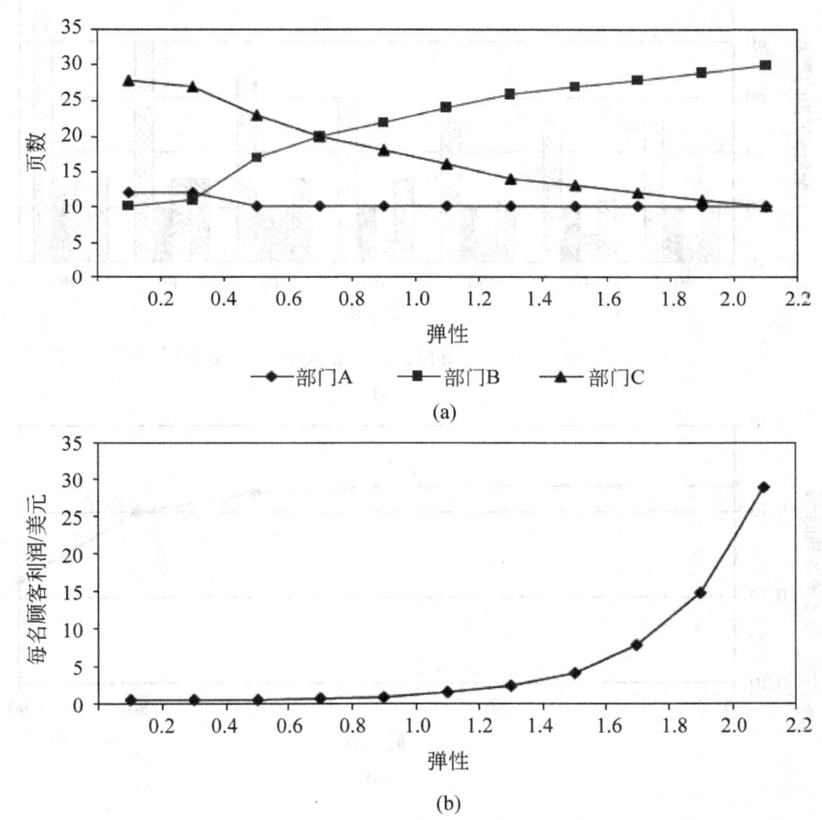

图 27.4 最优配置和利润随弹性变化的曲线

(a) 页面分配随细分市场 2 对部门 B 弹性变化的曲线；(b) 目录利润随细分市场 2 对部门 B 的弹性变化的曲线

图 27.5 显示了最优解如何随着最小值约束的增加而变化。例如，我们改变了部门 B 的跨目录最小值。目前该最小值是 30，而当前的最优分配为 51 页。所以该最小值约束不具约束力，并且在最小值约束达到 50 页之前最优方案不会改变。当最小值约束为 60 页时，则模型必须分配额外的 9 页，并将这额外的 9 页分配给细分市场 1 的目录。随着最

低约束的增加，下一步会分配给细分市场 2 的目录，最后分配给细分市场 3 的目录。[①] 这种分配次序的原因是细分市场 1 对部门 B 有一个相当高的弹性，所以我们可以从细分市场 1 的目录中减少其他部门的页数，而不用做出太多的牺牲。接着模型分配额外的页面到细分市场 2 的目录中的该部门，尽管对细分市场 2 来说这是一个低弹性部门，原因是尽管我们将不得不减少深受该细分市场欢迎的部门 C 的页面，但该细分市场几乎不影响总利润。最后，模型分配更多的部门 B 的页面到细分市场 3 的目录中，这将严重减少利润，因为细分市场 3 是企业利润来源的大部分，但我们使用的是一种相对该细分市场的次优目录，仅仅是为了满足最小值约束的需要。

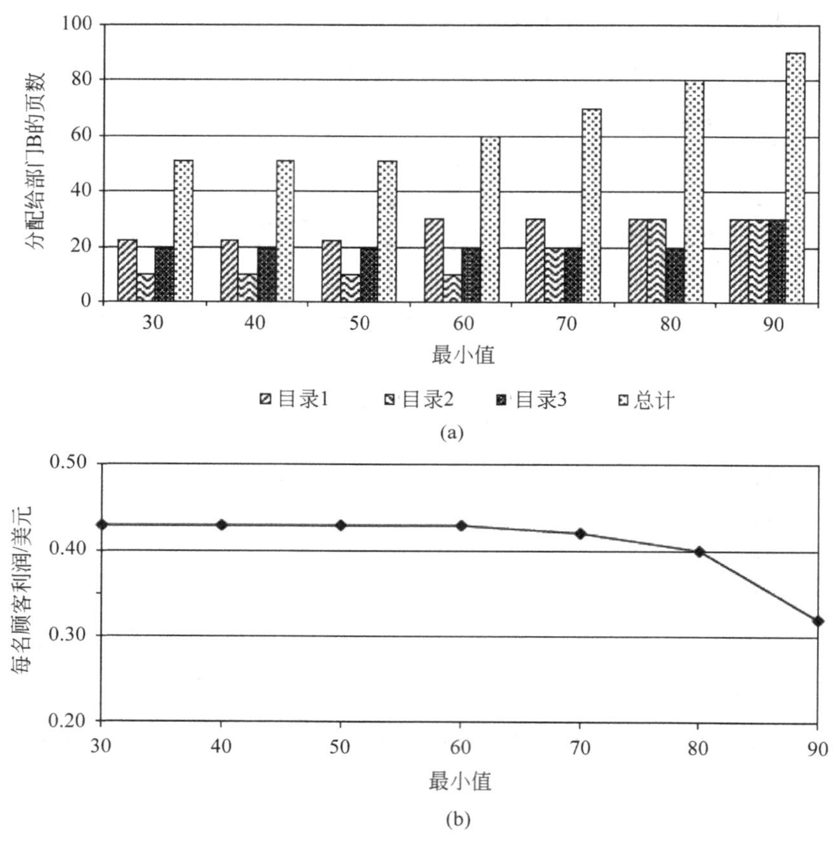

图 27.5 最优配置和利润随页面需求最小值变化的情况

(a) 页面分配随部门 B 最小值约束变化的情况；(b) 每名顾客利润随部门 B 最小值约束变化的曲线

这个例子说明页面分配和弹性成比例，但最小和最大需求的变化使目录内和跨目录分配都产生了变化。人们也许会问为什么我们会有这些约束，原因在于目录营销商希望维持几个部门的平衡，他们可能已经计划在未来建立多种部门，因此他们需要弥补运营一

---

① 如之前所提到的，每个部门在每个目录中明确的最大值是 40 页，但实际有效的最大值约束为 30，因为其他部门至少要有 10 页的分配，而整个目录有 50 页。

个特定部门所需的固定成本。

虽然上述讨论表明式(27.8)的最优解相当有用,但是它没有考虑部门之间明确的交叉弹性。需求函数是对目录总体来说的,而不是单独的部门。对该模型进行扩展时,要考虑部门水平的需求函数和交叉弹性。

模型的另一个扩展是将该模型应用到顾客水平,在这里细分市场相当于顾客个体。如果有 1 000 000 名顾客($N=1\ 000\ 000$),我们就可以有 1 000 000 个不同的目录。这就是式(27.8)中 $J=1\ 000\ 000$ 的情况。另一个可能性是指定 $J<N$: 我们可能有 1 000 000 名顾客提供 1 000 000 种不同的响应函数,但只需 10 个目录($J=10$)。这将是一个更困难的问题,因为目标函数将不得不区分目录和顾客,如下所示:

$$\underset{\boldsymbol{x}_j, M_{cj}}{\text{Max}} \sum_c \sum_j mS_{cj}(\boldsymbol{x}_j)M_{cj} \tag{27.10}$$

其中,$S_{cj}(\boldsymbol{x}_j)$为如果邮寄目录 j 且目录 j 的页面分配为 $\boldsymbol{x}_j$ 时,顾客 c 的销售量。M_{cj} 为 1,如果目录 j 邮寄给顾客 c;若不是则值为 0。当然我们要求能够邮寄给每个顾客的目录只有一个,并且所有顾客必须收到目录。

这将是一个更复杂的最优配置问题,因为我们有两个决策变量:创建每个目录时的页面分配,以及给每个顾客邮寄哪个目录的决策。在这部分的问题分析中,目录与细分市场相对应,这使页面分配和邮寄决策相一致。

27.3.4 多要素营销沟通组合的个性化

Ansari 和 Mela(2003)关注针对顾客的产品个性化,但他们的模型不仅包括了创造性元素(他们的“文本”变量),它还包括了承诺的相关方面,比如定价[参见 Rossi 等人(1996)的个性化定价模型,以及第 29 章]。因此,如果一名顾客反应模型包含创造性、产品、促销等要素,他便可以根据这些方面来进行个性化营销沟通。

顾客反应模型对于营销沟通个性化是很有吸引力的。然而,当定制更多要素时,他们依靠大量的顾客层面的数据,最优化问题会变得非常复杂。另一个方法是使用机器学习工具来个性化营销沟通,对此已经开始前期研究的一个领域是网站个性化。

Ardissono 和 Goy(2000;同样参见 Ardissono,et al,2002)描绘了“SEAT”,即一个可以对产品特性、图案使用及在零售网站上产品描述的长度和措辞进行个性化的系统,在 http://www.di.unito.it/~seat/seat.htm 上可以找到一个相关案例。SEAT 使用了一个基于用户的协同过滤系统,将每个用户与一个“刻板印象”相对应,然后以每个用户属于每个刻板印象的概率为基础,预测顾客对产品属性、描述风格等的偏好(同样参见 Kohrs & Merialdo,2001)。这种概率是以用户的可获得信息与每个刻板印象的匹配程度为基础的,可获得的用户信息越多,这个概率分布越准确,因此预测也更准确。如果用户在这个网站上注册,用户信息可以被存储并且随时间而积累。如果用户不注册,则系统始于一个通用的描述,然后在顾客浏览网站的过程中了解更多关于顾客的信息。

应用了顾客反应模型和机器学习系统,数据库营销沟通的各个方面的个性化都存在巨大潜力。在这些模型的开发和测试方面还需要更多的研究。

27.4 媒体选择

27.4.1 最优选择

数据库营销人员与顾客沟通的手段多种多样，包括直接邮寄、电子邮件、电话、网络和目录(Tellis，1998)。选择哪个媒体工具需要服从大众营销中的媒介选择方法(参见Tellis，第16章；Lilien et al.，1992，第6章)。对每个媒体的回应函数、媒体之间重叠程度都有基本要求。例如，如果一个数据库营销人员购买了1 000 000个网络印象，并且向1 000 000个地址发送了电子邮件，则接触该营销活动的净顾客数目将是多少？据我们所知，针对这个问题换句话说，针对数据库营销背景中媒介选择的一般问题还没有出现相关的研究。为了规划这一问题，首先定义：

E=顾客接触营销活动的次数；

X_i=在媒介i中活动的插入量；

$i=1,\cdots,N$，其中N是媒介总数；

$P(E|X_1,X_2,\cdots,X_N)$=一个任选顾客接触该活动E次的概率，假设媒介选择策略为$X_1,X_2,\cdots,X_N$；

λ=描绘多次展露递减收益的参数；

$(1-\mathrm{e}^{-\lambda E})$=一个任选顾客对某一活动进行响应的概率，假设他会接触该活动E次；

C_i=在媒介i中每次插入的成本；

B=预算。

则最优选择问题为

$$\underset{X_1,X_2,\cdots,X_N}{\mathrm{Max}}\sum_{E=1}^{N}(1-\mathrm{e}^{-\lambda E})P(E\mid X_1X_2,\cdots,X_N) \tag{27.11}$$

并且，

$$\sum_{i=1}^{N}C_iX_i=B \tag{27.12}$$

式(27.11)显示其目标是选择媒体$\{X_1,X_2,\cdots,X_N\}$来最大化平均回应率(相当于使回应的总数最大化)。平均回应率是顾客对每个可能数目的活动展露回应率乘以顾客接触该数目的活动展露概率的加权平均数。同样最优媒介选择必须满足预算式(27.12)。

关键参数是回应参数λ和展露概率函数P。λ可以进行主观估计，或通过测试来估计。展露概率函数是一个频率分布估计，例如Rice(1988)或Rust等人(1986)的在大众沟通媒体背景下的案例。

该方法可以很容易变得更复杂，并且可能更有效。首先个体顾客的回应率可能有所不同，因此会有λ_C，其中c表示单个顾客。其次λ也可能因媒介而不同，因此我们会有λ_i。最后λ可能既取决于顾客也取决于媒介，因此会有λ_{ci}。

根据媒介来调整λ的重要性已经在Sherman和Deighton(2001)有所说明。他们探讨了在互联网上为一个横幅广告活动选择网站的问题，活动的目标是吸引该网站访客来访问 drugstore. com 网站，任务是确定 drugstore. com 的横幅广告应该放置的网站，以便最大化 drugstore. com 的访问量。所用的方法是建立一个预测模型，根据其他网站的访问量来预测 drugstore. com 的访问量，结果显示在广告放置网站与 drugstore. com 之间存在"密切关系"。他们随后根据多个网站属性对网站进行聚类分析，计算每一类的"密切关系"。这使研究人员能够确定网站聚类，并且因此确定与 drugstore. com 特别具有密切关系的网站，之后在这些网站上放置横幅广告。

这个结果对企业来说非常有用。高密切关系的网站产生的每个印象的购买量是低密切关系网站的 10 倍。有一个网站产生了所有订单的 43%，而只用了总体预算的 32%。

Sherman 和 Deighton 认为回应率在不同网站之间是不同的，因此这个因素需要并入式(27.11)和式(27.12)。该研究也指出预测模型可以用来提高网站访问量。该研究只关注了对个体网站的响应，而没有考虑重复的递减收益，如式(27.11)所示。在多个有密切关系的网站上放置广告很可能会产生重叠，这意味着进一步改善资源分配模式还是很有潜力的。该案例也明确显示使用一个相对简单的方法也可以产生很高的收益。

27.4.2 整合营销沟通

27.4.2 节的分析假定对于给定的促销活动必须选择多种媒体来进行沟通。更一般的情况是，不同的信息可能用不同的工具来沟通。例如，大众电视广告可能用于创造对产品的认识，互联网可能用于扩大一个促销活动的影响面，"广告"本身也各不相同。然而，"整合营销沟通"(IMC)的概念认为这些广告的内容应该是协调一致的。IMC 的基本宗旨是企业会因为广告信息的一致性，或者至少是互补性而受益。

在数据库营销中 IMC 尤为重要，因为当前的数据库营销人员实施了多种不同的营销沟通方式。Sheehan 和 Doherty(2001)在数据库营销背景下讨论了 IMC，他们测量了 186 个企业的印刷广告和网络广告之间信息的协调程度。他们通过以下方式收集数据：首先找出一个印刷广告；之后来到企业网站，评价印刷广告和网络广告之间的一致性。作者发现在广告的某些方面有很高的一致性，但是在其他方面并不一致。例如，在 82.8%的案例中，在网站和印刷广告上都发现相同的商标。然而只有 38.6%的网站上可以容易地发现"印刷广告中的承诺信息或最重要的信息"。在 33.9%的网站中这些信息难以被注意到，而有 27.5%的网站中没有发现这些信息。

Sheehan 和 Doherty 指出，企业未必会协调它们在广告媒介中的沟通策略。以下我们要对数据库营销背景下协调性的重要性进行经验主义评价。

27.5 评价营销沟通计划

评价营销沟通计划的四种方法是：①计算利润；②事后统计分析；③嵌入式测试；④调查。

通常一个数据库营销沟通活动可以直接通过计算利润来进行评价。对一个直接营销活动而言，计算的一般形式是：

$$\prod = NrM - Nc \tag{27.13}$$

其中，$\prod$ 为利润；N 为接触的数目(例如邮寄数目)；r 为回应率；M 为每个回应的利润率；c 为接触成本。

另一个重要的测量指标是投资回报率，即 ROI：

$$\mathrm{ROI} = \frac{NrM - Nc}{Nc} = \frac{rM - c}{c} \tag{27.14}$$

ROI 是沟通计划获得的利润除以它的成本。谈论"营销投资回报率"已经变得很普遍，并且这个概念的一个很大优势是它在不同计划、企业和行业之间是可比的，它也有很高的表面效度："对每一美元投资，我们会获得[ROI]美元的利润。"然而有一个问题是 ROI 没有考虑规模问题，是 1 000 000 美元的投资产生 2 000 000 美元的利润好，还是 10 000 美元的投资产生 200 000 美元的利润好(ROI＝2 美元/美元与 20 美元/美元)？就像在第 10 章中讨论的，"第一类错误"决策——目标是避免没有收益的投资，而不是避免放弃有收益的投资——强调的是 ROI。减小式(27.14)中的分母会提高 ROI，因为对可以带来收益的顾客的投资减少了，然而总利润可能不会令人满意。

式(27.13)和式(27.14)的另一个重要问题是：它们是典型的单一渠道计算，而不是多渠道计算。多渠道企业在渠道 A 的营销活动降低了渠道 B 的营销效果。例如，一家银行实施了一个直邮活动来出售信用卡，这可能会降低它的分支机构的信用卡销量。多渠道背景下的营销沟通评价需要总体销售数据，而不只是营销沟通渠道产生的销售数据。

使用统计分析评价营销沟通被归入"营销组合模型"中，这些分析表现为回归模型的形式，例如：

$$\mathrm{Sales}_t = \beta_0 + \beta_1 \mathrm{Marketing}_t + \beta_2 \mathrm{Seasonality}_t + \varepsilon_t \tag{27.15}$$

系数测量了营销支出每增加一美元时销售的增长。为了计算总利润，需要用 β_1 乘以利息期内的营销总支出，得出产生的总销售量，之后使用利润率来计算总利润或 ROI。式(27.15)是营销组合模型的一个大概形式，可能包括一些其他变量(例如，对除此之外的其他营销活动的评价、竞争市场活动以及市场营销的遗留效应)。读者可以参考 Leeflang 等人(2000)对此问题的彻底讨论(同样参见 Dean，2006)。

式(27.15)可以对企业的每个渠道进行估计。对零售银行来说，有关于邮寄和分支机构销售信用卡两种渠道的公式，β_1 可能在邮寄信用卡公式中是正的，而在分支机构销售公式中是负的，这体现了跨渠道冲突。这给我们提供了重要信息，以及营销活动的"底线"利润。

在实际中，回归模型可以变得很复杂，并且企业不可能确定利息期内影响销售额的所有因素。因此，一个好的做法是在活动实施时嵌入"控制组"，提供一个该活动的实验性测试。也就是说，在信用卡活动中可能需要邮寄给 1 000 000 名顾客，但是其中有 10 000 名顾客没有在活动中邮寄，这就是控制组。通过比较实验组和控制组中每名顾客的销售额与利润，来计算活动的利润。

在使用嵌入式测试时有几个重要的问题。首先，需要收集所有渠道中全部顾客的销售数据。在银行的案例中，如果银行不能汇总直接邮寄和分支机构渠道的所有顾客的信用卡销售数据，控制组将会没有任何用处。其次，控制组必须从符合活动条件的顾客群组中随机选出。例如，选出的接收直接邮寄信用卡的顾客必须在预测模型中得分为前 40%

(第 10 章),10 000 名控制组顾客必须从这些顾客中选出,而不能从后 60%中选出,这意味着企业承担了没有给控制组邮寄的机会成本,因为他们是该营销活动的主要潜在顾客(第 9 章),这就是为什么在嵌入式测试中控制组的样本量应该远小于全部邮寄量。

在活动设计和评价中,测试都起了关键性的作用。在银行的案例中,对 30 000 名顾客进行的测试邮寄可以为预测模型提供数据,该模型可以用于评价企业的 1 000 000 名顾客,其中的 400 000 名顾客可能会在盈利性评分的前 40%。在这 400 000 名顾客中,可能向 390 000 名顾客邮寄,而剩余的 10 000 名顾客作为控制组。第一个测试对活动的目标市场选择很重要,第二个测试对活动评价很重要。

对营销活动的定性评价(如对产品定位的评价)来说,顾客调查是非常重要的方法。企业可能会在活动后调查顾客群的一个子群(如 500～1 000 人),以确保顾客感知到了企业的产品和营销努力。由于实施调查所需的时间和费用原因,企业不可能用调查方法来评价每一个沟通活动,然而定期调查可以确保企业的数据库营销活动没有远离其预想定位和目标市场。

总而言之,营销沟通活动可以使用直接计算、事后统计分析、嵌入式测试和调查来评价。当不考虑外部效应(如跨渠道冲突)时,直接计算是最简单的。嵌入式测试易于"解读",并且机会成本与净利润相比可以接受。然而,测试并不总是实用的,例如,直接响应电视活动不能随意指定特定场所内的特定目标顾客。事后统计分析已成为基本要求(Tellis et al.,2000)。调查对评价营销活动的定性目标特别有效,并且可以成为企业数据库营销思路的一个重要来源。

第 28 章 多项活动管理

摘要

许多数据库营销方案都是从一次性措施的角度，从备选项中选取最佳方案来实施的。然而最近，很多学者和企业已经认识到，现在采取的行动，可能会影响我们未来的选择。如果当前活动管理不得当，也可能导致未来行动的失败。关键是对沟通活动进行全面管理，在设计当前营销活动时，要考虑到未来的情况，并且在顾客层面上设计营销活动。本章讨论了用于管理一系列活动的"最优接触模型"。我们使用的例子很多涉及目录营销行业，除此之外，我们还讨论了涉及电子邮件、产品杂志、打折促销，甚至网上固定样本组调查管理的例子。

28.1 概　　述

多项活动管理是数据库营销中出现的新问题，它的出现主要源于以下两点：第一，利用预测模型来优化单次的接触已经是很平常的事情——我们知道如何去做，而且可以做得很好。第二，顾客开始对直复营销沟通感到厌倦，如目录营销、电子邮件、在线广告等。

多项活动管理可以由"最优接触模型"来实现。这些模型可以用来确定诸如目录邮寄、电子邮件、在线广告，甚至邀请在线固定样本组来参与在线调查的数量和时间安排。两个原因使上述工作成为一项具有挑战性的任务。首先，顾客的反应是动态的。顾客对接触活动的反应随时间变化而变化，这种变化依赖于顾客以前的接触和反应历史。其次，由于反应的动态性，所以优化接触时间的一般途径就是"向前看"，即在进行第 t 期的决策时，要将它对第 $t+1$ 期、$t+2$ 期……的顾客反应以及未来利润的影响考虑在内。在 28.2 节中我们将讨论动态反应。在 28.3 节讨论最优接触模型。

28.2 动态回应现象

28.2.1 磨合、耗尽和遗忘

这些现象最早是在广告文献(Little，1979)中被提出来的，但是在这里我们将在目录邮寄情境中探索这些现象。磨合意味着顾客在我们邮寄好几份目录后才有反应——也就是说，我们在完全获得顾客的关注前，需要邮寄好几封邮件。耗尽，意味着一旦顾客接收到了足够多的目录，随后的目录会导致顾客回应率的降低。顾客可能不再关注目录。遗忘意味着一旦邮件被停止，顾客的回应率不会马上降到 0，而是逐步减少。这是因为顾客手边仍然有一些以前的目录，虽然最终还是会丢弃它们。图 28.1 显示了这 3 种现象。

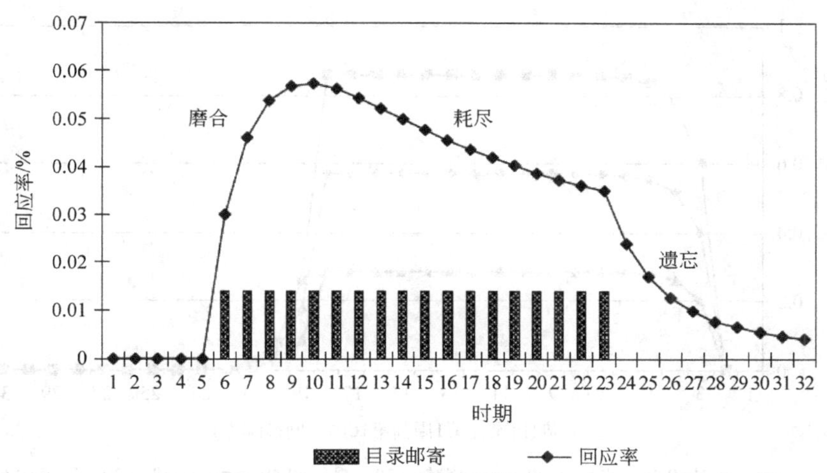

图 28.1　磨合、耗尽和遗忘

虽然用缺乏关注来解释耗尽现象最简单，但仍然有另外三种可能性。第一，太多的信息使顾客产生了混乱，以致无法做出正确的决策（Assael，1995：231-232；Jacoby et al.，1974）或在评估品牌时犯更多的错误（Hutchinson & Alba，1991）。第二，顾客由于被过多的营销信息不断地"骚扰"而变得愤怒并且拒绝购买。第三，顾客的需要已经被早期的目录满足。

磨合和遗忘可以用 stock（存储）变量来刻画：

$$\text{Stock}_t = \lambda \text{Stock}_{t-1} + \beta C_t \tag{28.1}$$

其中，C_t 是衡量目录在第 t 期是否被邮寄给顾客的（0～1）变量。参数 $\lambda(0<\lambda<1)$ 和 $\beta(\beta>0)$ 刻画了目录存储量的衰减和累积效应（见图 28.2）。λ 控制了磨合率和遗忘率——较大的 λ 代表磨合得更快并且遗忘得更慢。β 和 λ 共同决定了目录存储的峰值水平：

$$\text{Stock 的峰值水平} = \beta/(1-\lambda) \tag{28.2}$$

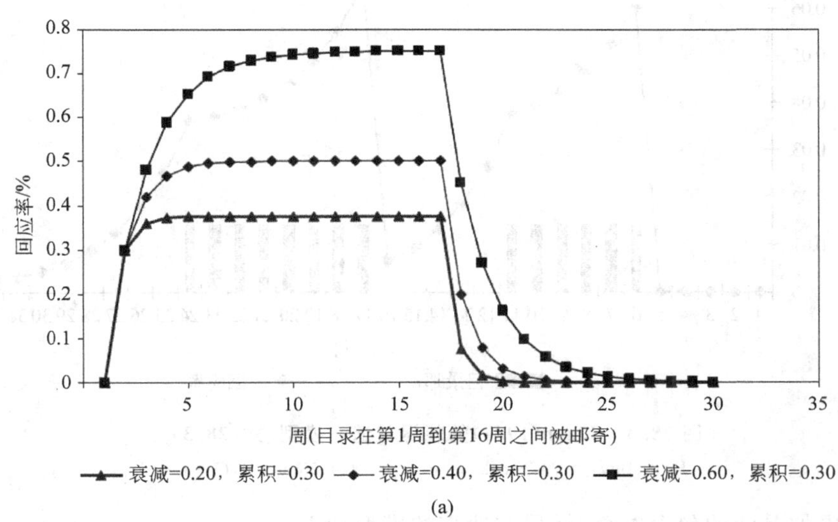

图 28.2　Stock 模型［式（28.1）］中产生的动态磨合与遗忘

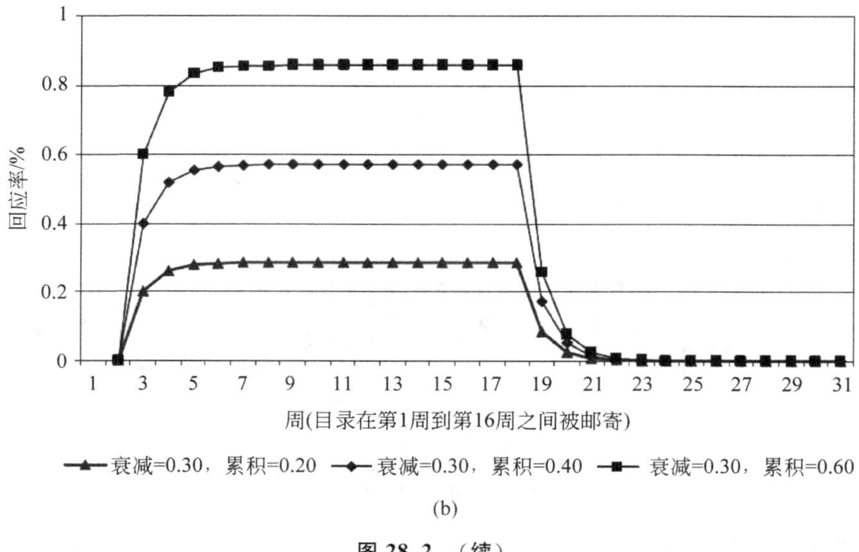

(b)

图 28.2 （续）

Stock 模型包括磨合和遗忘，但不包括耗尽。Simon(1982)提出了一种简单的方法将耗尽和遗忘联系起来：

$$\text{Stock}_t = \lambda\text{Stock}_{t-1} + \beta C_t + \delta\max(0, C_t - C_{t-1}) \tag{28.3}$$

$C_t - C_{t-1}$项代表了当前一期没有邮寄而本期邮寄了目录时，目录存货的即时增加值["Shock"(扰动)]。较高的δ值使得目录存储量高于它的最大值$[\beta/(1-\lambda)]$。随着越来越多的目录邮寄，目录存储会下降(耗尽)至$[\beta/(1-\lambda)]$。图 28.3 显示了带有具体参数值的式(28.3)。在图 28.3 中耗尽和遗忘都是清晰可见的。

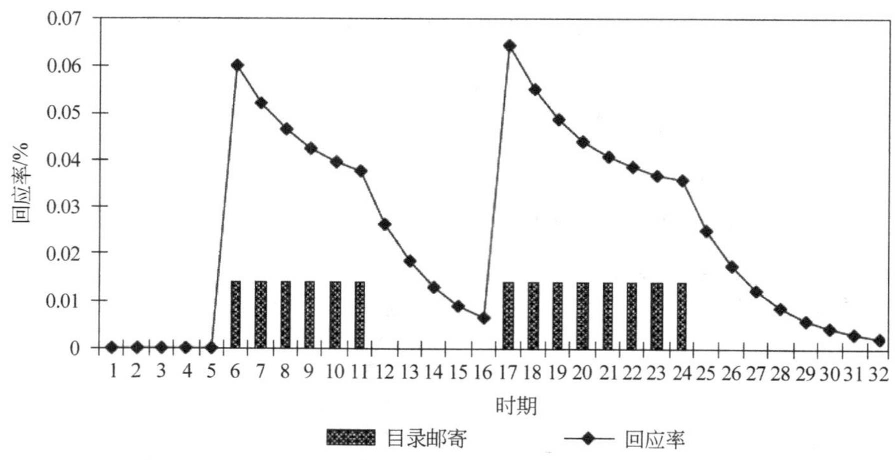

图 28.3 Simon(1982)的耗尽与遗忘模型[式(28.3)]*

* $\text{Prob(Buy)}_t = 0.7\text{Stock}_{t-1} + 0.01C_t + 0.05\max(0, C_t - C_{t-1})$

一个更加灵活的包含磨合、耗尽和遗忘的模型如下：

$$\text{Stock}_t = \lambda\text{Stock}_{t-1} + \beta_t C_t + \delta\text{ShockStock}_t \tag{28.4a}$$

$$\text{ShockStock}_t = \lambda' \text{ShockStock}_{t-1} + \beta' \max(0,\ C_t - C_{t-1}) \quad (28.4\text{b})$$

$$\beta_t = \lambda'' \beta_{t-1} + \beta'' C_t \quad (28.4\text{c})$$

式(28.4b)平滑了 $\max(0, C_t - C_{t-1})$扰动变量。它即时达到最大值 β'，接着就在 λ' 的作用下开始下降。式(28.4c)使目录邮购的即时影响上升到最大值 $\beta^* = [\beta''/(1-\lambda'')]$。最终的结果是由 $C_t - C_{t-1}$ 扰动项所产生的最大值会有延迟，这就产生了磨合效应。一旦达到最大，耗尽现象就会使目录存储下降到 $\beta^*/(1-\lambda)$，然后遗忘因子 λ 在邮件停止后开始起作用(见图 28.4)。

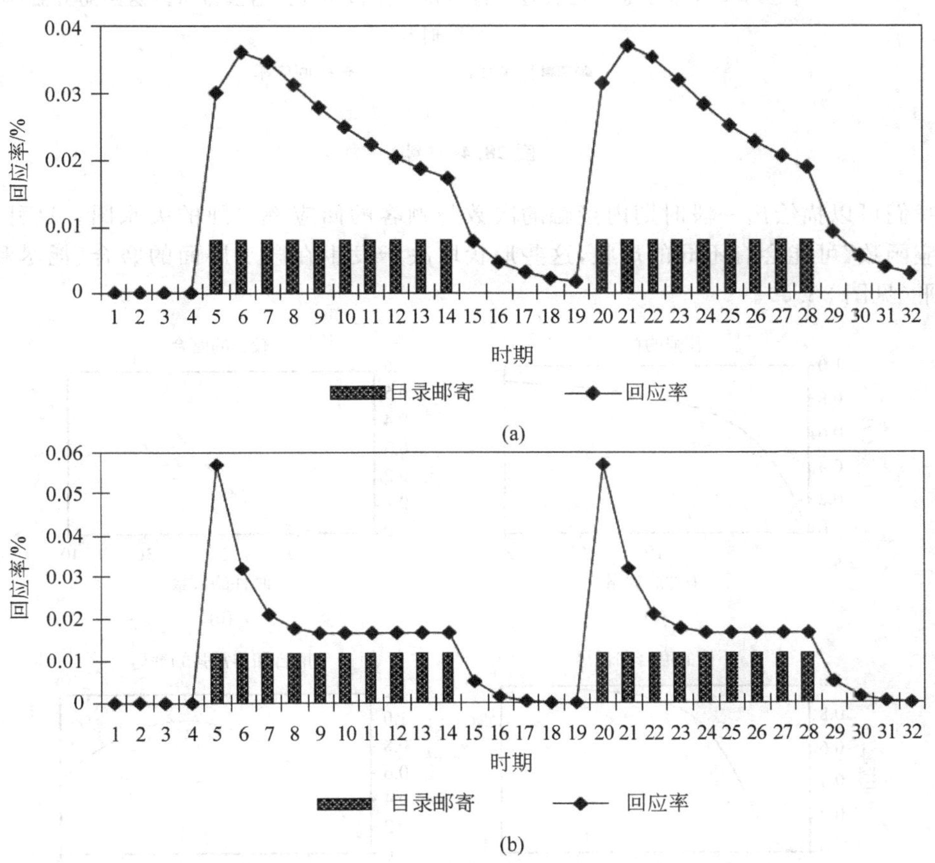

图 28.4　一个包括磨合、耗尽和遗忘的 stock 模型[式(28.4)]*

(a) 磨合、耗尽、遗忘；(b) 无磨合、耗尽、遗忘；(c) 磨合、无耗尽、遗忘

* 参数值[见式(28.4a)～式(28.4c)]

	情境 1	情境 2	情境 3
λ	0.3	0.3	0.3
δ	0.05	0.05	0.01
λ'	0.8	0.1	0.3
β'	0.5	1	1
λ''	0.4	0.4	0.6
β''	0.005	0.007	0.015

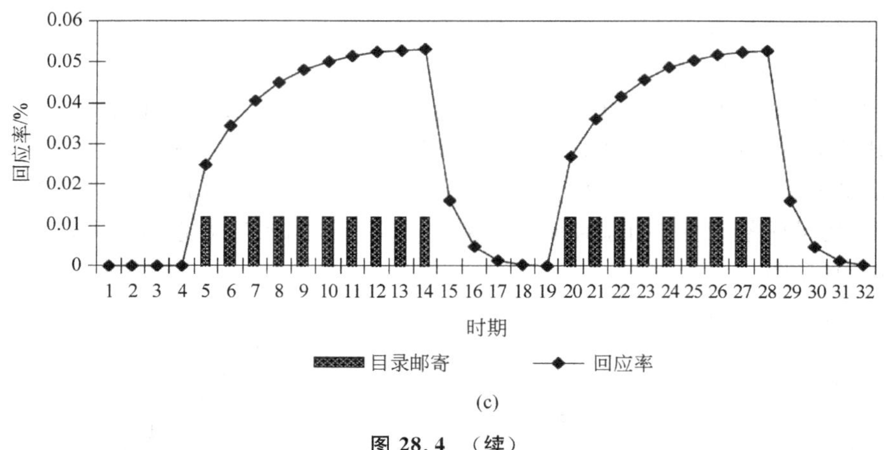

(c)

图 28.4 （续）

我们可以描绘出一段时期内接触的次数与顾客的回应率之间的关系图。这种“汇总的回应函数”可能会有不同的形状，这些形状取决于发生在微观层面的磨合、耗尽和遗忘的水平（见图 28.5）。

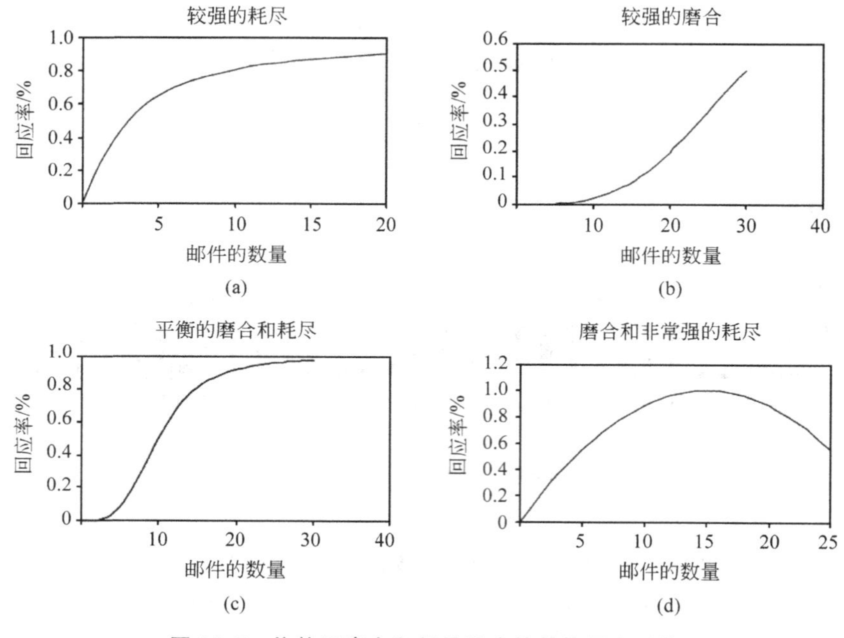

图 28.5 依赖于磨合和耗尽程度的整体回应函数

耗尽是一个特别重要的现象，因为它给限制接触次数提供了一个与成本无关的理由。减少邮件在实践中可能产生更多的销售（见图 28.6）。在连续 20 周邮寄目录的情况下，回应达到峰值相对较快，接着就开始出现耗尽。然而，伴随目录的“脉冲”，耗尽效应减轻，总的期望回应率增加。这就是为什么汇总的回应率作为接触次数的函数是倒“U”形的，如图 28.5(d)所示。

Ansari 等人(2008)使用每周数据估计出电子邮件和目录邮寄的 λ 的范围在 0.04 到

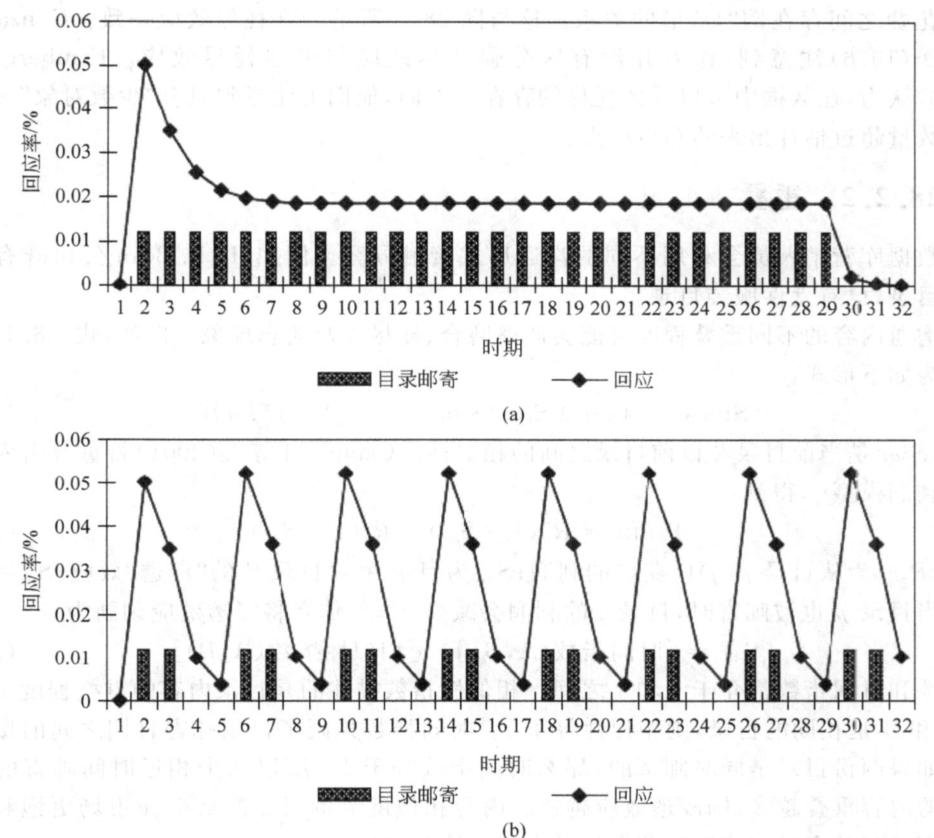

图 28.6 如果耗尽效应较强,即使总邮寄数量减少脉冲式邮寄也会比平稳式邮寄得到更多的回应

(a) 平稳式邮寄策略(总回应率=0.580);(b) 脉冲式邮寄策略(总回应率=0.810)

注,基于式(28.4a)~式(28.4c)生成上图的模型参数如下:

$$\text{Stock}_t = 0.1 \times \text{Stock}_{t-1} + \beta_t \times C_t + 0.05 \times \text{ShockStock}_t$$

$$\text{ShockStock}_t = 0.4 \times \text{ShockStock}_{t-1} + 0.8 \times \max(0, C_t - C_{t-1})$$

$$\beta_t = 0.4 \times \beta_{t-1} + 0.01 \times c_t$$

我们还假定目录存货会线性影响回应,无论是回应率,还是收入等等。更一般化的,我们可以假定回应=f(存货$_t$),其中“f”是一个非线性函数。

0.14 之间,这意味着较快的磨合和遗忘[①]。Gönül 等人(2000)将上次收到目录至今的时间间隔纳入目录回应模型中。估计出的系数为负,符合了遗忘的特征。作者还在模型中引入上一次购买后累计收到的目录数量,发现了一个负相关关系。这验证了耗尽效应的存在。Campbell(2001)将净回报作为“广告支出”的函数进行了研究,也发现了耗尽效应。

Eastlick 等人(1993)调查了目录购买者在过去 12 个月中收到的基本目录的数量,以及在这段时间内的购买金额。研究人员对购买者进行了回归分析,结果发现目录数量和

---

① 需要注意的是,如果数据是按时间汇总的,如月度或者季度,那么 λ 的估计可能会偏大(Leeflang et al.,2000:85-91)。所以,这里我们是按周估计的。

购买花费之间存在倒“U”形的关系。这与图 28.5 所示的强耗尽效应一致。Ganzach 和 Ben-Or(1996)注意到，作者并没有区分强耗尽效应与极强耗尽效应。Feinberg 等人(1996)认为，在数据中可以看到耗尽的存在。然而，他们也注意到只有“少数对象”接收的目录数量超过估计出来的超负荷点。

28.2.2 重叠

数据库营销人员会利用不同的沟通形式接触顾客。例如，L. L. Bean 公司既有男性服装目录，也有女性服装目录。

沟通内容的不同重叠程度可能会调整磨合、耗尽以及遗忘现象。例如，式(28.1)可以扩展为如下形式：

$$\text{Stock}_t = (\lambda + \lambda_s Sim)\text{Stock}_{t-1} + (\beta + \beta_s Sim)C_t \tag{28.5}$$

其中，Sim 是当前目录和以前目录之间的相似性。Campbell 等人(2001)将重叠引入一个目录利润模型[①]，得到：

$$\text{Profit} = R_p(1 - S_{qp}) + R_q(1 - S_{pq}) \tag{28.6}$$

其中，$R_{p(q)}$ 为从目录 $p(q)$ 中获取的利润；S_{AB} 为目录 A 对目录 B 的“浸透”效应；$S_{pq}=0.05$ 表示当目录 p 也被邮寄时，目录 q 的利润会减少 5%。作者将浸透效应刻画为

$$S_{AB} = [\text{时间指数}(A,B)] \times [\text{相似性指数}(A,B)] \tag{28.7}$$

相似性和时间指数都介于 0 和 1 之间。相似性指数描述的是目录内容的重叠程度——如果 A 和 B 是相同的目录，则相似性等于 1。时间指数刻画了目录邮寄日期之间的接近程度。如果两份目录是同时邮寄的，那么时间指数等于 1。所以两个相近时间邮寄的目录之间的内容重叠越多，则浸透效应越强。内容相似度大的目录邮寄会使市场更饱和。作者确实发现邮寄时间相近的两个目录会降低彼此的价值。

28.2.3 购买加速，忠诚度以及价格敏感性的影响

数据库营销沟通经常承担着促销功能。目录包含了描述性的信息，但是它们也会与每周商店通告一样列出产品和价格。电子邮件以及在线广告也与专题广告类似。此外，所有这些沟通还经常提供价格折扣。

因此，数据库营销沟通可以产生与促销一样的长期效果。这些效果包括将销售提前(Blattberg，1981；Neslin，1985； Mac′e & Neslin，2004)，改变品牌忠诚度(Guadagni，1983；Gedenk，1999；Neslin & Seetharaman，2004)，以及增加价格敏感度(Mela et al.，1997；Jedidi et al.，1999)。

假设上一次购买是受沟通活动影响而进行的，那么顾客上一次购买离现在越近，他现在购买的可能性越小。最近一次购买时间的负面作用证明了购买加速现象的存在。Ansari 等人(2008)和 Gönül 等人(2000)也发现过最近一次购买时间的负面效应。

Anderson 和 Simester(2004)研究了促销力度的长期影响。他们进行了 3 次实验，每个实验都包括了一个“控制”目录和一个“促销”目录。这两个目录有相同数量的促销价

---

① 需要注意的是，这与 Campbell 等人(2001：89)研究中的公式 1 有点不同，但是与他们在 81 页对饱和效应的定义相一致的。

格，这些价格都清晰地以“原价 X 元，折扣价 Y 元”的形式表达出来，但 Y 在促销目录中更小。购买者被追踪了至少 24 个月，所有购买者无论是在控制组还是促销组，在此期间都收到了相同数量的目录。在 3 次测试中，促销都明显促进了销售。但关键的问题是，从长期来看发生了什么事？

作者研究了加速、重复购买和价格敏感性效应。他们同时还研究了促销是否会吸引不同的顾客群。结果所有这些效应都被证实。例如，促销组的购买者在购买了促销目录的商品之后 1～12 个月的购买量要比他们在 13～24 个月内的购买量少。这说明了加速效应的存在。

他们还发现，促销组购买者在从促销目录购买之后的购买量比非促销组少。但是，当作者控制了选择性的影响之后，这个效应消失了。也就是他们发现，促销目录会吸引那些 RFM 值较低的顾客，在控制了这一点之后，促销组在未来的购买量，就不受促销影响了(Neslin & Shoemaker，1989)。作者还发现，购买频率低而且最近没有购买过的顾客，在未来会购买更多的产品，而较高 RF 组随后的购买量却没有受到影响。这表明，缺乏经验的低 RF 顾客从促销导致的购买经验中获得了产品的正面信息。最后，作者发现那些过去经常付高价的顾客，在购买了深度促销的商品之后，会倾向于以较低的价格再次购买，而那些过去经常付低价的顾客没有什么变化。也就是激发了那些对价格并不敏感的顾客的敏感性，使他们也开始购买打折商品。

总的来说，通过 Anderson 和 Simester 的研究，我们发现数据库营销沟通可以承担促销的功能，并表现出促销研究中的长期影响(Neslin，2002)。虽然我们需要更多的实证研究来衡量数据库营销沟通在其他情况下(如电子邮件沟通、非促销目录等)的作用，但现有的研究已经表明，最优接触模型应该考虑这些问题。例如，一次沟通可能会使购买提前，所以顾客需要在足够长的时间之后才会对产品有新的需要，在这之前的再次沟通将是没有意义的。

28.2.4 同时考虑磨合、耗尽、遗忘、重叠、加速和忠诚度

Ansari 等人(2008)开发了一个模型来研究顾客使用渠道的变化，模型中包含了磨合、耗尽、遗忘、重叠、加速和忠诚度等现象。他们将前四个定义为“沟通效应”，后两个定义为“经验效应”。该沟通传播模型为

$$沟通效应_{it} = 直接效应_{it} + 交互效应_{it} \tag{28.8}$$

沟通效应包括顾客 i 当前以及以前接收到的所有沟通对其在第 t 期的决策的影响。直接效应是每次沟通的直接影响，其中包含了磨合和遗忘现象。交互效应是不同沟通之间的交互作用，其中包含了耗尽和重叠现象。模型具体形式如下：

$$直接效应_{it} = \sum_{c \in C} \beta_{ic} \lambda_c^{\tau_{ict}} d_{ict} \tag{28.9a}$$

$$沟通效应_{it} = \sum_{c,c' \in C} \delta_{icc'} \lambda_c^{\tau_{ict}} \lambda_{c'}^{\tau_{ic't}} d_{ict} d_{ic't} \tag{28.9b}$$

其中，C 为公司发出的所有沟通邮件，特定的沟通由 c 或 c' 表示；β_{ic} 为顾客 i 对沟通 c 的直接回应；λ_c 为沟通 c 的衰减参数；τ_{ict} 为顾客接收到沟通 c 到 t 时期之间的时间间隔；d_{ict} 为如果顾客 i 在 t 时期或 t 时期之前接收到沟通 c 则为 1，否则为 0，一旦顾客收到沟通邮件，那么该指标就开始起作用，并一直持续下去；$\delta_{icc'}$ = 顾客 i 在 c 和 c' 之间的交互反应。

该模型并不能明确测量重叠，但作者将 δ 以及 β 和 λ 刻画为沟通属性的函数。这些属

性可能包括沟通的内容(如针对男性或女性的目录等)以及工具类型(目录或电子邮件)。事实上,他们发现相同的工具(目录和目录,电子邮件和电子邮件)之间的交互效应比不同工具(目录和电子邮件)之间的交互效应更强。这表现出了由于工具重叠而产生的重叠效应。

包含了磨合和遗忘现象的直接效应如图 28.7(a)所示。在这个图中所有的交互效应(δ)都被设定为 0。我们看到,在 4 次沟通的作用下,顾客的回应率达到最大值,一旦沟通停止,则回应率逐渐下降到 0。如图 28.7(b)所示,该模型通过负向交互作用构建出了耗尽效应。在这个例子中,前两次沟通之间的交互作用比其他任何两次的交互作用都要强。强烈的交互作用使第二次沟通发出后顾客的回应不断下降。这可能是由于前两次沟通中存在较大程度的重叠。

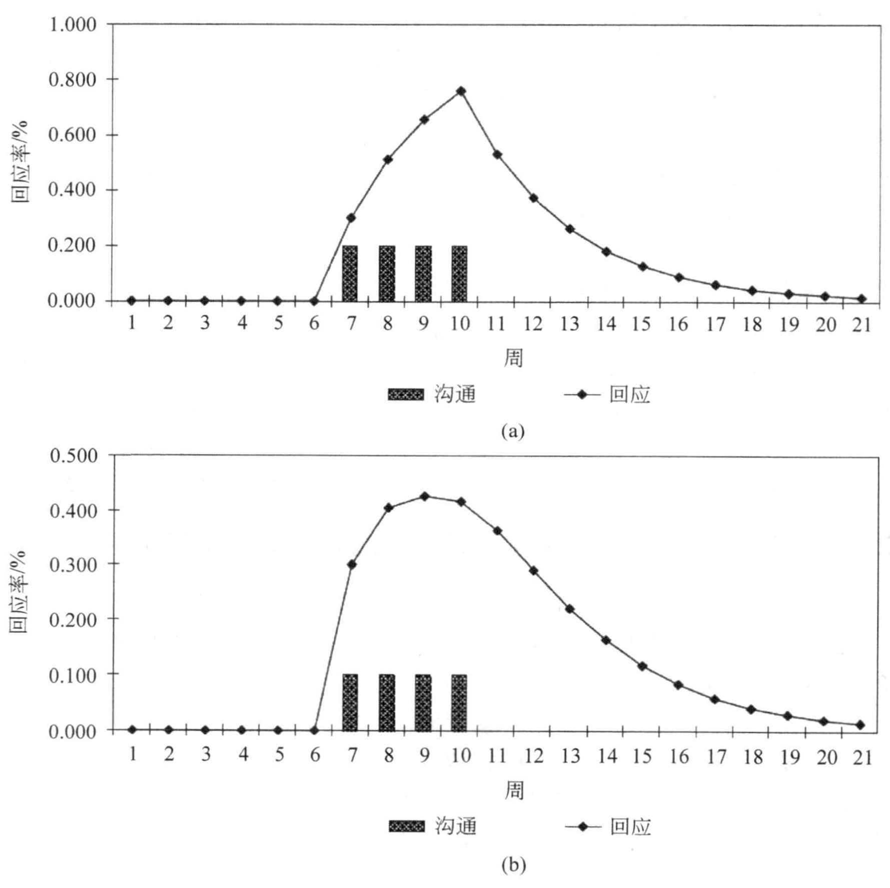

图 28.7 Ansari 等人(2008)的模型[式(28.8)~式(28.9)]所刻画的现象

(a)* 磨合和遗忘:第 7 期到第 10 期的沟通活动;(b)+ 磨合、耗尽、遗忘和重叠:第 7 期到第 10 期的沟通活动;(c)^磨合、耗尽、遗忘和重叠:第 7 期到第 10 期的沟通活动——沟通 1 和沟通 2 之间的重叠多于其他沟通之间的重叠(资料来源:Ansari et al.,2008)。

+ $\beta=0.3,\lambda=0.7,\delta=0$。

+ $\beta=0.3,\lambda=0.7$,对于所有的成对沟通都有 $\delta=-0.15$。

^ $\beta=0.3,\lambda=0.7$,对于第 1 期和第 2 期沟通有 $\delta=-0.35$,对其他的成对沟通来说 $\delta=-0.15$。

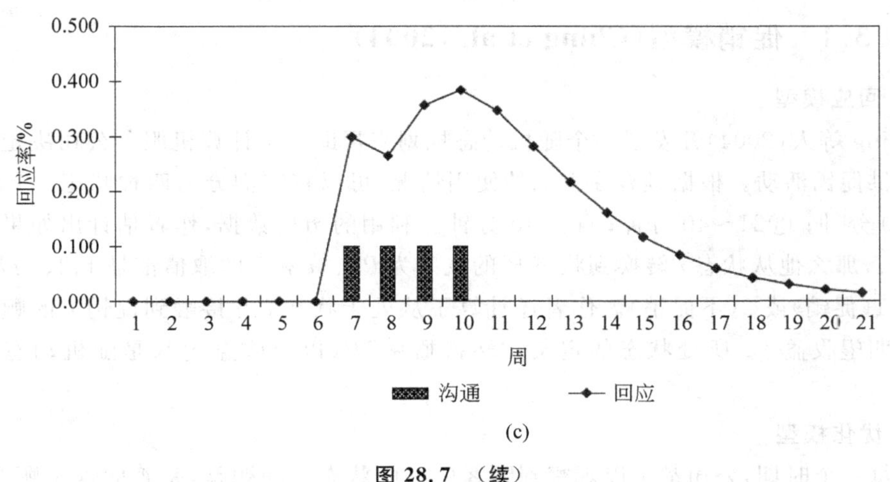

(c)

图 28.7 （续）

式(28.9b)也体现了 Campbell 等人(2001)提出的时机效应。当沟通邮件被连续发出时，耗尽和重叠效应最强，因为两次沟通的 λ 项都相对较大。

Ansari 等人利用延迟购买、订单大小或渠道选择变量来刻画重复购买和加速效应。例如，他们在模型中纳入一个被称为"Wuse"的变量，该变量等于 log(1＋在互联网上购买的累积次数)。结果发现这个变量在他们的购买发生模型中的平均系数为负，这说明在互联网上的购买行为会减少未来的购买次数。他们也纳入了最近一次购买的变量"Since"，它指的是自上次购买到现在的时间。这个变量的平均系数为正，意味着顾客在近期已经购买之后不太可能继续购买。研究中涉及的营销变量——目录和电子邮件——使顾客更有可能发生购买行为，这说明了购买加速的存在。

28.3 最优接触模型

最优接触模型能够给出在一段给定的时间内应该发送给每个顾客的最优沟通数量以及时间安排。这些模型包括一个回应模型和一个优化模型。回应模型预测了顾客将如何对一个特定的"接触"进行回应，而这取决于在给定的时间点上顾客所处的"状态"，例如，从上次接触顾客到现在有多久。回应是有概率的——因为我们不确定顾客是否会做出回应。优化往往是前瞻性的，因为公司当前的行动可能会影响它在未来所采取的行动。例如，如果我们现在接触了顾客，那么在他值得再次接触之前，可能需要等上一段时间。概率性和前瞻性说明最佳接触模型应该是一个随机动态规划(Ross，1983；Bertsekas，1995)。该技术就是用来处理这一类优化问题，即公司决策的结果具有不确定性，而且顾客对决策的回应又是动态变化的。例如，我们讨论的第一个最优接触模型(Ching et al.，2004)就直接使用了这个方法。

28.3.1 促销模型(Ching et al. ,2004)

1. 回应模型

Ching 等人(2004)开发了一个随机动态规划来帮助一个计算机服务公司决定何时向顾客提供促销活动。根据顾客在上周的使用情况,可以将它们分为四种状态: ①0 分钟; ②1～20 分钟; ③21～40 分钟; ④>40 分钟。利用的历史数据,作者估计出如果顾客收到促销 j,那么他从状态 i 转换到状态 R 的概率为 P_{ik}^{j}。i 和 k 的取值都是 1、2、3 或 4,j 可能等于 1(促销)或 2(不促销)。作者还计算了从处于状态 i 并接触到促销 j 的顾客身上获取的期望收益c_i^j。所处状态的定义,“转换概率”P_{ik}^{j} 以及收益 c_i^j 都是随机动态规划的要素。

2. 优化模型

在每一个时期,公司都可以观察到顾客所处的状态。问题是,是否向这个顾客促销。这个问题可以表示为以下递归形式:

$$v_i(t) \mid = \underset{j=1,2}{\mathrm{Max}}\left\{c_i^j - d_j + \delta \sum_{k=1}^{4} p_{ik}^{j} v_k(t-1)\right\} \tag{28.10}$$

其中,$v_i(t)$为给定顾客处于状态 i 且在计划的时间范围内还剩下 t 个时期的期望最优收益;d_j 为实施促销 j 所需要的成本($j=1$ 或 2);δ 为未来利润的贴现率。

$c_i^j - d_j$ 表示在第 t 期的期望利润,它取决于公司是否进行促销(促销 $j=1$,不促销 $j=2$);$\delta\sum_{k=1}^{4} p_{ik}^{j}\, v_k(t-1)$ 表示在当期之后剩余的$(t-1)$ 期的期望利润的贴现值。根据公司在当前时期是否促销,顾客在下一个时期将以概率 p_{ik}^{j} 转换到状态 k 中,那么期望最优收益就是 $v_k(t-1)$。这种递归形式中的优化方法是动态规划中一项基本的“优化原则”。它认为最优解是将未来影响考虑在内之后而对现期行动所做的决策。相应的,$v_i(t)$ 被称为“价值函数”。

式(28.10)假设了一个有限的时间范围。在这种情况下,最优解将告诉我们如果顾客在 t 时期处于状态 i,那么我们应该采取什么行动。作者也考虑了无限时间长度的问题,即公司在无限长的时期内进行优化。这听起来可能有点不现实(公司会永远存在吗?),但贴现率有效地限制了时间范围,使模型变为对终身价值的优化。当考虑一个无限长的时间范围,随机动态规划可以告诉我们在“稳定状态”中应该采取什么行动,即在任意时期,最优的行动完全由此时顾客所处的状态决定。

稳态解可以通过很多方法获得,包括逐次逼近、策略完善及线性规划(Ross,1983: 35-42)。有限时间解可以通过使用逆向归纳来求解式(28.10)而获得。Ching 等人利用线性规划求解了其模型的无限时间形式,而用逆向归纳求解了有限时间形式。他们的研究发现,如果促销成本很高,那么只应该对不活跃顾客(状态 1)促销。然而,如果成本很小,那么应该对轻度使用者(状态 2)促销。在有限时间范围情况下,作者还增加了一个限制,即只能进行 4 次促销。他们发现(当促销成本较低时),应该尽快对不活跃顾客进行促销,而总的来说,尽可能晚点让轻度使用者接收到促销信息。第一个结果是直观的,而后者则可能是由特定p_{ik}^{j}决定的。

Ching 等人的模型是一个从随机动态规划中求得最优接触策略的一个简单却有效的例子。以后的许多最优接触模型，都是在它们的基础上对状态定义或者回应函数或者优化条件做了修改。然而，这些改进不论是在管理还是技术上都是有意义的。

28.3.2 应用决策树回应模型(Simester et al.,2006)

1. 回应模型

Simester 等人(2006)为单个目录设计了一个最优接触模型。他们使用决策树作为回应模型(见第 17 章)。顾客的状态是由他在特定时点上被归在决策树的哪个终端节点上来定义的。这个决策树方法的独特之处在于两个方面：①因变量是一个长期潜力的测量指标，而不是对单个目录的回应；②他们开发了一种决策树算法用以处理这个连续因变量。决策树的终端节点定义了顾客的状态。这是一种创新的方法。另一种做法可以用一个 0～1 回应变量作为决策树的因变量。然而，作者同时使用了长期而不是短期的顾客回应和花费来定义因变量，并从中得出顾客的状态。

2. 优化模型

随机动态规划设置如下：

$$V^{\pi}(s) = E_{r,T},s'[r_{s,\pi(s)} + \delta^{T} V^{\pi}(s') \mid s,\pi(s)] \tag{28.11}$$

其中，$\pi(s)$为邮件策略，决定是否邮寄目录给处于状态 s 的顾客的决策规则；$V^{\pi}(s)$为在邮寄策略 π 下，处于状态 s 的顾客的期望长期利润；$r_{s,\pi(s)}$为在邮寄策略 π 下，处于状态 s 的顾客的当期利润；δ^{T} 为给定两次目录邮寄之间的时间为 T 的情况下的贴现因子。

在期望价值中包含的随机成分包括短期回应 r，两次邮寄之间的时间 T 以及在邮寄策略的作用下顾客未来可能进入的状态 s'。式(28.11)是一个价值函数。它表明，在策略 π 下处于状态 s 的顾客的长期期望利润是当期最优利润与未来期望最优利润的总和。

作者通过计算发现，他们的方法比起公司正在实行的策略能够显著增加利润，特别是在未来贴现率不高的情况下。这是合理的，因为他们将根据长期潜力得到的顾客状态作为因变量。其策略是向最近没有收到目录的顾客邮寄更多的目录，而向最近收到目录的顾客邮寄较少的目录。作者还发现，利润会随着状态的增加而增加。然而，这可能只是简单地利用了机会的差异。事实上，对保留样本的测试发现，利润与状态的数量没有关系(虽然仍然比现行的策略更高)。

作者对他们的方法进行了 6 个月的现场测试。他们测试了三个顾客群体(低价值、中价值和高价值)以及两种方法(模型与当前策略)。他们发现，模型提高了低价值和中价值顾客的利润，但减少了高价值顾客的利润。因为根据模型向高价值顾客寄出的邮件数量要少于现行方法寄出的邮件，但到试验结束时，这种差距减小了。作者认为问题出现在历史数据是有偏的，它倾向于邮寄很多目录高价值的顾客。模型由于减少了寄给这些顾客的目录数量，所以超出了历史数据的范围。由此我们可以看出，用来估计最优接触模型的历史数据必须在接触次数上具有足够的变差。Elsner 等人(2003,2004)使用现场测试产生的数据来估计其回应模型。

28.3.3 风险回应模型(Gönül et al.,2000)

1. 回应模型

Gönül 等人(2000)在比例风险回应模型(Cox,1972)的基础上开发了一个目录最优接触模型。其回应模型为

$$h_i(t \mid X) = h_{0i}(t)\psi_i(X) \tag{28.12}$$

其中,t 为自上次购买到现在的时间;$h_i(t|X)$为顾客 i 在时间 t 购买的可能性;$h_{0i}(t)$为顾客 i 的基准风险,只与时间 t 的推移有关;$\psi_i(X)$为按比例对顾客 i 做出的调整——基于与顾客特征或者时间相关的协变量。

作者将式(28.12)进一步操作化,得到

$$h_i(t \mid X) = \exp(\gamma_{0i} + \gamma_{1i}t + \gamma_{2i}\ln(t) + \gamma_{3i}t^2) \tag{28.13a}$$

$$\psi_i(X) = \exp(\beta_1 \text{MALE}_i + \beta_2 \text{AVG\_CONSUMP}_i + \alpha_{1i}\text{PROM\_REST}_i + \alpha_{2i}\text{WEAROUT}_i) \tag{28.13b}$$

由于 t 是自上次购买到现在的时间,所以基准风险模型刻画了最近一次购买的情况(recency)。式(28.13a)可以描绘许多单调和非单调关系。协变量调整由几个乘数构成。MALE 变量反映了性别对反应的影响。AVG_CONSUMP 被定义为家庭的平均日常开支。它将频率和货币价值结合在一起。

PROM_REST 是从上一次邮寄目录给顾客到现在的时期数。作者假设 α_{1i} 为负数以反映遗忘效应。一个目录在当期的作用,通过设定 PROM_REST 为 0 而被刻画出来。WEAROUT 被定义为自上次反应到现在所邮寄的目录数量。若 α_{2i} 为负,那么如果在上一次购买后邮寄了大量目录,顾客在当期进行反应的可能性会下降。这可以解释为耗尽。但是如果 α_{2i} 是正的,则可以解释为磨合。

该模型将反应的异质性包括在基准风险率(γ)和邮寄反应参数(α)中。作者使用潜类别方法(Kamakura & Russell,1989)来刻画异质性,为每个细分市场生成了不同的参数($I=1,\cdots,S$)。作者使用工具变量来反映目录邮寄变量(PROM_REST 和 WEAROUT)的内生性。他们用 RFM 变量对是否邮寄进行了逻辑回归,然后用模型的预测结果来计算 PROM_REST 和 WEAROUT。有意思的是,他们发现这个程序对参数估计没有太大影响。

作者利用 979 名顾客的数据,对模型进行了估计。他们发现,两个细分市场的模型($S=2$)拟合得最好。由于研究的产品类别是耐用消费品,所以顾客在上次购买后很长一段时间内可能不需要重新购买。作者发现细分市场 1 的顾客的基准风险是单调递增的。但是细分市场 2 却是"U"形的。也许这些顾客在购买之后马上会再订购一件商品,于是基准风险会下降,直到顾客需要更新产品时才会再次上升。

作者发现,男性不太可能会反应($\beta_1<0$),而重度使用者却更容易反应($\beta_2>0$)。他们还发现如果上一份目录被邮寄到现在经过了较长时间,那么两个细分市场的顾客的

反应可能性也会下降($\alpha_{1i}<0$)。这表明遗忘在目录邮寄中是一个真实存在的现象。他们还发现其中一个细分市场的 WEAROUT 显著为负($\alpha_{2i}<0$),这表明了耗尽现象的存在。

2. 优化模型

最优邮寄策略是在 t 时刻分别考察每个顾客,如果邮寄目录比不邮寄目录在 $t+x$ 个时期内使顾客的期望利润更高,其中 x 为决策的时间范围,那么模型就会建议在时点 t 邮寄目录。他们发现,如果 $x\in[1,12]$,那么不同 x 不会使结果的性质有所变化。他们最终使用了 $x=3$。顾客 i 获取的利润为

$$\pi_i(D_i)=mE(A_i)[D_iP_i^c-(1-D_i)P_i^n]-cD_i \tag{28.14}$$

其中,D_i 为 1,表明顾客在 t 时刻收到邮件,D_i 为 0,表示没有收到;$\pi_i(D_i)$为在接下来的 x 个月中从顾客 i 获取的利润,它取决于是否向其邮寄了目录;m 为每次反应的边际利润;$E(A_i)$为在接下来的 x 个月中,如果顾客 i 购买,那么其期望支出水平;P_i^c或P_i^n为顾客 i 在接下来的 x 个月内的购买(回应)概率,这取决于他是否在 t 时刻接收到目录,c 表示接收到,n 表示没有;c 为邮寄目录的成本(制作加上邮寄费用)。

风险回应模型提供了反应概率的估计值。注意 P_i^n不等于零,因为顾客之前已经接收过目录,可以从这些目录中订购。当顾客收到目录后,发生变化的变量是 WEAROUT (加 1)和 PROM_REST(复位为 0)。Gönül(2000)使用的决策规则是如果满足以下条件则向顾客 i 邮寄:

$$\Delta\pi_i=\pi_i(D_i=1)-\pi_i(D_i=0)>0 \tag{28.15}$$

作者将他们的方法应用于一个家庭耐用消费品目录。表 28.1 比较了最优策略和实际策略。在实际发送目录的 108 名顾客,有 16 个应该被寄送产品目录,而另外 92 个(接近 90%)不应该被寄送目录。最优策略下的总期望利润是 6 327 美元,而实际策略下的利润只有 5 968 美元。

表 28.1　Gönül 等人模型的最优邮寄策略与实际邮寄策略(资料来源:Gönül,et al,2000)

		实际		
		邮寄	不邮寄	合计
最优	邮寄	16	92	108
	不邮寄	92	779	871
	合计	108	871	979

这些研究结果表明,目录营销商经常把目录寄给不应该寄的顾客。作者认为,这可能是因为管理人员没有很好地理解风险模型所刻画的耗尽和遗忘现象,或者没有考虑到异质性问题。

Gönül 等人(2000)的方法是一种严格的、切实可行的目录邮寄方法。该模型不是一个动态规则,因为它每次仅仅优化一个邮件。Gönül 和 Ter Hofstede(2006)通过考察一个包含 P 期的有限决策周期而扩展了该方法,并且评价了 $2P$ 个可能的邮寄时间安排。

他们根据对公司的效用，来评价每个时间安排。他们还利用模拟排除了顾客参数值不确定性。该方法将 $2P$ 个时间安排分开评价。对于 52 周的时间，现有的计算机资源可能无法满足计算需要。然而，作者发现，$P=6$ 的模型确定改进了短期（$P=1$）优化，所以从实践来说，该模型能够改进非前瞻性的邮寄决策。

28.3.4 分层 Bayes 模型（Rust & Verhoef, 2005）

1. 回应模型

Rust 和 Verhoef(2005)使用一个分层 Bayes 模型来估计顾客对两个营销组合措施——直邮和关系杂志的反应。研究情境是一家荷兰的保险公司，必须决定在下一年应该向顾客发出多少直邮以及多少“关系杂志”。回应模型如下：

$$\Delta R_{i,(t-1)\to t} = [\ln(\vec{M}_i + 1)]\beta_i + \varepsilon_i \tag{28.16a}$$

$$\beta_i = \vec{Z}_i\alpha + \delta_i \tag{28.16b}$$

其中，$\Delta R_{i,(t-1)\to t}$ 为当年与前一年相比，从顾客 i 获取的利润（总营销成本）的变化；$\vec{M}_i=\{M_{i1}, M_{i2}\}$，其中 M_{i1} 是当年发送给顾客直邮的数量，M_{i2} 是当年发送给顾客 i 的关系杂志数量；β_i 为 $\{\beta_{i1}, \beta_{i2}\}$，顾客 i 分别对于直邮和关系杂志的反应；$\vec{Z}_i$ 为顾客 i 的行为和人口统计变量的向量，例如生命周期长度、购买产品的数量、性别等；α 为 $\{\alpha_1, \alpha_2\}$，顾客 i 的行为和人口统计变量对其对直邮和关系杂志反应的影响；ε_i，δ_i 为影响本年度顾客 i 的利润变化及其对营销活动反应的不可观测因素。

式(28.16a)通过对数变换（其中“+1”是为了避免对 0 作对数变换），反映了营销投入的收益递减特性。式(28.16a)代表了行为和人口统计变量对顾客对营销反应的影响。例如，作者假设在一般情况下，忠实顾客会更容易接受关系杂志，而不太可能受直邮影响。

作者在 WinBugs 中使用 MCMC 方法对 1 580 名顾客估计了该模型。因变量是利润在一年时间里的变化。作者发现了一些有意思的结果，基本支持了他们关于忠诚度的假设。例如，累计购买数量会负向影响顾客对于直邮的反应，却不影响对“关系杂志”的反应。顾客是否参与公司的忠诚计划对其对关系杂志反应的影响要大于对直邮反应的影响。

2. 优化模型

优化模型的目的是使每个顾客在下一年的利润变化最大化，所以：

$$\prod\nolimits_{i,(t-1)\to t} = \Delta R_{i,(t-1)\to t} - \vec{M}_i\vec{C} \tag{28.17}$$

其中，$\vec{C}=\{C_1, C_2\}$，是向每位顾客邮寄直邮的单位成本以及邮寄关系杂志的单位成本。给定这一等式以及回应函数，那么营销手段 k(k=直接邮寄，关系杂志)对顾客 i 的最优水平可以通过简单的计算得到，即

$$M_{ik}^* = \frac{\beta_{ik}}{C_k} - 1 \tag{28.18}$$

式(28.18)表明如果顾客 i 对营销手段 k 反应更多，并且它的成本更低，那么就应该

对顾客 i 实施更多的营销手段 k。由于反应是唯一一个在顾客中有差异的因素，所以它是一个关键变量，可以由式(28.16)估计出来。它是衡量客户唯一的手段，是重要措施，这已经由式(28.16)证明。

作者为每一名顾客计算了他们的最优营销水平，并发现它们的差异很大，这是由于顾客的反应(β)存在异质性。他们将此模型与其他三个模型做了比较。它们分别是基于人口统计变量的细分模型、基于 RFM 变量的以及潜在结构细分模型。结果发现，他们的模型拟合度优于其他三个，他们的模型所产生的预测利润要高于竞争模型。具体来说，他们发现：

模　　型	均方误差(拟合)	平均预测利润(荷兰盾)
人口统计变量	12.98	14.46
RFM	13.44	8.61
潜类别	23.49	3.12
分层模型	12.42	23.12

公司目前所使用的市场营销计划，会产生 10.57 荷兰盾的利润，所以分层模型是既优于其他模型也优于公司实际的做法①。

Rust 和 Verhoef 的模型在决定单个顾客的营销投入方面非常实用却比较严格。类似 Gönül 等人的模型，它不是一个动态的优化——它没有考虑下一年的营销投入对长期顾客保留率和终身价值的影响。它没有明确磨合、耗尽和遗忘，所以不能用来安排营销活动在一年内的时间计划。然而，该模型确实在整体层面上包含了收益递减的作用，所以它隐含了对这些因素在一年时间范围内的考察。该模型严重依赖基于 1 580 个校准样本所估计出来的单个顾客的反应参数，所以推断公司其他顾客的系数就成为一个挑战。

28.3.5　考虑顾客和企业的动态理性的模型(Gönül and Shi，1998)

1. 回应模型

许多最优接触模型假设公司是前瞻性的，即“动态理性的”。然而，有越来越多的证据显示，顾客也是动态理性的，他们会考虑当前的购买对未来的成本和效益的影响。例如，已有研究表明消费者在决定是否在 t 时期购买时会考虑未来进行促销的可能性(Gönül & Srinivasan，1996；Sun，et al，2003)②。

Gönül 和 Shi(1998) 的最优接触模型认为顾客和企业都可能具有前瞻性。顾客的效用函数是：

---

① 注意，作者运用分层模型来预测他们的模型以及其他模型的利润。由于分层模型被证明预测效果最好，因此，它会得出最准确的预测结果。

② 值得注意的是，在数据库营销文献中的竞争经济模型已将企业和顾客的前瞻性都考虑在内。见第 2 章的讨论。

$$u_{it}=\alpha+\beta_m m_{it}+\beta_{1r}r_{it}+\beta_{2r}r_{it}^2+\beta_{1f}f_{it}+\beta_{2f}f_{it}^2+\varepsilon_{it} \tag{28.19}$$

其中，u_{it}为顾客i在t时期进行购买的效用；如果顾客不进行购买，则=0。m_{it}为1表明顾客i在t时期收到目录；如果没有收到，则=0。r_{it}为最近一次购买，从上一次购买到现在所经过的时期数。f_{it}为频率，即从数据最开始到现在顾客购买的总次数。

假定顾客要将t时期购买的长期效用最大化，并且将当前购买对其未来 Recency 和 Frequency 变量的影响考虑在内。在动态规划中，最近一次购买和频率是顾客的状态变量，由$S_{it}=\{r_{it},f_{it}\}$表示。每个时期，顾客会根据以下公式决定买($d_{it}=1$)或不买($d_{it}=0$)：

$$V_{it}(S_{it})=\begin{cases}u_{it}+\delta_c E[V_{i,t+1}(S_{i,t+1}\mid d_{it}=1)] & \text{假设 } d_{it}=1\\ 0+\delta_c E[V_{i,t+1}(S_{i,t+1}\mid d_{it}=0)] & \text{假设 } d_{it}=0\end{cases} \tag{28.20}$$

顾客意识到购买或不购买会使最近一次购买和频率发生变化，它们又会进一步影响未来的效用，这取决于式(28.19)中的参数值。Gönül 和 Shi (1998)用最大似然法估计式(28.19)(又见 Keane and Wolpin，1994)。

Gönül 和 Shi (1998)发现动态模型比静态模型拟合得更好。这表明顾客在决定是否现在购买时会考虑到对未来的影响。与假设一致，邮件变量的系数为正。最近一次购买和频率都有"U"形的影响。最近一次购买的估计结果意味着顾客过去在紧接着上次购买之后，或上一次购买很长时间以后最有可能购买。频率的结果意味着，购买产品非常频繁或非常少的顾客在当期购买的可能性更大。

Gönül 和 Shi 的回应模型不考虑磨合、耗尽和遗忘。然而，我们可以通过一个滞后邮件变量来将这些现象纳入模型(见 Gönül，et al，2000)。该模型包含了一个关于加速效应的"结构模型"，理由是如果顾客意识到提前购买会增加他的未来效用那么他就会这么做。Li 等人(2005)对 Gönül 和 Shi 的模型进行了扩展，他们优化两个营销组合要素(信息和价格)。

2. 优化模型

公司的问题是决定在每个时期是否寄邮件给顾客，这取决于顾客所在的状态。公司当期利润是

$$\pi_{it}(S_{it},m_{it})=RProb_{it}(d_{it}=1\mid S_{it},m_{it})-cm_{it} \tag{28.21}$$

其中，$\pi_{it}(S_{it},m_{it})$为给定顾客i处于状态S_{it}及是否邮寄的决策，那么顾客i在t时期的利润；$m_{it}=1$，代表顾客i在t时期收到邮件；如果没有则为0；R为如果顾客i购买，则从顾客i获得的收益。$d_{it}=1$代表顾客购买，否则为0；c为邮寄到顾客i的成本。

最近一次购买/频率状态(S_{it})是动态规划中的状态变量。公司要找到最大化长期利润的邮寄策略。

$$P_{it}(S_{it})=\sum_{j=t}^{\infty}\delta_f^{j-t}\pi_{it}[S_{it},m_{it}^*(S_{it})] \tag{28.22}$$

其中，$P_{it}(S_{it})$为通过给予在t时期处于状态S_{it}的顾客i最优的邮寄策略，而获得的最大期望利润。

根据优化的原则，长期的利润等于使当期利润加上从$t+1$期起获得的最大利润之和

最大化的利润，即

$$P_{it}(S_{it}) = \max\{\pi_{it}(S_{it}, m_{it}) + P_{it+1}(S_{it+1})\}$$
$$= \max_{m_{it}}\{\pi_{it}(S_{it}, m_{it}) + \delta_f[Prob_{it}(d_{it}=1 \mid S_{it}, m_{it})P_{it+1}(S_{it+1} \mid d_{it}=1) + Prob_{it}(d_{it}=0 \mid S_{it}, m_{it})P_{it+1}(S_{it+1} \mid d_{it}=0)]\} \quad (28.23)$$

Gönül 和 Shi(1998) 使用逐次逼近计算了稳态最优邮寄决策(Ross, 1983)。作者在最大化公司的未来利润时，考虑到当前的邮寄策略对顾客未来反应的影响。他们将模型应用到一个耐用消费品，结果发现，如果最近一次购买距离现在很近，则公司不会邮寄，但是如果离现在较远或很远，则公司会邮寄。这样做的原因是如果最近一次购买离现在很近，那么顾客无论如何都很可能购买，(想想最近一次购买的"U"形结论)，所以邮寄是不必要的。如果最近一次购买距现在有一定时间，那么不邮寄的话顾客的反应概率就会很低，所以需要邮寄。最后，当最近一次购买距离现在很远时，顾客很可能会自发地购买，但是邮寄给这些顾客仍然是有价值的，因为这样可以确保他们购买，并且使顾客的自发购买频率更高。

Gönül 和 Shi (1998)通过计算发现，使用他们的模型得到的利润比公司在数据期间实际所得高出 16%，他们还指出，如果只考虑短期情况，那么公司很可能不会进行任何邮寄。这是因为对单个时期来说，邮寄增加的反应概率要达到 9.37%才能保证盈亏平衡，而一次邮寄中获得的增量反应概率通常比 9.37%少。然而从长期来看，当期的邮寄可以使消费者进入更有利可图的 Recency 和 Frequency 状态中。

总之，Gönül 和 Shi (1998)方法将一个动态理论的顾客回应模型嵌入一个企业的动态优化过程中。虽然没有其他邮寄策略能够增加公司利润，但有邮寄策略可能会增加顾客的效用。这有点类似一个 Stackelberg 博弈，其中领导者是企业而追随者是顾客。我们假设顾客知道邮件的时间安排。事实上，许多顾客可能确定了解他们多久会收到来自某一公司的产品目录。然而，在模型中纳入顾客对目录邮寄的预期可能会得到有意思的结果。

28.3.6 纳入库存管理(Bitran&Mondschein，1996)

1. 回应模型

Bitran 和 Mondschein(1996)使用了如下 RFM 模型(第 12 章)：

S_i = 细分市场或者"状态"i，通过特定的最近一次购买、频率以及货币价值来定义；

$p_{s_i,s_j,k}$ = 当顾客在给定的时间内收到 k 个邮件时，他从状态 S_i 转换到 S_j 的概率。

最近一次购买被定义为自上次购买到现在所经过的时期数。如果顾客购买过一次，则频率定义为 1，如果多于一次则定义为 2。货币价值被定义为两个值，55 美元和 80 美元。由此形成了 7×2×2=28 个 RFM 状态。作者将他们的模型应用到一个目录营销公司，利用历史数据估计了反应的概率。

2. 优化模型

Bitran 和 Mondschein(1996)的优化方法考察了：①每个季度应该向内部名单和租用

名单中的顾客邮寄多少目录；②企业应该在库存上投入多少钱。该模型不只对单个顾客进行优化，还考虑到企业层面的限制。优化是一个随机动态规划，但因为该模型是企业层面的，所以状态是数值型的、连续的。这些状态包括每个 RFM 状态、顾客的数量，以及预算和库存水平。因为"维数问题的存在"——有太多的状态变量，而每个变量的取值太多，所以模型不容易求解。也就是说，如果有 27 个 RFM 的状态，那么就有 27 个顾客数量变量加上预算变量和库存变量，一共有 29 个连续的状态变量。与此相比，Ching 等人(2004)的模型只有 4 个状态。

为了简化起见，作者假设第一，在没有预算限制或库存成本的情况下，计算出要向顾客邮寄多少个目录才能达到其终身价值最大化。第二，他们计算出使单期利润最大化的再订购最优库存。第三，他们把终身价值和库存计算结合起来得到所有顾客的最优邮寄策略。对终身价值的优化如下：

$$LF(s_i)=\operatorname*{Max}_k\begin{cases}\bar{b}_{s_i,k}+\beta\sum_{s_j}p_{s_i,s_j,k}LF(s_j) & k=1,\cdots,K\\ \beta\sum_{s_j}p_{s_i,s_j,0}LF(s_j) & k=0\end{cases}\tag{28.24}$$

其中，s_i 为 RFM 状态 i，它是由待定的 RFM 值来定义的；$LF(s_i)$为处于状态 s_i 的顾客的终身价值；k 为最优邮寄策略下需要邮寄的目录数(每个 s_i 会有所不同)。K 是邮寄目录的最大数量；$p_{s_i,s_j,k}$＝如果邮寄 k 个目录，那么处于状态 s_i 的顾客转换到状态 s_j 的概率；β 为贴现因子；$\bar{b}_{s_i,k}$为向处于状态 s_i 的顾客邮寄 k 个目录的当期利润。

$$=\sum[d_{s_i,s_j}(1-g)-c_1]p_{s_i,s_j,k}-kc_h\tag{28.25}$$

d_{s_i,s_j} 为从状态 s_i 转换到 s_j 的顾客所花费的金额；g 为卖出的商品成本占收入的百分比；c_1 为完成订单的成本；c_h 为向内部名单上的顾客邮寄的成本。

库存的优化是通过计算要达到单期利润最大化所需订购的库存量来实现的，而且假设我们公司在进入 t 时期时具有一定的库存水平。作者发现投入库存的最优数量是

$$Z_t=\sigma_t\alpha+\mu_t-I_t\tag{28.26}$$

其中，Z_t 为在 t 时期的开始时投入库存的数量；μ_t 为在 t 时期的期望需求；σ_t 为 t 时期的需求标准差；I_t 为在 t 时期开始时的库存价值；α 为下式的解：

$$F_y(\alpha)=\frac{1+c_2-g}{1+c_2+c_3-\beta g}\tag{28.27}$$

其中，$F_y(\alpha)$为累积标准正态分布；c_2 为未满足需求的惩罚成本；c_3 为库存持有成本。

从式(28.26)中我们可以看出，订购的数量应该随平均需求的增加而增加，随库存的增加而减少。从式(28.27)中可以看出，未满足需求的惩罚成本越高，公司越应该多订购，持有库存的成本越高越应该少订购，而且如果所销售的商品的成本较高，那么也应该少订购。

$$\max\sum_{s_i}\sum_k LF(s_ik)\mathrm{d}(s_i,k)+\sum_j LF(j)\mathrm{d}(j)\tag{28.28}$$

需要注意的是：库存投入取决于需求，而需求又取决于邮寄策略和反应。同样，在库

存上的花费也会影响邮寄的数量，因为它限制了现金供应。Bitran 和 Mondschein 的主要贡献就是将营销决策和运营决策结合起来进行研究。企业层面的最优邮寄策略由下面的线性规划得到

$$\sum_{s_i}\sum_{k} kc_h \mathrm{d}(s_i,k) + \sum_{j} c_m \mathrm{d}(j) \leqslant Y_t + a_t \tag{28.29a}$$

$$\sum_{s_i} \mathrm{d}(s_i,k) \leqslant N_{s_i t} \quad \forall s_i \tag{28.29b}$$

$$\mathrm{d}(j) \leqslant L_{jt} \quad \forall j \tag{28.29c}$$

其中，$LF(s_i k)$为处于状态 s_i 的顾客的终身价值，给定在当期邮寄了 k 个目录，而其后的最优邮寄数量根据式(28.24)求得。j 是指租用名单 j 上的顾客。$\mathrm{d}(s_i,k)$为处于 RFM 状态 s_i 并且在当期收到 k 个目录的顾客数量。$\mathrm{d}(j)$为在当期邮寄给租用名单 j 的目录数量。Y_t 为邮寄和存货投入之后的可用资金。a_t 为 t 时期在企业层面获得的外部资金。$N_{s_i t}$ 为 t 时期处于状态 s_i 的顾客数量。L_{ji} 为 t 时期在租用名单 j 上的顾客数量。

决策变量是 $\mathrm{d}(s_i k)$和 $\mathrm{d}(j)$。第一个约束表明公司在邮寄上的花费不能比可用资金更多。式(28.29b)～式(28.29c)确保收到目录的顾客总数不能超过每个 RFM 组或每个租用名单上的顾客总和。

上述优化的实施过程包括：利用式(28.28)～式(28.29)计算最优邮寄计划，利用式(28.26)计算该计划 T 的最优再订购水平，然后检查，以确保再订购成本加上邮寄成本在约束现金之内。如果不能满足约束，那么终身价值最低的细分市场[由式(28.24)确定]将被去掉。这个过程将不断迭代，直到满足现金约束为止。

作者将他们的模型应用在一个目录营销公司的数据上，并将他们的方法产生的模拟利润与理论上的利润上界进行了比较。此外他们发现，相对于这个上界来说他们的方法表现得很好，通常能产生超过上界 95%的利润。基于模拟结果，作者得到了一些重要的结论。例如，在可用现金的约束下，向更多的顾客邮寄目录比向一小部分顾客邮寄更多的目录要好。这是为了防止没有邮寄目录的顾客的最近一次购买离现在太远以致从内部名单上被去掉。此外，启动目录应该多次邮寄以促进顾客多次购买，从而在内部名单上站稳脚跟。这也符合我们的直觉，即新的公司应该更加重视顾客获取而不是顾客保留(见第 26 章)。

28.3.7 考虑多个不同目录的模型(Campbell et al.,2001)

1. 回应模型

Campbell 等人(2001)描述了 Fingerhut 公司所使用的方法。这是一家目录营销公司每年向 7 000 000 位顾客邮寄超过 340 000 000 份目录。问题是如何产生在计划的时间范围里发送给每个顾客的一系列目录("邮件流")。目录由于其内容和发送时间的不同而有所不同。该方法包括两个步骤"聚类"和"优化"，如图 28.8 所示。聚类阶段测量了顾客的反应，而优化阶段决定了发送给不同聚类群组的邮件流。

2. 优化模型

顾客层面的优化问题可以表述为

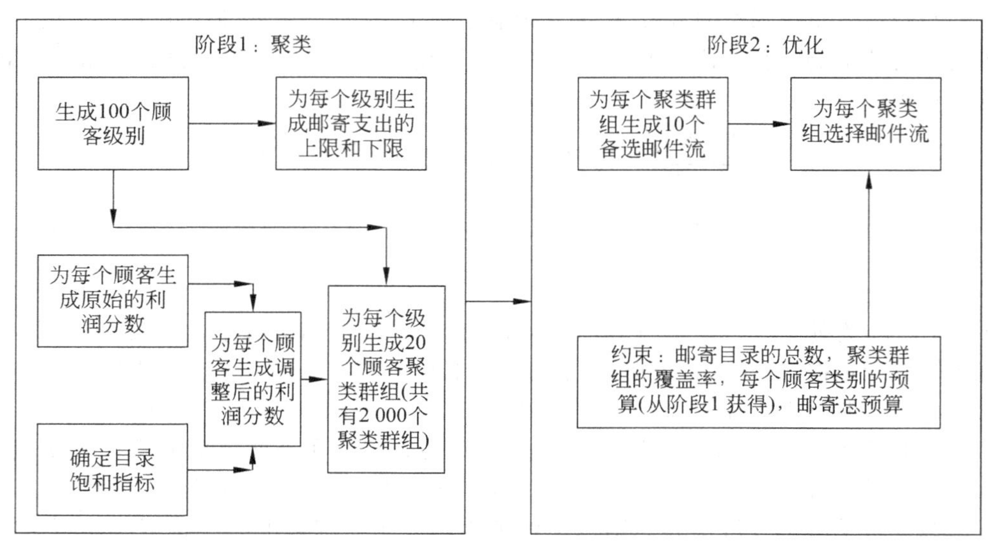

图 28.8 目录邮件流优化系统(资料来源：Campbell，等，2001)

$$\text{MaxProfit} = \prod = \sum_i \sum_p [G_p^i - F_p^i] X_p^i - \sum_i \sum_p \sum_{p'} G_p^i S_{p,p'} X_p^i X_{p'}^i \qquad (28.30\text{a})$$

这样：

$$\sum_i \sum_p F_p^i X_p^i \leqslant B \qquad (28.30\text{b})$$

其中，G_p^i 为邮寄目录 p 给顾客 i 所获取的总利润；F_p^i 为邮寄目录 p 给顾客 i 的成本；$X_p^i=1$ 为邮寄目录 p 给顾客 i，否则为 0；$S_{p,p'}$ 为目录 p 和 p' 之间的饱和效应(见 28.2.2 节)；B 为邮寄的预算约束。

饱和效应是使模型具有了动态性。然而，作者并不能对上述公式进行最大化，因为 7 000 000 客户乘以 40 个潜在的产品目录，就会形成 280 000 000 个决策变量。变量太多，无法直接求解。

因此，Campbell 通过将顾客划分成上述 2 000 个聚类群组而简化了问题。然后，他们分两个步骤进行优化。首先，他们为每个聚类群组生成备选邮件流。接下来，他们为每个聚类群组决定使用哪个邮件流。对于单个聚类群组的优化与式(28.30a)、式(28.30b)几乎相同，Campbell 等人 (2001)对其描述如下：

$$\text{Max}Z = \sum_p [R_p - E_p] Y_p - \sum_p \sum_{p'} R_p S_{p,p'} Y_p Y_{p'} \qquad (28.31\text{a})$$

这样：

$$\sum_p E_p Y_p \leqslant B \qquad (28.31\text{b})$$

其中，R_p 为邮寄目录 p 到聚类群组的总利润；E_p 为邮寄目录 p 到聚类群组的成本；$Y_p=1$ 为邮件目录 p 到聚类群组，否则为 0。

式(28.31a)、式(28.31b)与式(28.30a)、式(28.30b)之间的差别在于后者中的 i 代表的是顾客个体层面。利用式(28.31a)、式(28.31b)作者找到了 2 000 个不同的顾客聚类群组的最优解。对于每个优化，都有对应 40 个目录的 40 个决策变量和 1 个预算约束。由于使用预算约束的 10 个取值进行了优化，所以每个聚类群组就得到 10 个备选邮件流。

这一阶段的关键输出是顾客级别 k 中的聚类群组 j 的顾客接受到邮件流 m 所产生的人均期望利润 G_m^{kj}。利用这个数值可以得到最大化整个聚类群组利润的全局优化的目标函数：

$$\text{Max}\sum_k\sum_j\sum_m G_m^{kj}X_m^{kj} \tag{28.32}$$

给定：

$$\underline{Q}_p\leqslant\sum_k\sum_j\sum_m C_{pm}^{kj}X_m^{kj}\leqslant\overline{Q}_p\quad\forall p \tag{28.33a}$$

$$\underline{A}^k\leqslant\sum_m\sum_j F_m^{kj}X_m^{kj}\leqslant\overline{A}^k\quad\forall k \tag{28.33b}$$

$$\sum_m X_m^{kj}=V^{kj}\quad\forall j,k \tag{28.33c}$$

$$\underline{T}\leqslant\sum_k\sum_j\sum_m F_m^{kj}X_m^{kj}\leqslant\overline{T} \tag{28.33d}$$

其中，G_m^{kj} 为顾客级别 k 中的聚类群组 j（来自第 1 阶段的优化）的顾客接收到邮件流 m 所产生的人均利润；X_m^{kj} 为级别 k 的聚类群组 j 中，接收到邮件流 m 的顾客数量；$\underline{Q}_p,\overline{Q}_p$ 为目录 p 能被发送的数量的上限和下限；C_{pm}^{kj} 为目录 p 包含在发送给级别 k 中的聚类群组 j 的邮件流中；$\underline{A}^k,\overline{A}^k$ 为对级别 K 的邮寄预算的上限和下限；F_m^{kj} 为向级别 k 的聚类群组 j 寄送邮件流 m 的成本；V^{kj} 为级别 k 的聚类群组 j 中的顾客总数；$\underline{T},\overline{T}$ 为邮寄总成本的上限和下限。

决策变量是在一个给定的聚类群组中收到一个特定邮件流的顾客数量。因为有 2 000 个聚类群组，每个聚类群组有 10 个潜在的邮件流，所以决策变量有 20 000 个。式(28.33a)～式(28.33d)代表了 2 141 个约束条件。第一个[式(28.33a)]说明每个目录的邮寄数量有上限和下限的约束。这些涵盖了目录的开发成本以及维护了公司的定位。这样的约束条件一共有 40 个，每个目录 1 个。

第二个约束[式(28.33b)]是指 100 名顾客级别中的每一个都有一个目录邮寄投入的最低和最高水平。共有 100 个这样的约束。它们是在第一阶段产生的聚类群组。这将确保每个顾客群都能得到最低的投入水平，同时也能避免耗尽现象。第三个约束[式(28.33c)]是每个聚类群组中的所有顾客都必须接收一个邮件流。因此，有 2 000 个这样的约束。最后一个约束[式(28.33d)]要求，邮寄投入的总数必须在上限和下限之间。

总之，Campbell(2001)将一个有着 280 000 000 个决策变量的优化替换为两个优化：40 个决策变量和 1 个约束，一共被求解了 2 000 次；另一个包含 20 000 个决策变量和 2 140 个约束。

Campbell(2001)报告了一个包含 70 万次测试和 70 万个控制顾客的现场测试。测试的目的是要检验他们提出的系统是否能够通过降低邮寄成本来使利润增加。事实上，该系统减少了6%的邮寄费，收入下降了1.5%。然而，净影响却使利润增加2%。这个作用对于那些近期没有从 Fingerhut 购买的顾客尤其明显。

Campbell 还报告该系统"直接导致公司的年利润增加350万美元"并且"实施第一年就获得了回报"(Campbell et al.,2001：86)。

该系统由于使用了饱和交互效应，所以具有较高的创新性(见28.2.2节)。聚类群组的形成过程，假定群组内的顾客对邮件流的反应是同质的，但是聚类过程并不是基于对邮件流的反应，而是基于对个别目录的反应以及邮件反应的其他整体测量指标。在优化方面，使用两个阶段优化而不是一个阶段会有什么损失尚不清楚。总之，Campbell 等人(2001)的方法在回应函数上是有创新性的，在优化方面比较实用，并且在实际应用中证实了它的价值，最后为今后的研究提供了充足的机会。

28.3.8 多个目录的邮寄(Elsner et al.,2003,2004)

1. 回应模型

Elsner 等人(2003,2004)开发了一个"动态多层模型"(DMLM)来优化一个单一目录的目标顾客，还有一个"动态多维模型"(DMDM)为不同的目录确定目标顾客。我们首先关注 DMLM 模型，然后讨论它如何延长扩展至 DMDM。DMLM 包括三个步骤或层级，其中每一个都需要进行各自的回应函数分析：

(1) 确定在未来12个月内进行多少项目录营销活动，两次活动之间应该间隔多长时间，在一次特定的活动中应该在哪一天邮寄目录。令 n_{opi} 是最优活动次数。

(2) 确定应该对哪些顾客群进行 n_{opi} 这项活动。

(3) 继续进行顾客群分析，以确定哪些顾客是"不活跃的"，因此应该接收一个"激活目录"，以及如果需要的话哪些顾客应该收到正常的目录邮寄。

在第(1)步中，作者进行现场测试，并用测试中得到的数据进行了回归分析，在分析中将回应率和订单大小与寄出目录的数量、顾客收到目录的日期以及两次邮寄之间的时间联系起来。一个有意思的发现是：星期六是收到目录的最佳时间。这是有道理的，因为从周六开始就是周末了，顾客有更多时间来浏览目录。

在第(2)步，作者根据最近一次购买将顾客分为三个细分群。然后，他们估计了每个细分群对一个目录的回应率。作者假设对于给定的细分群，顾客的回应率在每次活动中都是一样的。这样他们就可以预测出顾客如何在不同的细分群之间转换，就像 Bitran 和 Mondschein (1996) 所做的那样。然后，他们计算出，如果一个细分群参与了 n_{opi} 个活动，那么从它获取的利润是多少，由此也可以计算出如果它参与了 n_{opi} 个活动，那么是否有利可图。这一步的一个重要的输出是一个盈亏平衡的分界点 s^*。如果给细分群的期望销售率少于 s^*，则不应该对该细分群进行 n_{opi} 个活动。

第(3)步利用 RFM 和其他变量来确定一个细分群是否实现了盈亏平衡。如果没有，那就需要进一步的分析，以确定是否值得向该细分群的顾客寄送特殊的"激活目录"。

需要注意的是，作者在第(2)步中假设，对于一个给定的细分群回应率是不变的，它不随时间的改变，也不依赖于邮寄目录的频率或时间。因此，看起来这个模型并没有考虑磨合、耗尽和遗忘现象。然而,就像 Rust 和 Verhoef(2005)的模型一样,在第(1)步中确实暗含了这些因素,因为它在整体层面上将总的回应率和订单的大小作为邮寄频率和时间的函数进行了回归分析。

2. 优化模型

作者在第(1)步中发现,25 个双月目录营销活动,两次活动之间间隔 14 天,并且在星期六寄到是最优选择(Elsner et al., 2003;图 28.4)。作者接着把顾客按照最近一次购买的远近分为三个细分群(如最近一次购买距现在<12 个月,12<最近一次购买距现在<24,最近一次购买距现在> 24)。给定每个细分群的回应率和订单大小,他们推导出每个细分群的期望顾客数量以及如果该细分群收到 n_{opt} 个目录那么它的利润的表达式。他们还考虑到顾客可能被获取,也可能由于搬家没有新地址而被从数据库中删掉。总之,这些表达式将利润总额看作顾客在不同细分群之间转换的函数,而这种转换取决于顾客是否收到一个给定的目录并对其有所反应。他们利用这些表达式,计算出 s^*。如果一个给定细分群 j 的 s_j=回应率×订单的大小比 s^* 大,那么这个细分群就会收到 n_{opt} 个目录。

第(3)步提供了一个预测模型,用来更进一步识别出(不只基于"最近一次购买"变量),哪些顾客的 $s_j<s^*$。对于这些顾客,作者进行了进一步的分析,详细检查了他们的回应率等指标,以便确定是否值得向他们发送"激活目录"。

作者将他们的方法应用到一个叫作 Rhenania 的德国目录营销公司,并报告了公司在销售和顾客总数上的提高。一年后,利润开始增加。公司的业绩非常好,所以又收购了另一家目录营销公司 Akzente,并将模型应用于这家公司。与 Rhenania 的结果类似,在经历了 2~3 年的业绩下降后,该公司的活跃顾客数量,销售增长率,甚至利润立即开始增加。

作者把他们的成功归结为三个原因:①这是一种具有前瞻性的优化,而不是每次优化一个邮件;②使用细分来帮助确定向一个细分群邮寄所需要的最低期望销售量;③进行进一步的细分,以识别出活跃顾客与不活跃顾客,并选择性地对那些被认为最有可能盈利的回应顾客实施重新激活策略。

作者还发现,在收购了新的直邮公司后,需要一种新的模型——DMDM 来优化三个不同类型的目录的顾客接触。然而,作者遵循了与 DMLM 大致相同的三个步骤,例如在第(1)步,他们也考虑了顾客对三个目录总邮寄数量的反应,而且还隐含着顾客对不同品牌的产品目录的反应之间的交叉相关性。在应用此模型的过程中(Elsner, et al., 2004),他们发现顾客从不同目录中的交叉购买更多。

28.3.9 增加在线固定样本组调查的回应率(Neslin et al., 2007)

1. 回应模型

Neslin 等人(2007)开发了一个模型,用以增加在线固定样本组调查的回应率。在线固定样本组为一个重要的调查数据来源。近 80%的消费品公司和 74%的 B2B 公司都使用过在线固定样本组(Thornton, 2005)。在线固定样本组具有更低的运营成本(相比邮件调查或个人访谈)以及更专业的抽样框架。为了增加回应率,在线固定样本组管理人员可能会增加参与奖励或招募更多的样本组成员。无论哪种方式，都会增加成本。另一种方法是使用最优接触模型。它可以识别出那些有可能会回应的固定样本组成员，然后明智地长时间地使用他们以获取最大化的回应率。

Neslin 等人使用决策树对调查反应进行建模。他们考虑了一些潜在的预测变量，其最终的模型包含以下四个变量：

- 从上一次邀请到本次邀请之间的天数，或从加入固定样本组到本次邀请之间的天数(INVJOIN)：较低的 INVJOIN 具有较高的回应率。
- 反应确认电子邮件(CONFIRM)：公司会发送电子邮件给固定样本组成员询问他们是否仍然有兴趣参与。得到的反应可能是“是”“否”和“没有回应”。那些回答“是”的人最有可能进行响应，而那些回答“否”的人不可能回应，没有回应的顾客处于中间。
- 对上一次邀请的回应(PREVRESP)：也可能没有回应，或从来没有被邀请。有回应的人显然更容易对随后的邀请有所回应，无回应的可能性最小，从未被邀请的处于中间。
- 性别：女性在某种程度上比男性更有可能回应。

决策树包括两个随时间变化的变量：INVJOIN 和 PREVRESP。作者没有发现任何有关耗尽的证据。这可能是由于数据的范围造成的。数据中极少的样本组成员曾被邀请参与过两个以上的研究。

与 Simester 等人(2006)的方法一样，决策树的终端节点将顾客划分为不同的状态。顾客可以从一个状态迁移到另一个。例如，如果处于低 INVJOIN 状态的分界点是 61 天，那么 61 天以后，顾客就迁移到了 INVJOIN> 61 的状态，在这个状态中，回应率普遍较低。同样，由于 PREVRESP 是一个预测变量，样本组成员在不同的状态之间迁移也取决于他们是否对一个给定的邀请有所回应。这种顾客迁移在优化中起着关键作用，正如它在本章介绍过的几个其他模型中一样。

2. 优化模型

优化模型在有限的时间范围内具有前瞻性，作者将这个时间定位未来的 4 个研究。需要做的决策是在状态 j 中邀请多少个顾客参加一个给定的研究。优化考虑到随着时间的推移，新的样本组成员可能被添加到数据库中。它还考虑到给定的研究可能要求人口统计特征的平衡，例如同等数量的男性和女性。

具体来说，作者将其优化描述为一个线性规划：

$$\underset{X_{js}}{\text{Minimize}} \sum_{s=1}^{S} \sum_{j=1}^{N} X_{js} \tag{28.34}$$

给定：

$$X_{js} \leqslant A_{js} \quad j = 1, \cdots, N; s = 1, \cdots, S \tag{28.35a}$$

$$\sum_{j \in M_g} r_j X_{jt} \geqslant Q_{sg} \quad g = 1, \cdots, G; s = 1, \cdots, S \tag{28.35b}$$

$$A_{ks} = \sum_{j=1}^{N} p_{jk} X_{j,s-1} + \sum_{j=1}^{N} q_{jk}(A_{j,s-1} - X_{j,s-1}) + R_{ks} \quad k = 1,\cdots,N; s = 2,\cdots,S \tag{28.35c}$$

其中，X_{js} 为处于状态 j 的样本组成员被邀请参与研究 s 的数目；A_{js} 为处于状态 j 的样本组成员可能参与研究 s 的数目；r_j 为处于状态 j 的样本组成员的回应率；Q_{sg} 为研究 s 的参与者中需要来自人口统计特征组 g 的人数；p_{jk} 为如果被邀请参加一个给定的研究，那么样本组成员从状态 j 迁移到状态 k 的概率；q_{jk} 为如果被邀请参加一个给定的研究，那么样本组成员从状态 j 迁移到状态 k 的概率；R_{ks} 为研究 s 新招募的样本组成员处于状态 k 的人数。

优化的目标是最小化在决策时间范围内的邀请数量。由于该模型包括了对于每个研究所需参与者的人数限制，因此这也相当于最大化平均回应率。约束(28.35a)确保从一个给定状态邀请参与一个给定研究的样本组成员的人数不能多于所有可能的人数。约束(28.35b)描述了研究所需的来自每个人口统计特征组的参与者数量，M_g 是来自人口统计特征组 g 的样本组成员所处的状态的集合。约束(28.35c)记录了对每个研究来说每个状态中所包含的所有可能参与者的来源。处于状态 k 的样本组成员的数目等于有反应的样本组成员迁移到状态 k 的人数加上没有反应的样本组成员迁移到 k 状态的人数，再加上新招募的样本组成员进入状态 k 的数量。状态的迁移是由迁移概率 p 和 q 决定的。这些概率又是由决策树的终端节点所定义的状态以及研究的时间表来决定的。

作者运用了一种滚动时间范围的方法。滚动时间范围在运营管理中应用广泛。当模型中包含不确定性时，该方法是一个比较务实的方式。具体来说作者使用的方法是：①找到研究 1,2,3 和 4 的最优解。此解是基于式(28.35c)计算出的期望样本组成员迁移而得到的。②对研究 1 实施最优解。③观察实际中谁响应，谁没有响应，从而为研究 2 计算出每个状态中实际包含的样本组成员数。④找到研究 2,3,4 和 5 的最优解。⑤对研究 2 实施最优解，以此类推。

作者通过现场测试来验证其模型，并将其与随机选择样本组成员以及公司当前使用的直观选择方法进行了比较。图 28.9 显示该模型优于其他两种方法。优化方法相对于后三项研究的效果尤其好的原因是：在第一项研究中，预测模型所确定的高反应状态组中包含的样本组成员太少。然而，在第一项研究中，模型还可以通过其他方法来识别样本组成员是否在高反应组中。例如，低 INVJOIN 和 PREVRESP＝“回应”的顾客是高反应的样本组成员。然而，在研究 1 中却没有这样的样本组成员。通过邀请以前的参与者中具有高 INVJOIN 的人，该模型可以在以前的参与者中为研究 2 创建一个低 INVJOIN 者的集合，而集合中的人对研究 2 将有较高的反应概率。这一策略被证明是有效的。

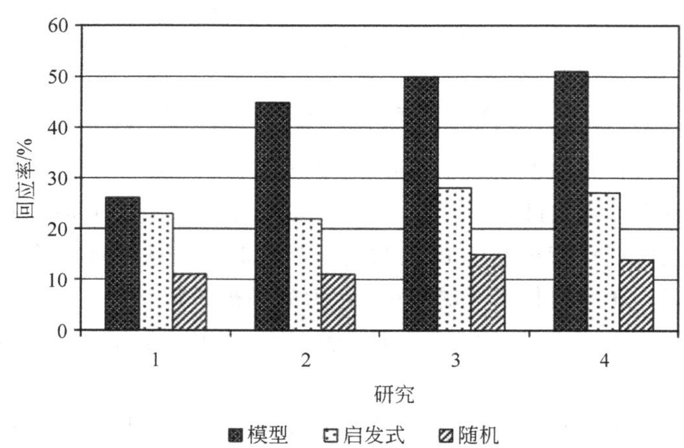

图 28.9　对增加在线固定样本组回应率的最优接触模型所作的现场测试

（资料来源：Neslin et al. 2007）

28.4　总　　结

表 28.2 总结了本节所讨论的最优接触模型的各种特征。所有的模型大都应用于直邮或促销决策，只有一个例外。Neslin 等人(2007)说明了该方法更广泛的适用性(Sun & Li，2005，以及第 25 章，关于其在呼叫中心领域的应用)。其他潜在的应用包括电子邮件、在线广告、多渠道促销。大部分方法都只关注一个类型的沟通活动，例如，一个单一的目录，而不是一系列目录。Campbell 等人(2001)，Rust 和 Verhoef(2005)的模型，以及 Elsner 等人(2003，2004)对于基本模型的扩展是一些重要的例外。Campbell 等人的模型考虑到一系列的沟通活动可能带来沟通重叠的问题，所以它在这方面是一个创新。

优化方法包括简单的利润分界点(Gönül et al.，2000)、线性规划(Neslin et al.，2007)及多阶段优化(Campbell et al.，2001；Elsner et al.，2003，2004)。在这两种多阶段的优化中，首先要考虑的都是目录的时间安排，其次是哪个细分群应该接收什么样的时间安排。如果要考虑不同类型的沟通方式，那么这种方式可能是一种必要的简化方法。

大多数模型都假定企业具有前瞻性。Rust 和 Verhoef(2005)的模型是一个例外。他们关注在一年内花在每个顾客身上的总的营销投入，而不关心几年的投入或一年内投入的时间安排。营销投入的详细的时间安排需要一个复杂的动态优化才能获得。

如果能将带有一个特别时间假设规则的整体方法与一个真正的动态优化方法进行比较，应该能得到有意思的结果。

Gönül 和 Shi (1998) 的方法的独特性在于让顾客也具有前瞻性。Gönül 和 Shi 的另一个独特之处在于他们考虑到用于估计预测模型的数据中，存在的邮寄决策的潜在内生性。尽管他们没有发现这种内生性被重新证实了，但我们还需要对其进行更充分的研究(Ansori et al. 2008)。

表 28.2　比较最优目录邮寄程序

		Bitran 和 Mondschein (1996)	Gönül 和 Shi (1998)	Gönül 等人(2000)	Campbell 等人(2001)	Elsner 等人 (2003)	Ching 等人 (2004)	Rust 和 Verhoef (2005)	Simester 等人 (2006)	Neslin, Novak, Baker, 和 Hoffman(2007)
决策	目录邮寄	√	√	√	√	√	(“促销”)	(直邮;杂志)	√	a
	目录多样性	—	—	—	√	b	—	√	—	—
优化	方法	动态规划	动态 Stackelberg	短期利润分界点	整数和线性规划	微积分	动态规划	微积分	动态规划	线性规划
	决策变量	每个季度寄给各细分群的目录数量 c	在 t 时期向顾客 i 邮寄目录	在 t 时期向顾客 i 邮寄目录	对细分群 j 使用邮件流 m	邮寄目录的时间和数量——哪些细分群会收到这些目录	是否向一个给定顾客促销	在 1 年内直邮和杂志的数量	向细分群 s 中的顾客邮寄	细分群 j 中被邀请参与研究 s 的样本组成员的数量
	顾客增加	√	—	—	—	√	—	—	—	√
	预算	√	—	—	√	√	—	—	—	d
	前瞻性	√	√(企业和顾客)	—	√	√	√	—	√	√
	最优解	稳态	稳态	稳态	稳态	稳态	稳态和有限时间范围	单周期推导	稳态	滚动式
成本	邮寄	√	√	√	√	√	√	√	√	—
	库存	√	—	—	—	—	—	—	—	NA
	缺货	√	—	—	—	—	—	—	—	NA
	产品成本 (COGS)	√	√	√	√	√	√	√	√	NA
	订单处理	√	—	—	—	—	—	—	—	—

续表

		Bitran 和 Mondschein (1996)	Gönül 和 Shi (1998)	Gönül 等人(2000)	Campbell 等人(2001)	Elsner 等人 (2003)	Ching 等人 (2004)	Rust 和 Verhoef (2005)	Simester 等人 (2006)	Neslin, Novak, Baker, 和 Hoffman(2007)
回应模型	类型	RFM	动态理性	风险	回归	回归, R 和 RFM	反应 = f (顾客数量)	分层贝叶斯回归	决策树	决策树
模型中的反应现象	回应率	√	√	√	√	√	√	(利润)	√	√
	订单大小	√			√	√	√	—	√	
	耗尽	隐含	—	√	√	隐含		隐含	√	√
	磨合	隐含	—	—	—	隐含	—	隐含	—	—
	遗忘	隐含	√	√	—	隐含	—	隐含	—	√
	重叠		—	—	√	—	—	—	—	—

注a：决定向一个在线固定样本组发送邀请的时间安排以最大化平均回应率。

b：对基础模型的扩展以考虑到不同的目录以及对不同目录的反应之间的相关性。

c：还要决定每个季度在库存上投入多少。

d：没有明确的货币预算；预算以每个研究所需的参与者数量的方式来表现。

大部分模型都得出一个稳态决策规则，例如，“如果顾客在 t 时期处于这个 RFM 状态中，那么就向他邮寄一个目录”(Simester et al. 2006)。唯一的例外是 Neslin 等人(2007)，他们使用滚动时间安排方法，所以没有一般性的决策规则。

Bitran 和 Mondschein(1996)方法的独特性在于他们分析了更广泛的决策类型，特别是涉及企业运营方面的决策。他们考虑了企业的库存和订货成本，这对目录营销企业来说至关重要。

这些方法所使用的回应模型也多种多样，包括 RFM、风险模型、决策树。RFM 和决策树模型将顾客分为不同的细分群；顾客所属的细分群会随时间的推移而发生变化，因此优化的过程是动态的。另一个被 Mondschein 和 Bitran(1996)，Campbell 等人(2001)以及 Elsner(2003，2004)考虑的重要实际问题是，既要考虑到顾客是否反应，还要考虑如果反应，他们会花费多少钱。最后 Simester 等人(2006)指出了一个关键问题，即用来估计回应函数的数据必须能够代表一个广泛的历史邮寄数据。这一点非常重要。优化模型并没有明确考虑数据质量的问题。但 Simester 等人指出在实践中，保证足够的数据误差非常重要。

最后需要说明的是，虽然本章总结的各种方法说明我们可以构建和实施最优接触模型，但仍然需要进一步的实际现场测试来证明它们能够改进目前在实践中应用的方法或简单的模型(如上文提到的近视模型)。Campbell 等人的模型(2001)和 Neslin 等人的模型(2007)在控制现场中被证明是成功的。Elsner 等人(2003，2004)利用实验方法证实了其模型的效果，Simester 等人(2006)的研究得到了好坏参半的结果。我们仍然需要更多的现场测试。由于顾客层面的多活动管理的复杂性，所以了解哪些方面可以被简化以及如果不能简化，那么会存在什么问题非常重要。

第29章 定价策略

摘要

数据库营销环境涉及很多与定价相关的挑战。我们该如何协调顾客获取定价以及顾客保留定价？我们该如何定价来再次激活顾客？我们该如何用数据库营销来进行歧视定价？本章回顾了处理这些问题的模型和方法。我们认为价格不是凭空设定的，例如，顾客对产品质量的期望对获取定价有着重要的影响。

在顾客管理中定价是一个重要的领域。最初在经济学中，有大量关于产品和服务定价的文献，然而，却极少有文献是关于跨越顾客整个生命周期的定价策略的。本章将检验基本的定价理论，这些理论不仅被多次应用于为个人顾客定价，而且可以为不同类型的顾客制定不同的价格(歧视定价)。我们强调基于顾客的定价，反对基于产品的定价。基于顾客的定价关注顾客可能购买的多种商品，从中获取来自顾客的最大化总收益。而基于产品的定价的优势仅在于最大化某种给定产品的利润。基于顾客的定价更适合数据库营销，因为数据库营销的焦点在管理顾客上。

29.1 概述——基于顾客的定价策略

大多数企业都割裂地为其众多产品中的每一种单独定价。基于产品的定价最大化是某种给定产品或服务的价格，而没有考虑到最大化一个商品簇的总价格。而这个包含产品或服务的商品簇正是顾客在他/她的整个生命周期中所要购买的。

假设这位顾客已经买过这个企业的某种产品，那么该顾客更可能从这个企业购买第二件产品。此时，企业必须基于两种产品的利润率，综合考虑产品组合的最大利润，而非单个产品的利润最大化。一个例子是销售抵押贷款的金融服务公司。假设顾客之前购买过该公司的信用卡服务，那么他购买这个抵押贷款产品的可能性更大。因此，公司对信用卡的定价应该与未来其他产品的销售结合起来考虑。

从数学的角度，我们可以将问题设定为一个两步最优化过程，其中首次购买影响第二次购买的概率。稍后在本章中，我们将研究这种基于顾客定价的结构。在当前市场营销文献中没有提及的一个相关但更复杂的问题是，如果企业有两种产品，并且每种都可以被作为主打产品来销售(第一个被顾客购买的产品)，那么最优的产品线定价策略应该是什么？凭直觉来说，两种产品都应该定更低的价。

大多数关于顾客定价的市场营销文献聚焦于对耐用品的定价，这些定价基于成本以及需求的扩散。本文讨论的问题是企业该如何为一个全新的耐用品定价。每个顾客都是被初次“吸引”的因而不存在反复购买。同时，对“早期购买者”的定价会从成本方面影响这个产品未来的定价。

如果企业还没有重复购买的顾客，那么一个通常被使用的定价方案便是“撇脂”定价(skim pricing)——开始时定高价，再随着时间降低价格。这种方法被广泛地在文献中提及，从 Robinson 和 Lakhani(1975)到 Nair(2007)。如果企业拥有垄断地位并且顾客表现出创新者/早期采用者的行为，那么“撇脂”定价在一定程度上受到经验曲线的驱动，如果企业边际成本的下降是累计产量的方程，那么其他条件不变的情况下，该企业应该采取“撇脂”定价。如果顾客的品位是不同的(异质性)并且垄断者可随着时间流逝而采取不同的定价，那么在其他条件不变的情况下，该企业可使用“撇脂”定价法。如果产品购买的折现率很高，那么在其他条件不变的情况下，企业该使用“撇脂”定价。然而，如果顾客愿意等待价格降低，并且企业折现率很高，那么使用统一定价或者更低的价格会更好。Lazear(1986)描述了如何在时尚季开始时定高价以吸引对价格不敏感的追求时尚的顾客，然后逐步降低价格获取那些对价格更加敏感的顾客以达到歧视定价的目的。

Kalish(1983)检验了多种扩散模型条件假设。在模型的顾客一方，他使用了 Bass 曲线，并且在成本一方假设生产的过程伴随着学习。Kalish 的重要发现是，在不同的条件下可能存在不同的定价路径。生产学习曲线导致边际成本随时间递减，这经常会引发价格下降。扩散效应在另一个方向上发挥作用导致企业定低价以增加创新者顾客的数量进而增加早期采用者顾客的数量。扩散曲线和生产学习曲线在相反方向上发挥作用，价格路径可能会根据扩散过程与学习曲线的相对重要程度下降或上升。

大量其他文章也有关于 Bass model 模型的内容(Bass，2004)。本节我们不使用这些模型因为它们关注的是顾客的扩散行为。我们在研究基于顾客的定价模型中将不会假设任何扩散效应存在。研究者可能会发现一个研究机会，就是把扩散效应整合进入我们即将学习的基于顾客的定价类型中，但前提是必须证明在市场中现有的标准产品/服务中已经存在扩散效应。我们将简要地提及企业获取顾客过程中的学习曲线，因为很多网络公司相信随着获取到更多的顾客，获取顾客的成本将会下降，因为企业将学会如何更有效率地获取顾客。然而，虽然获取顾客的学习成本存在降低的可能性，但是这些网络公司过于乐观了。没有任何文献证明过这些效应的存在。

这个章节剩余的部分将关注基于顾客的定价。目标将是最大化顾客的长期收益。其原因在于顾客是一种资产(Blattberg et al. 2001)，而不是单纯的交易，收益的最大化必须经过长期的购买行为才能实现。基于顾客的定价可分为 3 个部分：获取顾客定价、保留顾客定价、顾客“追加销售”定价。本章我们将关注这 3 种定价方式。企业从保留顾客定价中区分获取顾客定价的原因是获取顾客的定价会影响到顾客保留率。因此，价格并不是独立的。这个话题将在本章后续部分详细讨论。同样，因为顾客的行为是动态的(随时间改变)，所以有必要对顾客在不同时间段的价格敏感度做出不同假设。

研究者在考虑基于顾客的定价时，有两个不同的方向可供选择：①对“一锤子买卖”中的产品/服务定价，但是顾客会买这个企业的多种产品(如索尼公司的电子产品)；②对重复购买行为的产品定价，其中顾客多次购买同一种产品/服务。本章我们将考虑这两种情况。

本章内容将按照以下组织：29.2 节讲述当顾客购买多种产品时的基于顾客的定价；29.3 节讲述顾客在两个时期购买产品或服务时针对顾客的定价；29.4 节讲述使用顾客资

产模型(customer equity model)的获取顾客定价及保留顾客定价;29.5 节讲述重新赢回顾客的定价策略;29.6 节讲述针对追加销售的定价;29.7 节讲述使用歧视定价以及如何评价企业所拥有的关于区别定价的信息。

29.2 顾客购买多种产品时的基于顾客的定价

数据库营销人员经常能够提供一种“主打”产品来获得消费者,例如,金融服务公司提供的活期存款账户,汽车公司的低成本低档汽车(如梅赛德斯 1 系),或者服装零售商的配饰产品。为主打产品定价需要特别小心,因为如果该产品价格过低并且通过该产品所吸引的其他产品线的重复购买也很低,那么企业就会遭受损失。另外,如果定价过高并且产品质量也很高,那么企业可能会面临在获取顾客上投资不足的问题。

在本节提供的模型中,我们假设企业不使用歧视定价。虽然歧视定价在市场营销和数据库营销的文献中经常被讨论,但它在现实中执行起来可能会很难。随后在“通过目标顾客模型进行歧视定价”的章节中,我们提到 Feinberg 等人(2002)的一篇文章,这篇文章讲述了当顾客可以了解到其他顾客享受低价格时企业尝试歧视定价会带来的一些问题。本节与数据库营销人员的关系是,它教企业如何为“主打”产品定价以获取顾客。数据库营销人员在使用这些方法上有一个主要优势,因为通过研究他们的数据库,他们知道哪件是“主打”产品,或者说顾客第一次会购买哪件产品。

首先我们假设各种产品的购买之间是有联系的,因为一旦顾客购买过企业的一件产品或服务,这位顾客购买该企业的另一件产品或服务的可能性会增加。这些产品不一定是互补品。与顾客只买一件产品相比,在这种情况下定价策略和定价水平是不同的。举例来说,戴尔公司过去只销售电脑,而现在还销售打印机和平板电视。在购买过戴尔的某件产品后,该产品的质量会影响顾客购买另一件戴尔产品的概率。这个逻辑会影响戴尔对顾客首次购买的产品的定价。戴尔通过研究它的数据库,可以知道哪些产品会是顾客首次购买的,并且意识到对这些产品的定价会影响获得顾客的数量,戴尔要考虑如何更好地为这些产品定价。另一个例子是金融服务公司,它使用抵押贷款作为主打产品,并且接着销售传统银行产品,诸如支票和储蓄产品,作为第二产品和第三产品。

当产品并不是互补品而顾客却从某些企业购买多种产品,我们称这种行为叫品牌链购买。品牌链为什么会存在?顾客通过使用首次购买的产品了解这个品牌的质量,之后会对这个品牌有更高的关注度。进一步,顾客从企业获得有针对性的宣传信息。因为品牌链的存在,企业应该使用基于顾客的定价,而非基于产品的定价。

作为基于顾客的“主打产品”定价的第一个例子,我们将使用一个改编自 Shapiro(1983)的模型。我们考虑两种产品(1,2),企业已经为产品 2 定好了价格。问题是:已知顾客购买产品 2 的概率由产品 1 的购买和质量决定的情况下,如何为产品 1 定价?

我们将用一个具体例子来使这个章节更清楚。假设某个企业销售两种产品。产品 2 是平板电视,产品 1 是电脑。企业将平板电视的价格设定为 2 000 美元,利率为 20%或 400 美元。问题是如何为电脑定价?企业生产电脑的成本是 2 000 美元。由于两种产品都由同一企业制造,顾客会根据电脑的质量来估计平板电视的质量。两种产品有相同的商标。

分析的重点是为产品 1 定价，考虑到顾客在购买产品 1 后将修正他或她对产品 2 质量的估计。模型中将要用到的假设是顾客上调了他们对质量的估计，当然也可以调查相反的情况。

我们将做出下列假设。企业是一个垄断者，它决定了产品 i 的质量 q_i。质量是给定的，不会改变。我们将用一个常量(c_i)作为第 i 个产品的成本。依据顾客对产品 i 的质量的评价 θ_i 对顾客进行编码。θ_i 代表了该类型顾客在产品 i 的质量 q_i 上赋予的货币价值。应注意的是在不同的产品分类中，顾客可能对质量有不同的偏好。θ_i 的取值范围在 0 到 1 之间。θ_i 基本上是质量对顾客来说重要性的体现。一个 θ_i 型的顾客为质量为 q_i 的商品支付 p_i 的价格，享受到的消费者剩余是 $\theta_i q_i - p_i (i=1, 2)$。

顾客对企业销售的产品的质量有一个期望，$R_i>0(i=1,2)$。R_i 是一个期望点(不是一个概率分布)。R_i 的价值源于企业的声誉，它不依赖于市场营销活动但是很容易与企业的广告和产品定位决策相关联。

一位 θ_i 型的顾客将进行初次购买当且仅当 $\theta_i R_i > p_i$，这意味着 $\theta_i > p_i / R$。顾客的多元性由 θ_i 在顾客中的分布来获取，表示为 $F(\theta_i)$。因此偏好参数大于 θ_i 的那一部分顾客为

$$1-F(\theta_i)=\int_{\theta_i}^{1} f(t)\mathrm{d}t \tag{29.1}$$

其中，

$$F(\theta_i)=\int_{1}^{\theta_i} f(t)\mathrm{d}t$$

对初次购买产品的需求是

$$s(p_1)=1-F(p_1/R_1) \tag{29.2}$$

随着 R_1 的增加，需求上升。并且随着 p_1 上升，需求下降。因此，初始阶段，如果企业可以控制 R_1，其将会试图将价格设定得尽可能高。

我们将继续看这个例子。我们假设 R_1 的值是 5 000 美元并且 θ_1 服从均匀分布。企业为其电脑定价为 3 000 美元。那么，将会购买电脑的那部分顾客应是那些 $\partial_1 > p_1/R_1 = 1-(3\,000/5\,000)=0.4$ 的人。假设价格被提升到 4 000 美元，那么，将会购买电脑的那部分顾客应是 $s(4\,000/5\,000)=[1-F(0.8)]=(1-0.8)=0.2$。

我们将考虑两种情况。情况 1：顾客只购买了产品 1。情况 2：顾客先购买了产品 1，接着依据购买产品 1 的体验升级了其对产品 2 质量的预期，期望质量会从 R_2 变为 q_2。

29.2.1 情况 1：仅有产品 1 被购买

顾客购买产品 1 的概率为

$$\text{Prob(Purchase Product1)}=1-F\left(\frac{p_1}{R_1}\right) \tag{29.3}$$

利润函数为

$$\pi_1=N\left[1-F\left(\frac{p_1}{R_1}\right)\right](p_1-c_1) \tag{29.4}$$

其中 N 是市场的规模。我们将假设 θ_1 是均匀分布的。那么，

$$F\left(\frac{p_1}{R_1}\right)=\frac{p_1}{R_1}$$

对 p_1 求导并令导出式为零，得

$$\frac{d\pi_1}{dp_1}=\left(1+\frac{c_1}{R_1}\right)-\frac{2p_1}{R_1}=0 \ or$$

$$p_1=\frac{R_1+c_1}{2} \tag{29.5}$$

上面的结果是建立在均匀分布假设上的，这个假设易于处理并且使结果显而易见。Shapiro(1983)展示了一个比上式更广泛的结果。

继续我们的例子，令 $c_1=2\ 000$ 美元并且记住 $R_1=5\ 000$ 美元，我们有 $p_1=(5\ 000+2\ 000)/2=3\ 500$(美元)。我们将与买两种产品的情况对比这个结果。

29.2.2 情况 2：以产品 1 为主打产品的两种产品购买模型

在第 2 种情况下，我们假设顾客购买第二件产品的决策，是基于他/她对产品 1 的使用体验的。在购买产品 1 后，顾客会升级他/她关于该厂牌质量的期望，并且期望质量会从 R_2 变为 q_2，其中 $q_2>R_2$。研究者当然也可以假设 $R_2>q_2$，并且分析那种情况。然而，我们将分析一种情况，其中顾客的期望比产品 2 的真实质量要低，并且顾客使用产品 1 去升级他们对产品 2 真实质量的期望 q_2。

对两种产品来说，购买的概率都是 $1-F\left(\frac{p_i}{R_i}\right)$那么两个时间段里购买的顾客的数量是

$$S=N\left\{\left[1-F\left(\frac{p_1}{R_1}\right)\right]+\left[1-F\left(\frac{p_2}{q_2}\right)\right]\right\} \tag{29.6}$$

公式第二部分的 q_2 是由于一个假设。这个假设认为顾客在首次购买过产品 1 后，会知晓产品 2 的真实质量。利润 π 为

$$\pi=N\left[1-F\left(\frac{p_1}{R_1}\right)\right]\times\left\{(p_1-c_1)+\left[1-F\left(\frac{p_2}{q_2}\right)\right]\times(p_2-c_2)\right\} \tag{29.7}$$

令$\left[1-F\left(\frac{p_2}{q_2}\right)\times(p_2-c_2)\right]=k$。再一次，假设 θ_1 是均匀分布的，我们可以对 p_1 求最优，假设 p_2 为已知。最优价格为

$$p_1=\frac{R_1+(c_1-k)}{2} \tag{29.8}$$

因为 $k>0$，所以基于产品 2 将产生的额外利润，产品 1 的最优价格被降低了。

继续我们的例子，使 $c_2=1\ 000$ 美元，$p_2=1\ 500$ 美元以及 $q_2=3\ 000$ 美元。然后，使用上面的式(29.7)和式(29.8)，我们有 $k=[1-F(1\ 500/3\ 000)]\times(1\ 500-1\ 000)=250$(美元)。接下来我们将 k 代入式(29.8)，我们有 $p_1=[5\ 000+(2\ 000-250)]/2=3\ 375$(美元)。

两种产品的情况表明，未来购买所产生的利润会进入对主打产品的定价中，并且当真实质量高于期望质量时会降低主打产品的定价。因此，产品 1 更低的价格会使企业招来更多顾客去尝试产品 1。低价接着会影响产品 2 的购买水平，因为顾客升级了他们关于

产品 2 质量的期望。如果顾客没有使用产品 1 去升级他们对产品 2 质量的期望，那么企业应该使用短视价格[式(29.5)]。

显然在这个模型和例子里有很多问题：

(1) 为什么产品 2 期望的均值与真实质量不同？因为假设两者相等，将违背理性预期的假设。在现实世界中企业可能知道它们产品的质量比顾客的感知(通过市场调查)要高，并且企业通过在主打产品上使用更低的价格，可以影响顾客未来的购买。

(2) 企业该如何估计产品 2 的期望质量(R_2)与实际质量(q_2)间的差距？这是一个市场调查问题，并且可以通过调研去查明实际质量与顾客期望质量。另一个相关问题是：一旦顾客试用了产品 1，企业可以确定这位顾客有没有升级他或她对产品 2 的期望。

(3) 为什么这个例子与数据库营销有关？数据库有能力去决定哪个是主打产品(首先被顾客购买的产品)，并且可以制定有针对性的营销活动去销售第二件产品。虽然当产品依次被引入市场时，传统的营销人员也可能用这种定价方法。但数据库营销人员可以使用他们的数据来决定哪种产品是天生的主打产品，甚至在当两种产品都已上市的情况下。

分析这两种情况的结论为：

- 即使主打产品价格低廉，企业也应该关心产品的质量。因为主打产品的质量会影响未来其他产品的定价和利润。
- 企业需要建立评估主打产品的机制，并且理解主打产品的质量水平是如何与消费者将购买的未来产品相匹配的。
- 企业应该建立基于产品的质量和顾客的购买顺序的定价政策。

29.3 顾客在两个时期购买产品或服务时的针对顾客的定价

我们现在考虑同种商品可能在一段时间内被多次购买的情况，假设顾客不知道初始质量。问题是：数据库营销公司该不该使用较高(较低)的推广价来获取顾客，并且在获得顾客后降低(升高)商品的价格？

我们使用与 29.2 节相同的“机制”。依据顾客对质量的评价 θ 对顾客进行编码。θ 代表了 θ 型的顾客为产品质量 q 愿意支付的货币价值。θ 的取值在 0 到 1 之间。为产品质量 q 支付价格 p 的 θ 型顾客享有的消费者剩余是 $\theta q-p$。顾客对卖家的产品有一个期望质量，$R>0$。R 是一个期望点。R 的值由企业的声誉决定。

当且仅当 $\theta R>p$ 的时候，θ 型的顾客会进行初次购买，这意味着 $\theta>p/R$。消费者的多样性由 θ 的分布表示，被记为 $F(\theta)$，那么拥有评价参数大于 θ 的顾客数量是

$$1-F(\theta)=\int_{\theta}^{1} f(t)\mathrm{d}t \tag{29.9}$$

或者

$$F(\theta)=1-\int_{\theta}^{1} f(t)\mathrm{d}t$$

初始需求为

$$s(p)=1-F(p/R) \tag{29.10}$$

当 R 增加时，需求增加。因此，初始，如果企业能够控制 R，那么它将试图将其设定得尽可能高。然而，未来所有那些获知真实质量的顾客以及那些 R 大于 q 的顾客将停止购买。

在质量已知（完全获知质量的顾客）时对产品的需求将为

$$s(p) = 1 - F(p/q) \tag{29.11}$$

其中 q 被用来替代 R，因为顾客知道真实的质量。我们将假设学习通过个人经历发生，并且是完全和即刻的。

29.3.1 悲观的情况：$R<q$ ——对质量的期望低于真实的质量

在悲观的情况下，假设顾客最初对产品质量（R）的期望低于真实的质量水平（q）。顾客在试用过产品或服务后，会获知真实的质量 q。我们将假设企业设定了推广价格（p_1）来吸引顾客，并且对接下来的购买设定未来价格（p_2）①。我们将假设一个两期的模型。

第一期的利润公式是 $\pi_1=1-F\left(\frac{p_1}{R}\right)\times(p_1-c)$。那些试用了该产品或服务的顾客获知了真实质量 q。两期模型的利润公式是

$$\pi = \left[1-F\left(\frac{p_1}{R}\right)\right](p_1-c)+\left[1-F\left(\frac{p_1}{R}\right)\right](p_2-c) \tag{29.12}$$

获得的顾客数量是 $1-F\left(\frac{p_1}{R}\right)$。如果 $p_2/q<\theta$，所有在第 1 期购买过的顾客将愿意继续购买。这些顾客会在第 1 期购买的条件是 $p_1/R<\theta$。因此如果 $p_1/R=p_2/q$，所有顾客将会被保留。因为 $q>R$，我们可以令 $p_2>p_1$。因此，因为真实质量比估计质量要高，所以企业会在第 2 期提高价格。

为决定最优的推广价格，企业对式(29.12)中的 p_1 求最优，以 $p_2=p_1(q/R)$。第 1 期的最优价格为

$$p_1 = \frac{R}{2}+\frac{c}{1+q/R} \tag{29.13}$$

由于期望质量低于真实质量（$q>R$），我们在第 1 期中定价较低，但是在第 2 期中将其上调。我们可以将其与短视方法（只有一期）做对比，短视方法的 $p_1=(c+R)/2$［式(29.5)］。表 29.1 展示了对于不同 q,R 和 c 的一些结果。两期模型选择了与第 2 期相比较低的初始价格，并且短视价格在这两者之间。

表 29.1 2 期顾客获得模型与 1 期顾客获取模型的比较

成本(c)	期望价格(R)	真实质量(q)	q/R	1 期的价格(p_1)/美元	2 期的价格(p_2)/美元	近视价格/美元	近视价格对最优价格
2	3	5	1.67	2.25	3.75	2.50	1.11
3	4	6	1.50	3.20	4.80	3.50	1.09

Shapiro 提出的定价模型可以通过加入其他假设来进行扩展。举例来说，研究者可以

① 注意现在的下标说明的是第 1 期与第 2 期的比较，而非像 29.2 节中的产品 1 与产品 2 的比较。

把顾客保留加入到模型中，并且将未来的销售折现。最优的第 1 期价格将依赖于未来的利润水平。未来的利润越高，第 1 期的价格就将越低。

29.3.2 乐观的情况：$R>q$ ——对质量的期望高于真实的质量

当顾客低估了真实质量时(悲观的情况)，价格应该在推广期较低，并且在未来较高。当顾客的期望高于真实质量时，相反的情况发生。在这种情况下，最优的定价策略是在推广期定一个较高的价格，并且在那些错误估计质量的顾客身上“揩油”。接着在顾客看到真实质量后，价格在第 2 期降低。

29.3.3 研究问题

Shapiro 的研究提供了多种未来的研究方向。第一，如果不得不以同样的价格向现有顾客和新顾客提供产品，定价决策会变得非常复杂。数据库营销潜在地解决了这个问题，因为其可以向不同顾客提供不同价格。非数据库营销人员在对新顾客和现有顾客进行歧视定价时面临更加严重的困难。

第二，在定价策略上的竞争会产生什么影响？引入竞争所带来的问题是，大多数模型都假设其为双寡头垄断。然而，在现实世界中经常会有很多的竞争者并且企业各有不同。那么，竞争的影响是什么？由此引出的问题是：是使用一个单寡头垄断模型并导出相关的定价策略好，还是使用一个对参与者有种种限制的双寡头垄断模型好？

很多数据库营销公司面临的第三个问题是，存在很多需要设定的价格，而非只有一个。这个问题和零售商的定价问题类似。当企业有很多种商品要卖给一个新顾客时，它该如何制定定价策略？

第四个问题是顾客获取产品信息。当顾客购买新的产品或服务时，他们经常会了解到一些关于企业的信息。进一步地讲，企业也在了解顾客。一些关于新产品定价的经济学文献假设了企业和(或)顾客的学习行为。最初，那些论文研究单寡头垄断者的行为，但是最近转向研究双寡头垄断者的行为。具体实例请参考 Bergemann 和 Valimaki (1997，2000)。

29.4 使用顾客资产模型的获取顾客定价及保留顾客定价

基于顾客的定价的另一种途径是使用顾客资产模型(如，Blattberg et al. 2001)，并且从获取定价和保留定价方面对其进行优化。Blattberg 等人的模型分为获取顾客以及保留顾客两部分。N_t 位顾客可供获取并且 $N_t\alpha_t$ 位实际上被得到了。接着，在第一期中 ρ_{t+1} 位顾客被维持住了。在第二期中，$\rho_{t+1}\times\rho_{t+2}$ 位顾客被维持住了。以此类推。基本模型是

$$CE(t)=\{(P_{a,t}-C_{a,t})\times N_t\alpha_t-N_tB_{a,t}\}+\sum_{k=1}^{\infty}\left[\left\{(P_{r,t+k}-C_{r,t+k})\times N_t\alpha_t\times r_{t+k}^{k}-B_{r,t+k}\times N_t\alpha_t r_{t+k-1}^{k}\right\}\left(\frac{1}{1+d}\right)^{k}\right] \quad (29.14)$$

其中，

$$r_{t+k}^{k}=\prod_{i=1}^{k}\rho_{t+i}$$

并且，$CE(t)$为 t 时点获得的顾客的顾客资产；$P_{a,t}$为 t 时点的顾客获取价格；$P_{r,t}$为 t 时点的顾客保留价格；$C_{a,t}$为 t 时点的顾客获取期每位顾客的平均产品成本；$C_{r,t}$为 t 时点的顾客保留期每位顾客的平均产品成本；α_t 为 t 时点的顾客获取率；ρ_t 为 t 时点的顾客保留率；r_{t+k}^{k}为 $t+k$ 时点的生存率；$B_{a,t}$为对 t 时点对每位潜在顾客的获取营销上的花费；$B_{r,t}$为对 t 时点获取的每位顾客的保留营销上的花费；d 为折现系数；N_t 为 t 时点潜在顾客数。

式(29.14)第二项中的生存率被滞后了一期，原因是保留顾客的营销费用被假设发生在期初。我们假设对于所有 k 有 $\rho_{t+k}=\rho_t$，这意味着顾客保留率不变。我们同样假设顾客保留期的价格($P_{r,t+k}$)和成本($C_{r,t+k}$)是不变的。这些假设令微分更容易。

定价通过模型中的多个变量进入方程：顾客获取率及顾客保留率，以及获取和保留所产生的销售。因此，为求出“最优定价”，理解价格对这些因素的影响很重要。

目标函数是

$$\max_{P_a,P_r}CE(t)=\left[\begin{array}{l}\{(P_a-C_a)\times[N_t\times\alpha(P_a)]-N_t\times B_a\}+\sum\limits_{k=1}^{\infty}(P_r-C_r)\times\\ {[N_t\times\alpha(P_a)\times\rho(P_r^k)]^k-B_r\times N_t\times\alpha(P_a)\times\rho(P_r)^{k-1}\times}\\ \left(\dfrac{1}{1+d}\right)^k\end{array}\right] \tag{29.15}$$

重组式(29.15)中的各项并且消去 N_t 后得：

$$\begin{aligned}\max_{P_a,P_r}CE(t)&=\left[\begin{array}{l}\{(P_a-C_a)[\alpha(P_a)]-B_a\}+\sum\limits_{k=1}^{\infty}\Bigg[\Bigg\{(P_r-C_r)\alpha(P_a)\times\\ \rho(P_r)^k-B_a\alpha(P_a)\rho(P_r)^{k-1}\Bigg\}\left(\dfrac{1}{1+d}\right)^k\Bigg]\end{array}\right]\\ &=\left[\{(P_a-C_a)[\alpha(P_a)]-B_a\}+\phi\alpha(P_a)\sum_{k=1}^{\infty}\rho(P_r)^k\left(\frac{1}{1+d}\right)^k\right]\\ &=\{(P_a-C_a)[\alpha(P_a)]-B_a\}+\alpha(P_a)\phi\theta\end{aligned} \tag{29.16}$$

其中：

$$\phi=\frac{[\rho(P_r)(P_r-C_r)-B_r]}{1+d},\quad \theta=\frac{1}{1-\rho(P_r)\times r},\quad r=\frac{1}{1+d}$$

由于 ϕ_θ 随着在顾客保留率和顾客保留价格的增加而增加，因此它代表了在获取顾客后的未来的利润。求最优化得出如下方程：

$$\frac{\partial CE(t)}{\partial P_a}=(P_a-C_a)\times\frac{\partial\alpha(P_a)}{\partial P_a}+\alpha(P_a)+\frac{\partial\alpha(P_a)}{\partial P_a}\times\phi\theta=0 \tag{29.17}$$

以及

$$\frac{\partial CE(t)}{\partial P_r}=\theta\frac{\partial\phi}{\partial P_r}+\phi\frac{\partial\theta}{\partial P_r}=0$$

$$\Rightarrow\theta\left[(P_r-C_r)\frac{\partial\rho(P_r)}{\partial P_r}+\rho(P_r)\right]+\phi\left[\left(\frac{r}{(1-\rho(P_r)r)^2}\right)\frac{\partial\rho(P_r)}{\partial P_r}\right]=0 \qquad (29.18)$$

为求 P_a 解式(29.17)的过程中显示，最优的顾客获取价格确实依赖于企业的顾客保留策略(即，顾客保留价格和营销上的花费)以及盈利能力。特别地[①]：

$$P_a=\frac{E^a_{P_a}}{1+E^a_{P_a}}C_a-\frac{E^a_{P_a}}{1+E^a_{P_a}}\phi\theta=P_m-\frac{E^a_{P_a}}{1+E^a_{P_a}}\phi\theta \qquad (29.19)$$

其中，P_m 为短视垄断价格；$E^a_{P_a}=\frac{\partial\alpha(P_a)}{\partial P_a}\times\frac{P_a}{\alpha(P_a)}$为顾客获取率的价格弹性。

式(29.19)对最优推广价格有两点启示：

- 当未来利润($\varphi\theta$)变高时，获取顾客的最优价格下降。
- 当未来利润($\varphi\theta$)接近零时，获取顾客的最优价格增加到趋近于短视价格。

因此那些随着时间变长而变得更加有利可图的顾客(比如，那些追加购买的顾客，会变得服务起来成本更小，对其他顾客有很强的积极影响，或者有更高的顾客保留率)与那些在未来不是那么有利可图的顾客相比，应该被提供一个较低的推广价格。因此，企业应该根据顾客的未来价值来进行歧视定价。这个结果意味着获取顾客的最优定价政策应该基于预期的未来利润，因为短视价格可能并不能产生最优数量的顾客。

从式(29.18)的导数中解出最优的保留顾客保留价格更为困难。与获取顾客的最优价格不同的是：保留顾客的最优价格不能被单独放在方程的一边，而必须被写成用其他保留顾客保留系数构成的公式。顾客保留的最优顾客保留价格只能通过数值例子来研究。

我们使用一个数值例子，这个例子依赖于对顾客保留价格模型的选择。假设：

$$\rho(P_r)=\frac{e^{-\lambda P^r_r}}{2(1+e^{-\lambda P^r_r})} \qquad (29.20)$$

λ 在三个值中取值，并且采取优化方法以获得顾客保留的最优价格。结果在表 29.2 中。结果显示当 λ 增加时，顾客保留率就会对价格更加敏感，最优的顾客保留价格就会下降。实践中的困难是如何决定模型中系数的值。通过现场测试可以提供数据来估计模型。

表 29.2　价格敏感度对顾客保留定价的影响

保留每位顾客的花费/美元	0.10	—	—
获取顾客的概率	10%	—	—
折现率	20%	—	—

① 如果一个垄断企业在定价时关心的是最大化其当期利润(也就是短视定价)，那么企业的最优价格应为 $\frac{E^a_{P_a}}{1+E^a_{P_a}}C_a$(Pindyck & Rubinfeld,2004)。所以，P_m 被称为短视垄断价格。

续表

产品的边际成本	3.00	—	—
模型系数	—	—	—
指数	1.5	—	—
价格敏感度系数(λ)	0.01	0.02	0.03
最优顾客保留价格/美元	9.53	7.31	6.39
最优顾客保留率	63.6	54.2	47.0

29.5 赢回顾客定价

一个与获取顾客和保留顾客相关的问题便是赢回顾客。这方面存在一些理论可供选择。一个理论认为赢回顾客的定价是基于顾客之前支付的价格，之前的价格成为了一个参考价格。另一个理论认为涨价产生“损失”，并且降价带来“收益”；在顾客回应上会存在不对称。最简单的假设是产品价格与赢回顾客的价格之间不存在联系。

Thomas 等人(2004a)研究了赢回顾客时什么因素会影响定价，使用的方法是分离风险模型。这个过程从顾客再次被企业赢回开始，到顾客终结后来的这种关系为止。分离风险方程由分离赢回和关系持续时间两部分组成。赢回顾客变量测量的是赢回一位流失的顾客的概率，而持续时间部分预测了在赢回顾客后这第二段关系持续的时间。

对顾客 $i(i=1,\cdots,C)$来说，赢回顾客变量被细化为了一个有观测值的二元方程组：

$$Z_i = \begin{cases} 1 & \text{如果 } z_i^* > 0 \\ 0 & \text{否则} \end{cases} \tag{29.21}$$

潜变量 z_i^* 被建模为

$$z_i^* = w_{ig} + n_i \tag{29.22}$$

其中，w_{ig} 是确定性的部分，n_i 是随机部分；w_i 是顾客的预测变量的向量，g 是相伴随的参数向量。

为第二段关系持续期建模是非常复杂的，因为企业在这段关系中有倾向改变其所提供的价格。每位顾客的第二段关系期都由一个或更多时间片段组成，这些时间片段的区别仅在于提供的价格。假设这段关系的结束与当前的持续时间是独立的，这样做允许作者去假设一个时间段的持续时间并不依赖之前的时间段的长度。对某些观测值来说顾客还没有终结关系，因此关系持续时间是右删失的。

模型如下：

$$y_{isi} = \begin{cases} y_{isi}^* & \text{如果 } y_{is_i}^* < c_{is_i} \\ c_{isi} & \text{否则} \end{cases} \tag{29.23}$$

y_{isi}是观测到的这段关系的持续时间，c_{isi}是设限值，即某个价格被提供的时长。如果顾客在价格改变前终结掉了关系，那么 $y_{isi}=y_{isi}^*$，否则时间片段的长度就是右侧设限的。潜在的持续时间 y_{isi}^* 被建模为

$$\ln(y_{isi}^{*}) = X_{isi}\beta + \varepsilon_{isi} \tag{29.24}$$

其中，$X_{isi}\beta$ 是确定性部分；ε_{isi} 是随机部分；X_{isi} 是在时间段 s_i 中顾客的预测变量向量，β 是参数向量。变量的方差被用来连接顾客获取和顾客保留行为。顾客的多样性、异质性也被建模。请参考 Thomas 等人的研究，以获得详细的变量结构，以及 Chid(1993)以获得估测方法。

来自 Thomas 等人的结论有：

(1) 如果赢回顾客的定价较低，那么顾客将更有可能被重新获得。

(2) 价格的绝对影响比相对价格(相对于在上一段关系中支付的最终价格)的影响更重要。强调与上一段关系相比降低价格以重获顾客的策略，将不太可能是有效的。最有效的赢回流失的顾客的方法是提供一个低廉的价格。同样，曾经用低价获得的顾客，将不可能被显著更低的价格所诱惑。(换而言之，相对价格并不是关键的影响因素。)

(3) 价格上升对第二个关系期的持续时间没有影响。相对于之前价格的降价会导致更长的第二个关系期。

(4) 更高的顾客保留价格会导致更长的关系维持时间。这个结果与 Reinartz(2000)的发现不同，Reinartz 发现长生命周期的顾客比短生命周期的顾客支付更低的平均价格。另一种解释是顾客保留价格的多样性异质性[类似 Shapiro (1983)使用的模型]。基本上，使用体验允许用户来描述产品的真实质量，这种描述传递出一种愿意支付更高价格的意愿。因此，当通过使用认识到产品卓越的质量后，顾客便会支付更高的价格。

29.6 追加销售定价

式(29.14)中的顾客资产模型是讨论追加销售定价的基础。模型中加入了一个额外变量。

$$CE(t) = \{(P_{a,t} - C_{a,t})N_t\alpha_t - N_tB_{a,t}\} + \sum_{k=1}^{\infty}\left[\begin{array}{l}\left\{(P_{r,t+k} - C_{r,t+k})N_t\alpha_t\rho^k k_{t+k}\left(\sum_{j=1}^{k-1}X_j\right) - B_{r,t+k}N_t\alpha_t + \right.\\ N_t\alpha_t\left[\rho_{t+k}^{k}\left(\sum_{j=1}^{k-1}X_j\right)\right]X_k(P_{ao}m_{ao})\left(\dfrac{1}{1+d}\right)^k\end{array}\right] \tag{29.25}$$

其中：

$$X_k = \begin{cases} 1 & \text{如果追加购买发生} \\ 0 & \text{否则} \end{cases}$$

m_{ao} 是追加销售的边际利润。

需要注意的是，X_k 与追加销售的价格有关，而顾客保留率 ρ 与顾客进行追加购买的次数有关。模型假设购买的数量越多，顾客保留率就越高。这个与 RFM 模型一致。在银行业人们相信如果企业可以向顾客出售多种多样的产品(如抵押贷款、支票和储蓄账户)，顾客就越难改变与银行的关系，因此会有更高的顾客保留率。问题在于如何将购买数量(关系)从顾客多样性异质性中区分开来。很多研究表明从企业处购买得越多，再购买的概率就越大。然而，发生这种现象是因为顾客对这个企业产品的偏好以及对企业自身的满意度，还是因为顾客购买数量？

这两种可能性带来的启示相当的不同。如果是购买的数量提高了顾客保留率，那么“追加”销售应制定的最优价格将会更低。如果与购买数量相关的导致更高顾客保留率的原因是偏好和满意感的多样性，那么公司在出售额外的商品或服务时就不应该降低价格。

虽然追加销售定价是基于顾客定价的一个关键性问题，但在这个话题上的文献却非常稀少。Israel(2005)有一个相关研究，它检验了新顾客占比与顾客保留率间的关系。通过灵活运用一个汽车保险数据库，Israel(2005)调查了顾客保留率是受新顾客占比的影响，还是受未观察到的顾客偏好的多样性影响。他使用汽车保险数据找到了同时支持这两种效果的证据，但是总结认为未观测到的多样性可能更为重要。Reinartz 等人(2006)最近的一个研究使用了格兰杰因果检验来调查是交叉购买决定了顾客对品牌的忠诚，还是顾客对品牌的忠诚决定了交叉购买。对于两个企业，他们的结论是忠诚引发了交叉购买。如果对 Israel 和 Reinartz 等人的研究进行概括，研究者将得到这样的结论：很多研究所表明，产品的数量对顾客保留率来说是一个很好的预测工具，但事实上很可能顾客保留率仅仅只与顾客对服务的偏好相关罢了。这是未来研究很关键的一个领域，更深入的讨论请参见第 21 章。

29.7 通过数据库目标市场选择模型进行歧视定价

在市场营销和经济学领域中有大量关于对顾客进行歧视定价的文献。我们将回顾一些重要文献，包括 Rossi 等人(1996)的一篇很有创意的文章。

任何一本基础微观经济学教材都会讨论一个企业可以进行歧视定价的条件。我们将讨论数据库营销是如何帮助一个企业进行歧视定价的，以及顾客数据库是否可以经常被用来进行歧视定价。

我们从 Rossi 等人(1996)的一篇文章开始。这篇文章论述了购买记录的数据对目标市场选择的价值。作者对人口统计数据与购买记录数据进行了对比。其中很多市场营销公司相信人口统计数据应该作为选定细分市场的基础。

Rossi 等人的基本命题是，可以用信息集对家庭的偏好以及对家庭特定参数(比如价格敏感度)进行推断。这些家庭特定偏好和价格敏感性指标可以被用作在个人层面进行目标市场促销和定价的依据。

Rossi 等人比较了根据家庭信息做出的决策和没有根据相关信息(因果关系信息)而做出的决策。通过比较企业使用特定类型的信息与当它没有使用这些信息时利润的增加来决定信息的价值。

作者总结认为人口统计数据对价格敏感度变量的方差解释非常小(只有 7%)。他们的结果与其他研究结论是一致的，这些研究发现人口统计数据对变量方差的解释程度更小(Bucklin & Gupta，1992，Gupta & Chintagunta，1994)。这个发现也与预测模型相一致，预测模型经常发现人口统计数据在目标市场选择方面的价值有限。当然，这个结论将根据产品的不同类别而有所变化，并且也有例子表明人口统计数据有时也可以准确预测价格敏感度(如昂贵的耐用品)。

Rossi 等人得到的另一个结论是：顾客购买记录有非常重要的价值，即便购买记录很短。这个发现令人振奋，因为很多数据库营销人员的数据库中都只有有限的因果数据（促销记录）。

Rossi 等人最重要的贡献是为数据库营销人员提供了一种决定信息价值的方法。这种方法可以用于企业确定其为目标市场保持的促销记录。购买记录数据或询价数据是否有足够的价值证明保存这些数据的成本是值得的？

Zhang 和 Krishnamurthi(2004)研究了何时该提供促销以及应给个人顾客多大的价格折扣。他们使用了一个购买行为、购买时间、品牌选择模型，这个模型考虑了习惯性或多样性购买行为以及顾客多样性来研究上述问题。他们的主要贡献是该模型允许模型中那些来自个人的参数不断更新，并且进而决定促销的最佳时间。作者继而运用该模型评估了不同的促销策略，并发现基于持续更新的模型而对促销的时间进行决策，可以提高企业的利润。

Zhang 和 Krishnamurthi 提出的一个问题是顾客的促销预期（顾客的期望）。其他研究者诸如 Erdem 等人（2003）以及 Hendel 和 Nevo(2002)已经构建出了包含顾客对价格期望的模型。这是一个关键的问题并且在本章前面被讨论过。如果顾客预期到价格会变化，那么模型就应该相应修改以适应促销或定价策略的变化所导致的顾客期望改变，而期望的变化会进而改变顾客的购买规律。这种现象在耐用品（特别是电子产品和计算机）行业很容易被证明，该行业中顾客知道价格在未来会下降。对数据库营销人员来说，当定价策略变得动态时，顾客的期望也可能变得动态。理解这两种同时发生的改变带来的启示成为营销建模工作中一个重要的挑战。对这个问题的研究才刚刚起步。

在另一篇文献中，Zhang 和 Wedel(2007)研究了在不同的环境中，什么程度的个性化促销能起到作用。他们考虑了两种类型的零售商——实体店（线下）和网店（线上），以及三种程度的促销——大众营销、细分市场营销以及个人层面营销。他们构建了一个与 Zhang 和 Krishnamurthi 相似的模型，其中包含一个购买行为、产品选择和购买数量模型，并且允许多样性。

Zhang 和 Wedel(2007)的一个有趣发现是，从大众营销到细分市场营销再到个人层面营销企业所获得的最优利润并没有想象得那么大，特别是在线下的环境中。而从当前的管理实践过渡到大众营销最优化模式时，利润却大幅地上升。这是一个令人兴奋的结果。导致这个结果的一个因素是零售商的成本结构。对线下零售商来说，通过大众营销到达顾客的能力可能比线上零售商成本更低。因为线下零售商有实体环境来进行促销信息的传播，这种成本是非常低的。同时，通过使用诸如卡特琳娜市场营销系统这样的工具提供促销的成本对线下零售商来说也是相当低的。因此个性化营销的收益就被低传播成本给抵消了。另一个驱动因素是线下和线上零售商都只有自家顾客行为的数据，而没有竞争对手的数据。这可能会显著增加对个人级别甚至细分市场级别测算出的价格弹性的误差（请参见 Pack & Fader，2004）。

Zhang 和 Wedel 确实指出在正确的环境中个人级数据库确实有潜力提供更大的经济回报。然而，对数据库营销人员来说，当大众营销的成本非常低的时候，拥有一个广泛的顾客数据库的支出可能同样非常低。这个结论被全世界那些线下百货零售商们通过使用他们的顾客数据库所做的营销实践所证实。除了少数像 Tesco(UK)或 CVS(USA)这样的例外,极少数的零售商在顾客累积奖励计划中发生巨额的支出。这可能是因为目前大众营销还是更加省钱的营销方式。

与歧视定价相关的最后一个问题是,消费者或顾客是否在乎别人比自己享受到更低的报价。Feinberg 等人(2002)使用实验室实验研究了这个问题。他们的基本假设是顾客对于某企业产品的偏好不仅受其自己支付价格的影响,也受其他顾客支付价格的影响。

为测试这个假设,他们设计了一系列包含各种模型的实验室实验来回答上述问题。他们发现了两种超出传统经济学理性的效应:①如果顾客发现喜欢的企业向新进入的顾客提供促销,他们会产生遭到背叛的感觉;②如果顾客喜欢的企业没有提供降价,而其他企业却为其忠诚顾客提供价格折扣,顾客会感到嫉妒。

这些发现来自实验室环境,实验中研究者可以修改每位顾客收到的信息。在现实世界中,企业并不清楚顾客可以获取的这类信息有多少。然而,对于上述第一个发现,顾客经常会谈论某个企业是否对它的新进入顾客提供了更低的价格。移动电话运营商对新顾客提供更低的价格;信用卡公司为潜在顾客提供低初始利率。这种类型的优惠可能会引起现有顾客产生一种遭到背叛的感觉,并且因此影响公司向新顾客提供低价并随着时间推移提高价格的能力。Feinberg 等人的发现是非常有价值的,并且应该引发更多的深入研究,特别是理解在现实世界中,顾客是否对他人支付价格有比较清楚的认知,以及他们对这样的信息会做出什么反应。[参考 Krishna 等人(2004)一篇有趣的相关论文,他研究了当企业有选择地提高价格时顾客是否会产生遭到背叛和嫉妒的感觉。]